Robert Niemann
Wissenschaftssprache praxistheoretisch

Lingua Academica

Beiträge zur Erforschung historischer Gelehrten- und Wissenschaftssprachen

Herausgegeben von
Wolf Peter Klein, Michael Prinz und Jürgen Schiewe

Wissenschaftlicher Beirat
Ulrich Ammon (Duisburg-Essen), Marian Füssel (Göttingen), Daniel Fulda (Halle), Michael D. Gordin (Princeton), Mechthild Habermann (Erlangen), Marion Gindhart (Mainz), Thomas Gloning (Gießen), Angelika Linke (Zürich/Linköping), Leo Kretzenbacher (Melbourne), Uwe Pörksen (Freiburg), Ulrich Johannes Schneider (Leipzig), Dirk Werle (Heidelberg)

Band 3

Robert Niemann

Wissenschaftssprache praxistheoretisch

Handlungstheoretische Überlegungen
zu wissenschaftlicher Textproduktion

DE GRUYTER

ISBN 978-3-11-077669-0
e-ISBN (PDF) 978-3-11-055293-5
e-ISBN (EPUB) 978-3-11-055112-9

Library of Congress Control Number: 2018936207

Bibliografische Information der Deutschen Nationalbibliothek
Die Deutsche Nationalbibliothek verzeichnet diese Publikation in der Deutschen Nationalbibliografie; detaillierte bibliografische Daten sind im Internet über http://dnb.dnb.de abrufbar.

© 2021 Walter de Gruyter GmbH, Berlin/Boston
Dieser Band ist text- und seitenidentisch mit der 2018 erschienenen gebundenen Ausgabe.
Druck und Bindung: CPI books GmbH, Leck

♾ Gedruckt auf säurefreiem Papier
Printed in Germany

www.degruyter.com

Für Lisbeth und Sarah,
die zwei Ausrufezeichen in einer fragenden Welt!

Indem man es nicht verschweigt, sondern aufschreibt, bekennt man sich zu seinem Denken, das bestenfalls für den Augenblick und für den Standort stimmt, da es sich erzeugt. Man rechnet nicht mit der Hoffnung, daß man übermorgen, wenn man das Gegenteil denkt, klüger sei. Man ist, was man ist. Man hält die Feder hin, wie eine Nadel in der Erdbebenwarte, und eigentlich sind nicht wir es, die schreiben; sondern wir werden geschrieben. Schreiben heißt: sich selber lesen. Was selten ein reines Vergnügen ist; man erschrickt auf Schritt und Tritt, man hält sich für einen fröhlichen Gesellen, und wenn man sich zufällig in einer Fensterscheibe sieht, erkennt man, daß man ein Griesgram ist. Und ein Moralist, wenn man sich liest. Es läßt sich nichts machen dagegen. Wir können nur, indem wir den Zickzack unsrer jeweiligen Gedanken bezeugen und sichtbar machen, unser Wesen kennenlernen, seine Wirrnis oder seine heimliche Einheit, sein Unentrinnbares, seine Wahrheit, die wir unmittelbar nicht aussagen können, nicht von einem einzelnen Augenblick aus.

(Max Frisch, Die Tagebücher)

Danksagung

Schreiben ist immer mit anderen! Wenngleich man als Schreibender physisch alleine an seinem Schreibtisch sitzen mag, räumlich isoliert, nicht selten frustriert, gelegentlich euphorisiert, ist doch das Schreiben keine Robinsonade. Und dies schon gar nicht in der Wissenschaft. Denn dort schreibt man ja bekanntlich in erster Linie mit anderen Texten, mit fremden Positionen, zu denen man sich verhält, irgendwie. Ständig geht es darum, die eigenen Gedanken, zu den Gedanken anderer in Beziehung zu bringen, abgrenzend oder aufbauend. Und auch noch in weiterer Hinsicht wird der isoliert Schreibende von anderen begleitet: Denn da ist z. B. noch der ewige Kritiker, der einem – zwar unsichtbar, aber präsent – permanent über die Schulter schaut und nicht spart mit Kommentaren, Einwänden und Urteilen. Dieser penible Kritiker, der einem nur selten einmal den Gefallen tut, sich zurückzuhalten, still zu sein, setzt sich zusammen aus einer bunten Mischung der vielen Gespräche und Diskussionen, die man während eines langwierigen Schreibprozesses führt, aus den Büchern, die man liest, oder den Vorträgen, die man hört. Dieser Kritiker schreibt also mit. Genauso wie ein persönliches Umfeld aus Mitmenschen, das einen immer begleitet, sogar dann, wenn man einmal gerade nicht schreibt. Ohne dieses Umfeld, das Orientierung und Stütze liefert, wäre wohl schon so mancher Schreibprozess vorzeitig beendet worden, da dem Schreibenden etwa die Besinnung auf das Wesentliche, gerade in schweren Zeiten, aber auch der Mut zur Überwindung von Widerständen und Zweifeln gefehlt hätte. Dieses Umfeld hat sinnbildlich immer mindestens eine Hand auf der Tastatur liegen.

Das Schreiben ist also immer mit anderen, und ein Schreibprodukt ist demnach nicht denkbar als das Ergebnis eines Einzelnen. Dies gilt selbstverständlich auch für die vorliegende Arbeit, weshalb ich mich bei den vielen – direkt und indirekt – Beteiligten bedanken möchte, die auf ihre jeweils eigene Weise „mitgeschrieben" haben.

Zuallererst möchte ich Mathilde Hennig meine tiefe Dankbarkeit aussprechen. Sie hat mich in ihrer unnachahmlich klarsichtigen und offenen Art stets unterstützt und ermuntert und hat mir die Möglichkeit gegeben, mich in einer herausfordernden, fördernden und immer auch vertrauensvollen Atmosphäre zu entwickeln. Ohne sie wäre diese Arbeit niemals entstanden. Außerdem möchte ich Helmuth Feilke herzlich danken, der sich stets bereit erklärt hat, mich mit anregenden und sehr hilfreichen Kommentaren zu unterstützen. Bei Andreas Gardt möchte ich mich herzlich für guten Rat und die Bereitschaft, das Zweitgutachten zu übernehmen, bedanken.

Während der Arbeit an einer Dissertation durchläuft man neben schönen für gewöhnlich auch schwierige Phasen, in denen man geneigt ist, alles in Frage zu stellen – so zumindest hier. Sebastian Lübcke war immer da, mit klugem Rat, mit kritischen Gesprächen und schließlich mit gemeinsamen, wohltuenden Reflexionen auf die wirklich wichtigen und richtigen Dinge – ich kann ihm gar nicht genug danken!

Danken möchte ich außerdem: Lothar Schneider, für unsagbar viel Inspiration. Dániel Czicza, für eine immer schöne Zeit (nicht nur im Dönerdreieck!). Benjamin Prior, für freundschaftliche Unterstützung und Anteilnahme. Und schließlich meiner Mutter, für ihr uneingeschränktes Vertrauen und ihren Zuspruch.

Abschließend danke ich ganz besonders meiner Frau Sarah, ohne die nichts wäre, wie es ist! Kein Wort, keine Zeile, kein Gedanke dieses Buchs wären ohne sie entstanden. Sie ist die feste Grundlage für alles!

Bei dem vorliegenden Buch handelt es sich um die überarbeitete Fassung meiner 2016 an der Justus-Liebig-Universität Gießen eingereichten und verteidigten Dissertation. Den Reihenherausgebern, Michael Prinz, Wolf Peter Klein und Jürgen Schiewe, danke ich vielmals für die freundliche Aufnahme in der Reihe *lingua academica*. Den anonymen Gutachtern aus dem Peer-Review danke ich für einige hilfreiche Kommentare.

Hannover, im Frühjahr 2018
Robert Niemann

Inhalt

1	**Einleitung** —— 1	
1.1	Problematisierung und Kernargumentation —— 1	
1.2	Verortung und Hintergründe der Arbeit —— 28	
1.3	Methodisches Vorgehen —— 32	
1.4	Aufbau der Arbeit —— 35	

A – Zur Erklärung von Wissenschaftssprache —— 37

2	**Wissenschaftliche Autorschaft** —— 39	
2.1	Wissenschaftliche Autorschaft – ‚Ich-Verbot' und ‚Durchsichtigkeit' —— 40	
2.2	‚Hedging' —— 46	
3	**Reflexionen über Wissenschaft** —— 53	
3.1	Historizität und Sozialität in der Wissenschaftsreflexion —— 53	
3.1.1	Ludwik Fleck —— 54	
3.1.2	Thomas S. Kuhn —— 57	
3.1.3	Wissenschaftssoziologische Einsichten —— 60	
3.2	Die Kategorie der Objektivität und ihre Geschichte —— 61	
3.2.1	Naturwahrheit —— 64	
3.2.2	Objektivität —— 65	
3.2.3	Geschultes Urteil —— 68	
4	**Konzeptionelle Ausrichtungen in der deutschen Sprachwissenschaft** —— 71	
4.1	Die deutsche Sprachwissenschaft zu Beginn des 20. Jahrhunderts —— 72	
4.1.1	Die Junggrammatiker —— 72	
4.1.2	Der (objektive) Sprachgebrauch der Junggrammatiker? —— 75	
4.1.3	Distanzierung von den Junggrammatikern —— 78	
4.2	Die deutsche Sprachwissenschaft in den 1970er Jahren —— 80	
4.2.1	Generative Grammatik —— 80	
4.2.2	‚Kommunikativ-pragmatische Wende' —— 83	
5	**Empirie: Zum unbestimmten Sprachgebrauch in der Wissenschaft** —— 85	
5.1	Unbestimmtheit —— 85	

5.2	Quantitative Untersuchung —— **108**	
5.2.1	Methodische Überlegungen —— **108**	
5.2.2	Vorüberlegungen und mögliche Hypothesen —— **116**	
5.2.3	Ergebnisse —— **122**	
5.2.3.1	Beleghäufigkeiten —— **122**	
5.2.3.2	Qualität der Unbestimmtheit —— **126**	
5.2.4	Ergebnisdiskussion —— **141**	
5.3	Qualitative Untersuchung —— **146**	
5.3.1	Methodische Überlegungen —— **146**	
5.3.2	Zeitraum 1900 – Junggrammatiker und Mundartforschung —— **150**	
5.3.2.1	Mundartforschung —— **150**	
5.3.2.2	Junggrammatiker —— **174**	
5.3.2.3	Rekapitulation Zeitraum 1900 —— **200**	
5.3.3	Zeitraum 1970 – Pragmatik und Generative Linguistik —— **210**	
5.3.3.1	Pragmatik —— **210**	
5.3.3.2	Generative Grammatik —— **228**	
5.3.3.3	Rekapitulation Zeitraum 1970 —— **252**	

B – Zwischenfazit —— 259

C – Wissenschaftliche Textproduktion – Spezifizierung des Explanans —— 273

6	**Wissenschaftskulturen – Handeln in Praktiken —— 277**	
6.1	Das Dreigespann Kultur-Subjekt-Praxis aus Sicht der Praxistheorie —— **277**	
6.1.1	Wissenschaften als Wissenschafts*kulturen* —— **277**	
6.1.2	Praxis und Handeln —— **284**	
6.1.2.1	Der Ort der Praxistheorie innerhalb der Sozial- und Kulturtheorien —— **285**	
6.1.2.2	Ein praxistheoretisches Handlungsverständnis —— **293**	
6.1.3	Subjekt —— **299**	
6.1.3.1	Vor-praktische Subjektverständnisse —— **301**	
6.1.3.2	Habitus —— **303**	
6.1.3.3	Subjekt als Bündel von Dispositionen —— **310**	
6.2	Das Praktikenkonzept in der Sprachwissenschaft —— **317**	
6.2.1	Kommunikative Gattungen und Praktiken —— **317**	
6.2.2	Gemeinsamkeiten und Unterschiede —— **326**	

7	**Der Handlungsbegriff in der Textproduktionsforschung** —— **339**	
7.1	Textproduktion und Handeln – Antos —— 341	
7.2	Textproduktion und Handeln – Wrobel (und Rehbein) —— 344	
7.3	Kultur- und Domänenspezifik —— 357	
8	**Textproduktion – Eine kulturtheoretische Perspektive** —— **361**	
8.1	Textproduktion und praxistheoretischer Handlungsbegriff —— 362	
8.2	Spezifizierung des praxistheoretischen Textproduktionsbegriffs —— 370	
8.2.1	Wiederholung – Judith Butler in Sprach- und Praxistheorie —— 371	
8.2.2	Performativität, Text und Formulieren —— 376	
8.3	Körperliches Sprachhandeln —— 395	
8.3.1	Cartesianische vs. anti-cartesianische Linguistik —— 396	
8.3.2	Die Geist-Körper-Dichotomie bei Searle —— 403	
8.3.3	Körper und Sprachhandeln —— 408	
8.3.3.1	Cartesianismus und soziologische Handlungstheorie —— 409	
8.3.3.2	Körper und Sprache in der (jüngeren) Sprachtheorie und -philosophie —— 416	
8.3.3.3	Körper und Kultur —— 426	
8.4	Formulieren und Übergänge —— 431	
8.5	Subjekt und Autor in (historischen) Wissenschaftskulturen —— 438	
9	**Fazit** —— **445**	

Literaturverzeichnis —— **463**

Index —— **487**

1 Einleitung

1.1 Problematisierung und Kernargumentation

Die Beschäftigung mit Wissenschaftssprache erfolgt in der vorliegenden Arbeit vor dem Hintergrund der jüngeren Kulturtheorien, wobei der Schwerpunkt auf der Praxistheorie liegt (vgl. Reckwitz 2003; 2012b). Wissenschaftlicher Sprachgebrauch wird demnach im Rahmen einer Neuausrichtung im Feld der Sozial- und Kulturtheorien betrachtet, die gerne auch – ein wenig schillernd – als *practice turn* bezeichnet wird (vgl. Schatzki, Knorr Cetina & Savigny 2001; Reckwitz 2003: 282).[1] Im Zentrum dieser Neuausrichtung steht die Kategorie der Handlung: Praxistheorie im hier herauszuarbeitenden Sinne darf im Kern als Handlungstheorie verstanden werden, die sich vor allem durch die kritische Abgrenzung von bisherigen, etablierten Handlungsverständnissen in besagtem Feld auszeichnet. Dieser Handlungsbegriff steht im theoretischen Zentrum der vorliegenden Arbeit und dient als Ausgangspunkt für die Erörterung eines Verständnisses von wissenschaftlicher Textproduktion.

Warum diese praxistheoretische Perspektive? Warum wissenschaftliche Textproduktion? Notwendigkeit und Legitimationsgründe der theoretischen Ausrichtung werden in der folgenden Einleitung kurz skizziert, aus der sich hoffentlich auch die Kernargumentation der vorliegenden Arbeit erschließen lässt. In diesem Zusammenhang werden außerdem bereits die Verständnisse von Wissenschaftssprache, Handlung im praxistheoretischen Sinne sowie weiteren grundlegenden Kategorien deutlicher akzentuiert.

Den Ausgangspunkt der Überlegungen bilden *Erklärungs*ansätze im Bereich von Wissenschaftssprache. Der fachliche bzw. wissenschaftliche Sprachgebrauch ist in gewisser Hinsicht speziell, d. h. er zeichnet sich durch einen *typischen* Merkmalreichtum hinsichtlich sprachlicher Phänomene aus. Mathilde Hennig und Dániel Czicza (2011) machen dies – in Anlehnung an Kalverkämper (1990) – mit Blick auf grammatische Phänomene wie bspw. Passivgebrauch, komplexe Attribution oder Junktion deutlich (vgl. Czicza & Hennig 2011). In wissenschaftlichen Texten werden solche sprachlichen Mittel demnach besonders häufig und in großer Dichte verwendet. In der vorliegenden Arbeit geht es darum, eine Erklärung dafür zu erörtern, dass bestimmte für die Wissenschaft typische sprachliche Mittel derart „expansiv" (Czicza & Hennig 2011: 54) gebraucht werden. Es soll also die Frage problematisiert werden, wie das Zustan-

---

[1] Darüber hinaus spielen auch Überlegungen aus dem sog. *performative turn* eine nicht unerhebliche Rolle (s.u.). Performativitäts- und Praxistheorie zeichnen sich durch eine enge Theorieverwandtschaft aus (vgl. Volbers 2011: 150).

dekommen von typischen und überindividuell gleichförmigen Ergebnissen des fachlichen bzw. wissenschaftlichen Sprachgebrauchs erklärt werden kann und welche Perspektiven und Instrumente hierfür notwendig erscheinen. Wie lässt sich also der typische Sprachgebrauch in der Wissenschaft erklären? Wie ist der spezifische und typische wissenschaftssprachliche Merkmalreichtum zu erklären, der einen überhaupt erst von einem eingrenzbaren Bereich wie Wissenschaftssprache sprechen lässt?

Um dem nachzugehen werden in der vorliegenden Arbeit 1) zunächst einmal z. T. etablierte und anerkannte Erklärungsansätze für typischen wissenschaftlichen Sprachgebrauch herausgearbeitet. 2) Anschließend werden diese Erklärungsansätze mit empirischen Daten zum historischen wissenschaftlichen Sprachgebrauch abgeglichen. Es wird dabei überprüft, inwiefern die herausgearbeiteten Erklärungsansätze auch greifen bzw. inwieweit sie Erklärungskraft besitzen. Bei diesem Abgleich wird sich herausstellen, dass die Erklärungsansätze vor dem Hintergrund neuer empirischer Daten an Erklärungskraft einbüßen, weshalb also eine Ergänzung vorgenommen werden muss. 3) Bei dieser Ergänzung wird der Fokus auf die wissenschaftliche Textproduktion gelegt. Es wird grundlagentheoretisch mit Blick auf die Handlungskategorie ein entsprechender Begriff von wissenschaftlicher Textproduktion erarbeitet. Es geht in diesem Rahmen grundsätzlich darum, Notwendigkeiten und Möglichkeiten für ein einerseits stärker systematisches und andererseits mehrdimensionales Erklärungsmodell zu erörtern. Was hinter den Punkten 1–3 im Einzelnen steckt, soll im Folgenden kurz aufgezeigt werden:

Wissenschaftssprache: Erklärungsansätze

1) Zunächst einmal: Warum erscheint der Gegenstand Wissenschaftssprache für einen derartigen Zugang gut geeignet? Der Bereich der Wissenschaftssprachforschung darf, wie weiter unten noch ausführlicher gezeigt wird, als sehr gut etabliertes und breit bearbeitetes Forschungsfeld angesehen werden. Es ist im Grunde bezüglich aller relevanten linguistischen Facetten beleuchtet worden, also etwa hinsichtlich system- und pragmalinguistischer oder didaktischer Gesichtspunkte. Darüber hinaus besitzt es aufgrund seiner thematischen Ausrichtung, gerade in einer sich selbst als Wissensgesellschaft verstehenden Gesellschaft, immer auch eine gewisse Relevanz und Strahlkraft über die eigenen engen disziplinären Grenzen hinaus. Zudem gilt, dass nicht nur Wissenschaftssprache, sondern auch Wissenschaft selbst ein prominenter Gegenstand der theoretischen Auseinandersetzung ist, etwa in wissenschafts- oder erkenntnis-

gerade auch die außersprachlichen Faktoren also theoretisch und empirisch gut erforscht. Kurzum: Für den gruppenspezifischen Sprachgebrauch[2] in der Wissenschaft liegt ein breit aufgestelltes Forschungsfeld mit einer großen Palette an Beschreibungen und Erklärungen vor. Aus diesem Grund eignet es sich sehr gut als Rahmen für eine Auseinandersetzung im oben angedeuteten Sinne.

Wissenschaftssprache kann dabei aber natürlich nicht in der ganzen Breite des Beschreibungs- und Erklärungsspektrums berücksichtigt werden. Vielmehr soll in der vorliegenden Arbeit ein sehr bekannter und dementsprechend häufig thematisierter Gegenstand, und zwar die Frage nach der Präsenz der Autorinstanz im Text, fokussiert werden. Wie kann also die für die Wissenschaft typische Art und Weise der Verwendung sprachlicher Phänomene erklärt werden, die die explizite oder implizite Präsenz der Autorinstanz im Text betreffen? Aus diesem Fokus ergibt sich gewissermaßen auch der Gegenstand der empirischen Untersuchung: Mit Unbestimmtheitsmitteln liegen sprachliche Phänomene vor, die die Präsenz einer Autorinstanz auf indirekte Weise markieren können (ausführlich siehe unter 2); sie sind allerdings kein Gegenstand, der in der Wissenschaftssprachforschung typischerweise thematisiert wird. Gerade dies macht sie als Analysegegenstand für die empirische Untersuchung besonders interessant.

Im Folgenden soll zunächst einmal kurz nur eine einzige, einschlägige Auseinandersetzung mit der Thematik der Autorpräsenz im Text innerhalb der Wissenschaftssprachforschung vorgestellt werden. Es geht mir hier erst einmal nur darum, die diesen Zugängen zugrunde liegenden Erklärungsansätze zu skizzieren, kritisch einzuordnen sowie Perspektiven im Umgang mit ihnen in Hinblick auf ein zu spezifizierendes Explanans aufzuzeigen. In der Einleitung soll dies lediglich skizzenhaft und exemplarisch geschehen, um überhaupt erst einmal deutlich zu machen, worum es in der vorliegenden Arbeit konkret geht. Im wei-

---

2 In der vorliegenden Arbeit wird gelegentlich die Bezeichnung ‚gruppenspezifischer Sprachgebrauch' verwendet, wenn es um den typischen Sprachgebrauch in der Wissenschaft geht. Damit wird ganz elementar der Anschluss an die fachsprachliche Tradition zum Ausdruck gebracht, wonach bei der Beschäftigung mit Fachsprachen in der Regel ein Bezug auf außersprachliche Faktoren (wie Milieus, Teilnehmerkonstellationen oder eben Fächer) hergestellt wird (vgl. bspw. Hoffmann 1987; Becker & Hundt 1998: 124; Roelcke 2010: 24; auch Czicza & Hennig 2011: 39). Mit dieser Bezeichnung der Gruppenspezifik soll noch stärker akzentuiert werden, dass es bei der anzustrebenden Erklärung darum gehen soll, das *überindividuell gleichförmige Sprachverwenden von Individuen innerhalb von spezifischen Gruppen* zu erklären. Mit der Bezeichnung wird der Fokus also weniger auf das Fach als vielmehr stärker *auf das Sprache verwendende Individuum innerhalb einer spezifischen Gruppe* gelegt. Die überindividuelle Gleichförmigkeit der individuellen Handlungsresultate erhält somit einen stärkeren Akzent.

deutlich zu machen, worum es in der vorliegenden Arbeit konkret geht. Im weiteren Verlauf der Arbeit wird dies dann natürlich ausführlicher behandelt, u. a. indem noch weitere Zugänge (z. B. Hedging) vorgestellt und ihre Erklärungsansätze herausgearbeitet werden.

Wissenschaftliche Autorschaftskonzepte

Kommen wir also exemplarisch zu einem Zugang, bei dem die Präsenz der wissenschaftlichen Autorinstanz im Text zentral im Fokus steht. Es handelt sich dabei um wissenschaftliche Autorschaftskonzepte, die eine sehr prominente Rolle in der Wissenschaftssprachforschung einnehmen.

Es scheint zu den Selbstverständlichkeiten der deutschen Wissenschaftssprachforschung zu gehören, dass der wissenschaftliche Sprachgebrauch mit einem Verzicht auf sprachliche Markierungen der autorseitigen Situationseinbindung assoziiert wird. Durch diesen Verzicht auf die Markierung der Autorinstanz werden die behandelten Gegenstände sprachlich in den Vordergrund gerückt und somit eine vordergründige Sachorientierung hergestellt. Der *objektive* und *anonyme* Sprachgebrauch in den Wissenschaften geht darüber hinaus damit einher, dass – gerade durch die Verschleierung der Autorinstanz – hinsichtlich dieser behandelten Gegenstände eine gewisse *Allgemeingültigkeit* suggeriert wird, denn ohne die Relativierung durch die individuelle Position einer Autorinstanz kann der Gegenstand als (absolut) *faktisch* dargestellt werden. In diesem Sinne wird also ein Bild von der deutschen Wissenschaftssprache gezeichnet, bei dem diese in erster Linie durch *Objektivität* und *Faktizität* charakterisiert ist.

Auf dieses Verständnis von Wissenschaftssprache trifft man in ganz unterschiedlichen Zusammenhängen in der Wissenschaftssprachforschung: So schreibt bspw. Els Oksaar in einem Handbuchartikel zum ‚Postulat der Anonymität für den Fachsprachengebrauch' der deutschen Wissenschaftssprache die folgenden Eigenschaften zu:

> Anonymität hat, besonders in der Wissenschaftssprache, die Funktion, die an einen Autor gebundene Subjektivität zu eliminieren und den Wahrheitsgrad sowie die Objektivität und mögliche Allgemeingültigkeit der fachbezogenen Aussagen zu verstärken. (Oksaar 1998: 397)

Objektivität und Anonymität werden hier in einen Zusammenhang mit Wahrheit und der Allgemeingültigkeit der fachlichen Darstellung gestellt; die Eliminierung der Autorinstanz wird demnach mit der Gültigkeit und der Faktizität des behandelten Gegenstandes verbunden. Theo Bungarten (1989a) geht in einem linguistisch-gesellschaftstheoretischen Aufsatz (mit gesellschaftskritischem Anliegen) ebenfalls von einer objektiven und sachlichen Kommunikation in den Wissenschaften aus:

> Das Prinzip der Rationalität und Objektivität ist das oberste Gebot. Bereits in der Platonischen Ideenlehre kann man den Ursprung des Strebens nach rationaler und objektiver Erkenntnis sehen: in der *Idee* spielt das menschliche Subjekt des Erkenntnisprozesses keine Rolle. Nur die *ratio* mit ihren denkerischen Fähigkeiten ist gefragt. Alle anderen menschlichen Eigenschaften, Gebundenheiten und Befindlichkeiten werden vernachlässigt. Die *ratio* wird in das Bild des *objektiven Wissenschaftlers* eingelagert, ja mit ihm und einigen instrumentellen Fähigkeiten, die für die wiss. Arbeit notwendig sind, gleichgesetzt. Der solcherart von allen menschlichen ‚Unzulänglichkeiten' befreite objektive Wissenschaftler kommuniziert mit seinem ebenso objektiven Widerpart ausschließlich auf sachlicher, rational-argumentativer, logischer Ebene. (Bungarten 1989a: 34)

Der objektive und sachliche Sprachgebrauch wird hier aus der Objektivität und Rationalität der Erkenntnisgewinnung abgeleitet, womit ebenfalls – wenngleich nicht explizit – der anonyme und objektive Sprachgebrauch in einen Zusammenhang mit der Gültigkeit und Faktizität des behandelten Gegenstandes gestellt wird, denn der kommunizierende ‚objektive Wissenschaftler' ist aufgrund seiner Loslösung von den störenden menschlichen ‚Gebundenheiten' und ‚Unzulänglichkeiten' als Garant für gültige und faktische Erkenntnis anzusehen. Aus einer sprechakttheoretisch orientierten Perspektive wird nach Günther Pflug (1986) diese Rationalität der wissenschaftlichen Kommunikation über *Assertionen* realisiert:

> Eine Grundaussage über die Wissenschaftssprache ist ihre Rationalität. Damit wird der assertorische Satz zum Grundtyp wissenschaftlicher Aussage. […] Emotionale und voluntative Sätze sind im Grundsatz nicht „wissenschaftlich". (Pflug 1986: 148)

Im Kern wird mit dieser Vorstellung einer im Wesentlichen assertorischen Wissenschaftssprache also ausgedrückt, dass eine – wirklich *wissenschaftliche* – Wissenschaftssprache ohne Verweise auf die Autorinstanz auskomme und im Grunde einer ‚reinen sprachlichen Darstellung' entspreche. Nach diesem Verständnis steht die deutsche Wissenschaftssprache in der Tradition der „akademisierte[n] Bildungs- und Öffentlichkeitssprache", die Peter von Polenz in der Form beschreibt, dass sie

> seit der Aufklärungszeit […] zunehmend von einer Entpragmatisierung der Formulierungsweise gekennzeichnet ist […]: Ichbezüge, Gefühls- und Einstellungsäußerungen, Interjektionen, Modaladverbien und Abtönungspartikeln werden in offiziellen Schreibtexten gemieden. Diese Stiltendenz wurde in der gymnasialen Aufsatzlehre nach dem *Ideal*

> *der ‚reinen Sachdarstellung'* praktiziert [...] parallel zum positivistischen Begriff der ‚zweckfreien' Wissenschaft. *Jene pragmatischen Ausdrucksmittel galten als stilistischer ‚Überfluß', als ‚unsachlich', ‚ungebildet', ‚umgangssprachlich' oder ‚unwissenschaftlich'.*
> (von Polenz 2008: 194; Hervorhebungen von R.N.)

Und auch in der Geschichte der Reflexion über die (deutsche) Wissenschaftssprache liegt eine lange Tradition vor, in der (in Deutschland seit der Aufklärungszeit) das Stilideal einer *‚durchsichtigen'* Wissenschaftssprache favorisiert wird, wie Heinz L. Kretzenbacher (1994) pointiert herausstellt. Laut diesem Ideal geht es vor allem darum, den sprachlichen Ausdruck so zu gestalten, dass keine Rückschlüsse auf die Kommunikationsbedingungen und folglich auch nicht auf die Kommunikationsinstanzen gezogen werden und somit die behandelten Gegenstände in reiner Form und ohne Störung (etwa durch individuelle ‚Unzulänglichkeiten', s. o.) vorgetragen werden können. Der sprachliche Ausdruck soll sich also bei seiner Realisierung selbst negieren und auf die Weise ‚durchsichtig' wie eine Fensterscheibe werden („windowpane-style", vgl. Gusfield 1976), um so das Wesentliche, die wissenschaftlichen Gegenstände, in den Vordergrund zu stellen.

Erklärungsansätze im Rahmen wissenschaftlicher Autorschaftskonzepte

Dieses Verständnis einer objektiven und faktischen Wissenschaftssprache wird in der Wissenschaftssprachforschung häufig im Zusammenhang mit zwei einschlägigen Konzepten wissenschaftlicher Autorschaft thematisiert, mit dem ‚Ich-Verbot' (vgl. Weinrich 1989) und der ‚Rhetorik der Durchsichtigkeit' (vgl. Kretzenbacher 1994).[3] Fragt man nach einer *Erklärung* dafür, warum die wissenschaftliche Autorschaft sich in der oben skizzierten Form ausprägt, stößt man im Rahmen dieser Konzepte nicht selten (explizit und implizit) auf ein Erklärungsmuster, bei dem auf *Ideale* zurückgegriffen wird: So ist bspw. für Harald Weinrich das ‚Ich-Verbot' in der deutschen Wissenschaftssprache als eine „stillschweigend[e]" Ableitung „aus dem Gebot der wissenschaftlichen Objektivität" (Weinrich 1989: 132f.) zu verstehen. Das *erkenntnistheoretische* Ideal der wissenschaftlichen Objektivität wird hier auf den wissenschaftlichen Sprachgebrauch übertragen bzw. die Art und Weise des wissenschaftlichen Sprachgebrauchs ergibt sich gewissermaßen (‚ableitend') aus dem Ideal der Objektivität: Es wird also angenommen, dass, wenn Wissenschaftler in der Erkenntnisgewinnung

---

[3] Zu Autorschaft und Autorschaftskonzepten in der Wissenschaft vgl. die sehr instruktive Arbeit von Steiner (2009).

nach Objektivität streben, dies ebenfalls bei der Kommunikation von Erkenntnis gelte oder gelten müsse:

> Wenn man es als die Aufgabe der Wissenschaften akzeptiert, intersubjektiv gültige und in diesem Sinne objektive Erkenntnisse zu erzielen, muß man auch diese verbreitete Ich-Scheu der Wissenschaftssprache akzeptieren. (Weinrich 1989: 133)

Bei der ‚Rhetorik der Durchsichtigkeit' handelt es sich nicht um ein erkenntnistheoretisches, sondern um ein *sprachstilistisches* Ideal. Dieses Ideal von einer ‚durchsichtigen' Wissenschaftssprache gehört – wie oben erwähnt – zu den zentralen Sprachvorstellungen in der langen und sehr traditionsreichen Reflexion über Wissenschaftssprache. Auch diese Idealisierung von Wissenschaftssprache dient als Erklärungsgrundlage für den tatsächlichen Gebrauch von Wissenschaftssprache, wenn bspw. angenommen wird, dass eine Orientierung am Ideal der ‚Durchsichtigkeit' zu einem unpersönlichen Sprachgebrauch in der Wissenschaft führe (vgl. Kretzenbacher 1994).

Beiden Erklärungen liegt also ein Muster zugrunde, nach dem von Idealen auf den Gebrauch geschlossen wird. Es wird im Grunde suggeriert, dass das Vorhandensein von Idealen zu einer bestimmten Art und Weise des Sprachgebrauchs führt und führen muss bzw. dass der Sprachgebrauch in der Form erscheint, wie er auf der idealisierten Ebene reflektiert und verhandelt wird. Bei den genannten Idealen handelt es sich nun aber um Produkte des *Reflektierens und Sprechens über* Wissenschaft und Wissenschaftssprache, also im Grunde um einen *Diskurs über* Wissenschaft und Wissenschaftssprache. Man scheint also offensichtlich davon auszugehen, dass wissenschaftlicher Sprachgebrauch über eine rein diskursive Ebene erklärt werden könne. Man könnte auch sagen: Der wissenschaftliche Sprachgebrauch scheint mithilfe eines Diskurses über Wissenschaft und Wissenschaftssprache erklärbar zu sein.

Es sei an dieser Stelle betont, dass Weinrich und Kretzenbacher sicherlich ohne Übertreibung als zentrale Pioniere der jüngeren Wissenschaftssprachforschung betrachtet werden dürfen. Ihren Untersuchungen kommt maßgeblich das Verdienst zu, die Wissenschaftssprache als eigenständigen und relevanten Gegenstand der Varietätenlinguistik etabliert zu haben. In diesem Rahmen haben sie das Spektrum der Beschäftigung mit Wissenschaftssprache sehr weit gefasst und grundlegende Charakteristika der deutschen Wissenschaftssprache herausgearbeitet: Bspw. behandelt Weinrich neben dem ‚Ich-Verbot' auch ein ‚Metaphern-Verbot' sowie ein ‚Erzähl-Verbot' (vgl. Weinrich 1989; ähnlich auch Kretzenbacher 1994: 26). Ihre Ansätze beschränken sich folglich nicht auf die Beschäftigung mit der Ich-Vermeidung, sondern diese stellt nur einen Teil ihrer facettenreichen Betrachtung von Wissenschaftssprache dar. Wenn in der vorliegenden Arbeit also darauf hingewiesen wird, dass in ihren Konzepten über Ideale argumentiert wird, trifft dies sicherlich in erster Linie auf diesen Teil ihrer breiten Beschäftigung zu, nämlich auf die Vermeidung der Autormarkierung im Text. Diesbezüglich soll in der vorliegenden Arbeit also versucht werden, die Überlegungen Weinrichs und Kretzenbachers weiterzudenken und zu ergänzen – und nicht sie gänzlich in Frage zu stellen. Wichtig ist auch zu betonen, dass es mir um ein zugrundeliegendes Muster von Erklärungen geht, das man in Hinblick auf den unpersönlichen Sprachgebrauch in der Wissenschaft häufiger zu bedienen scheint – es ist also nicht auf Weinrich und Kretzenbacher beschränkt.

Empirie: Unbestimmtheit in der Wissenschaftssprache

2) Ein derartiges Erklärungsmuster, bei dem von einem Diskurs auf Sprachgebrauch geschlossen wird, kann man im Grunde als *rationalistisch* bezeichnen. Dieses rationalistische Erklärungsmuster soll in der vorliegenden Arbeit, neben anderen Erklärungsansätzen, mit einer empirischen Untersuchung zum Gebrauch von Unbestimmtheitsmitteln in Beziehung gesetzt und überprüft werden. Was ist hier mit Unbestimmtheit gemeint und warum erscheint ein diachroner Zugang notwendig?

Bei Unbestimmtheit handelt es sich – zunächst einmal ganz grob – um sprachliche Mittel, mit denen auf der einen Seite implizit auf die Autorinstanz bzw. auf die Kommunikationsbedingungen verwiesen wird und somit eine etwaige ‚reine Sachdarstellung' kontaminiert wird. Sie stehen in diesem Sinne also einem objektiven und anonymen Sprachgebrauch gegenüber. Auf der anderen Seite haben Unbestimmtheitsmittel Bezug zur Faktizität von Propositionen, indem diese bspw. autorseitig kommentiert wird.[4] In diesem Sinne stehen sie also prinzipiell einem allgemeingültigen und (absolut) faktischen sprachlichen Ausdruck gegenüber. Unbestimmtheit konterkariert also die zwei grundlegenden Charakteristika der oben skizzierten Vorstellung von Wissenschaftssprache, Objektivität und Faktizität. Dies sei an den folgenden zwei Beispielen aus dem der vorliegenden Arbeit zugrunde liegenden Korpus illustriert, bei denen a) ein epistemisches Modalverb und b) ein (hypothesenindizierendes)

---

4 Das Verständnis von Unbestimmtheit beschränkt sich allerdings nicht auf diese kommentierende Variante, wenngleich diese den Kern ausmacht und deshalb auch hier zur Illustrierung herangezogen wird.

Modalwort im vorgestellten Sinne gebraucht werden (vgl. hierzu bspw. Diewald 1999; Helbig & Buscha 2001: 430–439; Helbig & Helbig 1990):

> a) Dazu ist folgendes zu bemerken: Wie oben (in kap. 4) gezeigt wurde, **dürfte** der erfolg einer sprachhandlung in gewissem sinne eben doch auch von der (un)anstößigkeit der geäußerten kette für den rezipienten bestimmt werden, und zwar gerade von ihrer (un)anstößigkeit hinsichtlich idiosynkratischer sprachnormen, die merkmale betreffen, [...]. (Kolde, Zeitraum 1970)

> b) Zur gebundenheit gehört hier noch, daß diese formeln nur gültig sind im munde bestimmter sprecher, denen es zukommt, sie auszusprechen. Die gewichtung der funktionen ist hier eine andere, die kognitive ist nicht abwesend, **vielleicht** dominiert die konative oder modale. (Heeschen, Zeitraum 1970)

Unbestimmtheit steht mit ihren nicht-objektiven und nicht-faktischen Eigenschaften offensichtlich in einem gewissen Widerspruch zu wissenschaftlichen Autorschaftskonzepten wie dem ‚Ich-Verbot' und der ‚Rhetorik der Durchsichtigkeit'. Eine Untersuchung des wissenschaftlichen Sprachgebrauchs mit Blick auf Unbestimmtheitsmittel scheint vor diesem Hintergrund also ein geeignetes Verfahren zu sein, um die Stichhaltigkeit des oben aufgezeigten Erklärungsmusters im Zusammenhang mit den wissenschaftlichen Autorschaftskonzepten zu überprüfen. Trifft das obige Erklärungsmuster zu, wonach der wissenschaftliche Sprachgebrauch im Wesentlichen den auf diskursiver Ebene erörterten Idealen der wissenschaftlichen Autorschaftskonzepte entspricht, dürften Unbestimmtheitsmittel höchstens als Marginalien im wissenschaftlichen Sprachgebrauch verwendet werden, die keine wesentliche Rolle für die wissenschaftliche Autorschaft spielen. Die ausgesuchten Sprachmittel scheinen also eine gute Grundlage zur Überprüfung der Erklärung zu sein.

Darüber hinaus wird beim Blick auf den Unbestimmtheitsgebrauch auch ein *diachroner* Zugang gewählt.[5] Dem liegt der folgende Gedanke zugrunde: Das zentrale Anliegen der vorliegenden Arbeit ist nicht allein eine Relativierung der Vorstellung einer objektiven und faktischen Wissenschaftssprache,[6] sondern vielmehr auch – wie bereits betont – die Hinterfragung und Relativierung des dieser Vorstellung zugrundeliegenden Erklärungsmusters, nach dem der wis-

---

5 Es geht an dieser Stelle erst einmal grundlegend darum, die diachrone Ausrichtung in den Rahmen der Grundproblematik der vorliegenden Arbeit zu stellen. Weiter unten folgen dann nähere Angaben zum methodischen Vorgehen (siehe 1.3).
6 Dies findet man bspw. auch in den Ansätzen zu Eristik in der Wissenschaftssprache von Konrad Ehlich (1993) (siehe auch 5.1) oder zum ‚Ich-Gebrauch' in der Wissenschaftssprache von Torsten Steinhoff (2007b).

senschaftliche Sprachgebrauch sich entsprechend dem Diskurs über Wissenschaft und Wissenschaftssprache verhält. Die Kernüberlegung lautet diesbezüglich nun: Wenn dieses Erklärungsmuster zutreffen soll, dann müsste sich dies anhand des wissenschaftlichen Sprachgebrauchs zeigen lassen, und zwar nicht allein bei punktuellen, also synchronen Betrachtungen, sondern vor allem auch bei diachronen Betrachtungen, also anhand der *Entwicklung* des Sprachgebrauchs. Aus diesem Grund erscheint für eine systematische und aussagekräftige Diskussion des Erklärungsmusters ein Fokus auf die Entwicklung des Unbestimmtheitsgebrauchs notwendig. Diese Entwicklung auf der Ebene des Sprachgebrauchs kann dann mit der Diskursebene abgeglichen werden. Der diachrone Blick dient hier also gewissermaßen als Mittel der Beweisführung.

Der Fokus auf Unbestimmtheitsmittel und der diachrone Zugang dienen in der vorliegenden Arbeit folglich in erster Linie als gut geeignet erscheinendes methodisches Instrument zur Überprüfung und möglichen Relativierung eines rationalistischen Erklärungsmusters von Wissenschaftssprache.[7]

Textproduktion und Handlungsbegriff

3) Die Ergebnisse der empirischen Untersuchung zum Unbestimmtheitsgebrauch werden aufzeigen, dass die bisherigen Erklärungsansätze für Wissenschaftssprache nicht in Gänze überzeugen können. Die Notwendigkeit einer Spezifizierung wird also offensichtlich werden. Dabei stellt sich dann zunächst einmal die Frage, wo eine solche Spezifizierung anzusetzen hat.

Betrachtet man einmal die bisherigen Erklärungsansätze genauer, wird man feststellen, dass bei ihnen die Art der wissenschaftlichen Textproduktion für die Erklärung selbst keine Rolle spielt. Man kommt also von abstrakten Konzepten wie etwa dem Objektivitätsideal direkt zum wissenschaftlichen Sprachgebrauch, ohne die Perspektive auf die konkrete Textproduktion zu bemühen. Die (logisch natürlich vorhandene) Textproduktion wurde bei diesen Erklä-

---

[7] Es werden darüber hinaus – wie oben bereits betont – noch weitere Erklärungsansätze zu diskutieren sein, wie etwa die eher funktional begründete Erklärung des unbestimmten Sprachgebrauchs als einer Form von Hedging, durch die in der grundsätzlich diskursiv-argumentativen Wissenschaftssprache gesichtsbedrohende Äußerungen abgeschwächt werden (vgl. hierzu etwa Myers 1989; Schröder 1998). (Es handelt sich allerdings nicht bei allen Unbestimmtheitsformen der vorliegenden Arbeit um potentielle Höflichkeitsmarker oder Hedgings) Die im Folgenden vorzustellende ‚Lücke' in Hinblick auf die Textproduktion betrifft im Grunde auch die Überlegungen zu Hedging in der Wissenschaftssprache. Auch hier wird die Kategorie der Textproduktion nicht systematisch in die Überlegungen einbezogen.

rungsansätzen also offenbar einfach unspezifisch und unsystematisch mitgedacht; ihr wurde bei der Erklärung keine tragende Rolle zugesprochen, sie blieb gewissermaßen eine Black-Box. Im Rahmen der bisherigen Wissenssituation schien dies offensichtlich auch kein Problem zu sein, d. h. die (abstrakten) Erklärungsansätze brauchten bis dato nicht weiter (konkret) spezifiziert zu werden, um plausibel zu funktionieren. Ein systematisches Verständnis von Textproduktion wurde bis dato also einfach nicht benötigt. Mit der neuen Wissenssituation jedoch, also unter Berücksichtigung der empirischen Ergebnisse zum historischen Unbestimmtheitsgebrauch, bekommen die alten Erklärungsansätze aber Lücken, sie greifen nicht mehr wie noch zuvor.

Da die bisherigen Erklärungsansätze eher abstrakt ausgerichtet waren und konkrete und logisch naheliegende Perspektiven wie die wissenschaftliche Textproduktion nicht berücksichtigt (und benötigt) worden sind, erscheint es mir sinnvoll, die notwendige Spezifizierung der Erklärung mit Blick auf das konkrete Phänomen der wissenschaftlichen Textproduktion vorzunehmen.[8] Die entstandenen Lücken sollen also mit diesem Blick auf die Textproduktion geschlossen werden. Genau genommen muss aus meiner Sicht bezüglich der Kategorie Textproduktion zunächst einmal ein *Handlungsbegriff* theoretisch herausgearbeitet werden, denn ein Handlungsbegriff ist natürlich grundlegender als ein Textproduktionsbegriff: Alle Textproduktionen sind Handlungen, aber nicht alle Handlungen sind Textproduktionen. Möchte man also Textproduktion theoretisch fassen, braucht man notwendigerweise ein systematisches Handlungsverständnis.[9] Damit mithilfe der Kategorie der Textproduktion die hier anzustrebende Erklärungsspezifizierung vorgenommen werden kann, muss demnach zunächst die der Textproduktion zugrunde liegende Kategorie der Handlung begrifflich genau gefasst werden. Kurzum: Für eine *Erklärung* benötigen wir ein systematisches, theoretisches Verständnis von Handeln. Ein Stück weit entspricht dies auch einer programmatischen Forderung von Gerd Antos:

> Eine Analyse der Resultate von textuellen Herstellungshandlungen ist ohne die Betrachtung der Handlung selbst wenig sinnvoll. D.h. eine Thematisierung von Formulierungsre-

---

8 Es sei an dieser Stelle betont, dass es mir ausschließlich um eine grundlagentheoretische Beschäftigung mit wissenschaftlicher Textproduktion geht. Wissenschaftliche Textproduktion wird hier einzig als theoretische Kategorie mit Blick auf einen Handlungsbegriff behandelt.
9 Dies ist in der Textproduktionsforschung nicht unbedingt selbstverständlich. Hier scheint die Handlungskategorie häufig einfach vorausgesetzt zu werden. Prominente Ausnahmen sind Antos (1981) und Wrobel (1995), deren Ansätze in der vorliegenden Arbeit ausführlich diskutiert werden (siehe Kapitel 7).

sultaten erfordert eine Theoretisierung der Herstellungshandlung ‚Formulieren'. (Antos 1981: 405)

Dieser grundlegend handlungstheoretische Zugang bedarf allerdings noch einer weiteren Konkretisierung bezüglich der Ausrichtung in der vorliegenden Arbeit. Diese Konkretisierung betrifft die *überindividuelle Gleichförmigkeit der Sprachverwendung von Individuen*: Mit Blick auf Textproduktion muss vor diesem Hintergrund eine Erklärungsbasis gewählt werden, die den grundsätzlich individuellen Akt des Textproduzierens so konzeptualisiert, dass mit ihm das Zustandekommen von *überindividuell gleichförmigen* Textprodukten erklärt werden kann. In der Textproduktionsforschung zum wissenschaftlichen Schreiben finden sich einschlägige Zugänge, die in diesem Zusammenhang den *Routine*charakter oder das *Habituelle* der Textproduktion in den Vordergrund stellen (vgl. etwa Feilke 2012; Feilke & Steinhoff 2003; Steinhoff 2007a). Diese Überlegungen werden in der vorliegenden Arbeit grundsätzlich aufgegriffen und *handlungstheoretisch* weitergedacht. Dabei wird mit Blick auf die jüngere Kulturtheorie ein systematisches Handlungsverständnis erarbeitet, mit dem die *überindividuelle Gleichförmigkeit* von Handlungsprodukten*individueller Handlungen* plausibel erklärt werden kann. Diesem Zugang liegt die Überlegung zugrunde, dass es nicht ausreicht, zur Erklärung der Gleichförmigkeit von Textprodukten in einem Sozialbereich wie Wissenschaft einfach auf überindividuelle Kategorien wie Milieu, Fach, Disziplin oder aber auch Norm oder gesellschaftliche Routine zu verweisen, wenn diese Kategorien nicht systematisch in Bezug gesetzt werden zu einem Handlungsbegriff. Mit Verweis auf diese Kategorien kann man zwar die Gleichförmigkeit benennen – man kann so aber nicht erklären, wie es dazu kommt, dass das (notwendigerweise *individuelle*) textproduktive Handeln zu dieser Gleichförmigkeit angeleitet wird.

Es wird bei dem hier angestrebten handlungstheoretischen Zugang auf einen praxis- und performativitätstheoretischen Handlungsbegriff zurückgegriffen. Dieses Handlungsverständnis grenzt sich dezidiert von alternativen Handlungsverständnissen in den Sozial- und Kulturtheorien ab, etwa von ‚zweck- oder normorientierten Handlungsverständnissen' oder anderen Handlungsbegriffen aus den *cultural studies*. Es wird also davon ausgegangen, dass mit dem hier verwendeten Handlungsbegriff die *überindividuelle Gleichförmigkeit von Handlungen* einzelner Individuen besser und vor allem plausibler erklärt werden kann als mit alternativen Handlungsbegriffen. Die konsequente Anwendung dieses Handlungsbegriffs auf Textproduktion bringt dann auch mit sich, dass u. U. auch gängige Auffassungen von Textproduktion korrigiert oder modifiziert werden könnten. Im Folgenden sei das herauszuarbeitende Handlungsverständnis kurz skizziert.[10]

Handlung: praxistheoretisch

Der hier herauszuarbeitende Handlungsbegriff, mit seiner praxis- und auch performativitätstheoretischen Ausrichtung, ist *in seinen Grundzügen* so konzipiert, dass mit ihm eine traditionelle Sichtweise auf den Menschen und sein Handeln überwunden wird. Es ist dies eine Denkweise, die sich mit Sybille Krämer als „*‚protestantischen Gestus'* in den Geistes- und Kulturwissenschaften" (Krämer 2002a: 325; Hervorhebung von R.N.) bezeichnen lässt.[11] Kurz gefasst geht man bei dieser – im abendländischen Kulturkreis sehr einflussreichen – Denkweise allgemein von einer ‚Zwei-Welten-Ontologie' aus, nach der das sinnlich Wahrnehmbare (in der einen ‚Welt') als *Instantiierung* eines universellen Typs (aus einer anderen ‚Welt') aufgefasst wird; das sinnlich Wahrnehmbare gilt schlicht als *Repräsentation* eines Wesentlichen, das der repräsentierten „singulären Erscheinung logisch und genealogisch vorausgeht." (Krämer 2002a: 342) Das Konkrete, sinnlich Wahrnehmbare wird dabei stets nur als (sekundäre) Ableitung vom Wesentlichen verstanden. Die Überwindung dieser Denkweise, die Krämer hinsichtlich des Zusammenhangs von Sprache und Sprechen diskutiert, wird im jüngeren sozial- und kulturtheoretischen Diskurs im Rahmen noch weiterer – grundlegenderer – sozialer Kategorien wie etwa Kultur, Sozialität und Handeln erörtert (vgl. Reckwitz 2012b), so vor allem in den sozial- und kulturtheoretischen Diskursen zu *Performativität* und *Praxis*, deren Verwandtschaft man gerade in der Überwindung des ‚protestantischen Gestus' festmachen kann (vgl. Volbers 2011: 150; zu Performativität vgl. Krämer 2002a: 325).[12]

Auf einer elementaren Ebene wird in der vorliegenden Arbeit demnach ein Handlungsverständnis erarbeitet, das dem – in den Sozial- und Kulturtheorien

---

10 Zur linguistischen Kritik an der Beschäftigung mit dem kulturtheoretischen Praxiskonzept siehe weiter unten in diesem Abschnitt.
11 Krämer gebraucht diese Bezeichnung im Rahmen ihrer *sprach*theoretischen Ausführungen zum Performativitätskonzept. Bei mir geht es darum, das Konzept der Überwindung dieser Denkweise erst einmal allgemein auf die Kategorie des Handelns zu beziehen, da dies auch grundlegend für ein praxistheoretisches Handlungsverständnis ist. Auf Krämers Überlegungen zu Performativität wird unten in der Theoriebildung immer wieder Bezug genommen werden (siehe 8.2).
12 Jörg Volbers wählt an dieser Stelle allerdings nicht die Bezeichnung ‚protestantischer Gestus'.

aktuell stark diskutierten – Ansatz der *Praxistheorie* entspricht (vgl. Reckwitz 2003; 2012b).[13] Dieser Ansatz sollte nicht als einheitliches Theoriekonstrukt missverstanden werden. Vielmehr speist er sich aus ganz unterschiedlichen Theorietraditionen, die recht unterschiedliche und z. T. konträre Positionen bspw. von Pierre Bourdieu, Judith Butler oder dem ‚späten' Ludwig Wittgenstein umfassen (vgl. etwa Reckwitz 2003; Schäfer 2013).

Handlungen lassen sich im praxistheoretischen Sinne – ganz grob – als *konkrete (raum-zeitlich gebundene) und routinierte Vollzüge in sozialen Praktiken* verstehen. Praktiken selbst sind dabei *keine* abstrakten Muster oder *types*, die in den konkreten Vollzügen (als *token*) instantiiert werden; die Vollzüge werden also nicht – wie in einer ‚Zwei-Welten-Ontologie' – als Ableitungen aus oder als Repräsentationen von einem universellen Typus oder Muster verstanden. Wir verbleiben mit Praktiken also stets in der konkreten ‚Welt', in der jeder Vollzug als konkrete (wiederholende) ‚Re-Inszenierung' eines zeitlich vorausgehenden konkreten Vollzugs betrachtet wird (‚Iterabilität'). Zudem wird in diesem Zusammenhang versucht, bei der Handlungserklärung gängige und den Gegenstand verkürzende Dichotomien wie *Innen/Außen*, *Geist/Körper* oder *Individuum/Gesellschaft* zu überwinden. Dem Anspruch dieses Ansatzes zufolge werden Handlungen nicht als rationalistisch und kognitivistisch verkürzt betrachtet, sondern sie werden als grundsätzlich routinierte Vollzüge angesehen, denen ein praktisches Wissen (im Sinne eines Knowing how) zugrunde liegt. Der praxistheoretische Ansatz geht zudem einher mit einem veränderten Verständnis von Subjekt, das sich kritisch sowohl gegenüber dem klassischen Subjektverständnis eines ‚autonomen Subjekts' als auch gegenüber der poststrukturalistischen Auffassung vom ‚Tod des Subjekts' verhält (vgl. Reckwitz 2012a; 2012c). Eingebettet sind diese Überlegungen in einem spezifischen Kulturverständnis, das auch als *Kultur-als-Praxis-Ansatz* bezeichnet werden kann (vgl. etwa Hörning & Reuter 2004b). Vor diesem Hintergrund werden Wissenschaften in der vorliegenden Arbeit als *Wissenschaftskulturen* verstanden. Grundsätzlich stehen mit dem praxistheoretischen Ansatz die Konkretheit sowie die hervorbringende Prozesshaftigkeit von Handlungsvollzügen und die Materialität bzw. Körperlichkeit der Handlungssubjekte im theoretischen Vordergrund.

---

13 Andreas Reckwitz (2012b) hat für die Sozial- und Kulturtheorien in seiner Arbeit „Die Transformation der Kulturtheorien" eindrucksvoll eine Tendenz zur zunehmenden theoretischen Beschäftigung mit Praktiken rekonstruiert, was u. a. dazu führt, dass für die gegenwärtige Kulturwissenschaft von einem *practice turn* die Rede ist (vgl. etwa Schatzki, Knorr Cetina & Savigny 2001). Auf gewisse Ähnlichkeiten zum sog. *performative turn* (vgl. etwa Bachmann-Medick 2010: 104–143) weist Reckwitz ebenfalls hin (vgl. Reckwitz 2012b: 708; vgl. auch Hörning & Reuter 2004a: 12).

Auf dieser noch im Einzelnen herauszuarbeitenden Grundlage wird in der vorliegenden Arbeit also die schriftliche wissenschaftliche Textproduktion in ihren Grundzügen konzeptualisiert. Grundsätzlich lässt sich sagen, dass das hier zu erarbeitende Verständnis von Textproduktion mit der praxis- und performativitätstheoretischen Ausrichtung vor dem Hintergrund eines nichtrationalistisch verengten Verständnisses von Handeln, Subjekt und Sozialität etabliert wird. In den Überlegungen von Helmuth Feilke und Torsten Steinhoff (2003) lässt sich hierfür gewissermaßen ein Ausgangspunkt aus Sicht der Textproduktionsforschung festmachen. Sie fassen im Rahmen der Forschung zur wissenschaftssprachlichen Kompetenzentwicklung die Fähigkeit zum wissenschaftlichen Schreiben als eine Form von *Habitus* auf und stehen damit prinzipiell in der Nähe zum praxistheoretischen Denken Pierre Bourdieus. In der vorliegenden Arbeit soll dieser Grundgedanke also praxistheoretisch in Bezug auf die Handlungskategorie ausbuchstabiert werden.[14]

Eine entsprechende Übertragung des praxistheoretischen Handlungsverständnisses auf sprachliches Handeln und vor allem auch auf die schriftliche Textproduktion scheint aus kulturwissenschaftlicher Perspektive ohne weiteres möglich zu sein, wie man bspw. der folgenden Ausführung von Andreas Reckwitz entnehmen kann:

> Eine Praktik besteht aus bestimmten routinisierten Bewegungen und Aktivitäten des *Körpers*. Dies gilt ebenso für intellektuell ‚anspruchsvolle' Tätigkeiten wie die des Lesens, *Schreibens* oder *Sprechens*. (Reckwitz 2003: 290; Hervorhebungen von R.N.)

Aus sprachtheoretischer Perspektive erscheint diese nicht näher ausgeführte Übertragung auf das Sprechen und das Schreiben allerdings als zu oberflächlich. Als Grundlage wird in der vorliegenden Arbeit also zwar prinzipiell ein praxistheoretisches Sprachhandlungs- und Subjektverständnis angenommen – diese müssen allerdings noch weiter spezifiziert werden. Diese Spezifizierung betrifft vor allem den im vorherigen Zitat hervorgehobenen Aspekt der *Körper-*

---

[14] Es ist in diesem Zusammenhang wichtig, zu beachten, dass es bei meinem Ansatz nicht darum geht, die Habitualisierung bzw. Routiniertheit in wissenschaftlichen Texten nachzuweisen. Und vor allem geht es mir nicht um die Routiniertheit von *Text*handlungen, d. h. bspw. von Sprechakten in wissenschaftlichen Textprodukten (siehe unten). Es geht mir also nicht einfach darum, zu sagen, dass es in wissenschaftlichen Texten eine gewisse routinehafte Form der Sprache gibt. Bei der Betonung des habituellen Sprachhandelns beim wissenschaftlichen Schreiben konzentriere ich mich primär auf die – weiter unten noch vorzustellende – *Praxis*ebene, d. h. auf den konkret-materiellen, raum-zeitlich situierten Vollzug der *Hervorbringung* von Textprodukten, also etwa von Sprechakten.

lichkeit, womit darüber hinaus auch die Kategorie der *Performativität* ins Spiel kommt.

Sprachlichem Handeln wird hier demnach ein performativer Charakter zugesprochen, womit allerdings weder einfach auf ‚Performanz' im Chomsky'schen Sinne noch einfach auf ‚performative Äußerungen' im Austin'schen Sinne rekurriert wird. Vielmehr handelt es sich dabei um ein kulturwissenschaftliches Performativitätsverständnis, das grundsätzlich auf die Austin'schen Überlegungen zurückgeht und in recht unterschiedlichen sozial- und kulturwissenschaftlichen Disziplinen ausdifferenziert wurde (vgl. etwa Wirth 2002b; Bachmann-Medick 2010: 104–143; König 2011; Wulf, Göhlich & Zirfas 2001). Im Speziellen wird in diesem Zusammenhang auf Überlegungen von Judith Butler (1997; 2013) eingegangen, die Sybille Krämer produktiv in die sprachtheoretische Diskussion eingebracht hat (vgl. Krämer 2001: 241–260) und die auch im praxistheoretischen Diskurs zunehmend eine Rolle spielen (vgl. Schäfer 2013). Im Zentrum stehen dabei der – beim obigen praxistheoretischen Handlungsverständnis bereits angedeutete – *Wiederholung*sbegriff (‚Iterabilität') sowie der Aufführungscharakter des Handelns. Handeln ist demnach mehr als ein ‚bloßes Tun', es ist ein wiederholendes *aufführendes* bzw. *in-Szene-setzendes* Tun (vgl. Krämer 2001: 253). Mit dem Wiederholungsverständnis, das sich durch eine eigentümliche Mischung aus Reproduktion und Transformation auszeichnet, wird die oben angesprochene Routiniertheit von Praktiken, also im Grunde deren Reproduktionscharakter, ergänzt um einen *Transformation*scharakter.

Mit der Akzentuierung des Performativitätscharakters beim sprachlichen Handeln soll neben dem Aufführungsakzent und dem Transformationscharakter zudem auch der Aspekt der Körperlichkeit theoretisch reflektiert werden. Diesen Zusammenhang zwischen Performativität, Handeln und Körperlichkeit bringt Christoph Wulf wie folgt auf den Punkt:

> Wenn soziales Handeln nicht auf Intentionalität reduziert wird, sondern sein performativer Charakter betont wird, bedeutet dies eine Veränderung der Perspektive. Soziales Handeln wird dann als Aufführung und Inszenierung begriffen. Damit kommt der Körper der Handelnden ins Spiel. (Wulf 2001: 253)

Nicht nur für die Performativitätsforschung, sondern auch für die Praxistheorie ist der Körper bzw. die Körperlichkeit eine zentrale Kategorie: Bspw. wird man dem praxistheoretischen Ansatz des Habituskonzepts von Pierre Bourdieu nicht gerecht, wenn man ihn nicht körperlich fasst; der Körper ist konstitutiv für das

Habituskonzept (vgl. bspw. Meuser 2006; Schäfer 2013: 79–83).[15] Dieser Umstand wird in der vorliegenden Arbeit durchaus ernst genommen, wenngleich dies mit Blick auf sprachliches Handeln sowie die schriftliche Textproduktion natürlich zu spezifizieren und – vor allem – zu rechtfertigen ist: Legitimieren ließe sich diese Orientierung m. E. auf der Grundlage der zu Beginn der 1990er Jahre akut geführten sprachtheoretischen Diskussion über eine ‚cartesianische oder anti-cartesianische Linguistik', in der sich ‚Chomsky-Theorien' und ‚Mead-Theorien' gegenüberstanden (vgl. Jäger 1993a). Diese Diskussion wurde zwar durchaus vor dem Hintergrund der cartesianischen Geist-Körper-Dichotomie geführt, ohne dass dabei allerdings die Kategorie des Körpers in irgendeiner Form systematisch in die theoretische Reflexion eingegangen wäre. Dies ist zwar für das generative Paradigma mit seinem kognitiven Sprachverständnis natürlich nicht weiter verwunderlich. Für die ‚Mead-Theorien' dagegen, mit ihrer primären Fokussierung der interaktiven Kommunikation und des Sprachhandelns, erscheint die Nicht-Berücksichtigung des Körpers problematisch, vor allem wenn man Positionen der (noch recht jungen) Körpersoziologie heranzieht (vgl. Schroer 2005a; Gugutzer 2006a, 2013; Steuerwald 2010) (siehe auch oben zu Geist-Körper-Dichotomie). Gerade *handlungstheoretisch* wird in diesem Rahmen das Körperkonzept systematisch und zentral einbezogen, um auf diese Weise die „kognitivistische Verkürzung der traditionellen soziologischen Handlungstheorie" (Meuser 2006: 97) in Frage zu stellen, die in „einer Art theoretischer Prüderie" (Joas 1992: 245) hinsichtlich der Körperlichkeit einem cartesianischen Denkmuster untersteht. Für die sprachtheoretischen ‚Mead-Theorien' bedeutet dies, dass es in Hinblick auf die Ablehnung einer cartesianischen Dichotomisierung von Geist und Körper im Zusammenhang mit Sprache nicht ausreicht, einfach das interaktive sprachliche Handeln in den theoretischen Vordergrund zu stellen. Für eine Überwindung cartesianischer Denkmuster in der Sprachtheorie muss vielmehr auch der Sprachhandlungsbegriff selbst mit einer systematischen Einbeziehung des Körperkonzepts gedacht werden, um auf diese Weise eine Art ‚latenten Cartesianismus' in der Sprachtheorie zu vermeiden.[16] In gewisser Weise steht diese Forderung nach einer sprachtheoretischen Berücksichtigung des Körperkonzepts in Einklang mit einigen jüngeren Zugängen in der Sprachtheorie und -philosophie, in denen ebenfalls – wenn-

---

15 Eine sich hieraus ergebende Konsequenz für die vorliegende Arbeit ist, dass das für die Praxistheorie wichtige Denken des späten Ludwig Wittgenstein mit Gunter Gebauer ausgehend vom Körper (und vom Subjekt) gedacht wird (vgl. Gebauer 2009).
16 Der Ansatz von Mead selbst spielt – wie noch ausführlicher zu zeigen sein wird – in der Körpersoziologie eine zwar nicht zentrale, aber dennoch nicht unwichtige Rolle.

gleich auf ganz unterschiedliche Weise und nicht in erster Linie handlungstheoretisch – eine Körperorientierung vorhanden ist (vgl. Krämer 2001: 270; Gehring 2007; Jäger 2013).[17]

In diesem Zusammenhang ist die folgende, in der vorliegenden Arbeit herauszuarbeitende Akzentuierung entscheidend: Für sprachliches Handeln wird eine theoretische Differenzierung angenommen, nach der beim Sprachhandeln *immer* von zwei *unterschiedlichen Handlungsqualitäten* auszugehen ist, die in direktem, unauflöslichem Zusammenhang stehen:[18] Da ist einerseits das *hervorbringende Sprachhandeln*, bei dem raum-zeitlich konkret situierte Subjekte kommunikative Akte (sowohl mündlich als auch schriftlich) erst *herstellen*; es geht hier also um die *Herstellung* von kommunikativen Akten, was besagt, dass diese hervorbringenden Handlungen kommunikativ nicht abgeschlossen oder wirksam sind. Bei den kommunikativen Akten wiederumhandelt es sich andererseits um die zweite Handlungsqualität: Kennzeichnend für diese ist, dass sie im Gegensatz zu den hervorbringenden Handlungen *kommunikativ abgeschlossen* bzw. *wirksam* sind, es handelt sich also gewissermaßen um *kommunikatives Sprachhandeln*. Klassischerweise wird diese zweite Handlungsqualität wohl als Sprechakt bezeichnet.[19]

Der Grundgedanke hierbei ist also, dass das, was man gemeinhin als Sprech- oder Redeakt bezeichnet (siehe 8.2.2), nur als eine Facette des Sprachhandelns insgesamt angesehen wird. Die andere, faktisch immer vorhandene, häufig aber vernachlässigte Facette der Hervorbringung jedes einzelnen Sprachakts steht im theoretischen Vordergrund der vorliegenden Arbeit. Es geht hierbei im Grunde um die materielle, also die zeitlich konkret situierte und körperliche Seite des Sprachhandelns; es geht um die dem kommunikativen Sprachhandeln *zeitlich vorausgehenden* Handlungen der Herstellung. Der Fokus

---

17 Es sei an dieser Stelle betont, dass es mir allein um die Akzentuierung der Körperkategorie in Hinblick auf den Sprach*handlungs*aspekt geht und nicht um eine allgemeine Zuordnung von Körper zu Kommunikation oder Sprache (wie etwa bei der Körpersprache). Zentral für den Zugang der vorliegenden Arbeit ist, dass die Körperkategorie gewissermaßen als Schlüsselkategorie für textproduktives Sprachhandeln angesehen wird.
18 Dies wird ausführlich unter 8.2.2 diskutiert. Nicht zuletzt diese Differenzierung ist ein Grund dafür, dass der – zu Recht – überaus verdiente handlungsorientierte Zugang der Funktionalpragmatik (vgl. etwa Ehlich 2007a) mit den hier angestellten handlungstheoretischen Überlegungen kaum zur Deckung kommt (siehe 8.1).
19 In der vorliegenden Arbeit wird hierfür, vor dem Hintergrund der Diskussion über das Verhältnis Performativität und Text, die Bezeichnung *Text* gewählt, der ein *spezifischer Textbegriff* zugrundeliegt und die wohlweislich von anderen Textverständnissen abgegrenzt wird (siehe 8.2.2).

der in der vorliegenden Arbeit anzustellenden handlungstheoretischen Überlegungen zur Textproduktion liegt folglich *unmittelbar* auf den Herstellungshandlungen und erst mittelbar und indirekt auf den kommunikativen Sprachhandlungen. Die Unterscheidung in hervorbringende, nicht-kommunikative Sprachhandlungen einerseits und kommunikative Sprachhandlungen bzw. Sprechakte andererseits wird in der vorliegenden Arbeit kenntlich gemacht mit der Annahme zweier Sprachhandlungsebenen: Praxis- und Textebene. Die Unterscheidung bringt zudem eine vom Alltagsverständnis abweichende Vorstellung von der Kategorie Autor mit sich, da das Handeln, was normalerweise insgesamt einem ‚Autor' zugesprochen wird, hier auf beide Ebenen verteilt wird: Das Handeln auf der Praxisebene wird als *Subjekt*handeln und das Handeln auf der Textebene als *Autor*handeln verstanden.

Auch in der linguistischen Diskussion hat der Praktiken-Begriff mittlerweile (allerdings nicht unumstrittenen) Einzug gehalten (vgl. Deppermann, Feilke & Linke 2016; siehe auch 6.2).[20] Besonders kritisch verhält sich Thomas Gloning (2016) dazu: Mit gutem Recht hegt er etwa Vorbehalte gegenüber diffusen Begriffsverwendungen (vgl. Gloning 2016: 462) oder der Gefahr einer Homogenisierung von „schon erreichte[n] Differenzierungen für die ganz unterschiedlichen Aspekte kommunikativen Handelns." (Gloning 2016: 464) Teile seiner zum Teil berechtigten Kritik an der linguistischen Übernahme des sozial- und kulturtheoretischen Praktikenkonzepts hängen m. E. mit verkürzten linguistischen Darstellungen und Interpretationen des Praktikenkonzepts zusammen: So werden häufig bei Bezügen auf Reckwitz etwa dessen grundsätzliche Überlegungen verkürzt, indem bspw. nicht zwischen Praktiken und Handeln differenziert wird. Beide Begriffe hängen zwar eng zusammen, sind aber nicht gleichzusetzen oder austauschbar. Hierbei handelt es sich dann aber um Probleme der Rezeption und weniger um Probleme bei der Darstellung von Reckwitz.

Gloning selbst kritisiert bei Reckwitz schließlich die Breite und die Vielschichtigkeit der rezipierten Ansätze und verweist darauf, dass bei solch heterogenen Zugängen die Unterschiede größer sein müssen als die Übereinstimmungen (vgl. Gloning 2016: 463). Mit den von Reckwitz herausgearbeiteten

---

20 In dem Sammelband zur IDS-Tagung 2015 liegt der Fokus insgesamt auf ganz heterogenen linguistischen Praktikenverständnissen, wobei sich die Beiträge in interaktive und textbezogene Zugänge einteilen lassen. Unter 6.2 bespreche ich einschlägige linguistische Praktikenkonzepte. Dort geht es u. a. auch darum, das hier zu erarbeitende Praktikenverständnis von interaktiven Verständnissen (wie dem der kommunikativen Gattungen) abzugrenzen. Zudem wird unter 8.2.2 mit dem performativen Akzent des hier zu erarbeitenden Praktikenbegriffs der (nicht unproblematische bzw. jedenfalls nicht selbstverständliche) Bezug zur Kategorie Text diskutiert.

Zusammenhängen selbst befasst er sich dabei allerdings nicht, wodurch bei dieser Kritik möglicherweise zentrale und für das Praktikenkonzept konstitutive Kategorien außen vor bleiben:[21] Zentral ist bspw. die Verortung des Praktikenansatzes innerhalb der Kulturtheorien, womit nicht nur ein spezifischer *Kultur*begriff, sondern damit zusammenhängend auch ein bestimmtes Verständnis von *Handlung* einhergeht. Außerdem ist vor diesem Hintergrund der Einbezug der *Subjekt*- und vor allem auch der *Körper*kategorie zentral:[22] Wenn man sich auf das bei Reckwitz herausgearbeitete Praktikenkonzept beruft, kommt man m. E. nicht umhin, diese zentrale Kategorie des Körpers mit zu erörtern – auch in der Linguistik. Bezieht man sich also – ob kritisch oder affirmativ – auf dieses Praktikenverständnis, müsste man aus meiner Sicht begründen, warum man bspw. auf die Subjekt- oder Körperkategorie verzichtet oder nicht.

Zu guter Letzt seien hinsichtlich des Erklärungsaspekts noch die folgenden allgemeinen Einordnungen vorgenommen: Zum einen werden Prämissen formuliert, die der Herangehensweise in der vorliegenden Arbeit zugrunde liegen. Sie spiegeln sich gewissermaßen in der Grundstruktur der vorliegenden Arbeit wider. Zum anderen soll ein systematisches Verständnis von Erklärung skizziert werden, das als Grundlage für das Vorgehen in der vorliegenden Arbeit dient.

---

[21] Zudem dürfen m. E. die Überlegungen von Reckwitz als durchaus mehr betrachtet werden als nur ein „weit gespannte[r] Überblick" (Gloning 2016: 463), da bei ihm durchaus zentrale Kategorien akzentuiert und geschärft werden. Reckwitz arbeitet Schwerpunkte heraus, die mehr sein dürften als ein lediglich summierendes Zusammentragen.

[22] Der mit Blick auf Bourdieu vorgebrachte Einwand gegenüber der linguistischen Beschäftigung mit Praxistheorie, dass es in der Linguistik nicht mehr „originell" sei, sich mit Formen sprachlicher Verfestigungen zu beschäftigen (vgl. Gloning 2016: 459), ist natürlich korrekt. Es ist allerdings wichtig zu beachten, dass dem Praktikenkonzept insgesamt ein bestimmtes Verständnis von *Wiederholung* zugrundeliegt, das über bloße Verfestigung hinausgeht (vgl. Reckwitz 2004; Schäfer 2013). Bei diesem Wiederholungsverständnis kommt man aus sprachtheoretischer Perspektive nicht umhin, die Krämer'schen Überlegungen zur Zwei-Welten-Ontologie einzubeziehen (siehe 8.2.1), wodurch wiederum der materiellen, körperlichen Seite sprachlichen Handelns ein großes theoretisches Gewicht zukommt. Beim Praktikenkonzept handelt es sich nicht um eine alleinige Bourdieuexegese, wie der Hinweis bei Gloning vermuten lässt, sondern Bourdieu wird nur als ein (wenn auch zentraler) Gewährsmann unter mehreren angesehen (siehe auch oben). Hierbei ist vor allem auch wichtig, dass es in der jüngeren Bourdieurezeption neue Lesarten gibt, die sich von den älteren, sich vor allem auf soziale Ungleichheitsphänomene konzentrierenden Lesarten unterscheiden (siehe 6.1.3.2). Bourdieu und dessen Habituskonzept zu behandeln, ohne systematisch mit der Körperkategorie zu arbeiten, ist nach diesen neueren Lesarten nicht möglich – so wird vor allem vereinfachenden Interpretationen vorgebeugt, die es bei Hinweisen auf bloße Reproduktion belassen.

Prämissen

Die folgenden, sich teilweise bedingenden Punkte sollen Prämissen anzeigen, die dem Vorhaben der vorliegenden Arbeit, bei der Erklärung von Wissenschaftssprache zu spezifizieren, zugrunde liegen:[23]

a) Systematik der Erklärung
Eine Erklärung für die typische Prägung von Wissenschaftssprache sollte zunächst einmal systematisch vorgenommen werden, d. h. ihr sollte systematisch ein Erklärungsbegriff zugrunde gelegt werden. Bei bisherigen Erklärungen von Wissenschaftssprache wird eher unsystematisch und ohne festgelegten Erklärungsbegriff vorgegangen, was u. a. auch daran liegt, dass Erklärungen nicht die vordergründigen Ziele der betroffenen Ansätze darstellen.

b) Mehrdimensionalität der Erklärung
Eine Erklärung für Wissenschaftssprache sollte außerdem mehrdimensional sein. Bisherige Erklärungsansätze für Wissenschaftssprache sind insofern eindimensional, als der für Wissenschaftssprache typische Merkmalreichtum auf eine einzelne Erklärungsdimension zurückgeführt wird (bspw. beim Ich-Verbot).[24] Im Verlauf der vorliegenden Arbeit wird sich jedoch zeigen, dass solche eindimensionalen Erklärungsansätze nicht immer zufriedenstellend sind. Für eine plausible Erklärung für Wissenschaftssprache werden demgegenüber vielmehr unterschiedliche vorhandene Erklärungsansätze verbunden und integriert sowie vor allem *ergänzt* werden müssen. Dies bedeutet im Speziellen, dass etwa in Hinblick auf eine Erklärung über Ideale noch weitere Dimensionen

---

23 Folgendes sei betont: Bei diesen Prämissen handelt es sich eher um eine Rechtfertigung des eigenen Vorgehens als um eine Kritik an bisherigen Vorgehensweisen. Ich möchte mit ihnen deutlich machen, warum und inwiefern es mir notwendig erscheint, in Hinblick auf Wissenschaftssprache mit einem grundlagentheoretischen Fokus auf Handeln und Textproduktion zu arbeiten. Außerdem dürfen die Prämissen auch als Vorschlag gelesen werden, wie man hinsichtlich einer Erklärung von Wissenschaftssprache vorgehen könnte, womit natürlich kein Anspruch auf Allgemeingültigkeit erhoben wird.
24 Die Bezeichnung eindimensional bedeutet hier keineswegs beschränkt oder defizitär – sie sollte also nicht pejorativ aufgefasst werden. Damit ist allein gemeint, dass dem Muster der Erklärung eine Dimension zugrunde liegt bzw. dass das Explanans aus einer Dimension besteht (z. B. einem Ideal). Ebenso bedeutet eindimensional nicht, dass man sich in den entsprechenden Ansätzen (bspw. Weinrich und Kretzenbacher) ausschließlich und allein mit dieser einen Thematik, also etwa dem ‚Ich-Verbot', befasst (s. o.).

ergänzt werden, um das Explanans zu spezifizieren (s. u.). Es geht hier also um Ergänzung mit Blick auf Mehrdimensionalität und nicht um Ersetzung von Eindimensionalität.

Es wird sich auch zeigen, dass die bisherigen Erklärungsansätze eher abstrakt ausgerichtet sind, was ihre Erklärungskraft unter bestimmten Umständen einschränkt. Aus diesem Grund werde ich mich demgegenüber bei der angestrebten mehrdimensionalen Ergänzung auf eine konkretere Ebene konzentrieren.

c) Empirische Basis

In engem Zusammenhang mit den vorausgehenden Prämissen steht, dass vorhandene Erklärungsansätze für Wissenschaftssprache mit empirischen Daten abgeglichen und überprüft werden sollten. Zentraler Bestandteil des in der vorliegenden Arbeit verwendeten systematischen Erklärungsbegriffs ist nämlich, dass sich u. a. durch neue empirische Erkenntnisse neue *Wissenssituationen* ergeben können, in denen bisherige Erklärungsansätze nicht mehr – wie noch vielleicht zuvor – greifen können. Daraus wird dann die Notwendigkeit abgeleitet, die Erklärung insgesamt weiter zu spezifizieren. Konkret wird sich dies in der vorliegenden Arbeit anhand der Ergebnisse aus der historischen empirischen Untersuchung zum *Unbestimmtheitsgebrauch* zeigen, nach denen bspw. eine Erklärung für Wissenschaftssprache mithilfe des Ich-Verbots problematisch wird. Aus diesem Umstand ergibt sich dann also die Notwendigkeit, die bisherigen Erklärungsansätze zu ergänzen.

d) Grundlagentheoretische Ergänzung

Die anzustrebende Ergänzung bisheriger Erklärungsansätze und -dimensionen soll nicht nur – wie oben bereits angesprochen – auf einer weniger abstrakten Ebene stattfinden, sondern außerdem grundlagentheoretisch hergeleitet und erörtert werden. Aus der durch die empirischen Ergebnisse zum Unbestimmtheitsgebrauch hergestellten neuen Wissenssituation wird sich die Notwendigkeit ergeben, das *textproduktive Handeln* in der Wissenschaft theoretisch näher zu beleuchten. War es vor Veränderung der Wissenssituation bei bisherigen Erklärungen noch möglich, das textproduktive Handeln für die Erklärung unberücksichtigt zu lassen, geht das nun nicht mehr. Es muss also für *Erklärungs*zwecke grundlagentheoretisch aufgearbeitet werden, was man unter Textproduktion in der Wissenschaft verstehen darf und vor allem welcher *Handlungsbegriff* dem zugrundeliegt. Wichtig ist also, dass für die zu ergänzende Erklärungsdimension Handlung nicht einfach auf vor-theoretische oder Alltagsvorstellungen von Handlung zurückgegriffen wird, sondern dass ein Handlungsbegriff systematisch erarbeitet wird.[25]

e) Veränderte Denkrichtung bei der Erklärung

Und schließlich ist die Ausrichtung bei der Erklärung für Wissenschaftssprache in der vorliegenden Arbeit allgemein und nicht bezogen auf konkrete sprachliche Phänomene wie bei den bisherigen Erklärungsansätzen. Die bisherige Denkrichtung wird also quasi umgekehrt. Hinter dem Anspruch, ein systematisches und mehrdimensionales Erklärungsmodell herauszuarbeiten, steckt der Versuch, *allgemein* zu erklären, warum in der Wissenschaft auf solch spezifische Weise Sprache verwendet wird, die einen überhaupt erst von einem abgegrenzten Bereich Wissenschaftssprache sprechen lässt. Die vorhandenen Erklärungsansätze, die auf konkrete Sprachphänomene wie Deagentivierungsmittel bezogen sind, dienen hierfür als wichtiger und notwendiger Bezugspunkt, von dem aus die weiterführenden Überlegungen ausgehen.

Erklärungsbegriff

Kommen wir nun zur Explikation des Erklärungsbegriffs. Wie in Bezug auf die erste obige Prämisse angedeutet wurde, wird dem Vorhaben der vorliegenden Arbeit ein systematischer Erklärungsbegriff zugrunde gelegt. Als zentrale Orientierung wird hierfür ein sog. *induktiv-statistischer Erklärungstyp* gewählt. Mit der Wahl dieses Typs werden auch die anderen oben formulierten Prämissen abgedeckt. Die charakteristischen Eigenschaften dieses Erklärungstyps ziehen sich durch die gesamte vorliegende Arbeit, sie finden sich gewissermaßen in ihrer zugrunde liegenden Struktur wieder.[26]

Für den Begriff der Erklärung liegen unterschiedliche Ansätze in der Wissenschafts- und Erkenntnistheorie vor (vgl. bspw. Klärner 2003). Als klassisch und grundlegend darf wohl zweifelsohne das sog. *covering law*-Modell der Erklärung angesehen werden, das sich in drei Typen unterscheidet: *deduktiv-nomologische Erklärung*, *deduktiv-statistische Erklärung* und *induktiv-statistische*

---

[25] Dies ist auch nicht zuletzt wichtig, als der Handlungsbegriff in der Fach- und Wissenschaftssprachforschung häufig zwar zu definitorischen Zwecken verwendet, aber selten näher theoretisch bestimmt wird (vgl. etwa Kalverkämper 1990: 94; Bungarten 1981a: 31).

[26] Es sei an dieser Stelle betont, dass es sich bei dem Rückgriff auf diesen Erklärungstyp vor allem auch um eine heuristisch gut geeignete Rahmung für das Vorhaben der Gesamtarbeit handelt, mit der die einzelnen Teile integriert werden können.

Erklärung (vgl. Hempel 1977). *Covering law*-Erklärungen im Allgemeinen lassen sich mit Holger Klärner wie folgt definieren:

> Man spricht davon, dass *covering-law*-Erklärungen das Explanandum-Phänomen [das zu erklärende Phänomen, R. N.] unter ein im Explanans auftretendes ‚umfassendes Gesetz' *(covering law) subsumieren*. Eine *covering law*-Erklärung zeigt dabei, daß das Explanandum vor dem Hintergrund der im Explanans angeführten Information über Gesetze und Anfangs- und Randbedingungen *zu erwarten war*. Genau hierin besteht die Erklärungsleistung einer *covering law*-Erklärung bezüglich des jeweiligen Explanandums, und in genau diesem Sinne führt eine *covering law*-Erklärung zu Verständnis. (Klärner 2003: 27)

Die drei Typen unterscheiden sich nun in der Hinsicht, in welcher Weise das Explanans, also die Gesetze und Anfangs- und Randbedingungen, verstanden werden: Bei *deduktiv-nomologischen Erklärungen* liegen universelle Gesetze vor (also etwa physikalische Gesetze), die zu Anfangs- und Randbedingungen in Beziehung gesetzt werden, um zu deduktiv gültigen Erklärungen zu gelangen (vgl. Hempel 1977: 5ff). Zum Beispiel wird die Schwingungsdauer eines Pendels (Explanandum) mithilfe eines Explanans erklärt, das sich aus einem physikalischen Gesetz über die Schwingungsdauer mathematischer Pendel sowie den vorliegenden Anfangs- und Randbedingungen, also der Länge des Pendels und der Beschleunigung, zusammensetzt (vgl. Klärner 2003: 30).

Deduktiv-statistische Erklärungen sind den *deduktiv-nomologischen Erklärungen* recht ähnlich. Sie unterscheiden sich von diesen allerdings darin, dass im Explanans keine universellen, sondern statistische Gesetze vorliegen, sowie darin, dass das Explanandum aus einer statistischen Regularität besteht (vgl. Klärner 2003: 32). Es geht hier also um so etwas wie mathematisch-statistische Wahrscheinlichkeit, wie diejenige, dass die Wahrscheinlichkeit, bei einem Münzwurf ‚Kopf' oder ‚Zahl' zu erreichen, bei jeweils 50 Prozent liegt. Bei der Erklärung wird dabei eine engere statistische Gesetzmäßigkeit unter eine umfassendere statistische Gesetzmäßigkeit subsumiert bzw. die engere wird aus der umfassenderen abgeleitet (vgl. Hempel 1977: 59):

> Die Ableitung wird durch die mathematische Theorie der statistischen Wahrscheinlichkeit bewerkstelligt, die es ermöglicht, gewisse abgeleitete Wahrscheinlichkeiten (auf die im Explanandum Bezug genommen wird) aus anderen Wahrscheinlichkeiten (die im Explanans gegeben werden) zu berechnen, wobei die letzteren empirisch ermittelt oder hypothetisch angenommen wurden. (Hempel 1977: 60)

Zum Beispiel: Aus der statistischen Wahrscheinlichkeit, dass bei einem Münzwurf ‚Kopf' (bzw. „Wappen") mit einer Wahrscheinlichkeit von 50 Prozent erscheint sowie aus der Hypothese, dass bei mehreren Würfen jeder einzelne Wurf vom anderen unabhängig ist, folgt „*deduktiv*, daß die Wahrscheinlichkeit für

Wappen [auch] nach einer langen Folge, bei der stets Wappen auftrat, immer noch ½ ist." (Hempel 1977: 59)

Bei *induktiv-statistischen Erklärungen* sind die Gesetze im Explanans ebenfalls nicht universell, sondern statistisch. Anders als bei *deduktiv-statistischen Erklärungen* besteht das Explanandum hier jedoch nicht aus statistischen Regularitäten, sondern aus „*einzelne[n], spezielle[n] Ergebnisse[n].*" (Klärner 2003: 33) Außerdem ist das Explanandum keine deduktive Folge aus dem Explanans, sondern vielmehr: „[D]as Explanans [verleiht] dem Explanandum einen mehr oder weniger hohen Grad induktiver Stützung oder logischer (induktiver) Wahrscheinlichkeit." (Hempel 1977: 66) Oder anders formuliert: „Bei einer IS-Erkläung [induktiv-statistischen Erklärung] macht das Vorliegen der im Explanans genannten Information es also nicht *sicher*, sondern lediglich *wahrscheinlich*, daß der durch den Explanandum-Satz bezeichnete Sachverhalt eintritt." (Klärner 2003: 33) Ein Beispiel: Dass ein Patient von einer Streptokokken-Infektion genesen ist (Explanandum), wird mit dem folgenden Explanans erklärt: Die Tatsachen, dass der Patient an einer Streptokokken-Infektion erkrankt ist sowie dass er mit Penicillin behandelt wurde, stellen die Anfangs- und Randbedingungen dar. Diese Bedingungen werden mit dem statistischen Gesetz in Verbindung gebracht, dass durch Penicillin mit einer hohen Wahrscheinlichkeit Streptokokken-Infektionen geheilt werden können. Das Explanandum, das besagt, dass der Patient geheilt ist, wird also mithilfe dieses Explanans erklärt; alltäglicher formuliert würde man vielleicht sagen: Der Patient ist geheilt, weil er mit Penicillin behandelt wurde.

Was bedeutet das nun für das Vorhaben der vorliegenden Arbeit? Zunächst einmal kann man sagen, dass *deduktiv-nomologische Erklärung*en und *deduktiv-statistische Erklärungen* für unseren Zugang einer Erklärung von Sprache nicht in Frage kommen: Es geht hier nicht darum, mithilfe von universellen Gesetzen oder mithilfe von statistischen Wahrscheinlichkeiten Sprache deduktiv zu erklären, da man m. E. auf diese Weise dem Gegenstand Sprache nicht gerecht wird.[27] Mit ihrer Hilfe kann man vielleicht mathematisch-naturwissenschaftliche Phänomene erklären, aber nicht kulturelle und soziale Phänomene wie Sprache. Mehr Sinn macht dagegen der Rückgriff auf den Typ der *induktiv-statistischen Erklärung*. Demnach geht es hier grob gesagt darum, ein Explanans herauszuarbeiten, das dem Explanandum, also gruppenspezifischem Sprach-

---

[27] Was aber nicht heißt, dass solche Erklärungen für Sprachgebrauch nicht angestrebt werden. Aus meiner Sicht liegen solchen Versuchen aber stark naturwissenschaftlich geprägte Sprachverständnisse zugrunde, die Sprache nicht in erster Linie als in ihren sozialen und kulturellen Zusammenhängen geprägt verstehen.

gebrauch, „einen mehr oder weniger hohen Grad induktiver Stützung oder logischer (induktiver) Wahrscheinlichkeit" verleiht (Hempel 1977: 66) – es geht also nicht um deduktive Sicherheiten bzw. Gültigkeiten der Erklärung, sondern um eine (möglichst) *maximale Spezifizierung der Erklärung*.

Der Rückgriff auf diesen Erklärungstyp wird dabei jedoch nicht in einem strengen Sinne vorgenommen, sondern er sollte vielmehr als eine Art lose Orientierung verstanden werden. Es wird hier also zum Beispiel nicht von statistisch genau berechneten Gesetzen ausgegangen.[28] Vielmehr geht es mir bei der Erklärung darum, für unser Explanandum ein Explanans vorzulegen, in dem *empirische Ergebnisse* und *theoretische Überlegungen* in plausibler Form so aufeinander bezogen werden, dass sie eine *maximal plausible Erklärung* für gruppenspezifischen Sprachgebrauch liefern.

Der Rede von ‚Plausibilität' liegt ein Gedanke zugrunde, der für *induktiv-statistische Erklärungen* wesentlich ist: Im Rahmen von *induktiv-statistischen Erklärungen* besteht nämlich immer die Möglichkeit von „rivalisierenden Argumenten" (Hempel 1977: 77) für ein Explanans, die zu einer Mehrdeutigkeit führen können: Für *induktiv-statistische Erklärungen* besteht also grundsätzlich das „Problem der Erklärungsmehrdeutigkeit" (Hempel 1977: 76), wonach in einem Explanans unterschiedliche (teils divergierende) Erklärungsansätze vorhanden sein können. Mit dem Grundsatz, dass es hier nicht um deduzierte Sicherheiten bzw. Gültigkeiten geht, geht demnach einher, dass die Erklärung immer nur eine Art potentielle, also nie eine absolut sichere Gültigkeit besitzen kann. Deshalb ist für *induktiv-statistische Erklärungen* die „*Forderung nach maximaler Spezifizierung*" zentral (Hempel 1977: 79; Hervorhebung von R.N.), wonach ein Explanans immer wieder angepasst und ergänzt werden muss, wenn bspw. neue Forschungsergebnisse oder theoretische Innovationen die Voraussetzungen für das Explanans verändern, d. h. also wenn eine neue „Wissenssituation" (Hempel 1977: 86) eintritt. Das bedeutet für unseren Zusammenhang also, dass eine Erklärung, die sich in Hinblick auf ihre Plausibilität vor dem Hintergrund solcher Veränderungen ebenfalls verändert, hinsichtlich ihrer Plausibilität entsprechend (maximal) angepasst werden muss.

Die Orientierung an diesem Erklärungstyp spiegelt sich, wie oben angedeutet, im Grunde in der Gesamtstruktur der vorliegenden Arbeit wider und lässt

---

28 Der Gesetzesbegriff bleibt in der gesamten Diskussion ohnehin uneindeutig (vgl. Klärner 2003: 41).

sich in Hinblick auf Wissenschaftssprache an dem folgenden, in der vorliegenden Arbeit vorzunehmenden Vierschritt festmachen:[29]

A   Erarbeitung von Erklärungsansätzen für Wissenschaftssprache,
B   neue Wissenssituation nach Abgleich von Erklärungsansätzen mit Empirie (Unbestimmtheit),
C   fehlende Erklärungskraft des Explanans,
D   maximale Spezifizierung des Explanans durch Ergänzung.

A: Das konkrete Ziel der vorliegenden Arbeit ist es, zunächst einmal ein Erklärungsspektrum aus vorliegenden, einschlägigen Erklärungsansätzen für das Explanandum, also für typischen Sprachgebrauch im Sozialbereich Wissenschaft, herauszuarbeiten. Bei diesen Erklärungsansätzen handelt es sich nicht notwendigerweise um Ansätze, deren expliziter Anspruch auch das Erklären selbst ist; d. h. die Erklärungsansätze können auch implizit zugrunde liegen und müssen dann also systematisch und explizit herausgestellt werden.

B: Diese Erklärungsansätze sowie weitere potentielle Erklärungsmöglichkeiten werden daraufhin in Beziehung gesetzt zu empirischen Befunden des wissenschaftlichen Sprachgebrauchs, die mithilfe einer eigens vorgenommenen Korpusuntersuchung zum historischen Gebrauch von Unbestimmtheitsmitteln erzielt werden. Das Ziel dieser Korpusuntersuchung ist es, die Erklärungskraft bzw. Plausibilität der herausgearbeiteten Erklärungsansätze zu überprüfen.

C: Dieser Abgleich der empirischen Ergebnisse mit den Erklärungsansätzen wird eine gewisse Diskrepanz zwischen dem bisherigen Explanans und der Empirie des Sprachgebrauchs aufzeigen. Es wird also die Notwendigkeit deutlich, das vorhandene Explanans zu erweitern.

D: Auf dieser Auseinandersetzung aufbauend soll dann das bisherige nicht gänzlich greifende Explanans, gemäß einer *induktiv-statistischen Erklärung*, theoretisch ergänzt und grundiert werden, um so der Anforderung einer ‚maximalen Spezifizierung des Explanans' (s. o.) gerecht zu werden (ausführlich zur Methodik siehe weiter unten).

Kurzum: Das bisherige Explanans für Wissenschaftssprache, das sich aus unterschiedlichen (teils rivalisierenden) Erklärungsansätzen zusammensetzt, wird in Beziehung gesetzt zum empirischen Sprachgebrauch, genauer zum Gebrauch von Unbestimmtheitsmitteln (s.u.), und daraufhin grundlagentheoretisch erweitert bzw. spezifiziert.

---

[29] Dieser Vierschritt findet sich gewissermaßen auch in der Aufteilung der Arbeit, mit den zwei großen Abschnitten A und C, wieder.

1.2 Verortung und Hintergründe der Arbeit

Mit Blick auf das Erkenntnisinteresse der vorliegenden Arbeit scheint es notwendig zu sein, einen relativ komplexen Zugang zu wählen, der Forschungsbereiche wie die Wissenschaftssprachforschung, die (wissenschaftliche) Textproduktionsforschung, die Sprachtheorie und die Sozial- und Kulturtheorie aufeinander bezieht. Die Integration dieser Bereiche scheint nicht allein vor dem Hintergrund der oben aufgeführten Argumentation produktiv für das Erkenntnisinteresse der vorliegenden Arbeit, sondern darüber hinaus u. U. auch für die jeweiligen Bereiche selbst gewinnbringend zu sein.

Im Folgenden seien kurz einige Überlegungen zur Integration der einzelnen Bereiche angedeutet. Den Ausgangspunkt stellt dabei der Zusammenhang von Wissenschaftssprach- und Textproduktionsforschung dar: Die Wissenschaftssprachforschung lässt sich gewissermaßen als ein – sehr prominenter – Vertreter der Fachsprachenforschung ansehen, aus der heraus sie sich im Grunde etabliert hat (vgl. Kalverkämper 1998: 50–53). Bei der Beschäftigung mit Fachsprache stand von Beginn der Fachsprachenforschung in den 1960er Jahren bis ungefähr in die 1980erJahre der Fokus auf die fachsprachliche Terminologie im Vordergrund (vgl. Kalverkämper 1998: 48):

> Die Analyse und Beschreibung von Fachwortschätzen war lange Zeit [...] das zentrale und nahezu einzige Thema aller Fachsprachenforschung. Ja, Fachsprachenforschung ließ sich bis in die jüngere Zeit hinein durchaus gleichsetzen mit: Fachlexik- bzw. Terminologieforschung. (Knobloch & Schaeder 1996: 9)

Eine ähnliche anfängliche Terminologiefixierung kann man auch für die Wissenschaftssprachforschung im Speziellen konstatieren (vgl. Drozd & Seibicke 1973; auch Steinhoff 2007a: 11). Erst später wendete man sich in der Fach- und Wissenschaftssprachforschung dann vermehrt vor allem auch der grammatischen Spezifik, und hier vor allem der Syntax, sowie auch textlinguistischen und pragmatischen Fragen zu (vgl. Kalverkämper 1998: 48; Bungarten 1981b), wobei es natürlich immer auch um das Verhältnis von Wissenschaftssprache bzw. -kommunikation zu anderen Bereichen der Kommunikation (etwa der Gemeinsprache) oder aber um die Rolle von Wissenschaftssprache im internationalen Vergleich ging und geht (vgl. etwa Kalverkämper & Weinrich 1986; Bungarten 1989b; Kretzenbacher & Weinrich 1994; Wiegand 1999; Klein 2003). In jüngster Zeit widmet man sich zudem auch verstärkt historischen Perspektiven auf Wissenschaftssprache (vgl. Eins, Glück & Pretscher 2011; Klein 2011; Prinz & Schiewe 2017). Im Großen und Ganzen kann man sagen, dass die Wissenschaftssprachforschung in dieser Hinsicht eine stark ausgeprägte Präferenz für die

Betrachtung von wissenschaftssprachlichen *Produkten* aufweist.³⁰ Ebenfalls in jüngerer Zeit rückt verstärkt auch die *Produktion* von wissenschaftlichen Texten in den Vordergrund. Dies geschieht vor allem aus der Perspektive des studentischen Schreibens, also in erster Linie mit Fokus auf die Kompetenzentwicklung beim wissenschaftlichen Schreiben (vgl. Feilke & Steinhoff 2003; Steinhoff 2007a; Pohl 2007). Wissenschaftliches Schreiben wird dabei als ‚domänen- und disziplinspezifisches Schreiben' verstanden, das – etwa gegenüber dem Schreiben in der Schule – als ein eigenständiger Kompetenzbereich angesehen wird, der sich u. U. auch disziplinär unterschiedlich ausgestaltet (vgl. etwa Adamzik, Antos & Jakobs 1997; Lehnen 2009). In der vorliegenden Arbeit wird der Produktion von (wissenschaftlichen) Texten ebenfalls ein zentraler Status zugesprochen. Textproduktion wird hier allerdings vor allem als eine zentrale *theoretische Kategorie* betrachtet, die für die Beschäftigung mit Wissenschaftssprache bzw. wissenschaftlichen Texten fundamental ist, wie oben mit Bezug auf Gerd Antos (1981) herausgestellt wurde.³¹ In der vorliegenden Arbeit wird der Überlegung von Antos im Grunde entsprochen: Im Rahmen der historischen Wissenschaftssprachforschung, bei der wissenschaftliche Textprodukte empirisch untersucht werden, wird theoretisch von der wissenschaftlichen Textproduktion ausgegangen und diese dabei handlungstheoretisch erörtert.

Hiermit kommt zugleich die kulturtheoretische Fundierung des Textproduktionsbegriffs zum Tragen. Mit der Antos'schen Überlegung ist also insofern zugleich der Zusammenhang von Textproduktionsforschung und Sozial- und Kulturtheorie angesprochen, als für eine ‚Theoretisierung' von Textproduktion im oben vorgestellten Sinne eine Orientierung an den Sozial- und Kulturtheorien und deren Handlungsverständnissen grundlegend zu sein scheint. Der hier vertretene kulturtheoretische Ansatz der Praxistheorie enthält zudem – wie in der obigen Skizze herausgestellt wurde – gewisse Parallelen zum sprachtheoretischen Ansatz von Sybille Krämer (u. a. 2001), weshalb also Textproduktionsforschung, Kulturtheorie und Sprachtheorie hier grundsätzlich in einem engen Zusammenhang gedacht werden. Auf die zentralen theoretischen Hintergründe zu diesem Zusammenhang ist bereits oben überblicksartig eingegangen worden, weshalb an dieser Stelle darauf verzichtet wird.

---

30 Einen guten Überblick gibt bspw. Bongo (2010).
31 Es sei betont, dass es mir allein um den handlungstheoretischen Status von Textproduktion geht. Textproduktion dient ausschließlich als theoretische Kategorie für die hier anzustellenden Überlegungen. Diesem Handlungsfokus liegt ein spezifischer Textbegriff zugrunde, der unter 8.2.2 mit Blick auf die Performativitätsforschung herausgearbeitet wird.

Die Komplexität des hier gewählten Zugangs scheint – wie gesagt – auf der einen Seite notwendig zu sein, um dem Erkenntnisinteresse der vorliegenden Arbeit nachgehen zu können. Auf der anderen Seite dürfte dieser Zugang aber auch z. T. produktiv für die jeweils einzelnen Forschungsbereiche sein: So erscheint es – wie in der obigen Argumentationsskizze betont – notwendig, die im praxistheoretischen Ansatz einfach vorausgesetzte Übertragung des Handlungsverständnisses auf das Sprachhandeln zu spezifizieren. Diese Spezifizierung ist im Grunde nur sinnvoll, wenn die Textproduktionsforschung systematisch einbezogen und auch mit der Sprachtheorie verbunden wird. Für die Textproduktionsforschung wiederum muss im Großen und Ganzen konstatiert werden, dass *systematische* handlungstheoretische Überlegungen in Bezug auf Textproduktion bisher im Grunde kaum angestellt wurden bzw. dass der Handlungsaspekt in diesem Zusammenhang oftmals weitestgehend vorausgesetzt wird, von Ausnahmen wie den Arbeiten von Gerd Antos (1981; 1982) und Arne Wrobel (1995) einmal abgesehen. In Orientierung an diese Arbeiten soll in der vorliegenden Arbeit auch ein Beitrag in diesem Zusammenhang geleistet werden. Und schließlich scheint mir die zentrale theoretische Fokussierung der Textproduktion (mit der kultur- und sprachtheoretischen Fundierung) auch für die Sprachtheorie selbst fruchtbar zu sein. Mit den herauszuarbeitenden praxis- und performativitätstheoretischen Überlegungen zum *Formulieren* wird ein Aspekt im Rahmen des Krämer'schen Ansatzes beleuchtet, der bisher nicht in der Form berücksichtigt wurde, denn der Performativitätsaspekt mit dem Hervorbringungs- und Materialitätsgedanken wurde bisher eher in Bezug auf das Sprechen oder auf Medien und weniger in Bezug auf das Schreiben als Handeln angewendet. Dieser sprachtheoretische Zugang darf grundsätzlich auch als Beitrag zu der in der Sprachwissenschaft in der jüngeren Zeit geführten Diskussion über den Praktikenbegriff verstanden werden (vgl. Günthner 1995; Fiehler 2000; Linke 2010), der relativ stark am Konzept der ‚kommunikativen Gattungen' von Thomas Luckmann (1986; 1997) orientiert ist.

Dieser theoretische Hintergrund der vorliegenden Arbeit ist eingebettet in den folgenden programmatischen Zusammenhang: Die eingangs skizzierte Argumentation der vorliegenden Arbeit folgt in ihren Grundzügen einem als ‚Aufruf' interpretierbaren Themenheft aus der *Zeitschrift für germanistische Linguistik* aus dem Jahr 2006, in dem es um die programmatische Einordnung einer *kulturwissenschaftlich orientierten Linguistik* geht (vgl. bspw. Günthner & Linke 2006; Ehlich 2006; Jäger 2006). Dass Linguistik nicht selbstverständlich in einem produktiven Verhältnis zu Kultur steht, zeigt Ludwig Jäger anhand der Entwicklung der Sprachwissenschaft seit ihrer Etablierung als einer eigenständigen Disziplin zu Beginn des 19. Jahrhunderts auf (vgl. Jäger 2006). Diese Entwicklung ist gekennzeichnet durch zunehmende „Auslagerungen kultureller Phänomenbereiche" (Jäger 2006: 29) und eine u. U. stark ausgeprägte Orientierung an den Naturwissenschaften (vgl. Jäger 2006: 30; auch Jäger 2003; Ehlich 2006: 58):

> Die disziplinäre Herausbildung des Faches ist also [...] seit dem frühen 19. Jahrhundert zunehmend durch ein Selbstverständnis geprägt, das die Konstitution des Erkenntnisgegenstandes Sprache nur in dem Maße als wissenschaftlich konzediert, in dem die für die Humboldtsche Tradition der Sprachwissenschaft noch bestimmende Verflechtung von Sprache und Kultur systematisch gelöst wird – zugunsten eines Sprachbegriffs, der Sprache entweder vor dem Hintergrund der Opposition von *Natur* und *Geist* auf der Seite der Natur oder vor dem Hintergrund der Opposition von *internem* (universalem) Wissen und *externem* (partikulärem) Verhalten auf der Seite des internen Wissens oder schließlich vor dem Hintergrund der Opposition von *innerer* und *äußerer* Sprachwissenschaft auf der Seite der inneren Sprachwissenschaft situiert. (Jäger 2006: 32)

Vor diesem Hintergrund einer überwiegenden Abstinenz von Kultur in der Sprachwissenschaft ist es nicht verwunderlich, dass die Sprachwissenschaft im Allgemeinen, aber auch die eigentlich kulturorientierten Fragestellungen nachgehende Sprachwissenschaft im Speziellen im kulturtheoretischen Diskurs kaum in Erscheinung tritt (vgl. Jäger 2006: 36–41),[32] obwohl sachlich genügend Anschlussmöglichkeiten vorhanden wären, was man besonders gut am sog. ‚linguistic turn' in den Kulturwissenschaften sehen kann (vgl. Günthner & Linke 2006: 2–6).

Die vorliegende Arbeit versteht sich nun als ein Versuch, dieser überwiegenden ‚Kulturvergessenheit der Sprachwissenschaft' zu begegnen, und verortet sich demnach grundsätzlich in ein Feld von – teils programmatischen –

---

32 Ausführlich heißt es bei Jäger hierzu: „Insgesamt ist es also nicht verfehlt, festzustellen, dass zwischen dem hohen Stellenwert, den die ‚kulturalistische Herausforderung' in den Geistes- und Sozialwissenschaften insgesamt erlangt hat, und dem Maß an Aufmerksamkeit, das der kulturellen Dimension des Erkenntnisobjektes Sprache im disziplinären Feld der Sprachwissenschaft zugemessen wird, eine sachlich nicht legitimierbare Distanz besteht. Tatsächlich muss, wirft man einen Blick auf den disziplinären Ort der Sprachwissenschaft im gegenwärtigen Gefüge der Geistes- und Sozialwissenschaften, eine solche Distanz für weite Teile der Linguistik konstatiert werden. Dies gilt in gewissem Maße selbst für die subdisziplinären Felder der Sprachwissenschaft, die dem kognitivistischen Leit-Paradigma nicht zugehören und sachlich im engeren oder weiteren Sinne kulturwissenschaftlichen Fragestellungen zugeordnet werden müssen: etwa die Sprechhandlungstheorie und pragmatische Kommunikationsanalyse, die Diskursanalyse und (ethnomethodologische) Konversationsforschung, die kommunikationswissenschaftliche Medienwissenschaft und die linguistische Medienforschung – um nur einige zu nennen." (Jäger 2006: 38)

Zugängen, die Sprache systematisch im Zusammenhang mit Kultur behandeln oder die Sprachwissenschaft als (Teil von) Kulturwissenschaft verstehen (vgl. neben den oben aufgeführten z. B. auch Maas 1987; Gardt, Haß-Zumkehr & Roelcke 1999; Ågel 1999; Auer 2000; Gardt 2003; Warnke 2004; Busse, Niehr & Wengeler 2005; Linke & Feilke 2009) – wenngleich hier mitunter natürlich recht unterschiedliche Kulturbegriffe zugrunde liegen.

1.3 Methodisches Vorgehen

Methodisch wird in der vorliegenden Arbeit wie folgt vorgegangen: Im ersten Teil der Arbeit (Abschnitt A) werden zunächst die Diskurse zu Erklärungsansätzen für Wissenschaftssprache vorgestellt. Anschließend werden diese mithilfe einer empirischen, z. T. korpusbasierten Untersuchung zum Unbestimmtheitsgebrauch in Hinblick auf ihre Plausibilität überprüft. Im zweiten großen Teil der Arbeit (Abschnitt C) wird dann mit grundlagentheoretischer Begriffsarbeit zum Handlungs- und Textproduktionsbegriff das als nicht ausreichend befundene bisherige Explanans für den typischen Gebrauch von Wissenschaftssprache ergänzt, um auf diese Weise – im Sinne einer induktiv-statistischen Erklärung – die Plausibilität des Explanans maximal zu spezifizieren. Aus der Empirie wird folglich gewissermaßen die Notwendigkeit abgeleitet, grundlagentheoretische Überlegungen zu einem Handlungs- und Textproduktionsbegriff für gruppenspezifischen Sprachgebrauch anzustellen.

Der empirischen Untersuchung liegen die folgenden Überlegungen zugrunde: Wie eingangs unter 1.1 bereits betont, wird in der vorliegenden Arbeit der Gebrauch von Unbestimmtheitsmitteln in der deutschen Wissenschaftssprache aus diachroner Perspektive untersucht. Der diachrone und empirische Fokus auf Unbestimmtheit wird hier vor allem als ein gut geeignetes Verfahren betrachtet, um etablierte Erklärungsmuster für wissenschaftlichen Sprachgebrauch zu überprüfen. Um die historische Entwicklung des Gebrauchs von Unbestimmtheitsmitteln in der Wissenschaftssprache nachvollziehen zu können, wird sowohl eine quantitative als auch eine qualitative Analyse von wissenschaftlichen Zeitschriftenaufsätzen durchgeführt. Für die quantitative Analyse wurde ein Korpus mit Aufsätzen aus linguistischen Fachzeitschriften erstellt, das sich in drei zeitlich divergierende Teilkorpora unterteilt (Zeiträume 1900, 1970 und 2010). Bei der quantitativen Untersuchung geht es zunächst einmal darum, relativ unvoreingenommen die Relevanz von Unbestimmtheit in der deutschen Wissenschaftssprache insgesamt sowie vor allem in den unterschiedlichen historischen Zeiträumen zu erfassen. Ist Unbestimmtheit überhaupt relevant für die deutsche Wissenschaftssprache? Gibt es ggf. historische Unterschiede?

Eine solche quantitativ-diachrone Perspektive auf den unbestimmten Sprachgebrauch ist für die deutsche Wissenschaftssprache in der bisherigen Forschung in der Form nicht eingenommen worden. In der sehr einschlägigen Untersuchung von Gross, Harmon und Reidy (2002) werden zwar (naturwissenschaftliche) Wissenschaftstexte verschiedener Einzelsprachen vom 17. bis ins 20. Jahrhundert unter verschiedenen Gesichtspunkten analysiert. So untersuchen die Autoren bspw. auch in deutschsprachigen Texten den Gebrauch des Phänomens ‚Hedging', das sich z. T. auch mit dem Verständnis von Unbestimmtheit in der vorliegenden Arbeit deckt.[33] Die Untersuchung der deutschen Wissenschaftssprache beschränkt sich in der Studie von Gross, Harmon und Reidy allerdings auf die Zeit bis einschließlich zum 19. Jahrhundert; das 20. Jahrhundert, also der in der vorliegenden Arbeit im Wesentlichen interessierende Zeitraum, wird dort vor allem in Hinblick auf die englischsprachige Wissenschaftssprache berücksichtigt (vgl. Gross, Harmon & Reidy 2002: 163). Insofern wird also mit der hier anzustellenden Untersuchung diese ‚Lücke' für die deutschsprachige Wissenschaftssprache des 20. Jahrhunderts in Hinblick auf Unbestimmtheitsmittel zumindest ein Stück weit geschlossen.

Auf zwei in Bezug auf das methodische Vorgehen der vorliegenden Arbeit möglicherweise aufkommende Fragen sei bereits an dieser Stelle kurz eingegangen, da mit diesen Fragen auch weitere hier zu bearbeitende Desiderata verbunden sind: Zum einen mag man sich vielleicht fragen, warum bei einer derartigen Frage lediglich ein vergleichsweise junger Zeitraum von ca. 1900 bis 2010 gewählt wird. Dies hängt mit Erkenntnissen der jüngeren epistemologischen Forschung zusammen, nach der die erkenntnistheoretische Kategorie der *Objektivität* keine ‚ewige' oder lange etablierte Kategorie in der wissenschaftlichen Erkenntnisgewinnung ist, sondern eine vergleichsweise junge Geschichte hat (vgl. Daston & Galison 2007). Erst seit Mitte des 19. Jahrhunderts etablierte sich Objektivität demnach als relevante Kategorie des naturwissenschaftlichen Erkenntnisprozesses, in ideeller und praktischer Hinsicht. Da das Erkenntnisinteresse der vorliegenden Arbeit über die Autorschaftskonzepte des ‚Ich-Verbots' oder der ‚Rhetorik der Durchsichtigkeit' in elementarer Weise mit dem Erkenntnisideal der Objektivität verbunden ist, musste dieser epistemologischen Perspektive Rechnung getragen werden. Für die Linguistik ab der Zeit um 1900, deren Texte ja dem Korpus zugrunde liegen, darf also zumindest prinzipiell davon ausgegangen werden, dass die Kategorie der Objektivität eine

---

33 Zum Hedging in der deutschen Wissenschaftssprache vgl. bspw. Schröder (1998).

Rolle spielt, was für frühere Zeiträume eben nicht gewährleistet wäre. Dies darf nicht zuletzt auch deshalb angenommen werden, da die Sprachwissenschaft sich vor allem seit dem letzten Drittel des 19. Jahrhunderts – u. a. zur Legitimierung der eigenen Disziplin – zumindest in Teilen stark an den Naturwissenschaften orientierte (vgl. Gardt 1999: 278; Helbig 1986: 14).

Hiermit kommen wir auch zur zweiten Frage: Man mag sich vielleicht fragen, warum das Korpus allein sprachwissenschaftliche Zeitschriftenaufsätze enthält und nicht etwa auch solche aus anderen, etwa naturwissenschaftlichen Disziplinen. Zum einen gibt es gerade gegenwärtig in den Naturwissenschaften kaum noch deutschsprachige Publikationen, da dort in erster Linie englischsprachig publiziert wird. Dies spricht also gegen die Etablierung eines naturwissenschaftlichen Korpus. Neben dieser ganz praktischen Begründung gibt es auch gute Gründe, die für die Untersuchung von sprachwissenschaftlichen Texten sprechen. So darf z. B. die systematische Beschäftigung mit *sprachwissenschaftlicher Wissenschaftssprache* als Desiderat in der Wissenschaftssprachforschung betrachtet werden (vgl. Wolski 1998: 1341). In der Wissenschaftssprachforschung steht demnach üblicherweise die Beschäftigung mit Naturwissenschaften im Vordergrund – der Sprachgebrauch in der eigenen Disziplin bleibt eher unberücksichtigt.

Die Berücksichtigung von sprachwissenschaftlichen Texten bringt zudem einen Vorteil mit sich, der vor allem in der qualitativen Untersuchung eine Rolle spielt. Die ausgewählten Zeiträume um 1900 und 1970 zeichnen sich dadurch aus, dass in der Sprachwissenschaft – natürlich ganz grob – eine gewisse Bipolarität zwischen an Naturwissenschaften orientierten sowie eine solche Orientierung ablehnenden Ausrichtungen besteht. Für den Zeitraum 1900 sind das die lange Zeit sehr dominanten, an den Naturwissenschaften angelehnten Junggrammatiker, denen eine heterogene Menge ‚nicht-naturwissenschaftlicher' Zugänge (also bspw. die Mundartforschung) gegenübersteht. Für den Zeitraum 1970 handelt es sich hierbei um die sich grundsätzlich als naturwissenschaftlich verstehende generative Linguistik, der die mit der pragmatisch-kommunikativen Wende aufkommende linguistische Pragmatik gegenübersteht. Die Sprachwissenschaft ist als Grundlage für die Textauswahl also insofern interessant, als sich in ihr die klassische Zweiteilung in Natur- und Geisteswissenschaften quasi *en miniature* niederschlägt.[34] Vor diesem Hintergrund soll in der qualitativen Untersuchung u. a. der Frage nachgegangen werden, ob die jeweiligen Ausrichtungen (naturwissenschaftlich oder ‚nicht-naturwissenschaft-

---

34 Außerdem ist mit der Analyse von Texten der ‚eigenen Disziplin' natürlich auch gewährleistet, dass möglicherweise relevante Inhalte besser nachvollzogen werden können.

lich') sich hinsichtlich des unbestimmten Sprachgebrauchs unterscheiden und ob sich dies ggf. historisch unterscheidet. Auch hier geht es also um die übergeordnete Frage dieser Arbeit, inwiefern konzeptionelle Ausrichtungen auf einer (reflektierten) *Diskurs*ebene, wie etwa ein Selbstverständnis als naturwissenschaftlich orientierte Sprachwissenschaft, sich im Sprachgebrauch niederschlagen. Ist es also so, dass eine naturwissenschaftliche Ausrichtung in der Sprachwissenschaft einen anderen sprachlichen Ausdruck in Hinblick auf Unbestimmtheit aufweist als eine ‚nicht-naturwissenschaftliche' Ausrichtung? Und ist dies ggf. historisch konstant oder gibt es diesbezüglich Unterschiede? Qualitativ bedeutet in diesem Zusammenhang, dass der Gebrauch von Unbestimmtheitsmitteln in den spezifischen Kontexten und funktionalen Zusammenhängen betrachtet wird, wobei weniger die Menge der untersuchten Texte und der Belegzahlen im Vordergrund stehen.

1.4 Aufbau der Arbeit

Schließlich sei noch kurz der Aufbau der Arbeit erläutert. Im ersten Abschnitt der Arbeit (A) geht es um die *Erklärung von Wissenschaftssprache* und ihre Überprüfung. Vorgestellt werden zunächst unterschiedliche Zugänge aus der Wissenschaftssprachforschung (siehe 2.) oder der wissenschaftstheoretischen Forschung (siehe 3.). Sie bilden die Grundlage für Erklärungsansätze, die man in Hinblick auf typischen wissenschaftlichen Sprachgebrauch vorbringen kann. In Kapitel 3 wird mit den konzeptionellen Ausrichtungen in der Sprachwissenschaft auf der einen Seite eine inhaltliche Grundlage für die qualitative Untersuchung vorgestellt: Es geht hier also im Rahmen der Geschichte der deutschen Sprachwissenschaft vor allem um unterschiedliche Positionierungen bzw. konzeptionelle Ausrichtungen in Hinblick auf das eigene Verhältnis zu den Naturwissenschaften. Auf der anderen Seite wird aus dieser Darstellung ebenfalls eine potentielle Erklärung für wissenschaftlichen Sprachgebrauch abgeleitet. In Kapitel 5 wird schließlich die empirische Untersuchung zum Gebrauch von Unbestimmtheitsmitteln vorgestellt, die zum einen korpusbasiert (siehe 5.2) und zum anderen qualitativ erfolgt (siehe 5.3).

In Abschnitt B wird ein Zwischenfazit gezogen. Die Ergebnisse der empirischen Untersuchung werden hier in Beziehung zu den vorab herausgestellten Erklärungsansätzen gesetzt und diskutiert. Aus dieser Diskussion werden dann die Motivation und die Ausrichtung der unter Abschnitt C anzustellenden grundlagentheoretischen Überlegungen abgeleitet.

In Abschnitt C wird schließlich die grundlagentheoretische Erörterung eines Handlungs- und Textproduktionsbegriffs vorgenommen. Hierfür wird zunächst einmal das Verständnis eines praxistheoretischen Handlungsbegriffs vorgestellt (siehe 6.1). Diese Überlegungen zur Praxistheorie werden zugleich in die aktuelle Praktikendiskussion in der deutschen Sprachwissenschaft verortet, wobei Gemeinsamkeiten und Unterschiede aufgezeigt werden (siehe 6.2). Im Anschluss wird zunächst Textproduktion im Allgemeinen in Hinblick auf sprachhandlungstheoretische Grundlagen beleuchtet (siehe 7.), woraufhin ein Verständnis von Textproduktion in Wissenschaftskulturen auf der Grundlage der praxistheoretischen Ausführungen und weiterer kulturtheoretischer – vor allem performativitätstheoretischer – Überlegungen herausgearbeitet wird (siehe 8.). In diesem Zusammenhang werden die Kategorien der *Wiederholung* und *Performativität*, der *Körperlichkeit* sowie zu *Formulieren und Übergänge* in die Überlegungen zur Textproduktion eingebracht (siehe 8.2, 8.3 und 8.4). Schließlich werden die vorausgehenden theoretischen Überlegungen mit Blick auf die Kategorien Subjekt und Autor zusammengetragen und vor dem Hintergrund historischer Wissenschaftskulturen verortet (siehe 8.5).

A – Zur Erklärung von Wissenschaftssprache

Warum ist die deutsche Wissenschaftssprache, wie sie ist? Wie kommt es, dass man in Bezug auf sie sagen kann, dass sie sich in einer typischen, charakteristisch wiedererkennbaren Weise ausprägt? Wie kann man also erklären, dass für den gesellschaftlichen Bereich der Wissenschaft eine offensichtlich gruppenspezifische Verwendung von sprachlichen Mitteln, also etwa von spezifischen lexikalischen und morpho-syntaktischen Konstruktionen, vorliegt, die sich von der Sprachverwendung in anderen gesellschaftlichen Bereichen unterscheidet?

Fragt man nach einer Erklärung im Allgemeinen und betrachtet man einschlägige Diskurse zu Wissenschaftssprache, in denen man eine entsprechende Erklärung erwarten könnte, dann fällt auf, dass es auf die Frage nach der typischen Ausprägung der deutschen Wissenschaftssprache mehrere, z. T. konträre Antworten gibt. Die Erklärung von Wissenschaftssprache ist also offensichtlich ein vielschichtiges Unterfangen mit mehreren, sich teilweise widersprechenden Erklärungen. Wie in der Einleitung bereits angedeutet wurde, wird wissenschaftlicher Sprachgebrauch etwa über Ideale oder über Aspekte der sozialen Beziehungspflege (Hedging) erklärt. Es liegen hier also unterschiedliche Erklärungsansätze vor, die sich aus jeweils spezifischen theoretischen Annahmen und Schwerpunktsetzungen ableiten. Außerdem greifen diese Ansätze jeweils auf unterschiedliche Hintergründe und Diskurse zurück, haben jeweils unterschiedliche sprachliche Phänomene zum Gegenstand und haben außerdem unterschiedliche Zielsetzungen, weshalb das Erklären auch nicht immer ihr primäres Anliegen ist. Bei manchen dieser Erklärungen steht das Erklären explizit im Vordergrund, ist also Gegenstand des jeweiligen Ansatzes (z. B. beim Hedging), bei anderen ist das eigentliche Erklären weniger vordergründig (z. B. beim ‚Ich-Verbot'), wenngleich auch da eine Erklärung vorliegt.

In diesem ersten Teil der vorliegenden Arbeit (A) steht die Diskussion von Erklärungsansätzen von Wissenschaftssprache im Zentrum, die mehr oder weniger dezidiert die eingangs vorgestellten Eigenschaften Objektivität und Faktizität im wissenschaftlichen Sprachgebrauch thematisieren, womit zugleich immer auch die Art und Weise der Autorpräsenz im Text betroffen ist. Zunächst werden hierfür die theoretischen Hintergründe verschiedener entsprechender Erklärungsansätze vorgestellt. Anschließend werden diese Erklärungen zu den Ergebnissen der hier vorgenommenen diachronen empirischen Untersuchung des Gebrauchs von Unbestimmtheitsmitteln in Beziehung gesetzt. Die zuvor vorgestellten theoretischen Hintergründe liefern dabei die Grundlage für die Hypothesenformulierung dieser empirischen Studie. Vor dem Hintergrund dieses Abgleichs wird diskutiert, inwiefern die vorgestellten Ansätze Potential zur

Erklärung von Wissenschaftssprache besitzen. Die empirisch-diachrone Untersuchung von Unbestimmtheit bietet also, wie eingangs hervorgehoben, ein gut geeignetes methodisches Verfahren zur Überprüfung einschlägiger Erklärungen von Wissenschaftssprache.

Die Diskussion der Erklärungen von Wissenschaftssprache führt daraufhin zum zweiten großen Teil dieser Arbeit (C). Wie mithilfe der empirischen Ergebnisse zu zeigen sein wird, führen die unterschiedlichen Erklärungsansätze von Wissenschaftssprache, die sich zu Erklärungsdimensionen verallgemeinern lassen, für sich genommen und in Kombination zu keiner völlig zufriedenstellenden Erklärung. Aus diesem Ergebnis wird die Notwendigkeit abgleitet, weitere mögliche Erklärungsdimensionen in Betracht zu ziehen. Es geht also darum, die vorhandenen Erklärungsdimensionen zu ergänzen. Bei der herauszuarbeitenden Erklärungsdimension liegt der Akzent auf der Textproduktion in der Wissenschaft, wobei es im Speziellen darum geht, systematisch einen Handlungsbegriff herauszuarbeiten, mit dem der Routinecharakter von wissenschaftlicher Textproduktion gefasst werden kann.

Im Folgenden werden also zunächst einmal klassische Autorschaftskonzepte der deutschen Wissenschaftssprachforschung vorgestellt (siehe 2.), die im Zusammenhang mit den in der Einleitung vorgestellten charakteristischen Eigenschaften Objektivität und Faktizität stehen. Im Rahmen dieser Autorschaftskonzepte werden zwei einschlägige Erklärungsdimensionen herausgearbeitet (Ideale und soziale Beziehungen). In Kapitel 3 wird der Fokus dann auf erkenntnistheoretische und wissenschaftssoziologische Überlegungen gerichtet. Neben zentralen Entwicklungen der Erkenntnistheorie und in der Wissenschaftslandschaft selbst (aus wissenschaftssoziologischer Perspektive) wird hier auch eigens die historische Entwicklung der Kategorie der Objektivität vorgestellt. Auch die Darstellung in Kapitel 3 dient dazu, Hintergründe für weitere Erklärungsdimensionen von Wissenschaftssprache aufzuzeigen.

Die Ausführungen in Kapitel 2 und 3 werden grundsätzlich benötigt, um Hypothesen für die Entwicklung des Unbestimmtheitsgebrauchs zu formulieren. Diese Hypothesen werden in der empirischen Untersuchung in Kapitel 5 überprüft, nachdem vorab das der vorliegenden Arbeit zugrunde liegende Verständnis von Unbestimmtheit herausgearbeitet wurde.

Die Ausführungen in Kapitel 4, bei denen es um die Entwicklung der deutschen Sprachwissenschaft geht, bilden insofern eine Grundlage für die empirische Untersuchung in Kapitel 5, als hier aus diversen Gründen ausschließlich Texte der eigenen Disziplin als Analysegegenstand dienten. Das der vorliegenden Arbeit zugrunde liegende Verständnis von Unbestimmtheit wird im Rahmen des Empirie-Kapitels präsentiert (siehe 5.1).

2 Wissenschaftliche Autorschaft

Im Rahmen der Forschung zu Wissenschaftssprache ist die recht prominente Frage nach dem Autor und dessen Präsenz im Text mit unterschiedlichen Schwerpunkten wiederholt gestellt worden. Es geht bei der Frage nach dem wissenschaftlichen Autor im Kern um die Frage nach der Darstellung und der Kommunikation von wissenschaftlicher Erkenntnis. Der Autor ist die verantwortliche Instanz dieser Darstellung und Kommunikation. Hiermit kommt dem wissenschaftlichen Autor eine (wenn nicht sogar *die*) zentrale Stellung in der Wissenschaft zu, denn erst die Kommunikation von wissenschaftlicher Erkenntnis, macht diese zu einer wissenschaftlichen, d. h. zu einer sozialen und öffentlichen Erkenntnis (vgl. etwa Weingarten 1994: 116; Kretzenbacher 1998: 135; Weinrich 2001: 256; Ehlich 2003: 17). Man scheint also nicht zu übertreiben, wenn man sagt, dass die Wissenschaft essentiell an wissenschaftliche Autoren gebunden sind: ohne wissenschaftliche Autoren keine Wissenschaft. Neben dieser zentralen Bedeutung des Autors für die Wissenschaft als Darstellungsinstanz von Erkenntnis ist für die Wissenschaftssprachforschung vor allem die *Art und Weise* der Erkenntnisdarstellung interessant. Hier steht häufig bspw. die Explizitheit der Autorpräsenz auf der Textoberfläche im Vordergrund. In diesem Zusammenhang geht es also z. B. um die Frage nach dem Verhältnis von Erkenntnisidealen wie überindividueller Objektivität und der Art und Weise der Erkenntnisdarstellung.

Im Folgenden werden mit dem ‚Ich-Verbot' und der ‚Rhetorik der Durchsichtigkeit' zwei einschlägige Autorschaftskonzepte der (deutschen) Wissenschaftssprachforschung vorgestellt. Es geht dabei um die Art und Weise der Autorpräsenz in wissenschaftlichen Texten.[1] Anschließend wird mit dem Thema Hedging ein ebenfalls klassisches Konzept der Wissenschaftssprachforschung vorgestellt.

---

1 Es geht mir im Folgenden ausschließlich darum, diesen einen Aspekt der durchaus vielschichtigen Ansätze von Harald Weinrich und Heinz L. Kretzenbacher herauszuarbeiten. Dem gesamten Spektrum ihres Denkens und Arbeitens kann und möchte ich damit also nicht gerecht werden. Die daraus resultierende verkürzte Darstellung ist der Stringenz meiner eigenen Argumentation geschuldet, mit der ich vor allem ein Erklärungsmuster extrahieren möchte, das diesen Ansätzen in Hinblick auf wissenschaftliche Autorschaft m. E. inhärent ist.

2.1 Wissenschaftliche Autorschaft – ‚Ich-Verbot' und ‚Durchsichtigkeit'

Als ein übergeordneter Rahmen für die Art und Weise der Autoraktivität und -präsenz in wissenschaftlichen Texten lässt sich das Konzept der *wissenschaftlichen Autorschaft* ansehen (vgl. Steiner 2009). Felix Steiner versteht unter Autorschaft „das die Autorinstanz bestätigende, rhetorisch-performative Prinzip im Text." (Steiner 2009: 58) Wissenschaftliche Autorschaft ist dabei nicht als ein einheitliches, sondern heterogenes und vielschichtiges Prinzip zu verstehen, das demnach auch auf unterschiedlichen Ebenen beschrieben werden kann (vgl. Steiner 2009: 92). Diese Heterogenität zeigt sich in Steiners Arbeit bspw. an den recht unterschiedlichen Forschungsdiskursen und -traditionen, die er in diesem Zusammenhang vorstellt (vgl. Steiner 2009: 57–94). Im Folgenden werden mit den wissenschaftssprachlichen Autorschaftskonzepten des ‚Ich-Verbots' und der ‚Rhetorik der Durchsichtigkeit' zwei dieser Diskurse aufgegriffen und in den Rahmen der vorliegenden Arbeit gestellt; dabei geht es vor allem darum, ein in diesem Zusammenhang gängiges Erklärungsmuster zu problematisieren.[2]

Das ‚Ich-Verbot' gehört in der Wissenschaftssprachforschung zu den klassischen und wiederholt behandelten Themen; es ist *elementar* mit dem Konzept von wissenschaftlicher Autorschaft verbunden.[3] Der Ausdruck ‚Ich-Verbot' stammt von Harald Weinrich, der für die deutsche Wissenschaftssprache insgesamt von drei Verboten ausgeht: dem ‚Ich-Verbot', dem Erzähl-Verbot und dem Metaphern-Verbot (vgl. Weinrich 1989: 132–139). Die Rede vom ‚Ich-Verbot' stützt er auf empirische Belege bei Eduard Beneš (1981), die zeigen, dass das Personalpronomen ‚Ich' in wissenschaftlichen Texten sehr selten verwendet wird (vgl. Weinrich 1989: 132). Eine sich hieraus ergebende Folge sei, dass in der deutschen Wissenschaftssprache eine gewisse „Uniformisierung" (Weinrich 1989: 133) in der Syntax zu verzeichnen ist, die sich darin äußert, dass entweder recht einseitig auf Formen der dritten Person oder sogar auf gänzlich die Nennung eines Agens verzichtende Strukturen (z. B. Passiv) zurückgegriffen wird.

Die Rede vom ‚Ich-Verbot' deutet also an, dass sich die deutsche Wissenschaftssprache insgesamt durch einen unpersönlichen Ausdruck auszeichnet: Dies wurde in unterschiedlichen Zusammenhängen beschrieben und diskutiert

---

[2] Die Grundzüge der folgenden Darstellung wurden in der Einleitung der vorliegenden Arbeit bereits vorgestellt (siehe 1.1).
[3] Steiner konstatiert, dass das ‚Ich-Tabu' „den Begriff der wissenschaftlichen Autorschaft *im Kern*" (Steiner 2009: 65; Hervorhebung von R.N.) betrifft.

(vgl. u. a. von Polenz 1981; Bungarten 1989a; Kretzenbacher 1991; Weingarten 1994; Oksaar 1998; Schloemer 2012; Hennig & Niemann 2013b).[4]

Im Kern werden der Wissenschaftssprache im Zusammenhang mit dem ‚Ich-Verbot' Charakterisierungen wie bspw. Anonymität, Objektivität, Allgemeingültigkeit und Rationalität zugesprochen. Wie in der Einleitung der vorliegenden Arbeit bereits gezeigt hebt etwa Els Oksaar hervor, dass Anonymität zu den „kennzeichnenden Zügen des wissenschaftlichen Stils" gehöre (Oksaar 1998: 397). Anonymität wird bei ihr in einen direkten Zusammenhang mit Objektivität und Allgemeingültigkeit gebracht: „Anonymität hat, besonders in der Wissenschaftssprache, die Funktion, die an einen Autor gebundene Subjektivität zu eliminieren und den Wahrheitsgrad sowie die Objektivität und mögliche Allgemeingültigkeit der fachbezogenen Aussagen zu verstärken." (Oksaar 1998: 397) Theo Bungarten bringt in diesem Rahmen Objektivität und Rationalität zusammen:

> Das Prinzip der Rationalität und Objektivität ist das oberste Gebot. Bereits in der Platonischen Ideenlehre kann man den Ursprung des Strebens nach rationaler und objektiver Erkenntnis sehen: in der *Idee* spielt das menschliche Subjekt des Erkenntnisprozesses keine Rolle. Nur die *ratio* mit ihren denkerischen Fähigkeiten ist gefragt. Alle anderen menschlichen Eigenschaften, Gebundenheiten und Befindlichkeiten werden vernachlässigt. Die *ratio* wird in das Bild des *objektiven Wissenschaftlers* eingelagert, ja mit ihm und einigen instrumentellen Fähigkeiten, die für die wiss. Arbeit notwendig sind, gleichgesetzt. Der solcherart von allen menschlichen ‚Unzulänglichkeiten' befreite objektive Wissenschaftler kommuniziert mit seinem ebenso objektiven Widerpart ausschließlich auf sachlicher, rational-argumentativer, logischer Ebene. (Bungarten 1989a: 34)

Diese Auffassung von Wissenschaftssprache entspricht einem landläufigen Verständnis von ‚Bildungssprache' als einer gewissermaßen ‚reinen Darstellung', das Peter von Polenz mit Blick auf die ‚akademisierte Bildungs- und Öffentlichkeitssprache' treffend wiedergibt. Er beschreibt dies in der Form,

> daß unsere seit der Aufklärungszeit akademisierte Bildungs- und Öffentlichkeitssprache zunehmend von einer Entpragmatisierung der Formulierungsweise gekennzeichnet ist [...]: Ichbezüge, Gefühls- und Einstellungsäußerungen, Interjektionen, Modaladverbien

---

4 In Hennig & Niemann (2013b) haben wir allerdings die formale Seite der Deagentivierung von einer funktionalen Seite unterschieden, was bedeutet, dass bei einer formalen Realisierung eines Deagentivierungsmittels aus funktionaler Perspektive durchaus Bezüge auf die Autorinstanz vorhanden sein können. Der Autor wird also zwar formal ausgeklammert, wobei er (funktional) natürlich anwesend ist. Auch diese Form einer indirekten Anwesenheit einer Autorinstanz ist Teil wissenschaftlicher Autorschaft, die von Wissenschaftler-Subjekten in Szene gesetzt wird.

> und Abtönungspartikeln werden in offiziellen Schreibtexten gemieden. Diese Stiltendenz wurde in der gymnasialen Aufsatzlehre nach dem *Ideal der ‚reinen Sachdarstellung'* praktiziert [...] parallel zum positivistischen Begriff der ‚zweckfreien' Wissenschaft. *Jene pragmatischen Ausdrucksmittel galten als stilistischer ‚Überfluß', als ‚unsachlich', ‚ungebildet', ‚umgangssprachlich' oder ‚unwissenschaftlich'.* (von Polenz 2008: 194; Hervorhebungen von R.N.)

Wie vor allem die negativen Zuschreibungen, die am Ende des Zitates (‚unsachlich', ‚umgangssprachlich', ‚unwissenschaftlich') wiedergegeben werden, deutlich machen, gab (und gibt) es hinsichtlich der Bildungssprache klare Vorstellungen davon, wie eine ‚Sachdarstellung' zu sein habe (und wie nicht). Jegliche sprachliche Erscheinungen, die den auf eine Autorinstanz verweisenden „Handlungsgehalt" (von Polenz 2008: 194) eines Textprodukts anzeigen, wurden (und werden) demnach als Kontaminierung einer ‚reinen' Darstellung betrachtet.

Bei derartigen Charakterisierungen von Wissenschaftssprache geht es im Kern darum, dass der behandelte Gegenstand in den Vordergrund gerückt und dabei zugleich der Autor ‚eliminiert' wird. Der Grundgedanke scheint dabei das Ideal zu sein, dass wissenschaftliche Erkenntnis und Erkenntnisgewinnung sich auf der einen Seite im Wesentlichen auf Rationalität und nicht-subjektive Allgemeingültigkeit und Objektivität gründen, was sich – so die Annahme – auf der anderen Seite letztlich auch im wissenschaftlichen Sprachgebrauch bei der Darstellung und Kommunikation von Erkenntnis niederschlage oder niederzuschlagen habe. Es wird also offensichtlich angenommen, dass die Charakteristika der wissenschaftlichen *Erkenntnisideale* sich auch im wissenschaftlichen Sprachgebrauch, d. h. bei der Kommunikation von Erkenntnis, widerspiegeln oder widerspiegeln sollten. Das Sprechen und Reflektieren über wissenschaftliche Erkenntnisgewinnung, also der *Diskurs* über wissenschaftliche Erkenntnisgewinnung, wird hier offenbar gleichgesetzt mit dem Sprachgebrauch in der Wissenschaft, d. h. mit der sprachlichen Darstellung und Kommunikation von wissenschaftlicher Erkenntnis. Harald Weinrich bringt dies mit folgender Erklärung auf den Punkt: Er betont, dass es sich beim ‚Ich-Verbot' nicht um eine explizit formulierte Auflage (etwa in Form einer Vorschrift) handelt, die die Textproduktion regelt, sondern dass das ‚Ich-Verbot' „stillschweigend aus dem Gebot der wissenschaftlichen Objektivität" (Weinrich 1989: 132f.) abgeleitet werde. Der Sprachgebrauch bei der Darstellung und Kommunikation von wissenschaftlicher Erkenntnis ist demnach aus einer erkenntnistheoretischen Grundausrichtung in den Wissenschaften bzw. einem erkenntnistheoretischen Ideal abzuleiten. Das Credo könnte demnach vereinfacht lauten: Weil Wissenschaftler nach dem Ideal streben, Erkenntnis möglichst objektiv herzustellen, schreiben sie auch möglichst objektiv bzw. ist auch ihre Kommunikation und Darstellung von Erkenntnis objektiv. Dies scheint (explizit oder implizit und mit sicherlich differierenden Nuancen) ein häufig vertretenes Erklärungsmuster im Zusammenhang mit dem wissenschaftlichen Autorschaftskonzept des ‚Ich-Verbots' zu sein.

Eng mit dem Konzept des ‚Ich-Verbots' und der Vorstellung einer ‚reinen' Darstellung ist das Autorschaftskonzept der „Rhetorik der Durchsichtigkeit" (Steiner 2009: 71–97) verbunden, wonach die Sprachlichkeit bei der Darstellung von Erkenntnis grundsätzlich vergessen gemacht werden soll, damit wissenschaftliche Fakten *unmittelbar* zugänglich werden. Mit Durchsichtigkeit soll also der grundsätzlich sprachlich vermittelte Status wissenschaftlicher Erkenntnis negiert werden; die Sprache soll bei der Darstellung und Kommunikation von wissenschaftlicher Erkenntnis ‚durchsichtig' sein (vgl. auch etwa Kretzenbacher 1994; Pörksen 1994). Die hieraus entstehende Paradoxie, dass die sprachliche Gestaltung so gehalten sein soll, als sei sie nicht präsent bzw. als sei sie ‚unsichtbar', bringt Heinz L. Kretzenbacher wie folgt auf den Punkt:

> Das Medium Sprache soll für die Hörerin und den Leser eines wissenschaftlichen Textes möglichst wenig wahrzunehmen sein. Es ist paradoxerweise geradezu die Aufgabe des Sprachstils in wissenschaftlichen Texten, die sprachliche Bedingtheit wissenschaftlicher Kommunikation aus dem Bewußtsein der Kommunikationspartner fernzuhalten. Die Wissenschaftssprache arbeitet mit einer Stilistik der Sachlichkeit: Die Fakten, Zahlen, Ergebnisse sollen „unmittelbar" mitgeteilt werden, das Medium Sprache wird als notwendiges Übel betrachtet, das keinen eigenen kommunikativen, geschweige denn heuristischen Wert beanspruchen darf. (Kretzenbacher 1994: 18)

Kretzenbacher verweist in diesem Zusammenhang u. a. auch auf den Wissenschaftssoziologen Joseph Gusfield (1976), der vor dem Hintergrund der grundsätzlichen Auffassung, dass sprachliches Handeln eine für die Wissenschaft ohnehin völlig irrelevante Tätigkeit sei, bekanntermaßen von der „windowpane-theory" (Gusfield 1976: 16f.) spricht, nach der Wissenschaftssprache also in der Art eines Schaufensters Ein- bzw. Durchblick auf die Sachverhalte geben soll.

Das Ideal der ‚durchsichtigen' Wissenschaftssprache hat eine relativ lange Tradition, die Kretzenbacher pointiert nachzeichnet (vgl. Kretzenbacher 1994): Die Ursprünge des „moderne[n] wissenschaftliche[n] Sprachstil[s]" (Kretzenbacher 1994: 20), worunter offensichtlich der obige ‚Schaufenster-Stil' zu verstehen ist, finden sich nach Kretzenbacher im 17. Jahrhundert und stehen in einem engen Zusammenhang mit dem Wirken der sehr einflussreichen *Royal Society*. Kretzenbacher datiert die Ursprünge also parallel zum Aufkommen der modernen empirischen Wissenschaften: „Der Kampf um die Durchsetzung der neuen, experimentell fundierten Naturwissenschaften war zugleich ein Kampf um einen neuen Stil der Wissenschaftssprache." (Kretzenbacher 1994: 20) Bei diesem Kampf wird als wissenschaftlicher Sprachstil der sog. *„plain style"* (Kretzenbacher 1994: 20) befürwortet, der als radikal *anti-rhetorisch* verstanden wird.[5] Das Streben nach dem Durchsichtigkeits-Ideal ist also (mindestens) in seinen Anfängen offensichtlich auf einer abgrenzenden Folie zur Rhetorik etabliert worden: „Die Forderung eines *plain style* für die Wissenschaftssprache war eine Reaktion auf die zeitgenössische Rolle der Rhetorik in wissenschaftlichen Texten. Rhetorik wurde als der gefährlichste Feind der neuen empirischen Methodik angesehen." (Kretzenbacher 1994: 21) Der Kampf gegen die Rhetorik der zeitgenössischen Wissenschaftstexte muss allerdings, ganz im Sinne der oben angedeuteten Paradoxie, selbst als eine Form der Rhetorik betrachtet werden. Man kann diesbezüglich mit Kretzenbacher durchaus von einer „Rhetorik der Anti-Rhetorik" (Kretzenbacher 1994: 22) sprechen, bei der bezüglich des *plain style* u. a. auf metaphorische Umschreibungen wie etwa ‚durchsichtiges Glas' zurückgegriffen wurde. Laut Kretzenbacher sei man in diesem Zusammenhang von dem klassischen rhetorischen Prinzip *perspicuitas* (Durchsichtigkeit; Klarheit; Deutlichkeit)[6] inspiriert worden, das dem Prinzip *obscuritas* (Dunkelheit) gegenüber gestellt wurde (vgl. Kretzenbacher 1994: 22). Kretzenbacher verweist in Bezug auf die Vorstellung von *perspicuitas* bzw. der Transparenz der Darstellung auf Robert Boyle, dem zufolge „der Einsatz rhetorischen Schmucks in wissenschaftlichen Texten ebenso fehl am Platz [sei] wie selbst die schönste Glasmalerei auf der Linse eines Teleskopes."[7] (Kretzenbacher 1994: 23)

In Deutschland kam die Diskussion um den wissenschaftlichen Sprachstil im Zusammenhang mit *perspicuitas* (verspätet) erst zur Zeit der deutschen Aufklärung, also ungefähr im 18. Jahrhundert, auf (vgl. Kretzenbacher 1994: 23). Kretzenbacher betont, dass u. a. durch französische Einflüsse in Deutschland allerdings kein vergleichbar radikal anti-rhetorischer Kurs beschritten wurde. Außerdem wurde auch das Verständnis von *perspicuitas* weniger radikal gefasst

---

5 Der *plain style* steht in „erbitterter Gegnerschaft zum traditionellen, rhetorisch geprägten Stil der scholastischen Wissenschaften." (Kretzenbacher 1994: 20)

6 Zu *perspicuitas* im Zusammenhang mit Rhetorik vgl. etwa auch Gardt (1999: 158). In diesem Zusammenhang wird darüber hinaus deutlich, dass das Durchsichtigkeitsideal große Parallelen zum sog. Eindeutigkeitspostulat der Fachsprachen(-forschung) zeigt, dessen Geschichte Andreas Gardt (1998) rekonstruiert hat. Auch für das Eindeutigkeitspostulat gilt u. a. ein Verzicht auf Situationsbindung, Modalität oder Expressivität (vgl. Gardt 1998: 36).

7 Das in diesem Zitat anklingende Verständnis der Rhetorik im Sinne von ‚rhetorischem Schmuck' ist allerdings eine Reduktion. Wie Andreas Gardt betont, handelt es sich bei Rhetorik um „weit mehr als eine bloße Sammlung stilistischen Schmucks." (Gardt 1999: 158)

als etwa in den Anfängen der *Royal Society*, wonach „der Wissenschaftler [...] unmittelbar die nackte Wahrheit der Dinge mitteilen [könne]." (Kretzenbacher 1994: 25)

Was aus dieser skizzenhaften Darstellung der Geschichte des wissenschaftlichen Durchsichtigkeits-Ideals zunächst einmal grundsätzlich festgehalten werden soll, ist, dass es eine lange und durchaus einflussreiche Tradition des Sprechens über Wissenschaftssprache gibt. Dieser Diskurs über die ideale Darstellung von wissenschaftlicher Erkenntnis ist gekoppelt an die methodologische und erkenntnistheoretische Entwicklung in den Wissenschaften und insofern hinsichtlich des Sprachgebrauchs normativ. Dieser traditionsreiche Diskurs hält im Grunde bis heute an, wie Kretzenbacher ungeachtet möglicher kleinerer Veränderungen innerhalb des Diskurses betont:

> [D]ie grundlegende Idealvorstellung einer stilistisch neutralen, streng objektiven Sprache als Medium für die Weitergabe wissenschaftlicher Informationen, wie sie im 17. Jahrhundert gleichzeitig mit dem modernen Wissenschaftsverständnis entstand und später in der deutschen Aufklärung eine so große Rolle spielte – diese Idealvorstellung einer durchsichtigen Wissenschaftssprache hat sich über die Jahrhunderte hinweg bis in die optische Metaphorik hinein erstaunlich lebendig gehalten, wie Gusfields moderne Formulierung von der „Fensterscheiben-Theorie" zeigt. (Kretzenbacher 1994: 26)

Die bisherigen Ausführungen zu ‚Durchsichtigkeit' in der Wissenschaftssprache bezogen sich – und dies ist für das Kommende wesentlich – mit der Erörterung eines Stil-*Ideals* ausschließlich auf eine *Diskurs*ebene, d. h. auf ein *Sprechen über* Wissenschaftssprache. Über den Sprachgebrauch, d. h. über die Praxis der Wissenschaftssprache, wurde bis dato noch nichts gesagt.

Kommen wir also zum Sprachgebrauch: In Bezug auf die Frage, mit welchen sprachlichen Mitteln man sich dem Stil-Ideal der ‚Durchsichtigkeit' annähern könne, gibt Kretzenbacher die oben bereits bei Harald Weinrich (1989) angesprochenen ‚Verbote' an, die Kretzenbacher als ‚Tabus' fasst und somit in ihrer Rigidität noch einmal verschärft. Man könne also die besagten sprachlichen Mittel als „Verbote darstellen, oder vielleicht besser noch *als absolute, unausgesprochene und unhinterfragbare Verbote*, als Tabus im Sinne der Definition Sigmund Freuds: Das *Ich-Tabu*, das *Metaphern-Tabu* und das *Erzähltabu*." (Kretzenbacher 1994: 26; Hervorhebung von R.N.) In unserem Zusammenhang interessiert vor allem das Ich-Tabu. Es geht bei dem Ich-Tabu folglich um ein sprachliches Verfahren, mit dem „die Bedingungen sprachlicher Kommunikation" (Kretzenbacher 1994: 26) negiert werden und mit dem auf diese Weise dem Stil-Ideal der ‚Durchsichtigkeit' entsprochen werden könne. Das oben besprochene ‚Ich-Verbot', das oben primär im Zusammenhang mit *Erkenntnis-Idealen* betrachtet wurde, wird hier also in den Rahmen eines wissenschaftssprachlichen *Stil-Ideals* gestellt.

Kretzenbacher scheint nun allerdings von einer Entsprechung des *Stil-Ideals* mit dem Sprachgebrauch in den Wissenschaften auszugehen, wie bspw. das folgende Zitat zeigt:

> [D]urch die weitgehende Vermeidung aller Hinweise auf die Gesprächsrollen Sender und Empfänger [wird] eine von subjektiver Beeinflussung freie Übermittlung „reiner Information" suggeriert. Das Ich-Tabu löst die Kommunikation vom Subjekt eines bestimmten Wissenschaftlers und seiner persönlichen Beteiligung an einem Forschungsprojekt. Daß die Aufmerksamkeit der Hörer oder Leser durch die sprachlichen Strategien der Deagentivierung nur auf das Forschungsobjekt fokussiert wird, bedeutet auch eine Ablenkung von den Bedingungen menschlicher Kommunikation, die immer eine spezifische Situation mit spezifischen Kommunikationspartnern voraus setzt. (Kretzenbacher 1994: 33)

Offensichtlich ist für Kretzenbacher also auch der gegenwärtige Sprachgebrauch in den Wissenschaften als Ausdruck für eine Entsprechung zum Ideal der ‚Durchsichtigkeit' anzusehen. Bspw. spricht er am Ende seines Aufsatzes für die gegenwärtige Wissenschaft von einer „wissenschaftlichen Rhetorik [...], die ihren eigenen rhetorischen Charakter *erfolgreich* verleugnet." (Kretzenbacher 1994: 35; Hervorhebung von R.N.)

Mit der Annahme einer Entsprechung des Stil-Ideals der ‚Durchsichtigkeit' mit dem Sprachgebrauch in der Wissenschaft wiederholt sich im Grunde das oben diskutierte Erklärungsmuster, wonach von einem *Diskurs* unmittelbare Rückschlüsse auf die *Praxis* gezogen werden. Wenngleich es sich hier nicht um Erkenntnis-Ideale bezüglich der wissenschaftlichen Erkenntnisgewinnung, sondern um Stil-Ideale des wissenschaftlichen Sprachgebrauchs handelt, wird doch angenommen, dass diskursiv behandelte Ideale sich im Sprachgebrauch niederschlagen.

2.2 ‚Hedging'

Im Folgenden sei schließlich noch kurz auf ein Autorschaftsphänomen der Wissenschaftssprache eingegangen, dem ein anderes Erklärungsmuster zugrunde liegt als bei den vorherigen Autorschaftskonzepten. Subsumieren lässt sich dieses Phänomen unter dem Ausdruck ‚Hedging'. Die unter Hedging vereinten Sprachmittel decken sich z. T. mit dem unten noch vorzustellenden

Begriffsverständnis von Unbestimmtheit.[8] Hier geht es im Folgenden in erster Linie darum, die typischen Erklärungen des Hedginggebrauchs in der Wissenschaftssprache herauszustellen.

Die Bezeichnung ‚Hedge' oder ‚Hedging' geht auf George Lakoff (1973) zurück (vgl. etwa auch Schröder 1998: 267) und ist bei ihm wie folgt definiert:

> For me, some of the most interesting questions are raised by the study of words whose meaning implicitly involves fuzziness – words whose job is to make things fuzzier or less fuzzy. (Lakoff 1973: 471)

Es geht beim Hedging also insgesamt um sprachliche Abgeschwächtheit und Unschärfe. Hedging scheint auch in der Fach- und Wissenschaftssprache zunehmend an Relevanz zu gewinnen, obwohl abgeschwächter Sprachgebrauch auf den ersten Blick nicht mit traditionellen Vorstellungen und Idealisierungen von Fach- und Wissenschaftssprache vereinbar scheint, wie sie etwa in Hinblick auf die obigen Autorschaftskonzepte herausgestellt wurden (vgl. auch Schröder 1998: 264).[9] Wie jedoch an unterschiedlichen Stellen gezeigt werden konnte, ist Hedging im fach- und wissenschaftssprachlichen Gebrauch faktisch durchaus präsent (vgl. bspw. Opitz 1981: 34; Markkanen & Schröder 1992; Darian 1995; Schröder 1998).

Angesichts dieser Präsenz stellt sich im Rahmen der vorliegenden Arbeit die Frage nach Erklärungen für den Gebrauch in wissenschaftlichen Texten. Bei Markkanen und Schröder (1992) sind die folgenden funktionalen Zusammenhänge aufgeführt (vgl. auch Schröder 1998: 269):
1) Reduktion von Verantwortung des Sprechers/Schreibers für den Wahrheitsgehalt einer Aussage.
2) Modifizierung der Gültigkeit einer Aussage oder der Gewichtigkeit der gegebenen Information.

---

8 In Abschnitt 5.1 wird ausführlich dargestellt, was in der vorliegenden Arbeit unter Unbestimmtheit verstanden wird. Dabei wird offenbar, dass sich der Unbestimmtheitsbegriff der vorliegenden Arbeit nicht in Gänze, aber zu einem wichtigen Teil mit dem deckt, was man gemeinhin unter Hedging versteht.
9 Ein weiteres Beispiel für eine solche Idealvorstellung von Fach- und Wissenschaftssprache, das in diesem Zusammenhang relevant erscheint, ist das sog. ‚Eindeutigkeitspostulat', das, wie Andreas Gardt (1998) herausstellt, in der langen Tradition der Fachsprachenforschung durchweg als ‚Ideal' betrachtet wurde (vgl. Gardt 1998: 46; auch Roelcke 1991). Fach- und wissenschaftlicher Sprachgebrauch sind nach diesem Ideal nicht vereinbar mit Kategorien wie bspw. ‚Situationsgebundenheit' oder ‚Modalität' (vgl. Gardt 1998: 36). Gerade solche Kategorien entsprechen aber u. U. dem Bereich des Hedging, weshalb sich das Eindeutigkeitspostulat und Hedging in der Wissenschaftssprache gewissermaßen auszuschließen scheinen.

3) Signalisierung der Einstellung des Sprechers/Schreibers zur Proposition bzw. Verschleierung seiner Haltung.
4) Schutz vor möglicher Kritik und Reduktion der Gefahr der Ablehnung durch den Rezipienten.

Als Essenz aus diesen Funktionsbestimmungen lassen sich zum einen ein Autor-Bezug sowie zum anderen eine gewisse vorausschauende Verteidigung herauslesen. Damit geht zudem eine interaktive Komponente einher. Dies wird in der vierten Funktionsbestimmung besonders deutlich. Auf diesen in diesem Zusammenhang sehr klassischen funktionalen Zusammenhang des *Schutzes* beschränke ich mich im Folgenden. Zunächst einmal sei jedoch kurz auf den für die Wissenschaftssprache elementaren interaktiven Charakter näher eingegangen, da die Schutzfunktion auf diesem basiert.

Mit der interaktiven Komponente ist also ein durchaus zentraler Punkt der Wissenschaftskommunikation angesprochen: Heinz L. Kretzenbacher macht deutlich, dass wissenschaftliche Erkenntnis grundsätzlich abhängig ist von Sprache:

> Ein Forschungsergebnis wird erst durch seine *Mitteilung an* die Wissenschaftsgemeinschaft zu einem wissenschaftlichen Faktum, und es bleibt nur so lange eines, bis innerhalb dieser Gemeinschaft *widersprechende Mitteilungen* als Fakten akzeptiert werden. (Kretzenbacher 1998: 135; Hervorhebungen von R.N.)

In der Wissenschaft besteht offensichtlich ein ‚Veröffentlichungsgebot' (vgl. Kretzenbacher 1998: 135), demzufolge wissenschaftliche Erkenntnisse erst zu *wissenschaftlichen* werden, wenn sie (interaktiv) in einen öffentlichen Raum gestellt bzw. anderen Wissenschaftlern zugänglich gemacht und *mitgeteilt* werden. Dieses Veröffentlichen findet in der Regel in Form von Sprache statt, was den wissenschaftskonstitutiven Charakter von Sprache unterstreicht: „keine Wissenschaft ohne Sprache." (Czicza & Hennig 2011: 43) Über diese genuine Sprachlichkeit von wissenschaftlicher Erkenntnis hinaus zeigt das Zitat von Kretzenbacher auch, dass wissenschaftliche Erkenntnis stets einem Widerspruch ausgesetzt ist bzw. prinzipiell ausgesetzt sein kann (‚widersprechende Mitteilungen'). An das Veröffentlichungsgebot ist folglich zugleich ein ‚Rezeptionsgebot' gekoppelt, das mit einem ‚Falsifikationsgebot' zusammenfällt (vgl. Kretzenbacher 1998: 135): Die Rezeption in der Wissenschaft ist kritisch. Dies hat u. U. Auswirkungen auf die wissenschaftlichen Textprodukte, die als wesentlich argumentativ und persuasiv angesehen werden: Wissenschaftliche Texte werden mit dem Bewusstsein verfasst, dass die veröffentlichten Ergebnisse einer kritischen Würdigung unterzogen werden (vgl. z. B. von Savigny 1976:

14f.). Dies hat zur Folge, dass die Darstellung der Ergebnisse argumentativ abgesichert und möglichst überzeugend ist: „Das *Wesen* der wissenschaftlichen Abhandlung – ihr ‚Geist' – ist die Argumentation."[10] (Hermanns 1980: 606) Folglich machen das „Veröffentlichungs- und Falsifikationsgebot [...] die öffentliche wissenschaftliche Äußerung [...] zu einem Text mit persuasiver Funktion."[11] (Kretzenbacher 1998: 136)

Dieser kritische und argumentativ-persuasive Charakter der Wissenschaftskommunikation lässt sich nun in der vierten von den oben aufgezeigten Funktionsbestimmungen des Hedging besonders deutlich ausmachen. Das Veröffentlichen von wissenschaftlichen Texten ist unter dem Gesichtspunkt des Falsifikationsgebots genau genommen nicht einfach eine reine Mitteilung von Forschungsergebnissen, sondern – wie von Savigny in kämpferischer Rhetorik formuliert – eine „Aufforderung zum *Angriff*" (von Savigny 1976: 7; Hervorhebung von R.N.), und somit immer auch selbst dem Risiko eines solchen Angriffs ausgesetzt. Hedging kommt in diesem Zusammenhang die Funktion der Risikominimierung zu, indem es vor Kritik ‚schützt' und die ‚Gefahr der Ablehnung' reduziert. In diesem Sinne hat Hedging also eine *defensive* Funktion; wer Hedges gebraucht, verteidigt sich antizipierend: „Der Sprecher/der Schreiber baut demnach eine schützende ‚Hecke' um sich (und um sein wissenschaftliches Gebäude) auf." (Schröder 1998: 269)

Dieser *defensiven* Interpretation von Hedging als Risikominimierung in der wissenschaftlichen Kommunikation lässt sich eine *offensive* Interpretation gegenüberstellen. Diese darf als ebenso klassisch für die Forschung zu Hedging angesehen werden. Dass Hedging sowohl defensiv als auch offensiv interpretiert werden kann, wird in der folgenden Ausführung von Johannes Erben in Bezug auf „Unsicherheits- und Unschärfemarkierung" besonders gut deutlich:

> Wenn einschränkende Zusätze beigefügt werden, dienen sie *im wesentlichen* der *Absicherung und Verbindlichkeit*. Einerseits *beugt* der Sprecher damit dem möglichen *Vorwurf* der Ungenauigkeit oder Unwahrheit *vor*; andererseits soll der Hörer vor der irrigen Annahme bewahrt werden, die Angaben über das Bestehen oder Nichtbestehen eines Sachverhalts

---

10 Die Argumentation in wissenschaftlichen Texten ist häufig auch antizipierend, was sich in einem ‚konzessiven Argumentieren' (vgl. Steinhoff 2007a: 123) niederschlagen kann.
11 Felix Steiner sieht in einem ‚vorsichtigen' Sprachgebrauch in der Wissenschaft zwei (integrierbare) Erklärungen (vgl. Steiner 2009: 185): Aus einer im engeren Sinne 'linguistisch-grammatischen' Perspektive handelt es sich um sprachliche Mittel, die die Faktizität einer Proposition bewerten. Dieser Perspektive stellt er eine 'rhetorisch-pragmatische' Perspektive gegenüber, nach der mit vorsichtigem Sprachgebrauch eine „persuasive Strategie von Autoren" (Steiner 2009: 185) verfolgt wird. Steiner betont somit, dass Hedging selbst auch ein argumentativ-peruasiver Charakter zukommt.

seien schon völlig genau und sicher verbürgt, also endgültig und nicht nur etwas Vorläufiges, das sich unter den gegebenen Umständen zur ersten Orientierung sagen läßt. *Auch wo die Schärfe uneingeschränkter Aussagen möglich wäre, wird sie nicht selten aus Bescheidenheit oder höflicher Rücksicht vermieden.* (Erben 1994: 7; Hervorhebungen von R.N.)

Während Erben zu Beginn des Zitats den defensiven Charakter von ‚Unsicherheits- und Unschärfemarkierungen' herausstellt, betont er am Ende darüber hinaus auch den Bescheidenheits- oder Höflichkeitscharakter und somit die offensive Dimension des Hedging.

Was ist mit Offensive in diesem Zusammenhang genau gemeint? In der Forschung zu Höflichkeit in der wissenschaftlichen Kommunikation (vgl. z. B. Cherry 1988; Myers 1989; Hutter 1993)[12] greift man häufig auf den in der Höflichkeitsforschung klassischen Ansatz von Penelope Brown und Stephen C. Levinson (1987) mit dem Konzept der sog. ‚face threatening acts' (FTA) zurück. Bei diesem Konzept geht man im Grunde davon aus, dass jedes Individuum darum bemüht ist, das für seine Identitätsbildung wichtige ‚face' zu bewahren. Nun kann das ‚face' eines Individuums allerdings durch das Handeln anderer bedroht sein: „Die Möglichkeit der Gefährdung des eigenen wie auch des fremden ‚face' veranlaßt die Interaktanten zu ständigem Bemühen um die Erhaltung dieses Wertes. Nun lassen manche übergeordneten Zielsetzungen selbst bei gutem Willen einen Verzicht auf einen FTA nicht zu." (Hutter 1993: 132) Im Rahmen der Wissenschaft mit dem ihr immanenten Streben nach neuer Erkenntnis wäre so ein übergeordnetes Ziel ein sog. ‚knowledge claim' (vgl. Hutter 1993: 137), nach dem man mit einem veröffentlichten Ergebnis den Anspruch auf Anerkennung in der Wissenschaftsgemeinschaft erhebt. Dies kann natürlich mit einem FTA einhergehen, wenn mit der neuen Erkenntnis eine Revision von bis dato etablierten Erkenntnissen zusammenfällt. Otto Hutter zieht hieraus den Schluss, dass das Publizieren wissenschaftlicher Beiträge per se mit dem Ausführen von FTAs verknüpft ist: „Der Fortgang von Wissenschaft besteht nun aber gerade darin, daß via Veröffentlichung neue Erkenntnisse mitgeteilt werden, was, wie sich aus dem Aufbau der Forschergemeinschaft ergibt, unweigerlich mit dem Ausführen von FTAs verbunden ist." (Hutter 1993: 137) Mit dem Veröffentlichen von wissenschaftlichen Ergebnissen wird folglich nicht nur eine ‚Mitteilung' durchgeführt (s. o.); die Mitteilung ist immer auch – gemäß dem grundlegenden wissenschaftlichen Wert der ‚Originalität' (vgl. Steinhoff 2007a: 116f.) – ein ‚knowledge claim' und somit ‚face' bedrohend. Vor diesem Hintergrund wird der Gebrauch von Hedges als Höflichkeitsstrategie angesehen, mit

---

12 Zu einer diachronen Perspektive vgl. Gross, Harmon & Reidy (2002).

der zwischen ‚knowledge claim' und FTA vermittelt wird (vgl. Hutter 1993: 138).[13] Hedging wird in diesem Sinne also gebraucht, um das per se ‚face' bedrohende wissenschaftliche Schreiben höflicher zu gestalten. Mit dieser Erklärung des Gebrauchs von Hedging als Höflichkeit liegt folglich ein Verständnis von Hedging vor, das im Gegensatz zum obigen Verständnis (defensiv verteidigend) also als offensiv entkräftigend verstanden werden kann. Es scheint an dieser Stelle wichtig zu sein, darauf hinzuweisen, dass ‚offensiv' nicht mit ‚pro-aktiv' gleichzusetzen ist, denn pro-aktiv (man könnte auch sagen: vorausblickend, antizipierend) ist sowohl das offensive wie das defensive Verständnis von Hedging: Beide Varianten sind nach den aufgezeigten Erklärungen auf potentielle (zukünftige) Rezipienten gerichtet bzw. werden mit Blick auf potentielle Rezipienten verwendet. In diesem Sinne kann man also sowohl von einem *pro-aktiv-offensiven* als auch von einem *pro-aktiv-defensiven Verständnis* von Hedging in der Wissenschaftssprache ausgehen.

Mit dieser Einteilung möchte ich zunächst einmal dafür plädieren, die funktionalen Erklärungen von Hedging in der Wissenschaftssprache, die häufig in einem Zug genannt werden, prinzipiell zu differenzieren, wobei nichtsdestotrotz gilt, dass es durchaus Überschneidungen gibt sowie dass einzelne sprachliche Mittel stets unterschiedlichen Funktionen dienen können (vgl. etwa Clemen 1997; Schröder 1998: 269). Ein Punkt scheint an dieser Stelle allerdings auch festzustehen: Die Interpretation und funktionale Einordnung des Gebrauchs von Hedges in der Wissenschaftssprache scheint im Grunde nicht eindeutig durchführbar zu sein. Ob ein Unbestimmtheitsmittel als defensiv verteidigend oder offensiv entkräftigend interpretiert wird, dürfte u. a. stark von theoretischen Vorannahmen abhängen.

Mit den zwei Interpretationen des wissenschaftssprachlichen Gebrauchs von Hedging liegen Erklärungen für wissenschaftliche Autorschaft vor, die anders als die obigen, nicht aus einem Diskurs über Wissenschaft oder Wissenschaftssprache abgeleitet werden, sondern die sich auf die elementare funktionale Verfasstheit von wissenschaftlicher Kommunikation gründen. Kurz gefasst könnte man dies wie folgt paraphrasieren: Weil die fachliche Kommunikation in der Wissenschaft elementar kritisch-argumentativ ist, werden entweder aus

---

13 Dazu auch Greg Myers, auf den sich Hutter hier bezieht: „[T]he acts of claiming and denying claims will usually be redressed (in Brown and Levinson's terms) with some sort of devices to make them more polite and that these politeness strategies indicate the impositions inherent in these acts." (Myers 1989: 6) Zu (typischen) Äußerungen im Rahmen von ‚knowledge claim' in wissenschaftlichen Aufsätzen vgl. auch Myers (1992).

Höflichkeit oder zum Schutz Hedges verwendet. Auf diese Weise werden also gewissermaßen die sozialen Beziehungen im wissenschaftlichen Diskurs gepflegt.

3 Reflexionen über Wissenschaft

Die Wissenschaften haben sich im Verlauf des 20. Jahrhunderts – gerade auch im Vergleich zum 19. Jahrhundert – deutlich verändert. Dies betrifft sowohl das Sozialsystem Wissenschaft als auch das Verständnis von Wissenschaft in der Wissenschaftsreflexion. Diese Veränderung soll im Folgenden kurz nachgezeichnet werden, wobei der Schwerpunkt auf der Reflexion über Wissenschaften liegen wird und wissenschaftssoziologische Erkenntnisse zum Sozialsystem nur andeutungsweise mit eingebracht werden sollen. Für die Darstellung der wissenschaftsreflexiven Entwicklungen scheinen die Ausführungen von Hans-Jörg Rheinberger (2008) über *Historische Epistemologie* als Rahmen gut geeignet. Für die vorliegende Arbeit geht es bei diesen Ausführungen allein um grobe Züge in der Geschichte der Wissenschaftsreflexion und weniger um begriffliche Differenzierungen in Bezug auf Epistemologie und Erkenntnistheorie und ebenso wenig um ein genaueres Verständnis von *Historischer Epistemologie* selbst (vgl. hierzu etwa Feest & Sturm 2011). Mit der folgenden Darstellung soll eine Grundlage geschaffen werden, auf der im unten folgenden empirischen Kapitel (siehe 5.) Hypothesen zum Gebrauch von Unbestimmtheitsmitteln formuliert werden können.

3.1 Historizität und Sozialität in der Wissenschaftsreflexion

Die Auffassung von Wissenschaft und wissenschaftlichem Wissen erfährt mit dem Übergang vom 19. zum 20. Jahrhundert eine deutliche Umakzentuierung. Vor allem in den Wissenschaften selbst sowie in der Wissenschaftsgeschichtsschreibung (vgl. hierzu auch Daston 2001: 203–207) zeigt sich mit der Jahrhundertwende ein verändertes, stärker historizistisches Selbstverständnis: Pointiert könnte man sagen, dass die Wissenschaften[1] des ausgehenden 19. und beginnenden 20. Jahrhunderts durch eine Abkehr von einem Absolutheits- und Vollendungsoptimismus gekennzeichnet sind, was im folgenden Zitat zum Ausdruck gebracht wird:

---

[1] Gemeint sind hier Naturwissenschaften. Diese stehen in der Regel im Zentrum von wissenschaftsphilosophischen Überlegungen. Im Kapitel 4 wird versucht zu zeigen, dass bestimmte historische Tendenzen, die hier an naturwissenschaftlichen Beispielen aufgezeigt werden, auch in der Geschichte der Sprachwissenschaft zu finden sind.

In der Wissenschaftsgeschichte des 19. Jahrhunderts hatten verschiedene historische Beschreibungsmodelle *einer Geschichte fortschreitender Entdeckungen* dominiert. Erst allmählich lernte sie, die *Historizität des wissenschaftlichen Wissens selbst* in den Blick zu nehmen und *von der Vorstellung einer linearen disziplinären Aufwärtsbewegung zu trennen*. (Rheinberger 2006a: 8; Hervorhebungen von R.N.)

Entgegen dem Absolutheits- und Vollendungsoptimismus etabliert sich demzufolge allmählich eine historisierende und relativierende Auffassung von Wissen und Wissenschaft,² während man in der Zeit davor (ganz grob) davon ausging, dass die Wissenschaften und das wissenschaftliche Wissen zu einem vollständigen und endgültigen Abschluss gelangen können.

3.1.1 Ludwik Fleck

Im Folgenden sollen zwei einschlägige wissenschaftsreflexive Positionen, die in dem soeben aufgesteckten Rahmen entstehen, näher betrachtet werden. Kommen wir zunächst zu einer wissenschaftstheoretischen Positionen vom Anfang des 20. Jahrhunderts: Zu Beginn des 20. Jahrhunderts kommt mit den Überlegungen von Ludwik Fleck eine wissenschaftsreflexive Positionen auf, die das wissenschaftstheoretische Denken des 20. Jahrhunderts nachhaltig prägen sollte. Bei diesen Überlegungen werden die Aspekte der Historizität und Sozialität wissenschaftlicher Erkenntnis systematisch einbezogen und in das Zentrum der Überlegungen gestellt.³

„[J]ede Erkenntnistheorie [muss] mit Sozialem und weiterhin mit Kulturhistorischem in Beziehung gebracht werden, insofern sie nicht in schweren Widerspruch mit der Geschichte der Erkenntnis und der täglichen Erfahrung des Lehrenden und Lernenden geraten will." (Fleck 1983: 46) Wie aus dem Zitat von

---

2 Für Rheinberger verlaufen die Historisierungstendenzen in den Wissenschaften nicht zufällig gleichzeitig mit dem Aufkommen des Pluralismus in der Philosophie: „Es ist kein Zufall, dass diese neue Form der naturwissenschaftlichen Selbstreflexion etwa gleichzeitig mit dem Schwinden des Glaubens an die Möglichkeit eines einzigen, umfassenden metaphysischen Systems auftritt." (Rheinberger 2008: 28)

3 Flecks Überlegungen weisen gewisse Parallelen zu dem Denken von Gaston Bachelard auf (vgl. hierzu Rheinberger 2008: 35–55; 2005; 2006b): „Eine Philosophie der Wissenschaft hat nicht die Aufgabe, den Wissenschaftlern die Bedingungen der Möglichkeit ihres Wissens zu diktieren, sie muss sich umgekehrt mit den Laboratorien und Werkstätten des Wissens vertraut machen, vor allem auch mit der Wissenschaftsgeschichte als dem Laboratorium *par excellence* des Epistemologen. Das wissenschaftliche Denken muss so in den Blick genommen werden, wie es praktiziert wird." (Rheinberger 2008: 38)

Ludwik Fleck hervorgeht, ist für die Fleck'sche Erkenntnistheorie die Einsicht in den *sozialen* und *historisch-kulturellen* Charakter der Erkenntnisgewinnung zentral (vgl. Rheinberger 2008: 48). Zudem (und auch damit einhergehend) scheint bei ihr auch das Moment der *Tätigkeit* nicht unwichtig zu sein. Deshalb werden im Folgenden diese drei zentralen Aspekte aus den wissenschaftstheoretischen Überlegungen Flecks vorgestellt: Zunächst wird der Fokus auf Flecks Ausführungen zur Historizität von Wissenschaft sowie auf den Aspekt der Erkenntnis- und Denktätigkeit gelegt. Anschließend wird der soziale Charakter der Wissenschaft behandelt.

In *Entstehung und Entwicklung einer wissenschaftlichen Tatsache* zeigt Ludwik Fleck im Zusammenhang mit seinen Ausführungen zur Geschichte des Syphilisbegriffes, dass Erkenntnistheorie grundsätzlich historisch ausgerichtet sein muss (vgl. 1980: 31): Eine „Erkenntnistheorie [bleibt] ohne geschichtliche und vergleichende Untersuchungen ein leeres Wortspiel, eine Epistemologia imaginabilis." (Fleck 1980: 31) Durch die geschichtliche Betrachtung von Wissenschaft lassen sich folglich wissenschaftstheoretische Einsichten gewinnen (vgl. Rheinberger 2008: 49). Nach Rheinberger zeichnet sich die Fleck'sche historische Auffassung durch eine „innere Historizität" aus (vgl. Rheinberger 2008: 49):

> Das Wissen bewegt sich nicht asymptotisch auf so etwas wie eine absolute Realität zu, sondern es bewegt sich umgekehrt von etwas weg: Es ist grundsätzlich ‚entwicklungsbedingt', das heißt durch die getanen Schritte bestimmt. Was entdeckt werden kann, wird durch die Reihenfolge der vorangegangenen Entdeckungen festgelegt. (Rheinberger 2008: 49)

Wie sich Wissenschaft entwickelt, ist nach dieser Auffassung von dem bereits vorhandenen Wissen bzw. den bereits erzielten Erkenntnissen, denen immer auch Irrtümer eingeschrieben sind (vgl. Fleck 1980: 31), abhängig: Die Entwicklung ist bedingt durch die in der Vergangenheit ‚getanen Schritte':

> [O]b wir wollen oder nicht, wir können nicht von der Vergangenheit – mit allen ihren Irrtümern – loskommen. Sie lebt in übernommenen Begriffen weiter, in Problemfassungen, in schulmäßiger Lehre, im alltäglichen Leben, in der Sprache und in Institutionen." (Fleck 1980: 31)

Erkenntnis wird folglich nicht in einem geniehaften Akt der Erkenntnis durch einen Einzelnen erzeugt; sie ist vielmehr in einen geschichtlichen (und sozialen) Prozess eingebunden und verdankt sich diesem (vgl. Rheinberger 2008: 49): „[B]ereits Erkanntes beeinflußt die Art und Weise neuen Erkennens, das Erkennen erweitert, erneuert, gibt frischen Sinn dem Erkannten." (Fleck 1980:

54) Die ‚innere Historizität' ist also gekennzeichnet durch ein ihr inhärentes soziales Moment. Ebenso verhält es sich mit dem Tätigkeitsaspekt.

Der Tätigkeitsaspekt begegnet einem bei Fleck in zweierlei Hinsicht, allerdings stets in Verbindung mit Sozialem: Zum einen ist für Fleck das *Erkennen* selbst eine Tätigkeit, die in einem sozialen Raum stattfindet und die von diesem beeinflusst wird; zum anderen lässt sich das sozial determinierte *Denken* in der Praxis eines ‚Denkkollektivs' (s. u.), d. h. in dessen Werkzeugen und Handeln (s. u.), ausmachen. Fleck bezeichnet das *Erkennen* als „tätiges, lebendiges Beziehungseingehen, ein Umformen und Umgeformtwerden, kurz ein Schaffen." (Fleck 1983: 48; im Original kursiv) Als Tätigkeit ist das Erkennen an sich zwar an Individuen gebunden; die Erkennensrichtung wird allerdings durch soziale Voraussetzungen bestimmt: Erkennen ist also „als *soziale Tätigkeit* [...] an die *sozialen Voraussetzungen* der sie ausführenden Individuen gebunden."[4] (Schäfer & Schnelle 1980: XXII; Hervorhebung von R.N.) Was erkannt wird und auch was als wissenschaftliche Erkenntnis akzeptiert wird, ist abhängig von dem sozialen Umfeld, in dem man sich beim Erkennen bewegt.

Wie die bisherigen Ausführungen zu Flecks wissenschaftstheoretischen Überlegungen deutlich gemacht haben, ist die Berücksichtigung von sozialen Faktoren im Fleck'schen Denken zentral: Sowohl den Überlegungen zur Historizität als auch denen zum Tätigkeitsaspekt liegt das Soziale zugrunde. Es gehört denn auch zu den zentralen Überlegungen Flecks, „dass *Wissenschaft ein von Gruppen getragener Vorgang* und nicht das Ergebnis individueller Akte ist." (Rheinberger 2008: 51; Hervorhebung von R.N.) Fleck spricht im Zusammenhang solcher Gruppen von ‚Denkkollektiven':

> Definieren wir ‚Denkkollektiv' als Gemeinschaft der Menschen, die im Gedankenaustausch oder in gedanklicher Wechselwirkung stehen, so besitzen wir in ihm den Träger geschichtlicher Entwicklung eines Denkgebietes, eines bestimmten Wissensstandes und Kulturstandes, also eines besonderen Denkstiles.[5] (Fleck 1980: 54f.)

Das Denkkollektiv ist also der Träger eines Denkstils. Dieser wird wie folgt definiert:

> Wir können also *Denkstil als gerichtetes Wahrnehmen, mit entsprechendem gedanklichen und sachlichen Verarbeiten des Wahrgenommenen, definieren*. Ihn charakterisieren gemeinsame Merkmale der Probleme, die ein Denkkollektiv interessieren; der Urteile, die es

---

4 Vgl. hierzu auch Fleck (1980: 58).
5 „Der Satz ‚jemand erkennt etwas' verlangt analog einen Zusatz z. B.: ‚auf Grund des bestimmten Erkenntnisbestandes' oder besser *‚als Mitglied eines bestimmten Kulturmilieus'* oder am besten ‚in einem bestimmten Denkstil, *in einem bestimmten Denkkollektiv'*." (Fleck 1980: 54)

als evident betrachtet; der Methoden, die es als Erkenntnismittel anwendet. (Fleck 1980: 130)

In einem Denkkollektiv ist also die Wahrnehmung gerichtet, es wird in einem bestimmten Denkstil gedacht. Folglich ist das, was als Wissen bzw. als Tatsache angesehen wird, stets gebunden an und determiniert durch den Denkstil eines Denkkollektivs: „Die allgemeine Richtung der Erkenntnisarbeit ist also: *größter Denkzwang bei kleinster Denkwillkürlichkeit.*" (Fleck 1980: 124) Somit sind wissenschaftliche Tatsachen stets relativ, d. h. an Denkstile und Denkkollektive und so folglich an Raum und Zeit gebunden – Evidenz ist immer die Evidenz eines Kollektivs zu einer bestimmten historischen Zeit und in einem bestimmten gesellschaftlich-kulturellen Zusammenhang. Dies hat zur Folge, dass wissenschaftliche Tatsachen (bzw. das, was als Tatsache angesehen wird) sich im Laufe der Zeit verändern; wissenschaftliche Tatsachen sind nicht überzeitlich geltend. Und genauso wie diese verändern sich Denkstile selbst ungeachtet einer gewissen „Beharrungstendenz." (Fleck 1980: 40–53)

3.1.2 Thomas S. Kuhn

Nachdem mit dem Ansatz von Ludwik Fleck eine die moderne Wissenschaftsreflexion stark prägende Position aus dem frühen 20. Jahrhundert vorgestellt wurde, soll im Folgenden noch kurz auf die Überlegungen von Thomas S. Kuhn eingegangen werden, die einen dominierenden Einfluss auf das wissenschaftstheoretische Denken der Folgezeit hatten.

Für die Kuhn'sche Reflexion auf Wissenschaft ist der Gedanke des Bruchs elementar (vgl. Rheinberger 2008: 83): In seinem einflussreichen Buch *Die Struktur wissenschaftlicher Revolutionen* (1976) wird dieser Bruchgedanke mit der These von den sog. wissenschaftlichen Revolutionen zum Ausdruck gebracht: Wissenschaftliche Revolutionen „sind die traditionszerstörenden Ergänzungen zur traditionsgebundenen Betätigung der *normalen Wissenschaft.*" (Kuhn 1976: 20; Hervorhebung von R.N.) Mit einem anderen Akzent ausgedrückt sind sie „jene nichtkumulativen Entwicklungsepisoden [...], in denen ein älteres *Paradigma* ganz oder teilweise durch ein nicht mit ihm vereinbares neues ersetzt wird." (Kuhn 1976: 104; Hervorhebung von R.N.) Wissenschaftlichen Revolutionen geht also eine Zeit der „normale[n] Wissenschaft" (Kuhn 1976: 19) voraus – durch sie wird ein Paradigma durch ein anderes ersetzt. Die Zeit der ‚normalen Wissenschaft', die im Grunde den größten Zeitraum im gesamtwissenschaftlichen Prozess einnimmt, ist sozusagen eine Zeit der Ruhe. Hier gibt es, trotz aller durchaus vorhandener wissenschaftlicher Diskursivität, eine gemeinsame zugrunde liegende Weltsicht, vor deren Hintergrund die ‚normale' Forschung betrieben wird: „Die normale Wissenschaft als Betätigung, mit der die meisten Wissenschaftler zwangsläufig fast ihr ganzes Leben verbringen, gründet auf der Annahme, daß die wissenschaftliche Gemeinschaft weiß, wie die Welt beschaffen ist." (Kuhn 1976: 19f.) Eng mit dem Konzept der ‚normalen Wissenschaft' ist der Begriff des Paradigmas verbunden (vgl. Kuhn 1976: 25). Ein Paradigma bestimmt das Wissen darüber, ‚wie die Welt beschaffen ist'. Das Handeln in wissenschaftlichen Gemeinschaften findet in Orientierung an ein Paradigma statt. Neuerungen und Innovationen, die das Paradigma in seiner grundlegenden Ausrichtung gefährden könnten, werden als „Anomalien" (Kuhn 1976: 20) angesehen und – bis zu einem gewissen Punkt – unterdrückt (vgl. Kuhn 1976: 20). Aber wenn eine

> Fachwissenschaft den die bestehende Tradition wissenschaftlicher Praxis untergrabenden Anomalien nicht länger ausweichen kann-, dann beginnen die *außerordentlichen Untersuchungen*, durch welche die Fachwissenschaft schließlich zu einer neuen Reihe von Positionen, einer neuen Grundlage für die Ausübung der Wissenschaft geführt wird. (Kuhn 1976: 20; Hervorhebung von R.N.)

Wenn die Anomalien so bedeutsam werden, dass sie nicht mehr ignoriert werden können, wird die Ordnung des Paradigmas hinterfragt – es wird außer*ordentlich* geforscht. Und so kommt es schließlich zu einem „Paradigmawechsel" (ebd.: 65), also zu einem Wechsel zu einer neuen Ordnung, die dann das wissenschaftliche Denken und Handeln grundlegend bestimmt. Dieser Ordnungswechsel, oder „Gestaltwechsel" (Rheinberger 2008: 88), darf allerdings nicht so verstanden werden, als führten die Paradigmenwechsel letztlich zu einem Abschluss, zur absoluten und endgültigen Wahrheit (vgl. Rheinberger 2008: 88; Kuhn 1976: 182). Das Bruchdenken Kuhns steht im Gegenteil jedweder Auffassung von Wissenschaft als kumulativer Anhäufung wissenschaftlichen Wissens fern (vgl. Kuhn 1976: 17). Es darf in diesem Sinne also vielmehr die Abkehr von teleologischen Entwicklungsvorstellungen als ein zentrales Anliegen der Kuhn'schen Wissenschaftsreflexion angesehen werden (vgl. Rheinberger 2008: 89f.):

> Der in diesem Essay beschriebene Entwicklungsprozeß geht von primitiven Anfängen aus – ein Prozeß, dessen aufeinander folgende Stadien durch ein zunehmend detailliertes und verfeinertes Verstehen der Natur charakterisiert sind. Aber nichts von dem, was gesagt worden ist und noch gesagt werden kann, macht ihn zu einem Prozeß der Entwicklung auf etwas *hin*. (Kuhn 1976: 182)

Diskontinuitäten, wie sie Kuhn aus diachroner Perspektive für die Wissenschaften konstatiert, sind in seinem Ansatz zudem aus synchroner Perspektive relevant: Kuhn geht laut Rheinberger von „mehreren bis vielen Wissenschaftlergemeinschaften" aus, „die auf ihre jeweiligen Paradigmen fixiert sind und ihre Geschäfte unter jeweils inkommensurablen Voraussetzungen betreiben." (Rheinberger 2008: 89) Mit diesen (diachronen und synchronen) Diskontinuitäten sieht Rheinberger die zwei „treibende[n] Momente der wissenschaftsphilosophischen und wissenschaftshistorischen Reflexion des 20. Jahrhunderts" (Rheinberger 2008: 89) realisiert.

Aus methodologischer Sicht ist die Kuhn'sche Reflexion auf die Wissenschaftsgeschichte selbst revolutionär:[6] Kuhn erkennt auch die Radikalität seines Denkens, wenn er von einer „historiographische[n] Revolution in der Untersuchung der Wissenschaft" (Kuhn 1976: 17) spricht. Rheinberger fasst die Neuheit dieses Denkens wie folgt zusammen: „Kuhn zufolge haben wir bisher die falschen Fragen gestellt. Wir müssen eine Revolution der Denkart in den methodischen Grundannahmen der Wissenschaftsgeschichte selbst herbeiführen." (Rheinberger 2008: 84) Für die Kuhn'sche Epistemologie ist aber nicht allein dieses Bruchdenken charakteristisch, sondern auch die „Vermischung verschiedener Gebiete und Gesichtspunkte." (Kuhn 1976: 23) Mit seinem unkonventionellen Vorgehen untergräbt er die klassische Grenzziehung zwischen Entdeckungszusammenhang und Rechtfertigungszusammenhang aus der analytischen Wissenschaftsphilosophie (vgl. Rheinberger 2008: 85). Zudem ist seine Position, wie die von Ludwik Fleck, soziologischer und sozialpsychologischer Natur (vgl. Rheinberger 2008: 85f.; Kuhn 1976: 23).

Alles in allem zeigt diese kurze und – natürlich – selektive Skizze der Wissenschaftsreflexion im 20. Jahrhundert, dass im Denken über Wissenschaft ein grundsätzlich historizistisches Denken Einzug hält. Wissenschaftliche Erkenntnis wir din diesem Sinne als nicht-teleologisch und als relativ angesehen. In den Wissenschaften geht es also nicht darum, irgendwie abgeschlossene und vollständige Wahrheiten zu erzielen. Vielmehr vertritt man demgegenüber im Bewusstsein prinzipieller Fehlbarkeit und Revidierbarkeit ‚relative Wissensansprüche'. Die erzielte Erkenntnis ist darüber hinaus kein Produkt einer genialen Eingebung, sondern vielmehr Produkt kollektiver Arbeit.

---

6 Das Bruchdenken in der Wissenschaftsgeschichtsreflexion stammt nicht genuin von Kuhn, sondern ist u. a. auf Alexandre Koyré zurückzuführen (vgl. Rheinberger 2008: 83), auf den Kuhn selbst auch explizit verweist (vgl. Kuhn 1976:17).

3.1.3 Wissenschaftssoziologische Einsichten

Vor dem Hintergrund dieser reflexiven Einsichten erscheinen die Entwicklungstendenzen des Sozialsystems Wissenschaft nicht uninteressant: So ist gemessen an der Anzahl aktiver Personen in den Wissenschaften oder der Anzahl von wissenschaftlichen Fachzeitschriften ein starkes Wachstum in den Wissenschaften vor allem auch seit dem Ende des 19. Jahrhunderts zu verzeichnen. So stellt bspw. Peter Weingart heraus, dass es zum „Ende des 19.Jahrhunderts [...] auf der ganzen Welt rund 50.000 Wissenschaftler [gab]", während es rund „hundert Jahre später, zum Ende des 20. Jahrhunderts, [...] mehr als drei Millionen Wissenschaftler und Wissenschaftlerinnen [gab]."[7] (Weingart 2003: 35f.) Dies schlage sich schließlich darin nieder, dass 80 bis 90 Prozent aller Wissenschaftler, die jemals gelebt haben, gegenwärtig leben (vgl. Weingart 2003: 36). Und auch mit Blick auf die Anzahl der Fachzeitschriften, also der zentralen wissenschaftlichen Publikationsorgane, ist ein starkes Wachstum zu verzeichnen. In diesem Zusammenhang ist auch von einer zunehmenden, vom Einzelnen nicht mehr überschaubaren ‚Literaturflut' die Rede:

> Die Aussage, dass die Literaturflut in der Wissenschaft von niemandem mehr überblickt werden könne, ist ein sich hartnäckig haltender Allgemeinplatz, der gleichwohl nostalgische Sehnsüchte nach den letzten Universalgenies vom Schlage Leibniz' und Humboldts und einer einheitlichen, überschaubaren Wissenschaft hervorruft. (Weingart 2003: 36)

Von einer solchen einheitlichen und überschaubaren Wissenschaft kann für das 20. Jahrhundert zunehmend keine Rede mehr sein (vgl. auch Rheinberger 2008: 13).[8] Vielmehr ist das Sozialsystem Wissenschaft demgegenüber „wahrscheinlich die am schnellsten wachsende Institution überhaupt" (Weingart 2003: 36), womit vor allem auch eine permanente Ausdifferenzierung und Spezialisierung einhergeht (vgl. Weingart 2003: 34). Eine Folge aus diesem wachsenden, sich ausdifferenzierenden und zunehmend unübersichtlich werdenden Sozialsystem Wissenschaft ist eine zunehmende ‚selektive Aufmerksamkeit' für Forschungsergebnisse bzw. wissenschaftliche Erkenntnisse: „Die selektive Aufmerksamkeit besagt, dass ein Teil der gesamten Menge an produziertem Wissen einfach unbeachtet bleibt." (Weingart 2003: 37) Die zunehmende Ausdifferenzierung und

---

[7] Weingart bezieht sich hier auf Felt, Nowotny & Taschwer (1995).
[8] Prominente Verfechter einer sog. Einheitswissenschaft kamen aus dem Umfeld des *Wiener Kreises* (vgl. Holton 2000: 20). Durch diesen *Wiener Kreis* wurde das theoretische Streben nach einer Einheitswissenschaft noch bis in die Mitte des 20. Jahrhunderts getragen (vgl. Holton 2000: 35).

Spezialisierung der einzelnen Disziplinen sowie die stark ansteigende Menge an Publikationen führen folglich dazu, dass nur noch ein Bruchteil aller entstandenen Publikationen überhaupt rezipiert wird.

Insgesamt kann man also festhalten, dass die Wissenschaften seit dem 19. Jahrhundert und (vor allem auch) im 20. Jahrhundert einem starken Wachstum mit einer starken Ausdifferenzierung unterliegen. Dies führt insgesamt zu einer zunehmenden Unübersichtlichkeit. Auch Wachstum, Spezialisierung und Unübersichtlichkeit tragen bei einem reflexiven Blick auf Wissenschaft und wissenschaftliche Erkenntnis möglicherweise dazu bei, dass das Vertrauen in eine wie auch immer gedachte Vollendung von wissenschaftlicher Erkenntnis schwindet. Zudem scheint es nicht unplausibel zu sein, dass mit zunehmender Unübersichtlichkeit und selektiver Rezeption von Forschungsergebnissen eine gewisse Unsicherheit in Hinblick auf die Geltung von Wissensansprüchen einhergeht.[9]

3.2 Die Kategorie der Objektivität und ihre Geschichte

Im Folgenden werden die wissenschaftstheoretischen Überlegungen von Lorraine Daston vorgestellt. Eine zentrale Einsicht in Dastons Überlegungen ist, dass wissenschaftliche Kategorien wie bspw. *Objektivität* grundlegend historizistisch zu denken sind, was – wie die Autorin selbst betont – nicht unbedingt selbstverständlich ist, wie man dem folgenden Zitat entnehmen kann: „Es gab eine Zeit vor den Tatsachen, eine Zeit vor der Objektivität. Warum löst im Falle der epistemologischen Kategorien die Entdeckung der Historizität einen so erdbebenartigen Schock aus?" (Daston 2003a: 16) Kategorien wie bspw. Objektivität oder Faktizität scheinen auf den ersten Blick schon immer zu den wissenschaftlich methodologischen Selbstverständlichkeiten zu gehören, weshalb es aus heutiger Sicht möglicherweise ungewöhnlich erscheint, sich die Wissenschaften ohne diese Kategorien vorzustellen. Dass es aber eine Zeit gab, in der die Wissenschaften bspw. ohne den Anspruch auf Objektivität auskamen, ist eine zentrale These in der historischen Epistemologie von Lorraine Daston. Kategorien sind ihr zufolge also nicht ahistorisch bzw. überzeitlich geltend, sondern haben eine Geschichte: Sie sind zu einem bestimmten Zeitpunkt entstanden, sie unterliegen Veränderungen im Laufe der Zeit und ihr Dasein ist zumindest potentiell zeitlich begrenzt. Sie gehören der „sublunaren Sphäre des

---

9 Vor allem auch auf diese Aspekte wird bei der Hypothesenformulierung in Kapitel 5.2.2 zurückzukommen sein.

Veränderlichen an: Sie haben eine echte Geschichte, nicht nur Geburts- und Todesdaten." (Daston 2002: 45)

Für Dastons Ansatz, den sie selbst als *Historizismus* bezeichnet (vgl. Daston 2003a: 10; Daston 2001), ist die Fokussierung auf *Kontexte* und *Praktiken* zentral: Sie beschreibt die Geschichte der Kategorien mit einer Historiographie, die – an Kant orientiert – als „eine Geschichte der Bedingungen, die bestimmte Arten des Wissens ermöglichen" (Daston 2003a: 15; vgl. auch Daston 1994: 283), gefasst werden kann. Mit der Daston'schen historischen Epistemologie wird also die

> Geschichte der Kategorien [erforscht], durch die unser Denken und unsere Erfahrung strukturiert werden, an denen sich unsere Begründungs- und Beweisverfahren ausrichten und die unsere Erklärungsmaßstäbe rechtfertigen". (Daston 2003a: 15; vgl. auch Daston 1994: 282)

In dem Zitat wird bereits angedeutet, dass die Erforschung der Geschichte der Kategorien nicht über abstrakte Begriffe erfolgt, sondern über konkrete Techniken und Praktiken, in denen die Kategorien zum Ausdruck gebracht werden: In ihrem einleitenden Aufsatz zur *Geschichte der Rationalität* (vgl. Daston 2003b) konstatiert Daston, dass sich „Rationalität am besten in ihren besonderen Ausprägungen studieren läßt, in den *Techniken*, durch die ätherische Prinzipien mit der innerweltlichen *Praxis* verlötet werden." (Daston 2003a: 9; Hervorhebungen von R.N.) Neben den Praktiken ist für den Daston'schen Historizismus auch die mit diesen Praktiken einhergehende Kontextgebundenheit zentral. Es ist unmittelbar einleuchtend, dass Handlungen und Praktiken stets an Raum und Zeit gebunden sind. Es sind demnach die (lokalen) Kontexte, die bei dieser Betrachtung in den Fokus rücken: Das Handeln in bestimmten gesellschaftlich-kulturellen und historischen Zusammenhängen ist der grundlegende Gegenstand dieses Historizismus, der somit der traditionellen (philosophischen) Sichtweise, Wahrheit und Vernunft seien zeitlos und kontextunabhängig bzw. autonom, entgegensteht (vgl. Daston 2003a: 10).[10]

Im Folgenden wird die *Geschichte der Objektivität* kurz nachgezeichnet. Dastons Annahme einer Geschichtlichkeit der Objektivität erscheint zunächst

---

10 Der Auffassung einer zeitlosen und autonomen Vernunft begegnet Daston z. B. in den Aufsätzen des Bandes „Wunder, Beweise und Tatsachen." (2003) Hier beschreibt sie auf oben vorgetragene Weise die Geschichte der Rationalität, indem sie in Einzeluntersuchungen *Formen der Rationalität*, wie Tatsachen, Evidenz und Objektivität, untersucht. Rationalität, die von ihr als „Ausübung der *Vernunft* in Theorie und Praxis" (Daston 2003a: 10; Hervorhebung von R.N.) verstanden wird, ist für sie ebenso kontextgebunden wie die Vernunft selbst.

einigermaßen frappant, da man in der traditionellen Auffassung von den Wissenschaften von grundlegenden und universalen Axiomen ausgeht, die eine wissenschaftliche Erkenntnis erst zu einer wissenschaftlichen machen.

In ihrer Arbeit zur Geschichte der wissenschaftlichen Objektivität zeigt Daston zusammen mit Peter Galison (2007) auf, wie Objektivität zu einer für die heutigen Wissenschaften so selbstverständlichen und quasi-natürlichen wissenschaftlichen Kategorie *erst wurde*. Aus methodologischer Sicht stellt sich hier zunächst die Frage, wie man die Geschichte abstrakter Kategorien nachzeichnen kann, ohne dabei begriffsgeschichtlich vorzugehen. Daston und Galison widmen sich hierfür der Analyse von Bildern bzw. Darstellungen in wissenschaftlichen Atlanten. Anhand der Darstellungsweise der „Arbeitsobjekte" (Daston & Galison 2007: 22) in Atlanten lassen sich Rückschlüsse auf zugrunde liegende Werte ziehen:

> *Epistemische Werte* prägen sich als Ideale aus und [...] als *historisch spezifische Weisen der Untersuchung und Abbildung*. Als Ideale können sie mehr oder weniger friedlich, wenn auch vage, nebeneinander bestehen. Aber auf der Ebene der spezifischen alltäglichen Entscheidungen – welches Instrument man benutzen, ob man eine Photographie retuschieren, einen Ausreißer in einer Datenerhebung unterdrücken soll oder in welcher Sichtweise man junge Wissenschaftler schulen soll – kann es zu Konflikten kommen. (Daston & Galison 2007: 28; Hervorhebungen von R.N.)

Es sind die ‚Weisen der Untersuchung und Abbildung', also die *wissenschaftlichen Praktiken*, anhand derer man die für eine bestimmte historische Zeit spezifischen und einflussreichen Werte bzw. *epistemischen Tugenden*[11] ausmachen kann. So konstatieren Daston und Galison in Bezug auf die epistemische Tugend der Objektivität, dass,

> wenn man Begriffe durch Handlungen ersetzt und Praktiken statt Bedeutungen untersucht, [...] sich der Nebel [lichtet], der die Vorstellung von Objektivität umgibt. Dann zerfällt wissenschaftliche Objektivität in die Gesten, Techniken, Gewohnheiten und Verhaltensweisen, die sich durch Schulung und tägliche Wiederholung tief eingeprägt haben. (Daston & Galison 2007: 56)

Konkret interessieren Daston und Galison „die genauen Einzelheiten der Formen, zu sehen, *zu schreiben*, teilzunehmen, zu erinnern und zu vergessen, *die*

---

11 Die Autoren verwenden den Ausdruck *epistemische Tugend* für epistemische Werte.

das Idealtypische in Personen konkretisieren, und zwar kollektiv."[12] (Daston & Galison 2007: 47; Hervorhebungen von R.N.)

Anhand dieses Vorgehens kommen die Autoren zu dem Schluss, dass die Geschichte der wissenschaftlichen Objektivität kürzer ist, als gemeinhin angenommen wird. Sie begann demnach erst in der Mitte des 19. Jahrhunderts; voraus ging ihr die epistemische Tugend der sog. ‚Naturwahrheit' und gefolgt ist ihr die des sog. ‚geschulten Urteils' (vgl. Daston & Galison 2007: 28). Epistemische Tugenden haben nach Daston und Galison dabei entscheidenden Einfluss auf die Subjektkonstitution von spezifischen historischen Wissenschaftler-Subjekten: Sie formen spezifische *wissenschaftliche Selbst*, weshalb sie auch „ihr Recht [verdienen], *Tugenden* genannt zu werden." (Daston & Galison 2007: 44; Hervorhebung von R.N.)

3.2.1 Naturwahrheit

Für die Zeit vor der Objektivität, also die Zeit der Naturwahrheit, ist die Konzentration auf einen *Typus* charakteristisch. Bei der Atlasherstellung war es nicht wichtig, reale und greifbare Naturobjekte so abzubilden, wie man sie auch in der Natur vorfindet, sondern als Archetypen (vgl. Daston & Galison 2007: 64). Dieser Ausrichtung kommt ein metaphysisches Moment zu: Für die Naturwahrheit ist „das Streben nach einer nur schwer zugänglichen Realität" (Daston & Galison 2007: 62) charakteristisch. Einen Archetypen darzustellen verlangt eine Kombination aus Beobachtung der vorfindlichen Natur und Erfahrung: „Das Typische ist selten, wenn überhaupt, in einem einzelnen Exemplar verkörpert; trotzdem kann der scharfsinnige Beobachter es aufgrund seiner angesammelten Erfahrungen intuitiv erfassen." (Daston & Galison 2007: 74) Man geht also durch aus von der Beobachtung aus; aber erst die Erfahrung des Wissenschaftlers führt letztlich zum Typischen. „Nur ein Beobachter mit der Erfahrung und dem Scharfblick des Weisen" (Daston & Galison 2007: 79) ist demnach in der Lage, ein archetypisches „Vernunft-Bild" (Daston & Galison 2007: 79) darzu-

---

12 Daston und Galison erwähnen hier zwar auch das Schreiben in den Wissenschaften, obwohl sie in erster Linie nicht-sprachliche Praktiken untersuchen. Meine Ergebnisse aus der unten folgenden Untersuchung zum wissenschaftlichen Schreiben decken sich denn auch nicht mit den Ergebnissen, die Daston und Galison anhand von nicht-sprachlichen Praktiken erzielen. Gerade in einer Zeit, in der für Daston und Galison Objektivität gewissermaßen ‚Hochkonjunktur' hat, ist nach meinen Ergebnissen der schriftsprachliche Ausdruck relativ subjektiv. Offensichtlich verhalten sich sprachliche Praktiken in Bezug auf epistemische Tugenden anders als nicht-sprachliche (siehe hierzu auch 8. und 9.).

stellen – die wissenschaftliche Idealperson der epistemischen Tugend Naturwahrheit ist folglich *der Weise*, der die Wahrheit der Natur mithilfe seiner persönlichen Fähigkeiten bzw. seiner Genialität zu finden und darzustellen vermag: „Man brauchte eine besondere, vielleicht sogar geniale Begabung, um die Idee in der Beobachtung zu entdecken, denn sie war verdeckt von unzähligen Variationen." (Daston & Galison 2007: 92)

3.2.2 Objektivität

Daston und Galison unterscheiden zwei Arten von Objektivität: *mechanische Objektivität* und *strukturelle Objektivität*. Zeitlich zuerst und in direkter Reaktion auf die Naturwahrheit kommt die mechanische Objektivität auf, weshalb sie im Folgenden auch zuerst vorgestellt wird. Die Rolle des Wissenschaftlers, der sich den Werten der Naturwahrheit verpflichtet fühlt, unterscheidet sich von der in der Mitte des 19. Jahrhunderts aufkommenden Wissenschaftlerrolle: Der Wissenschaftler in der Mitte des 19. Jahrhunderts betrachtet sich selbst zunehmend als Erkenntnishindernis; er nimmt zunehmend eine passive Haltung ein: „Die früheren Naturforscher hatten aktiv versucht, ihre Objekte und ihre Illustratoren auszusuchen und zu formen, während spätere Naturwissenschaftler sich bemühen, passiv zu bleiben und die Finger von ihren Objekten zu lassen." (Daston & Galison 2007: 119) Die Person des Wissenschaftlers stellt von nun an eine Gefahr für den Erkenntnisgewinnungsprozess dar; es gilt subjektive Sichtweisen und theoretische Annahmen zu unterdrücken, um eine reine Darstellung der Natur bzw. der Realität nicht zu gefährden (vgl. Daston & Galison 2007: 36): „,Die Natur soll für sich selbst sprechen' wurde zur Parole der neuen wissenschaftlichen Objektivität." (Daston & Galison 2007: 126) Eine Konsequenz aus dieser Entwicklung hin zur Objektivität ist, dass der Fokus verstärkt auf die Verfahren und Instrumente gelegt wird, die für eine objektive Erkenntnisgewinnung in Frage kommen. Diese Akzentverschiebung wird anhand der folgenden Definition der mechanischen Objektivität deutlich:

> Unter *mechanischer Objektivität* verstehen wir das entschlossene Bestreben, willentliche Einmischungen des Autors/Künstlers zu unterdrücken und statt dessen eine Kombination von Verfahren einzusetzen, um die Natur, wenn nicht automatisch, dann mit Hilfe eines strengen Protokolls sozusagen aufs Papier zu bringen. (Daston & Galison 2007: 127)

Die Erkenntnisgewinnung soll also fortan möglichst *mechanisch* erfolgen, was u. a. durch die Benutzung von Maschinen gewährleistet werden soll.[13] Die Mechanisierung der wissenschaftlichen Praxis wurde so zu einem erkenntnisbezogenen Wert bzw. zu einer „Moralvorstellung." (Daston & Galison 2007: 132) Im Kontext dieser neuen Ethik des Erkennens wandelt sich das Verständnis davon, nach welchen Maßstäben das Handeln der Akteure des wissenschaftlichen Feldes bewertet wird: Mit dem Zurücktreten der Person des Wissenschaftlers im Erkenntnisgewinnungsprozess und der stärkeren Fokussierung auf Verfahren und Instrumente kristallisiert sich eine neue wissenschaftliche Idealperson heraus: Diese zeichnet sich durch „viel Fleiß und Selbstbeherrschung und möglichst wenig geniales Interpretationsvermögen" (Daston & Galison 2007: 128) aus. Weiter heißt es: „Wo früher das eingreifende Genie regierte, war nun, wie die Wissenschaftler im neunzehnten Jahrhundert immer lauter forderten, harte Arbeit unter Selbstbeschränkung und Selbstbeherrschung angesagt." (Daston & Galison 2007: 129)

Mit dem Aufkommen der mechanischen Objektivität verändert sich nicht nur die Vorstellung vom Ideal des Wissenschaftlers, sondern auch die Art und Weise des Umgangs mit den Erkenntnisgegenständen. Unter der ‚Moralvorstellung' einer subjektfreien Erkenntnisgewinnung und -darstellung ist es nicht mehr erstrebenswert, einen Archetyp mittels persönlicher Fähigkeiten metaphysisch abzuleiten. Von nun an rückt vielmehr die konkrete Einzelerscheinung mit all ihren individuellen Variationen in den Fokus der Betrachtung. In der Atlasherstellung wurde folglich die „Aufmerksamkeit auf die Reproduktion individueller Exemplare – statt auf die Wiedergabe von Typen oder Idealen" Daston & Galison 2007: 127) gelegt. Die Perfektion, die sich in den Atlasbildern der Naturwahrheit etwa in Form von symmetrischen Darstellungen ausdrückte, weicht der naturgetreuen und unkorrigierten Abbildung von Einzelerscheinungen, in denen sich Unregelmäßigkeiten und Asymmetrien zeigen (vgl. Daston & Galison 2007: 169). Der wissenschaftliche Gegenstand der mechanischen Objektivität ist also das Einzelding; die Art und Weise der Beobachtung ist rein:

> Die mechanische Objektivität hatte sich diese Reinheit der Beobachtung, diesen neuen Blick auf eine individuelle Pflanze oder dieses einzelne Bakterium zum Ziel gesetzt, einen

---

[13] Mit der mechanischen Objektivität geht eine Orientierung an ökonomischen Prinzipien einher, wie die Idealisierung der Fabrikarbeit zeigt: „Im achtzehnten Jahrhundert hatten sich Atlasmacher dringend begabte Künstler gewünscht, die [...] naturwahr und elegant zeichnen konnten, sich aber auch dem Urteil des Naturforschers fügsam beugten: gescheite, aber gehorsame Diener. Im neunzehnten Jahrhundert richteten die Atlasmacher ihre Ideale an der Fabrik aus, nicht am Atelier." (Daston & Galison 2007: 145; siehe auch 147)

Blick, der wie befreit vom ‚zweiten Gesicht' früherer Erkenntnisse, Wünsche oder Ästhetik sein sollte. Dieses Blindsehen versprach eine epochale Neuerung in der Präsentation der Natur. (Daston & Galison 2007: 172)

Dieser epochale Charakter zeigt sich in der Distribution des Gedankens der mechanischen Objektivität: Sowohl die Praktiken als auch die Terminologie der Objektivität finden sich gegen Ende des 19. Jahrhunderts nationen- und fächerübergreifend wieder (vgl. Daston & Galison 2007: 165).

Ebenso wie die mechanische Objektivität definiert sich die strukturelle Objektivität über ihren Antipoden, die Subjektivität. Für beide stellt die Subjektivität des Wissenschaftlers eine Gefahr im Erkenntnisprozess dar – allerdings in verschiedener Hinsicht: Die

> Metaphern der mechanischen Objektivität [sprachen] von mannhafter Selbstbeschränkung, von einem Willen, der sich selbst beherrscht. In den Metaphern der strukturellen Objektivität war das Selbst eine unzugängliche Festung, abgeschirmt gegen die Natur wie gegen andere denkende Menschen. Die strukturelle Objektivität richtete sich gegen ein eingeschlossenes, privates, von Solipsismus bedrohtes Selbst. Als Gegenmaßnahme wurde ihm nicht Selbstbeschränkung, sondern Verzicht empfohlen: Das Selbst sollte seine eigenen Empfindungen und Ideen *formalen Strukturen* opfern, *die allen denkenden Wesen zugänglich waren*. (Daston & Galison 2007: 271; Hervorhebung von R.N.)

Man könne nach dieser Ansicht erst von einer wirklichen Wissenschaft sprechen, wenn diese grundsätzlich jedem denkenden Menschen zu jeder Zeit, d. h. orts- und zeitunabhängig, *mitteilbar* ist (vgl. Daston & Galison 2007: 268f) – dies lässt sich allein mittels Strukturen realisieren: Einzig die Struktur sichert die „Mitteilbarkeit (Intersubjektivität) zwischen Wissenschaftlergenerationen, Kulturen und sogar verschiedenen Spezies und Planeten." (Daston & Galison 2007: 313) Die *Sorge um die Mitteilbarkeit* der Wissenschaften lässt sich also als die zentrale Motivation dieser Form der Objektivität ansehen. Es geht in den Wissenschaften im Kontext der strukturellen Objektivität nicht um das Finden von Wahrheit, sondern vielmehr um die intersubjektive „kosmische Gemeinschaft." (Daston & Galison 2007: 319) Die Wahrheit kann dem menschlichen Geist nicht mitgeteilt werden; sie hält der „Prüfung auf Mitteilbarkeit" (Daston & Galison 2007: 300) nicht stand. Mit der Orientierung an dem Topos der Mitteilbarkeit, mit dem Orts- und Zeitgebundenheit aufgehoben werden, geht eine veränderte Vorstellung davon einher, welche Rolle der Wissenschaftler im Erkenntnisgewinnungs- und Erkenntnisdarstellungsprozess spielt: Die Auffassung vom wissenschaftlichen Selbst der strukturellen Objektivität zeigt Parallelen zur entsprechenden Auffassung von der Welt. Es kommt bei der Welt nicht auf die Dinge, die Phänomene oder Theorien über Dinge an, sondern einzig auf die Strukturen. Dies gilt übertragen ebenso für das Selbst: „Nur auf den kleinen

Splitter des denkenden Wesens kam es an, der übrigblieb, wenn alle Erinnerungen, Sinneseindrücke, alle Überlegenheit und alle Mängel, Individualität *tout court* weggestrichen waren." (Daston & Galison 2007: 319)

3.2.3 Geschultes Urteil

Abschließend soll noch kurz auf diejenige epistemische Tugend eingegangen werden, die zu Beginn des 20. Jahrhunderts u. a. in Reaktion auf die vorausgehenden epistemischen Tugenden aufkam: das geschulte Urteil. Wissenschaftler zeigen im Rahmen dieser epistemischen Tugend wieder mehr Selbstvertrauen und weniger Selbstverleugnung wie etwa noch im Rahmen der mechanischen Objektivität (vgl. Daston & Galison 2007: 332). In Bezug auf die Atlasherstellung kommt zunehmend die Überzeugung auf, dass rein mechanisch-objektive Abbildungen allein unzureichend sind und dass somit durch geschultes Urteil „Abbildungen komplexer *Familien* von Phänomenen […] so weit geglättet, verfeinert oder klassifiziert werden, *daß sie wirklich einem Zweck dienen konnten.*" (Daston & Galison 2007: 332, Hervorhebungen von R.N.) Mit der mechanischen Objektivität ist man zuvor in der Lage, Idealisierungen der Naturwahrheit vorzubeugen, nach der man mit genialen Fähigkeiten zu unter der Oberfläche der Erscheinungen liegenden Typen gelangt. Mit der mechanischen Objektivität kann jedoch nicht gewährleistet werden, dass man über isolierte Einzelerscheinungen mit individueller Variation hinaus *Familien* erschließen kann, bei denen von normaler Variation abgesehen werden kann (vgl. Daston & Galison 2007: 336f.). Im Rahmen des geschulten Urteils liegt der Fokus also auf Familien bzw. „Gegenstandsfamilien" und nicht auf Typen oder Einzelexemplaren (Daston & Galison 2007: 337). Mit dieser neuen Orientierung bei der Atlasherstellung gehen also ein neues wissenschaftliches Selbst und ein neues Selbstverständnis von Wissenschaftlern einher – der Wissenschaftler versteht sich im Rahmen des geschulten Urteils als Experte: „Anders als der Gelehrte des achtzehnten Jahrhunderts und der Laien-Asket des neunzehnten verstand sich der Wissenschaftler des zwanzigsten Jahrhundert als *Experte* mit geübtem Auge." (Daston & Galison 2007: 347; Hervorhebung von R.N.)

Obwohl mit dem geschulten Urteil dem Wissenschaftler bzw. dem wissenschaftlichen Selbst nach seiner Abstinenz während der Zeit der epistemischen Tugend der Objektivität nun wieder mehr Raum im Erkenntnisprozess zugestanden wird, ist das geschulte Urteil jedoch keine Wiederaufnahme der Naturwahrheit. Dies wird zum einen am Unterschied in der grundsätzlichen Ausrichtung deutlich: Während man im Rahmen der Naturwahrheit nach der hinter vielfältiger Variation verdeckten Wahrheit suchte, geht es beim geschulten Urteil um die zweckdienliche (s. o.) Hervorhebung von Familienähnlichkeiten (vgl. Daston & Galison 2007: 368). Zum anderen ist hier aber auch ein sozusagen geschichtslogischer Aspekt zu berücksichtigen: Eine einfache Wiederaufnahme der Naturwahrheit ist insofern unmöglich, als die *geschichtliche Abfolge von Werten* eine nicht unerhebliche Rolle spielt:

> Das geschulte Urteil unterscheidet sich gerade deshalb von der Naturwahrheit, weil die Wissenschaftler, die sich im zwanzigsten Jahrhundert bei der Gestaltung ihrer Atlasbilder auf Fachurteil verließen, die mechanische Objektivität schon übernommen oder mit ihrer Hilfe gearbeitet hatten. *Abfolgen spielen eine Rolle – Geschichte spielt eine Rolle.* (Daston & Galison 2007: 337; Hervorhebung von R.N.)

Man könne also nicht ohne weiteres wieder von Naturwahrheit ausgehen, da die Werteorientierung unter der Objektivität ihre prägenden Spuren im wissenschaftlichen Selbst hinterlassen haben. Auch vollzieht sich der Wechsel zu der neuen epistemischen Tugend nicht in einem Bruch mit der alten, sondern in Form einer Ergänzung (vgl. Daston & Galison 2007: 338).

Die Geschichte der Objektivität, die bei Daston und Galison anhand von bildlichen Darstellungen in wissenschaftlichen Atlanten rekonstruiert wurde, wirft für die Sprachwissenschaft bzw. für die Wissenschaftssprachforschung mindestens die Frage auf, wie es sich vor diesem Hintergrund mit der *sprachlichen* Darstellung oder Kommunikation von Erkenntnis verhält. Wie Daston und Galison an zentraler Stelle deutlich machen, handelt es sich bei Objektivität nicht nur um ein Erkenntnis*ideal*, wie es bspw. im Zusammenhang mit dem Autorschaftskonzept des ‚Ich-Verbots' verstanden wird, sondern Objektivität zeigt sich vor allem auch in den wissenschaftlichen Praktiken der Erkenntnisdarstellung und -gewinnung. Insofern erscheint es zunächst einmal nicht abwegig, auch für den Sprachgebrauch eine analoge (also objektive) Form der Darstellung anzunehmen. Sowohl auf die These einer Orientierung am Erkenntnis*ideal* als auch auf diese letztere These der Analogie von nicht-sprachlicher Praktik und Sprachgebrauch wird an entsprechender Stelle (kritisch) einzugehen sein (siehe bspw. 5.2.4 und 9.).

4 Konzeptionelle Ausrichtungen in der deutschen Sprachwissenschaft

Im folgenden Kapitel wird die Entwicklung von Sprachauffassungen oder methodologischen Grundannahmen in der deutschen Sprachwissenschaft nachgezeichnet. Im Vordergrund steht dabei eine gewisse Bipolarität von natur- vs. geistes- bzw. gesellschaftswissenschaftlicher Orientierung, die einmal für die Wende zum 20. Jahrhundert und einmal für die 1970er Jahre herausgestellt wird.[1] Es werden im Folgenden also die Ansätze der Junggrammatiker und der generativen Linguistik um Noam Chomsky einerseits sowie (kurz) ihre jeweiligen Gegenpole andererseits behandelt, wobei die Junggrammatiker und die generativen Linguisten grundsätzlich eine naturwissenschaftliche Orientierung und die entsprechenden Gegenpole eine nicht-naturwissenschaftliche, also eher geistes- oder gesellschaftswissenschaftliche Orientierung aufweisen.

Diese Ausführungen bilden eine wichtige Grundlage für die unten vorzunehmende empirische Untersuchung (siehe 5.). Vor allem in der qualitativen Untersuchung werden Zeitschriftenartikel der jeweiligen bipolaren Bereiche hinsichtlich ihres unbestimmten Sprachgebrauchs untersucht. Im Kern geht es dann um die zentrale Frage, inwiefern sich konzeptionelle Selbstverständnisse in der Sprachwissenschaft, die auf einer *Diskurs*ebene reflektiert werden, im Sprachgebrauch niederschlagen oder nicht. Ist es bspw. so, dass naturwissenschaftlich orientierte Sprachwissenschaften bei der Produktion von Texten noch stärker auf Objektivität und Faktizität und insofern nicht Unbestimmtheit im sprachlichen Ausdruck ausgerichtet sind als die nicht-naturwissenschaftlichen? Sorgt also eine theoretisch und methodisch an den exakten und objektiven Naturwissenschaften ausgerichtete Denkweise der Sprachwissenschaftler bei deren Sprachgebrauch für einen noch unpersönlicheren, objektiveren und faktisch-konstatierenderen Sprachgebrauch? Oder läuft man bei einer derartigen

---

[1] Dass dabei u. U. ein zu homogenes Bild entsteht, das die möglicherweise um einiges vielschichtigere Realität der Sprachwissenschaft in den jeweiligen Zeiträumen verzerrt, ist mir durchaus bewusst. Aus Gründen der Fragestellung und Schwerpunktsetzung der vorliegenden Arbeit erscheint dies jedoch in gewisser Weise unumgänglich. Die Bipolarität, die im Folgenden herausgestellt wird, entspricht im Grunde der Differenzierung in ‚Chomsky-Theorien' und ‚Mead-Theorien', die Ludwig Jäger in seiner kritischen Auseinandersetzung mit der generativen Grammatik vornimmt (vgl. Jäger 1993a, 1993b) (siehe hierzu auch 8.3.1). Jäger stellt in diesem Zusammenhang auch heraus, dass sich die ‚Mainstream-Sprachwissenschaft' in der Geschichte der Sprachwissenschaft seit der ersten Hälfte des 19. Jahrhunderts durchweg an den Naturwissenschaften orientierte (vgl. Jäger 1993a; 83f.).

Annahme vielleicht Gefahr, die wissenschaftliche Textproduktion allzu rationalistisch und intellektualistisch zu fassen?

Die Grundlage für die folgende Darstellung bilden schwerpunktmäßig die in diesem Zusammenhang einschlägigen Arbeiten von Gerhard Helbig (1986, 1990) und Andreas Gardt (1999).

4.1 Die deutsche Sprachwissenschaft zu Beginn des 20. Jahrhunderts

Die folgende Darstellung zielt darauf, grob die Sprachauffassungen der Sprachwissenschaft um die Jahrhundertwende zum 20. Jahrhundert aufzuzeigen. Dies geschieht in der Form, dass (schwerpunktmäßig) die konzeptionelle Grundhaltung der Junggrammatiker, u. a. mittels deren Abgrenzung von der historisch-vergleichenden Sprachwissenschaft, herausgestellt sowie darauffolgend die Kritik an der junggrammatischen Sprachauffassung vorgestellt wird.

4.1.1 Die Junggrammatiker

Die im Folgenden zu behandelnden Junggrammatiker dürfen zweifelsohne als eine der bedeutendsten Strömungen in der Geschichte der Sprachwissenschaft in Deutschland angesehen werden.[2] Diese Geschichte der „neuere[n] deutsche[n] Sprachwissenschaft" (Helbig 1986: 11) ist insgesamt vergleichsweise jung; die Sprachwissenschaft erlangte als eine wissenschaftliche Disziplin im modernen Sinne erst zu Beginn des 19. Jahrhunderts eine gewisse Geltung. Die erste Phase der Entstehung und Etablierung wird häufig mit Sprachwissenschaftlern wie Franz Bopp und Jacob Grimm in Verbindung gebracht und wird auch als *historisch-vergleichende Sprachwissenschaft* bezeichnet (vgl. Helbig 1986: 11; Gardt 1999: 268–278). Diese den Junggrammatikern vorausgehende Phase der historisch-vergleichenden Sprachwissenschaft ist geprägt durch die Suche nach einer Einheit oder dem Ursprung der Sprache (vgl. Helbig 1986: 11) Entscheidend ist dabei vor allem die Art und Weise des Vorgehens, denn mit dem Ansatz von Bopp wird laut Gardt „erstmals eine systematische und im modernen Sinne wissenschaftliche Beschreibung der Verwandtschaftsverhältnisse innerhalb der europäischen Sprachfamilie" (Gardt 1999: 274) vorgelegt. Die sprachwissen-

---

[2] Zu den Junggrammatikern vgl. auch Einhauser (1989). Für einen guten Einblick in die Anfänge des junggrammatischen Denkens vgl. Einhauser (2001).

schaftliche Beschreibung macht also zu Beginn des 19. Jahrhunderts einen deutlichen methodischen Schritt in Richtung zu mehr Strukturiertheit und Systematizität. Es lassen sich demnach offensichtlich erste, die „Qualität der strukturellen Beschreibung erheblich [verbessernde]" (Gardt 1999: 274) Tendenzen zu einer an den Naturwissenschaften orientierten Arbeitsweise erkennen,[3] wenngleich sich – beispielsweise bei Grimm – zugleich auch noch eine Tendenz zur Mythologisierung ausmachen lässt, was u. a. die Sprachursprungsorientierung betrifft (vgl. etwa Gardt 1999: 276). In der Gleichzeitigkeit von einer zunehmend an den Naturwissenschaften orientierten Methodologie und Empirieorientierung sowie einer weiterhin „romantisierend-mythologischen" (Gardt 1999: 277) Sprachauffassung lässt sich in gewisser Weise – ganz grob – die Sprachwissenschaft beschreiben, auf die sich die Junggrammatiker bezogen und von der sie sich z. T. auch recht deutlich distanzierten. Wie lässt sich also – auf dieser Folie – die grundlegende methodologische Ausrichtung sowie die Sprachauffassung der Junggrammatiker fassen?

Ein zentraler gemeinsamer Nenner von Junggrammatikern und historischvergleichender Sprachwissenschaft ist die historische Sprachbetrachtung, wie Gerhard Helbig formuliert: „Die Geschichtlichkeit ist der verbindende Zug zwischen der junggrammatischen Generation und der Generation Grimms, so daß man die Linguistik des 19. Jahrhunderts als vorwiegend historisch ansprechen darf." (Helbig 1986: 18) Trotz dieser grundlegend gemeinsamen Perspektive auf die Sprachgeschichte unterscheiden sich beide dennoch in der Art und Weise dieses historischen Zugangs: Ungefähr seit dem letzten Drittel des 19. Jahrhunderts wird mit den Junggrammatikern die Sprachwissenschaft theoretisch und methodisch *deutlich* in der Nähe der Naturwissenschaften verortet (vgl. Gardt 1999: 278; Helbig 1986: 14). Die sprachwissenschaftlichen Zugänge aus der Zeit vor den Junggrammatikern werden vor diesem Hintergrund nun als spekulativ und mit einem positivistisch naturwissenschaftlichen Paradigma nicht vereinbar kritisiert. Ein Beispiel hierfür ist die Kritik an den Versuchen, „aus dem Datenmaterial so etwas wie ‚die indogermanische Ursprache' zu rekonstruieren."[4] (Gardt 1999: 279)

---

3 Gardt betont jedoch auch, dass die sprachlichen Gegenstände dadurch gleichzeitig zunehmend außerhalb ihres gesellschaftlich-kulturellen und historischen Zusammenhangs betrachtet werden (vgl. Gardt 1999: 274).
4 Brigitte Schlieben-Lange zeigt vor dem Hintergrund der Frage nach Kontinuitäten und Brüchen in der Geschichtsschreibung der Sprachwissenschaft, dass die Sprachursprungsfrage ein Beispiel für einen Bruch in der Sprachwissenschaftsgeschichte darstellt (vgl. Schlieben-Lange 1983: 472f.). Die Suche nach einem gemeinsamen Sprachursprung wird im Laufe des 19. Jahrhunderts zunehmend nicht mehr als wissenschaftsfähig angesehen.

Das positivistische Denken der Junggrammatiker lässt sich als Ergebnis ihrer „kulturell-intellektuellen Sozialisation" verstehen und diese wiederum ist im Grunde geprägt von den „Vorurteile[n] ihrer Epoche." (vgl. Knobloch 2011: 10) Die Naturwissenschaften und die naturwissenschaftlichen Verfahren und Methoden erfahren seit dem 19. Jahrhundert insgesamt ein zunehmendes Prestige, das auch auf die Geisteswissenschaften ausstrahlt. In der germanistischen Sprachwissenschaft zeigt sich dies bspw. an der Orientierung an naturwissenschaftlichen Leitwissenschaften und Leitbildern (vgl. Jäger 2003: 67–72).[5]

Die Eckpfeiler dieser Denkweise liegen etwa in der „strengen Systematik der wissenschaftlichen Beschreibung" sowie in der „absolut zentralen Stellung der Lautgesetze und der Analogie."[6] (Gardt 1999: 284) Die Lautgesetze werden als ausnahmslos gültig verstanden; ihnen wird der Status von Naturgesetzen (in einem nicht-metaphorischen Sinne) zugesprochen (vgl. Helbig 1986: 15; Gardt 1999: 284).[7] Mit dieser Vorstellung von Lautgesetzen, die als *Natur*gesetze verstanden werden, ist auch die junggrammatische Vorstellung von Wissenschaft eindeutig gekennzeichnet: „Die Sprachwissenschaft sollte durch Gesetze in eine so *exakte Wissenschaft* verwandelt werden, daß sie sich mit den Naturwissenschaften messen und das sprachliche Geschehen nicht nur beschreiben, sondern auch erklären konnte." (Helbig 1986: 15; Hervorhebung von R.N.) Die exakte Sprachwissenschaft der Junggrammatiker versucht – wie oben mit Bezug auf die historisch-vergleichende Sprachwissenschaft bereits angedeutet – mit der positivistischen Fokussierung auf die kleinsten Elemente der Sprache, also die Laute, jeglichen ‚spekulativen Überfluss' in Form von Romantisierungen und Mythologisierungen auszuschließen (vgl. Helbig 1986: 16; Gardt 1999: 286). Man positioniert sich in diesem Zusammenhang nun entschieden gegen ‚Willkür', ‚Subjektivismus' und sog. ‚Nebelbilder' im sprachwissenschaftlichen Erkenntnisprozess (vgl. Osthoff & Brugmann 1878).[8]

---

5 Die methodische und theoretische Orientierung an den Naturwissenschaften ist in dieser Zeit immer auch vor dem Hintergrund der Disziplinbildung der (noch recht jungen) Sprachwissenschaft zu verstehen (vgl. etwa Jäger 2003: 70). Zur Orientierung an den Naturwissenschaften als Leitwissenschaften für die Sprachwissenschaft vgl. auch Busse (2005). Noch vor den Junggrammatikern lässt sich „die für die Zeit deutlichste naturwissenschaftliche Prägung" (Gardt 1999: 279) im Ansatz von August Schleicher ausmachen. Zu den Konsequenzen einer an den Naturwissenschaften orientierten Linguistik für die Sprachwandelauffassungen vgl. bspw. von Polenz (2000: 21–27).
6 Zu Analogie vgl. u. a. Czicza (2015) und Czicza (i.V.).
7 Zum Begriff des Lautgesetzes seit den Junggrammatikern vgl. auch Schneider (1973).
8 Vgl. auch Gardt (1999: 286).

4.1.2 Der (objektive) Sprachgebrauch der Junggrammatiker?

Teilt man diese Einschätzung, dass die epistemische Tugend der Objektivität auch für die junggrammatische Sprachwissenschaft eine Rolle spielt, geht damit eine spezifische Auffassung von junggrammatischen Wissenschaftler-Subjekten einher, die entsprechende Sprachauffassungen und (methodische) Handlungsweisen aufweisen. Die epistemische Tugend der Objektivität findet sich aus dieser Sicht also im junggrammatischen Handeln des Erkenntnisgewinnungsprozesses wieder.

Die für uns zentrale Frage ist diesbezüglich jedoch, ob dies in gleicher Weise auch für das *sprachliche Handeln* gilt: Spiegelt sich also die epistemische Tugend der Objektivität auch in einem objektiven, unpersönlichen Sprachgebrauch wider? Bezogen auf Daston und Galison erscheint dies zunächst plausibel. In ihrem Ansatz zu den Darstellungsweisen in wissenschaftlichen Atlanten zeigen sie, dass man mit dem Aufkommen der epistemischen Tugend der Objektivität zunehmend um eine *reine Darstellung* von Natur und Realität bemüht war. Die Darstellung von Natur soll den Anschein der Unmittelbarkeit erzeugen; Darstellung wird aus dieser Sicht idealisiert als Übertragung ohne Mittler.[9] Erinnern wir uns an das oben bereits vorgestellte Zitat von Daston und Galison: „,Die Natur soll für sich selbst *sprechen*' wurde zur Parole der neuen wissenschaftlichen Objektivität." (Daston & Galison 2007: 126; Hervorhebung von R.N.) Die Unmittelbarkeit der Darstellung drückt sich demzufolge darin aus, dass die Natur (scheinbar) selbst *spricht*, es braucht dafür – radikal gesehen – also keine Sprecher- oder Mittlerinstanz.

Die junggrammatische Kritik am ‚Subjektivismus' und an den ‚Nebelbildern' der nicht-objektiven Sprachwissenschaftler scheint zunächst einmal ebenfalls dafür zu sprechen, dass auch der Sprachgebrauch der Junggrammatiker – entsprechend ihrer theoretischen und methodologischen Ausrichtung – in Form einer reinen, d. h. klaren und nicht getrübten Darstellung von Erkenntnis erfolgt. Im Grunde könnte man auch hier annehmen, dass der Gegenstand der Erkenntnis weitestgehend für sich selbst und ohne vermittelnde Sprecherinstanz spricht. Derartige Auffassungen von wissenschaftssprachlichem Gebrauch finden sich in den Überlegungen zu den eingangs vorgestellten Autorschaftskonzepten des ‚Ich-Verbots' und der ‚Rhetorik der Durchsichtigkeit'

---

9 Man könnte hinsichtlich dieses Verständnisses auch sagen, dass der Mittler, also der Autor, *mit der Performanz* verschwindet. Vgl. hierzu die medientheoretischen Überlegungen von Sybille Krämer (2008) zum Botenmodell und zu Übertragung. Zu Verständnis von Autor und Autorschaft in der vorliegenden Arbeit vgl. die Ausführungen in Abschnitt 8.5.

(siehe auch 2.). Der Sprachgebrauch der Junggrammatiker würde vor dem Hintergrund des Gesagten also den diskursiv erörterten Autorschaftskonzepten der Wissenschaftssprachforschung entsprechen.[10]

Was lässt sich also zum Sprachgebrauch der Junggrammatiker sagen? Zunächst einmal ist festzustellen, dass zum Sprachgebrauch der deutschen Sprachwissenschaftler insgesamt kaum Untersuchungen vorliegen. Den Fachsprachengebrauch der eigenen Disziplin zu analysieren, scheint für die Fach- und Wissenschaftssprachforschung bisher keine große Relevanz zu besitzen, wie auch Werner Wolski kritisch konstatiert (vgl. Wolski 1998: 1341).[11] Wolski (1998) selbst zeigt in seiner Darstellung des Sprachgebrauchs in der deutschen Sprachwissenschaft die Entwicklung seit den Junggrammatikern auf, wobei auch deren Vorgänger (etwa Schleicher) mitberücksichtigt werden. Seinem Zugang liegt jedoch aus meiner Sicht eine problematische Verengung zugrunde: Wolskis Fokus ist auf die *fachsprachliche Lexik* und *Terminologie* gerichtet; eine sprachstrukturelle, d. h. etwa syntaktische, oder eine semantisch-stilistische Betrachtung schließt er für sein Anliegen aus (vgl. Wolski 1998: 1341). Dies ist aus meiner Sicht problematisch, da er mit diesem Zugang den Sprachgebrauch der Sprachwissenschaftler im Grunde als sehr rationalistisch betrachtet (bzw. in der Konsequenz betrachten muss) und zu Kausalitätsvorstellungen in Bezug auf Denk- und Sprechweisen gelangt, die fraglich sind: M. E. zeigt er bspw. mit der sprachkritischen Reflexion der Junggrammatiker auf die Fachsprache der eigenen Disziplin (vgl. Wolski 1998: 1347) erst einmal lediglich das *Denken* der Junggrammatiker über einen adäquaten Fachsprachengebrauch auf. Dies ist einerseits in dieser Form womöglich nur in Bezug auf die fachsprachliche Lexik bzw. Terminologie möglich[12] und andererseits ist damit noch nichts über den eigentlichen Sprachgebrauch gesagt. Dieses Denken über den Fachsprachenge-

---

10 Ich werde auf diesen Punkt in Kapitel 5 zurückkommen, um zsolche Annahmen kritisch einzuordnen. An dieser Stelle sei allerdings bereits einschränkend darauf hingewiesen, dass eine Darstellung von Atlasbildern im Grunde nur bedingt vergleichbar ist mit einer sprachlichen Darstellung i.w.S. Der wissenschaftssprachliche Gebrauch ist nämlich – zumindest im modernen Verständnis von Wissenschaft – keine reine Darstellung, sondern immer auch Argumentation und Diskussion. Die hier vorgenommene Gleichsetzung ist heuristischen Erwägungen geschuldet.
11 Dies deckt sich in gewisser Weise mit der Einsicht, dass sowohl die Wissenschaftsgeschichte und -theorie als auch die Wissenschaftssprachforschung in der Tendenz eher zur Untersuchung der Naturwissenschaften als der Geisteswissenschaften neigen. Dahinter steckt möglicherweise die (implizit) wertende Vorstellung von Naturwissenschaft als der ‚harten' und ‚richtigen' Wissenschaft gegenüber der Geisteswissenschaft als der ‚weichen' und deshalb nicht zu berücksichtigen Wissenschaft.
12 Und weniger in Bezug auf die fachsprachliche Syntax oder Stilistik.

brauch in der eigenen Disziplin ist im Grunde Bestandteil des Denkstils der Junggrammatiker insgesamt, der – wie oben dargestellt – stark an den Naturwissenschaften seit der Mitte des 19. Jahrhunderts orientiert ist. Dies gilt ebenso für das Aufzeigen der Terminologie im Zusammenhang mit den methodischen Zugängen der Junggrammatiker (vgl. Wolski 1998: 1347f.). Dieser rationalistische Blick Wolskis, der im Wesentlichen auf den naturwissenschaftlichen *Denkstil* der Junggrammatiker abhebt, suggeriert quasi kausal einen entsprechenden, naturwissenschaftlichen Sprachgebrauch der Junggrammatiker.

M. E. ist es zunächst einmal nicht besonders erstaunlich, wenn der naturwissenschaftliche Denkstil der Junggrammatiker insgesamt sich auch in ihrem Denken über die fachsprachliche Lexik und Terminologie der eigenen Disziplin sowie in der Terminologie selbst niederschlägt.[13] Darf man in der Folge dann aber zugleich davon ausgehen, dass auch der Sprachgebrauch der Junggrammatiker insgesamt naturwissenschaftlichen, d. h. bspw. objektiven Kriterien folgt?

Hinsichtlich des Gebrauchs macht Wolski mit seinem Zugang deutlich, dass es in der Sprachwissenschaft der Junggrammatiker zunehmend ein Bestreben gab, den lexikalisch-terminologischen Sprachbestand zu kontrollieren und somit einen lexikalisch möglichst präzisen Ausdruck zu gewährleisten:

> Im Bemühen um eine exakte Bestandsaufnahme von Sprachsachverhalten zeichnet sich die Beschreibungssprache (neben unmißverständlich gefaßten alltagssprachlichen Ausdrücken und Rückgriff auf die als verbindlich angesehene traditionelle grammatische Terminologie) durch einen qua Charakterisierung gesicherten und einheitlich gefaßten (dem Umfang nach recht geringen) Grundbestand aus, verknüpft mit häufigen Bezugnahmen auf die Psychologie [...] Für die Ergebnisdarstellungen hebt sich das Bestreben hervor, diese (wie in der Mathematik) möglichst formelhaft zu fassen. Das besondere Bewußtsein davon, daß die Stringenz der ausgemachten Sprachsachverhalte wesentlich von deren sprachlicher Fassung abhängt, zeigt sich bereits in der Hervorhebung der für wichtig gehaltenen Kernausdrücke resp. Termini qua Sperrung. Es tritt mehr noch darin hervor, daß die Ergebnisdarstellungen ständig von der Reflexion auf geeignete Terminologie begleitet sind." (Wolski 1998: 1348)

In dem Zitat wird angedeutet, dass aufgrund der naturwissenschaftlichen Orientierung der Junggrammatikerderen Sprachgebrauch terminologisch eingegrenzt

---

[13] Der sprachanalytische und -geschichtliche Zugang von Wolski ist in dieser Hinsicht genau genommen eher ein ideen- und begriffsgeschichtlicher Zugang, denn wie, wenn nicht über sprachliche und metasprachliche Äußerungen, kommen denn ideen- und begriffsgeschichtliche Ansätze zu ihren Ergebnissen? Ein ideen- und begriffsgeschichtlicher Zugang ist jedoch noch kein sprachanalytischer Zugang schlechthin.

und präzisiert ist ('wie in der Mathematik'). Die Formelhaftigkeit der Darstellung wird hier also in Bezug auf die Terminologie konstatiert.

Das Ergebnis dieser Aussage kann (und soll) in dieser Form sicherlich allein für den ‚Grundbestand' der Terminologie gelten. Über den sonstigen Sprachgebrauch der Junggrammatiker, der über die Fokussierung auf Terminologie hinausgeht, wird damit nichts ausgesagt, weshalb eine naturwissenschaftliche Ausrichtung im Sprachgebrauch der Junggrammatiker zunächst einmal höchstens in Bezug auf den Präzisionsgedanken bei der Verwendung von fachlicher Terminologie konstatiert werden kann. Im Grunde sind also weitere Untersuchungen des Sprachgebrauchs der Junggrammatiker notwendig, mit denen etwa der Gebrauch von typischen wissenschaftssprachlichen Grammatik-[14] oder Stilistikphänomenen erfasst wird. In Kapitel 5 werde ich u. a. den Sprachgebrauch der Junggrammatiker näher betrachten und versuchen zu zeigen, dass zwischen den Denkweisen und dem Sprachgebrauch nicht notwendigerweise kausale Verhältnisse oder Abbildungsverhältnisse bestehen. Es wird dort also u. a. diskutiert, ob der Sprachgebrauch der Junggrammatiker der naturwissenschaftlichen Forderung nach Klarheit und Ungetrübtheit im Erkenntnisprozess entspricht, d. h. also, ob der untersuchte Gegenstand weitestgehend selbst und ohne Mittler spricht, wie es ja bspw. auch bezüglich der eingangs vorgestellten Autorschaftskonzepte suggeriert wird.

4.1.3 Distanzierung von den Junggrammatikern

Die junggrammatische Orientierung an den Naturwissenschaften und am Positivismus findet in ihrer radikalsten Form im Laufe der Zeit zunehmend Kritik. Man distanziert sich – wie etwa Hermann Paul oder die Dialektologie – vor allem von der Vorstellung einer strengen Gesetzmäßigkeit, d. h. vom Absolutsetzen der Lautgesetze (vgl. Gardt 1999: 287). Gerhard Helbig weist erkenntniskritisch darauf hin, dass sich das Verständnis von absoluten Gesetzen nicht aus dem Gegenstand Sprache selbst, sondern schlicht aus dem Setzen eines naturwissenschaftlichen Apriori ergibt: „Wenn die Sprachwissenschaft eine exakte Wissenschaft im Sinne der positivistisch-naturwissenschaftlichen Auffassung sein will, *muß* es in ihr ausnahmslose Gesetze geben." (Helbig 1986: 16) Ganz in diesem Sinne gibt es für die Kritiker des Absolutheitsanspruchs keinen sprachimmanenten Grund, Sprache in dieser Form als naturgesetzliches Phänomen

---

14 Vgl. bspw. zu Deagentivierungsmustern Hennig & Niemann (2013b, 2013c). Hier wird allerdings nicht spezifisch der Sprachgebrauch von Junggrammatikern untersucht.

aufzufassen. Obgleich die junggrammatische Ausrichtung in „der praktischen Arbeit" (Helbig 1986: 19) noch bis weit in das 20. Jahrhundert hinein relevant war, werden um die Jahrhundertwende vom 19. zum 20. Jahrhundert vermehrt Positionen vertreten, die wieder zunehmend kulturelle und soziale Aspekte in die Sprachbetrachtung mit einbeziehen:

> Nach der Jahrhundertwende wird dementsprechend die Forderung nach einer Sprachwissenschaft laut, die weniger positivistisch und atomistisch verfahren, sich wieder vermehrt der Inhaltsseite der Sprache und damit ihrer kulturhistorischen Dimension im Sinne Humboldts zuwenden soll. (Gardt 1999: 287)[15]

Gerhard Helbig spricht in diesem Zusammenhang von der „Überwindung der Junggrammatiker." (Helbig 1986: 20) In diese Tendenz lassen sich recht unterschiedliche Strömungen einordnen, deren gemeinsames Grundverständnis darin besteht, dass der Positivismus in der Erforschung der Sprache überwunden und dass dementsprechend der Fokus wieder vermehrt auf Inhalte statt auf Formen gelegt werden müsse (vgl. Helbig 1986: 20). Es sei in diesem Zusammenhang bspw. auf die psychologische Ausrichtung der Sprachforschung und hier vor allem auf die Völkerpsychologie von Wilhelm Wundt sowie auf die neoidealistische Orientierung, die in erster Linie mit dem Namen Karl Voßler verbunden wird, verwiesen (vgl. Helbig 1986: 20 und 22).[16]

Wie oben angedeutet ist es vor allem auch die Dialektologie bzw. Mundartforschung, die sich von der junggrammatischen Ausrichtung mit ihrem Absolutheitsanspruch bezüglich der Lautgesetze distanziert (vgl. Helbig 1986: 26). Anstelle der positivistischen Naturwissenschaftengelten hier nun als Orientierungspunkt andere Leitwissenschaften, was mit einer grundlegend veränderten Auffassung über den Erkenntnisgegenstand des Lautes einhergeht:

> Durch die Dialektgeographie wurden die Lautgesetze aus ihrer starren naturwissenschaftlichen Isolierung und Verabsolutierung gelöst und auf die Wirklichkeit zurückgeführt, d. h. zu Lautregeln relativiert. Nicht die Naturwissenschaft, sondern die *Geschichte* und *Geographie* geben nunmehr den Boden ab für sprachliche Wandlungen. (Helbig 1986: 27)

Die Sprachwissenschaft in Deutschland zeigt um die Jahrhundertwende zum 20. Jahrhundert also insgesamt eine interessante Gemengelage. Es lassen sich – natürlich ganz grob – mit der (zwar abklingenden, aber dennoch etablierten)

---

15 Zur antipositivistischen Haltung in der Sprachwissenschaft und den Folgen vgl. auch Knobloch (2011: 108–117).
16 In Bezug auf die psychologische Sprachforschung des 19. und 20. Jahrhunderts sind die Arbeiten von Clemens Knobloch einschlägig (vgl. etwa Knobloch 1984, 1988b).

naturwissenschaftlich-positivistischen und der sich davon abgrenzenden antipositivistischen Sprachauffassung für diesen Zeitraum im Grunde zwei widerstreitende Richtungen ausmachen. Für die vorliegende Arbeit ist – wie zu Beginn dieses Kapitels ausgeführt – der Blick auf den Gebrauch zentral. Es stellt sich in diesem Zusammenhang also die Frage, ob und inwiefern diese (widerstreitenden) Denkweisen der Sprachwissenschaftler auch mit deren Sprachgebrauch korrelieren.

4.2 Die deutsche Sprachwissenschaft in den 1970er Jahren

In der Darstellung der Geschichte der deutschen Sprachwissenschaft vollziehen wir nun einen großen Sprung in die 70er Jahre des 20. Jahrhunderts. Auch dieser Zeitraum erscheint mir aufgrund seiner spezifischen Konstellation für die in dieser Arbeit aufgeworfene Fragestellung interessant. Im Wesentlichen geht es im Folgenden darum, kurz die konzeptionellen Standpunkte der generativistischen Richtung sowie der mit der pragmatischen Wende aufkommenden kommunikativ-pragmatischen Richtung gegenüberzustellen. Auch hier zeigen sich also grundsätzlich widerstreitende Positionen, die bereits in den 70er Jahren mit der Unterscheidung ‚C-Matrix' (Chomsky-Matrix) und ‚P-Matrix' (Pragmatik-Matrix) als Paradigmen- bzw. Matrixdichotomie wahrgenommen wurde (vgl. Helbig 1990: 16 und 148f.). Nicht im Einzelnen besprochen und gewissermaßen übergangen wird im Folgenden also der Strukturalismus der ersten Hälfte des 20. Jahrhunderts, der ausgehend von Ferdinand de Saussure über Schulen wie etwa den Prager Strukturalismus (Trubetzkoy, Jakobson) oder den Kopenhagener Strukturalismus (Hjelmslev) bis heute einen durchaus prägenden Einfluss in der deutschen Sprachwissenschaft besitzt (zum Strukturalismus vgl. etwa Helbig 1986: 33, 1990: 60; Vater 1995: 32–38; Gardt 1999: 289–301; Wildgen 2010: 25–59).[17]

4.2.1 Generative Grammatik

Im Folgenden wird die oben angesprochene ‚C-Matrix' (Chomsky-Matrix) in erster Linie an der sprachkonzeptionellen Grundhaltung Noam Chomskys festgemacht, ohne im Detail auf die deutschen Beiträge einer generativen Linguis-

---

[17] Die Ausklammerung des Strukturalismus ergibt sich allein aus methodischen Gesichtspunkten, die sich aus der Forschungsfrage der vorliegenden Arbeit herleiten.

tik (bspw. von Bierwisch, vgl. hierzu Wildgen 2010: 108–110) einzugehen. Dies scheint insofern vertretbar, als es für die Darstellung der vorliegenden Arbeit ja vor allem um die grundlegenden konzeptionellen Sprachauffassungen von bestimmten sprachwissenschaftlichen Richtungen geht. Für den Fall der generativen Linguistik dürfte die Sprachauffassung bei Chomsky sicherlich am elaboriertesten und prominentesten herausgearbeitet sein.[18]

Die Generative Grammatik um Noam Chomsky darf sicherlich als die „spektakulärste wissenschaftliche Grammatikkonzeption in der zweiten Hälfte des 20. Jahrhunderts" (Gardt 1999: 332) angesehen werden. Chomsky gilt als zentraler Vertreter und (Mit-)Begründer einer generativ-linguistischen Bewegung, die seit den 1960er Jahren weltweit enormen Zuspruch (und durchaus ebenso großen Widerspruch) erfährt (vgl. Wildgen 2010: 102–106). Zu der grundsätzlichen Ausrichtung bei Chomsky gehört es, dass die wissenschaftliche Beschäftigung mit Sprache als Teil der Psychologie aufgefasst wird und somit im Selbstverständnis *als* Naturwissenschaft verstanden wird; auch in dieser Sprachauffassung begegnet uns zugleich erneut die Konzeption von Sprache als Organ: „Die Sprachtheorie ist einfach derjenige Teil der Psychologie des Menschen, in dem es um ein ganz besonderes ‚mentales Organ', eben die menschliche Sprache, geht."[19] (Chomsky 1977: 49) Chomskys Sprachauffassung versteht sich ausschließlich als auf die Kognition bzw. das Mentale gerichtet; der Blick richtet sich demnach nicht auf die Performanz (von Sprechern), sondern auf die Kompetenz (von idealen Sprechern) (vgl. Gardt 1999: 333). Zentral ist in diesem Zusammenhang die Unterscheidung von syntaktischer Oberflächen- und Tiefenstruktur, die laut Chomsky nicht – wie (scheinbar) in der Grammatikschreibung vor ihm – gleichgesetzt werden darf. Vielmehr geht er davon aus, dass die Oberflächenstruktur aus der (universalen) Tiefenstruktur generiert bzw. transformiert wird (vgl. Helbig 1986: 287 und 303). Der angenommene Mechanismus einer Tiefenstruktur, dessen Status als Ursache für die Oberflächenstruktur gesetzt wird, ist dabei allein über die konkrete Oberfläche von „aktualen Sätzen" erschließbar und somit „nicht direkt beobachtbar." (vgl. Helbig 1986: 303)

Mit dieser Setzung und Nicht-Beobachtbarkeit des primären Gegenstandes der Sprachwissenschaft kommen automatisch Fragen nach dem Wissenschaft-

---

18 Zu Chomsky siehe auch unter 8.3.1.
19 Zum Organismuskonzept in der Sprachwissenschaft vgl. etwa auch Jäger (2003: 68–70) und siehe oben zu Schleicher.

lichkeits- und Objektivitätsverständnis des Chomsky'schen Ansatzes auf:[20] Wie oben bereits angesprochen verortet sich Chomsky mit seinem Ansatz selbst ganz selbstverständlich in den Naturwissenschaften. Dennoch wird der Ansatz durchaus hinsichtlich der ‚Wissenschaftlichkeit' und des Grades an Objektivität im Sinne einer ‚strengen Wissenschaft' in Frage gestellt. Man fragt sich bspw., „ob die Grammatik auf diese Weise nicht jenen Platz wieder verliert, den sie sich durch Bloomfield und die strukturelle Linguistik erobert hatte."[21] (Helbig 1986: 302) Chomsky rechtfertigt sich diesbezüglich mit der Feststellung, dass Objektivität kein Selbstzweck sei und als *Mittel* für wissenschaftliche Einsichten fungieren müsse (vgl. Helbig 1986: 302).

Es ist vor dem Hintergrund des bisher Gesagten nur folgerichtig, dass der Gegenstand der naturwissenschaftlichen Sprachwissenschaft Chomsky'scher Art ein rein natürlicher (und somit a-historischer und a-sozialer) ist: Chomsky spricht in diesem Zusammenhang von „Prinzipien, die aufgrund biologischer Notwendigkeit universale Gültigkeit besitzen und nicht bloß einen historischen Zufall darstellen, Prinzipien, die von mentalen Merkmalen unserer Spezies abhängen." (Chomsky 1977: 12) Es wird deutlich, dass in dieser Sprachauffassung die kommunikativen und gesellschaftlich-sozialen Funktionen von Sprache vollständig ausgeklammert werden. Die Geschichtlichkeit und soziale Veränderbarkeit von Sprache wird als ‚bloß historisch zufällig' marginalisiert und im Grunde als epiphänomenal und unwesentlich betrachtet (vgl. Chomsky 1981: 88; auch Jäger 1993a: 81). Mit dieser nicht-kommunikativen Konzeptualisierung sieht sich Chomsky in der Tradition der neuzeitlichen Rationalisten um bspw. Leibniz und Descartes (vgl. Chomsky 1971), wobei ihn bei dieser Bezugnahme vor allem der Gedanke der „angeborenen Vorstellungen", der *„ideae innatae"*, (Gardt 1999: 335) zu interessieren scheint.[22]

---

20 Siehe hierzu auch Ludwig Jägers Replik auf Bierwisch, Grewendorf und Habel, in der die methodologischen Grundpositionen u. a. der „Chomsky-Theorien" kritisch beleuchtet werden, vgl. Jäger (1993b). Vgl. auch Ágel (1997).
21 Ein gewisses (teleologisches) Fortschrittsdenken ist bei dieser Kritik nicht von der Hand zuweisen (siehe auch 3.1).
22 Chomsky versteht seinen Ansatz als „Cartesianische Linguistik" (1971) und stellt diese u. a. in folgender Hinsicht einer romantischen Sprachwissenschaft gegenüber: „Während in der romantischen (und neuromantischen) Konzeption Humboldts (und Weisgerbers) das Empfinden und Handeln des Menschen weitgehend als von seiner Sprache determiniert angesehen wird, hinter Sprachverschiedenheiten immer geistige Verschiedenheiten vermutet werden, sind für den cartesianischen (und generativen) Standpunkt im Gegensatz dazu geistige Prozesse allen Menschen gemeinsam und universal." (Helbig 1986: 299) Zur Kritik an Chomskys Humboldt-Rezeption vgl. Gardt (1999: 337). Siehe auch 8.3.1.

4.2.2 ‚Kommunikativ-pragmatische Wende'

Wir kommen nun kurz mit der ‚P-Matrix' (Pragmatik-Matrix) zum Gegenpol zu der im vorherigen Abschnitt vorgestellten ‚C-Matrix' (Chomsky-Matrix). Im Zuge der ‚kommunikativ-pragmatischen Wende' in der Sprachwissenschaft rücken Fragen nach den historisch-gesellschaftlichen Bedingungen sowie dem sozial-kommunikativen Charakter des sprachlichen Handelns in den Vordergrund (vgl. etwa Helbig 1990: 148). Während in der cartesianischen Linguistik nach Chomsky Phänomene wie *Handlung, Kommunikation, Interaktion, Situation, Gesellschaft* als epiphänomenal ausgeklammert werden, werden diese in der dezidiert anti-cartesianischen Pragmatik dagegen zum zentralen Gegenstandsbereich erhoben. Sprache ist *im Wesentlichen* in Hinblick auf die kommunikative Interaktion zu betrachten (vgl. Jäger 1993a; 2003: 74–76). Helbig stellt heraus, dass der Kern der Kritik an der ‚C-Matrix' gerade in der Verortung von Sprache und Sprachbeschreibung in den Naturwissenschaften, also der „Nicht-Sozialwissenschaft" und „Nicht-Gesellschaftswissenschaft" liegt (vgl. Helbig 1990: 149). Dieses Verständnis unterschlage, dass „Sprechen immer eine Form des Handelns und auf diese Weise auch mit nicht-sprachlichem Handeln verbunden ist, somit auf Zusammenhänge hin orientiert ist, die nicht durch eine vorgängige (isolierte) Analyse des propositionalen Gehalts von Sätzen erfaßt werden können." (Helbig 1990: 149) In der Pragmatik wird grundsätzlich das methodologische Verständnis vertreten, dass die Sprachwissenschaft ihren Blick erweitern und auf die „Totalität der historisch gesellschaftlichen Fragestellungen" (Helbig 1990: 148) richten müsse. Sie steht somit dem methodologisch exakten Anspruch der Naturwissenschaften gegenüber. Die Konzentration auf die kommunikative Funktion der Sprache (vgl. Gardt 1995) bedarf letztlich im Grunde keiner theoretischen oder philosophischen Begründung, sondern legitimiert sich gewissermaßen bereits aus der alltäglichen Erfahrung, denn „schon jede Alltagserfahrung lehrt, daß zuallererst die Sprache das Sein des Menschen als *zoon politikon* ermöglicht."[23] (Gardt 1999: 340)

---

[23] Für Dietrich Busse geht die Ausklammerung sozial-gesellschaftlicher Faktoren in der Sprachwissenschaft einher mit dem Streben nach objektiver Erkenntnisgewinnung: „Man kann all die [...] Tendenzen zu einer gebrauchsfernen und damit a-sozialen, das soziale Fundament der Sprache vernachlässigenden, Sprachtheorie und Sprachwissenschaft in einem einzigen Beweggrund zusammenfassen: Ich glaube, dass es vor allem das tief verinnerlichte Streben nach einer objektivierten Form der Sprachforschung war, welches den Wunsch nach einer Sprachwissenschaft entstehen ließ, die durch die chaotische Vielfalt des tatsächlichen Sprachgebrauchs nicht irritiert werden sollte. Es sollten eindeutige Strukturen, Regeln, Muster und Funktionen sein, welche den Apparat der Sprache [...] ausmachten." (Busse 2005: 27f.)

Dem Bereich der Pragmatik liegen insgesamt keine fest abgegrenzte Gegenstandsbestimmung oder methodische Ausrichtung zugrunde, sondern sie wird vielmehr („tendenziell") eher als Gegenbegriff zu einer rein systembezogenen Sprachwissenschaft angesehen (vgl. Gardt 1999: 339). Sie ist deshalb nicht zu verstehen als eine „Disziplin sui generis, sondern als eine bestimmte Perspektive auf Sprache." (Gardt 1999: 353) Aus diesem Grund lassen sich der Pragmatik insgesamt sehr unterschiedliche Richtungen wie z. B. die Textlinguistik, die Sprechakttheorie, die Gesprächslinguistik oder die Soziolinguistik zuordnen (vgl. Helbig 1990). Eine gewisse Popularität darf man sicherlich der Sprechakttheorie um zentrale Vertreter wie John L. Austin und John Searle zusprechen (vgl. Helbig 1990: 179). Mit ihrer spezifischen Perspektive auf Sprache steht die Pragmatik insgesamt u. a. in der Tradition von philosophischen und semiotischen Ansätzen wie denen von Charles Sanders Peirce, Charles William Morris, Karl Bühler sowie von Zugängen mit „eher sprachpraktischer Natur" (Gardt 1999: 342) wie der Rhetorik.

5 Empirie: Zum unbestimmten Sprachgebrauch in der Wissenschaft

Im Folgenden werden zwei empirische Teiluntersuchungen zum unbestimmten Sprachgebrauch in der deutschen Sprachwissenschaft vorgestellt. Zunächst wird eine quantitative Perspektive eingenommen. Als Grundlage hierfür dient ein eigens erstelltes Korpus aus sprachwissenschaftlichen Zeitschriftenaufsätzen, das sich in drei Teilkorpora unterteilt: Zeitraum 1900 (ca. 1900 bis 1910), Zeitraum 1970 (ca. 1970 bis 1980) und Zeitraum 2010 (ca. 2000 bis 2010). Mit diesem quantitativ-diachronen Zugang soll überhaupt erst einmal die Relevanz des Themas Unbestimmtheit für die deutsche Wissenschaftssprache aus diachroner Perspektive herausgestellt werden. Auf grundlegende Überlegungen für die Auswahl der Zeiträume oder die Beschränkung auf sprachwissenschaftliche Texte bin ich in der Einleitung der vorliegenden Arbeit u. a. im Zusammenhang mit Verweis auf Desiderata bereits eingegangen, weshalb dies an dieser Stelle nicht ausgeführt wird.

Zudem wird der unbestimmte Sprachgebrauch auch qualitativ untersucht, um auf diese Weise den recht selektiven Zugang in der quantitativen Untersuchung zu ergänzen. In der qualitativen Untersuchung geht es darum, die spezifischen Gebrauchskontexte sowie die damit einhergehenden spezifischen kommunikativen Funktionen von Unbestimmtheitsmitteln herauszuarbeiten. Dabei werden Texte aus den Zeiträumen 1900 und 1970 analysiert. Die Texte werden pro Zeitraum außerdem nach spezifischen – gewissermaßen antagonistischen – konzeptionellen Ausrichtungen differenziert. Es werden genau genommen naturwissenschaftlich orientierte und nicht-naturwissenschaftliche Texte der deutschen Sprachwissenschaft gegenübergestellt. Auf die näheren methodischen Hintergründe wird in den einzelnen Abschnitten separat ausführlich eingegangen.

Vorab wird allerdings zunächst einmal das der vorliegenden Arbeit zugrunde liegende Verständnis von Unbestimmtheit vorgestellt.

5.1 Unbestimmtheit

Dániel Czicza und Mathilde Hennig (2011) haben hinsichtlich der Charakteristika der deutschen Wissenschaftssprache eine Systematisierung und Modellierung vorgenommen, bei der die charakteristischen Ausprägungen der deutschen Wissenschaftssprache in Beziehung zu den entsprechenden grammatischen Formen gesetzt werden. Bei diesen sog. Pragmatik-Grammatik-

menhängen unterscheiden sie mit *Ökonomie, Präzision, Origo-Exklusivität* und *Diskussion* vier pragmatisch-funktionale Ebenen (bzw. ‚Gebote'), denen typische grammatische Formen zugeordnet werden (vgl. Czicza & Hennig 2011: 50).

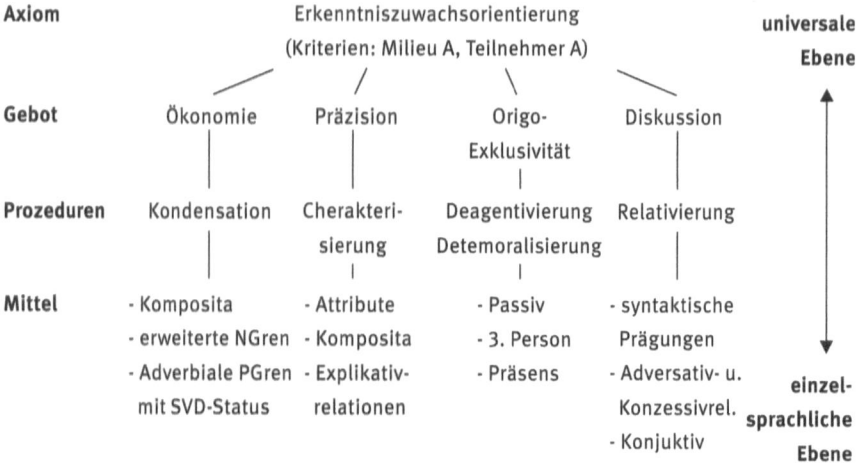

Abb. 1: Modell Wissenschaftssprache nach Czicza & Hennig (2011)

In diesem Sinne werden also bspw. erweiterte und komplexe Nominalgruppen oder Komposita dem Gebot der *Ökonomie* zugeordnet, weil mit ihnen sprachlich strukturell eine gewisse Komprimiertheit und Kondensation, also sprachliche Ökonomie, zum Ausdruck gebracht wird. Ein weiteres Beispiel ist das Gebot der *Origo-Exklusivität*, das im Zusammenhang mit dem oben besprochenen ‚Ich-Verbot' steht. Zu diesem Gebot werden bspw. Formen der Deagentivierung in Beziehung gesetzt, d. h. also Formen, bei denen die semantische Rolle ‚Agens' nicht realisiert wird (z. B. Passiv) und auf diese Weise die grammatische Struktur ‚agentenlos' verbleibt.[1]

Mit Unbestimmtheit liegt ein Phänomen vor, das im Gegensatz zu den Geboten nach Czicza und Hennig durchaus als nicht unbedingt typischer Gegenstand der Wissenschaftssprachforschung angesehen werden darf, was nicht zuletzt daran liegt, dass es teilweise auch in Opposition zu den oben besprochenen Autorschaftskonzepten steht. Wie weiter unten ausführlich zu zeigen sein wird, werden unter Unbestimmtheitsmitteln hier solche sprachlichen Mittel verstan-

---

[1] Dies bedeutet allerdings nicht, dass dabei angenommen wird, dass somit keine Autorinstanz vorhanden wäre (vgl. Hennig & Niemann 2013b).

werden unter Unbestimmtheitsmitteln hier solche sprachlichen Mittel verstanden, die Aussagen bzw. Assertionen *kommentieren* (und insofern im Grunde implizite Autorverweise darstellen) oder den propositionalen Gehalt *relativieren*. Unbestimmtheit wird also grundsätzlich auf der (kritischen) Folie von Assertionen (in Wissenschaftstexten) konzeptualisiert. Hiermit lehne ich mich an eine kritische Erörterung von Konrad Ehlich (1993) an:

Betrachten wir zunächst einmal eine – auch bereits in der Einleitung der vorliegenden Arbeit aufgezeigte – sprechaktorientierte Auffassung von Wissenschaftssprache, die im Grunde dem oben diskutierten Erklärungsmuster für das wissenschaftssprachliche Autorschaftskonzept des ‚Ich-Verbots' entspricht:

> Eine Grundaussage über die Wissenschaftssprache ist ihre Rationalität. Damit wird der assertorische Satz zum Grundtyp wissenschaftlicher Aussage. [...] Emotionale und voluntative Sätze sind im Grundsatz nicht „wissenschaftlich". (Pflug 1986: 148)

Die oben vorgestellte Grundidee, dass die deutsche Wissenschaftssprache objektiv, sachbezogen und allgemeingültig, d. h. im Kern ohne Autorbezüge ist, wird hier in einen Zusammenhang mit dem Sprachhandlungstyp *Assertion* gestellt. Assertionen, d. h. unpersönliche und rationale Sprechakte, machen demnach den Kern des wissenschaftssprachlichen Ausdrucks aus. Dieses von Pflug postulierte Primat der Assertion und der ‚reinen Sachdarstellung', die vermeintlich wie selbstverständlich aus der Rationalität der Wissenschaft und der Wissenschaftssprache abgeleitet werden können, wird von Konrad Ehlich in Frage gestellt (vgl. Ehlich 1993: 24–31). Wissenschaftliche Texte lassen sich nach Ehlich nicht auf eine rein assertive Gestalt bzw. „assertive Struktur" (Ehlich 1993: 26) reduzieren.[2] Dies könne man problemlos empirisch nachprüfen:

> Die Analyse empirischer Daten (Wissenschaftstexte beliebiger Provenienz und disziplinärer Zugehörigkeit) zeigt [...], daß die Kandidaten für eine assertive illokutive Qualifizierung von Äußerung(sresultat)en in den Wissenschaftstexten wesentlich geringer an Zahl sind, als man aufgrund der Wissensanbindung [d. h. Wissen als Abbildung und Verarbeitung von Welt; R. N.] solcher Texte vermuten würde. (Ehlich 1993: 24)

Grundsätzlich müsse man nach Ehlich für die Wissenschaftssprache eine weitere Grundstruktur neben der ‚assertiven Struktur' annehmen, „eine Art zweite Struktur, eine Art Gitter, das über die rein assertive Struktur gelegt wird." (Ehlich 1993: 26) Bei dieser Struktur handelt es sich nach Ehlich um eine „Struktur

---

2 Zum assertiven Muster vgl. auch Graefen (1997: 109).

des Streitens, [...] eine *eristische Struktur*." (Ehlich 1993: 28) Es handelt sich um eine Struktur,

> die diskursive Kennzeichen der wissenschaftlichen Praxis in die Textstruktur abbildet. Hatten wir zunächst versucht, von einem gängigen Vorverständnis ausgehend, die illokutive Qualität solcher wissenschaftlicher Texte versuchsweise als assertiv zu bestimmen, so stoßen wir faktisch auf jene zweite Struktur, die es nicht mit der reinen Abbildung von Wirklichkeit in Text, sondern mit der Abbildung einer diskursiven Struktur in eine textuelle Struktur zu tun hat. (Ehlich 1993: 28)

Ehlich stellt hier eine sprachliche Ausdrucksweise in den Vordergrund, mit der eine Erkenntnisdarstellung nicht einfach ausgesagt, sondern modalisiert und relativiert wird. Ein Autor, wenn dieser auch selbst nicht an der Textoberfläche explizit in Erscheinung tritt, ordnet Sachverhalte ein und bewertet und qualifiziert sie. Hinsichtlich der sprachlichen Mittel, die die eristische Struktur ausmachen, gibt Ehlich einen exemplarischen Einblick. Unter ihnen findet man teilweise auch die in der vorliegenden Arbeit interessierenden epistemischen Modalverben und Modalwörter (vgl. Ehlich 1993: 26).

Zwei Aspekte seien diesbezüglich als Grundeinsichten festgehalten: Anhand der von Ehlich vorgetragenen Kritik an der Reduzierung von Wissenschaftssprache auf eine ‚assertive Struktur' wird einerseits deutlich, dass Erklärungen im Sinne des oben aufgezeigten Erklärungsmusters, das man bspw. auch beim obigen Pflug-Zitat findet, u. U. zu kurz greifen. Bei diesen Erklärungen werden allgemeinwissenschaftliche Erkenntnisideale auf den wissenschaftlichen Sprachgebrauch übertragen, wodurch die Wissenschaftssprache selbst idealisiert wird. Diese Idealisierungen von Wissenschaft und Wissenschaftssprache stehen aber nicht unbedingt im Einklang mit dem wissenschaftssprachlichen Gebrauch. Andererseits zeigt sich, dass die deutsche Wissenschaftssprache nicht allein als rational und objektiv im Sinne des ‚Ich-Verbots' charakterisiert werden darf.[3]

Auf diesen Grundeinsichten aufbauend soll in der vorliegenden Arbeit der Gebrauch von Unbestimmtheit in der deutschen Wissenschaftssprache untersucht und interpretiert werden. Unbestimmtheit wird dabei – wie oben angedeutet – in einer dem Ehlich'schen Ansatz vergleichbaren Kontrastierung zur ‚assertiven Struktur' bestimmt.

---

[3] Greg Myers spricht diesbezüglich auch von einer strategischen Vagheit (vgl. Myers 1996) und betont, dass dies kein Mangel an Klarheit sei, sondern eben intendierte, strategische Unklarheit. Dieses Verständnis deckt sich (zumindest in Teilen) mit demjenigen der Höflichkeitsforschung (siehe 2.2).

Definition von Unbestimmtheit

Im Folgenden wird das bis dato nur angedeutete Verständnis von Unbestimmtheit spezifiziert. Hierfür sind die im vorherigen Abschnitt vorgetragenen Überlegungen Ehlichs grundlegend, da Unbestimmtheit hier auf der Folie von Assertionen bzw. der ‚assertiven Struktur' in Wissenschaftstexten herausgearbeitet werden soll. Aus diesem Grund erscheint es notwendig, zunächst einmal auf die Kategorie der *Assertion* näher einzugehen.

Die Bestimmung von Assertion soll auf der Grundlage des um die Terminologie von Peter von Polenz (2008) erweiterten Organonmodells von Karl Bühler (1999) erfolgen, das hierfür heuristisch gut geeignet scheint.

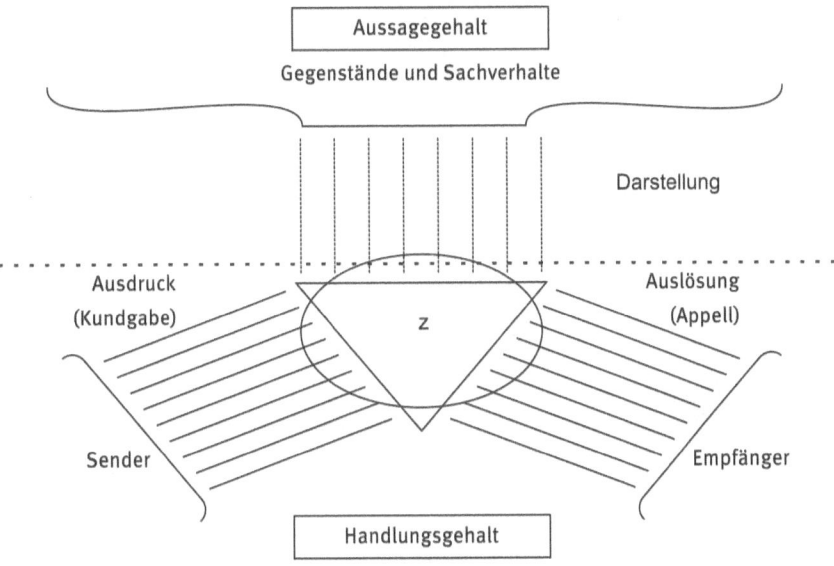

Abb. 2: Modifiziertes Organonmodell nach Karl Bühler (1999)

Das Modell wird durch die zentrale gestrichelte Linie in zwei Bereiche unterteilt, die sich in einer gewissen Hinsicht unterscheiden, wenngleich sie im konkreten Sprachgebrauch immer (von Ausnahmen einmal abgesehen) gemeinsam auftreten. Bei diesen zwei Bereichen handelt es sich um eine Zweiheit, die in der Linguistik in ganz unterschiedlichen disziplinären Zusammenhängen verwendet wird, wie das obige Modell exemplarisch zeigt: So geht bspw. Peter von Polenz (2008) in seiner semantischen Satzanalyse von einem ‚Aussagegehalt' und einem ‚Handlungsgehalt' aus, aus denen „[f]ast alle kommunikativ geäußerten

Satzinhalte bestehen." (von Polenz 2008: 101) Aus zeichentheoretischer Perspektive drückt sich die Zweiheit in Bühlers Organonmodell darin aus, dass hier der repräsentationale Charakter von Sprachzeichen (Darstellungsfunktion) mit der Ausdrucks- und Appellfunktion noch um eine Art kommunikativ-interaktionalen Charakter von Sprachzeichen ergänzt wird.

Der obere und untere Bereich im obigen Modell unterscheiden sich grundsätzlich in Hinblick auf den Bezug zur Handlungsinstanz: Man kann vereinfacht sagen, dass dem oberen Bereich ein Bezug zur Handlungsinstanz abgesprochen, während dieser Bezug dem unteren Bereich explizit zugesprochen wird. Genau genommen ist der untere Bereich vor allem durch diesen Bezug zur Handlungsinstanz charakterisiert.[4] Generell gilt natürlich – und das betrifft auch Bühler und von Polenz – dass bei sprachlichen Äußerungen im Normalfall immer beide Bereiche der Zweiheit *zugleich* zum Einsatz kommen. Im Normalfall wird also etwas über die Welt ausgesagt bzw. wird Welt wiedergegeben oder dargestellt, und diese Darstellung wird von jemandem gemacht und (in der Regel) an jemanden gerichtet.[5] Oder wie es bei Bühler heißt: „Dasselbe konkrete Phänomen ist Gegenstandszeichen, hat einen Ausdruckswert und spricht den Empfänger [...] an, es hat Appell-Werte." (Bühler 1999: 35) Die Gewichtung der Bereiche kann bei einzelnen sprachlichen Äußerungen allerdings unterschiedlich sein.

Letzteres ist wichtig für die Bestimmung von Assertionen: Assertionen, die bei Ehlich mit „Weltwiedergabe-Funktion" (Ehlich 1993: 24) in Verbindung gebracht werden, lassen sich in diesem weltwiedergebenden Sinne im obigen Modell *schwerpunktmäßig* dem oberen Bereich zuordnen: Im Kern geht es bei Assertionen demnach darum, ‚Welt' bzw. ‚Gegenstände und Sachverhalte' wiederzugeben bzw. darzustellen. Sie eignen sich also besonders gut, um den Eindruck einer *unmittelbaren* repräsentationalen Beziehung von Welt und sprachlichem Zeichen bzw. sprachlicher Äußerung zu erzeugen, bei der die (faktisch allerdings unverzichtbare) Handlungsinstanz weitestgehend verschleiert wird.[6] In gewisser Weise erhält die Handlungsinstanz bei Assertionen den Status eines

---

[4] Aufschlussreich sind hier z. B. die sprachlichen Mittel, die von Polenz dem ‚Handlungsgehalt' zuordnet, nämlich „Ichbezüge, Gefühls- und Einstellungsäußerungen, Interjektionen, Modaladverbien und Abtönungspartikeln." (von Polenz 2008: 194)

[5] Auch in der Austin'schen Unterscheidung von konstativen und performativen Äußerungen zeigt sich diese prinzipielle Zweiheit (siehe hierzu weiter unten).

[6] Die Handlungsinstanz wird im Grunde so weit verschleiert, dass nur noch das Wissen darüber, dass auch Assertionen eine Handlungsinstanz haben *müssen*, für das prinzipielle Vorhandensein einer Handlungsinstanz garantiert. Assertionen sind also einfach *logisch* an Instanzen gebunden, man weiß eben, dass sie nicht einfach aus dem Nichts erscheinen können.

medialen Vermittlers, der bei seinem eigenen Inkrafttreten selbst unsichtbar wird, obwohl er natürlich präsent sein muss (vgl. Krämer 2008). Diese Charakterisierung von Assertionen deckt sich mit der oben vorgestellten Bestimmung von Pflug, nach der Assertionen vor allem dadurch definiert sind, dass mit ihnen keine auf die Handlungsinstanz verweisenden Ausdrucksformen verwendet werden wie etwa ‚emotionale' oder ‚voluntative Sätze'.[7]

Dieses Verständnis von Assertionen entspricht im Grunde Austins Verständnis von ‚konstativen Äußerungen', die er nach der Differenzierung seiner anfänglichen Überlegungen (aus der zweiten Vorlesung) in der elften Vorlesung wie folgt bestimmt:

> Bei der konstativen Äußerung sehen wir von den illokutionären (und erst recht von den perlokutionären) Aspekten des Sprechaktes ab und beschränken uns auf den lokutionären. [...] Bei der performativen Äußerung achten wir so ausschließlich wie möglich auf ihre illokutionäre Rolle und lassen die Dimension der Entsprechung zu den Tatsachen beiseite. (Austin 1979: 164)

Alle Sprechakte haben einen lokutionären, illokutionären und perlokutionären Gehalt. Dies gilt selbstverständlich auch für konstative Äußerungen – nur ‚sieht' man bei konstativen Äußerungen vom illokutionären und perlokutionären Gehalt ‚ab' und ‚beschränkt sich' auf den lokutionären, also im Grunde auf den propositionalen Gehalt.[8] Durch dieses Absehen vom illokutionären und perlokutionären Gehalt wird die Handlungsinstanz des Sprechaktes unsichtbar –

---

[7] Vor diesem Hintergrund der Zuordnung von Assertionen zum oberen Bereich des modifizierten Organonmodells, also zur Darstellungsfunktion, vertritt im Grunde auch Giancarmine Bongo (2010) die Position, dass Wissenschaftssprache in erster Linie assertiv sei. Ausgehend von einer Besprechung der Darstellungsfunktion bei Bühler (1999) schließt er auf den wissenschaftlichen Sprachgebrauch als eine Form der ‚Darstellungsoptimierung': „Wenn die Darstellung als eine Grundfunktion der Sprache ermittelt wird, die in der Zuordnungsrelation des (komplexen) sprachlichen Zeichens zu Gegenständen und Sachverhalten ihren Ausgangspunkt hat, so wird sie auch intuitiv eine noch größere Rolle innerhalb der wissenschaftlichen Kommunikation spielen [...] Im Falle der wissenschaftlichen Kommunikation, der gesellschaftlich organisierten Erarbeitung und Mitteilung von Wissen, wird aber die *Zuordnungsrelation selbst*, die bei den übrigen, ‚alltäglichen' Formen der Mitteilung einfach Voraussetzung der Darstellung ist, zum entscheidenden sprachlichen Moment. [...] Der Wissenschaftssprache [...] kann deshalb in Anlehnung an Roelcke (1999: 596) die Funktion der *Darstellungsoptimierung* zugeschrieben werden." (Bongo 2010: 39f.) M. E. kann dies in dieser Form höchstens für den Bereich der wissenschaftssprachlichen Terminologie gelten und nicht – wie Bongo offensichtlich annimmt (komplexe sprachliche Zeichen) – auch mit Blick auf Syntax oder Sprechakte (siehe auch 4.1).

[8] Komplementär dazu achtet man bei performativen Äußerungen ‚so ausschließlich wie möglich' nur auf den illokutionären Gehalt.

sichtbar und somit wesentlich bleibt der propositionale Gehalt, also die (scheinbar unmittelbare) Beziehung zur Welt. Obwohl also bei allen Sprechakten prinzipiell jeweils lokutionäre, illokutionäre und perlokutionäre Aspekte vorhanden sind, scheinen konstative Äußerungen – vor allem in Hinblick auf die perlokutionäre Seite – im Vergleich zu anderen Sprechakten „vergleichsweise rein" (Austin 1979: 159) zu sein.[9]

In Anbetracht der primären Zuordnung zum oberen Bereich des obigen Modells werden Assertionen in der vorliegenden Arbeit wie folgt definiert: Assertionen sind sprachliche Handlungen, die *in erster Linie* Aussagegehalt bzw. Darstellungsfunktion haben, wodurch der Bezug zur Handlungsinstanz quasi negiert wird und so der *Eindruck* einer *reinen* und *unmittelbaren* Darstellung von Welt entsteht. In diesem Sinne einer reinen Darstellung von bzw. einer reinen Aussage über Welt spielt für Assertionen die Kategorie der Faktizität eine zentrale Rolle, da für sie die Beurteilbarkeit nach wahr und falsch zentral ist. Mit Assertionen werden also hinsichtlich der Faktizität eindeutige Aussagen über ‚Sachverhalte und Gegenstände' in der Welt gemacht (entweder wahr oder falsch), die ohne eine Sprachhandlungsinstanz auszukommen und deshalb ‚rein' zu sein scheinen.

Im Grunde werden Assertionen in der vorliegenden Arbeit also in der Form bestimmt, dass sie *fast* ausschließlich *Aussagen* entsprechen: Aussagen werden hier so verstanden, dass sie ausschließlich über die logische Grundstruktur *Referenz + Prädikation* bestimmt werden können.[10] Sie dürfen dabei nicht als Sprechakte im oben vorgestellten Sinne verstanden werden, da sie im Grunde nur logische Formen sind, die als solche nicht empirisch vorfindbaren Sprechakten entsprechen, die in der Wirklichkeit vorkommen könnten und die man empirisch erfassen könnte. Aussagen liegt demnach auch keine Handlungsinstanz zugrunde, auch nicht in verschleierter Form, sie bestehen ausschließlich aus der Grundstruktur *Referenz + Prädikation*. Mit dieser Grundstruktur sind Aussagen, die selber keine Sprechakte sind, in allen Sprechakten vorhanden, und zwar – wie oben gezeigt – mehr oder weniger vordergründig.

Assertionen, die in der vorliegenden Arbeit als *relativ reine* Formen sprachlicher Äußerung angesehen werden, kommt nun der besondere Status zu, dass sie – wie oben bereits betont – *fast* ausschließlich der logischen Form von Aus-

---

9 Die ‚relative Reinheit' ist auch der Grund, warum weiter unten bei Assertionen von Elementarhandlungen gesprochen wird.
10 Referenz und Prädikation werden hier in erster Linie nicht streng grammatisch als Subjekt und Prädikat verstanden, sondern vielmehr allgemein als Eigenschaftszuschreibung für ‚Gegenstände und Sachverhalte', auf die Bezug genommen wird.

sagen entsprechen. Obwohl Assertionen, als empirisch vorfindbaren Sprechakten, notwendigerweise eine Handlungsinstanz zugrunde liegt, machen sie durch die Verschleierung der Handlungsinstanz den Eindruck, als wären sie Aussagen, denen – wie gesagt – per se keine Handlungsinstanz zugrunde liegt. Aus diesem Grund werden Assertionen hier auch als ‚Quasi-Aussagen' bezeichnet, womit ausgedrückt werden soll, dass sie als ‚vergleichsweise reine' (s. o.) Sprechakte am meisten Entsprechung mit Aussagen haben, ohne dass dabei das prinzipielle faktische Vorhandensein einer Handlungsinstanz unberücksichtigt bleibt. Assertionen als ‚Quasi-Aussagen' entsprechen also im Grunde fast ausschließlich der elementaren Struktur *Referenz + Prädikation*, was sie gewissermaßen zu *Elementarhandlungen* macht. In dieser elementaren Form sind Assertionen für die qualitative Analyse der vorliegenden Arbeit der entscheidende Ausgangs- und Orientierungspunkt, wie in der nun folgenden Operationalisierung von Unbestimmtheit deutlich wird.

Kommen wir nun zur Bestimmung von Unbestimmtheit. Unbestimmtheit wird – wie oben angedeutet – auf der Folie des zuvor aufgezeigten Verständnisses von Assertionen charakterisiert, was zugleich impliziert, dass sie in gewisser Weise im Kontrast zu Phänomenen wie Objektivität, Anonymität oder Allgemeingültigkeit steht, die üblicherweise im Zusammenhang mit Wissenschaftssprache thematisiert werden (s. o.).

Bevor im Folgenden auf die unten stehende Unbestimmtheitssystematik eingegangen wird, sei gleich zu Beginn angemerkt, dass es sich bei dem folgenden Versuch einer systematischen Differenzierung von Unbestimmtheit ausschließlich um einen für die Methodik der vorliegenden Arbeit relevanten Zugang handelt, mit dem nicht der Anspruch verbunden ist, jede erdenkliche Form von sprachlicher Unbestimmtheit zu erfassen. Es handelt sich also gewissermaßen um eine Arbeitsbegrifflichkeit, die vor allem auch in Interaktion mit dem empirischen Material herausgearbeitet wurde.

Tab. 1: Unbestimmtheitssystematik

Unbestimmtheit				
Unbestimmtheit ieS (kommentierende Unbestimmtheit)		**Unbestimmtheit iwS** (relativierende Unbestimmtheit)		
Kommentierung der Faktizität einer Assertion		Relativierung des propositionalen Gehalts einer Assertion		
nicht sicherer bzw. unsicherer Fakt; Vermutung bezüglich des Fakts	fast sicherer Fakt; Beurteilung/ Einschätzung des Fakts	Relativierung der Geltung (nicht-absolute Proposition)	Relativierung des Skopus (semantisch vage Prädikation)	Relativierung des Skopus (semantisch vage Referenz)
dürfte, mag, vermutlich, vielleicht, scheint zu + Inf., vermuten	*ich meine, ich danke, m.E., sicherlich, offensichtlich*	*in der Hauptsache, hier und da, mehr oder weniger, meist*	*recht (groß); ziemlich (groß)*	*Anzeichen falscher Auffassungen; Versuch*

Wie der Abbildung zu entnehmen ist, wird im Folgenden grundsätzlich zwischen Unbestimmtheit im engeren Sinne (im Folgenden Unbestimmtheit ieS) und Unbestimmtheit im weiteren Sinne (im Folgenden Unbestimmtheit iwS) unterschieden, wobei der Hauptfokus ausdrücklich auf Unbestimmtheit ieS liegt, da Unbestimmtheit iwS nur schwer systematisch zu fassen ist, wenngleich ein Blick in die Analysetexte zugleich eine gewisse Relevanz dieses Phänomens deutlich macht (siehe unten und 5.3).

Bei Unbestimmtheit ieS wird kommentierend Bezug auf die Faktizität einer Assertion genommen. Der primäre Faktizitätsbezug ist also ausschlaggebend für die Einordnung dieser Unbestimmtheitsmittel als Unbestimmtheit ieS. Allein die Tatsache, dass ein Fakt kommentiert wird, führt per se schon dazu, dass ihm seine Allgemeingültigkeit und Objektivität entzogen wird, da er durch die Kommentierung (einer Kommentarinstanz!) in seiner Allgemeinheit, Absolutheit und Objektivität relativiert wird. Eine Assertion mit bestimmter Faktizität wird durch die Kommentierung zu einer unbestimmten Äußerung.[11]

---

[11] Die Kommentierung einer Äußerung allein führt noch nicht zu einem Unbestimmtheitsgebrauch, wie man bspw. am Gebrauch von Abtönungspartikeln sehen kann, mit denen zwar eine Äußerung an sich kommentiert und somit sprecherseitig in bestimmter Weise nuanciert

Darüber hinaus werden die Kommentierungen hier noch weiter differenziert: Es wird in Kommentierungen unterschieden, die einerseits Unsicherheit markieren und andererseits eine autorseitige positionierende Beurteilung oder Einschätzung ausdrücken; sie unterscheiden sich also in Hinblick auf die Art der Kommentierung: Für die erste Form der Kommentierung ist also charakteristisch, dass nicht sicher ist, ob das mit der Assertion Ausgedrückte Fakt ist. Es wird hier also hinsichtlich der Faktizität Unsicherheit signalisiert.[12] Folgende Unterscheidung von Assertion und Unbestimmtheitsausdrücken soll dies veranschaulichen:
1) Es ist Fakt, dass R P. (Assertion)
2) Es ist *vermutlich* Fakt, dass R P. (Unbestimmtheitsausdruck, ieS)
3) Es *scheint* Fakt *zu sein*, dass R P. (Unbestimmtheitsausdruck, ieS)
4) Es *dürfte* Fakt sein, dass R P. (Unbestimmtheitsausdruck, ieS)

Die Umschreibungen in 1 bis 4 sind wie folgt zu verstehen: Im Matrixsatz wird jeweils der Status der Faktizität zum Ausdruck gebracht. Die Faktizität selbst bezieht sich jeweils auf die Aussage (R P = Referenz + Prädikation), die im Nebensatz aufgeführt ist. Wie das Beispiel 1 zeigt, bleibt die Faktizität bei der Assertion unkommentiert, hier wird die Handlungs- und Kommentarinstanz verschleiert. Dies steht im Gegensatz zu den anderen Beispielen, bei denen die Faktizität jeweils in dem Sinne kommentiert wird, dass der Fakt nicht sicher ist.

Bei der zweiten Form von kommentierender Unbestimmtheit wird nicht Unsicherheit markiert, sondern eine individuelle positionierende Beurteilung oder Einschätzung des Fakts ausgedrückt werden, wie an den Beispielen 5 und 6 zu sehen ist:
5) Es ist *m. E.* Fakt, dass R P. (Unbestimmtheitsausdruck, ieS)
6) Es ist *sicherlich* Fakt, dass R P. (Unbestimmtheitsausdruck, ieS)

Bei dieser zweiten Variante wird mit der Beurteilung und Einschätzung des Faktes seitens der Autorinstanz entweder die Positionierung der Autorinstanz in Bezug auf den Fakt (z. B. m. E.) oder aber die relative Sicherheit der Autorinstanz in Bezug auf den Fakt (z. B. sicherlich) zum Ausdruck gebracht, wobei

---

wird. Diese Kommentierung richtet sich jedoch nicht in erster Linie auf die Faktizität der Proposition.
12 Es sei an dieser Stelle bereits betont, dass mit der Signalisierung von Unsicherheit nicht zwingend auch eine faktische Unsicherheit beim Textproduzenten einhergehen muss.

auch die Positionierung, bspw. mithilfe von Meinungsausdrücken, eine Form ist, mit der relative Sicherheit signalisiert ist.[13]

Kurzum: Der gemeinsame Nenner beider Formen von Unbestimmtheit ieS ist die Kommentierung von Fakten mit Blick auf deren Sicherheit, wobei die eine Form Unsicherheit und Vermutungscharakter signalisiert und die andere Form relative Sicherheit zum Ausdruck bringt.

Bevor auf die zweite Form von Unbestimmtheit eingegangen wird, seien an dieser Stelle kurz die sprachlichen Mittel vorgestellt, mit denen Unbestimmtheit ieS realisiert wird. Dies geschieht hier, im Vergleich zu Unbestimmtheit iwS weiter unten, ein wenig ausführlicher, weil es sich um sprachliche Mittel handelt, die man hinsichtlich ihrer Unbestimmtheitsfunktion im Großen und Ganzen gut aus einer etablierten Forschungstradition heraus beschreiben kann und die insofern – im Gegensatz zu Unbestimmtheit iwS – aus formaler Sicht gut und relativ eindeutig bestimmbar sind. Diese Handhabbarkeit und Etabliertheit sind auch der Grund, warum die Unbestimmtheitsmittel ieS den Kern der unten folgenden empirischen Untersuchungen, vor allem aber der quantitativen Untersuchung, darstellen. Es sei einschränkend vorausgeschickt, dass es sich im Folgenden nur um eine kursorische Darstellung der sprachlichen Mittel von Unbestimmtheit handelt, die nicht den Anspruch erhebt, in Bezug auf die einzelnen Mittel vollständig oder umfassend zu sein. Es geht im Grunde allein darum, die formale Seite von Unbestimmtheit ieS in ihren Elementen zu skizzieren und dabei auf der Grundlage von einschlägigen Darstellungen das für die vorliegende Arbeit Relevante herauszuarbeiten. Der Fokus der folgenden Darstellung liegt primär auf den semantischen Funktionen der Unbestimmtheitsmittel. Eine grammatiktheoretische Diskussion, etwa zum Status einzelner Sprachmittel in Hinblick auf Evidenzialität und epistemische Modalität, ist dabei nicht vorgesehen.

Kommen wir zunächst einmal zu den Modalwörtern. Zur Veranschaulichung seien zunächst einmal zwei Beispiele aus dem Korpus der vorliegenden Arbeit aufgeführt:

---

[13] In Bezug auf Modalwörter ist hier von *relativer* Sicherheit im Gegensatz zu absoluter Sicherheit die Rede, da es sich zum einen um einen Kommentar einer Autorinstanz von einer Autorposition aus handelt, womit einhergeht, dass eine bestimmte Sichtweise zum Ausdruck gebracht wird, die per se relativ ist. Zum anderen ist für den Status der ‚relativen' Sicherheit auch die Semantik der Modalwörter entscheidend. Es handelt sich dabei in der Regel um „Hypothesenindikatoren" im Sinne von Gerhard Helbig und Joachim Buscha (vgl. Helbig & Buscha 2001: 435). Ein Modalwort wie ‚zweifellos' gehört also bspw. nicht zu diesen relative Sicherheit anzeigenden Kommentarausdrücken, da es sich dabei um eine apodiktische Einschätzung der Autorinstanz handelt (vgl. Helbig & Helbig 1990: 290). (s. u.)

a) Zur gebundenheit gehört hier noch, daß diese formeln nur gültig sind im munde bestimmter sprecher, denen es zukommt, sie auszusprechen. Die gewichtung der funktionen ist hier eine andere, die kognitive ist nicht abwesend, **vielleicht** dominiert die konative oder modale. (Heeschen, Zeitraum 1970)

b) Doch darf es dabei nicht sein Bewenden haben; denn die Legitimation eines Kompetenzmodells bzw. einer entsprechenden analytischen Beschreibung entspringt **sicherlich** vorrangig dem praktischen Nutzwert, der darin liegt, daß erst ein so beschaffenes Kompetenzmodell in die Lage versetzt, [...]. (Schecker, Zeitraum 1970)

Interessant an sprachlichen Mitteln wie bspw. *vielleicht, wahrscheinlich, offenbar* oder *sicherlich* sind für die vorliegende Arbeit zwei Aspekte, die für diese Wortart sehr grundlegend sind: Mit Modalwörtern wird auf der einen Seite „die subjektiv-modale Einschätzung des Geschehens durch den Sprechenden" (Helbig & Buscha 2001: 432) ausgedrückt. Mit dem Gebrauch von Modalwörtern wird also immer ein Bezug zur bzw. ein *Verweis auf* die Instanz des Sprechens bzw. Schreibens hergestellt. Dabei wird grundsätzlich eine Einstellung dieser Instanz gegenüber dem propositionalen Gehalt einer zugrunde liegenden Äußerung zum Ausdruck gebracht. Gerhard Helbig und Joachim Buscha bezeichnen Modalwörter vor diesem Hintergrund auch als *„Einstellungsoperatoren"*, mit denen „Propositionen in bewertete Äußerungen" überführt werden (vgl. Helbig & Buscha 2001: 432). In dieser Form als sprachliche Mittel, mit denen Einstellungen ausgedrückt und in diesem Sinne auch Bewertungen gegenüber Propositionen vorgenommen werden, handelt es sich beim Gebrauch von Modalwörtern um Kommentare (einer Kommentarinstanz) (vgl. Helbig & Buscha 2001: 433). Als kommentierende Sprachmittel sind Modalwörter – logischerweise – nicht Bestandteil der Proposition der kommentierten Äußerung, d. h. sie sind „nicht Teile der propositionalen Bedeutung", sondern müssen auf einer anderen „semantischen Ebene interpretiert werden." (Helbig & Buscha 2001: 432) Eine elementare Äußerung mit einer elementaren Bedeutung wird durch die Kommentierung also eingebettet in eine kommentierende Äußerung. In Bezug auf das oben vorgestellte Verständnis von Unbestimmtheit bedeutet dies, dass die Proposition einer Elementarhandlung (Assertion) mithilfe eines solchen Operators kommentiert wird und auf diese Weise eine kommentierte Elementarhandlung, also ein Unbestimmtheitsausdruck ieS, entsteht. Im ‚Lexikon deutscher Modalwörter' von Gerhard Helbig und Agnes Helbig (1990) wird dies u. a. mit Bezug auf die Nicht-Negierbarkeit von Modalwörtern wie folgt auf den Punkt gebracht:

Die mit dem MW [= Modalwort] ausgedrückte Einstellung gehört nicht zu der aktualen Welt, *über* die gesprochen wird, sondern sie ist eine Einstellung, *mit* der über eine aktuale Welt gesprochen wird. Mit p wird etwas denotiert, *über* das gesprochen wird, mit den MW dagegen werden Einstellungen *ausgedrückt*. Propositionale Einstellungen *behaupten* et-

> was (was folglich auch negiert werden kann), nicht-propositionale Einstellungen dagegen *zeigen* etwas (was nicht negiert werden kann). (Helbig & Helbig 1990: 27; Hervorhebungen im Original fett gedruckt)

Das Zitat bringt sehr gut zum Ausdruck, dass es sich bei Modalwörtern um sprachliche Mittel handelt, die dem unteren Bereich des oben aufgeführten Organon-Modells von Karl Bühler bzw. (genauer) der Ausdrucksfunktion zuzuordnen sind und die in diesem Sinne vor allem auch deiktische Funktionen übernehmen: Modalwörter „behaupten nichts, sondern *zeigen* eine Einstellung."[14] (Helbig & Helbig 1990: 27; Hervorhebung von R.N.)

Ein zweites wichtiges Merkmal von Modalwörtern betrifft die Art der Einstellung, die durch sie ausgedrückt werden kann. Relevant für die vorliegende Arbeit sind vor allem die sog. *Hypothesenindikatoren*, mit denen eine „Einstellung des Glaubens" (Helbig & Buscha 2001: 435) zum Ausdruck gebracht wird, weshalb sie auch als ‚doxastische Modalwörter' bezeichnet werden können (vgl. Helbig & Helbig 1990: 56).[15] Im Unterschied zu den sog. *Gewissheitsindikatoren* bzw. den ‚epistemischen Modalwörtern', mit denen eine Gewissheit gegenüber einer Proposition ausgedrückt wird, ist bei Hypothesenindikatoren das Wissen *nie ganz* sicher: „Mit den epistemischen MW [= Modalwörtern] (z. B. *zweifellos, fraglos, tatsächlich*) wird eine Gewißheit, mit den doxastischen MW (z. B. *wahrscheinlich, vielleicht, vermutlich*) eine Annahme bzw. eine Unsicherheit bezüglich der Gewißheit ausgedrückt." (Helbig & Helbig 1990: 56) Hypothesenindikatoren markieren also mit Blick auf die Sicherheit bezüglich der Faktizität einer Proposition immer nur *relative*, d. h. also *nie absolute* Sicherheit. Sie bringen die autorseitige Einstellung zum Ausdruck, dass nicht mit absoluter Sicherheit bestimmt werden kann, ob eine Proposition faktisch ist (also *entweder* wahr *oder* falsch ist). Die doxastischen Modalwörter lassen sich ungeachtet dieser grundlegenden Gemeinsamkeit graduell noch weiter differenzieren: Helbig und Helbig unterscheiden diesbezüglich drei Grade:

1) an Sicherheit grenzende Wahrscheinlichkeit, minimale Unsicherheit, d. h. so gut wie sicher p (z. B. *sicher, bestimmt, gewiß*),

---

14 „Pragmatisch drücken sie [= Modalwörter] eine Einstellung aus (sie sprechen nicht *über* diese Einstellung); folglich sind sie pragmatisch-kommunikativ nicht Behauptungen, sondern *Kommentare* des Sprechers." (Helbig & Helbig 1990: 27; Hervorhebungen im Original fett gedruckt)

15 Unterschieden werden insgesamt fünf Arten: Gewissheitsindikatoren, Hypothesenindikatoren, Distanzindikatoren, Emotionsindikatoren, Bewertungsindikatoren (vgl. Helbig & Helbig 1990: 56; Helbig & Buscha 2001: 435f.).

2) mäßige Unsicherheit, d. h. eher p als nicht p (z. B. *vermutlich, wahrscheinlich*),
3) große Unsicherheit, d. h. ebensogut p wie nicht p (z. B. *vielleicht, möglicherweise*) (Helbig & Helbig 1990: 57).

Diese graduelle Differenzierung spiegelt sich in der obigen Darstellung von Unbestimmtheit ieS in der diesbezüglich vorgenommenen Zweiteilung wider (*nicht sicherer Fakt* und *fast sicherer Fakt*). Im Unterschied zu Helbig und Helbig wird in Bezug auf Unbestimmtheit allerdings auf die (ohnehin nicht sonderlich überzeugende, weil im Grunde nicht trennscharfe) Unterscheidung von mäßiger und großer Unsicherheit verzichtet. Es wird in der vorliegenden Arbeit also eine Unterscheidung von unsicheren und fast-sicheren doxastischen Modalwörtern angenommen, ohne dabei weitere und kleinteiligere bedeutungsunterscheidende Nuancen leugnen zu wollen. Allein aus forschungspraktischen Gründen wird hier demnach lediglich von einer Zweiteilung ausgegangen.

Einschränkend sei – gerade auch hinsichtlich der unten folgenden empirischen Untersuchung – angemerkt, dass einige Modalwörter (z. B. vermutlich, wahrscheinlich) deklinierbar und somit als Adjektivattribute verwendbar sind (vgl. Helbig & Helbig 1990: 11). In dieser Verwendung büßen sie möglicherweise an der oben herausgestellten charakteristischen zeigenden Kraft ein. Allerdings bleibt der Bezug zur Autorinstanz prinzipiell natürlich auch weiterhin semantisch vorhanden und auch erschließbar, da man bei Hypothesenindikatoren ja – logisch gesehen – eine Instanz braucht, der man die Einstellung der relativen Sicherheit zuschreiben kann.

Ein weiteres wichtiges Sprachmittel, das dem hier interessierenden Bereich der Unbestimmtheit zuzuordnen ist, sind die sog. *epistemischen Modalverben*, die der *deontischen* Verwendungsweise von Modalverben gegenüberstehen (vgl. etwa Öhlschläger 1989; Fritz 1997; Diewald 1999).[16] Zu den Modalverben werden traditionell *dürfen, können, mögen, müssen, sollen* und *wollen* gezählt. Die epistemische Verwendung der Modalverben teilt mit den zuvor behandelten Modalwörtern die zentrale Eigenschaft der „subjektive[n] Stellungnahme zum Bestehen bzw. Eintreten eines Sachverhalt."[17] (Öhlschläger 1986: 372; vgl. auch

---

16 Einen guten Forschungsüberblick findet man bei Maché (2009).
17 Historisch lassen sich beide Formen – mit Ágel 1999 – nicht nur im Zuge eines generellen Bedeutungswandels hin zu Subjektivierung (vgl. Traugott 1989; Keller 1995), sondern auch – so Ágels These – der zunehmenden „Literalisierung der Gesamtkultur" (Ágel 1999: 201) in Deutschland seit dem 15. Jahrhundert betrachten.

z. B. Hundt 2003) Dies lässt sich gut mit dem folgenden Beispiel aus dem Korpus der vorliegenden Arbeit zeigen:

> c) Dazu ist folgendes zu bemerken: Wie oben (in kap. 4) gezeigt wurde, **dürfte** der erfolg einer sprachhandlung in gewissem sinne eben doch auch von der (un)anstößigkeit der geäußerten kette für den rezipienten bestimmt werden, und zwar gerade von ihrer (un)anstößigkeit hinsichtlich idiosynkratischer sprachnormen, die merkmale betreffen, [...]. (Kolde, Zeitraum 1970)

Im Unterschied zu einer *deontischen* Verwendung des Modalverbs *dürfen*, bei der die Semantik der *Erlaubnis* zum Ausdruck gebracht wird, wird in diesem Beispiel mit der *epistemischen* Verwendung von *dürfen* eine autorseitige Vermutung bzw. eine Markierung von Unsicherheit in Bezug auf die Faktizität der Proposition ausgedrückt. Auch hier liegt also ein Bezug zur bzw. *ein Verweis auf* die Instanz des Sprechens bzw. Schreibens sowie eine Bewertung bzw. Kommentierung der Faktizität der Proposition (durch diese Instanz) vor. Im Gegensatz zur etablierten Bezeichnung der zwei Verwendungsweisen der Modalverben, deontisch und epistemisch, wählt Gabriele Diewald die Bezeichnung *nicht-deiktische* (für deontische) und *deiktische Modalverben* (für epistemische Modalverben) (vgl. Diewald 1999: 13–19). Die oben bereits in Bezug auf die Modalwörter herausgestellte Zeigkraft gilt also auch für epistemische Modalverben:

> Im deiktischen Gebrauch [...] bringt das Modalverb eine sprecherbasierte Faktizitätsbewertung zum Ausdruck; es ist nicht Bestandteil des dargestellten Sachverhalts, sondern repräsentiert, wie es für die Zeichenklasse der Deiktika („Zeigwörter") typisch ist, die Beziehung zwischen dem sprachlich Dargestellten und dem Sprecher, der deiktischen Origo.[18] (Diewald 1999: 14)

Diewald macht mit der Betonung des deiktischen Charakters deutlich, dass mit epistemischen Modalverben verstanden als Deiktika gewissermaßen eine konstitutive Brücke geschlagen wird von der Autor- bzw. Sprecherinstanz zum Sachverhalt. Es geht um die ‚*Beziehung zwischen*' Proposition und Autorinstanz, die bei Diewald durchaus grundsätzlich und eben konstitutiv verstanden wird („das Bestehen der Relation als solche wird benannt" (Diewald 1999: 16)):

> [D]eiktische Zeichen drücken mehr als eine bloße Abhängigkeit von den subjektiven Haltungen des Sprechers, mehr als eine subjektive Färbung des denotativen Gehalts aus: die Enkodierung der (in der Kommunikationssituation objektiv vorliegenden) Verbindung zwischen Sprecher (Origo) und dargestelltem Sachverhalt ist definierender Bestandteil ih-

---

[18] Diewald verweist an dieser Stelle auf Bühler (1999: 102f.) und Diewald (1991).

rer Bedeutung. Deiktika bringen also zum Ausdruck, daß die denotierte Entität von der Origo aus denotiert ist, sie enkodieren bzw. repräsentieren „objektiv" vorhandene und kommunikativ essentielle Informationen über den kognitiven Standort, die Perspektive, von der aus die sprachliche Äußerung produziert wurde. (Diewald 1999: 15)

Wichtig ist in diesem Zusammenhang noch, dass der Verweis auf die Autorinstanz bei epistemischen Modalverben – wie auch bei Modalwörtern – indirekt ist. Es liegen hier also implizite Autorverweise vor, bei denen die Autorinstanz nicht – wie etwa bei Meinungsausdrücken (s. u.) – explizit genannt wird.

Die in der vorliegenden Arbeit ebenfalls im Zusammenhang mit Unbestimmtheit behandelte Form *scheinen + zu + Inf.* wird von Gabriele Diewald in Verbindung mit den zuvor vorgestellten epistemischen Modalverben gebracht (vgl. Diewald 2000: 336; 2001: 89). Diese Form von *scheinen* lässt sich grammatisch als Halbmodal einordnen (vgl. Eisenberg 2013: 360f.; Zifonun et al. 1997: 1282). Als gemeinsames Merkmal führt Diewald an, dass sich der „Sprecher [...] nicht auf einen definitiven Faktizitätswert der Proposition" (Diewald 2000: 336) festlegt. Auch hier liegt also ein Verweis auf eine Autorinstanz und eine unsichere Faktizitätsbewertung vor. Das folgende Beispiel aus dem Korpus der vorliegenden Arbeit soll dies veranschaulichen:

> d) Die Gründe dafür, daß diese dritte Variante lediglich ein Objekt populärer Didaktik ist, **scheinen** gegenstandsimmanenter Natur **zu sein**, und der entscheidende unter diesen Gründen dürfte ihre Evaluativität sein. (Harweg, Zeitraum 1970)

Neben dieser *scheinen*-Form als Halbmodal werden noch weitere Formen von *scheinen* im Zusammenhang von Unbestimmtheit berücksichtigt. Wichtig ist, dass es sich dabei semantisch um *scheinen*-Formen handelt, die nicht etwa in einem adverbialen Zusammenhang, wie etwa in *Sie scheint hell* (vgl. Diewald 2000: 338), stehen. Es geht also nicht um Bedeutungen von *scheinen*, die im Zusammenhang mit einer sinnlichen Wahrnehmung stehen, also etwa dem Scheinen einer Lampe oder der Sonne; es geht folglich nicht um „Verb[en] des visuellen Effekts." (Diewald 2000: 339) Vielmehr kommen semantisch solche *scheinen*-Formen in Frage, die – wie *scheinen + zu + Inf.* – eine sprecher- bzw. autorseitige Einstellung hinsichtlich der Faktizität zum Ausdruck bringen. Beispiele für solche Formen aus dem vorliegenden Korpus wären die folgenden:

> e) Ein solches verfahren **scheint** mir schon deswegen nicht ratsam, weil es nicht im geringsten durch die deutschen wortfolgeregeln begründet ist; denn durch diese ist nur die stellung des zeitworts einigermassen bestimmt worden, die stellung des subjektes dagegen ist viel freier geblieben. (Reis, Zeitraum 1900)

f) Dies trifft für gänse zu. Es **scheint** als ob die linie von hier ab genauer zu bestimmen sei; doch herrscht östlich der Oder wider unsicherheit. Wrede gibt auf beiden seiten häufige ausnahmen. (Friedrich, Zeitraum 1900)

g) Allgemeingültige Regeln für die unbetonten Silben mit Zentralvokal aufzustellen, **scheint** kaum möglich. Aber als vorherrschend läßt sich trotzdem die Tendenz erkennen, den [...]. (Martens, Zeitraum 1970)

Neben diesen *scheinen*-Formen werden zu Unbestimmtheit auch Formen des Verbs *erscheinen* gezählt, die sich semantisch im Grunde ähnlich wie die *scheinen*-Formen verhalten. Hiermit sind – ähnlich wie oben bei *scheinen* – natürlich semantisch nicht *erscheinen*-Formen im Sinne einer visuellen Wahrnehmung von Erscheinungen gemeint, sondern ebenfalls eine autorseitige Einstellung bzw. Bewertung der Faktizität einer Proposition.

h) Es ist der Terminus „Struktur haben", der der Transformationsgrammatik entstammt. Die Einbeziehung dieses Symbols in die diskriminierende Konstitution unterschiedlicher Zeichenmengen **erscheint** deshalb nicht angebracht, weil es gemeinhin keine Attribute von Elementen bezeichnet, sondern eine regeladäquate Kombination von Elementen darstellt. (Bernzen, Zeitraum 1970)

i) Für den Fall der nominalen Syntagmen **erscheint** mir die Frage gelöst, ob und wie sich objektive Kriterien angeben lassen für die Unterscheidung in Verbergänzungen und freie Angaben. Problematisch wird es jedoch, wenn die fraglichen Syntagmen morphologisch nicht in dieser Art zu verändern sind. (Andresen, Zeitraum 1970)

Alle Formen von scheinen und erscheinen können – wie aus den Beispielen hervorgeht – im Zusammenhang sowohl mit expliziten als auch mit impliziten Autorverweisen verwendet werden.

Schließlich gehört zu den verbalen Formen von Unbestimmtheit ieS noch das Verb *vermuten*. Hier zeigt die Semantik des Verbs eindeutig den Vermutungs- und Unsicherheitscharakter an. Mit *vermuten* werden also eine Einstellung und eine Bewertung der Faktizität einer Proposition ausgedrückt. Berücksichtigt werden hier auch deverbale Verwendungsweisen *(Vermutung)*, also bspw. in Funktionsverbgefügen.

j) Diese Annahme scheint plausibel, denn wenn jede natürliche Sprache eine spezifische Ausprägung der allgemeinen menschlichen Sprachfähigkeit ist, so **liegt** es **nahe zu vermuten**, daß jede Grammatik einer beliebigen Sprache, die ein voll adäquates Modell ihres Systems (der Kompetenz eines idealen Sprechers-Hörers dieser Sprache) ist, eine spezifische Ausprägung einer universellen Grammatik darstellen muß. (Roenitz, Zeitraum 1970)

k) Wie dann die Lokalität und Umgebungsunabhängigkeit des in KG2 beschriebenen Zusammenhangs erfasst werden kann, ist eine technische Frage. Ich vermute, dass sich in diesen Eigenschaften die Tatsache manifestiert, dass einschlägige Kookkurrenzen von das

Handtuch und werfen neben KG2 noch einer weiteren Gesetzmäßigkeit folgen, die sehr nahe am Prototyp von V-Kookkurrenzen liegt, nämlich KG3 (vgl. Abschnitt 0). (Jacobs, Zeitraum 2010)

l) Diese Tatsache legt die **Vermutung** nahe, daß die Unterschiede in der syntaktischen Umgebung in bestimmter Weise mit semantischen Unterschieden der Verben selbst zusammenhängen und von diesen semantischen Unterschieden her motiviert werden können (vgl. dazu unter 10.). (Helbig, Zeitraum 1970)

Wie die Beispiele zeigen, lassen sich hier Verwendungsweisen mit explizitem und implizitem Autorbezug unterscheiden. Die Kommentierung kann also mit einer expliziten Markierung oder implizit erfolgen.[19]

Abschließend seien noch die Meinungsausdrücke erwähnt. Hierbei handelt es sich um Sprachmittel, mit denen eine explizite Positionierung einer Autorinstanz angezeigt wird. Gemeint sind damit etwa Mittel wie *m. E., ich denke, ich glaube, nach meiner Ansicht* etc. Diese werden im Zusammenhang mit Unbestimmtheit behandelt, da sie zum einen grundsätzlich die Faktizität einer Proposition kommentieren und dabei zum anderen ebenfalls einen ‚doxastischen' Charakter, d. h. gewissermaßen einen ‚Glaubenscharakter', besitzen. Die Tatsache, dass dabei eine subjektive Einschätzung oder Beurteilung der Sicherheit der Faktizität vorgenommen und als solche explizit markiert wird, führt dazu, dass die Faktizität der kommentierten Proposition *relativ* bzw. fast, aber eben nicht absolut sicher ist (s. o.). Für Meinungsausdrücke können an dieser Stelle keine Beispiele aus dem Korpus gegeben werden, da sie bei der quantitativen Untersuchung nicht berücksichtigt wurden. Der Grund hierfür ist, dass diese Sprachmittel erst zu einem späteren Zeitpunkt, nachdem die Analyse des Korpus weit fortgeschritten war, als relevant für den Unbestimmtheitsbegriff erachtet wurden. In der qualitativen Untersuchung spielen sie jedoch als Analysekategorie eine Rolle.

Kommen wir nun zum zweiten Typ von Unbestimmtheit, zu Unbestimmtheit iwS: Neben der Kommentierung der Faktizität einer Assertion wird mit Unbestimmtheit iwS eine Form von Unbestimmtheit angenommen, bei der Unbestimmtheit in Relation zum propositionalen Gehalt einer Assertion gebracht wird. Während diese Form der Unbestimmtheit in erster Linie dem Bereich des ‚Aussagegehalts' nach von Polenz und so folglich dem darstellungsfunktionalen Bereich zuzuordnen ist, sind die kommentierenden Varianten eher dem

---

19 In der quantitativen Untersuchung werden zunächst einmal alle Verwendungen von *vermuten* erfasst und im weiteren Verlauf danach differenziert, ob sie expliziten, impliziten oder keinen Autorbezug haben. Wenn kein Autorbezug vorliegt, handelt es sich gewissermaßen um das Referieren eines Kommentars.

Bereich des ‚Handlungsgehalts' und so folglich dem ausdrucks- und appellfunktionalen Bereich zuzurechnen (s. o.).

Bei der zweiten Form von Unbestimmtheit handelt es sich – zugegebenermaßen – um eine schwer zu operationalisierende Form, da die Charakterisierung als eine Form, die die Geltung der Proposition oder den Skopus einer Prädikation bzw. einer Referenz vage relativiert, selbst ebenso vage anmutet wie der Gegenstand, der mit ihr beschrieben werden soll. Es sei also explizit hervorgehoben, dass das Phänomen der Unbestimmtheit iwS in der qualitativen Untersuchung der vorliegenden Arbeit zwar berücksichtigt wird, weil es auf der Folie des oben herausgestellten Verständnisses von Assertionen als relevanter und interessanter Analysegegenstand für die Thematik Unbestimmtheit in der Wissenschaftssprache erscheint. Zugleich muss jedoch auch konstatiert werden, dass der im Folgenden vorzustellende Operationalisierungsansatz in Bezug auf Unbestimmtheit iwS lediglich als ein erster, keineswegs abgeschlossener Zugang verstanden werden muss, der sicherlich in Zukunft noch in systematischerer und vor allem umfassenderer Form durchgeführt werden müsste.[20]

Bei Unbestimmtheit iwS werden drei Formen unterschieden, die den propositionalen Gehalt relativieren: Zum einen geht es um sprachliche Mittel, mit denen der *Geltungs*bereich der Proposition einer Assertion relativiert wird und zum anderen handelt es sich um Formen, mit denen entweder der semantische Skopus der Referenz oder aber der semantische Skopus der Prädikation relativiert werden. Betrachten wir zunächst die Unbestimmtheitsmittel, mit denen die Geltung des propositionalen Gehalts relativiert wird.

Die (absolute) Geltung einer Assertion lässt sich wie folgt umschreiben:
7) (R P) und dies gilt (absolut). (Assertion)

Varianten, die diese Geltung relativieren, wären folgende Umschreibungen:
8) (R P) und dies gilt *meist*. (Unbestimmtheitsausdruck, iwS)
9) (R P) und dies gilt *mehr oder weniger*. (Unbestimmtheitsausdruck, iwS)

Der Geltungsbereich der Proposition einer Assertion wird folglich relativiert, wenn eine Umschreibung wie ‚(R P) und dies gilt mehr oder weniger' *nicht* der Umschreibung einer geltenden Assertion, also der Umschreibung ‚(R P) und dies gilt (absolut)', entspricht. Dies kann wie folgt ausgedrückt werden:

---

20 Es wird sich im Folgenden zeigen, dass die sprachlichen Mittel, die Unbestimmtheit iwS zugeordnet werden, z. T. auch eine gewisse Nähe zu ‚Varianzausdrücken' im Sinne von Mathilde Hennig, Thomas Hochscheid und Melanie Löber (2012) haben.

‚(R P) und dies gilt mehr oder weniger' *entspricht nicht* ,(R P) und dies gilt (absolut).'

Diese Unbestimmtheitsmittel werden in der Regel in Form von Zusätzen realisiert (s. u.). Es ist wichtig, zu betonen, dass für Unbestimmtheitsmittel nur solche Zusätze in Frage kommen, die als Ausdruck selbst keine eindeutige bzw. ggf. eine ambige Semantik haben. Nicht jeder sprachliche Ausdruck, der den Geltungsbereich irgendwie verändert, ist also ein Unbestimmtheitsmittel in diesem Sinne. So sind bspw. temporale Adverbien wie *heute, in der nächsten Woche* oder *immer* eindeutig im Vergleich zu *meist* oder *in der Regel*. Wenn Erstere realisiert werden, dann ist u. U. zwar auch die Geltung einer Proposition betroffen, bspw. in dem Sinne, dass ein Sachverhalt *immer* gilt. Die Geltung wird hier also durchaus auch modifiziert, und zwar in dem Sinne, dass der Sachverhalt genauer (bzw. eindeutiger) spezifiziert wird. Werden Letztere dagegen realisiert, dann wird der propositionale Gehalt einer Äußerung nichteindeutig erweitert. Durch die nicht-eindeutige Erweiterung des propositionalen Gehalts wird also der Sachverhalt nicht semantisch eindeutig spezifiziert; der Zusatz kann im Grunde weggelassen werden, ohne dass sich der propositionale Gehalt im Wesentlichen verändern würde. Er hat also keine semantische Spezifizierungsfunktion, sondern vielmehr primär die Funktion, den Geltungsbereich zu relativieren bzw. den Absolutheitscharakter einzuschränken.

Bei der zweiten Form von Unbestimmtheit iwS werden entweder der Skopus der Referenz oder der Prädikation semantisch relativiert, sodass Referenz oder Prädikation vage werden. Was mit der Relativierung des Skopus einer Referenz oder einer Prädikation gemeint ist, soll an folgenden Beispielen gezeigt werden:

10) Die Begriffsbestimmung wird vorgenommen. [R = Die Begriffsbestimmung + P = wird vorgenommen]
11) *Der Versuch* einer Begriffsbestimmung wird vorgenommen. [R = *Der Versuch* einer Begriffsbestimmung + P = wird vorgenommen]
12) Die Nebenwirkungen des Medikaments sind gut erforscht. [R = Die Nebenwirkungen des Medikaments + P = sind gut erforscht]
13) Die Nebenwirkungen des Medikaments sind *recht* gut erforscht. [R = Die Nebenwirkungen des Medikaments + P = sind recht gut erforscht]

Der Referenzausdruck aus Beispiel 10 wird in Beispiel 11 zunächst einmal ganz banal dadurch relativiert, dass er in 11 (aus grammatischer Sicht) gegenüber 10 in der Position eines Attributs steht, was semantisch zur Folge hat, dass der Skopus der Referenz relativiert wird. Aus der *Begriffsbestimmung* wird somit lediglich der *Versuch einer Begriffsbestimmung*; der absolute semantische Skopus der *Begriffsbestimmung* wird relativiert zum *Versuch*. In Beispiel 13 wird gegenüber der Variante ohne Unbestimmtheitsmittel in 12 die Prädikation relativiert, indem aus einer eindeutigen Zuschreibung *(gut)* eine vage Zuschreibung *(recht gut)* wird.

Wichtig ist in diesem Zusammenhang, dass nicht jede Form dieser Art von Relativierung als ein Unbestimmtheitsmittel anzusehen ist, sondern lediglich solche Relativierungen, durch die die Referenz oder die Prädikation insgesamt vage wird. Im Gegensatz dazu wird im folgenden Beispiel 14 etwa der Referenzausdruck aus Beispiel 10 zwar ebenfalls relativiert, d. h. der absolute semantische Skopus von *Begriffsbestimmung* wird relativiert zum *Ergebnis der Begriffsbestimmung*, es entsteht dadurch aber insgesamt keine vage Referenz, weshalb dies kein Unbestimmtheitsmittel wäre.

14) *Das Ergebnis* der Begriffsbestimmung ist unumstritten. [R = *Das Ergebnis einer Begriffsbestimmung* + P = ist unumstritten]

Bei einigen relativierenden Unbestimmtheitsausdrücken handelt es sich formal um Zusätze, die sich dadurch auszeichnen, dass sie prinzipiell weggelassen werden können, ohne dass sich bei diesem Weglassen am Status der entsprechenden Illokution, also (hier) der Assertion, sowie an der Grundaussage (R P) etwas ändern würde. Das folgende Beispiel soll dies veranschaulichen:

12) Die Nebenwirkungen des Medikaments sind gut erforscht. [R = Die Nebenwirkungen des Medikaments + P = sind gut erforscht]

15) Die Nebenwirkungen des Medikaments sind *mehr oder weniger* gut erforscht. [R = Die Nebenwirkungen des Medikaments + P = sind gut erforscht + Zusatz]

13) Die Nebenwirkungen des Medikaments sind *recht* gut erforscht. [R = Die Nebenwirkungen des Medikaments + P = sind gut erforscht + Zusatz]

Die Proposition der Assertion mit der Grundaussage (R P) wird hier mit Zusätzen wie *mehr oder weniger* oder *recht* relativiert. Entscheidend ist hier, dass die Ausdrücke, wenn sie verwendet werden, den propositionalen Zusammenhang insgesamt, in den sie (zusätzlich) gestellt werden können, entweder hinsichtlich der Absolutheit der Geltung der Proposition relativieren oder zur Vagheit der Semantik der Prädikation oder der Referenz beitragen. Die zusätzlichen Ausdrücke können in den Beispielen 15 und 13 aber auch ohne weiteres weggelassen werden, ohne dass sich dabei die Semantik der Grundaussage veränderte. Dagegen gibt es Komponenten in den obigen Assertionen, die nicht weggelassen werden können, ohne eine Veränderung in der Semantik der Aussage herbeizuführen (z. B. *gut*). Wie die Beispiele 15 und 13 auch zeigen, ist es für

Zusätze unerheblich, welchen syntaktisch-relationalen Status sie haben, d. h. ob sie Satzglied- oder Gliedteilfunktion haben.[21] Wichtig ist schließlich noch, dass es sicherlich auch – wie oben gezeigt – Zusätze gibt, die der obigen Beschreibung im Wesentlichen entsprechen, die aber nicht die Geltung einer Assertion im oben beschriebenen Sinne relativieren oder zur Vagheit der Prädikation beitragen, sondern bspw. diskursiv-argumentierend sind. Solche Zusätze werden hier nicht als Unbestimmtheitsmittel berücksichtigt.

Kommen wir abschließend noch zu einigen Spezifizierungen und methodologischen Grundüberlegungen im Zusammenhang mit Assertionen und Unbestimmtheit: Es sei zunächst einmal (sicherheitshalber) betont, dass mit dem Fokus auf Assertionen, also auf Sprachhandlungen mit fast ausschließlichem ‚Aussagegehalt', nicht primär eine Satzartenanalyse (von Aussagesätzen) vorgenommen werden soll. Es mag auf einer basalen Ebene u. U. zutreffen, dass sich bei häufiger Verwendung von Aussagesätzen in „funktionaler Hinsicht [...] einerseits eine starke Gewichtung der Darstellungsfunktion und andererseits ein Streben nach Anonymität" zeigen, „die beide solche Satzarten zurückdrängen, die symptom- und appellfunktionale Gesichtspunkte" ausdrücken, wie Thorsten Roelcke in Bezug auf Fachsprachen zeigt (vgl. Roelcke 2010: 86). Doch reicht eine solche Perspektive nicht aus, um den Ausdruck wissenschaftlicher Autorschaft zu untersuchen, die eben vor allem Haltungen, Handlungen usw. von Autoren umfasst. Formale Aussagesätze können aus sprechakttheoretischer Sicht bekanntlich ganz unterschiedliche Illokutionen aufweisen.[22] Der alleinige Blick auf Satzarten würde demzufolge gerade dieses Potential möglicher verschiedener wissenschaftlicher Autorhandlungen verdecken.

Nun ist es allerdings so, dass solche Autorhandlungen nicht immer explizit an einzelnen sprachlichen Mitteln an der Sprachoberfläche analytisch auszumachen sind, wie von Polenz hinsichtlich des Zusammenhangs von Sätzen und Sprechakten anhand der Diskussion eines Beispiels aus einem Vorwort von Jürgen Habermas betont:

> Wie in einem akademisch stilisierten Text nicht anders zu erwarten, finden wir in diesem Satz nicht einen einzigen sprachlichen Indikator für den sprechakttheoretischen Teil des Handlungsgehalts: kein performatives Verb, keine Modalpartikel, nicht einmal ein Modalverb. Da auch sonst ganz allgemein der Handlungsgehalt von Sätzen nur selten, bruchstückhaft und indirekt sprachlich ausgedrückt ist, stellt es keinen untypischen Fall dar,

---

21 Aus diesem Grund handelt es sich bei Zusätzen auch nicht einfach um Angaben oder Ergänzungen im Sinne der Valenzgrammatik.
22 Was ja bspw. Austin erst dazu bewegte, seine Überlegungen zu ‚konstativen' und ‚performativen Äußerungen' anzustellen.

wenn wir hier den Sprechaktgehalt allein aus unseren Annahmen bei der Textanalyse erschließen müssen. Anzunehmen, dieser Satz habe gar keinen Sprechaktgehalt, wäre nach der wichtigsten Prämisse der Sprechakttheorie eine unzulässige Ausflucht. Es handelt sich ja schließlich nicht um einen kontextlos erfundenen Beispielsatz, sondern um den ersten Satz eines Buches, mit dem ein wissenschaftspolitisch engagierter und erfolgreicher Autor persuasiv & überzeugend auf seine Leser einwirken wollte und will. (von Polenz 2008: 97)

Dieses Problem fehlender sprachlicher Indikatoren gilt selbstverständlich auch für die Unterscheidung von Assertionen und Sprachhandlungen mit anderem illokutiven Gehalt. Bestimmte Äußerungen können je nach Kontext sowohl als Assertion als auch als eine andere Sprachhandlung verstanden werden. Das obige Beispiel 10, das oben als Assertion behandelt wurde, könnte unter bestimmten Umständen, d. h. in einem bestimmten Kontext, bspw. eine Überzeugung oder Rechtfertigung sein. Es sind also letztlich die „Kenntnis des Kontextes" sowie die „regelhaften Erwartungen" (von Polenz 2008: 97) hinsichtlich bestimmter Textsorten, die bei der Textanalyse zur Bestimmung einer tatsächlichen Illokution beitragen, sofern keine Sprachmittel vorliegen, die diese Illokution explizit anzeigen.

Für die vor allem unter 5.3 anzustellende Analyse von Unbestimmtheit in Wissenschaftstexten sind solche über Assertionen hinausgehenden tatsächlichen Illokutionen zunächst einmal nicht relevant: Bei der Analyse wird grundsätzlich immer von Assertionen, verstanden als ‚Quasi-Aussagen', ausgegangen, die oben als Elementarhandlungen bezeichnet wurden. Es wird bei der Bestimmung von Unbestimmtheit demnach stets von der Grundstruktur *Referenz + Prädikation* ausgegangen und untersucht, inwiefern diese entweder hinsichtlich der Faktizität kommentiert oder hinsichtlich der Proposition relativiert wird. Unabhängig also davon, welche konkrete Illokution bei einer Äußerung in einem bestimmten Kontext vorliegen mag, wird Unbestimmtheit hier auf der Basis der Grundstruktur der Elementarhandlung Assertion untersucht. Dies bedeutet natürlich nicht, dass die über den Kontext eventuell zu erschließenden Illokutionen für die Interpretation gänzlich irrelevant wären; nicht von Belang sind sie zunächst einmal allerdings für die analytische Bestimmung von Unbestimmtheit.

5.2 Quantitative Untersuchung
5.2.1 Methodische Überlegungen

Kommen wir zunächst einmal zu den methodischen Grundlagen der folgenden quantitativen Untersuchung. Untersucht wurden – wie zu Beginn dieses Kapitels angedeutet – sprachwissenschaftliche Zeitschriftenaufsätze aus den Zeiträumen 1900, 1970 und 2010. Insgesamt besteht das selbst zusammengestellte Korpus aus 93 Texten. Die Verteilung der Texte auf die Teilkorpora (Zeitraum 1900, Zeitraum 1970, Zeitraum 2010) ist dabei ungleich, da die einzelnen Texte unterschiedlich lang sind: Das Teilkorpus 1900 umfasst 34 Texte, das Teilkorpus 1970 umfasst 32 Texte und das Teilkorpus 2010 umfasst schließlich 27 Texte. Die älteren Texte sind also im Schnitt kürzer als die jüngeren. Die ungleiche Anzahl an Texten in den Teilkorpora ist insofern jedoch nicht problematisch, als das zentrale Kriterium für den Vergleich der Teilkorpora eine vergleichbare Wortformenanzahl ist. Der Vergleich der Vorkommenshäufigkeiten von Unbestimmtheitsmitteln zwischen den Teilkorpora wird also auf der Basis von vergleichbaren Textmengen vorgenommen. Das Gesamtkorpus umfasst eine Wortformenanzahl von ca. 672.000 Wortformen, die wie folgt auf die einzelnen Teilkorpora verteilt ist: Zeitraum 1900 = ca. 225.000; Zeitraum 1970 = ca. 224.000; Zeitraum 2010 = ca. 223.000. Die Angaben zu den Wortformenanzahlen werden hier mit ungefähren Werten angegeben (ca.), da bei der Texterkennung mithilfe von OCR-Software z. T. kleinere Fehler etwa bei Sonderzeichen oder Sprachzeichen älterer Sprachen sowie bei bspw. durch Flecken kontaminierten oder durch schlechtes Einscannen schlecht lesbaren Textstellen auftraten. Berücksichtigt wurden demnach nicht alle Sprachzeichen der zugrunde liegenden Texte; bei den Angaben zu den Wortformenzahlen handelt es sich also um von den fehlerhaft erfassten Sprachzeichen bereinigte und abgerundete Angaben. Dies erscheint vor dem Hintergrund der relativ hohen Gesamtzahlen an Wortformen in den Teilkorpora allerdings durchaus vertretbar. Hinzu kommt, dass die Wortformenanzahlen pro Teilkorpus sich – gemessen an den jeweiligen Gesamtzahlen minimal – unterscheiden. Dies ist darauf zurückzuführen, dass in die Analyse nur vollständige Texte eingehen sollten, da im Vorfeld der Untersuchung keine Präferenzen für bestimmte Textteile (also etwa Einleitungen usw.) beim Gebrauch von Unbestimmtheitsmitteln ausgemacht werden konnten und insofern keine Kürzungen an den Texten vorgenommen werden sollte.[23] Bei der statistischen Auswertung der Ergebnisse, bspw. beim Vergleich der Beleghäufigkeiten der jeweiligen Teilkorpora untereinander oder bei bestimmten Signifikanzanalysen, werden die leichten Differenzen in der Wortformenzahl bei den Teilkorpora insofern berücksichtigt, als dass sie an relevanten Stellen der Auswertung entsprechend verrechnet werden.

---

[23] Eine mögliche Differenzierung nach Textteilen wird jedoch (zumindest in Ansätzen) in der unten folgenden qualitativen Untersuchung berücksichtigt.

Für die Auswahl der Texte der quantitativen Untersuchung waren die Kriterien *Zeit* und *Textsorte* entscheidend.[24] Im Vordergrund der Untersuchung steht der wissenschaftliche Sprachgebrauch vor allem aus der Perspektive der historischen Entwicklung bzw. des historisch spezifischen Sprachgebrauchs. Aus diesem Grund wurden Texte ausgewählt, die in den drei unterschiedlichen – oben vorgestellten und begründeten – Zeiträumen erschienen sind. Dabei wurde eine ungefähre Spanne von zehn Jahren zugrunde gelegt, also etwa von 1970 bis 1980 für den Zeitraum 1970. Für die vorliegende Arbeit ist neben der grundlegenden historischen Entwicklungsperspektive grundsätzlich auch die Perspektive auf mögliche Unterschiede im Sprachgebrauch bei Autoren mit unterschiedlichen konzeptionellen Ausrichtungen wichtig. Bei dieser zweiten Perspektive geht es also um die Frage, ob es Unterschiede im unbestimmten Sprachgebrauch bei an den Naturwissenschaften orientierten oder nicht an den Naturwissenschaften orientierten Linguisten gibt. Dieser Fokus wird systematisch erst in der unten folgenden qualitativen Untersuchung berücksichtigt, d. h. in der quantitativen Untersuchung findet diesbezüglich noch keine Differenzierung statt.[25] Die quantitative Untersuchung dient also zunächst einmal als historische Grundorientierung. Hier wird überhaupt erst einmal die Relevanz des Themas Unbestimmtheit für den wissenschaftlichen Sprachgebrauch aus historischer Perspektive beleuchtet und eine Grundlage geschaffen, auf der dann in der qualitativen Untersuchung hinsichtlich konzeptionell unterschiedlicher Ausrichtungen weiter differenziert werden kann. Bei den für die quantitative Untersuchung berücksichtigten Texten handelt es sich zudem ausschließlich um wissenschaftliche Aufsätze, die in Fachzeitschriften der jeweiligen Zeiträume erschienen sind. Durch die Auswahl der Textsorte wissenschaftlicher Aufsatz soll gewährleistet sein, dass es sich bei den analysierten Texten um Formen wissenschaftlicher Kommunikation handelt, bei denen der für die Wissenschaften konstitutive diskursive und argumentative Charakter (s. u.) zum Ausdruck kommt. Dies wäre bspw. bei Handbuchartikeln, die in ihrer Grundfunktion eher Wissen zusammentragen als diskutieren, nicht möglich.[26]

---

24 Die einzelnen Texte sind unten unter ‚Primärliteratur' aufgeführt.
25 Dies hat auch den forschungspraktischen Hintergrund, dass diese Perspektive sich erst im späteren Verlauf des Arbeitsprozesses zunehmend als mögliches Erkenntnisinteresse herausgestellt hat.
26 Der Fokus liegt hier also darauf, dass es insgesamt um wissenschaftliche Texte geht, die vordergründig darauf ausgerichtet sind, nicht eine feststehende Erkenntnis einfach zu postulieren (bzw. zu reproduzieren), sondern (vorläufige) wissenschaftliche Erkenntnis in kürzeren Publikationsformen zu diskutieren. Dessen ungeachtet kann natürlich davon ausgegangen werden, dass die Textsorte wissenschaftlicher Aufsatz sich im Verlauf des Untersuchungszeit-

Die eigentliche Analyse wurde auf der Grundlage von zuvor festgelegten Unbestimmtheitsausdrücken durchgeführt. Die Festlegung dieser Ausdrücke ergibt sich grundsätzlich aus der Fokussierung auf die semantischen und pragmatischen Eigenschaften von Sprachmitteln wie Modalwörtern und epistemischen Modalverben. Dies bedeutet, dass für die Analyse in der quantitativen Untersuchung der Fokus auf die Kommentierung von Faktizität grundlegend ist. In der quantitativen Untersuchung werden also nur Unbestimmtheitsausdrücke ieS berücksichtigt.[27] Welche konkreten Formen von Unbestimmtheit ieS in wissenschaftlichen Texten voraussichtlich eine Rolle spielen könnten, wurde mit einer kleinen und relativ unsystematischen Voruntersuchung von gegenwärtigen Wissenschaftstexten näher bestimmt.[28]

In der folgenden Abbildung werden zunächst einmal die in der quantitativen Untersuchung analysierten Unbestimmtheitsmittel ieS im Einzelnen aufgeführt (siehe hierzu auch 5.1).

---

raums durchaus verändert hat, vor allem etwa in der Systematik ihres Aufbaus. Dies sieht man bspw. z. T. auch in qualitativen Untersuchung. Ein veränderter Aufbau der Textsorte hat jedoch nicht notwendigerweise Konsequenzen für die Ebene einzelner sprachlicher Äußerungen, auf die sich Unbestimmtheitsphänomene beziehen (siehe oben zu Assertionen), weshalb ein diesbezüglicher Vergleich zwischen älteren und jüngeren Texten vertretbar erscheint. Zur Entwicklung der Textsorte ‚wissenschaftlicher Artikel' vgl. Graefen (1997).

27 Unbestimmtheit iwS wird (neben Unbestimmtheit ieS) in der qualitativen Untersuchung berücksichtigt (siehe 5.3). Zu den einzelnen Unbestimmtheitsmitteln ieS siehe 5.1. Meinungsausdrücke wurden aus den oben genannten Gründen in der quantitativen Untersuchung nicht berücksichtigt. Die Unterscheidung von Unbestimmtheit ieS in unsichere und fast sichere Kommentierungen von Faktizität findet in der quantitativen Untersuchung also ausschließlich über die semantisch unterschiedlichen Modalwörter Berücksichtigung.

28 Dass dabei in erster Linie gegenwärtige Texte hinzugezogen wurden, hängt damit zusammen, dass ich (konträr zu den unten folgenden Ergebnissen) zu Beginn des Projektes eigentlich davon ausgegangen bin, dass es hinsichtlich des Unbestimmtheitsgebrauchs eine Entwicklung zu mehr Unbestimmtheit in Gegenwartstexten gäbe und somit in diesen ein größerer Facettenreichtum anzutreffen wäre als in älteren Texten. Ältere Texte (Zeitraum 1900) wurden allerdings auch vereinzelt betrachtet, vor allem um auch andere Schreibweisen von einzelnen Formen von Unbestimmtheit berücksichtigen zu können (z. B. wohl/wol).

Tab. 2: Analysierte Unbestimmtheitsmittel (quantitative Untersuchung)

Verben		Modalwörter	
		nicht-sicher	fast sicher[29]
dürfen, mögen (jeweils epistemische Verwendung)	scheinen + zu + Inf., scheinen, erscheinen vermuten (Vermutung)[30]	eventuell, möglicherweise, vielleicht, wahrscheinlich, vermutlich, womöglich, mutmaßlich, wohl, anscheinend, scheinbar	sicher, sicherlich, offenbar, offensichtlich, gewiss

Bei der automatischen Suche im zugrunde liegenden Korpus wurde auf dieser Grundlage nach den folgenden Ausdrücken gesucht:

Tab. 3: Unbestimmtheitsausdrücke quantitative Untersuchung

anscheinend*	möglicherweise	offenbar
dürft*	mutmaßlich*	offensichtlich*
erschein*	sicherlich	scheinbar*
schein*	vermut*	sicher
erschien*	vielleicht	
schien*	wahrscheinlich*	
eventuell*	wol	
evtl.	wohl	
mag	womöglich	
möge	gewiss[31]	

---

29 Für die Differenzierung in nicht-sicher bzw. unsicher und fast sicher siehe die Ausführungen zu Modalwörtern unter 5.1.
30 Beim Verb *vermuten* wurde auch die deverbale Variante berücksichtigt.
31 Mit dieser Sucheingabe wurde sowohl die Schreibweise gewiss als auch die Schreibweise gewiß berücksichtigt

In der Abbildung sind die Unbestimmtheitsausdrücke in der Form aufgeführt, wie sie für die automatische Suche der einzelnen Belege verwendet wurden. Die Darstellung mit dem Stern kann exemplarisch anhand der Beispiele *vermut** und *schein** gut erklärt werden: Mit der Suche nach *vermut** werden alle Wörter gefunden, die *vermut* als Stamm haben. Es konnten und sollten auf diese Weise also die Konjugationsformen vom Verb *vermuten*, das Modalwort *vermutlich* sowie das deverbale Substantiv *Vermutung* gefunden werden. Mit der Suchform *schein** konnten und sollten die Konjugationsformen der Varianten *scheinen* und *scheinen + zu + Inf.* gefunden werden. Für manche Modalwörter wie etwa *wahrscheinlich* oder *eventuell* gilt, dass sie auch als Adjektivattribut verwendet und somit flektiert werden können, weshalb diese ebenfalls mit einem Stern versehen wurden.[32]

Das Vorgehen bei der Untersuchung lässt sich insgesamt als semi-automatisch bezeichnen, wobei im ersten Schritt im Gesamtkorpus automatisch nach den obigen Ausdrücken gesucht wurde und im zweiten Schritt bei den gefundenen Belegen manuell nähere Bestimmungen vorgenommen wurden: Für die automatische Suche nach den entsprechenden Unbestimmtheitsausdrücken wurde die Software ‚AntConc' verwendet, die in erster Linie eigentlich für Konkordanzanalysen ausgerichtet ist. Für die Zwecke der vorliegenden Untersuchung erschien sie jedoch absolut ausreichend, da es hier im ersten Schritt vor allem darum ging, die einzelnen Unbestimmtheitsbelege und ihren entsprechenden Kontext in einem relativ großen Textkorpus überhaupt erst einmal (automatisch) erfassen zu können. Die erfassten Belege wurden schließlich in einer Belegdatenbank zusammengetragen.

Für die weitere nähere Bestimmung erschien ein manueller Analysezugang jedoch unausweichlich: Beim Ausdruck *wohl* galt es bspw. bei der manuellen Analyse Modalwörter von den Homonymen als Adjektiv (oder Adjektiv-Adverben) oder als Abtönungspartikel zu unterscheiden (vgl. Helbig & Helbig 1990: 284).[33] Gleiches gilt für die Ausdrücke *gewiss* und *sicher*, bei denen Modalwörter von Adjektiven (oder Adjektiv-Adverben) abgegrenzt werden mussten (vgl.

---

[32] Siehe hierzu auch die unterschiedlichen Analyseebenen (verbale und nominale Organisation) weiter unten.
[33] Zwischen *wohl* als Modalwort und als Abtönungspartikel zu unterscheiden, ist mitunter nicht ganz einfach, wie auch Helbig und Helbig konzedieren (vgl. Helbig & Helbig 1990: 284). Für die vorliegende Arbeit ist jedoch ohnehin vor allem wichtig, dass die kommentierende Semantik hinsichtlich des Faktizitätsbezugs gewährleistet ist. Zu *wohl* als Abtönungspartikel vgl. etwa Schulz (2012).

Helbig & Helbig 1990: 138 und 197).³⁴ Bei den Modalverben mussten deontische von epistemischen Verwendungsweisen unterschieden werden. Dies ist auch der Grund dafür, dass in der Analyse nur die epistemischen Verwendungen von *dürfen* und *mögen* berücksichtigt werden konnten. Es wäre aus Machbarkeitsgründen nahezu unmöglich, bspw. auch die epistemische Verwendung von *können* zu erfassen, da mit diesem der ohnehin schon recht umfassende Analyseaufwand noch größer geworden wäre, da dieses Modalverb – vor allem deontisch – relativ häufig in wissenschaftlichen Texten Verwendung findet. Schließlich mussten in der manuellen Analyse auch die semantischen Differenzen bei Verben wie *scheinen* und *erscheinen* (im Sinne von *scheint zu sein* oder dem Scheinen einer Lichtquelle oder dem Erscheinen eines Gegenstandes) unterschieden und die Funde entsprechend bereinigt werden.

Beim manuellen Zugang geht es darüber hinaus darum, die einzelnen erfassten Belege näher zu klassifizieren. Grundsätzlich werden die Unbestimmtheitsmittel in Orientierung an den grundlegenden strukturellen Satzdomänen, der *verbalen* und *nominalen Organisation* (vgl. Ágel 2000: 1889; auch Czicza 2015), ‚verortet', d. h. es wird zunächst einmal ihr spezifisches Vorkommen im Satz erfasst. Diese klassischen Domänen scheinen für eine solche ‚Verortung' der Unbestimmtheitsmittel im jeweiligen Kontext zunächst einmal gut geeignet, da sie eine grobe Orientierung auf der Folie einer etablierten Unterscheidung von elementaren (syntaktischen) Formen ermöglichen.³⁵ Die Unbestimmtheitsbelege werden vor diesem Hintergrund danach differenziert, ob sie selbst Teil des Verbalkomplexes sind oder ob sie auf der verbalen Ebene oder auf der nominalen Ebene zu einer Modifizierung beitragen. Die folgenden Beispiele aus dem Korpus sollen diese Differenzierung veranschaulichen: Beim ersten Beleg (a) handelt es sich mit dem epistemisch gebrauchten Modalverb *dürfen* um ein Unbestimmtheitsmittel, das Teil des Verbalkomplexes ist:

> a) [...] daß die Analyse von außer-sprachlichen Kommunikationsmitteln oder etwa der Kommunikationsmittel, die sich aus der Interaktion sprachlicher und non-sprachlicher Kommunikationsmittel ergeben, in irgendeinem Sinne unerheblich wäre (der zuletzt genannte „gemischte" Fall **dürfte** vielmehr der Normalfall zumindest interpersonaler Kom-

---

34 Bei dem Modalwort *gewiss* interessiert in der vorliegenden Arbeit nur die doxastische Variante und nicht die gewissheitsindizierende (vgl. Helbig & Helbig 1990: 136), wobei die Differenz zwischen beiden aus meiner Sicht ohnehin nicht sonderlich trennscharf ist.

35 Diese Differenzierung sollte jedoch nicht mit der oben für die Definition von Unbestimmtheit gebrauchten Unterscheidung von Referenz und Prädikation verwechselt werden, bei er es sich bekanntlich um die Differenzierung des ‚Aussa*gehalts*' handelt (vgl. etwa von Polenz 2008).

munikation sein; seine Analyse ist mithin von erheblichem Interesse); [...]. (Kanngießer, Zeitraum 1970)

Beim nächsten Beleg (b) liegt eine Modifizierung auf verbaler Ebene vor, d. h. mit dem Modalwort *vielleicht* wird der zugrunde liegende Satz modifiziert bzw. (genauer) autorseitig kommentiert:

> b) Zur gebundenheit gehört hier noch, daß diese formeln nur gültig sind im munde bestimmter sprecher, denen es zukommt, sie auszusprechen. Die gewichtung der funktionen ist hier eine andere, die kognitive ist nicht abwesend, **vielleicht** dominiert die konative oder modale. (Heeschen, Zeitraum 1970)

Der Unbestimmtheitsbeleg in c befindet sich im Gegensatz zum vorherigen Beleg nicht auf der verbalen Ebene. Das Modalwort *vermutlich* ist hier in eine für die Wissenschaftssprache typische komplexe und mehrfach erweiterte Nominalgruppe eingebettet (vgl. Czicza & Hennig 2011; Hennig & Niemann 2015); hier liegt also gewissermaßen eine „Umverpackung" (Ágel 2000: 1893) vom verbalen in den nominalen Bereich vor (vgl. hierzu Czicza 2015), weshalb die Modifizierung hier auf der nominalen Ebene stattfindet.[36]

> c) Die Begriffe aus der Naturwissenschaft gehen dabei auf recht allgemeine, **vermutlich** um die Jahrhundertwende zur Allgemeinbildung gehörende naturwissenschaftliche Vorstellungen zurück – insofern unterscheiden sie sich wohl nicht von dem allgemeinen Gebrauch von Metaphern, deren Funktion es ist, unbekanntes Gelände mit Hilfe bekannter Vorstellungen zu erschließen. (Pörksen, Zeitraum 1970)

Schließlich findet sich in d noch eine weitere Variante der Modifizierung auf der nominalen Ebene. In diesem Fall ist mit der deverbalen Nominalisierung[37] von *vermuten* der nominale Kern selbst betroffen.

> d) Diese Tatsache legt die **Vermutung** nahe, daß die Unterschiede in der syntaktischen Umgebung in bestimmter Weise mit semantischen Unterschieden der Verben selbst zusammenhängen und von diesen semantischen Unterschieden her motiviert werden können (vgl. dazu unter 10.). (Helbig, Zeitraum 1970)

Über diese grundlegende Verortung hinaus wurden beim manuellen Zugang die einzelnen Belege noch weiter kategorisiert: Sie wurden z. B. noch danach diffe-

---

[36] Die weiteren Unbestimmtheitsbelege dieses Zitats (recht, wohl) bleiben an dieser Stelle unberücksichtigt, da es hier erst einmal nur um die Veranschaulichung der Analyseebenen *verbal* und *nominal* geht.
[37] Genau genommen liegt hier ein Funktionsverbgefüge vor.

renziert, ob sie expliziten, impliziten oder keinen Autorbezug haben oder ob sie mit Bezug auf andere Autoren bzw. Diskurse, dem sprachwissenschaftlichen Gegenstand oder die eigene Arbeit verwendet werden. Die genauen Hintergründe dieser weiteren Kategorisierungen werden im Abschnitt der Ergebnispräsentation an den entsprechenden Stellen anhand von Beispielen vorgestellt. Grundsätzlich gilt also, dass bei der Untersuchung zunächst einmal rein formal die Vorkommenshäufigkeiten aller Unbestimmtheitsausdrücke im Gesamtkorpus sowie natürlich in den Teilkorpora erfasst wurden. Mit der weiteren Kategorisierung wurde dann der Fokus darauf gelegt, wie dieses generelle Vorkommen sich entsprechend ausdifferenziert, also wie die gefundenen Unbestimmtheitsbelege sich etwa zur jeweiligen Autorinstanz verhalten.

Abschließend sei noch kurz auf die statistische Auswertung der erzielten Ergebnisse eingegangen: Zum Nachweis, dass die erzielten Ergebnisse und vor allem etwaige historische Unterschiede im Gebrauch von Unbestimmtheitsmitteln nicht zufällig sind, werden an entsprechenden Stellen Signifikanztests (bzw. genauer Chi-Quadrat-Tests) durchgeführt. Es wird dabei für die vorliegende Arbeit ein Signifikanzniveau von 5 Prozent zugrunde gelegt: Dies bedeutet, dass in der Analyse erzielte sog. p-Werte, die das Niveau von .05 übersteigen (also z. B. .06), statistisch nicht signifikant sind. Ein Wert, der unter diesem Niveau liegt (also bspw. .02), ist dagegen statistisch signifikant. Die p-Werte lassen sich wie folgt interpretieren: Liegt ein p-Wert bei p = .02, dann ist die Wahrscheinlichkeit, dass die sog. Nullhypothese (H_0), nach der zwischen den erzielten Unterschieden *kein* Zusammenhang besteht bzw. diese Unterschiede *zufällig* sind, zutrifft, sehr gering und sie liegt unter dem festgelegten Signifikanzniveau von 2 Prozent. Oder anders formuliert: Wenn man die Nullhypothese, dass die Unterschiede zufällig sind, als falsch einschätzt, irrt man sich mit einer Wahrscheinlichkeit von 2 Prozent. Die bei der Analyse erzielten Unterschiede im Gebrauch von Unbestimmtheitsmitteln wären in diesem Fall, d. h. mit einem p-Wert von p = .02, also statistisch signifikant (vgl. bspw. Bubenhofer 2009: 137f.).

5.2.2 Vorüberlegungen und mögliche Hypothesen

Im Folgenden seien kurz Hypothesen in Bezug auf die folgende quantitative Untersuchung vorgestellt. Erwartungen hinsichtlich der Entwicklung der ‚unbestimmten' deutschen Wissenschaftssprache lassen sich grundsätzlich aus unterschiedlichen Perspektiven formulieren. Für die vorliegende Arbeit erscheinen drei Perspektiven wesentlich: 1. Die Perspektive der *Faktizität*; 2. Die Perspektive der *(Un-)Persönlichkeit*; 3. Die Perspektive der *sozialen Beziehungen*. Wie sich im Folgenden herausstellen wird, ergeben sich aus diesen drei Perspektiven drei durchaus unterschiedliche (und mitunter konträre) Erwartungen in Hinblick auf die Entwicklung der deutschen Wissenschaftssprache.

1. Die erste Hypothese lässt sich aus wissenschaftsreflexiven und wissenschaftssoziologischen Überlegungen ableiten. Vor dem Hintergrund der oben unter 3. aufgezeigten Tendenzen in der Entwicklung der Wissenschaftsreflexion ergibt sich für das 20. Jahrhundert zum einen ein Verständnis, nach dem Wissenschaft einerseits zunehmend als nicht linear fortschreitender und nicht-teleologischer sowie andererseits zunehmend als sozialer Prozess verstanden wird. Zum anderen ist der Bereich der Wissenschaft im Laufe des 20. Jahrhunderts aus wissenschaftssoziologischer Perspektive dadurch gekennzeichnet, dass er sowohl personell als auch disziplinär stark anwächst und sich ausdifferenziert. Daraus resultiert u. a. eine starke Zunahme an Publikationen („Publikationsflut") aus zunehmend sich ausdifferenzierenden Fachbereichen, was zu einer gewissen Unübersichtlichkeit und „selektiven Aufmerksamkeit" (Weingart 2003, s. o.) führt. Beide Aspekte, sowohl die Einsicht in den bruchartigen Charakter der wissenschaftlichen Entwicklung als auch die quantitative Expansion des Sozialbereichs Wissenschaft, lassen ähnliche Vermutungen über die Entwicklung der Wissenschaftssprache im 20. Jahrhundert zu. Diese Vermutungen betreffen vor allem die Faktizität des sprachlichen Ausdrucks: Man kann annehmen, dass vor dem Hintergrund der genannten Veränderungen in den Wissenschaften sowie im Verständnis der Wissenschaftsentwicklung der Gebrauch von Unbestimmtheitsmitteln im Zuge dieser Veränderungen sukzessive zunimmt, da mit ihrer Hilfe autorseitige Kommentierungen und in diesem Sinne Relativierungen der Faktizität vorgenommen werden können. Diese Annahme lässt sich schrittweise wie folgt darstellen: a) Wenn man die Einsicht vertritt, dass Wissenschaft nicht teleologisch fortschreitet und Brüche in der Entwicklung aufweist, dann schließt diese Einsicht das Wissen um die potentielle Fehlbarkeit und kontextuelle Gebundenheit wissenschaftlichen Wissens ein. Dieses Wissen kann – so die mögliche zu vertretende These – dazu führen, dass die sprachliche Darstellung von wissenschaftlichem Wissen nicht faktisch bzw. mit einer relativierten Faktizität vorgetragen wird, um auf diese Weise dem Wissen um die potentielle Fehlbarkeit und Kontextgebundenheit Rechnung zu tragen. Für den zu untersuchenden Zeitraum könnte dies bedeuten, dass der Gebrauch von Unbestimmtheitsmitteln mit der zunehmenden Einsicht in dieses Wissen sukzessive ansteigt. Dies würde also bedeuten, dass der Gebrauch von Unbestimmtheitsmitteln von 1900 bis 2010 ungleich und also tendenziell ansteigend verteilt ist. b) Wenn man die wissenschaftssoziologischen Erkenntnisse über die

Expansion und die Unübersichtlichkeit des wissenschaftlichen Bereichs berücksichtigt, dann könnte man auch in diesem Zusammenhang annehmen, dass durch die Zunahme an Unübersichtlichkeit und der daraus folgenden ‚selektiven Aufmerksamkeit' (s. o.) der Gebrauch von Unbestimmtheitsmitteln im Zuge dieser Zunahme ansteigt. Dem liegt die Überlegung zugrunde, dass mit der sprachlichen Relativierung von Faktizität durch Unbestimmtheitsmittel den Äußerungen ein Absolutheitscharakter genommen wird; diese Reduktion des Absolutheitsanspruchs ist – so eine mögliche Annahme – eine adäquate Form, um dieser zunehmenden und nicht zu überschauenden Komplexität des Wissenschaftsbereichs und selbst der jeweils eigenen Disziplin sprachlich Rechnung zu tragen. Die Entwicklung des Gebrauchs von Unbestimmtheitsmitteln in der Wissenschaftssprache könnte vor diesem Hintergrund also – wie zuvor – in der Form angenommen werden, dass Unbestimmtheitsmittel im Zeitraum von 1900 bis 2010 ungleich und zunehmend häufiger verwendet werden.

Sowohl auf der Basis der wissenschaftsreflexiven als auch auf der Basis der wissenschaftssoziologischen Erkenntnisse kann man also zu der Annahme gelangen, dass der Gebrauch von Unbestimmtheitsmitteln im zu untersuchenden Zeitraum quantitativ zunehmen wird, sodass demnach gegenwärtige Texte unbestimmter sind als frühere. Es ist bei der Gleichheit der Annahmen allerdings zu beachten, dass ihre Herleitungen jeweils unterschiedliche Grundlagen haben: Bei der Herleitung über das reflexive Verständnis der Entwicklung von Wissenschaften (a) liegt eine diskursive Grundlage vor. Hier wird also die Entwicklung des Sprachgebrauchs in den Wissenschaften in Verbindung gesetzt mit dem (reflexiven) Sprechen über Wissenschaft bzw. dem Diskurs über Wissenschaft. Bei der Herleitung über die wissenschaftssoziologischen Erkenntnisse (b) liegt demgegenüber eine Grundlage vor, bei der ‚reale' Veränderungen im sozialen Gefüge von Wissenschaften in Verbindung gesetzt werden mit dem wissenschaftlichen Sprachgebrauch gesetzt werden.

2a) Aus einer zweiten Perspektive könnten Vermutungen über die Entwicklung der deutschen Wissenschaftssprache vor dem Hintergrund der Überlegungen zu wissenschaftssprachlichen Autorschaftskonzepten, wie dem ‚Ich-Verbot' oder der ‚Rhetorik der Durchsichtigkeit', angestellt werden (siehe hierzu 2.). Diese Hypothese wird also aus erkenntnisorientierten und sprachstilistischen Überlegungen der Wissenschaftssprachforschung abgeleitet. Unbestimmtheit wird in der vorliegenden Arbeit – wie oben ausgeführt – zunächst einmal ganz grundsätzlich als Phänomen verstanden, das mit Kommentaren bzw. autorseitigen Positionierungen hinsichtlich der Faktizität einer Proposition gewissermaßen im Gegensatz zu Vorstellungen wie dem ‚Ich-Verbot' und einer ‚durchsichtigen' Wissenschaftssprache steht.

Diese Tatsache könnte nun zu der folgenden Annahme führen: Für den untersuchten Zeitraum von 1900 bis 2010 kann – wie man den obigen Ausführungen entnehmen kann – zunächst einmal angenommen werden, dass die erkenntnistheoretischen und sprachstilistischen Ideale des ‚Ich-Verbots' und der ‚Rhetorik der Durchsichtigkeit' gelten. Vor dem Hintergrund der Geltung dieser Ideale wäre für die deutsche Wissenschaftssprache in diesem Zeitraum eine gewisse Konstanz auf niedrigem Niveau hinsichtlich des Gebrauchs von Unbestimmtheitsmitteln ieS zu erwarten. Oder anders formuliert: Es dürften bei Geltung der Ideale im besagten Zeitraum kaum bis keine Unbestimmtheitsmittel verwendet werden, da es sich bei diesen um sprachliche Mittel handelt, die (implizit) auf eine Autorinstanz verweisen und somit für eine Markierung der Autorinstanz sorgen, die nicht vereinbar ist mit den obigen Ausführungen zu Objektivität und ‚Durchsichtigkeit' in der Wissenschaftssprache. Wichtig ist bei dieser These vor allem auch, dass dieser Verzicht auf Unbestimmtheitsmittel über den gesamten Zeitraum auf einem stabilen Niveau stattfinden müsste. Vor dem Hintergrund dieser erkenntnisbezogenen (‚Ich-Verbot') und sprachbezogenen (‚Durchsichtigkeit') Ideale liegt also eine Hypothese vor, die primär auf die persönliche bzw. unpersönliche Darstellung von wissenschaftlicher Autorschaft abzielt. Die Grundlage, auf der diese Hypothese hergeleitet wird, ist – wie oben 1a – diskursiv; auf der Basis des Sprechens und Reflektierens über methodologische oder erkenntnistheoretische sowie sprachstilistische Ideale werden diskursiv Rückschlüsse auf den wissenschaftlichen Sprachgebrauch gezogen.[38]

b) Zu einem etwas anderen Schluss müsste man kommen, wenn man die jüngeren wissenschaftstheoretischen Überlegungen von Daston und Galison (2007) systematisch berücksichtigen würde, wonach die wissenschaftliche Tugend Objektivität seit der Mitte des 19. Jahrhunderts nicht nur als *Ideal* rele-

---

38 Bei dieser Hypothese wird natürlich der sonstige Gebrauch von Autorverweisen (bspw. über Ich-Pronomen) außer Acht gelassen, der bei einer differenzierteren Betrachtung allerdings systematisch berücksichtigt werden müsste, da Korrelationen nicht ausgeschlossen werden können. Bspw. könnte man annehmen, dass wenig Verwendung von Unbestimmtheitsmitteln mit häufigem Ich-Gebrauch (oder umgekehrt) einhergeht, weil auf diese Weise eine Art Kompensation vorgenommen wird (vgl. etwa Gross, Harmon & Reidy 2002: 165). Ein wenig kann dieses Defizit jedoch mit einem kurzen Blick in das zugrunde liegende Korpus zum historischen Ich-Gebrauch ausgeräumt werden, der zeigt, dass der Ich-Gebrauch sich weitgehend mit den unten noch vorzustellenden Ergebnissen zu Unbestimmtheit decken und insofern kein Ausgleich vorzuliegen scheint. Ungeachtet dessen schließen sich m. E. ohnehin die Autorschaftskonzepte des ‚Ich-Verbots' sowie der ‚Rhetorik der Durchsichtigkeit' und der Gebrauch von Hedging in der Wissenschaftssprache gegenseitig aus. Nimmt man an, dass die eine Erklärung für Wissenschaftssprache gilt, kann die andere nur schwerlich gleichzeitig gelten.

vant ist, sondern sich auch in wissenschaftlichen nicht-sprachlichen *Praktiken* der Darstellung von Erkenntnis niederschlägt. Wie oben unter 3.2 gezeigt folgt auf die epistemische Tugend der Objektivität das *geschulte Urteil*, wonach dem Wissenschaftler in der Erkenntnispraxis wieder ein wenig mehr Relevanz zugesprochen wird.[39] Folgt man nun dieser Entwicklung und überträgt sie analogisch auf den wissenschaftlichen Sprachgebrauch im Zeitraum von 1900 bis 2010, dann könnte man vermuten, dass in den Texten der Zeiträume 1970 und 2010 mehr Unbestimmtheitsmittel gebraucht werden als im Zeitraum 1900, der ja genau in die Zeit der mechanischen und strukturellen Objektivität fällt und bei dem sich nach dieser analogischen Denkweise somit wenig subjektive Bezüge vermuten lassen. Danach wäre also der Unbestimmtheitsgebrauch im Gesamtzeitraum von 1900 bis 2010 ungleich verteilt mit einer Tendenz zu mehr Unbestimmtheit in jüngeren Texten. Dieser Erklärung liegt eine Analogie von wissenschaftlicher Erkenntnispraxis und Sprachgebrauch zugrunde.

3. Die dritte Hypothese betrifft schließlich die sozialen Beziehungen in den Wissenschaften. Für diese Hypothese ist die grundlegend sprachlich-kommunikative und vor allem auch diskursiv-argumentative Verfasstheit der Wissenschaften von zentraler Bedeutung (vgl. bspw. Kretzenbacher 1998): Wissenschaft ist – wie an mehreren Stellen in der vorliegenden Arbeit hervorgehoben – eine durch und durch sprachliche Unternehmung. Es geht dabei allerdings nicht allein um Austausch und Information, sondern immer auch um Kritik und Persuasion. Wissenschaftliche Erkenntnisse werden also nicht einfach der Öffentlichkeit präsentiert; wissenschaftliche Erkenntnis unterliegt vor allem auch dem Anspruch, originale und neue Erkenntnis zu sein, die sich vom vorausgehenden Erkenntnisstand unterscheidet.[40] Um diese originale Erkenntnis zu präsentieren, muss man den vorherigen Erkenntnisstand kritisieren und den eigenen Erkenntnisbeitrag argumentativ-persuasiv vortragen. Diese grundsätzlich kritische Verfasstheit von Wissenschaft und Wissenschaftssprache kann nun Auswirkungen auf die sozialen Beziehungen haben und zwar insofern, als beim Schreiben eines an eine Wissenschaftsgemeinschaft gerichteten Textes dieser kritisch-persuasiv sein sollte und zugleich in einem Wissen entsteht, dass das eigens Produzierte in der Zukunft selbst wieder kritisiert wird. Dies könnte schließlich – so die mögliche These – Auswirkungen auf die sprachliche Gestaltung von wissenschaftlichen Texten haben, indem – wie oben in Bezug auf Hedging herausgestellt – bestimmte Unbestimmtheitsmittel verwendet werden,

---

39 Dies darf aber ausdrücklich nicht – wie oben auch betont – als ein Zurückfallen in vorobjektive Zeiten missverstanden werden. Die objektive Tugend ist weiterhin auch präsent.
40 Zu Originalität beim wissenschaftlichen Schreiben vgl. Steinhoff (2007a).

mit denen entweder die Kritik an anderen Positionen (Höflichkeit) oder aber der eigene Erkenntnisanspruch abgeschwächt vorgetragen werden kann (siehe 2.2, zu offensivem und defensivem Hedging). Auf diese Weise wird demnach also im Sozialgefüge Wissenschaft ‚Beziehungspflege' betrieben.

Wenn man also annimmt, dass die grundsätzlich kritische Verfasstheit von Wissenschaft insofern Auswirkungen auf den wissenschaftlichen Sprachgebrauch hat, als dass durch sie im Rahmen der ‚Beziehungspflege' ein vergleichsweise häufiger Gebrauch von abschwächenden Unbestimmtheitsmitteln zu verzeichnen ist, dann wäre für die Entwicklung der Wissenschaftssprache Folgendes anzunehmen: Es wäre zu erwarten, dass der Gebrauch von (mindestens Unsicherheit indizierenden) Unbestimmtheitsmitteln für den zu untersuchenden Zeitraum von 1900 bis 2010 auf einem gleichbleibenden und vergleichsweise hohen Niveau ist. Dem liegt die Überlegung zugrunde, dass die Wissenschaften und die wissenschaftliche Textproduktion in diesem Zeitraum sich hinsichtlich ihrer argumentativ-kritischen Verfasstheit nicht wesentlich verändert haben dürften, was bspw. durch die Tatsache gestützt wird, dass der Wert der Originalität bei der wissenschaftlichen Textproduktion für das moderne Wissenschaftsverständnis als stabil und elementar angenommen werden kann (vgl. Steinhoff 2007a: 111–118; dazu auch Niemann 2015: 269). Die Grundlage, auf der diese Hypothese hergeleitet wird, unterscheidet sich von den vorherigen Hypothesen: Sie ist weder diskursiv abgeleitet, sie stammt also nicht aus einem Sprechen und Reflektieren über Wissenschaft oder Wissenschaftssprache, noch basiert sie primär auf der sozialen Konstellation in den Wissenschaften. Die Grundlage ist hier vielmehr eher eine elementare *Funktion* der Wissenschaften und der Wissenschaftssprache: Die Tatsache, dass die modernen Wissenschaften (nur) kritisch-argumentativ funktionieren, führt zu der Annahme, dass beim wissenschaftlichen Sprachgebrauch konstant häufig bestimmte Unbestimmtheitsmittel verwendet werden, um auf diese Weise ‚Beziehungspflege' zu betreiben. Die soziale Konstellation in den Wissenschaften ist hier also – im Gegensatz zu 1b – sekundär.

Zusammenfassend lassen sich die drei Hypothesen wie folgt darstellen:

Tab. 4: Zusammenfassung Hypothesen quantitative Untersuchung

Hypothese	1. Faktizität	2. (Un-) Persönlichkeit	3. Soziale Beziehungen
Erwartung hinsichtlich des Gebrauchs von Unbestimmtheitsmitteln	*ungleich* im Zeitraum von 1900 bis 2010; heute mehr als früher (1a, 1b)	*konstant* im Zeitraum von 1900 bis 2010; vergleichsweise *seltene* Verwendung (2a); *ungleich* im Zeitraum von 1900 bis 2010 und heute mehr als früher (2b)	*konstant* im Zeitraum von 1900 bis 2010; vergleichsweise *häufige* Verwendung
Grundlage der Erwartungsherleitung	Diskurs (1a); soziale Konstellation (1b)	Diskurs (2a); Analogie (2b)	Funktion

5.2.3 Ergebnisse
5.2.3.1 Beleghäufigkeiten

Kommen wir nun zu den Ergebnissen der Korpusuntersuchung. Betrachten wir zunächst einmal die Anzahl der Unbestimmtheitsbelege insgesamt und in Relation zur Anzahl der Wortformen des untersuchten Korpus.

Tab. 5: Anzahl (absolut und relativ) Unbestimmtheitsbelege pro Teilkorpus

Gesamt	Zeitraum 1900	Zeitraum 1970	Zeitraum 2010
1993	936	590	467
100%	47%	29,6%	23,4%
	signifikante Unterschiede zwischen den Teilkorpora (p = .001)		

Im untersuchten Korpus lassen sich insgesamt 1993 Unbestimmtheitsbelege ausmachen. Die Verteilung auf die Teilkorpora lässt dabei ein gewisses Ungleichgewicht erkennen: Das Teilkorpus aus dem Zeitraum 1900 weist ca. doppelt so viele Belege auf wie das Teilkorpus aus dem Zeitraum 2010 (936 zu 467); das Teilkorpus aus dem Zeitraum 1970 liegt mit knapp 30 Prozent der Gesamtbelegzahl ungefähr dazwischen. Fast die Hälfte der Unbestimmtheitsbelege aus dem Korpus stammt also aus den älteren Texten des Zeitraums um 1900 und nicht einmal ein Viertel der Belege ist den gegenwärtigen Wissenschaftstexten zuzuordnen. Der Gebrauch von Unbestimmtheitsmitteln war in der germanistischen Linguistik um die Jahrhundertwende zum 20. Jahrhundert offensichtlich deutlich stärker ausgeprägt als gegenwärtig. Die Signifikanzanalyse ergibt, dass die ermittelten Unterschiede zwischen den Teilkorpora signifikant sind ($p < .001$), d. h. es handelt sich beim zeitlich differierenden Gebrauch von Unbestimmtheitsmitteln in sprachwissenschaftlichen Wissenschaftstexten (statistisch gesehen) höchstwahrscheinlich nicht um Zufälle.

Die folgende Abbildung veranschaulicht die prozentuale Verteilung der erfassten Unbestimmtheitsbelege und macht dabei einen tendenziellen Rückgang beim Gebrauch von Unbestimmtheitsmitteln im Verlauf des 20. Jahrhunderts deutlich.

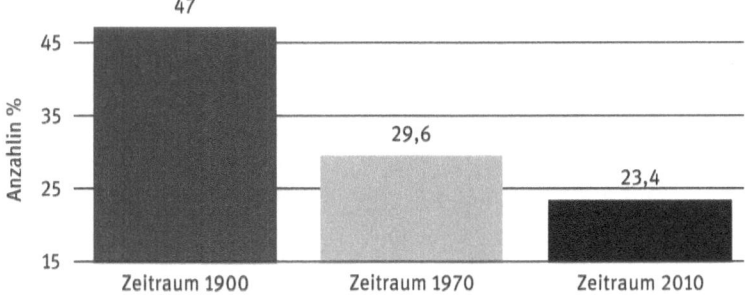

Abb. 3: Diagramm – Unbestimmtheitsbelege pro Teilkorpus

Gemessen an der Gesamtwortzahl des untersuchten Korpus findet sich im Durchschnitt nach ca. jeder 336. Wortform ein Unbestimmtheitsbeleg. Nimmt man für Wissenschaftstexte einmal eine durchschnittliche Satzlänge von 20 Wortformen an,[41] dann bedeutet das, dass in ca. jedem 17. Satz ein Unbestimmtheitsbeleg zu finden ist.

---

[41] Dieser Wert orientiert sich an den Ausführungen von Eduard Beneš (1966: 27f.). Beneš konstatiert in diesem Zusammenhang u. a. einen Rückgang der Satzlänge in den Wissenschaftssprachen des 20. Jahrhundert gegenüber denen des 19. Jahrhunderts. Der Wert von 20 Wortformen dient hier nur als grobe Orientierung, mit dem außer Acht gelassen wird, dass der Wert sich auf naturwissenschaftliche Texte bezieht sowie dass das vorliegende Korpus zeitlich teilweise ja sehr nah an das 19. Jahrhundert heranreicht.

Tab. 6: ‚Unbestimmtheitsdichte' pro Teilkorpus

Gesamt	Zeitraum 1900	Zeitraum 1970	Zeitraum 2010
nach jeder 336. Wortform	nach jeder 240. Wortform	nach jeder 380. Wortform	nach jeder 476. Wortform
in jedem 17. Satz	in jedem 12. Satz	in jedem 19. Satz	in jedem 24. Satz

Die diesbezüglichen Unterschiede in den Teilkorpora verhalten sich wie folgt: Im Teilkorpus Zeitraum 2010 findet sich nach ca. jeder 476. Wortform und in ca. jedem 24. Satz ein Unbestimmtheitsbeleg; in Teilkorpus Zeitraum 1970 ist nach ca. jeder 380. Wortform und in ca. jedem 19. Satz ein Unbestimmtheitsbeleg zu finden; im Teilkorpus aus dem Zeitraum 1900 ist schließlich ca. jede 240. Wortform und in ca. jedem 12. Satz ein Unbestimmtheitsbeleg. Diese Durchschnittsberechnungen machen deutlich, dass je älter das Teilkorpus ist, desto dichter auch der Gebrauch von Unbestimmtheitsmitteln ist; nach diesen Ergebnissen gilt also, dass man beim Lesen im Durchschnitt umso früher auf einen Unbestimmtheitsbeleg trifft, je älter der Text ist. Die Teilkorpora Zeitraum 1970 und Zeitraum 2010 liegen dabei (mitunter deutlich) über dem Durchschnittswert des Gesamtkorpus; das Teilkorpus Zeitraum 1900 liegt dagegen deutlich unter dem Durchschnittswert.

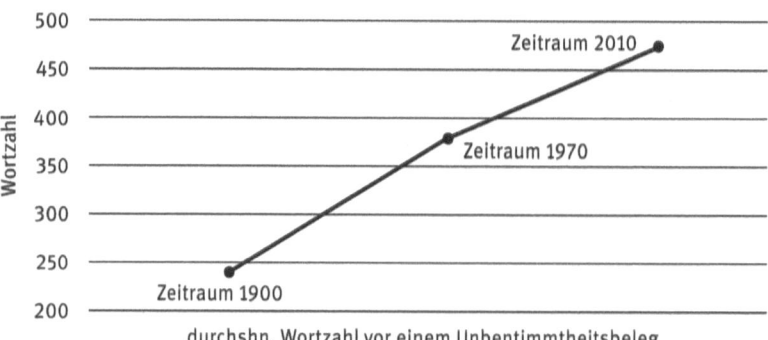

Abb. 4: Diagramm – ‚Unbestimmtheitsdichte' pro Teilkorpus

Mit Blick auf das Gesamtkorpus hat jeder Text im Durchschnitt ca. 21 Unbestimmtheitsbelege; die Streuung ist dabei allerdings erheblich, sie reicht von 0

(Sommerfeldt & Schreiber, Zeitraum 1970)[42] bis 125 (Bugge, Zeitraum 1900) Belegen pro Text, wobei wichtig ist, zu beachten, dass die Texte mitunter deutlich unterschiedliche Längen aufweisen. Diese absoluten Zahlen pro Texten allein sind also u. U. wenig aussagekräftig. Für das Teilkorpus mit den Gegenwartstexten (Zeitraum 2010) lassen sich im Durchschnitt ca. 17 Unbestimmtheitsbelege pro Text ausmachen, wobei die Streuung hier von 6 (Michel, Zeitraum 2010) bis 37 (Reis, Zeitraum 2010) Belegen pro Text reicht. Im 1970er Teilkorpus finden sich durchschnittlich ca. 18 Belege pro Text.[43] Die geringste Anzahl an Unbestimmtheitsbelegen ist hier 0 (Sommerfeldt & Schreiber, Zeitraum 1970) und die höchste Anzahl ist 55 (Kanngießer, Roenitz, Zeitraum 1970). Im Korpus aus dem Zeitraum 1900 befinden sich schließlich durchschnittlich ca. 28 Unbestimmtheitsbelege, wobei die Streuung hier bei Minimum 7 (u. a. Mensing, Schönbach, Zeitraum 1900) und Maximum 125 (Bugge, Zeitraum 1900) Belegen liegt. Ersetzt man den besonders herausstechenden Wert von Bugge (125) mit dem Durchschnittswert für dieses Teilkorpus (28), dann ergibt sich mit 25 für das Teilkorpus Zeitraum 1900 ein Durchschnittsbelegwert pro Text, der immer noch deutlich von den Teilkorpora Zeitraum 1970 und Zeitraum 2010 abweicht; es ist also nicht allein der Bugge-Text, der hier zu dem deutlichen Ergebnis führt.

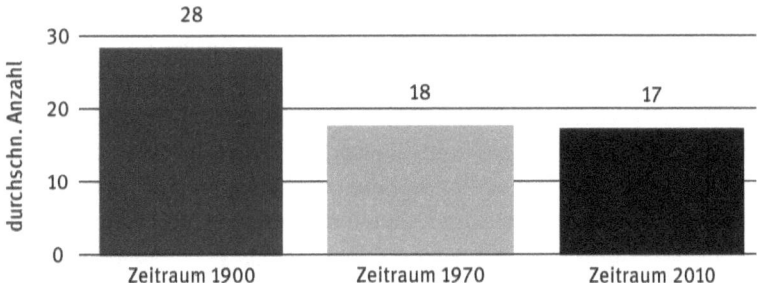

Abb. 5: Diagramm – Durchschn. Belegzahl pro Text

---

[42] Hierbei handelt es sich um den einzigen Text, in dem kein Unbestimmtheitsbeleg der oben vorgestellten Liste gefunden wurde.
[43] Die Durchschnittsbelegzahlen sind hier ähnlich, da das Teilkorpus 2010 weniger und dafür längere Texte umfasst als das Teilkorpus 1970.

5.2.3.2 Qualität der Unbestimmtheit

Betrachten wir im Folgenden den Unbestimmtheitsgebrauch zunächst einmal in Hinblick auf die unter 5.2.1 vorgestellten grundlegenden Satzdomänen. Hierbei geht es also um eine erste ‚Verortung' von Unbestimmtheitsmitteln in wissenschaftlichen Texten. Anschließend werden die einzelnen Formen von Unbestimmtheit näher betrachtet.

Tab. 7: ‚Verortung' der Unbestimmtheitsbelege pro Teilkorpus

	Gesamt		Zeitraum 1900		Zeitraum 1970		Zeitraum 2010	
	absolut	%	absolut	%	absolut	%	absolut	%
Verbalkomplex	847	42,5	359	38,4	274	46,4	214	45,8
Mod. verbal	941	47,2	463	49,4	256	43,4	222	47,5
Mod. nominal	134	6,7	54	5,8	50	8,5	30	6,5
Nominaler Kern	71	3,6	60	6,4	10	1,7	1	0,2

Betrachtet man zunächst einmal die Verteilung der Belege insgesamt, dann fällt auf, dass die Domäne der verbalen Organisation insgesamt deutlich überwiegt (Verbalkomplex und verbale Modifizierung), was insofern auch nicht sonderlich verwundert, als die der Analyse zugrunde liegenden Formen ‚genuin', also ohne ‚umverpackt' zu sein, Phänomene der verbalen Organisation sind. Nahezu die Hälfte der Belege (47 Prozent) wird im Rahmen der verbalen Modifizierung verwendet und ca. 43 Prozent der Belege sind selbst Teil des Verbalkomplexes; ca. 10 Prozent sind schließlich Teil der nominalen Organisation.

Im Großen und Ganzen zeigen die jeweiligen Verteilungen pro Teilkorpora ein ähnliches Bild, wenngleich es kleinere Abweichungen gibt: Insgesamt überwiegt auch in allen Teilkorpora die verbale Organisation. Für den Zeitraum 1900 gilt dabei allerdings, dass der Unterschied zwischen Unbestimmtheit durch den Verbalkomplex und Unbestimmtheit durch verbale Modifizierung größer ist (38 zu 49 Prozent) als in den beiden anderen Teilkorpora, bei denen man tendenziell hier eher gleiche Anteile ausmachen kann (46 zu 43 und 45 zu 47 Prozent). Gemessen an der Belegzahl des Teilkorpus 1900 wird also der größte Anteil an Unbestimmtheitsmitteln um 1900 im Rahmen verbaler Modifizierung realisiert, womit sich der Unbestimmtheitsgebrauch in dieser Hinsicht von den Zeiträumen 1970 und 2010 unterscheidet. Im Teilkorpus Zeitraum 1970 findet sich im Gegensatz zum Gesamtergebnis sowie zu den anderen Teilkorpora sogar ein – zwar nur geringfügiger, aber dennoch vorhandener – Unterschied. Hier wird die Mehrheit der Unbestimmtheitsbelege über den Verbalkomplex realisiert. In Bezug auf die nominale Domäne (Mod. nominal + nominaler Kern) ist zu sagen, dass sie, gemessen an der Anzahl pro Teilkorpus, im Zeitraum 2010 mit ca. 7 Prozent einen geringeren Anteil an Unbestimmtheitsmitteln ausmacht als in den Teilkorpora 1970 und 1900 (ca. 10 und 12 Prozent).

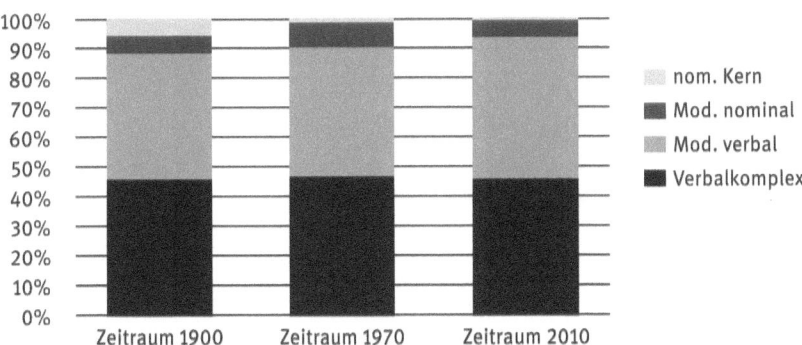

Abb. 6: Diagramm – Belegverteilung auf ‚Domänen' pro Teilkorpus

Nachdem zuvor die prozentuale Verteilung der Unbestimmtheitsbelege auf die verbale oder nominale Satzdomäne *pro Teilkorpus* betrachtet und somit gezeigt wurde, wie sich die jeweiligen Domänen in Relation zueinander in den jeweiligen Zeiträumen verteilen, wird nun ein Perspektivenwechsel vorgenommen. Es geht nun darum, aufzuzeigen, in welcher Relation die einzelnen Zeiträume zueinander pro jeweilige Domäne stehen.

Tab. 8: Verteilung auf Zeiträume pro Domäne

	Gesamt		Zeitraum 1900		Zeitraum 1970		Zeitraum 2010	
	absolut	%	absolut	%	absolut	%	absolut	%
Verbalkomplex	847	100	359	42,4	274	32,3	214	25,3
Mod. verbal	941	100	463	49,2	256	27,2	222	23,6

	Gesamt		Zeitraum 1900		Zeitraum 1970		Zeitraum 2010	
Mod. nominal	134	100	54	40,3	50	37,3	30	22,4
Nominaler Kern	71	100	60	84,5	10	14,1	1	1,4

Diese Ergebnisse seien wie verfolgt veranschaulicht:

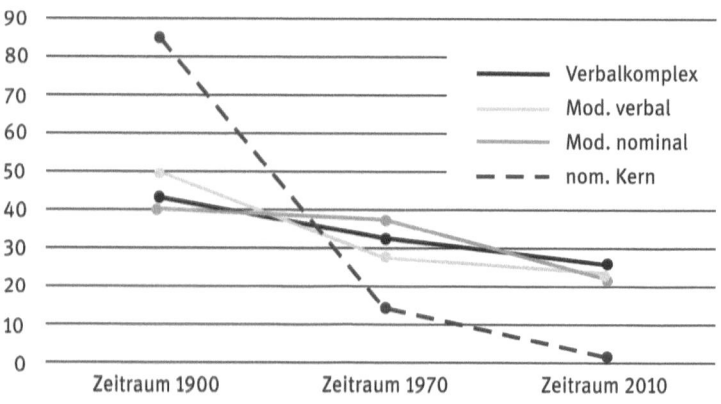

Abb. 7: Diagramm – Verteilung pro Domäne pro Zeitraum (in %)

Die Abbildung lässt insgesamt – dem obigen Gesamtergebnis entsprechend – vom Zeitraum 1900 zum Zeitraum 2010 ein Trend zu verhältnismäßig weniger Unbestimmtheitsgebrauch pro Ebene erkennen. Wenn man diesen Gesamttrend allerdings nach den einzelnen Ebenen differenziert, ergibt sich ein heterogeneres Bild: Dann zeigen sich bspw. deutliche Unterschiede zwischen den Ebenen Verbalkomplex und verbale Modifizierung, also innerhalb der verbalen Domäne. Während beim Verbalkomplex von Zeitraum 1900 zu Zeitraum 2010 ein relativ gleichmäßiger Rückgang zu verzeichnen ist, ist bei der verbalen Modifizierung vor allem zwischen Zeitraum 1900 und Zeitraum 1970 ein deutlicherer Rückgang auszumachen (von 49 auf 27 und 23 Prozent), was sich gut an der vergleichsweise steil verlaufenden Kurve von Zeitraum 1900 zu Zeitraum 1970 zeigt. Dies bedeutet also, dass von allen Unbestimmtheitsbelegen, die im Rahmen verbaler Modifizierung realisiert wurden, sich knapp die Hälfte in den Texten aus dem Zeitraum 1900 befindet; nur jeweils ungefähr ein Viertel der Belege mit verbaler Modifizierung ist den Teilkorpora Zeitraum 1970 und Zeitraum 2010 zu verzeichnen. Mit diesem Ergebnis lässt sich ein oben aufgezeigtes

Ergebnis differenzieren: Wie oben gezeigt wurde, überwiegt im Gesamtkorpus sowie in den Teilkorpora die verbale Domäne gegenüber der nominalen (Verbalkomplex und verbale Modifizierung gegenüber nominaler Organisation). Innerhalb der verbalen Domäne gibt es allerdings – wie aus dem soeben Besprochenen hervorgeht – einen deutlichen Unterschied in der (prozentualen) Verteilung zwischen den Ebenen Verbalkomplex und verbale Modifizierung vor allem in Hinblick auf die Zeiträume 1900 und 1970. Dieser Unterschied der Ebenen zwischen den Teilkorpora ist auch statistisch signifikant (p = .004).

Hinsichtlich der nominalen Organisation (nominale Modifizierung + nominaler Kern) lassen sich aus der obigen Abbildung sehr deutliche Unterschiede zwischen den Teilkorpora ablesen. Es sei allerdings gleich vorab eingeschränkt, dass gerade die Ergebnisse zum nominalen Kern mit Vorsicht interpretiert werden müssen, da ihnen insgesamt vergleichsweise geringe absolute Größen zugrunde liegen. Vor diesem Hintergrund des insgesamt relativ geringen Umfangs an Unbestimmtheitsmitteln, die im Rahmen nominaler Organisation realisiert werden, ist die Belegverteilung zwischen den Teilkorpora mitunter sehr divers. Die Ebene der nominalen Modifizierung verhält sich zu den Ergebnissen der verbalen Organisation noch relativ ähnlich. Auch hier gibt es insgesamt weniger Belege der nominalen Modifizierung im Zeitraum 2010 gegenüber dem Zeitraum 1900, wenngleich hier auch – im Gegensatz zur verbalen Organisation – im Zeitraum 1970 kein so starker Rückgang im Vergleich zum Zeitraum 1900 vorliegt. Die Ebene des nominalen Kerns zeigt die deutlichsten Unterschiede zwischen den Teilkorpora. Während knapp 85 Prozent der Belege des nominalen Kerns im Zeitraum 1900 zu finden sind, enthält der Zeitraum 2010 nur knapp 1,5 Prozent, der Zeitraum 1970 ca. 15 Prozent. Die Verteilung auf die Zeiträume ist für diese Ebene des nominalen Kerns also deutlich weniger ausgeglichen als bei den anderen Ebenen.

Kommen wir nun zu den Vorkommenshäufigkeiten der konkreten Formen von Unbestimmtheitsmitteln. Es werden im Folgenden alle Unbestimmtheitsmittel aufgeführt, von denen es insgesamt mehr als 50 Belege im Gesamtkorpus gibt.[44] Hierbei handelt es sich zunächst einmal um alle erfassten Unbestimmtheitsbelege unabhängig davon, ob sie einen Autorbezug haben oder nicht. Die Differenzierung nach Autorbezug wird weiter unten vorgenommen. Hier geht es also primär darum, erst einmal grundsätzlich zu erfassen, welche Unbestimmtheitsmittel wie häufig und vor allem auch in welchem Zeitraum gebraucht werden.

---

44 Mit den relativen Angaben ist die prozentuale Verteilung gemessen an der Gesamtbelegzahl gemeint.

Tab. 9: Vorkommenshäufigkeit bestimmter Unbestimmtheitsmittel

Unbestimmtheitsmittel	absolute Häufigkeit	relative Häufigkeit (%)
wohl	301	15,1
scheinen + zu + Inf.	258	12,9
vielleicht	171	8,6
dürfen (epist.)	160	8,0
scheinen	142	7,1
offenbar	114	5,7
erscheinen	108	5,4
mögen (epist.)	104	5,2
vermuten	89	4,5
wahrscheinlich	73	3,7
Vermutung	71	3,6
eventuell	65	3,3
möglicherweise	53	2,7

Was bei dieser Auflistung zuallererst auffällt, ist, dass ein Großteil der Unbestimmtheitsbelege mit einer absoluten Belegzahl über 50 der Unbestimmtheitsform zuzuordnen sind, mit der Unsicherheit hinsichtlich der Faktizität markiert wird. Lediglich mit *offenbar* lässt sich hier ein Unbestimmtheitsmittel ausmachen, mit dem eine autorseitige Einschätzung bzw. Beurteilung, genauer eine relative Sicherheitskommentierung, zum Ausdruck gebracht wird. Weitere Unbestimmtheitsmittel dieser Form weisen eine geringere Häufigkeit als 50 auf [z. B. sicher (49), gewiss (45), offensichtlich (42), sicherlich (35)].[45]

Sortiert man diese Belege mit einer absoluten Anzahl von über 50 Belegen wortartenspezifisch, wird die Verteilung noch ein wenig deutlicher:[46]

---

45 Zu dieser Unterscheidung siehe 5.1 sowie 5.2.1.
46 Siehe hierzu auch 5.2.1. Bei den zugeordneten Werten handelt es sich um die prozentualen Angaben, die das Verhältnis zur Gesamtbelegzahl anzeigen.

Tab. 10: Wortartenspezifische Sortierung der Unbestimmtheitsbelege

Verben				Modalwörter			
				nicht-sicher		fast sicher	
dürfen (epist.)	8,0	scheinen + zu + Inf.	12,9	wohl	15,1	offenbar	5,7
				vielleicht	8,6		
mögen (epist.)	5,2	scheinen	7,1	wahrscheinlich	3,7		
		erscheinen	5,4	eventuell	3,3		
		vermuten	4,5	möglicherweise	2,7		
		Vermutung[47]	3,6				
Gesamt	**13,2**	**Gesamt**	**33,5**	**Gesamt**	**33,4**	**Gesamt**	**5,7**

Betrachten wir im Folgenden die Verteilung der Häufigkeit auf die Teilkorpora. Gibt es Unterschiede im Gebrauch von spezifischen Unbestimmtheitsmitteln in den unterschiedlichen Zeiträumen?

Tab. 11: Vorkommenshäufigkeit bestimmter Unbestimmtheitsmittel pro Teilkorpus

Unbestimmtheitsmittel	Zeitraum 1900 absolut	%	Zeitraum 1970 absolut	%	Zeitraum 2010 absolut	%
wohl	205	68,1	40	13,3	56	18,6
scheinen + zu + Inf.	91	35,3	88	34,1	79	30,6
vielleicht	113	66,1	38	22,2	20	11,7
dürfen (epist.)	60	37,5	65	40,6	35	21,9
scheinen	79	55,7	31	21,8	32	22,5
offenbar	31	27,2	49	43	34	29,8
erscheinen	29	26,8	45	41,7	34	31,5

---

[47] Bei *Vermutung* handelt es sich um das deverbal verwendete Verb *vermuten*, weshalb hier mit aufgenommen wird.

Unbe- stimmt- heitsmittel	Zeitraum 1900 absolut	%	Zeitraum 1970 absolut	%	Zeitraum 2010 absolut	%
mögen (epist.)	54	**51,9**	32	**30,8**	18	**17,3**
vermuten	52	**58,4**	21	**23,6**	16	**18**
wahr- scheinlich	47	**64,4**	15	**20,5**	11	**15,1**
Vermutung	60	**84,5**	10	**14,1**	1	**1,4**
eventuell	21	**32,3**	28	**43,1**	16	**24,6**
möglicher- weise	4	**7,5**	17	**32,1**	32	**60,4**

Bei den in der Tabelle aufgeführten Prozentzahlen handelt es sich um die prozentuale Verteilung der jeweiligen Unbestimmtheitsmittel auf die Teilkorpora. Farblich unterlegt sind die Fälle, in denen die relative Häufigkeit über 50 Prozent ist – auf diese Weise wird auf den ersten Blick deutlich, dass die jeweiligen Unbestimmtheitsmittel relativ häufig zu Anteilen mit mehr als 50 Prozent im Teilkorpus Zeitraum 1900 vertreten sind. Betrachten wir im Folgenden einige Unbestimmtheitsmittel ein wenig näher:

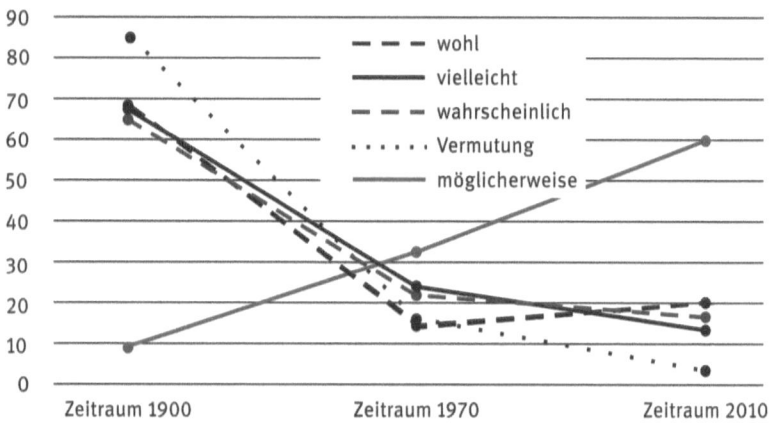

Abb. 8: Diagramm – Unbestimmtheitsmittel pro Teilkorpus (in %) I

In der Abbildung sind die fünf Unbestimmtheitsmittel (mit einer Gesamthäufigkeit über 50 Belege) aufgeführt, bei denen die deutlichsten Unterschiede zwischen den Teilkorpora zu verzeichnen sind. Zunächst einmal wird hier sehr deutlich, dass – ähnlich wie oben bei den Ebenen – häufig vor allem zwischen den Zeiträumen 1900 und 1970 ein besonders starker ‚Bruch' zu verzeichnen ist. Dies bedeutet, dass gerade zwischen dem Zeitraum 1900 und dem Zeitraum 1970 ein großer Unterschied in der Häufigkeit auszumachen ist, wobei für den Zeitraum 1900 ein deutlich größerer Anteil feststellbar ist; diese (zeitlichen) Unterschiede sind auch statistisch signifikant (*wohl* $p < .001$; *vielleicht* $p < .001$; *wahrscheinlich* $p < .001$; *Vermutung* $p < .001$). Zwischen dem Zeitraum 1970 und dem Zeitraum 2010 ist in vier Fällen ein geringerer Unterschied zu verzeichnen, wobei in drei Fällen weniger *(vielleicht, wahrscheinlich, Vermutung)* und in einem Fall *(wohl)* mehr Belege für den Zeitraum 2010 gegenüber 1970 festzustellen sind. Der Unterschied bei *wohl* ist dabei statistisch nicht signifikant ($p = .1$); das Gleiche gilt für den Unterschied von *wahrscheinlich* ($p = .44$). Einzig der Unterschied beim Unbestimmtheitsmittel *vielleicht* ist zwischen den Zeiträumen 1970 und 2010 statistisch signifikant ($p < .05$).

Wie aus der Abbildung darüber hinaus ersichtlich wird, verhält sich das Unbestimmtheitsmittel *möglicherweise* im Grunde spiegelverkehrt zum Gesamttrend: Hier ist der prozentuale Anteil für den Zeitraum 1900 am geringsten und für den Zeitraum 2010 am höchsten. Das Modalwort *möglicherweise* wird demnach in jüngeren Wissenschaftstexten häufiger gebraucht als in älteren. Der Unterschied zwischen den Teilkorpora 1970 und 2010 ist statistisch signifikant ($p < .05$).[48]

Eine etwas andere Entwicklung ist hinsichtlich der folgenden Unbestimmtheitsmittel zu verzeichnen:

---

48 Für Zeitraum 1900 wurde hier aufgrund der absoluten Anzahl unter 5 kein Signifikanztest durchgeführt.

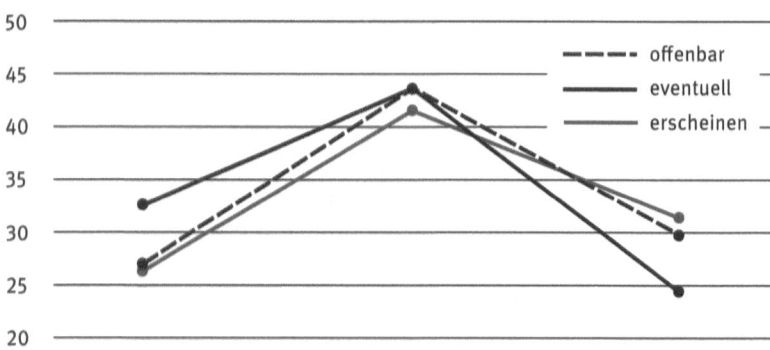

Abb. 9: Diagramm – Unbestimmtheitsmittel pro Teilkorpus (in %) II

Für die Unbestimmtheitsmittel *offenbar*, *eventuell* und *erscheinen* zeigt sich vor allem ein Unterschied für den Zeitraum 1970 gegenüber den Zeiträumen 1900 und 2010; für den Zeitraum 1970 sind die prozentualen Anteile also jeweils am größten. Die Unterschiede zwischen den Zeiträumen sind allerdings, bis auf den Unterschied bei *offenbar* zwischen 1900 und 1970 ($p < .05$), statistisch nicht signifikant.

Kommen wir nun zu den Unbestimmtheitsmitteln *scheinen + zu + Inf.*, *scheinen* und *erscheinen*. Bei diesen handelt es sich um semantisch sehr ähnliche Formen. Dennoch sind ihre Verwendungsweisen im historischen Vergleich ziemlich unterschiedlich.

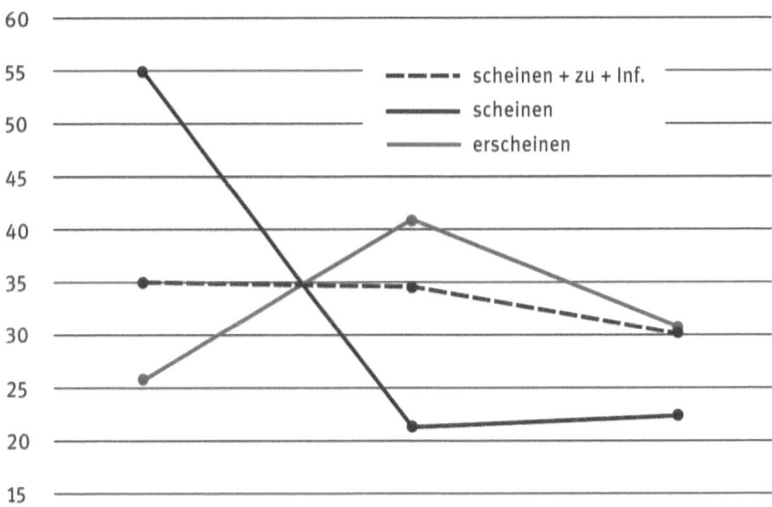

Abb. 10: Diagramm – Unbestimmtheitsmittel pro Teilkorpus (in %) III

Für *scheinen + zu + Inf.* lässt sich im Grunde kaum ein nennenswerter Unterschied zwischen den Teilkorpora ausmachen, d. h. hier ist der Gebrauch zwischen dem Zeitraum 1900 und 2010 ungefähr gleich verteilt. Bei *scheinen* und *erscheinen* verhält sich dies vor allem im Vergleich zwischen den Teilkorpora 1900 und 1970 anders: Das Verb *scheinen* hat für den Zeitraum 1900 einen Anteil von ca. 55 Prozent; in den Zeiträumen 1970 und 2010 dagegen nur knapp 20 Prozent. Auch hier lässt sich – wie oben – gerade zwischen dem Zeitraum 1900 und 1970 ein deutlicher ‚Bruch' erkennen. Dieser Unterschied ist auch statistisch signifikant ($p < .001$). Beim Verb *erscheinen* ist die prozentuale Verteilung auf die Teilkorpora 1900 und 1970 quasi spiegelverkehrt zu *scheinen*. Hier sind für den Zeitraum 1900 mit knapp 25 Prozent weniger prozentuale Anteile auszumachen als für den Zeitraum 1970 mit über 40 Prozent. Der Unterschied zwischen 1900 und 1970 ist statistisch allerdings nicht signifikant ($p = .06$). Zwischen den Teilkorpora 1970 und 2010 ist schließlich ein Rückgang festzustellen mit einem Anteil von knapp 30 Prozent für das Teilkorpus 2010. Der Unterschied zwischen dem Teilkorpus 1970 und dem Teilkorpus 2010 ist jedoch ebenfalls statistisch nicht signifikant ($p = .22$).

Der Kurvenverlauf dieser drei semantisch recht ähnlichen Unbestimmtheitsmittel macht den Eindruck, als würde sich der Gebrauch gewissermaßen ausgleichen. Während *scheinen + zu + Inf.* ohnehin vergleichsweise ausgeglichen verteilt ist, kann für *scheinen* und *erscheinen* – ganz grob natürlich – eine

Art komplementärer Ausgleich konstatiert werden: Ist der Gebrauch in einem Zeitraum bei dem einen Mittel hoch, ist er in demselben Zeitraum bei dem anderen Mittel niedrig.

Kommen wir nun abschließend zu der Unterscheidung, ob und inwiefern die einzelnen Belege einen Autorbezug haben. Die folgenden drei Möglichkeiten werden diesbezüglich unterschieden:

> a) [...] daß die Analyse von außer-sprachlichen Kommunikationsmitteln oder etwa der Kommunikationsmittel, die sich aus der Interaktion sprachlicher und non-sprachlicher Kommunikationsmittel ergeben, in irgendeinem Sinne unerheblich wäre (der zuletzt genannte „gemischte" Fall **dürfte** vielmehr der Normalfall zumindest interpersonaler Kommunikation sein; seine Analyse ist mithin von erheblichem Interesse); [...]. (Kanngießer, Zeitraum 1970)

Das oben bereits aufgeführte Beispiel a stellt gewissermaßen den Standardfall dar. Hier wird mithilfe des Unbestimmtheitsmittels indirekt ein Bezug zur Autorinstanz hergestellt. Es wird also gewissermaßen implizit auf die Autorinstanz verwiesen, ohne eine explizite Verweisform zu wählen. Eine derartige explizite Verweisform zusätzlich zum Unbestimmtheitsmittel findet man beim nächsten Beispiel:

> b) Doch ist gleich vorab zu bemerken, daß nicht alle fünf Fälle **mir** denselben Grad von Sicherheit oder Wahrscheinlichkeit **darzubieten scheinen**; auf den von uns an zweiter und den an dritter Stelle zu nennenden kann ich nur ein minderes Gewicht legen. (Osthoff, Zeitraum 1900)

Bei Beispiel a liegt also impliziter Autorbezug vor; bei Beispiel b liegt expliziter Autorbezug vor. Eine dritte Möglichkeit zeigt das nächste Beispiel, bei dem trotz Unbestimmtheitsmittel kein impliziter und expliziter Autorbezug besteht:

> c) Wir vermerken als kuriosum, dass Stosch a. a. o. 111, 69 sagt, der umlaut sei im Niedersächsischen viel seltner als im Hochdeutschen und **vielleicht** bei keinem einzigen wort ganz allgemein gebräuchlich. An einer andern stelle hält S. den umlaut für oberdeutschen ursprungs. (Friedrich, Zeitraum 1900)

In diesem Fall bezieht sich das *vielleicht* auf den referierten Zusammenhang und in diesem Sinne auf den zitierten Autor bzw. die zitierte Position.

Betrachten wir die Verteilung der Autorbezüge der Unbestimmtheitsmittel im untersuchten Korpus insgesamt sowie differenziert nach den historischen Teilkorpora:

Tab. 12: Autorbezug Unbestimmtheitsmittel

	Gesamt		Zeitraum 1900		Zeitraum 1970		Zeitraum 2010	
	absolut	%	absolut	%	absolut	%	absolut	%
ja-impl.	1710	85,8	747	79,8	523	88,6	440	94,2
ja-expl.	172	8,6	123	13,1	38	6,5	11	2,4
nein	111	5,6	66	7,1	29	4,9	16	3,4

Wie man aufgrund der Art der untersuchten Unbestimmtheitsmittel gewissermaßen erwarten konnte, werden die Unbestimmtheitsmittel insgesamt zum Großteil mit implizitem Autorbezug realisiert (ca. 85 Prozent). Nur zu geringen Anteilen finden sich Unbestimmtheitsbelege, die entweder expliziten (ca. 8 Prozent) oder keinen Autorbezug (ca. 5 Prozent) aufweisen. Beim Vergleich zwischen den Teilkorpora bleibt es im Großen und Ganzen bei dieser Verteilung, wenngleich deutlich wird, dass, je jünger die Texte sind, desto stärker die Diskrepanz zwischen impliziten Autorbezügen einerseits und expliziten oder keinen Autorbezügen andererseits wird. Insgesamt bleibt hier insbesondere festzuhalten, dass der Großteil der erfassten Unbestimmtheitsbelege Autorbezug hat (ca. 95 Prozent).

Interessant ist vor dem Hintergrund dieser relativ klaren Unterschiede vor allem, welche konkreten Unbestimmtheitsmittel bevorzugt ohne oder mit explizitem Autorbezug realisiert werden. Hier stechen vor allem die Unbestimmtheitsmittel *erscheinen*, *vermuten*, *scheinen*, *scheinen + zu + Inf.* und *Vermutung* heraus.

Tab. 13: Autorbezug bei bestimmten Unbestimmtheitsmitteln

Unbestimmt-heitsmittel	absolute Häufigkeit	Autorbezug (in %)		
		ja-impl.	ja-expl.	nein
scheinen + zu + Inf.	258	83,3	14,7	2
scheinen	142	67,6	29,6	2,8
erscheinen	108	68,6	15,7	15,7
vermuten	89	33,7	37	29,3
Vermutung	71	9,9	26,8	63,3

Alle aufgeführten Unbestimmtheitsmittel haben, gemessen an der jeweiligen Gesamtzahl der Belege, einen vergleichsweise hohen Anteil an expliziten Autorbezügen, wobei *scheinen* und *Vermutung* jeweils Anteile von über einem Viertel aufweisen. Für die Unbestimmtheitsmittel *erscheinen*, *vermuten* und *Vermutung* ist zudem ein (mitunter sehr) hoher Anteil an Belegen ohne Autorbezüge festzustellen. Dies betrifft insbesondere das Unbestimmtheitsmittel *Vermutung*, das zu ungefähr zwei Dritteln keinen Autorbezug hat. Mit *Vermutung* liegt also ein Mittel vor, mit dem Unbestimmtheit in erster Linie referierend, d. h. in diesem Fall als anderen Autoren zuschreibende Unsicherheit, ausgedrückt wird. Insofern sind gerade für *Vermutung* die obigen Ergebnisse zur Häufigkeit einzelner Unbestimmtheitsbelege in diesem Sinne zu relativieren.

Schließlich sei noch ein grober Blick auf die Kontexte geworfen, in denen die Unbestimmtheitsmittel verwendet werden. Es sei an dieser Stelle einschränkend erwähnt, dass es sich hier erst einmal nur um eine sehr grobe Differenzierung möglicher Kontexte handelt. In Kapitel 5.3, d. h. bei der qualitativen Untersuchung, werden diese Kontexte systematisch herausgearbeitet und somit stärker differenziert, so dass die Ausführungen dort diesbezüglich als Ergänzung zu den folgenden Ergebnissen betrachtet werden sollten. Dass hier nur eine sehr oberflächliche Bestimmung vorgenommen werden kann, hängt u. a. auch mit der Machbarkeit im Rahmen einer semi-automatischen Korpusanalyse zusammen.

Die Gebrauchskontexte werden wie folgt differenziert: Zum einen können Unbestimmtheitsmittel intertextuell, d. h. in Bezug auf andere Autoren oder Diskurse, verwendet werden. Für die Bestimmung der Belege ist hier entscheidend, dass der Bezug eindeutig ist (bspw. durch direkten, namentlichen Verweis):

> d) Der subjektive sinn und die intentionalität des handelns wären kraft der verallgemeinernden funktion der sprache objektiviert, d. h. im interaktionsprozeß muß sich kraft dieser funktion der objektiv gemeinte sinn herausdifferenzieren. Ein solches handeln wäre **wahrscheinlich** nach Weber (1956, I, 1) zweck- oder wertrational: [...]. (Heeschen, Zeitraum 1970)

Ein weiterer Gebrauchskontext ist der Bezug zur eigenen Arbeit oder zum eigenen Projekt, etwa im Zusammenhang mit methodischen Überlegungen und Einschränkungen:

> e) Aus einigen Bandaufnahmen mußten zwei Textproben (d. h. zwei Ausschnitte aus einem Gespräch) entnommen werden, weil nicht genügend Texte des entsprechenden Typs transkribiert vorlagen. Die dadurch **möglicherweise** verursachten Veränderungen der Ergebnisse fallen aber bei der relativ geringen Größe des Corpus deshalb nicht ins Ge-

wicht, weil eine Untersuchung an einem so begrenzten Corpus ohnehin nur Aussagen über Tendenzen im Gebrauch einzelner grammatischer Einheiten treffen kann. (Bayer, Zeitraum 1970)

Neben dem Bezug auf Autoren bzw. Diskurse und die eigene Arbeit können sich Unbestimmtheitsmittel natürlich auch auf den sprachwissenschaftlichen Gegenstand beziehen:

> f) Ins ethnologische übertragen heisst das: die Kelten haben den grössten zufluss fremden blutes erfahren, da sie eines der völker sind, das am weitesten umhergeworfen wurde. **Vermutlich** also herschte vor dem einzug der deutschen stämme in Oberdeutschland das keltische als verkehrssprache, war aber **wol** im munde der eingeborenen schon mehr oder minder umgestaltet. (Feist, Zeitraum 1900)

Mit diesem Kontext geht das Problem einher, dass nicht immer eine ganz eindeutige Abgrenzung zum vorherigen intertextuellen Gebrauchskontext vorgenommen werden kann. Es ist also u. U. fraglich, ob ein Beleg Bezug zum sprachwissenschaftlichen Diskurs oder zum sprachwissenschaftlichen Gegenstand hat: Wenn bspw. der sprachwissenschaftliche Diskurs sehr allgemein gehalten wird, also z. B. keine klar bestimmte Forschungstradition oder -schule benannt ist, und der sprachwissenschaftliche Gegenstand in diesen allgemeinen Zusammenhang gestellt wird, kann nach der hier getroffenen Differenzierung nicht eindeutig bestimmt werden, ob ein Unbestimmtheitsbeleg eher Diskurs- oder Gegenstandsbezug aufweist. Als praktische Lösung für dieses Problem wurde in der Analyse allein bei nicht-allgemeinen Diskursdarstellungen (also bei klar benannten Diskursen) ein Diskursbezug und bei allgemeinen Diskursverweisen Gegenstandsbezug gewählt.

Schließlich wurde noch ein vierter Gebrauchszusammenhang angenommen:

> g) Ein befehl ist das vorschreiben eines handlungsplans für einen partner; ein negativer befehl der versuch des sprechers, einen beim partner **vermuteten** handlungsplan zu stoppen. In beiden fällen korrigiert der sprecher mit seiner negativen äußerung also lediglich geäußerte oder vorausgesetzte annahmen von kommunikationspartnern oder von sich selbst über ein ereignis oder einen zustand bzw. annahmen über handlungspläne bei kommunikationspartnern. (Schmidt, Zeitraum 1970)

Hierbei handelt es sich um Kontexte, in denen bspw. Begriffe definiert oder Beispiele zur Erläuterung aufgeführt werden.

Betrachten wir die Verteilung der Gebrauchskontexte im Gesamtkorpus sowie in den jeweiligen Teilkorpora.

Tab. 14: Verteilung der Unbestimmtheitsbelege auf Gebrauchskontexte

	Gesamt		Zeitraum 1900		Zeitraum 1970		Zeitraum 2010	
	absolut	%	absolut	%	absolut	%	absolut	%
Autoren/Diskurs	277	13,9	127	13,6	87	14,7	63	13,5
Arbeit	87	4,4	17	1,8	38	6,4	32	6,9
Gegenstand	1608	80,7	791	84,5	447	75,8	370	79,2
Beispiel	21	1,1	1	0,1	18	3,1	2	0,4

Hinsichtlich der Verteilung auf das Gesamtkorpus fällt auf, dass der Großteil der Unbestimmtheitsbelege in Bezug auf den sprachlichen Gegenstand verwendet wird (ca. 80 Prozent). Ungefähr 14 Prozent der Belege werden in intertextuellen Kontexten und ca. 4 Prozent in Bezug auf die eigene Arbeit bzw. das eigene Projekt gebraucht. In Beispieldarstellungen oder Begriffsbestimmungen wird lediglich knapp 1 Prozent der Unbestimmtheitsbelege verwendet. Bei der Verteilung auf die Teilkorpora gibt es im Großen und Ganzen keine größeren Abweichungen von diesem Gesamttrend. Vor allem in Bezug auf die intertextuellen Kontexte sind die Anteile in den Teilkorpora mit ungefähr 14 Prozent ziemlich gleich. Hinsichtlich der Arbeits- und Gegenstandsbezüge gibt es kleinere Abweichungen zwischen den Teilkorpora.

Die Anteile pro Gebrauchskontext pro Teilkorpus verhalten sich wie folgt:

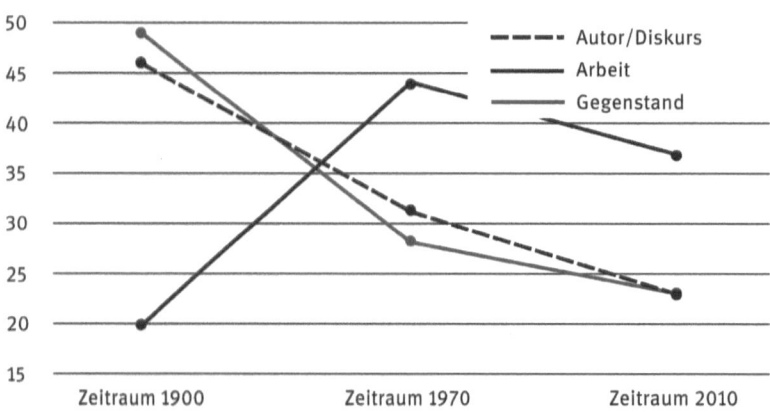

Abb. 11: Diagramm – Anteile pro Gebrauchskontext pro Teilkorpus (in %)

In der Abbildung sind die prozentualen Anteile der jeweiligen Gebrauchskontexte verteilt auf die einzelnen Teilkorpora aufgeführt. Man kann hier deutlich erkennen, dass es beim intertextuellen Bezug und beim Gegenstandsbezug eine Entsprechung mit dem Gesamttrend der vorliegenden Untersuchung gibt: Gemessen an allen Unbestimmtheitsbelegen in diesen beiden Gebrauchskontexten finden sich im Zeitraum 1900 jeweils die größten Anteile und im Zeitraum 2010 die wenigsten. Für den Gebrauchskontext ‚Arbeit' sind die Anteile dagegen anders verteilt: Hier sind für den Zeitraum 1900 die geringsten Anteile und für den Zeitraum 1970 die größten Anteile zu verzeichnen. Offensichtlich ist also die Verwendung von Unbestimmtheitsmitteln im Zusammenhang mit der eigenen Arbeit oder dem eigenen Projekt für die Zeiträume 1970 und 2010 eher typisch als für den Zeitraum 1900. Die Unterschiede zwischen den Teilkorpora Zeitraum 1900 und 1970 sind für alle Gebrauchskontexte statistisch signifikant (Autor/Diskurs $p = .007$; Gegenstand $p < .001$; Arbeit $p = .004$). Die Unterschiede zwischen den Teilkorpora Zeitraum 1970 und Zeitraum 2010 sind dagegen nur hinsichtlich des Gebrauchskontextes Gegenstand signifikant ($p = .01$); die Unterschiede bei den Gebrauchskontexten sind diesbezüglich statistisch nicht signifikant (Autor/Diskurs $p = .053$; Arbeit $= p = .48$). Trotz statistischer Signifikanz zwischen Zeitraum 1900 und 1970 sind die Ergebnisse zum Arbeitsbezug aufgrund ihrer insgesamt doch recht geringen absoluten Gesamtzahl allerdings mit Vorsicht zu betrachten. Auf eine Berechnung der Ergebnisse zum Gebrauchskontext ‚Beispielkontext' wurde aufgrund der sehr geringen Anteile hier gänzlich verzichtet.

5.2.4 Ergebnisdiskussion

Das zentrale Ergebnis der vorausgehenden quantitativen Untersuchung ist der große Unterschied im Gebrauch von Unbestimmtheitsmitteln im Vergleich zwischen den Zeiträumen 1900 und 2010. Genau genommen scheint es bereits zwischen dem Zeitraum 1900 und dem Zeitraum 1970 einen klaren Bruch bei der Verwendung von Unbestimmtheit in den sprachwissenschaftlichen Texten zu geben. Der Gebrauch von Unbestimmtheit ist im Gesamtzeitraum 1900 bis 2010 also keineswegs konstant, sondern es zeigen sich deutliche Unterschiede mit einer abnehmenden Tendenz, die auch statistische Signifikanz aufweisen. In diesem Zusammenhang ist sicherlich auch wichtig, dass ein Großteil der häufig verwendeten von den untersuchten Unbestimmtheitsmitteln solche sind, die Unsicherheit hinsichtlich der Faktizität markieren. Alles in allem unterscheidet sich also offensichtlich der Sprachgebrauch von deutschsprachigen Sprachwissenschaftlern hinsichtlich des Gebrauchs von Unbestimmtheit zu Beginn des 20. Jahrhunderts gegenüber dem Sprachgebrauch zu Beginn des 21.

Jahrhunderts. Zu Beginn des 20. Jahrhunderts greift man demnach häufiger (also nach durchschnittlich weniger Sätzen und nach weniger Wortformen) auf Sprachmittel zurück, mit denen die Faktizität von Propositionen kommentiert wird. In Bezug auf die untersuchten Sprachmittel ist also zunächst einmal ganz allgemein festzuhalten, dass eingedenk der obigen Definition von Unbestimmtheit in den älteren Texten die soziale Symptom- und Appellfunktion bzw. der Handlungsgehalt deutlich stärker ausgeprägt sind.

Wie verhält sich dieses zentrale und wichtige Ergebnis nun aber zu den oben herausgearbeiteten Hypothesen? Wie kann man diese Veränderung im Sprachgebrauch also erklären? Grundsätzlich ist zunächst einmal festzuhalten, dass keine der oben formulierten Erwartungen eingetroffen ist: Der Gebrauch von Unbestimmtheit ist weder gleichbleibend niedrig noch gleichbleibend hoch, wie man nach den Hypothesen 2a und 3 (also (Un-) Persönlichkeit und soziale Beziehungen) annehmen könnte. Außerdem ist der Gebrauch nicht ansteigend, wie man der Hypothese 1a und 1b (Faktizität) zufolge vermuten könnte, sowie nicht ungleich ansteigend wie nach Hypothese 2b ((Un-)Persönlichkeit).

Eine Grundeinsicht, die sich aus diesem Ergebnis ergibt, ist die offensichtlich nicht besonders weit reichende Erklärungskraft von diskursiven Erklärungen: Sowohl Hypothese 1a als auch Hypothese 2a wurden hergeleitet auf der Grundlage von Diskursen, d. h. einem Sprechen und Reflektieren über Wissenschaft, Erkenntnistheorie oder Wissenschaftssprache. Offensichtlich lassen sich aus dem Denken oder dem Sprechen über Wissenschaft und Wissenschaftssprache nicht ohne weiteres Rückschlüsse auf den Sprachgebrauch in den Wissenschaften ziehen; der Sprachgebrauch in den Wissenschaften setzt sich offenbar nicht unmittelbar entsprechend solchen rational hergeleiteten und reflektierten Denkweisen und methodologischen Grundkonzepten um. Kurz gefasst bedeutet das: Nur weil das Verständnis von der Entwicklung der Wissenschaften sich verändert, heißt das nicht, dass sich auch der Sprachgebrauch dementsprechend verändert; nur weil es ein bestimmtes Ideal der Methodologie der wissenschaftlichen Erkenntnisgewinnung gibt (Objektivität nach ‚Ich-Verbot'), heißt das nicht, dass sich auch der wissenschaftliche Sprachgebrauch in diesem Sinne ausgestaltet; nur weil es – und dies ist für unsere Diskussion besonders wichtig – ein bestimmtes rational hergeleitetes und reflektiertes Ideal über den Sprachgebrauch in den Wissenschaften gibt (‚Durchsichtigkeit'), heißt das nicht, dass der Sprachgebrauch in den Wissenschaften diesem Ideal entspricht. Vor allem die beiden letzten Erklärungen sind in der Wissenschaftssprachforschung allerdings durchaus gängig und prominent, wie in der obigen Darstellung herausgestellt wurde (siehe 2.). Ihnen ist das Erklärungsmuster gemein, nach dem unmittelbar Rückschlüsse vom Diskurs auf den Sprachgebrauch gezogen werden können. Dieses Erklärungsmuster ist mit den Ergebnissen zum Gebrauch von Unbestimmtheitsmitteln in seiner Erklärungskraft (mindestens) kritisch zu befragen.

Vor dem Hintergrund der Ausführungen von Daston und Galison (2007) wurde in Bezug auf die Kategorie Objektivität mit der Hypothese 2b außerdem die Erwartung formuliert, dass sich der Sprachgebrauch analog zur Erkenntnispraxis, wie sie bei Daston und Galison herausgestellt wird, entwickelt. Demnach wäre zu erwarten, dass der Unbestimmtheitsgebrauch im Gesamtzeitraum von 1900 bis 2010 ungleich verteilt ist mit einer gewissen ansteigenden Tendenz. Auch diese Erwartung hat sich nicht erfüllt. Die Ergebnisse zeigen, dass gerade in einer Zeit, in der der Erkenntnispraxis die mechanische und strukturelle Objektivität zugrunde lagen, im Sprachgebrauch vergleichsweise besonders häufig Unbestimmtheitsmittel verwendet wurden. Der Sprachgebrauch entwickelt sich gewissermaßen spiegelverkehrt zur Erkenntnispraxis und nicht analog.

Im Rahmen der Hypothese 1b geht es um eine Erklärung, die für die Wissenschaftssprache nicht im gleichen Maße zentral ist wie die Erklärungen über die Autorschaftskonzepte des ‚Ich-Verbots' und der ‚Rhetorik der Durchsichtigkeit'. Dennoch scheinen auf den ersten Blick auch die nicht unüblichen Verortungen der Wissenschaftssprachforschung im Rahmen der Fachsprachen- und Varietätenforschung (vgl. bspw. Kalverkämper 1988; 1998) und die damit einhergehende Betonung der Relevanz ‚außersprachlicher Bedingungen' (vgl. Roelcke 1999) oder der Gesellschaftlichkeit von Wissenschaftssprache (vgl. bspw. Bungarten 1981a, 1989b; Hoffmann 1989) eine gewisse Plausibilität und Erklärungskraft für die Wissenschaftssprache zu besitzen. Wissenschaftssprache scheint dem Forschungsdiskurs der Wissenschaftssprachforschung zufolge bereits nach ihrem Grundverständnis nicht von den sozialen Zusammenhängen, in denen sie verwendet wird, zu trennen zu sein. Demnach wäre es vielleicht – wie oben in Hypothese 1b formuliert – nicht unplausibel, dass Veränderungen in der sozialen Konstellation der Wissenschaften zu Veränderungen im Sprachgebrauch führen können.

Entgegen dieser Annahme zeigen die Ergebnisse zum historischen Gebrauch von Unbestimmtheitsmitteln nun aber, dass das wissenschaftliche Sozialgefüge keinen unmittelbaren Einfluss auf den wissenschaftlichen Sprachgebrauch zu haben scheint. Wenn man die Ergebnisse zum Gebrauch von Unbestimmtheitsmitteln und dabei vor allem die Dominanz der Unsicherheit markierenden Varianten betrachtet, dann haben die mitunter drastischen Veränderungen der sozialen Konstellationen in den Wissenschaften sich nicht in der Form auf den wissenschaftlichen Sprachgebrauch ausgewirkt, wie in der Hypothese 1b formuliert wurde. Zunahme an Komplexität und Unübersichtlichkeit, die mit dem Anwachsen und der Ausdifferenzierung der Wissenschaften zu ‚selektiver Aufmerksamkeit' (s. o.) hinsichtlich der Vielfalt an Publikationen führen, spiegeln sich nicht in einem zunehmend vorsichtigeren Sprachgebrauch wider. Es ist im Gegenteil so, dass mit der Zunahme an Komplexität und Unübersichtlichkeit der durch Unbestimmtheitsmittel abgeschwächte Sprachgebrauch sogar deutlich abnimmt.

Und schließlich konnte auch die Hypothese 3 nicht bestätigt werden, nach der im besagten Zeitraum von 1900 bis 2010 aufgrund der kritischen Verfasstheit der Wissenschaften eine gewisse ‚Beziehungspflege' bspw. in Form von Höflichkeitsmarkierungen oder zum Schutz auf einem konstanten und vergleichsweise hohen Niveau erfolgen soll. Der historisch sehr unterschiedliche Gebrauch von Unbestimmtheitsmitteln deutet gegenüber der Hypothese darauf hin, dass ein unmittelbarer Zusammenhang von Kritik und Unbestimmtheit nicht ohne weiteres vorausgesetzt werden kann. Wie ist dieses Ergebnis nun aber einzuordnen?

Wollte man auf der Geltung der obigen Hypothese bestehen, dann müsste man vor dem Hintergrund der erzielten Ergebnisse für die gegenwärtige Sprachwissenschaft annehmen, dass sie weniger kritisch und argumentativ sei als die ältere und somit weniger Anlässe zur ‚Beziehungspflege' biete, was allerdings durchaus dem gegenwärtigen Selbstverständnis in der Sprachwissenschaft sowie dem grundsätzlichen Verständnis von Wissenschaft im Allgemeinen widersprechen dürfte (vgl. bspw. Kretzenbacher 1998; siehe diesbezüglich auch zu Originalität Steinhoff (2007a)). Wenn man diese nicht besonders plausible Einschätzung hingegen zurückweist, dann wären aus meiner Sicht (mindestens) die folgenden Überlegungen zu erörtern: Zum einen könnte man annehmen, dass in dem besagten Zeitraum zwar durchaus konstant auf hohem Niveau ‚Beziehungspflege' betrieben wurde, dass sich dabei allerdings die sprachlichen Mittel verändert haben. Für dieselbe Funktion wären also einfach andere Formen verwendet worden. Für die vorliegende Untersuchung würde das bedeuten, dass aufgrund der vorbestimmten Auswahl der im Korpus zu suchenden Sprachmittel die gegenwärtigen Formen der Beziehungspflege nicht erfasst wurden und dass deshalb die festgestellte Ungleichheit allein die formale Ebene betrifft. Diesem natürlich nicht ganz von der Hand zu weisenden Einwand sollte mit der oben erwähnten kleinen exemplarischen Voruntersuchung begegnet werden, bei der gerade auch aus der Gegenwartsperspektive festgestellt werden sollte, welche Sprachmittel überhaupt relevant sein könnten. Eine weitere zu erörternde Überlegung wäre, dass die Ungleichheit des Unbestimmtheitsgebrauchs darauf zurückzuführen ist, dass Unbestimmtheitsmittel vor allem auch in anderen funktionalen Kontexten als in kritischen verwendet werden. Die grundsätzlich funktionale Perspektive würde man auf diese Weise also beibehalten, man würde den Fokus allerdings weniger auf soziale Höflichkeitsaspekte legen: Einen ersten groben Versuch, dies zu berücksichtigen, stellt der Ansatz einer Unterscheidung der Gebrauchskontexte in der obigen quantitativen Untersuchung dar. In den obigen Ausführungen wurde allerdings bereits die Problematik einer differenzierten Bestimmung im Rahmen eines solchen quantitativen Zugangs diskutiert und betont, dass eine feinere Differenzierung erst im Rahmen der (unten noch folgenden) qualitativen Untersuchung möglich ist. Das oben herausgestellte sehr eindeutige Ergebnis zu den Gebrauchskontexten, wonach ca. 80 Prozent der Unbestimmtheitsbelege ‚Gegenstandsbezug' haben, wird in der qualitativen Untersuchung also sicherlich noch ausdifferenziert (werden müssen). Kurzum: In der qualitativen Untersuchung wird in Ergänzung zu den Ergebnissen der quantitativen Untersuchung u. a. danach geschaut, in welchen spezifischen Kontexten Unbestimmtheitsmittel in welcher Form verwendet werden, um auf diese Weise mögliche typische Funktionen des Unbestimmtheitsgebrauchs herausarbeiten zu können. Dies bedeutet also, dass eine funktionale Erklärung, die – wie bei Hypothese 3 geschehen – die spezifischen sozialen und kommunikativen (Beziehungs-) Bedingungen berücksichtigt, im weiteren Verlauf der vorliegenden Arbeit durchaus noch im Fokus bleiben soll und muss, da allein mit dem bisherigen quantitativen Zugang diesbezüglich nicht ausreichend für Klärung gesorgt werden konnte.

Vor dem Hintergrund der erzielten quantitativen Ergebnisse lässt sich grundlegend festhalten, dass die diskursiven Erklärungen für wissenschaftliche Autorschaft nicht zu greifen scheinen. Es gehört zum zentralen Anliegen der vorliegenden Arbeit, aus Diskursen abgeleitete, rationalistische Erklärungsmuster für Autorschaftsphänomene der deutschen Wissenschaftssprache zu relativieren. Es geht grundsätzlich darum, mit der empirischen Erfassung des Gebrauchs von Unbestimmtheitsmitteln, die sowohl die Kategorie der Objektivität als auch die Kategorie der Faktizität betreffen, zu überprüfen, inwieweit diskursiv hergeleitete (rationalistische) Autorschaftskonzepte, wie das ‚Ich-Verbot' oder die ‚Rhetorik der Durchsichtigkeit', in Bezug auf den tatsächlichen wissenschaftlichen Sprachgebrauch als Erklärungsgrundlage plausibel sind. Um dies überprüfen zu können, schien gerade ein diachroner Ansatz notwendig zu sein, in dem vor dem Hintergrund historisch geltender (diskursiv etablierter) Ideale von Wissenschaft und Wissenschaftssprache die Entwicklung des tatsächlichen Sprachgebrauchs nachvollzogen werden konnte. Der empirisch-diachrone Blick auf den wissenschaftlichen Sprachgebrauch dient hier also als methodisches Werkzeug, mit dem der zentralen Frage nach der Plausibilität rationalistischer Erklärungsmuster nachgegangen werden kann. In der unten folgenden qualitativen Untersuchung wird – aufbauend auf die quantitativen Ergebnisse – diese Überprüfung noch ausgedehnt in Hinblick auf die Frage, inwiefern sich möglicherweise konzeptionelle oder methodologische Ausrichtungen an den Naturwissenschaften im Sprachgebrauch niederschlagen. Zeigen naturwissenschaftlich ausgerichtete Autoren hinsichtlich des Gebrauchs von Unbestimmtheitsmitteln einen qualitativ anderen Sprachgebrauch, weil sie – entsprechend ihres naturwissenschaftlichen Verständnisses – stärker anonym und objektiv sein wollen? Es wird dabei also ebenfalls gefragt, inwieweit sich diskursiv hergeleitete Selbstverständnisse im Sprachgebrauch niederschlagen. Zudem wird in der qualitativen Untersuchung – wie oben bereits erwähnt – auch der funktionalen Erklärung weiter nachgegangen, indem die spezifischen Gebrauchskontexte von Unbestimmtheitsmitteln näher betrachtet werden.

5.3 Qualitative Untersuchung
5.3.1 Methodische Überlegungen

Im folgenden Abschnitt wird der Sprachgebrauch von germanistischen Sprachwissenschaftlern qualitativ untersucht. Es wird dabei sowohl ein historischer Vergleich auf diachroner Ebene als auch ein konzeptioneller Vergleich auf synchroner Ebene hinsichtlich des Gebrauchs von Unbestimmtheit angestrebt: Aus diachroner Sicht werden die Zeiträume 1900 und 1970 analysiert und verglichen. Aus konzeptioneller Sicht werden für die Zeiträume 1900 und 1970 je zwei antagonistische konzeptionelle Ausrichtungen gegenübergestellt. Für den Zeitraum 1900 werden demnach Texte von Junggrammatikern mit Texten zur Mundartforschung und für den Zeitraum 1970 werden Texte aus der generativen Linguistik mit Texten aus der Pragmatik verglichen.[49] Der Zeitraum 2010 wird hier aus unterschiedlichen Gründen nicht berücksichtigt: Zum einen liegt für die gegenwärtige Sprachwissenschaft keine mit den historischen Darstellungen von Helbig und Gardt vergleichbare Grundlage vor (siehe 4.), mit der valide klare antagonistische konzeptionelle Positionen differenziert werden könnten. Gewissermaßen trübt hier möglicherweise das eigene Involviertsein den differenzierenden Blick, der sicherlich in erster Linie über die nötige, mit historischer Rekonstruktion einhergehende Distanz zu verlässlichen Unterscheidungen führt. Zudem zeigen die Ergebnisse der quantitativen Untersuchung zwischen den Zeiträumen 1900 und 1970 den deutlichsten ‚Bruch', d. h. zwischen Zeitraum 1900 und Zeitraum 1970 sind in Hinblick auf den unbestimmten Sprach-

---

49 Für die jeweiligen konzeptionellen Grundüberlegungen siehe Kapitel 4.

gebrauch insgesamt die deutlichsten Unterschiede in quantitativer Hinsicht zu verzeichnen. Auch aus diesem Grund scheint eine Konzentration der qualitativen Analyse auf die besagten Zeiträume gerechtfertigt zu sein.

Mit der qualitativen Analyse soll insgesamt der z. T. recht selektive Zugang der quantitativen Untersuchung ergänzt werden. Während bei der quantitativen Untersuchung zuvor ausgewählte und als einschlägig erachtete konkrete Sprachformen hinsichtlich ihrer Häufigkeit in einem Textkorpus ermittelt wurden, soll hier das Funktionieren von Unbestimmtheitsmitteln in spezifischen Textzusammenhängen bzw. -kontexten betrachtet werden, ohne dass zuvor bestimmte Sprachmittel ausgewählt werden. Das primäre Ziel der quantitativen Analyse war es, einen Ein- und Überblick über den historisch spezifischen Gebrauch bestimmter sprachlicher Unbestimmtheitsmittel zu geben und somit deren prinzipielle Relevanz für die Darstellung von wissenschaftlicher Autorschaft im historischen Vergleich zunächst einmal aufzuzeigen. Mit der folgenden qualitativen Untersuchung soll dieser Ein- und Überblick insofern vertieft werden, als hier noch stärker das spezifische Funktionieren in bestimmten Kontexten betrachtet wird. Außerdem wird hier durch die Berücksichtigung der antagonistischen Ausrichtungen auch untersucht, ob und inwiefern sich bestimmte Selbstverständnisse in der Sprachwissenschaft, die auf einer Diskursebene reflektiert werden, auch im Sprachgebrauch wiederfinden.

In der qualitativen Untersuchung werden – im Gegensatz zur quantitativen Untersuchung – nun sowohl Unbestimmtheit ieS als auch Unbestimmtheit iwS berücksichtigt. Es sei an dieser Stelle noch einmal darauf hingewiesen, dass die Operationalisierung von Unbestimmtheit iwS relativ vage ist. Das Phänomen scheint für den Zusammenhang der vorliegenden Arbeit zwar relevant und interessant zu sein. Der hier angewandte Operationalisierungsansatz wäre jedoch u. U. in späteren und noch umfassenderen Zugängen auszuweiten und weiter zu konkretisieren.

Bei der Untersuchung werden aus Gründen der Vergleichbarkeit zunächst einmal gleiche Textteile in Hinblick auf den Gebrauch von Unbestimmtheitsmitteln untersucht. Es stehen dabei textfunktionale Einheiten wie einleitende und intertextuelle Einheiten im Vordergrund. Es werden also keine vollständigen Texte verglichen, sondern funktionale Texteinheiten, weshalb es z. B. auch irrelevant ist, dass die Texte sich in der Länge u. U. erheblich unterscheiden. Mit Einleitungen und intertextuellen Textteilen werden zum einen Textteile ausgewählt, die in jedem wissenschaftlichen Zeitschriftenartikel – unabhängig von der jeweils konkreten Gestalt – vorkommen dürften. Zum anderen handelt es sich dabei um Textteile, die zumindest potentiell eine relativ starke (implizite oder explizite) Autorpräsenz erwarten lassen und insofern möglicherweise auch für den Gebrauch von Unbestimmtheitsmitteln in Frage kommen. Darüber hinaus werden neben diesen vor-definierten Textteilen auch solche gesondert betrachtet, in denen mit Bezug auf Unbestimmtheit entweder in qualitativer oder in quantitativer Hinsicht Auffälligkeiten zu verzeichnen sind. Auf diese Weise soll gewährleistet sein, dass in der qualitativen Untersuchung sowohl eine gewisse Vergleichbarkeit aufgrund der Untersuchung gleicher Textteile als auch eine gewisse Offenheit für zuvor nicht berücksichtigte, aber dennoch einschlägige Textteile vorhanden sind. Die Bestimmung der Teile Einleitung und intertextueller Textteil basiert auf den folgenden Kriterien: Bei der Einleitung handelt es sich um den Beginn des Textes, in dem bspw. die Problematik des im weiteren Verlauf zu behandelnden Themas, die Fragestellung usw. vorgestellt werden. Gerade in älteren Texten ist dieser Textteil nicht immer eindeutig als selbstständiger Abschnitt erkennbar, sodass hier die Begrenzung des zu analysierenden Ausschnitts interpretatorisch erschlossen werden muss. In Fällen, in denen die Einleitung als solche eindeutig als separater Abschnitt markiert ist, wird dieser als ‚Einleitung' markierte Abschnitt analysiert. Bei intertextuellen Textteilen handelt es sich um Textausschnitte, in denen explizit, d. h. bspw. durch namentliche Nennung, auf andere Autoren oder Positionen verwiesen wird.

Insgesamt werden in der qualitativen Untersuchung acht Texte[50] untersucht, die sich wie folgt verteilen: Für die Zeiträume 1900 und 1970 werden jeweils pro konzeptionelle Ausrichtung, also entweder naturwissenschaftlich orientiert oder nicht naturwissenschaftlich orientiert, zwei Texte bearbeitet. Für den Zeitraum 1900 bedeutet dies also, dass zwei Texte, die den Junggrammatikern zuzuordnen sind, und zwei Texte, die der Mundartforschung zuzuordnen sind, untersucht werden. Für den Zeitraum 1970 wiederum heißt das, dass zwei Texte der generativistischen Linguistik und zwei Texte der Pragmatik untersucht werden. Die Texte wurden insgesamt mehr oder weniger zufällig ausgewählt, lediglich die Parameter Zeit und konzeptionelle Ausrichtung spielten bei der Auswahl eine Rolle. Die Zuordnung der einzelnen Texte zu den entsprechenden konzeptionellen Ausrichtungen basierte, wenn der Bezug nicht ohnehin einschlägig war (wie z. B. bei Osthoff, Bierwisch), u. a. auf der Thematik des Textes oder dem inhaltlichen Schwerpunkt der Zeitschrift.

---

50 Es handelt sich dabei auch hier – wie in der quantitativen Untersuchung – in der Regel um Zeitschriftenaufsätze. Einzig der Text von Bierwisch (siehe 5.3.3.2) stammt zwar aus einem Sammelband, ist aber dennoch in Hinblick auf Diskursivität mit den anderen Texten vergleichbar.

Bei der Analyse wird wie folgt vorgegangen: Die Zeiträume 1900 und 1970 werden separat untersucht (siehe 5.3.2 und 5.3.3). Dabei werden jeweils zuerst die Einleitungen und anschließend entsprechend intertextuelle Textteile der jeweiligen konzeptionellen Ausrichtungen betrachtet. Das jeweilige Vorgehen pro Textteil wird dabei wie folgt differenziert: In zwei separaten Abschnitten (a und b) werden die konkreten Textteile der jeweiligen Texte präsentiert, d. h. es wird kurz wiedergegeben, was genau in den Textausschnitten passiert und wie dies sprachlich umgesetzt wird. Es wird hier vor dem Hintergrund der jeweiligen Bestimmung der Textteile (als Einleitung oder intertextueller Textteil) z. B. die Art und Weise der Autorpräsenz oder der Bezugnahme auf andere Positionen oder den Forschungsdiskurs im Allgemeinen beleuchtet. Wichtig ist, dass es dabei weniger um die konkreten, in den Texten behandelten Inhalte geht. Diese werden vielmehr nach Möglichkeit ausgeblendet, womit der Fokus auf den autorseitigen sprachlichen Umgang mit den Inhalten gerichtet werden soll. In einem weiteren Abschnitt (c) werden schließlich alle Unbestimmtheitsmittel der zuvor in a und b behandelten Abschnitte gesondert betrachtet. Dabei werden die Verwendungen von Unbestimmtheit immer auch auf die unter a und b herausgearbeiteten Aspekte der jeweiligen Textteile rückbezogen. Für die ‚auffälligen' Textteile wird auf diese Differenzierung in a, b und c aufgrund des nicht vorab Definiertseins verzichtet. Hier werden die jeweiligen Schritte integrativ präsentiert.

Bei der Analyse werden Autorhandlungen z. T. in textbezogene oder forschungsbezogene Handlungen unterschieden, womit gemeint ist, dass sie sich entweder auf den eigenen Text oder auf das gesamte Forschungsprojekt beziehen.[51] Außerdem sei auch noch einmal an den zentralen Stellenwert der ‚Elementarhandlung' Assertion erinnert, die bei der Analyse als Folie gebraucht wird. Zur Kontrastierung werden Äußerungen mit Unbestimmtheitsmitteln immer vor dem Hintergrund von Assertionen bzw. der Grundstruktur Referenz + Prädikation beleuchtet, auch wenn im Text selbst andere, über den Kontext zu erschließende Illokutionen wie bspw. ‚Anliegen schildern' oder ‚Rechtfertigen' vorliegen (siehe 5.1).

---

51 Dies sollte allerdings nicht mit der unten noch vorzunehmenden Unterscheidung von Handlungsqualitäten auf Praxis- und Textebene verwechselt werden (siehe 8.).

5.3.2 Zeitraum 1900 – Junggrammatiker und Mundartforschung
5.3.2.1 Mundartforschung

Im Folgenden werden zwei Texte besprochen, die der Mundartforschung zuzuordnen sind. Es werden zunächst die einleitenden Textteile beider Texte besprochen, dann die intertextuellen und Textteile, die hinsichtlich des Gebrauchs von Unbestimmtheit quantitativ oder qualitativ auffällig sind. Bei den Texten handelt es sich um zwei Texte mit dialektalem Schwerpunkt. Der erste Text stammt von Julius Miedel (1905) und hat den Titel *Die sogenannten elliptischen Ortsnamen*. Der zweite Text trägt den Titel *Die Südgrenze der Diphtongierung von mhd. ī und ū westlich der Vogesen* und stammt von Karl Bohnenberger (1905). Beide Texte sind in der *Zeitschrift für hochdeutsche Mundarten* erschienen.

Einleitende Textteile

a) Ich beginne mit dem Aufsatz von Julius Miedel. Schauen wir uns zunächst den Beginn des Textes an:

> *Die gemeinhin „elliptisch" genannten Ortsnamen, das heißt diejenigen, die eines Grundwortes ermangeln, sind zwar in der Hauptsache nach Form und Bedeutung jetzt richtig erkannt; da jedoch hin und wieder immer noch Anzeichen falscher Auffassung zutage treten, mag es gerechtfertigt sein, über sie in ihrer Gesamtheit einmal ausführlicher zu sprechen.*[52] (362)

In diesem einleitenden Abschnitt wird die Relevanz des Aufsatzes betont; der Autor rechtfertigt, weshalb er sich im Folgenden mit dem Gegenstand der elliptischen Ortsnamen beschäftigt, und kündigt diese Beschäftigung mit dem vorliegenden Abschnitt an. Zunächst einmal ist hervorzuheben, dass der Abschnitt keinerlei explizite Bezugnahmen auf die Autorinstanz enthält. Dennoch ist hier ein Autorenhandeln eindeutig auszumachen. Der Gegenstand der Untersuchung *(elliptische Ortsnamen)* wird eingeführt mit dem Verweis auf die allgemeine Bezeichnung bzw. Benennung innerhalb des Forschungsdiskurses *(gemeinhin genannt)*. Anschließend wird spezifiziert, was genau mit dieser Bezeichnung gemeint ist *(das heißt ...)*. Nach dieser Einführung des Forschungsgegenstandes nimmt der Autor mit der Konstruktion *zwar...jedoch* konzessivargumentierend Bezug auf den Stand der Forschung.[53] Er räumt zunächst ein, dass der Gegenstand *jetzt richtig erkannt* wurde. Auffällig ist, dass er hierbei im

---

[52] Bei den Zahlen am Ende der Zitate handelt es sich um die Seitenzahlen. Die Zitate werden hier und im Folgenden nicht in Anführungszeichen, sondern kursiv gesetzt, um sie als Zitate von Primärtexten zu kennzeichnen.
[53] Zur konzessiven Argumentation in der Wissenschaftssprache vgl. etwa Steinhoff (2007a).

Allgemeinen verbleibt; es findet kein konkreter Verweis auf andere Autoren statt. Außerdem wird der Umstand, dass der Gegenstand *richtig* erkannt wurde, was eine gewisse Vollständigkeit bzw. Absolutheit suggerieren könnte, relativiert durch den Zusatz *in der Hauptsache*: Statt absolut *Der Gegenstand wurde richtig erkannt* heißt es *Der Gegenstand wurde in der Hauptsache richtig erkannt*. Mit dieser Relativierung des Geltungsbereichs wird eine Nicht-Vollständigkeit angedeutet, die eine weitere Beschäftigung mit dem Gegenstand legitimiert, wenn nicht sogar notwendig erscheinen lässt. Für die weitere Beschäftigung gibt der Autor dann zudem einen Grund an, indem er im Anschluss an die Konzession kritisiert, dass es hinsichtlich des Gegenstandes *immer noch falsche Auffassungen* gebe. Auch dies wird wieder allgemein sowie (in diesem Fall) vage formuliert *(hin und wieder)*. Außerdem ist abschwächend von *Anzeichen* falscher Auffassungen die Rede und nicht schlichtweg von falschen Auffassungen. Dass die Beschäftigung mit dem Gegenstand gerechtfertigt ist, wird vom Autor ausdrücklich gesagt *(mag es gerechtfertigt sein)*, wenngleich das epistemische Modalverb *(mag)* den Anspruch abschwächt. An dieser Stelle tritt der Autor durch den sprecherdeiktischen Gehalt des epistemischen Modalverbs am deutlichsten hervor, obgleich er natürlich insgesamt im Impliziten verbleibt. Gerechtfertigt wird die textbezogene Handlung des *(einmal ausführlicher) Sprechens* über den Gegenstand.

Insgesamt fällt auf, dass der Beginn des Aufsatzes eine relativ starke Autorpräsenz aufweist, ohne explizite Formen der Autornennung zu enthalten. Außerdem wird die Kritik am bisherigen Forschungsdiskurs, die hier mit der Rechtfertigung der Beschäftigung mit dem Forschungsgegenstand einher geht, allgemein gehalten, d. h. es finden keine expliziten Verweise auf andere Autoren statt. An der zentralen Stelle dieser Einleitung, in der es schwerpunktmäßig um die Rechtfertigung für das Schreiben des Aufsatzes geht, wird mit *mag es gerechtfertigt sein* ein Unbestimmtheitsmittel in Form eines epistemischen Modalverbs gebraucht. Dieses bietet offenbar zum einen die Möglichkeit, dem Charakter der nicht-expliziten Autorpräsenz der gesamten Einleitung zu entsprechen. Zum anderen kann dadurch die Geltung des Aussageinhalts, dass die Beschäftigung mit dem Gegenstand gerechtfertigt sei, abgeschwächt werden. Welche genaue Intention der Verwendung des Unbestimmtheitsmittels zugrunde liegt, kann m. E. nur durch Spekulation beantwortet werden, weshalb darauf hier auch verzichtet werden soll. Aus meiner Sicht wäre es schlicht eine Frage der Perspektive, ob man sagt, hier werde ein epistemisches Modalverb aus Höflichkeit, aus Schutz oder aus Unsicherheit (usw.) verwendet.

b) Kommen wir nun zu zwei einleitenden Textteilen aus dem Text von Karl Bohnenberger. Betrachtet man sich zunächst den Beginn dieses Textes, stellt man fest, dass hier wie noch etwa im Text von Miedel kein eindeutig abgeschlossener Textteil Einleitung ausgemacht werden kann. Der einleitende Teil geht ohne ersichtliche Grenze über in methodische und forschungspraktische Überlegungen. Schauen wir uns dennoch die ersten Sätze des Textes einmal näher an:

> *Im Anschluß an meine bisherigen Darstellungen der Südgrenze der diphthongischen Aussprache von mhd. ī, ū lag es nahe, den Rest der Linie im einzelnen festzustellen und auf seine Ursachen zu untersuchen. Als Vorstufe für persönliche Aufnahmen an Ort und Stelle habe ich schon früher auf Grund von Wredes Darstellung im A.f.D.A. 18, 409, schriftliche Erhebungen gemacht. Nun werde ich aber in absehbarer Zeit erstere nicht hinzufügen können. Nur bei Saarbrücken-Spichern habe ich nachgeprüft. So war ich vor die Frage gestellt, ob ich in diesem Falle den auf indirektem Verfahren beruhenden Stoff verarbeiten und oder ihn ganz zur Seite legen solle. Für die Verarbeitung sprachen mehrere Gesichtspunkte. [...]* (299)

Es fällt zunächst auf, dass der Autor in diesem einleitenden Textteil sehr präsent ist, denn er wird an mehreren Stellen explizit genannt *(meine bisherigen Darstellungen; habe ich [...] gemacht; werde ich [...] nicht hinzufügen können; habe ich nachgeprüft; war ich vor die Frage gestellt; ob ich [...] verarbeiten solle)*. Insgesamt geht es hier, wie auch bei Miedel, darum, die vorliegende Untersuchung zu rechtfertigen *(Für [...] sprachen mehrere Gesichtspunkte)*. In diesem Rechtfertigungszusammenhang ist vor dem Hintergrund der sehr expliziten Autorpräsenz insbesondere die Art der Autorhandlungen auffällig: Es entsteht der Eindruck, als gehe der Autor die jeweiligen Schritte im vorausgehenden Forschungsprozess mit den entsprechenden Abwägungen noch einmal chronologisch und in gewisser Weise erzählerisch durch, um auf diese Weise sein Vorgehen in der Arbeit zu rechtfertigen.[54] Zunächst einmal wird unter Einbezug der eigenen bisherigen Arbeit *(meine bisherigen Darstellungen)* gezeigt, was forschungspraktisch eigentlich das Naheliegende für die weitere Arbeit wäre *(lag es nahe, [...] festzustellen und [...] zu untersuchen)*. Der Autor signalisiert auf diese Weise zugleich grundsätzlich, dass er sich über die typischen Erwartungen und Anforderungen seines Fachs im Klaren ist. Schließlich muss er diese Erwartungen aber enttäuschen *(Nun werde ich aber [...] nicht hinzufügen können)*, was jedoch zum einen durch die temporale Einschränkung mit *in absehbarer Zeit* zugleich abgeschwächt und relativiert wird. Zum anderen wird diese Enttäuschung der Erwartungen auch durch den im darauffolgenden Satz aufge-

---

[54] Für den erzählerischen Duktus spricht vor allem auch die Wahl des Präteritums oder des Plusquamperfekts an entscheidenden Stellen *(lag es nahe; war ich vor die Frage gestellt; sprachen)*.

führten Hinweis auf die zumindest im Raum Saarbrücken-Spichern bereits erfolgte Nachprüfung abgeschwächt. Schließlich zeigt der Autor, dass er sich, vor die Alternative gestellt, einen zwar *nur auf indirektem Verfahren beruhenden Stoff* zu *verarbeiten* oder aber gänzlich von der Arbeit abzusehen *(ihn ganz zur Seite legen)*, dann doch wenigstens für die Bearbeitung entscheidet.

Insgesamt lässt sich sagen, dass dieser einleitende Textteil, in dem die Arbeit prinzipiell gerechtfertigt wird, auf der einen Seite sehr stark explizite Autorpräsenz aufweist, die mitunter erzählerisch anmutet, auf der anderen Seite aber keine Unbestimmtheitsmittel im engeren Sinne enthält, wenngleich aber durchaus Formen von Unbestimmtheit im weiteren Sinne zu finden sind.

c) Was lässt sich nun insgesamt zu den einleitenden Textteilen in der Mundartforschung hinsichtlich der unbestimmten Autordarstellung sagen? Zunächst einmal fällt auf, dass der Autor in den einleitenden Textteilen stets (implizit oder explizit) präsent ist, wobei die impliziten Darstellungen überwiegen. Die einzige explizite Darstellung weist dabei einen aus Sicht des heutigen Wissenschaftssprachgebrauchs ungewöhnlich erzählerischen Duktus auf. Es lassen sich insgesamt unterschiedliche text- und forschungsbezogene Autorhandlungen ausmachen. Zu Beginn des Textes geht es in der Hauptsache darum, die eigene Arbeit zu rechtfertigen. Diese Rechtfertigungen gehen in beiden Fällen einher mit einem Bezug auf die Forschungsgemeinschaft, was sowohl hinsichtlich des Forschungsstandes kritisch-abgrenzend und zugleich allgemein gehalten (Miedel) als auch einräumend auf typische Erwartungshaltungen innerhalb der Gemeinschaft bezogen sein kann (Bohnenberger). Auffällig ist in diesem Zusammenhang, dass Unbestimmtheitsmittel im oben aufgezeigten Verständnis nur in der Einleitung des Miedel-Textes auftreten, im Bohnenberger-Text dagegen nicht. Schauen wir uns diesen Textteil noch einmal näher unter dem Gesichtspunkt dessen an, was hier genau mit dem Gebrauch der Unbestimmtheitsmittel jeweils passiert.

Betrachtet wird im Folgenden der Beginn des Miedel-Textes sowohl im Original I als auch ohne unbestimmte Sprachmittel I':

> (I) *Die gemeinhin „elliptisch" genannten Ortsnamen, das heißt diejenigen, die eines Grundwortes ermangeln, sind zwar* **in der Hauptsache** *nach Form und Bedeutung jetzt richtig erkannt; da jedoch* **hin und wieder** *immer noch* **Anzeichen** *falscher Auffassung zutage treten,* **mag** *es gerechtfertigt* **sein**, *über sie in ihrer Gesamtheit einmal ausführlicher zu sprechen.*

> (I') *Die gemeinhin „elliptisch" genannten Ortsnamen, das heißt diejenigen, die eines Grundwortes ermangeln, sind zwar nach Form und Bedeutung jetzt richtig erkannt; da jedoch immer noch falsche Auffassungen zutage treten, ist es gerechtfertigt, über sie in ihrer Gesamtheit einmal ausführlicher zu sprechen.*

Beginnen wir mit dem Gebrauch des Unbestimmtheitsmittels ieS, d. h. mit *mag es gerechtfertigt sein*: In der Gegenüberstellung von I und I' sieht man deutlich, wie durch die Verwendung des epistemischen Modalverbs in I statt einer Assertion wie in I' *(ist es gerechtfertigt)* (zumindest formal) eine Vermutung geäußert wird.[55] Die Verwendung des Unbestimmtheitsmittels sorgt hier also für Unbestimmtheit hinsichtlich der Faktizität; die Faktizität wird kommentiert und als nicht sicher deklariert. Der Einfluss auf die Faktizität lässt sich wie folgt umschreiben:

Ia) Es ist Fakt, dass X gerechtfertigt ist.
Ib) Es *mag* Fakt sein, dass X gerechtfertigt ist. (Unbestimmtheitsausdruck)

Interessant ist in diesem Fall, dass dieses (einzige) Unbestimmtheitsmittel ieS – wie oben bereits angedeutet – an der zentralen Stelle der Einleitung im Miedel-Text gebraucht wird, und zwar an der Stelle, an der explizit behauptet wird, dass die Beschäftigung mit dem Gegenstand gerechtfertigt sei. Es handelt sich hierbei also um eine Textstelle, in der das eigene Vorhaben sehr exponiert in einen Forschungsdiskurs gestellt und somit auf eine Forschungsgemeinschaft bezogen wird.

Bei den restlichen in dem obigen Beispiel ausgemachten Unbestimmtheitsmitteln handelt es sich um Unbestimmtheitsmittel iwS, die in erster Linie dem Aussagegehalt zugeordnet werden. Es handelt sich mit *in der Hauptsache* und *hin und wieder* zunächst einmal um Zusätze, die die Geltung der Proposition relativieren. Veranschaulichend umschreiben lässt sich dies wie folgt:

Ic) (X sind zwar nach Form und Bedeutung jetzt richtig erkannt) und dies gilt. (absolute Geltung)
Id) (X sind zwar nach Form und Bedeutung jetzt richtig erkannt) und dies gilt *in der Hauptsache*. (unbestimmte Geltung)
Ie) (X treten jedoch immer noch zutage) und dies gilt. (absolute Geltung)
If) (X treten jedoch immer noch zutage) und dies gilt *hin und wieder*. (unbestimmte Geltung)

Die Gegenüberstellung von I und I' macht deutlich, dass es sich bei *in der Hauptsache* und *hin und wieder* um Zusätze handelt, die weggelassen werden

---

[55] Es soll mit dieser Analyse natürlich nicht geleugnet werden, dass diesem Beispiel möglicherweise auch eine gewisse Idiomatik zugrunde liegt. In Hinblick auf die Qualität dieses Ausdrucks als Unbestimmtheitsausdruck dürfte dies jedoch nichts ändern.

können, ohne dass die zugrunde liegende Proposition sich verändert. Durch die Realisierung dieser Zusätze werden die jeweiligen Propositionen in ihrer Geltung jedoch relativiert, wie die Beispiele Ic bis If zeigen.

Kommen wir schließlich mit *Anzeichen (falscher Auffassung)* zum letzten Unbestimmtheitsmittel in diesem Textausschnitt. Es handelt sich hierbei ebenfalls um Unbestimmtheit iwS, wobei hier der Referenzausdruck vage relativiert wird. Folgende Umschreibung mag dies veranschaulichen:

Ig) Falsche Auffassungen treten jedoch immer noch zutage. [R = Auffassungen + P = falsche, treten zutage, jedoch, immer noch]

Ih) *Anzeichen* falscher Auffassung treten jedoch immer noch zutage. [R = Anzeichen von Auffassungen + P = falscher, treten zutage, jedoch, immer noch]

Der Referenzausdruck in Ig *falsche Auffassungen* wird in Ih, also der Entsprechung des Originals, relativiert durch *Anzeichen*. Es geht folglich nicht um *falsche Aussagen*, sondern lediglich um *Anzeichen* dieser, womit der semantische Skopus der Referenz in Ig zunächst einmal grundsätzlich eingeschränkt wird. Durch die Realisierung *Anzeichen* wird die Referenz insgesamt vage, was besonders deutlich wird vor dem Hintergrund des apodiktischen Charakters, den der Referenzausdruck durch *falsch* erhält. Dieser Hintergrund suggeriert eine gewisse Eindeutigkeit der Charakterisierung, die durch die Verwendung des Unbestimmtheitsmittels zu einer vagen Referenz relativiert wird.

Auffällig ist insgesamt, dass die drei Unbestimmtheitsmittel iwS im Zusammenhang mit der Bezugnahme auf den Forschungsdiskurs verwendet werden. Es wird hier also mithilfe der Relativierung der Propositionen in Hinblick auf den Forschungsdiskurs abgeschwächt. Die Bezugnahme auf den Forschungsdiskurs wird dabei allgemein und unpersönlich gehalten, was man gut an den Forschungshandlungen ausdrückenden Verben *erkennen* und *auffassen* festmachen kann, die über Zustandspassiv *(sind erkannt)* und einer deverbalen Nominalisierung *(Auffassung)*, also mit typischen Deagentivierungsmitteln, realisiert werden (vgl. hierzu Hennig & Niemann 2013b). Die Darstellung und Beurteilung des Forschungsdiskurses sind also allgemein gehalten und die Abschwächung desselben verbleibt durch Verwendung von Unbestimmtheitsmitteln iwS auf propositionaler Ebene und ohne auf eine Autorinstanz zu verweisen. Kurzum: Ein expliziter Verweis auf den Diskurs sowie auf den Autor bleibt aus.

Intertextuelle Textteile
a) Wir kommen nun zu Textstellen, in denen ein expliziter Bezug auf andere Autoren oder Positionen hergestellt wird. Auch hier wird zunächst ein Blick auf den Miedel-Text gerichtet.

> Diese „Bezeichnung von Ortschaften durch den bloßen Genitiv des [Besitzer-]Namens mit Ellipse von [...]" hat Vilmar schon 1837 richtig beurteilt [...] und nach ihm 1843 Schott [...] und Weigand 1853 [...]. Gleichwohl vermutet M. Buch noch 1872 in Ortsnamen wie Albrechts, Eisenharz einen Lokativ [...]. (362f.)

In diesem Textteil referiert der Autor in chronologischer Form einen Forschungsdiskurs: Er zeigt auf, dass Vilmar *schon 1837* und *nach ihm* Schott und Weigand eine aus seiner Sicht *richtige* Beurteilung hinsichtlich des gegebenen Themas vorgenommen haben. Trotz dieser richtigen Beurteilung *(gleichwohl) vermutet* M. Buch in diesem Zusammenhang *noch 1872* einen *Lokativ*. Es wird hier offenkundig, dass der Autor M. Buchs Position *(Vermutung)* für falsch hält, da er die zuvor aufgeführten Positionen einerseits als *richtig* bewertet und andererseits durch die chronologische Darstellung als mehrfach bestätigte und somit bewährte Position einordnet. M. Buchs Position steht dieser richtigen und bewährten Position gegenüber und ist somit nicht richtig.

Diese Einordnung von Positionen inklusive Kritik erscheint hier insofern interessant, als der Autor selbst in dieser Textstelle kaum explizit in Erscheinung tritt: Einzig die adverbiale Bestimmung *richtig* lässt hier durch den bewertenden Charakter auf eine Autorinstanz schließen. Außerdem finden sich in der Textstelle keine Unbestimmtheitsmittel im hier verwendeten Sinne. Als interessant in Hinblick auf Faktizität erscheinen noch zwei Punkte: Zum einen fällt auf, dass die Positionen, die vom Autor unterstützt werden, mit einem Faktizität suggerierenden *richtig* bezeichnet werden. Die Position, die nach Ansicht des Autors falsch ist, wird dagegen als Vermutung und somit als hinsichtlich der Faktizität unbestimmt eingestuft *(M. Buch vermutet)*. Zum anderen ist auffällig, dass zwar die positive Bewertung als *richtig* explizit geäußert wird, wohingegen die Bewertung als falsch aber im Impliziten verbleibt. Insofern ließe sich hier die Gesamtstrategie bei der Darstellung fremder Positionen (z. B. das chronologische Aufzählen) in gewisser Weise als eine Form der abgeschwächten Kritik verstehen.

Kommen wir zu einer weiteren intertextuellen Textstelle im Miedel-Text:

> Durch dieses Vorangehen der Präposition mit dem Geschlechtswort ließ sich v. Schweder in einem Vortrag über „meiningische Ortsnamen im Grabfeldgau" [...] zu der seltsamen Vermutung verleiten, dieser Beisatz sei erst dazu gekommen, „als die Zahl der zur ursprünglichen Siedelung gehörigen Häuser sich mehrte" und „zum Einbrechts" bedeute also z. B. „die zur

> *Siedelung des Einbrecht hinzutretenden Gehöfte". Daß das nicht richtig sein kann, beweist die heute im Volksmund noch übliche Sprechweise. Wie man in Hessen sagt: [...]* (363)

In dieser Textstelle nimmt der Autor einen expliziten kritischen Bezug auf einen anderen Autor *(v. Schweder)*. Dessen Position wird relativ offen und zugleich deutlich abwertend als *seltsame Vermutung* bezeichnet. Die kritisierte Auffassung von v. Schweder wird dabei in Form eines direkten Zitats wiedergegeben. Im Anschluss wird diesen Überlegungen explizit widersprochen: Der Autor sagt explizit, dass die Ausführung von v. Schweder *nicht richtig sein könne*, was die *übliche Sprechweise im Volksmund beweise*.

In diesem Beispiel fällt – wie im vorherigen – auf, dass der Autor selbst nicht explizit in Erscheinung tritt. Allenfalls die kritische Bewertung der Position von v. Schweder *(seltsame Vermutung)* sowie deren klare Zurückweisung *(X kann nicht richtig sein)* lassen eine Autorinstanz erahnen. Ebenso wie im obigen Beispiel lassen sich auch in dieser Textstelle keinerlei Unbestimmtheitsmittel im hier verwendeten Sinne ausmachen. Zu diesem assertiven Gehalt kommt darüber hinaus sogar noch eine gewissermaßen apodiktische und Faktizität andeutende Semantik hinzu, wenn der Autor die Auffassung v. Schweders eben als *nicht richtig* einstuft, was man (im Grunde ganz einfach und naheliegend) *beweisen* könne. Als letzte Parallele zum vorherigen Beispiel sei schließlich noch auf die in Hinblick auf Faktizität gewissermaßen opponierende Semantik von *Vermutung* und *richtig/falsch* verwiesen; der Unterschied ist allerdings, dass hier keine irgendwie angedeutete, implizite Kritik vorliegt, sondern die Opposition Vermutung vs. richtig/falsch in einem expliziten Kritikzusammenhang gebraucht wird.

Kommen wir nun zu einem weiteren intertextuellen Beispiel aus dem Miedel-Text:

> *Meines Wissens ist darüber noch nie eine Vermutung aufgetaucht außer einer gelegentlichen Bemerkung in einem Aufsatze von L. Zapf in [...], der sagt: [...] Ich bekenne, daß ich diesen dunklen Satz nicht recht verstehe; sollte aber damit etwa gemeint sein, daß die alten Thüringer soweit nach Süden vorgedrungen sind, als die Rodenamen reichen, so dünkt mich dies recht zweifelhaft.* (368)

Zunächst einmal ist zu erwähnen, dass diese Textstelle mit *darüber* an eine zuvor formulierte Frage des Autors anschließt. Der Autor sagt zunächst, dass die aufgeworfene Frage seines *Wissens* bisher im Forschungsdiskurs noch nicht behandelt wurde *(darüber ist noch nie eine Vermutung aufgetaucht)* und fügt zugleich mit dem *Aufsatze von L. Zapf* eine mögliche Ausnahme an. Zapfs Ausführungen zu dem in Frage stehenden Thema werden dann in Form eines direkten Zitats wiedergegeben. Auf diese Ausführungen reagiert der Autor mit dem

Bekenntnis *(ich bekenne)*, die zitierten Ausführungen *(diesen dunklen Satz)* nicht genau verstanden zu haben *(daß ich diesen dunklen Satz nicht recht verstehe)*. Eine mögliche Lesart dieses *dunklen Satzes*, die der Autor kurz andeutet *(sollte aber damit etwa gemeint sein, daß X)*, wird jedoch als *recht zweifelhaft* zurückgewiesen.

Diese Textstelle unterscheidet sich auffallend von den zuvor vorgestellten intertextuellen Textstellen in Hinblick auf die Explizitheit der Autorpräsenz: Insgesamt gibt es vier explizite Verweise auf die Autorinstanz *(meines Wissens, ich bekenne, ich verstehe nicht, dünkt mich)*. Interessant ist in diesem Zusammenhang die kritisch-bewertende Stellungnahme gegenüber der zitierten Textstelle von v. Zapf, die mit *ich bekenne* eingeleitet wird: Der Autor scheint hier explizit einzugestehen, dass er die Ausführungen von v. Zapf nicht *recht* verstanden habe, wenngleich die Bezeichnung der zitierten Textstelle als *dieser dunkle Satz* darauf hindeutet, dass dieses Nicht-Verstehen auf die mangelnde Ausdrucksklarheit der zitierten Textstelle selbst zurückzuführen ist. Dieses Bekenntnis des Nicht-Verstehens kann insofern als Absicherung gegenüber der Forschungsgemeinschaft verstanden werden, als die Interpretation der Zapf'schen Textstelle durch den Autor im weiteren Verlauf des Beispiels kritisiert wird: Der Autor möchte sich also vor der Äußerung der Kritik damit absichern, dass diese schwierig zu verstehende Textstelle von ihm möglicherweise falsch verstanden wurde. Die vorgetragene Kritik wird dann ebenfalls mit einem expliziten Autorverweis geäußert, wenngleich sie abgeschwächt vorgetragen wird *(dünkt mich recht zweifelhaft)*.

Vergleicht man diese Form der Kritikäußerung mit den zuvor vorgestellten aus dem Miedel-Text, so ist der Unterschied hinsichtlich der Bestimmtheit der Kritik offenkundig: Während oben die Einschätzungen anderer Positionen vor dem Hintergrund von Kategorien wie *richtig* und *falsch* vorgenommen wurden und somit gewissermaßen Faktizität in der Beurteilung suggeriert wird, erscheint die Kritik hier deutlich abgeschwächt. Es macht bspw. einen großen Unterschied, ob eine fremde Position als richtig oder falsch eingestuft wird oder ob behauptet wird, dass einen diese Position *recht* zweifelhaft *dünkt*. Bei Letzterem steht die Haltung bzw. Einschätzung des Autors im Vordergrund, womit per se Faktizität anzeigende Einstufungen ausgeschlossen sind.

Abschließend sei noch auf eine weitere Textstelle im Miedel-Text näher eingegangen:

> *Die Form des verwendeten Personennamens [im Original hervorgehoben] folgt bald der starken, bald der schwachen Beugung: Waltrams-Uten, und zwar, wie mir scheint, unterschiedslos. Baumann in seiner Geschichte des Allgäus [...] glaubt allerdings „merkwürdigerweise" einen Unterschied nach der geographischen Lage feststellen zu können, insofern als westlich*

von Kempten die auf s, östlich (um Kaufbeuren) die auf en überwiegen sollen; doch kann ich dies nicht bestätigt finden. (363)

In diesem Textteil nimmt der Autor grundsätzlich kritisch Bezug auf einen anderen Autor (Baumann): Auch diese Textstelle zeichnet sich – wie die zuvor besprochene – wieder durch explizite Autorpräsenz aus *(mir scheint; kann ich bestätigt finden)*. Bei beiden Belegen geht es im Grunde darum, die eigene Auffassung herauszustellen; mit einer wird zusätzlich explizit eine referierte Position kritisiert und abgelehnt *(doch kann ich dies nicht bestätigt finden)*.

Zu Beginn der Textstelle stellt der Autor zunächst heraus, wie er über den gegebenen Gegenstand denkt bzw. was er bezüglich des Gegenstandes vermutet *(wie mir scheint)*. Dem stellt er dann die Position Baumanns gegenüber *(Baumann [...] glaubt allerdings [...] feststellen zu können)*. Interessant ist in diesem Zusammenhang die Art und Weise, wie auf Baumann referiert wird: Statt eine vergleichsweise ‚neutrale' Verweisform wie *Baumann stellt fest* oder auch (eine etwas weniger ‚neutrale' Form) wie *Baumann behauptet festzustellen können* wird mit *Baumann glaubt feststellen zu können* eine Variante gewählt, durch die mit *glaubt zu können* bereits Distanzierung von Seiten des Autors gegenüber Baumanns Position angedeutet wird. Zudem ist diesbezüglich auch das offensichtlich zitierte Modalwort „*merkwürdigerweise*" zu erwähnen, mit dem offenbar ursprünglich Baumanns Haltung gegenüber dem Gegenstand *(starke oder schwache Beugung von Personennamen)* angezeigt wird: Das Interessante hierbei ist, dass man die (ursprünglich Baumann zuzurechnende) Verwendung des Modalworts hier indirekt auch dem Autor der obigen Textstelle (also Miedel) zurechnen kann. Nach dieser Interpretation würde sich das Modalwort nicht, wie wahrscheinlich ursprünglich bei Baumann, auf den Gegenstand *(starke oder schwache Beugung von Personennamen)* beziehen, sondern in diesem Fall auf die Position Baumanns. Das Modalwort wird nach dieser Lesart also gewissermaßen janusköpfig verwendet. Abschließend wird die wiedergegebene Position Baumanns mit *doch kann ich dies nicht bestätigt finden* zurückgewiesen: Auch hier liegt wieder ein expliziter Autorbezug vor *(ich)*. Im Unterschied zur obigen Form der Kritik, bei der nach richtig/falsch bewertet wurde, wird hier lediglich darauf verwiesen, dass der Autor für die vorgebrachte Position keine Bestätigung finden kann.

Was bei den vier vorgestellten Textstellen aus dem Miedel-Text auffällt, sind zwei Aspekte, die sich gewissermaßen komplementär zueinander verhalten: Auf der einen Seite gibt es Textstellen, die vollständig ohne explizite Autorpräsenz auskommen. In diesen Textstellen finden sich zugleich kritisch-bewertende Abgrenzungen gegenüber anderen Autoren, bei denen Faktizität suggerierende Kategorien wie richtig oder falsch angewendet werden, ohne diese in irgendeiner Form zu relativieren oder abzuschwächen. Auf der anderen Seite werden derartige Kategorien in den Textstellen mit expliziter Autorpräsenz nicht bedient. Hier ist die Kritik also nicht (zumindest formal) mit einem absoluten Geltungsanspruch formuliert. Diese abschwächende Form der Kritik wird darüber hinaus u. a. auch gerade mithilfe des Autorbezugs hergestellt *(mich dünkt; mir scheint; kann ich nicht bestätigen)*.

b) Der im Folgenden zu besprechende Bohnenberger-Text zeigt gegenüber dem Miedel-Text insgesamt weniger explizite intertextuelle Bezüge. Die folgenden drei Textstellen stellen die einzigen Bezüge dieser Art im gesamten Text dar:

> *Nur die allenthalben für den Norden des Monophthonggebiets geltende Einschränkung, daß Monophthonge nur in der Stellung vor Konsonanten [im Original hervorgehoben] bewahrt, im Auslaut und vor Vokal [...] dagegen diphthongiert sind, ist in Rechnung zu nehmen. Dann läßt K. Hoffmanns Angabe [...] über [...] im lothringischen Moselgebiet besondere Behandlung vor ht oder h vermuten. (299f.)*

In dieser Textstelle nimmt der Autor Bezug auf eine Position von K. Hoffmann, indem er gemeinsam mit dieser Position, auf die hier lediglich mit Angabe der Arbeit und Seitenzahlen verwiesen wird, eine Vermutung *(läßt vermuten)* anstellt *(über die besondere Behandlung von X im lothringischen Moselgebiet)*. Einschränkend ist diesbezüglich zu sagen, dass diese gemeinsame Vermutung von Seiten des Autors mit der lassen-Konstruktion unpersönlich ausgedrückt wird. Insgesamt wird mit der gemeinsamen Vermutung Bezug genommen auf eine *in Rechnung zu nehmende allenthalben für den Norden des Monophthonggebiets geltende Einschränkung.*

Es bleibt zu diesem Beispiel zunächst einmal zu konstatieren, dass es sich von den zuvor besprochenen intertextuellen Beispielen in dem Sinne unterscheidet, dass hier die Bezugnahme auf einen anderen Autor nicht kritisch abgrenzend, sondern vielmehr untermauernd gebraucht wird. Außerdem liegt hier ein Unbestimmtheitsmittel im engeren Sinne vor.

Beim nächsten (kurzen) Beispiel handelt es sich um den Beginn einer Fußnote:

> *Im einzelnen liegen, wie Tarrals Darstellung aus dem Kanton Falkenberg [...] zeigt, merkwürdige Verhältnisse vor. (300)*

In der Fußnote wird insgesamt auf einen zuvor im Fließtext angesprochenen Sachverhalt näher *(im einzelnen)* eingegangen. Der Autor behauptet, dass in diesem Zusammenhang bei näherer Betrachtung *merkwürdige Verhältnisse* vorliegen, und belegt dies mit einem Verweis auf einen anderen Autor *(wie*

Tarrals Darstellung [...] zeigt). Auch in diesem Beispiel wird der Bezug auf einen anderen Autor also zur Unterstützung herangezogen. Im Anschluss an die zitierte Textstelle wird dann genauer und mit Beispielen auf die angesprochenen *merkwürdigen Verhältnisse* eingegangen. Unbestimmtheitsmittel im hier verwendeten Sinne werden in dem Beispiel nicht verwendet.

Kommen wir zum letzten intertextuellen Beispiel aus dem Bohnenberger-Text:

> An der Mosel folgt nach Hoffmann auf ein nördlicheres ei (für ī und iu) in Aspach, Kirsch, Belmach, Merschweiler ein südlicheres ai in Sierck, Rettel u.s.w. Follmann [...] läßt ī zu ei, ū aber in den Sauer- und Moselmundarten zu ou und au werden im Wechsel foul : faulen, hous : hausen. (300)

In diesem Beispiel nimmt der Autor Bezug auf zwei andere Autoren (Hoffmann und Follmann). Im Textzusammenhang geht es im Grunde darum, die Aussprache einzelner Diphthonge in bestimmten Regionen zu bestimmen. Der Bezug auf Hoffmann wird hier – ähnlich wie oben – als unterstützender Beleg gebraucht (für die Aussprache in der Mosel-Region). Beim Bezug auf Follmann geht es im Wesentlichen auch um die Wiedergabe von dessen Position, wobei hierfür anders als bei Hoffmann mit *Follmann läßt X werden* eine Wiedergabevariante gewählt wird, die u. U. auch die Interpretation als Distanzierung zulässt, wobei sich für Letzteres im Anschluss an die Textstelle keine Evidenz ausmachen lässt. Für dieses Beispiel bleibt schließlich zu konstatieren, dass sich auch hier, wie im vorherigen Beispiel, keine Unbestimmtheitsmittel im hier verwendeten Sinne ausmachen lassen.

Die aufgeführten Beispiele aus dem Bohnenberger-Text unterscheiden sich gegenüber denen aus dem Miedel-Text insofern, als in ihnen der Autor im Großen und Ganzen kaum explizit präsent ist. Außerdem fällt auf, dass die Bezugnahmen auf andere Autoren in erster Linie zur Unterstützung bzw. Ergänzung der eigenen Darstellung gebraucht werden und dass demnach keine kritischen Bewertungen etwa nach richtig oder falsch (wie bei Miedel) vorliegen.

c) Was lässt sich nun insgesamt zum Gebrauch von Unbestimmtheitsmitteln bei intertextuellen Textstellen in den Texten der Mundartforschung sagen? Zunächst einmal fällt auf, dass in den intertextuellen Beispielen gemessen an der Gesamtzahl der diskutierten Textstellen insgesamt weniger Unbestimmtheitsmittel gebraucht werden als in den einleitenden Textteilen. Dies ist insofern relativ überraschend, als mit expliziten mitunter (sehr) kritischen Bezugnahmen auf andere Positionen bzw. Autoren explizit gesichtsbedrohende Akte vorgenommen werden und man insofern vielleicht gerade hier prinzipiell mehr Unbestimmtheitsmittel etwa im Sinne des Hedging erwarten könnte (siehe 2.2).

Dessen ungeachtet sei im Folgenden der Gebrauch der Unbestimmtheitsmittel näher erörtert: Betrachten wir zunächst das oben zuletzt vorgestellte Beispiel aus dem Miedel-Text (I) mit einer um die Unbestimmtheitsmittel bereinigten Variante (I'):

> (I) **Meines Wissens** ist darüber noch nie eine Vermutung aufgetaucht außer einer gelegentlichen Bemerkung in einem Aufsatze von L. Zapf in [...], der sagt: [...] Ich bekenne, daß ich diesen dunklen Satz nicht recht verstehe; sollte aber damit etwa gemeint sein, daß die alten Thüringer soweit nach Süden vorgedrungen sind, als die Rodenamen reichen, so **dünkt mich** dies **recht** zweifelhaft.

> (I') *Darüber ist noch nie eine Vermutung aufgetaucht außer einer gelegentlichen Bemerkung in einem Aufsatze von L. Zapf in [...], der sagt: [...] Ich bekenne, daß ich diesen dunklen Satz nicht recht verstehe; sollte aber damit etwa gemeint sein, daß die alten Thüringer soweit nach Süden vorgedrungen sind, als die Rodenamen reichen, so ist dies zweifelhaft.*

Bei diesem Beispiel lassen sich drei Unbestimmtheitsmittel im hier verwendeten Sinne ausmachen. Es handelt sich sowohl um Belege mit Unbestimmtheit iwS als auch ieS.

Beim ersten Beleg handelt es sich um die Kommentierung der Faktizität:

Ia) Es ist Fakt, dass darüber noch nie eine Vermutung aufgetaucht ist.
Ib) Es ist *meines Wissens* Fakt, dass darüber noch nie eine Vermutung aufgetaucht ist. (Unbestimmtheitsausdruck)

Durch den Ausdruck *meines Wissens* wird die Faktizität der Assertion in der Hinsicht kommentiert, dass dadurch die Einschätzung des Autors zum Ausdruck gebracht wird. Während durch die faktische Äußerung in I' eine gewisse Allgemeingültigkeit suggeriert wird, wird diese Allgemeingültigkeit mithilfe des kommentierenden Ausdrucks *meines Wissens* insofern relativiert, als es sich ausdrücklich um die Signalisierung des Wissensstands des Autors handelt.

Im letzten Satz des Textauszugs finden sich zwei Unbestimmtheitsmittel. Auffällig ist in diesem Zusammenhang, dass die Unbestimmtheitsmittel im Rahmen einer Äußerung verwendet werden, in der es darum geht, einer fremden Forschungsposition gegenüber Zweifel zu signalisieren: Bei den unten aufgeführten Beispielsätzen steht dem Originalbeleg d das von Unbestimmtheitsmitteln bereinigte Beispiel a gegenüber. In b und c ist jeweils ein Unbestimmtheitsmittel realisiert.

a) So ist dies zweifelhaft.
b) So *dünkt mich* dies zweifelhaft.

c) So ist dies *recht* zweifelhaft.
d) So dünkt mich dies recht zweifelhaft.

Kommen wir zunächst einmal zum Beleg *dünkt mich*. Hierbei handelt es sich um Unbestimmtheit ieS, bei der es in dem Sinne um die Kommentierung von Faktizität geht, dass mit ihr keine Sicherheit hinsichtlich der Faktizität ausgedrückt wird.

Ic) Es ist Fakt, dass dies zweifelhaft ist.
Id) Es *dünkt mich* Fakt (zu sein), dass dies zweifelhaft ist. (Unbestimmtheitsausdruck)

Die Einstufung des Sachverhalts als *zweifelhaft*, die in a und Ic als gegeben erscheint, wird durch das *dünkt mich*, das vergleichbaren Ausdrücken wie *scheint mir* oder *scheint zu sein* entspricht, als unsicher markiert; man kann es demnach also nicht mit absoluter Sicherheit sagen, ob der Sachverhalt sicher ist (dass X ist zweifelhaft ist), wenngleich der Autor dazu tendiert. Die Grenze scheint hier (auf den ersten Blick) nicht ganz klar gezogen werden zu können zu den kommentierenden Unbestimmtheitsmitteln iwS, bei denen es um die individuelle Einschätzung des Autors geht, denn auch hier wird ja eine Einschätzung des Autors vorgetragen. Wie jedoch bereits unter 5.1 diskutiert wurde, besitzen Ausdrücke wie *dünkt mich* insofern eine andere Qualität der Einschätzung, als durch sie ein Grad an Unsicherheit eingebracht wird, den Ausdrücke wie m. E. nicht haben.

Beim Unbestimmtheitsmittel des Beispielsatzes c *(recht)* handelt es sich um Unbestimmtheit iwS. Es liegt hier ein Zusatz vor, mit dem die Prädikation relativiert wird, wie die folgende Umschreibung zeigen soll.

Ie) X ist zweifelhaft. [R = X + P = ist, zweifelhaft]
If) X ist *recht* zweifelhaft. [R = X + P = ist, *recht* zweifelhaft]

Zunächst einmal handelt es sich beim Ausdruck *recht* um einen Zusatz im oben beschriebenen Sinne, d. h. er kann prinzipiell weggelassen werden, ohne dass sich die zugrunde liegende Proposition verändert. Durch seine Realisierung wird die Prädikation insgesamt semantisch vage. Während die Äußerung in Ie, d. h. ohne Unbestimmtheitsausdruck, in gewisser Weise apodiktisch und allgemeingültig scheint, wird dies durch die Vagheit in If relativiert.

Ein weiterer Beleg mit einem Unbestimmtheitsmittel stammt wiederum aus dem Miedel-Text:

> (II) *Die Form des verwendeten Personennamens [im Original hervorgehoben] folgt bald der starken, bald der schwachen Beugung: Waltrams-Uten, und zwar, wie* **mir scheint***, unterschiedslos.*
>
> (II') *Die Form des verwendeten Personennamens [im Original hervorgehoben] folgt bald der starken, bald der schwachen Beugung: Waltrams-Uten, und zwar unterschiedslos.*

Bei diesem Beleg handelt es sich um Unbestimmtheit ieS: Mit *mir scheint* liegt Kommentierung der Faktizität in der Form vor, dass der Sachverhalt als nicht sicher eingestuft wird. Die elliptische Verwendung des Belegs im Original muss zunächst einmal paraphrasiert und somit die Verwendung des Unbestimmtheitsmittels explizit gemacht werden. Die explizite Form lässt sich wie folgt darstellen:

a) Die Form des verwendeten Personennamens folgt, wie mir scheint, unterschiedslos bald der starken, bald der schwachen Beugung.

Die Kommentierung der Faktizität lässt sich nun wie folgt veranschaulichen:

IIa) Es ist Fakt, dass X unterschiedslos bald der starken, bald der schwachen Beugung folgt.
IIb) Es ist, wie *mir scheint*, Fakt, dass X unterschiedslos bald der starken, bald der schwachen Beugung folgt. (Unbestimmtheitsausdruck)
IIc) Es *scheint mir* Fakt zu sein, dass X unterschiedslos bald der starken, bald der schwachen Beugung folgt. (Unbestimmtheitsausdruck)

Bei den Umschreibungen IIb und IIc handelt es sich um alternative Umschreibungen, die beide im Gegensatz zu IIa die Kommentierung der Faktizität mit Blick auf Unsicherheit zum Ausdruck bringen. Auch für diesen Beleg gilt wie für *mich dünkt*, dass hier zwar auch eine Einschätzung des Autors vorliegt, wie bei der zweiten Form der kommentierenden Unbestimmtheitsmittel. Die Einschätzung mit *mir scheint* drückt aber zugleich einen gewissen Grad an Unsicherheit aus.

Kommen wir nun schließlich zum letzten Unbestimmtheitsmittel aus den intertextuellen Textteilen, und zwar zu dem Beleg aus dem Bohnenberger-Text:

> (III) *Dann läßt K. Hoffmanns Angabe [...] über [...] im lothringischen Moselgebiet besondere Behandlung vor* ht *oder* h **vermuten***.*

Bei diesem Beleg handelt es sich erneut um Unbestimmtheit ieS, da hier ein Fakt als nicht sicher kommentiert wird. Das Besondere an diesem Beleg ist, dass hier – wie oben gezeigt – der vermutende Ausdruck von Unsicherheit mit Bezug auf einen anderen Autor vorgenommen wird.

Der Originalbeleg sei zunächst einmal mit Blick auf die dann folgende Umschreibung umformuliert: Hierfür erscheint es notwendig auch auf den Kontext vor der oben erörterten Textstelle zu verweisen. Dort erklärt der Autor, dass er bei seiner Besprechung prinzipiell nicht auf Ausnahmen eingehen möchte und dass diese also „direkter Aufnahme vorbehalten [bleiben]" (299) sollen. Auf ‚nur' einen Aspekt geht er dann allerdings doch – mit dem oben zitierten Ausschnitt – näher ein, der „in Rechnung zu nehmen" (300) sei. Auf dieser Grundlage wird dann die Äußerung mit dem hier in Frage stehenden Unbestimmtheitsbeleg realisiert, d. h. mit der ‚besonderen Behandlung im lothringischen Moselgebiet' ist eine der angesprochenen Ausnahmen gemeint. Den obigen Beleg kann man also wie folgt umformulieren:

a) Man kann im lothringischen Moselgebiet eine besondere Behandlung vor X vermuten. Diese Vermutung stützt sich auf die Angaben von K. Hoffmann über Y.
b) Im lothringischen Moselgebiet zeigt sich eine besondere Behandlung von X. Dies kann mit den Angaben von K. Hoffmann über Y belegt werden.

Während Beispiel a im Wesentlichen dem Originalbeleg entspricht, wird mit b derselbe propositionale Gehalt ohne Unbestimmtheitsmittel zum Ausdruck gebracht. Die folgende Umschreibung macht nun auf dieser Grundlage den kommentierenden Charakter des Unbestimmtheitsmittels deutlich:

IIIa) Es ist Fakt, dass sich im lothringischen Moselgebiet X zeigt. (Assertion)
IIIb) Es ist, wie *ich vermute*, Fakt, dass sich im lothringischen Moselgebiet X zeigt. (Unbestimmtheitsausdruck)

Auffällige Textteile
Im folgenden Abschnitt wird ein Blick auf Textteile aus den Texten der Mundartforschung geworfen, die hinsichtlich ihres quantitativen oder qualitativen Gebrauchs von Unbestimmtheitsmitteln besonders auffällig sind. Diese Textteile sind also nicht primär durch ihre Funktion (wie etwa Einleitung oder Intertextualität) vordefiniert; vielmehr sollen vor dem Hintergrund der Betrachtung der Unbestimmtheitsmittel mögliche Textfunktionen herausgearbeitet werden. Die Unbestimmtheitsmittel werden in diesem Abschnitt jeweils direkt diskutiert und nicht erst, wie in den vorherigen Abschnitten, in einem separaten Teil (oben jeweils unter c).

a) Kommen wir zunächst zu einer Textstelle aus dem Miedel-Text. In I und I' wird der Textauszug einmal im Original, also mit Unbestimmtheitsmitteln, und einmal um die Unbestimmtheitsmittel bereinigt dargestellt, um so den Unterschied im Gesamtzusammenhang deutlich zu machen:

> (I) *Die Auslassung des regierenden, durch ein Attribut näherbestimmten Hauptworts ist in Fällen, in denen es leicht zu ergänzen ist, durchaus nichts Ungewöhnliches. Schon der Anfänger der griechischen Sprache lernt [...], der Lateiner kennt [...] und männiglich gebraucht bei uns „an Georgi, Ägidi, an Aller Heiligen",* **meist wohl** *sogar, ohne sich des zu ergänzenden Wortes (Tag) bewußt zu werden. Dem zuerst angeführten Beispiel entsprechen deutsche Geschlechtsnamen wie Jacobi und Jakobs, Petri und Peters. Wie wir sagen: bei Unser Frauen, zu St. Lorenzen (nämlich Kirche), so heißt es englisch [...]. Der Begriff „Haus" bietet sich* **wohl** *am leichtesten von selbst zur Ergänzung, so im altnord. [...], und die Ausdrucksweise „bei Rektors, zu Meiers" ist* **sicher** *jedermann geläufig, sogar das viel verpönte „vor Christi" wäre mit Rücksicht auf diese Beispiele* **vielleicht** *nicht* **so ganz** *zu verwerfen.* (362)

> (I') *[...] Schon der Anfänger der griechischen Sprache lernt [...], der Lateiner kennt [...] und männiglich gebraucht bei uns „an Georgi, Ägidi, an Aller Heiligen", sogar, ohne sich des zu ergänzenden Wortes (Tag) bewußt zu werden.[...]. Der Begriff „Haus" bietet sich am leichtesten von selbst zur Ergänzung, so im altnord. [...], und die Ausdrucksweise „bei Rektors, zu Meiers" ist jedermann geläufig, sogar das viel verpönte „vor Christi" wäre mit Rücksicht auf diese Beispiele nicht zu verwerfen.*

Dieser Textausschnitt stammt aus dem ersten Abschnitt nach der Einleitung des Textes, in dem im Großen und Ganzen das Thema des Textes anhand von Beispielen vorgestellt wird. Grundsätzlich ist zu sagen, dass der Autor in diesem Textausschnitt lediglich implizit etwa über die Verwendung von Modalwörtern in Erscheinung tritt, es gibt also keine expliziten Autorbezüge. Allgemeiner Art sind die Bezüge auf die Sprachgemeinschaft *(bei uns, wie wir sagen)*, bei denen der Autor entfernt natürlich auch mit eingeschlossen ist – es handelt sich bei diesen Bezügen allerdings nicht speziell um die für den Text verantwortliche Instanz. In dem Textauszug werden zunächst Beispiele aus dem Griechischen und dem Lateinischen vorgestellt, dem dann Beispiele für das Deutsche hinzugefügt werden *(bei uns, wie wir sagen)*.

Insgesamt lassen sich in diesem relativ kurzen Textausschnitt sechs Unbestimmtheitsmittel ausmachen. Für ihre Erörterung ist vor allem der Kontext zu berücksichtigen, bei dem es in erster Linie darum geht, einschlägige Beispiele in Bezug auf den behandelten Gegenstand vorzustellen. Es ist also der Fokus immer auch darauf zu legen, inwiefern die Unbestimmtheitsmittel hier in Bezug auf die Beispielpräsentation realisiert werden.

Die ersten zwei Belege *[***meist wohl*** *sogar, ohne sich des zu ergänzenden Wortes (Tag) bewußt zu werden]* werden in einem inhaltlichen Zusammenhang verwendet, bei dem es um den typischen, bzw. zumindest häufigen Gebrauch von vom Autor aufgeführten Beispielen geht *(männlich gebraucht bei uns)*. Eine Paraphrasierung des Originalbelegs lässt sich wie folgt darstellen (a):

a) X wird bei uns, *meist wohl* sogar, ohne sich des zu ergänzenden Wortes (Tag) bewußt zu werden, gebraucht.

In Beispiel b wird die Äußerung dagegen ohne Unbestimmtheitsmittel und in den Beispielen c und d mit jeweils nur einem Unbestimmtheitsmittel aufgeführt:

b) X wird bei uns, sogar, ohne sich des zu ergänzenden Wortes (Tag) bewußt zu werden, gebraucht.
c) X wird bei uns, *wohl* sogar, ohne sich des zu ergänzenden Wortes (Tag) bewußt zu werden, gebraucht.
d) X wird bei uns, *meist* sogar, ohne sich des zu ergänzenden Wortes (Tag) bewußt zu werden, gebraucht.

Kommen wir zunächst zu wohl: Mit *wohl* wird die Faktizität des Sachverhalts, dass die in Rede stehenden Beispiele auf bestimmte Art und Weise gebraucht werden, in der Hinsicht kommentiert, dass er als nicht sicher markiert wird:

Ia) Es ist Fakt, dass X bei uns, sogar, ohne sich des zu ergänzenden Wortes (Tag) bewußt zu werden, gebraucht wird.
Ib) Es ist *wohl* Fakt, dass X bei uns, sogar, ohne sich des zu ergänzenden Wortes (Tag) bewußt zu werden, gebraucht wird. (Unbestimmtheitsausdruck)

Bei *meist* geht es im Gegensatz dazu nicht um die Kommentierung der Faktizität, sondern um die Relativierung der Geltung des propositionalen Gehalts, es liegt also Unbestimmtheit iwS vor. Dies lässt sich wie folgt veranschaulichen:

Ic) [X wird bei uns, sogar, ohne sich des zu ergänzenden Wortes (Tag) bewußt zu werden, gebraucht] und dies gilt. (absolute Geltung)
Id) [X wird bei uns, sogar, ohne sich des zu ergänzenden Wortes (Tag) bewußt zu werden, gebraucht] und dies gilt *meist*. (unbestimmte Geltung)

Durch den zeitlichen Zusatz wird die Geltung des propositionalen Gehalts (X wird auf bestimmte Art und Weise gebraucht) beschränkt; er gilt durch diesen Zusatz nicht absolut. Für den Zusatz selbst gilt zudem, dass er prinzipiell weggelassen werden könnte, ohne dass sich der zugrunde liegende propositionale Gehalt verändern würde.

Kommen wir zum nächsten Beleg: Bei der zweiten Verwendung von *wohl* (*Der Begriff „Haus" bietet sich* **wohl** *am leichtesten von selbst zur Ergänzung*) wird eine Vermutung darüber angedeutet, welche *Ergänzung* für die zuvor an Beispielen aufgezeigten *Auslassungen* in Frage kommen könnten. Die beiden Vermutungsmarkierungen mit *wohl* unterscheiden sich offenbar in ihrer Qualität: Während sich die erste auf einen Gegenstand bezieht, der nicht ohne weiteres mit absoluter Sicherheit bestimmt werden könnte, und die Vermutung insofern tatsächlich auf ein Nicht-Wissen oder aber Nicht-Genau-Wissen auf der Seite des Textproduzenten zurückgeführt werden könnte, ist die Vermutung beim zweiten wohl-Beleg auf einen Gegenstand gerichtet, der prinzipiell überprüfbar ist, wie auch die belegende Weiterführung mit *so im altnord. [...]* andeutet. Die Unsicherheit signalisierende Kommentierung der Faktizität lässt sich in folgender Form darstellen:

Ie) Es ist Fakt, dass X sich am leichtesten von selbst zur Ergänzung bietet.
If) Es ist *wohl* Fakt, dass X sich am leichtesten von selbst zur Ergänzung bietet. (Unbestimmtheitsausdruck)

Beim nächsten Beleg liegt ebenfalls Kommentierung der Faktizität, also Unbestimmtheit ieS, vor, obgleich hier die individuelle Einschätzung durch die Autorinstanz im Vordergrund steht und nicht etwa die Signalisierung von Unsicherheit in Bezug auf die Faktizität des Sachverhalts. Es handelt sich um die Verwendung des Modalwortes *sicher* in Beispiel e:

e) Die Ausdrucksweise „bei Rektors, zu Meiers" ist *sicher* jedermann geläufig.

Die folgende Umschreibung macht den kommentierenden Charakter deutlich:

Ig) Es ist Fakt, dass X jedermann geläufig ist.
Ih) Es ist *sicher* Fakt, dass X jedermann geläufig ist. (Unbestimmtheitsausdruck)

Die Einschätzung der Autorinstanz zielt bei diesem Beleg auf einen allgemeinen Wissensbestand *(jedermann)* ab. In Bezug hierauf wird zum Ausdruck gebracht, dass die angeführten Beispiele aus Sicht der Autorinstanz *sicher geläufig* seien. Durch die Kommentierung der Faktizität mit einem eine relative Sicherheit anzeigenden Modalwort verliert der Fakt seine Allgemeingültigkeit und Absolutheit, d. h. durch den relativ sicheren Bezug auf eine ‚Sprecherposition' (der Kommentarinstanz) wird eine Art Abhängigkeit des Faktes von der (Sichtweise der) Autorinstanz erzeugt, womit er also nicht allgemein gelten kann. Mit der Semantik des Modalworts *sicher* bringt die Kommentarinstanz dabei nicht, wie bei der anderen kommentierenden Unbestimmtheitsform, Unsicherheit, sondern (im Gegenteil) relative Sicherheit in Hinblick auf die Faktizität zum Ausdruck. Betont sei in diesem Zusammenhang allerdings, dass es sich dabei nur um eine *relative* Sicherheit, also um eine an Sicherheit grenzende Wahrscheinlichkeit, handeln kann und nicht etwa um eine absolute Sicherheit.

Kommen wir schließlich zum letzten Satz des obigen Textausschnittes, in dem sich zwei Unbestimmtheitsmittel finden: Zum einen handelt es sich dabei mit dem Modalwort *vielleicht* um Unbestimmtheit ieS und zum anderen mit *(nicht) so ganz* um Unbestimmtheit iwS. Zum inhaltlichen Kontext der Belege ist zu sagen, dass hier auf einen vergleichsweise kritischen Gegenstand Bezug genommen wird, wie man an der Einordnung des Beispiels als *das viel verpönte „vor Christi"* erkennen kann. In der Regel wird das diskutierte Beispiel also *verpönt*. Vor diesem Hintergrund der normalerweise negativen Besetzung dieses Beispiels wird in dem hier interessierenden Textauszug versucht, es in den Rahmen des behandelten Themas zu stellen und insofern auch gewissermaßen zu rehabilitieren. Dieser Hintergrund ist sicherlich bei der Erörterung des Gebrauchs der Unbestimmtheitsmittel zu berücksichtigen. Schauen wir uns hierfür den Satz zunächst einmal in unterschiedlichen Varianten an:

f) Sogar das viel verpönte „vor Christi" wäre mit Rücksicht auf diese Beispiele *vielleicht* nicht *so ganz* zu verwerfen.
g) Sogar das viel verpönte „vor Christi" wäre mit Rücksicht auf diese Beispiele nicht *so ganz* zu verwerfen.
h) Sogar das viel verpönte „vor Christi" wäre mit Rücksicht auf diese Beispiele *vielleicht* nicht zu verwerfen.
i) Sogar das viel verpönte „vor Christi" wäre mit Rücksicht auf diese Beispiele nicht zu verwerfen.
j) Sogar das viel verpönte „vor Christi" ist mit Rücksicht auf diese Beispiele nicht zu verwerfen.

In den Beispielen i und j sind jeweils beide Unbestimmtheitsmittel entfernt; sie unterscheiden sich lediglich im Modus (Indikativ; Konjunktiv). In i wird das Halbmodal (ist zu verwerfen), das in der negativen Form im Sinne eines *darf nicht* gelesen werden kann, bereits durch die Potentialität des Konjunktivs abgeschwächt. Auf dieser Folie von i werden in f, also dem Originalbeleg, beide

Unbestimmtheitsmittel verwendet. In den Beispielen g und h wird dann jeweils ein Unbestimmtheitsmittel weggelassen.

Betrachten wir das erste Unbestimmtheitsmittel *vielleicht* vor dem Hintergrund einer von Konjunktiv und dem weiteren Unbestimmtheitsmittel bereinigten Variante in Hinblick auf seinen kommentierenden Charakter:

Ii) Es ist Fakt, dass X mit Rücksicht auf diese Beispiele nicht zu verwerfen ist.
Ij) Es ist *vielleicht* Fakt, dass X mit Rücksicht auf diese Beispiele nicht zu verwerfen ist. (Unbestimmtheitsausdruck)

Die Unsicherheit markierende Kommentierung des Faktes wird hier in einem modalen Zusammenhang verwendet (Halbmodal bzw. Modalitätsverb): Im Prinzip wird hier grundlegend gesagt, dass der Sachverhalt X nicht verworfen werden sollte bzw. darf. Hierauf bezieht sich schließlich das Modalwort *vielleicht*.

Interessant ist dieser Beleg auch vor allem wegen der Kombination aus Potentialität ausdrückendem Konjunktiv und dem Vermutungs- und Unsicherheitscharakter durch das Modalwort, was in Beispiel h gut ersichtlich ist. Gerade was diese Kombination betrifft, ist sicherlich der oben angesprochene kritische Textzusammenhang nicht unwichtig: Der Autor positioniert sich in dem Sinne, dass X nicht verworfen werden solle, und stellt sich damit offensichtlich gegen eine Mehrheitsmeinung. Die Unsicherheitsmarkierung (und der Konjunktiv) werden nun in Bezug auf diese Positionierung des Autors in Hinblick auf den als kritisch eingeordneten Gegenstand gebraucht.

Kommen wir schließlich zum letzten Unbestimmtheitsbeleg in diesem Textausschnitt. Hierbei handelt es sich um Unbestimmtheit iwS, bei der also der propositionale Gehalt relativiert wird. Genau genommen wird hier die Geltung der Proposition relativiert, wie die folgende Umschreibung verdeutlichen soll:

Ik) (Das viel verpönte „vor Christi" ist mit Rücksicht auf diese Beispiele zu verwerfen) und dies gilt nicht. (absolute Geltung)
Il) (Das viel verpönte „vor Christi" ist mit Rücksicht auf diese Beispiele zu verwerfen) und dies gilt nicht *so ganz*. (unbestimmte Geltung)

Zunächst einmal handelt es sich bei diesem Unbestimmtheitsmittel um einen Zusatz, der weggelassen werden könnte, ohne dass sich die zugrunde liegende Proposition verändern würde. Mit dem Zusatz *so ganz* wird die Negation des Satzes relativiert; sie verliert so ihren absoluten und apodiktischen Charakter und wird semantisch vage.

Aus diesem mit vergleichsweise vielen Unbestimmtheitsmitteln versehenen Textbeispiel werden insbesondere zwei Dinge ersichtlich: Zum einen zeigt sich bei den Unbestimmtheitsmitteln ieS, bei denen Unsicherheit signalisiert wird, dass diese in qualitativ ganz unterschiedlichen funktionalen Zusammenhängen auftreten. Eine Unbestimmtheitsmarkierung kann sich dabei auf ganz unterschiedliche Aspekte beziehen und insofern jeweils unterschiedliche Qualitäten besitzen: Sie kann sich bspw. auf tatsächliches Nicht-Wissen aufgrund einer nicht (ohne weiteres) überprüfbaren Faktenlage oder aber auf prinzipiell überprüfbare Aspekte beziehen, wie an den zwei wohl-Belegen deutlich wurde. Sie kann aber auch in einem Zusammenhang gebraucht werden, in dem es für den Autor darum geht, sich (in einem kritischen Rahmen) zu positionieren, wie der vielleicht-Beleg zeigt. Der zuletzt genannte Beleg wäre sicherlich am leichtesten im Zusammenhang mit den Überlegungen zum Hedging einzuordnen. Zum anderen fällt der Textausschnitt aber auch dadurch auf, dass die Unbestimmtheitsmittel ieS in zwei von vier Fällen zusammen mit Unbestimmtheitsmitteln iwS gebraucht werden, was bedeutet, dass hier Unbestimmtheit sowohl in Bezug auf die Faktizität als auch Bezug auf den propositionalen Gehalt ausgedrückt wird.

Aus textfunktionaler Perspektive geht es in dem Textausschnitt – wie oben bereits gesagt – darum, in das Thema mithilfe einzelner Beispiele einzuführen. Offensichtlich bietet also gerade der Umgang mit und die Einordnung von Beispielen einen geeigneten Hintergrund für die Verwendung von Unbestimmtheitsmitteln.

Da die Unbestimmtheitsmittel im Bohnenberger-Text nicht so komprimiert wie im Miedel-Text verwendet werden, sondern eher einzeln auf den gesamten Text verteilt sind, soll im Folgenden noch ein Ausschnitt aus dem Miedel-Text näher betrachtet werden, bei dem zumindest vier Unbestimmtheitsmittel auf engem Raum vorkommen. Mit II und II' stehen sich der Originalbeleg und ein um die Unbestimmtheitsmittel bereinigter Beleg gegenüber:

II) *Meine Quellen reichen aber nicht aus, um deren Zahl verlässig bestimmen zu können; es* **mögen** *im ganzen nicht viel über 100 sein, in der Oberpfalz allein* **etwa** *30 (darunter viele jüngere, wie Görlas und Höflas). Die abgegangenen sind nicht zu bestimmen; doch darf deren Zahl da, wo die jüngere Schicht häufig ist,* **wohl** *als ehedem* **ziemlich groß angenommen** *werden.* (366)

II') *Meine Quellen reichen aber nicht aus, um deren Zahl verlässig bestimmen zu können; es sind im ganzen nicht viel über 100, in der Oberpfalz allein 30 (darunter viele jüngere, wie Görlas und Höflas). Die abgegangenen sind nicht zu bestimmen; doch ist deren Zahl da, wo die jüngere Schicht häufig ist, ehedem groß.*

Der ausgewählte Textauszug befindet sich innerhalb eines Abschnittes in der Mitte des Gesamttextes, ihm geht eine Art quantitative Auflistung von regionalen Verteilungen von Ortsnamen voraus. Im Textausschnitt selbst nimmt der Autor Bezug auf seine *Quellen*: Grundsätzlich betont er unter Bezugnahme auf den vorherigen Kontext, dass diese *Quellen* für eine zuverlässige Bestimmung der Quantität des in Rede stehenden Gegenstandes nicht ausreichen; der Autor signalisiert also deutlich, dass die Basis der folgenden Einschätzungen nicht sicher ist. Im Folgenden stellt er dann also solche Einschätzungen hinsichtlich der Quantität des behandelten Gegenstandes an. Die Autorpräsenz wird in diesem Zusammenhang recht unterschiedlich realisiert: Zum einen wird mit *Meine Quellen* explizite Autorpräsenz hergestellt. Zum anderen werden die Autorhandlungen jedoch auch unpersönlich über Halbmodale und Passivformen ausgedrückt *(sind nicht zu bestimmen; darf [...] angenommen werden)*; es handelt sich hierbei um sog. origonahe Deagentivierungsmuster (vgl. Hennig & Niemann 2013b). Implizit wird auf die Autorinstanz mit dem epistemischen Modalverb *mögen*, mit dem Modalwort *wohl* sowie mit der Semantik des Verbs *annehmen* verwiesen.

Unbestimmtheitsmittel werden ausschließlich in dem funktionalen Textrahmen gebraucht, in dem es um die autorseitige einschätzende Bestimmung der Quantität des Gegenstandes geht. Insgesamt lassen sich fünf Unbestimmtheitsmittel ausmachen, wovon drei als Unbestimmtheitsformen ieS und zwei als Unbestimmtheitsform iwS anzusehen sind.

Beim ersten Beleg handelt es sich um die epistemische Verwendung des Modalverbs *mögen*. Der vermutende und Unsicherheit indizierende Charakter dieses Belegs lässt sich gut anhand der Gegenüberstellung mit der assertiven Variante (ohne Unbestimmtheitsmittel) erkennen (siehe I und I'). Mit *mögen* wird die Faktizität der Assertion kommentiert und auf diese Weise Unsicherheit hinsichtlich der Faktizität zum Ausdruck gebracht, wie die folgende Umschreibung zeigt:

IIa) Es ist Fakt, dass es im Ganzen nicht viel über 100 sind.
IIb) Es *mag* Fakt sein, dass es im Ganzen nicht viel über 100 sind. (Unbestimmtheitsausdruck)

Die folgenden drei Unbestimmtheitsmittel des Textauszuges werden in einem Satzzusammenhang verwendet. Die folgende Paraphrasierung stellt den Satz mit (c) und ohne Unbestimmtheitsmittel dar (a und b):

k) Deren Zahl ist da, wo die jüngere Schicht häufig ist, ehedem groß.

l) Deren Zahl ist da, wo die jüngere Schicht häufig ist, als ehedem groß anzusehen.
m) Deren Zahl darf da, wo die jüngere Schicht häufig ist, *wohl* als ehedem *ziemlich* groß *angenommen* werden.

Kommen wir zunächst zu den Unbestimmtheitsmitteln ieS, also zum Verbalkomplex *darf angenommen werden* und zu *wohl*. Es handelt sich hierbei um kommentierende Unbestimmtheit, bei der Unsicherheit in Hinblick auf die Faktizität markiert wird, was wie folgt veranschaulicht werden kann:

IIc) Es ist Fakt, dass X groß ist.
IId) Es ist, wie *ich annehme*, Fakt, dass X groß ist.
IIe) Es ist *wohl* Fakt, dass X groß ist.

Das dritte Unbestimmtheitsmittel in diesem Zusammenhang ist eine Form von relativierender Unbestimmtheit, durch die die Prädikation vage wird:

IIf) Deren Zahl ist ehedem groß. [R = Deren Zahl + P = ist, ehedem, groß]
IIg) Deren Zahl ist ehedem *ziemlich* groß. [R = Deren Zahl + P = ist, ehedem, *ziemlich* groß]

Es handelt sich bei *ziemlich* um einen prinzipiell weglassbaren Zusatz, der die absolute und uneingeschränkte Prädikation *ist groß* zu *ist ziemlich groß* relativiert, wodurch der eindeutige semantische Skopus von *groß* vage wird.

Und schließlich findet sich noch ein weiteres Unbestimmtheitsmittel iwS, mit dem die Prädikation relativiert wird. Der Zusammenhang dieses Unbestimmtheitsmittels, der im Originalbeleg elliptisch ist, kann wie folgt dargestellt werden:

n) Es sind in der Oberpfalz allein *etwa* 30 [von deren].

Die Relativierung der Prädikation des Zahlenworts *30* mit *etwa* lässt sich wie folgt umschreiben:

IIh) Es sind in der Oberpfalz allein 30 von deren. [R = Es, in der Obepfalz, von deren + P = sind, allein, 30]
IIi) Es sind in der Oberpfalz allein *etwa* 30 von deren. [R = Es, in der Obepfalz, von deren + P = sind, allein, *etwa* 30]

Der funktionale Zusammenhang, in dem die Unbestimmtheitsmittel ieS verwendet werden, besteht in diesem Textausschnitt gewissermaßen in tatsächlicher Vermutung und Unsicherheit in Hinblick auf die besprochenen Phänomene: Der Verwendung des epistemischen Modalverbs zu Beginn des Textauszugs geht – wie oben gezeigt – eine rechtfertigende Einschränkung voraus, in der erklärt wird, dass die Angaben bezüglich des thematisierten Gegenstands nicht zuverlässig gemacht werden könnten aufgrund der eingeschränkten Quellenlage. Auf der Basis dieser Rechtfertigung, die besagt, dass es keine valide Datenlage gibt, wird eine Vermutung hinsichtlich des behandelten Gegenstandes vorgebracht, die aufgrund der Datenlage nicht ohne weiteres bestätigt werden kann. Dem letzten Satz, in dem drei Unbestimmtheitsmittel verwendet werden, geht eine formale Feststellung voraus *(x sind nicht zu bestimmen)*, die wiederum als Rechtfertigung gelesen werden kann. Genau kann man hier zwar nicht sagen, wer *X nicht genau bestimmen* könne, aber der umgebende Kontext legt nahe, dass es sich um die Autorinstanz handelt. Auf diese Rechtfertigung oder die Feststellung des Nicht-Könnens folgt mit dem letzten Satz erneut eine vermutende und Unsicherheit indizierende Äußerung. Im Vergleich zur ersten Verwendung von Unbestimmtheit in diesem Textausschnitt scheint dieser letzten Äußerung mit drei Unbestimmtheitsmitteln mehr Gewissheit zugrunde zu liegen, wenngleich auch hier – wie gezeigt – keine valide Datenlage vorhanden zu sein scheint.

5.3.2.2 Junggrammatiker

Im Folgenden werden zwei Texte untersucht, die den Junggrammatikern zuzuordnen sind. Auch hier werden wie im vorherigen Abschnitt zunächst einleitende, dann intertextuelle und schließlich in Hinblick auf den qualitativen oder quantitativen Gebrauch von Unbestimmtheitsmitteln auffällige Textausschnitte näher betrachtet, bevor die Ergebnisse abschließend zusammengetragen werden. Ein Text stammt von Hermann Osthoff (1902) und trägt den Titel *Fechten*. Beim zweiten Text handelt es sich um eine Arbeit von Wilhelm Braune (1907) mit dem Titel *Zur altsächsischen Genesis*. Beide sind in *Beiträge zur Geschichte der deutschen Sprache und Literatur* erschienen.

Einleitende Textteile

a) Kommen wir zunächst zur Einleitung aus dem Text von Osthoff:

Nachdem Kluge in allen früheren auflagen seines Et.wb.'s ein 'got. *fiuhtan „fechten"' vorausgesetzt hatte, das 'aus der u-reihe vom praet. pl. und part. aus in die e-reihe übergetreten' sei, hat er in der letzten, 6. aufl. den weiteren schritt getan, 'das construierte got. *fiuh-

tan' in ‚ags. féohtan, engl. to fight' *tatsächlich reflectiert zu sehen. Dieser sonderansicht von dem lautlichen und morphologischen wesen des ags. verbs verstattete der genannte gelehrte dann auch aufnahme in die vor kurzem erschienene 3. aufl. seines Ags. lesebuchs und suchte sie ganz neuerdings in seiner Zs. f. deutsche wortforsch. 2, 298f. eingehender zu begründen, um die herschende anschauungsweise, dass ags. [...] = ahd. [...] sei, in aller form zu widerlegen. Dieser versuch ist meines erachtens gründlich mislungen.* (343)

In diesem einleitenden Textausschnitt wird das behandelte Thema (das *lautliche und morphologische wesen* von *fechten*) über die explizite Kritik an der Position Kluges eingeführt. Der Autor des Textes bleibt dabei weitestgehend implizit und selbst in der impliziten Form lassen sich kaum Autorhandlungen ausmachen; der Textausschnitt ist also größtenteils referierend bzw. darstellend gehalten. Einzig im letzten Satz, in dem es um eine explizite Bewertung der Einschätzung Kluges geht *(Dieser Versuch [...] ist gründlich mislungen)*, wird der Autor bzw. dessen Haltung mit *meines erachtens* explizit erwähnt. Durch diesen Meinungsausdruck wird die kritische Zurückweisung zugleich aber auch relativiert. Die kritische Haltung des Autors gegenüber Kluge, auf den an einer Stelle auch schlicht mit *der genannte gelehrte* verwiesen wird, zeigt sich allerdings nicht allein in diesem letzten, sehr expliziten Satz: Auch die Bezeichnung der Position Kluges als *sonderansicht*, die der *herschenden anschauungsweise* gegenüber steht, bringt dies zum Ausdruck. Ebenso lässt sich *hat er [...] den schritt getan, X in Y tatsächlich reflectiert zu sehen* als Form der kritischen Bezugnahme interpretieren: Durch das *tatsächlich* wird hier eine gewisse Verwunderung über die Position Kluges zum Ausdruck gebracht, durch die in gewisser Weise implizit Kritik geäußert wird.

Es fällt auf, dass in dieser Texteinleitung nicht wie in den obigen Beispielen eine Rechtfertigung für die Beschäftigung mit dem Gegenstand vorgenommen wird. Dadurch fällt die für die obigen Beispiele postulierte starke soziale Einbettung der Einleitung weg: Es sind also keine Rechtfertigungshandlungen vorhanden, die sich (implizit oder explizit) an eine imaginierte Forschungsgemeinschaft richten würden. Neben dieser mangelnden sozialen Ausrichtung an eine allgemein gehaltene Forschungsgemeinschaft ist die Einleitung auch – wie bereits gesagt – autorseitig größtenteils unpersönlich gehalten. Mit dieser zum Großteil nicht explizit interaktiven Gestaltung der Einleitung geht einher, dass der Text im Grunde ohne jegliche Meta-Perspektive sowohl auf den Text als auch auf den Gegenstand beginnt. Dadurch entsteht ein wenig der Eindruck eines ‚medias in res', bei dem es ohne Rahmung und Einordnung des Themas gleich auf der Gegenstandsebene zur Diskussion kommt: Dies bedeutet natürlich nicht, dass in der Einleitung nicht das Thema des Textes und gewissermaßen auch der Forschungsstand des Themas vorgestellt werden – dies geschieht durchaus über den kurzen Abriss der jeweiligen Ausführungen Kluges sowie über die finale Bewertung, dass der Versuch Kluges *gründlich mislungen* sei. Das Thema wird dabei jedoch nicht bspw. in Hinblick auf den Zweck des Textes spezifiziert und insofern gerahmt.

Die Einleitung aus dem Osthoff-Text zeichnet sich insgesamt – im Vergleich zu den Ausschnitten aus den Texten der Mundartforschung – durch verhältnismäßig wenig abschwächende und Vagheit ausdrückende Ausdrucksformen aus. Dies ist insofern interessant, als in der Osthoff-Einleitung Kritik mit direkter Bezugnahme auf einen anderen Autor geäußert wird und so also bereits in der Einleitung stark explizite intertextuelle Bezüge vorliegen. Im Vergleich zu den einleitenden Textstellen aus den Texten der Mundartforschung wird bei Osthoff allerdings kein Rechtfertigungszusammenhang etabliert, in dem dann in Hinblick auf eine Forschungsgemeinschaft sprachliche Abschwächungen, Vermutungen oder Vagheiten ausgedrückt werden.

Hieraus lässt sich (vorerst) möglicherweise eine gewisse Komplementarität ableiten: Sowohl in den Texten der Mundartforschung als auch im Osthoff-Text haben die einleitenden Textteile intertextuelle Bezüge. Der Unterschied liegt diesbezüglich allerdings darin, dass die Bezüge in den Texten der Mundartforschung eher allgemein und implizit gehalten sind, während sie im Osthoff-Text explizit und direkt sind. Ein weiterer Unterschied in Bezug auf die Intertextualität ist, dass in den Texten der Mundartforschung schwerpunktmäßig ein Rechtfertigungszusammenhang in Hinblick auf eine Forschungsgemeinschaft etabliert wird, während im Osthoff-Text in erster Linie Kritik in Hinblick auf eine einzelne konkrete Forschungsposition geäußert wird. Wenngleich in der Einleitung zum Miedel-Text ebenfalls kritisiert wird, ist der Kontext doch ein wenig anders als bei Osthoff: Im Miedel-Text wird die Kritik – wie gesagt – allgemein formuliert und vor allem wird aus der Kritik die Rechtfertigung für das Schreiben des Aufsatzes abgeleitet. Die Kritik ist hier also in Bezug auf den Rechtfertigungszusammenhang zu interpretieren. Dieser Rechtfertigungszusammenhang wird bei Osthoffs Kritik nicht in vergleichbarer Weise etabliert. Als komplementär lässt sich dies nun insofern verstehen, als bei Einleitungsbeispielen mit implizit-allgemeinem intertextuellen Bezug und Rechtfertigungszusammenhang vergleichsweise häufig Unbestimmtheitsmittel verwendet werden und dagegen bei Einleitungsbeispielen mit direktem intertextuellen Bezug und Kritikzusammenhang vergleichsweise wenig Unbestimmtheitsmittel verwendet werden. Inwiefern Unbestimmtheit insgesamt mit direkter Kritik korreliert, wird darüber hinaus allerdings noch im Rahmen der intertextuellen Textausschnitte zu erörtern sein.

b) Kommen wir aber zunächst einmal zum Text von Braune. Dieser Text ist ungleich länger als die bisher besprochenen Texte. Dementsprechend lang ist auch der einleitende Textteil, wenngleich auch hier nicht eindeutig ein abgeschlossener Textteil ausgemacht werden kann. Aufgrund der Länge der Einleitung werden im Folgenden lediglich relevant erscheinende Ausschnitte aufgeführt. Diese werden jeweils nach den einzelnen Ausschnitten direkt besprochen:

> *In der verfasserfrage der alts. Genesis, welche ich seiner zeit auf grund der alten Siever'schen hypothese zu gunsten der Helianddichters beantwortet hatte, ist durch die eindringenden arbeiten von O. Behaghel und von H. Pauls nun wol so weit klärung geschaffen, dass man die neue Sievers'sche hypothese gelten lassen muss, welche in der recension meiner ausgabe der vatikanischen bruchstücke zuerst angesprochen worden ist. [...]* (1)

Zu Beginn des Textes weist der Autor zunächst einmal auf den Konsens hin, der aus seiner Sicht hinsichtlich des behandelten Forschungsgegenstandes bereits erzielt wurde *(In der verfasserfrage der alts. Genesis [...] ist [...] nun wol so weit klärung geschaffen)*. Dabei nimmt er explizit Bezug auf Behaghel und Paul, deren *eindringende arbeiten* zu dieser Klärung beigetragen haben. Außerdem wird auf Sievers verwiesen, dessen *neue hypothese* man nun *gelten lassen muss*. Interessant erscheint an dieser Stelle vor allem die Absolutheit suggerierende Semantik, die in Bezug auf die erzielte Erkenntnis angewendet wird, indem von einer *klärung* der Frage sowie von der Notwendigkeit der Anerkennung der *Sievers'schen hypothese* die Rede ist *(gelten lassen muss)*. Unterstützt wird dies zusätzlich zum einen durch das Korrelat *so weit (dass)*, mit dem in dem gegebenen Kontext zeitliche Abgeschlossenheit angezeigt wird, und zum anderen durch das Allgemeinheit ausdrückende Pronomen *man*. Diese Absolutheit und Abgeschlossenheit suggerierende Semantik ist aber vor allem auch insofern interessant, als der Autor zu Beginn dieses Ausschnittes eine früher von ihm selbst eingenommene Position in Bezug auf den Gegenstand *(welche ich seiner zeit auf grund der alten Siever'schen hypothese zu gunsten der Helianddichters beantwortet hatte)* mit Rücksicht auf die erwähnten anderen Autoren (Behaghel und Paul) revidiert. Wichtig ist in diesem Zusammenhang aber auch, dass im Rahmen dieser Abgeschlossenheits- und Absolutheitssemantik mit dem Modalwort *wol* zugleich auch eine relativierende Perspektive des Autors eingebracht wird. Neben den expliziten Verweisen auf andere Autoren sowie auf die eigenen früheren Arbeiten *(welche ich seiner zeit [...] beantwortet hatte; in der recension meiner ausgabe)* finden sich in dem Ausschnitt mit diesem Modalwort also auch (explizite und implizite) Verweise auf die Autorinstanz selbst.

> *Die unfreundliche note, welche hiermit schon Sievers gegenüber dem Genesisdichter angeschlagen hatte, ist von Behaghel und Pauls nach möglichkeit verstärkt worden. Mit unrecht,*

wie ich glaube. Was Sievers hauptsächlich zu tadeln hatte, dass der Genesisdichter in der rhythmischen und stilistischen behandlung des alliterationsverses nicht auf der höhe des Helianddichters stehe, wird man zugeben dürfen. Aber ich meine, man sollte an die stelle des absoluten werturteils lieber eine historische beurteilung treten lassen. Offenbar stand der ältere dichter des Heliand noch fest in der guten alten tradition der westgermanischen epischen alliterationsdichtung, welche er möglicherweise früher schon ausgeübt hatte [...] (1f.)

In diesem Ausschnitt wird im Grunde das Kernanliegen des Aufsatzes thematisiert: Es geht hier darum, eine von den eingangs erwähnten Autoren eingenommene Position, die vom Autor des Textes mit der Bezeichnung *unfreundliche note* bewertet wird, zurückzuweisen *(Mit unrecht, wie ich glaube)*. Hierbei wird die Einschätzung des Autors explizit zum Ausdruck gebracht *(wie ich glaube)*. Während der Auffassung Sievers' zwar in einem bestimmten Punkt Geltung zugesprochen wird *(dass der Genesisdichter in der rhythmischen und stilistischen behandlung des alliterationsverses nicht auf der höhe des Helianddichters stehe, wird man zugeben dürfen)*, wird die grundsätzliche Position in Bezug auf den behandelten Gegenstand doch hinterfragt und ein alternativer methodischer Zugang angeboten *(man sollte an die stelle des absoluten werturteils lieber eine historische beurteilung treten lassen)*. Diese prinzipielle Zurückweisung wird mit einer expliziten Autorreferenz eingeleitet *(Aber ich meine)*. Es folgt schließlich ein erster kurzer Erklärungsversuch, der sich aus dem erwähnten alternativen Zugang ergibt. Dieser enthält mit den zwei Modalwörtern *offenbar* und *möglicherweise* zwei implizite Verfasserverweise.

Der besprochene Ausschnitt zeichnet sich insgesamt durch starke Autorpräsenz aus, die sowohl explizit mit Meinungsausdrücken als auch implizit mit Modalwörtern zum Ausdruck gebracht wird. Interessant ist dies vor allem vor dem Hintergrund, dass hier explizit eine andere Position kritisiert wird. Es liegt hier also generell eine kritische Form der expliziten Bezugnahme vor, bei der der Autor selbst präsent ist und bei der auch Unbestimmtheitsmittel verwendet werden. Vor diesem Hintergrund ist allerdings noch auf eine wichtige Differenzierung einzugehen, die der Autor bei seiner kritischen Bezugnahme offensichtlich vornimmt: Die Ablehnung der Position richtet sich in erster Linie an Behaghel und Paul, die die *unfreundliche note*, die man bereits bei Sievers findet, *nach möglichkeit verstärkt* haben. Die Konzession, die der Autor des Textes vornimmt *(wird man zugeben dürfen)*, bezieht sich ausschließlich auf das, *was Sievers hauptsächlich zu tadeln hatte*. Dem Kern der Sievers'schen Position wird also durchaus Berechtigung zugesprochen. Die im Weiteren thematisierte Ablehnung des *absoluten werturteils* ist dann allerdings nicht mehr spezifisch an einen bestimmten Autor gerichtet; es heißt hier lediglich allgemein, dass *man lieber* davon ablassen sollte. Hieraus lässt sich der Schluss ziehen, dass die

Kritik des Autors sich vordergründig an Behaghel und Paul richtet, was sich im Grunde auch im weiteren Verlauf der Einleitung bestätigt.

> *Aber das darüber hinausgehende bestreben zu zeigen, dass das vom Heliand abweichende nun auch minderwertig oder sprachlich falsch sei, geht von der voraussetzung aus, dass allein der Helianddichter sich habe richtig altsächsisch ausdrücken können. Gerade wenn der Genesisverfasser von jenem verschieden war, so dürfen uns solche abweichungen nicht wunder nehmen und wir können ihm zutrauen, dass er besser zu beurteilen vermochte, was in seiner sprache möglich war, als wir nachfahren, deren horizont darin notwendigerweise ein beschränkter sein muss. Allen in dieser richtung sich bewegenden tadelsvoten steh ich skeptisch, ja ablehnend gegenüber. Ich will das hier durch eingehendere besprechung einiger beispiele beleuchten.* (3)

Kommen wir schließlich zum letzten Ausschnitt der Braune-Einleitung. Am Ende dieses Ausschnittes wird mit einer expliziten Autorreferenz die Absicht des Aufsatzes vorgestellt *(Ich will [...] beleuchten).* Dem geht eine abermalige explizite Ablehnung der Position Behaghels und Pauls voraus *(Allen in dieser richtung sich bewegenden tadelsvoten steh ich skeptisch, ja ablehnend gegenüber).* Diese Ablehnung, der durch die steigernde Form *skeptisch, ja ablehnend* besonderer Nachdruck verliehen wird, enthält wiederum explizite Autorpräsenz; der Autor exponiert sich hier also sehr stark. Zu Beginn dieses Ausschnittes zeigt der Autor auf, dass Behaghel und Paul von einer falschen *voraussetzung* ausgehen, wenn sie *das vom Heliand abweichende* als *minderwertig oder sprachlich falsch* einstufen. Er weist mit seiner oben eingeforderten historischen Perspektive darauf hin, dass *uns solche abweichungen nicht wunder nehmen* dürfen und dass *wir dem Genesisverfasser zutrauen können, dass er besser zu beurteilen vermochte, was in seiner sprache möglich war.* Mit den Pronomen *uns* und *wir* wird an dieser Stelle auf die Gesamtheit der Sprachbenutzer verwiesen *(wir nachfahren).*

In der Texteinleitung zu Beginn des Textes finden sich – wie schon oben bei Osthoff – gegenüber den Einleitungen der Mundartforschung keine Rechtfertigungszusammenhänge. Obgleich hier zwar sicherlich eine Art verteidigende Rechtfertigung für den Genesisdichter vorgelegt wird, unterscheidet sich diese doch von den obigen Rechtfertigungen, die in erster Linie darauf abzielen, die eigene Arbeit oder die eigene Methode bzw. das eigene Vorgehen zu rechtfertigen. Bei Braune ist die Rechtfertigung dagegen Bestandteil der diskursiv-kritischen Auseinandersetzung mit anderen (explizit genannten) Autoren und deren Positionen – sie ist also auf den behandelten Gegenstand gerichtet und nicht auf die eigene Arbeit. Wie auch bei Osthoff wird in der Einleitung bei Braune explizit und mitunter sehr kritisch Bezug auf andere Positionen genommen, was wiederum im Gegensatz zu den Einleitungen der Mundartforschung steht. Im Unterschied zu Osthoff lassen sich bei Braune jedoch durchaus häufiger Unbestimmtheitsmittel auszumachen, was in gewisser Weise gegen die oben vorgetragene Vermutung einer Komplementarität steht.

Die möglichen Zusammenhänge zwischen Rechtfertigungszusammenhang, Kritikzusammenhang, Unbestimmtheit und Autorpräsenz bedürfen also noch einer eingehenderen Betrachtung, die unter 5.3.2.3 vorgenommen wird.

c) Im Folgenden werden zunächst die verwendeten Unbestimmtheitsmittel näher untersucht. Was lässt sich also zu den Unbestimmtheitsmitteln in den junggrammatischen Texten generell sagen?

Kommen wir zunächst einmal zur Texteinleitung von Osthoff; insgesamt findet sich in diesem Textausschnitt ein Unbestimmtheitsbeleg:

> (I) *Dieser sonderansicht von dem lautlichen und morphologischen wesen des ags. verbs verstattete der genannte gelehrte dann auch aufnahme in die vor kurzem erschienene 3. aufl. seines Ags. lesebuchs und suchte sie ganz neuerdings in seiner Zs. f. deutsche wortforsch. 2, 298f. eingehender zu begründen, um die herschende anschauungsweise, dass ags. [...] = ahd. [...] sei, in aller form zu widerlegen. Dieser versuch ist **meines erachtens** gründlich mislungen.*

> (I') *Dieser versuch ist gründlich mislungen.*

Der hier interessierende Unbestimmtheitsbeleg ieS wird in einem explizit kritischen Kontext verwendet. Der Autor bespricht – wie oben gezeigt – eine fremde Position und beurteilt diese dann am Ende der Einleitung eindeutig negativ, was sich bspw. auch an dem Nachdruck verleihenden *gründlich* in *gründlich mislungen* zeigen lässt.

Beim hier verwendeten Unbestimmtheitsbeleg wird die Faktizität autorseitig kommentiert, d. h. die Faktizität wird vom Autor beurteilt bzw. eingeschätzt. Die folgende Umschreibung soll dies veranschaulichen:

Ia) Es ist Fakt, dass X gründlich mislungen ist.
Ib) Es ist *meines Erachtens* Fakt, dass X gründlich mislungen ist. (Unbestimmtheitsausdruck)

Die Umschreibung macht deutlich, dass die Faktizität des sehr kritischen Inhalts durch die Beschränkung auf die Sichtweise der Autorinstanz relativiert wird; durch die Kommentierung wird der Äußerung der Allgemeingültigkeitsstatus entzogen.

Kommen wir zum ersten Teil der langen Einleitung von Braune. Hier finden sich zwei Belege für Unbestimmtheitsmittel:

(II) *In der verfasserfrage der alts. Genesis, welche ich seiner zeit auf grund der alten Sievers'schen hypothese zu gunsten der Helianddichters beantwortet hatte, ist durch die eindringenden arbeiten von O. Behaghel und von H. Pauls nun **wol so weit** klärung geschaffen, dass man die neue Sievers'sche hypothese gelten lassen muss, welche in der recension meiner ausgabe der vatikanischen bruchstücke zuerst angesprochen worden ist.*

(II') *[...] ist durch die eindringenden arbeiten von O. Behaghel und von H. Pauls nun klärung geschaffen, dass man die neue Sievers'sche hypothese gelten lassen muss [...]*

Die Ausgangsäußerung mit (b und c) und ohne (a) Unbestimmtheitsmittel lässt sich wie folgt darstellen:

a) Durch die eindringenden arbeiten von O. Behaghel und von H. Pauls ist nun klärung geschaffen.
b) Durch die eindringenden arbeiten von O. Behaghel und von H. Pauls ist nun *wol* klärung geschaffen.
c) Durch die eindringenden arbeiten von O. Behaghel und von H. Pauls ist nun *so weit* klärung geschaffen.

Zunächst einmal liegt auch hier mit *wol* Unbestimmtheit ieS vor, allerdings in Unsicherheit indizierender Form.

IIa) Es ist Fakt, dass durch die eindringenden arbeiten von O. Behaghel und von H. Pauls nun klärung geschaffen ist.
IIb) Es ist *wol* Fakt, dass durch die eindringenden arbeiten von O. Behaghel und von H. Pauls nun klärung geschaffen ist. (Unbestimmtheitsausdruck)

Mit *wol* wird die Faktizität kommentiert und als nicht sicher markiert. Bei dieser Verwendung von Unsicherheit indizierender Unbestimmtheit handelt es sich weniger um eine Vermutung, die man irgendwie mithilfe einer Datengrundlage überprüfen könnte, sondern anscheinend vielmehr schwerpunktmäßig um die Sichtweise des Autors. Wichtig ist in diesem Zusammenhang auch, dass es sich hier inhaltlich um einen Textzusammenhang handelt, bei dem es funktional um den Bezug auf andere Forschungspositionen geht, deren Stellenwert für die Gesamtforschung autorseitig eingeordnet wird; der kommentierende Unsicherheitsindikator wird hier also in Bezug auf den Forschungsstand verwendet. Wie oben bereits vorgestellt wurde, wird *wol* hier in einem Zusammenhang gebraucht, in dem ansonsten semantisch sehr viel Faktizität bzw. Absolutheit ausgedrückt wird; er sticht in diesem Zusammenhang also besonders heraus, nicht zuletzt auch, weil es sich für diesen Ausschnitt um den einzigen Beleg von Unbestimmtheit ieS handelt.

Der Textausschnitt enthält mit *so weit* außerdem noch ein Unbestimmtheitsmittel iwS, mit dem die Geltung der Proposition relativiert wird, wie folgende Umschreibung veranschaulicht:

IIc) (Durch die eindringenden arbeiten von O. Behaghel und von H. Pauls ist nun klärung geschaffen) und dies gilt. (absolute Geltung)

IId) (Durch die eindringenden arbeiten von O. Behaghel und von H. Pauls ist nun klärung geschaffen) und dies gilt *so weit*. (unbestimmte Geltung)

Kommen wir schließlich zur Verwendung von Unbestimmtheit in einem weiteren Textausschnitt. Der nächste (leicht gekürzte) Ausschnitt aus der Braune-Einleitung enthält insgesamt vier Unbestimmtheitsmittel ieS:

> (III) *Die unfreundliche note, welche hiermit schon Sievers gegenüber dem Genesisdichter angeschlagen hatte, ist von Behaghel und Pauls nach möglichkeit verstärkt worden. Mit unrecht, wie* **ich glaube**. *[...] Aber* **ich meine**, *man sollte an die stelle des absoluten werturteils lieber eine historische beurteilung treten lassen.* **Offenbar** *stand der ältere dichter des Heliand noch fest in der guten alten tradition der westgermanischen epischen alliterationsdichtung, welche er* **möglicherweise** *früher schon ausgeübt hatte [...]*

> (III') *Die unfreundliche note, welche hiermit schon Sievers gegenüber dem Genesisdichter angeschlagen hatte, ist von Behaghel und Pauls nach möglichkeit verstärkt worden. Mit unrecht. [...] Aber man sollte an die stelle des absoluten werturteils lieber eine historische beurteilung treten lassen. Offenbar stand der ältere dichter des Heliand noch fest in der guten alten tradition der westgermanischen epischen alliterationsdichtung, welche er früher schon ausgeübt hatte [...]*

Schauen wir uns zunächst die Verwendung der zwei Meinungsausdrücke *ich glaube* und *ich meine* näher an. Es handelt sich hierbei um kommentierende Unbestimmtheitsmittel, mit denen eine autorseitige Beurteilung und Einschätzung von Faktizität zum Ausdruck gebracht wird. Die Verwendung des ersten Belegs lässt sich wie folgt darstellen:

d) Die unfreundliche note ist von Behaghel und Pauls nach möglichkeit mit unrecht verstärkt worden.

e) Die unfreundliche note ist von Behaghel und Pauls nach möglichkeit mit unrecht verstärkt worden, wie *ich glaube*.

f) *Ich glaube*, dass die unfreundliche note von Behaghel und Pauls nach möglichkeit mit unrecht verstärkt worden ist.

Die Darstellung in d ist ohne Unbestimmtheitsmittel realisiert; in e und f findet sich dagegen das in Rede stehende Unbestimmtheitsmittel in je unterschiedlicher Form. Es wird insgesamt deutlich, dass im weiteren Kontext der Verwendung des kommentierenden Unbestimmtheitsmittels mit *unfreundliche note* und *mit unrecht* bereits Bewertungen von Seiten des Autors vorliegen. Diese Bewertungen finden auf lexikalischer Ebene statt und bilden in gewisser Weise die Basis mit, die durch den Unbestimmtheitsausdruck autorseitig einschätzend mit *ich glaube* kommentiert wird. Inhaltlich geht es hier in erster Linie darum, sich kritisierend auf fremde Positionen zu beziehen.

Umschreiben lässt sich die Kommentierung der Faktizität wie folgt:

IIIa) Es ist Fakt, dass X von Behaghel und Pauls nach möglichkeit mit unrecht verstärkt worden ist.

IIIb) Es ist, wie *ich glaube*, Fakt, dass X von Behaghel und Pauls nach möglichkeit mit unrecht verstärkt worden ist.

Beim zweiten Meinungsausdruck in diesem Textteil verhält es sich ähnlich. Auch er wird im Rahmen einer eindeutigen autorseitigen Bewertung auf lexikalischer Ebene verwendet *(man sollte [...] lieber)*. Im Großen und Ganzen ist auch dieser Beleg dem kritischen Bezug auf fremde Positionen zuzurechnen, wenngleich dies hier eher auf allgemeiner Ebene, also in Bezug auf eine allgemeine methodologische Haltung, geschieht. Auch bei diesem Beleg wird die Faktizität kommentiert:

IIIc) Es ist Fakt, dass man an die stelle des absoluten werturteils lieber eine historische beurteilung treten lassen sollte.

IIId) Es ist, wie *ich meine*, Fakt, dass man an die stelle des absoluten werturteils lieber eine historische beurteilung treten lassen sollte. (Unbestimmtheitsausdruck)

Durch die Ausdrücke *ich glaube* und *ich meine* wird der jeweilige propositionale Gehalt in den Rahmen einer autorseitigen Einschätzung oder Sichtweise gestellt und ihre Faktizität in dieser Form als nicht allgemeingültig und nicht absolut dargestellt. Interessant ist bei diesen Fällen, dass die kommentierende Einschätzung sich auf die eigenen Bewertungen bezieht, womit diesen auf der einen Seite natürlich ein Allgemeingültigkeitsanspruch genommen, auf der anderen Seite aber auch ein gewisser Nachdruck verliehen wird.

Beim nächsten Beleg handelt es sich um das Modalwort *offenbar*. Auch hierbei liegt wie zuvor bei den Meinungsausdrücken Unbestimmtheit ieS vor, bei der eine autorseitige Einschätzung zum Ausdruck kommt. Umschreiben lässt sich dies wie folgt:

IIIe) Es ist Fakt, dass X noch fest in der guten alten tradition der westgermanischen epischen alliterationsdichtung stand.

IIIf) Es ist *offenbar* Fakt, dass X noch fest in der guten alten tradition der westgermanischen epischen alliterationsdichtung stand. (Unbestimmtheitsausdruck)

Mit dieser Kommentierung wird – wie mit den vorherigen Belegen – relative Sicherheit gegenüber einem Sachverhalt signalisiert. Allerdings bezieht sich dieser Beleg nicht auf die Faktizität der eigenen Bewertung, sondern auf den behandelten Gegenstand selbst. Während es im vorherigen Kontext noch darum ging, fremde Positionen zurückzuweisen, steht hier der Gegenstand im Vordergrund.

Direkt daran anschließend wird schließlich der letzte Unbestimmtheitsbeleg des Textausschnittes verwendet. Auch hier liegt also der Fokus auf dem behandelten Gegenstand. Der Kontext lässt sich wie folgt darstellen:

g) Er hatte sie möglicherweise früher schon ausgeübt.

h) Der ältere dichter des Heliand hatte die westgermanische epische alliterationsdichtung möglicherweise früher schon ausgeübt.

Bei dem Unbestimmtheitsbeleg handelt es sich auch hier um Unbestimmtheit ieS, wobei mit dem Modalwort *möglicherweise* eine Unsicherheitsmarkierung vorliegt. Folgende Umschreibung macht den kommentierenden Charakter bei diesem Beleg deutlich:

IIIg) Es ist Fakt, dass X die westgermanische epische alliterationsdichtung möglicherweise früher schon ausgeübt hatte.

IIIh) Es ist *möglicherweise* Fakt, dass X die westgermanische epische alliterationsdichtung möglicherweise früher schon ausgeübt hatte. (Unbestimmtheitsausdruck)

In den junggrammatischen Einleitungstextteilen, die einen neuen Abschnitt einleiten, finden sich in beiden Texten keine Unbestimmtheitsmittel im obigen Sinne.

Intertextuelle Textteile
Im Folgenden werden diejenigen Textteile in den junggrammatischen Texten besprochen, in denen explizite Bezüge auf andere Autoren und ihre Positionen hergestellt werden. Da die zuvor erörterten einleitenden Textteile bereits stark

ausgeprägte intertextuelle Bezüge aufweisen und Intertextualität insofern bereits im vorherigen Abschnitt mit thematisiert wurde, werden im Folgenden insgesamt weniger Textteile untersucht als im Abschnitt zur Mundartforschung.

a) Betrachten wir zunächst Textausschnitte aus dem Osthoff-Text.

> *Mit der Cosijn-Bülbring'schen regel ist auch Sievers (nach brieflicher mitteilung) einverstanden. Hat sie Kluge gar nicht gekannt, was man doch kaum für glaubhaft halten sollte? Oder versagt er ihr seine zustimmung? In diesem falle hätte es aber wol einer auseinandersetzung mit ihr bedurft und eines versuches, ihre unrichtigkeit zu erweisen. Denn es ist klar, dass bei geltung der regel die formen [...] als die genauen entsprechungen von [...] ganz in der ordnung sind und dass anstatt ihrer keineswegs, wie Kluge will, [...] zu erwarten sein würde.* (344)

Der Textausschnitt beginnt mit einem Verweis auf die Position Sievers, die dem Autor per Brief mitgeteilt wurde. Dieser Verweis wird zur Absicherung der fachlichen Angemessenheit des zuvor referierten Gegenstandes (die *Cosijn-Bülbring'sche regel*) gebraucht. Es liegen im ersten Satz also zum einen der Bezug zu Cosijn und Bülbring sowie zum anderen der Bezug zu Sievers vor. Die Randnotiz, dass Sievers dem Autor per Brief seine Sichtweise mitteilte, hat nicht nur hinsichtlich des behandelten Gegenstandes eine Absicherungsfunktion, sondern für den Autor darüber hinaus die Funktion, allgemein sein ‚soziales Kapital' (im Sinne Bourdieus) zu signalisieren und somit (indirekt auch) das Gewicht seiner Gesamtargumentation zu stützen. Vor dem Hintergrund dieser affirmativen und bekräftigenden Bezugnahme wird im weiteren Verlauf suggestiv gefragt, ob Kluge, dessen Position in dem Aufsatz zentral kritisiert wird, die in Rede stehende *Cosijn-Bülbring'sche regel gar nicht gekannt* habe und (polemisch) zum Ausdruck gebracht, dass dies *doch kaum für glaubhaft* gehalten werden könne. Für den Fall aber, dass er der *Cosijn-Bülbring'schen regel seine zustimmung* versage, hätte er sich mit ihr auseinandersetzen und ihre *unrichtigkeit* nachweisen müssen. Wenn die Regel aber gilt *(Denn es ist klar, dass bei geltung der regel [...])*, wovon der Autor ausgeht, dann kann eine Annahme Kluges nicht gelten *([...] keineswegs, wie Kluge will, [...] zu erwarten sein würde)*. Der Bezug auf die *Cosijn-Bülbring'sche regel* wird hier also gebraucht, um Kluge zu widerlegen.

In dem Textauszug gibt es keine explizite Autorpräsenz. Dennoch ist natürlich indirekt eine Autorinstanz gerade in den Bewertungen *(ganz in der Ordnung; keineswegs)* oder polemischen Bezügen auf Kluge *(was man doch kaum für glaubhaft halten sollte)* auszumachen. Auffällig ist außerdem die apodiktische Semantik an einigen Stellen: So suggerieren ein Ausdruck wie *unrichtigkeit*, die Zurückweisung mit *keineswegs* oder die Behauptung *Denn es ist klar, dass bei geltung der regel die formen [...] als die genauen entsprechungen von [...]*

ganz in der ordnung sind einen gewissen Anspruch von Absolutheit und Sicherheit hinsichtlich der Erkenntnis.

Kommen wir zu einem zweiten intertextuellen Textausschnitt bei Osthoff:

> *[...] und das habe ich in ausführlicher begründung in meinem mehrere monate vor erscheinen des Klugeschen aufsatzes herausgekommenen buche [...] getan. Hat Kluge meine dortige beweisführung bei der niederschrift seiner bemerkungen über fechten gekannt? Das merkwürdige zusammentreffen in einer stilistischen wendung, bei mir [...], bei Kluge aber [...], lässt fast vermuten, dass hier der später schreibende autor den andern copiert habe. Dann hätte es sich aber doch wol geschickt, dass Kluge sich nicht lediglich darauf beschränkte, in nichtiger weise gegen Sievers zu polemisieren und Braune zu loben, weil diese beiden grammatikern völlig ein und dasselbe taten, [...], und ferner in überflüssiger weise gegen Brugmanns verteidigung der verwerflichen etymologischen combination von [...] zu felde zu ziehen. Mehr am platze wäre eine stellungnahme zu der von mir entworfenen theorie gewesen, wonach [...]* (352)

Der Textauszug beginnt mit dem Verweis des Autors auf eine eigene Arbeit und einer (erneut) suggestiven Frage an Kluge, ob er diese Arbeit beim Schreiben des in Rede stehenden Aufsatzes nicht kannte. Daran anschließend folgt mit dem Vergleich zweier Textstellen aus der Arbeit des Autors einerseits und dem Aufsatz Kluges andererseits der abgeschwächt vorgetragene Vorwurf *(lässt fast vermuten)*, dass Kluge die Arbeit des Autors nicht nur kannte, sondern auch stilistisch *copiert habe (Das merkwürdige zusammentreffen in einer stilistischen wendung)*. Da Kluge die Arbeit vom Autor also offensichtlich kannte, wäre es aus Sicht des Autors *mehr am platze gewesen*, sich systematisch mit seiner Arbeit auseinanderzusetzen und sich nicht auf Bezugnahmen auf Sievers, Braune und Brugmann zu beschränken: Diesbezüglich kritisiert der Autor, dass Kluges Umgang mit Sievers und Braune nicht angemessen ist, wenn dabei der eine kritisiert (Sievers) und der andere gelobt (Braune) werde, da beide *völlig ein und dasselbe taten*. Hiermit wird zugleich angedeutet, dass Kluge aus Sicht des Autors diese Ausführungen von Sievers und Braune entweder nicht richtig verstanden oder aber zumindest nicht aufmerksam genug rezipiert habe. Außerdem verteidigt der Autor damit indirekt Braune und Sievers und stützt somit zugleich auch seine eigene Position. Auch die Bezugnahme Kluges auf Brugmann wird kritisierend als überflüssig eingestuft. Der Autor des Textausschnittes klagt hier also zum einen ein, dass in dem im Fokus stehenden Aufsatz von Kluge seine eigene Arbeit nicht thematisiert wird. Zum anderen werden hier andere Positionen verteidigt (Sievers und Brugmann) und auf diese Weise einerseits zwei eindeutige Lager definiert (Kluge gegen den Rest) und somit andererseits ein entsprechender Rückhalt für die eigene Position etabliert.

Der Autor ist vor allem im ersten und letzten Teil des Textauszugs, in denen es um die eigene Arbeit geht, explizit präsent *(habe ich, meine dortige beweisführung, bei mir, zu der von mir entworfenen theorie)*. An der Stelle jedoch, in der der – relativ brisante – Vorwurf des Kopierens gegenüber Kluge geäußert wird, wird mit *lässt fast vermuten* eine unpersönliche Darstellung des Autorhandelns verwendet, die schließlich darin gipfelt, dass die zuvor stets explizite Bezugnahme auf den eigenen Text an dieser Stelle durch eine Darstellung in der dritten Person ersetzt wird *(dass hier der später schreibende autor den andern copiert habe)*. Ebenso auffällig ist, dass der Autor bei den Bezugnahmen auf die anderen Autoren im mittleren Teil des Textauszuges implizit bleibt. Hier lässt er sich anhand von bewertenden Ausdrücken wie *in nichtiger weise* und *in überflüssiger weise* sowie an der implizit vorgetragenen Forderung *Dann hätte es sich aber doch wol geschickt* ausmachen.

b) Im Folgenden sei schließlich noch eine intertextuelle Textstelle aus dem Braune-Text näher betrachtet:

Jedenfalls darf man bei dem gasteli nur an den saalbau eines herrenhofes denken. Und der gasteli, in dem die magier übernachten, ist kein anderer als der Josephs, der als vornehmer herr in seiner stadt Bethlehem einen gasteli hatte: heisst es doch von ihm bald danach [...]. Ich nehme an, Behaghel hat diese letztere stelle [...] dahin verstanden, dass Joseph in Bethlehem sich selbst in einer herberge befunden habe, denn sonst würde er sich doch über Abrahams gesteli in der Gen. 247 nicht so sehr wundern. Die ganze situation, wie sie der Helianddichter darstellt, ist aber eine völlig andere, als sie es nach dem biblischen berichte sein sollte. (11)

In diesem Textausschnitt geht es grundsätzlich um die Klärung der Bedeutung eines Ausdrucks (gasteli). Der Autor zeigt zunächst auf, wie der Ausdruck aus seiner Sicht in dem in Rede stehenden Textzusammenhang zu verstehen ist. Anschließend bezieht er sich auf das mögliche Verständnis Behaghels und deutet in seiner Interpretation *(ich nehme an)* von diesem an, dass Behaghel den Ausdruck nicht richtig interpretiert. Hierfür gibt er dann im weiteren Verlauf eine Erklärung *(Die ganze situation, wie sie der Helianddichter darstellt, ist aber eine völlig andere)*. Der Autor selbst ist hier insgesamt nur an einer Stelle explizit präsent. Hierbei handelt es sich um die Stelle, an der auf Behaghels Verständnis des Ausdrucks eingegangen wird. Die Annahme, dass Behaghel den Ausdruck auf eine bestimmte Weise versteht, wird mit *denn sonst würde er sich doch über [...] nicht so sehr wundern* begründet. In dieser Begründung lässt sich der Autor noch implizit über die Abtönungspartikel *doch* erschließen. Eine weitere Verwendung dieser Abtönungspartikel findet sich schließlich auch zuvor in der Ankündigung eines Zitats: *heisst es doch von ihm bald danach*.

c) Im Folgenden werden die einzelnen Unbestimmtheitsbelege der intertextuellen Textauszüge genauer betrachtet.
Der erste Beleg stammt aus dem Osthoff-Text.

> I) *In diesem falle hätte es aber wol einer auseinandersetzung mit ihr bedurft und eines versuches, ihre unrichtigkeit zu erweisen. Denn es ist klar, dass bei geltung der regel die formen [...] als die genauen entsprechungen von [...] ganz in der ordnung sind und dass anstatt ihrer keineswegs, wie Kluge will, [...] zu erwarten sein würde.*

> I') *In diesem falle hätte es aber einer auseinandersetzung mit ihr bedurft und eines versuches, ihre unrichtigkeit zu erweisen. Denn es ist klar, dass bei geltung der regel die formen [...] als die genauen entsprechungen von [...] ganz in der ordnung sind und dass anstatt ihrer keineswegs, wie Kluge will, [...] zu erwarten sein würde.*

Zunächst einmal ist es sicherlich interessant, dass der Unbestimmtheitsbeleg in einem Kontext auftritt, in dem – wie oben gezeigt – generell ein sehr apodiktischer Duktus dominiert. In der konkreten Äußerung, in der der Beleg verwendet wird, bringt der Autor klar seine Position gegenüber Kluge zum Ausdruck, indem er aufzeigt, was dieser seiner Auffassung nach hätte tun müssen. Dies wird hier eindeutig mithilfe des Konjunktivs und lexikalischer Mittel wie *bedürfen* und *Versuch* umgesetzt. Außerdem wird der Unbestimmtheitsbeleg *wol* hier kombiniert mit der Abtönungspartikel *aber*; beide verweisen auf die Einstellung und Haltung des Autors. Ohne die Potentialität des Konjunktivs ließe sich die betreffende Äußerung wie folgt in a darstellen:

a) In diesem falle bedarf es aber *wol* einer auseinandersetzung mit ihr.
b) In diesem falle bedarf es aber einer auseinandersetzung mit ihr.
c) In diesem falle bedarf es einer auseinandersetzung mit ihr.
d) In diesem falle bedarf es *wol* einer auseinandersetzung mit ihr.

Der Unterschied zwischen a und b (mit und ohne Unbestimmtheitsmittel) macht deutlich, wie eindeutig und absolut die Äußerung ohne Unbestimmtheitsmittel (b) wirkt. Diese Variante passt in den apodiktischen Duktus des gesamten Textausschnittes. In c wird die Äußerung schließlich gänzlich ohne Unbestimmtheitsmittel, die zusätzliche Abtönungspartikel und Konjunktiv realisiert, während in d allein das Unbestimmtheitsmittel verwendet wird.

Beim Unbestimmtheitsbeleg selbst handelt es sich um kommentierende Unbestimmtheit, bei der (formal) hinsichtlich der Faktizität Unsicherheit ausgedrückt wird. Dies lässt sich auf der Basis von c wie folgt umschreiben:

Ia) Es ist Fakt, dass es in diesem falle einer auseinandersetzung mit ihr bedarf.

Ib) Es ist *wol* Fakt, dass es in diesem falle einer auseinandersetzung mit ihr bedarf. (Unbestimmtheitsausdruck)

Durch die Verwendung des Unbestimmtheitsmittels wird zum einen ein (impliziter) Bezug zur Autorinstanz hergestellt und zum anderen die Eindeutigkeit und Absolutheit der Äußerung durch die Kommentierung der Faktizität eingeschränkt. Vor dem Hintergrund des apodiktischen Gesamtkontextes ist die Unsicherheitsmarkierung hier möglicherweise eher als formale Markierung zu verstehen, denn der besagte Hintergrund lässt darauf schließen, dass hier nicht wirklich Unsicherheit bezüglich des Sachverhaltes besteht.

Beim zweiten intertextuellen Textauszug aus dem Osthoff-Text finden sich drei Unbestimmtheitsbelege.

> II) *Das merkwürdige zusammentreffen in einer stilistischen wendung, bei mir [...], bei Kluge aber [...], lässt* **fast vermuten**, *dass hier der später schreibende autor den andern copiert habe. Dann hätte es sich aber doch* **wol** *geschickt, dass Kluge sich nicht lediglich darauf beschränkte, in nichtiger weise gegen Sievers zu polemisieren und Braune zu loben, weil diese beiden grammatikern völlig ein und dasselbe taten, [...], und ferner in überflüssiger weise gegen Brugmanns verteidigung der verwerflichen etymologischen combination von [...] zu felde zu ziehen.*

> II') *Das merkwürdige zusammentreffen in einer stilistischen wendung, bei mir [...], bei Kluge aber [...], lässt sich so verstehen, dass hier der später schreibende autor den andern copiert habe. Dann hätte es sich aber doch geschickt, dass Kluge sich nicht lediglich darauf beschränkte, in nichtiger weise gegen Sievers zu polemisieren und Braune zu loben, weil diese beiden grammatikern völlig ein und dasselbe taten, [...], und ferner in überflüssiger weise gegen Brugmanns verteidigung der verwerflichen etymologischen combination von [...] zu felde zu ziehen.*

Die ersten zwei Belege werden in einem Zusammenhang verwendet, in dem der Autor einem anderen Autor, Kluge, (indirekt) vorwirft, aus einer Arbeit von sich stilistisch kopiert zu haben. Auf diese Weise wird auch versucht, zu zeigen, dass Kluge die Arbeit des Autors möglicherweise überhaupt gekannt hat, was für die weitere Argumentation des Autors relevant ist. In dieser sehr brisanten Bezugnahme auf einen anderen Autor findet – wie oben gezeigt – ein eigentümlicher Wechsel von expliziten Autorbezügen zu einer unpersönlichen Autordarstellung statt. In diesem Zusammenhang werden an zentraler Stelle mit *fast* und *vermuten* zwei Unbestimmtheitsbelege verwendet. Unter e bis g sind Beispiele mit und ohne Unbestimmtheitsmittel aufgeführt:

e) X lässt *fast vermuten*, dass hier der später schreibende autor den andern copiert habe.

f) X zeigt, dass hier der später schreibende autor den andern copiert habe.
g) X lässt *vermuten*, dass hier der später schreibende autor den andern copiert habe.

Während in Beispiel e – wie im Originalbeleg – beide Unbestimmtheitsmittel realisiert sind, wird in Beispiel f gänzlich auf Unbestimmtheitsmittel verzichtet. In Beispiel g ist nur das grundlegende Unbestimmtheitsmittel, das Verb *vermuten*, aufgeführt. In diesem Textauszug haben wir mit diesem Beleg also den Fall, dass gewissermaßen aufbauend auf einem Unbestimmtheitsmittel *(vermuten)* ein weiteres Unbestimmtheitsmittel *(fast)* realisiert wird.

Beim zugrunde liegenden Unbestimmtheitsmittel, dem Verb *vermuten*, handelt es sich um Unbestimmtheit ieS. Hier wird kommentierend Unsicherheit hinsichtlich der Faktizität ausgedrückt. Dies lässt sich wie folgt umschreiben:

IIa) Es ist Fakt, dass X zeigt, dass hier der später schreibende autor den andern copiert habe.
IIb) Es ist, wie sich *vermuten* lässt, Fakt, dass X zeigt, dass hier der später schreibende autor den andern copiert habe. (Unbestimmtheitsausdruck)
IIc) Es ist, wie *ich vermute*, Fakt, dass X zeigt, dass hier der später schreibende autor den andern copiert habe. (Unbestimmtheitsausdruck)

Die Unsicherheitsmarkierung, die hier zum Ausdruck gebracht wird, ist vor dem Hintergrund des vorausgehenden Kontextes – wie im vorherigen Textausschnitt – in erster Linie formaler Art, d. h. der Autor dürfte hinsichtlich des Sachverhaltes nicht wirklich unsicher sein. Dennoch muss es sich letztlich doch auch um eine Spekulation handeln, da nicht mit absoluter Gewissheit nachgewiesen werden kann, wie es sich bei Kluge hinsichtlich des Vorwurfes verhält. Ein solcher Beleg, mit seinem stark gesichtsbedrohenden Potential, dürfte klassischerweise dem Bereich des Hedging zugeordnet werden (siehe 2.2).

Mit dem Unbestimmtheitsmittel *fast* liegt Unbestimmtheit iwS, also relativierende Unbestimmtheit, vor, bei der die Geltung des propositionalen Gehalts relativiert wird. Dies kann wie folgt umschrieben werden:

IId) (X lässt vermuten, dass hier der später schreibende autor den andern copiert habe) und dies gilt. (absolute Geltung)
IIe) (X lässt vermuten, dass hier der später schreibende autor den andern copiert habe) und dies gilt *fast*. (unbestimmte Geltung)

Im Vergleich zu anderen oben analysierten Belegen, bei denen ebenfalls mindestens zwei Unbestimmtheitsmittel kombiniert wurden, sind diese Unbestimmtheitsmittel also aufeinander bezogen. Das Unbestimmtheitsmittel *fast* wird hier folglich aufbauend auf das zugrunde liegende *vermuten* verwendet: Genau genommen wird hier also das die Geltung des zugrunde liegenden Unbestimmtheitsmittels relativiert. Es wird auf diese Weise zum Ausdruck gebracht, dass – wenn man die Textstelle einmal wörtlich nimmt – die brisante Vermutung (nicht wörtlich: der brisante Vorwurf) nur fast gemacht wird. Der Vorwurf wird so scheinbar nur angedeutet, wenngleich er natürlich durch diese andeutungsweise Realisierung ja bereits im Raum steht. Insgesamt kann man sagen, dass durch die aufbauende Unbestimmtheit die zugrunde liegende Unbestimmtheit in diesem Fall intensiviert wird.

Der dritte Unbestimmtheitsbeleg verhält sich in gewisser Weise so wie derjenige aus dem zuvor besprochenen Textauszug von Osthoff. Auch hier wird gegenüber dem in der Kritik stehenden Autor (Kluge) zum Ausdruck gebracht, wie sich dieser hätte aus Sicht des Autors besser verhalten können, worauf auch hier der Konjunktiv und die Verbsemantik hindeuten *(hätte sich geschickt)*. Darüber hinaus ist auch bei diesem Beleg das Unbestimmtheitsmittel kombiniert mit weiteren Abtönungspartikeln *(aber, doch)*. Wie oben soll deshalb die Äußerung zunächst einmal ohne Konjunktiv (h), ohne Unbestimmtheitsmittel (i), ohne die zusätzlichen Abtönungspartikeln (j) und schließlich allein mit dem Unbestimmtheitsmittel (k) dargestellt werden:

h) Dann schickt sich aber doch *wol* X.
i) Dann schickt sich aber doch X.
j) Dann schickt sich X.
k) Dann schickt sich *wol* X.

Beim Unbestimmtheitsmittel *wol* handelt es sich um Unbestimmtheit ieS, d. h. hier wird Faktizität kommentiert und als nicht sicher signalisiert.

IIf) Es ist Fakt, dass X sich dann schickt.
IIg) Es ist *wol* Fakt, dass X sich dann schickt. (Unbestimmtheitsausdruck)

Ähnlich wie oben lässt sich auch hier sagen, dass die Unsicherheitsmarkierung sich nicht auf ein grundsätzlich nicht überprüfbares Wissen, sondern vielmehr auf eine Sichtweise des Autors bezieht, von der er größtenteils überzeugt sein dürfte.

Abschließend sei schließlich noch auf den letzten Unbestimmtheitsbeleg eingegangen. Dieser findet sich in einem intertextuellen Textauszug aus dem Braune-Text. In III' ist der Textauszug für eine Gegenüberstellung ohne Unbestimmtheitsmittel aufgeführt.

> III) *Jedenfalls darf man bei dem gasteli nur an den saalbau eines herrenhofes denken. Und der gasteli, in dem die magier übernachten, ist kein anderer als der Josephs, der als vornehmer herr in seiner stadt Bethlehem einen gasteli hatte: heisst es doch von ihm bald danach [...]. Ich nehme an, Behaghel hat diese letztere stelle [...] dahin verstanden, dass Joseph in Bethlehem sich selbst in einer herberge befunden habe, denn sonst würde er sich doch über Abrahams gesteli in der Gen. 247 nicht so sehr wundern.*

> III') *[...] heisst es doch von ihm bald danach [...] Behaghel hat diese letztere stelle [...] dahin verstanden, dass Joseph in Bethlehem sich selbst in einer herberge befunden habe, denn sonst würde er sich doch über Abrahams gesteli in der Gen. 247 nicht so sehr wundern.*

Der Textauszug enthält eine einzige explizite Bezugnahme auf einen anderen Autor (Behaghel); gerade an dieser Stelle findet sich auch der einzige Unbestimmtheitsbeleg *(ich nehme an)*. Es geht hier – wie oben gezeigt – darum, die Behaghel'sche Interpretation einer bestimmten Textstelle einzuordnen, wobei zunächst gesagt wird, dass die Textstelle wahrscheinlich auf bestimmte Art und Weise verstanden wurde, und dies dann anschließend begründet wird *(denn sonst würde er sich [...] nicht so sehr wundern)*.

Das Unbestimmtheitsmittel ist der kommentierenden Unbestimmtheit zuzuordnen; es wird die Faktizität kommentiert und dabei ihre Nicht-Sicherheit zum Ausdruck gebracht, was sich in folgender Form umschreiben lässt:

IIIa) Es ist Fakt, dass Behaghel diese letztere stelle [...] dahin verstanden hat, dass X.

IIIb) Es ist, wie *ich annehme*, Fakt, dass Behaghel diese letztere stelle [...] dahin verstanden hat, dass X. (Unbestimmtheitsausdruck)

Das Unsicherheit markierende Unbestimmtheitsmittel wird hier also zur Kommentierung der Faktizität eines Sachverhalts verwendet, bei dem es um die Interpretation einer Textstell durch einen anderen Autor geht. Es wird zum Ausdruck gebracht, dass man vermutet, dass die Interpretation einer bestimmten Form entspreche; für diese Vermutung wird zugleich eine Begründung vorgelegt. Es handelt sich hier also prinzipiell durchaus um einen nicht sicheren Sachverhalt, über den eine Vermutung geäußert wird, wenngleich für diese Vermutung auch mögliche Gründe vorgetragen werden können, die für die Vermutung sprechen.

Auffällige Textteile

Im Folgenden werden Textauszüge besprochen, die in ihrer Realisierung von Unbestimmtheitsmitteln qualitativ oder quantitativ besonders herausstechen. Kommen wir zunächst einmal zu einem Textausschnitt aus dem Osthoff-Text. Dieser sehr kurze Auszug zeichnet sich durch eine gewisse Ambivalenz aus:

> I) *So weit die dankenswerten darlegungen Bülbrings, auf grund deren sich mir klar zu ergeben scheint, dass in den angl. dialekten zweifellos [...] galt.* (349)
> I') *So weit die dankenswerten darlegungen Bülbrings, auf grund deren sich klar ergibt, dass in den angl. dialekten zweifellos [...] galt.*

Zunächst einmal ist zu sagen, dass diese Textstelle unmittelbar an ein langes Zitat (aus einem Brief von Bülbring) anschließt. Der Autor zieht die Ausführungen in diesem Zitat als Beleg für einen bestimmten fachlichen Sachverhalt heran *(dass in den angl. dialekten zweifellos [...] galt)*. Für den Autor, der hier explizit in Erscheinung tritt *(mir)*, gilt der Sachverhalt auf dieser Grundlage *zweifellos*.

Wir haben hier zum einen also eine apodiktische Behauptung hinsichtlich eines Sachverhalts, die auf der Basis der Ausführungen Bülbrings vorgetragen wird; wichtig ist hier vor allem, dass die absolute Faktizität *(ergibt sich klar, zweifellos)* auf dem Verweis auf die Ausführungen von Bülbring gründet. Dies wird besonders gut in I' deutlich. Dieser Bezug auf Bülbring wird zum anderen aber einerseits mit einem expliziten Autorbezug und andererseits mit einem Unbestimmtheitsmittel ieS kommentiert, wobei durch Letzteres Unsicherheit signalisiert wird. Dies lässt sich wie folgt umschreiben:

Ia) Es ist Fakt, dass sich auf grund der darlegungen bülbrings klar ergibt, dass X.
Ib) Es *scheint mir* Fakt (zu sein), dass sich auf grund der darlegungen bülbrings klar ergibt, dass X. (Unbestimmtheitsausdruck)
Ic) Es ist, wie *mir scheint*, Fakt, dass sich auf grund der darlegungen bülbrings klar ergibt, dass X. (Unbestimmtheitsausdruck)

Die angesprochene Ambivalenz wird besonders gut an *klar zu ergeben scheint* deutlich: Die autorseitige Unsicherheitsmarkierung zielt in erster Linie darauf, dass sich aus den Ausführungen Bülbrings für den Autor der Sachverhalt *ergibt*. Dass sich dies *ergibt*, wird dabei einerseits als *klar*, und somit als eindeutig und sicher, deklariert. Andererseits wird dieser Punkt, dass sich der Sachverhalt für den Autor klar *ergibt*, aber zugleich auch in der Form dargestellt, dass diesbezüglich keine absolute Sicherheit besteht *(scheint mir)*.

Bezüglich dieser Textstelle sei Folgendes festgehalten: Wir haben hier auf lexikalischer Ebene eine gewisse Ambivalenz in Hinblick auf die Sicherheitsmarkierung bezüglich des thematisierten Sachverhalts. Interessant ist hier vor allem auch, dass der Autor sich auf einen Briefaustausch mit Bülbring bezieht und diese Ausführungen als Unterstützung nimmt für den negativen Bezug auf Kluge (s. o.), was in dem obigen Auszug allerdings nicht mehr ausgeführt wurde. Gerade vor diesem Hintergrund, dass der Autor sich auf die seine eigene Argumentation stützenden Ausführungen Bülbrings in einem generell kritisch-argumentativen Zusammenhang (Osthoff vs. Kluge) bezieht, muss die Ambivalenz des Ausdrucks von Sicherheits- und Unsicherheitsmarkierung betrachtet werden: Man kann nämlich davon ausgehen, dass der Sachverhalt, dass sich aus den Ausführungen Bülbrings ohne Zweifel der thematische Sachverhalt X *klar ergibt*, für den Autor nicht wirklich in Frage steht und dieser somit nicht wirklich als unsicher betrachtet, sondern durchaus als evident erachtet wird, ohne dass dies explizit zum Ausdruck gebracht wird.

Kommen wir zum nächsten auffälligen Textauszug aus dem Osthoff-Text. Es lassen sich hier insgesamt drei Unbestimmtheitsmittel ausmachen. In II' ist der Textausschnitt noch einmal ohne Unbestimmtheitsmittel aufgeführt.

> II) *Für fuchta* **möchte** *diese erklärung seines vocalismus nach [...]* **wol** *hingehen, da sie sich auf die erscheinung von afries. hilpa, wirtha als* **vermutlich** *ebenso aufzufassenden jüngeren nebenformen zu helpa, wertha stützen kann (van Helten a.a.o. § 270. Siebs a.a.o. 1191.1313), aber die lautgestalt der nomina [...] in solcher weise auf die analogie des einzigen loc. sing. zurückzuführen, hat doch sein bedenkliches; daher wird man besser mit Siebs [...]* (350)

> II') *Für fuchta geht diese erklärung seines vocalismus nach [...] hin, da sie sich auf die erscheinung von afries. hilpa, wirtha als ebenso aufzufassenden jüngeren nebenformen zu helpa, wertha stützen kann (van Helten a.a.o. § 270. Siebs a.a.o. 1191.1313), aber [...]*

Insgesamt ist zu dem Textauszug zu sagen, dass er in einem Zusammenhang steht, in dem zuvor eine fremde Position wiedergegeben wurde (worauf u. a. *diese erklärung* hindeutet) und diese nun aus Sicht des Autors eingeordnet wird. Es liegt hier ‚konzessive Argumentation' vor (vgl. hierzu etwa Steinhoff 2007a): Der Autor argumentiert, indem er zunächst einmal die referierte Position hinsichtlich eines bestimmten Aspektes gelten lässt *(Für fuchta möchte diese erklärung [...] hingehen)* und dafür auch einen Beleg anführt, der an den Autor der referierten Position selbst (van Helten) sowie einen weiteren Autor (Siebs) anschließt. Im weiteren Argumentationsverlauf und in einem anderen Zusammenhang *(aber die lautgestalt der nomina X)* lehnt er die *erklärung* der referierten Positon (von van Helten) jedoch eindeutig ab *(hat doch sein bedenkliches)* und macht einen Alternativvorschlag *(daher wird man besser mit Siebs [...]).*

Die drei Unbestimmtheitsmittel werden in dem Textzusammenhang verwendet, in dem es darum geht, den Sachverhalt zu konzedieren, wobei die Belege *möchte* und *wol* zugleich als grundlegend für die konzessive Ausdrucksweise betrachtet werden können.

a) Für fuchta möchte diese erklärung [...] *wol* hingehen.
b) Für fuchta möchte diese erklärung [...] hingehen.
c) Für fuchta geht diese erklärung [...] hin.

Vergleicht man die Äußerungen in a und b, so zeigt sich, dass die Äußerung in b auch ohne *wol* durch den (modalen) Verbalkomplex konzessiv ist, wenngleich die Konzessivität durch *wol* in a zusätzlich markiert, möglicherweise intensiviert wird. Der Vergleich von b und c macht deutlich, dass durch die epistemische Verwendung des Modalverbs (möchten) in b die konzessive Ausdrucksweise grundlegend etabliert wird, während in c keine Konzessivität vorliegt. Sowohl *möchte* als auch *wol* tragen in diesem Zusammenhang also zur Konzessivität bei. Über diese Funktion als Konzessionsmarkierung hinaus haben diese Belege aber zugleich auch die Funktion, die Faktizität in Hinblick auf Unsicherheit zu markieren.[56] Es liegen hier also Unbestimmtheitsmittel ieS vor, mit denen neben der Anzeige von Konzessivität zugleich die Faktizität kommentiert wird. Dies sollen die folgenden Umschreibungen zeigen.

IIa) Es ist Fakt, dass diese erklärung für fuchta hingeht.
IIb) Es *möchte* Fakt sein, dass diese erklärung für fuchta hingeht. (Unbestimmtheitsausdruck)
IIc) Es ist *wol* Fakt, dass diese erklärung für fuchta hingeht. (Unbestimmtheitsausdruck)

Das dritte Unbestimmtheitsmittel wird ebenfalls in dem konzessiven Zusammenhang verwendet. Hier geht es allerdings im Speziellen darum, innerhalb des konzessiven Zusammenhangs eine Begründung zu geben *(da sie sich [...] stützen kann)*. Der Unbestimmtheitsbeleg selbst befindet sich in einem attributiven Kontext; bevor auf die Funktionsweise als Unbestimmtheitsmittel eingegangen wird, sei zunächst der attributiv nominale Ausdruck in einen verbalen Ausdruck übertragen:

---

56 Zum Zusammenhang von der epistemischen Verwendung von *mögen* und Konzessivität vgl. Duden (2009: 560).

d) Die erklärung kann sich auf die erscheinung von X als *vermutlich* ebenso aufzufassenden jüngeren nebenformen zu Y stützen.
e) Die erklärung kann sich auf die erscheinung von X stützen. X sind dabei *vermutlich* ebenso als jüngere nebenformen zu Y aufzufassen.

In der Übertragung in e baut der Unbestimmtheitsbeleg auf ein Halbmodal (sind aufzufassen) auf, mit welchem die Lesart des Müssens suggeriert wird. Diese Übertragung ergibt sich aus der Partizipform mit zu im attributiven Gebrauch in d; die modale Lesart ist aus dem Originalbeleg also durchaus ableitbar, was bedeutet, dass das Unbestimmtheitsmittel sich hier auf diese Müssen-Modalität bezieht.

Mit dem Unbestimmtheitsbeleg *vermutlich* liegt Unbestimmtheit ieS vor, d. h. mit ihm wird die Faktizität kommentiert und als unsicher deklariert, wie die folgende Umschreibung veranschaulichen soll:

IId) Es ist Fakt, dass X dabei ebenso als jüngere nebenformen zu Y aufzufassen sind.
IIe) Es ist *vermutlich* Fakt, dass X dabei ebenso als jüngere nebenformen zu Y aufzufassen sind.

Wie oben angedeutet wurde, handelt es sich hier um den Ausdruck von Unsicherheit in Bezug auf einen modalen Zusammenhang. Es wird hier also ausgedrückt, dass die Faktizität der Müssen-Modalität nicht sicher ist; dass *X als jüngere nebenformen zu Y aufgefasst* werden müssen, wird hier also als unsicher markiert.

Und schließlich sei noch ein letztes Beispiel aus dem Osthoff-Text besprochen:

III) *Ich kann auch jetzt nur widerholen, was ich a.a.o. s. 371 [...] bemerkt habe, dass nämlich eine solche regelmässige abwandlung des verbums nach dem normalschema der eu : au-reihe, wenn sie bestanden hätte, aller wahrscheinlichkeit nach überhaupt niemals alteriert worden wäre. Hinzufügen darf ich wol noch den hinweis darauf, dass man auch in morphologischer hinsicht eine art unicum mit jener aufstellung schaffen würde: [...]* (353)

III') *[...] dass nämlich eine solche regelmässige abwandlung des verbums nach dem normalschema der eu : au-reihe, wenn sie bestanden hätte, überhaupt niemals alteriert worden wäre. Hinzufügen darf ich noch den hinweis darauf, dass man auch in morphologischer hinsicht unicum mit jener aufstellung schaffen würde [...]*

Diese Textstelle schließt an die Ausführungen des Autors an, in denen es – wie oben an einem anderen Textauszug gezeigt wurde – darum geht, einem anderen Autor (Kluge) mindestens andeutungsweise zu unterstellen, dass dieser von dem Autor kopiert habe, ohne dies zu kennzeichnen. In der hier interessierenden Textstelle trägt der Autor nun (wiederholend) vor, welche Position er in Hinblick auf den in Rede stehenden Sachverhalt in der scheinbar kopierten Arbeit vertrat. Der erste Unbestimmtheitsbeleg wird genau in diesem Zusammenhang gebraucht; es geht dabei darum, mit Bezug auf die eigenen früheren Ausführungen einen bestimmten Sachverhalt abzuweisen *(überhaupt niemals)*. Auffällig ist hier zum einen, dass die Autorinstanz insgesamt explizit in Erscheinung tritt (3x ich); bei allen Verwendungen des Ich-Pronomens handelt es sich um textbezogene Handlungen (Wiederholen, Bemerken, Hinzufügen). Zum anderen fällt auch hier auf, dass die Verwendung des Unbestimmtheitsbelegs in einem Kontext stattfindet, in dem ansonsten lexikalische Mittel gebraucht werden, die in Hinblick auf den Sachverhalt eher Eindeutigkeit und Absolutheit suggerieren. Dies wird vor allem an *überhaupt niemals* deutlich: Die temporal adverbiale Einordnung mit *niemals*, die an sich zeitliche Eindeutigkeit anzeigt, wird mit *überhaupt* noch zusätzlich bekräftigt. Gerade vor diesem eindeutigen und bekräftigenden Zusammenhang wird also ein Unbestimmtheitsmittel verwendet. Der zweite Unbestimmtheitsbeleg wird in einem Zusammenhang gebraucht, in dem der Autor sich (mit explizitem Bezug) auf sein eigenes Texthandeln bezieht *(den hinweis hinzufügen)*, wobei dieses Texthandeln zudem noch modalisiert wird *(darf ich hinzufügen)*.

Beim ersten Unbestimmtheitsbeleg handelt es sich um Unbestimmtheit ieS, mit der eine individuelle Einschätzung von Seiten des Autors in Hinblick auf die Faktizität vorliegt bzw. bei der der Autor relative Sicherheit hinsichtlich des gegebenen Sachverhalts ausdrückt. Der zugrunde liegende Kontext sei zunächst einmal wie folgt rekonstruiert:

f) Eine solche regelmässige abwandlung des verbums [...] wäre *aller wahrscheinlichkeit nach* überhaupt niemals alteriert worden.
g) Eine solche regelmässige abwandlung des verbums [...] ist *aller wahrscheinlichkeit nach* überhaupt niemals alteriert worden.
h) Eine solche regelmässige abwandlung des verbums [...] ist überhaupt niemals alteriert worden.

Die Beispiele f und g unterscheiden sich insofern, als in g gegenüber der Entsprechung des Originals in f nicht die Potentialität des Konjunktivs ausgedrückt wird. In Beispiel h ist die Textstelle schließlich ohne Unbestimmtheitsmittel aufgeführt. Die Funktionsweise des Unbestimmtheitsmittels lässt sich wie folgt umschreiben:

IIIa) Es ist Fakt, dass eine solche regelmässige abwandlung des verbums überhaupt niemals alteriert worden ist.

IIIb) Es ist *aller Wahrscheinlichkeit nach* Fakt, dass eine solche regelmässige abwandlung des verbums überhaupt niemals alteriert worden ist. (Unbestimmtheitsausdruck)

Das zweite Unbestimmtheitsmittel in dieser Textstelle bezieht sich – wie bereits angedeutet – auf einen modalen Zusammenhang sowie zugleich auf eine autorseitig angekündigte textbezogene Handlung (Hinzufügen). Die Kommentierung des modalen Handlungszusammenhangs sei wie folgt umschrieben:

IIIc) Es ist Fakt, dass ich noch den hinweis darauf hinzufügen darf, dass X.

IIId) Es ist *wol* Fakt, dass ich noch den hinweis darauf hinzufügen darf, dass X.

Es handelt sich hierbei also um kommentierende Unbestimmtheit, bei der Unsicherheit hinsichtlich der Faktizität signalisiert wird. Für diesen Zusammenhang bedeutet das, dass (zumindest formal) markiert wird, dass nicht sicher ist, ob die Handlung des Hinzufügens erlaubt ist. Dabei ist natürlich klar, dass es hier aus kommunikativ-funktionaler Perspektive nicht tatsächlich im streng formalen Sinne darum gehen dürfte, Unsicherheit in Bezug auf das Erlaubtsein der Autorhandlung zum Ausdruck zu bringen. Es liegt hier also im Grunde kein Sachverhalt vor, der für den Autor tatsächlich irgendwie unsicher wäre, was sich auch daran zeigt, dass er die angekündigte Handlung im weiteren Verlauf ausführt.

Und schließlich enthält die Textstelle noch einen Unbestimmtheitsbeleg iwS, mit dem ein Referenzausdruck vage erweitert und insofern relativiert wird. Der Äußerungszusammenhang lässt sich zunächst einmal wie folgt umstellen:

i) Man schafft in morphologischer hinsicht mit jener aufstellung eine art unicum.

Die Relativierung des Referenzausdrucks *unicum* durch *eine art* lässt sich auf dieser Grundlage nun wie folgt umschreiben:

IIIe) Man schafft in morphologischer hinsicht mit jener aufstellung ein unicum.
[R = Man, mit jener aufstellung, ein unicum, in hinsicht + P = schafft, morphologischer]

IIIf) Man schafft in morphologischer hinsicht mit jener aufstellung *eine art unicum*. [R = Man, mit jener aufstellung, *eine art* unicum, in hinsicht + P = schafft, morphologischer]

Im Folgenden wird ein Textteil aus dem Braune-Text besprochen. Es handelt sich hierbei um eine Fußnote, in der zwei Unbestimmtheitsbelege auszumachen sind.

> IV) *Die philologie alter schule würde, wenn sie nur den zusammenhang vorurteilsfrei erwogen und die biblische erzählung nicht gekannt hätte, hier* **vielleicht** *eine interpolation gewittert oder cribbium durch eine conjectur weggeschafft haben. – Der dichter hatte es nicht gewagt, [...]* **Vermutlich** *wollte in der tat unser dichter diesen anschein erwecken!* (13)

> IV') *Die philologie alter schule würde, wenn sie nur den zusammenhang vorurteilsfrei erwogen und die biblische erzählung nicht gekannt hätte, hier eine interpolation gewittert oder cribbium durch eine conjectur weggeschafft haben. – Der dichter hatte es nicht gewagt, [...] Unser dichter wollte in der tat diesen anschein erwecken!*

Grundsätzlich geht es in dieser Textstelle um hypothetische Sachverhalte: Der Autor erwägt zum einen, welche Position die *philologie alter schule* wohl hinsichtlich des in Rede stehenden Inhalts eingenommen hätte. Zum anderen bringt der Autor eine Vermutung zum Ausdruck, wie eine bestimmte Textstelle des behandelten Dichters gemeint sein könnte. Das Bemerkenswerte hierbei ist, dass dieses Unbestimmtheitsmittel in einem Kontext mit dem die Faktizität unterstreichenden *in der tat* gebraucht wird, wodurch auch hier die bereits mehrfach angetroffene Paradoxie in Hinblick auf die Faktizität auszumachen ist.

Der Kontext des ersten Belegs kann wie folgt dargestellt werden:

j) Die philologie alter schule würde hier *vielleicht* eine interpolation gewittert haben.
k) Die philologie alter schule hat hier *vielleicht* eine interpolation gewittert.
l) Die philologie alter schule hat hier eine interpolation gewittert.

In Beispiel j ist der Beleg in einem nicht hypothetischen Zusammenhang (also ohne Konjunktiv) aufgeführt; das Beispiel k kommt ohne Unbestimmtheitsbeleg aus.

Der Gebrauch des Unbestimmtheitsmittels in Hinblick auf die Faktizität lässt sich wie folgt umschreiben:

IVa) Es ist Fakt, dass die philologie alter schule hier eine interpolation gewittert hat.

IVb) Es ist *vielleicht* Fakt, dass die philologie alter schule hier eine interpolation gewittert hat. (Unbestimmtheitsausdruck)

Mit dem Modalwort *vielleicht* wird der propositionale Gehalt dergestalt kommentiert, dass der Sachverhalt, dass *die philologie alter schule hier eine interpolation gewittert* habe, als unsicher dargestellt; es wird hierüber also eine Vermutung angestellt. Der Unbestimmtheitsbeleg wird hier in einem Zusammenhang verwendet, bei dem der besprochene Sachverhalt tatsächlich als nicht sicher eingestuft werden kann, da er grundsätzlich in einem hypothetischen Rahmen steht; bei der Vermutung, die hier zum Ausdruck gebracht wird, handelt es sich also nicht nur um eine bloße Markierung von Unsicherheit, sondern die Unsicherheit in Bezug auf den Sachverhalt besteht offensichtlich tatsächlich.

Genauso verhält es sich mit dem zweiten Beleg in dieser Textstelle, bei der eine Vermutung über eine Textstelle des behandelten Dichters geäußert wird. In der obigen Gegenüberstellung von IV und IV' ist die Äußerung einmal mit und einmal ohne Unbestimmtheitsmittel aufgeführt. Im Beispiel l wird im Vergleich zu IV' zusätzlich auf den die Faktizität bekräftigenden Zusatz *in der tat* verzichtet.

m) Unser dichter wollte diesen anschein erwecken.

Bei dem Unbestimmtheitsmittel handelt es sich um Unbestimmtheit ieS, bei der die Faktizität als unsicher kommentiert wird, was wie folgt umschrieben werden kann:

IVc) Es ist Fakt, dass unser dichter diesen anschein erwecken wollte.

IVd) Es ist *vermutlich* Fakt, dass unser dichter diesen anschein erwecken wollte.

Auch bei diesem Beleg wird – wie bereits gesagt – eine tatsächliche Vermutung bzw. ein tatsächlicher Unsicherheitsausdruck hinsichtlich des Sachverhalts geäußert.

5.3.2.3 Rekapitulation Zeitraum 1900

Im Folgenden werden die zentralen Ergebnisse aus der Analyse des Zeitraums 1900 zusammengetragen und mögliche übergreifende Perspektiven herausgearbeitet. Allgemein lässt sich zu den Texten aus dem Zeitraum um 1900 sagen, dass sie sich durch vergleichsweise häufige explizite Autorpräsenz bspw.

durch das Personalpronomen *ich* auszeichnen. Diese explizite Autorpräsenz ist im Grunde über die ganzen Texte verteilt, ohne dass sie sich auf bestimmte funktionale Texteinheiten beschränken würden. Außerdem finden sich relativ viele Unbestimmtheitsmittel ieS, d. h. also autorseitige Kommentierungen, die über den ganzen Text verteilt sind und sich nicht auf bestimmte Texteinheiten beschränken. Diese sehr grobe Betrachtung lässt bereits erkennen, dass die wissenschaftliche Autorschaft in der Germanistik um 1900 von relativ großer Explizitheit und Exponiertheit der Autorinstanz geprägt ist; bei der Darstellung von Autorinstanzen wird also eine vergleichsweise persönliche Form gewählt, auch wenn man sich – wie bei den Junggrammatikern – in Bezug auf die konzeptionelle Ausrichtung im Erkenntnisgewinnungsprozess stark an den ‚objektiven' und ‚unpersönlichen' Naturwissenschaften orientiert (siehe 4.1).

Kommen wir für eine spezifischere Betrachtung zunächst einmal zu den einleitenden Textteilen. Hierbei soll systematisch wie folgt vorgegangen werden: Betrachtet werden sollen mögliche Zusammenhänge zwischen einzelnen einleitenden Textfunktionen wie bspw. der *Rechtfertigung* des eigenen Vorgehens, außerdem der *Art der Autorpräsenz*, der *Bezugnahme auf andere Autoren* oder (allgemeiner) *den Forschungsdiskurs* sowie schließlich und grundsätzlich dem *Gebrauch von Unbestimmtheitsmitteln*. Diese einzelnen Aspekte werden teilweise aufeinander bezogen und natürlich stets vor dem übergeordneten Hintergrund einer unbestimmten Autorschaft beleuchtet.

In den untersuchten Einleitungen zeigen sich wiederkehrende Funktionen wie *Rechtfertigungen*, *Ankündigungen* oder *Absichtsbekundungen*. Rechtfertigungen sind vor allem zu Beginn der Texte aus der Mundartforschung anzutreffen; die Autoren geben dabei Gründe für das Schreiben der jeweiligen Aufsätze an. In Bezug auf die Rechtfertigungen aus den Mundart-Texten ist zu sagen, dass diese Rechtfertigungen einher gehen mit einem Bezug auf die Forschungsgemeinschaft, der in beiden Mundart-Texten allgemein gehalten wird, d. h. die Bezugnahmen werden ohne explizite Verweise auf andere Autoren oder Nennung anderer Autoren vorgenommen. Bei diesen rechtfertigenden Bezugnahmen auf die Forschungsgemeinschaft geht es etwa darum, zu zeigen, was aus Sicht des jeweiligen Autors hinsichtlich einer bestimmten Thematik noch zu erforschen wäre, oder aber darum, zu antizipieren, welche Erwartungen grundsätzlich bestehen könnten. Die Autorpräsenz der beiden Mundart-Einleitungen unterscheidet sich dabei allerdings: Während die Miedel-Einleitung gänzlich ohne explizite Autorpräsenz auskommt, ist die Bohnenberger-Einleitung persönlich gehalten, d. h. sie enthält relativ viele explizite Autorverweise, wobei ihr zugleich ein aus heutiger Sicht seltsam erzählerischer Duktus zugrunde liegt. Die rechtfertigende und allgemein gehaltene Bezugnahme auf einen Forschungsdiskurs wird in diesen Texteinleitungen also grundsätzlich sowohl mit expliziter als auch impliziter Autorpräsenz realisiert. Auffällig ist allerdings auch, dass die Einleitung ohne explizite Autorpräsenz (Miedel) bei der rechtfertigenden Bezugnahme auf den Forschungsdiskurs kritisch-abgrenzend gegenüber diesen ist, während der rechtfertigende Bezug in der Bohnenberger-Einleitung mit der expliziten und erzählerischen Autorpräsenz eher einräumend bzw. verteidigend in Hinblick auf antizipierte Erwartungshaltungen seitens des Forschungsdiskurses gehalten ist. Für diese Beispiele scheint sich also ein Zusammenhang von Kritik bzw. Argumentation und der Art und Weise der Autorpräsenz herauszukristallisieren.

Die Texteinleitungen der junggrammatischen Texte verhalten sich funktional anders. Hier liegen keine Rechtfertigungen im vorherigen Sinne vor, sondern eher kritische Diskussionen anderer konkreter Forschungspositionen: Bei der Osthoff-Einleitung findet sich keine Ausrichtung auf einen allgemein gehaltenen Forschungsdiskurs, sondern eine explizite und sehr kritische Bezugnahme auf eine einzelne Forschungsposition. Der Autor selbst bleibt in diesem Zusammenhang weitestgehend im Hintergrund. In der Texteinleitung aus dem Braune-Text wird ebenso explizit auf einzelne andere Forschungspositionen verwiesen (Sievers, Behaghel, Paul), wobei vor allem die Positionen von Behaghel und Paul zurückgewiesen werden. Der Autor ist hier, trotz der Kritik an konkreten Forschungspositionen, allerdings explizit präsent, was dem oben angedeuteten Zusammenhang von konkreter Kritik und nicht-expliziter Autorpräsenz zu widersprechen scheint.

Werfen wir aus diesem Grund noch kurz einen genaueren Blick auf die jeweiligen spezifischen Gebrauchskontexte der expliziten Autormarkierungen in den Kritik-Zusammenhängen, womit wir zugleich auch auf den Gebrauch von Unbestimmtheitsmitteln zu sprechen kommen. Im Braune-Text wird explizit in solchen Fällen die schreibende Autorinstanz markiert, wenn auf eigene Arbeiten verwiesen wird *(welche ich seiner zeit auf grund der alten Siever'schen hypothese [...] beantwortet hatte)* oder wenn angekündigt wird, was im weiteren Verlauf geschieht *(Ich will das hier durch eingehendere besprechung einiger beispiele beleuchten)*. Diese spezifischen Kontexte sind also nicht kritisch bezugnehmend. Ähnlich verhält es sich mit der Bohnenberger-Einleitung: Hier findet sich explizite Autorpräsenz, wenn auf eigene Arbeiten verwiesen wird *(meine bisherigen Darstellungen)* oder aber wenn das eigene Forschungshandeln thematisiert wird *(habe ich [...] schriftliche Erhebungen gemacht; werde ich [...] nicht hinzufügen können*; etc.). Auch hier liegt kein kritisierender Kontext vor. Im Braune-Text gibt es nun aber, neben den aufgezeigten Belegen, noch weitere explizite Autormarkierungen und diese werden im Zusammenhang mit explizit-kritischen Positionierungen gegenüber anderen Autoren (Behaghel, Paul) gebraucht *(Mit unrecht, wie ich glaube; Aber ich meine, man sollte [...])*. Um die gleiche Art der Verwendung handelt es sich bei dem einzigen Beleg in der Osthoff-Einleitung *(Dieser versuch ist meines erachtens gründlich mislungen)*. Mit diesen expliziten Autormarkierungen, die in explizit-kritischen Kontexten verwendet werden, liegen Unbestimmtheitsmittel im oben vorgestellten Sinne vor. Es handelt sich hierbei also um Faktizitätskommentierungen, mit denen Einschätzungen und Beurteilungen einer Autorinstanz zum Ausdruck gebracht werden; den explizit-kritischen Einordnungen wird auf diese Weise gewissermaßen die Schärfe genommen, indem sie als nicht absolut und allgemeingültig eingestuft werden. Offensichtlich gibt es in diesen einleitenden Textteilen aus dem Zeitraum 1900 also durchaus Fälle, in denen ein Zusammenhang zwischen der Explizitheit der Autorpräsenz, der Explizitheit und Direktheit des kritischen Bezugs sowie dem Gebrauch von Unbestimmtheitsmitteln besteht. Zunächst einmal kann man sagen, dass Kontexte, in denen Kritik geäußert wird, offenbar eine gewisse Affinität für den Gebrauch von Unbestimmtheitsmitteln aufweisen. Dies gilt sowohl für die soeben besprochenen explizit-kritischen als auch für die allgemein gehaltenen kritischen Bezugnahmen (Miedel). Bei den explizit-kritischen Bezugnahmen kommt dann noch hinzu, dass die Unbestimmtheit mit einem expliziten Autorbezug zusammenfällt.

Dennoch gibt es auch Stellen, in denen (explizite) Kritik ohne Unbestimmtheitsmittel geäußert wird, so z. B. in der Osthoff'schen Abschnittseinleitung *(Dass es aber im gegenteil bei der Kluge'schen ‚annahme von u-ablaut für féohtan' in lautlicher hinsicht hapert, kann [...])*. Man kann den Zusammenhang von expliziter Kritik und der Verwendung von Unbestimmtheitsmitteln also keineswegs generalisieren. Außerdem werden Unbestimmtheitsmittel nicht nur in kritisierenden Kontexten verwendet: Sie finden sich außerdem noch in Kontexten, in denen der Forschungsstand zu einem Thema bewertend eingeordnet wird *(ist durch die eindringenden arbeiten von O. Behaghel und von H. Pauls nun wol so weit klärung geschaffen; sind zwar in der Hauptsache nach Form und Bedeutung jetzt richtig erkannt)*, in denen das autorseitige (text- oder forschungsbezogene) Handeln thematisiert wird *(mag es gerechtfertigt sein, über sie in ihrer Gesamtheit einmal ausführlicher zu sprechen; Gleichwohl sei ein erster Versuch gewagt)* oder aber in denen der behandelte Gegenstand charakterisiert wird *(Offenbar stand der ältere dichter des Heliand noch fest in der guten alten tradition der westgermanischen epischen alliterationsdichtung, welche er möglicherweise früher schon ausgeübt hatte)*.

Für den Gebrauch von Unbestimmtheitsmitteln in den einleitenden Textteilen im Zeitraum 1900 lassen sich folgende Gebrauchskontexte festhalten:[57]

---

[57] Die Erfassung spezifischer Gebrauchskontexte dient in erster Linie der Veranschaulichung der kommunikativen Rahmen des Gebrauchs von Unbestimmtheitsmitteln und erhebt keinen Anspruch auf Vollständigkeit.

Tab. 15: Gebrauchskontexte Unbestimmtheitsmittel (Einleitungen Zeitraum 1900)

Gebrauchskontexte Unbestimmtheitsmittel (Einleitungen)				
Kritik (explizit und implizit)	Vorschlag	Charakterisierung Forschungsdiskurs	Autorhandlungen (text- und forschungsbezogen)	Gegenstand
UiwS (hin und wieder; Anzeichen); UieS (meines Erachtens; ich glaube)	UieS (ich meine)	UiwS (in der Hauptsache; so weit); UieS (wol)	UieS (*mag sein*)	UieS (offenbar; möglicher-weise)
← +		Intensität des Bezugs zur Forschungsgemeinschaft		− →

Die fünf Gebrauchskontexte unterscheiden sich grundsätzlich in der Intensität ihres Bezugs zur Forschungsgemeinschaft: Während dieser Bezug bei der Charakterisierung des behandelten Gegenstands kaum bis gar nicht vorhanden ist, ist dieser Bezug bei der Kritik an der Forschungsgemeinschaft besonders intensiv. Die Aufteilung der unterschiedlichen Formen von Unbestimmtheit (also ieS und iwS) auf die Gebrauchskontexte macht deutlich, dass in jedem Gebrauchskontext mindestens ein Unbestimmtheitsmittel ieS zu verzeichnen ist, was bedeutet, dass in jedem Gebrauchskontext die Sicherheit der Faktizität kommentiert wird. Markierungen von Unsicherheit finden sich allerdings allein in den nicht-kritischen Kontexten. Der oben an verschiedenen Stellen festgestellte Unterschied in der Qualität von Unsicherheitsmarkierungen hängt möglicherweise nicht unwesentlich mit der Verwendung in den jeweiligen Kontexten zusammen: So handelt es sich bspw. bei der Unsicherheitsmarkierung in Hinblick auf den Forschungsgegenstand um eine ‚tatsächliche' Unsicherheit, bei der der thematisierte Sachverhalt ‚wirklich' nicht sicher ist. Dies dürfte sich bei den Kontexten ‚Forschungsstand' und ‚Autorhandlungen' anders verhalten. Hier unterliegen die Unsicherheitsmarkierungen wohl eher keiner ‚wirklichen' Unsicherheit seitens der Autorinstanz; die Markierung von Unsicherheit hat hier vielmehr andere kommunikative Funktionen, die vor dem Hintergrund des stärkeren Bezugs zur Forschungsgemeinschaft möglicherweise stärker kommunikativ-sozial (als inhaltsbezogen) sind.

Kommen wir nun zu den intertextuellen Textausschnitten, in denen ein expliziter Bezug auf andere Autoren hergestellt wird. Hier wird der Fokus vor allem auf die Art und Weise der Autorpräsenz sowie der Art und Weise der intertextuellen Bezugnahme gelegt, was natürlich auch hier vor dem grundsätzlichen Hintergrund der Frage nach dem Gebrauch von Unbestimmtheit geschieht.

Zunächst einmal finden sich in den untersuchten Texten explizite Bezugnahmen, die sowohl kritisch-abgrenzend als auch affirmativ sind. Bei zwei Autoren (Miedel und Osthoff) werden kritisierende Bezugnahmen im Zusammenhang mit einem Sprachgebrauch verwendet, der apodiktisch wirkt und mit dem insofern semantisch ein gewisser Absolutheitsanspruch zum Ausdruck gebracht wird. Es werden dabei Bewertungen vor dem Hintergrund eines Richtig-Falsch-Bewertungshorizontes vorgenommen (*hat Vilmar richtig beurteilt; Daß das nicht richtig sein kann, [...]; [...], ihre unrichtigkeit zu erweisen;* usw.), die die Möglichkeit einer eindeutigen Einordnung suggerieren. Interessant ist in diesem Zusammenhang, dass diese Form der apodiktischen Bewertung vor einem Richtig-Falsch-Bewertungshorizont bei beiden Autoren zusammenfällt mit einer nicht-expliziten Autorpräsenz; im Rahmen von eindeutigen Einordnungen von Sachverhalten bleibt die Autorinstanz hier also implizit. Unbestimmtheitsmittel werden in diesem Rahmen nur einmal verwendet (*In diesem falle hätte es aber wol einer auseinandersetzung mit ihr bedurft [...]*). Ein z. T. ähnlicher Fall liegt bei einem anderen Osthoff-Beispiel vor: Auch hier findet sich ein frappanter Zusammenhang von Autorpräsenz und expliziter Kritik, wenn ein zu Beginn sehr persönlich gehaltener Textauszug (*habe ich [...] getan; meine dortige beweisführung;* etc.) gerade an der Stelle eines sehr kritischen Vorwurfs unpersönlich realisiert wird (*lässt fast vermuten; dass hier der später schreibende autor den anderen copiert habe*). Auch hier wird folglich explizite Kritik mit einer implizit verbleibenden Autorinstanz realisiert, wenngleich der Bewertungshorizont hier nicht explizit auf den Kategorien von richtig oder falsch basiert. Der Unterschied zu den vorherigen Textstellen ist, dass die Form der Kritikäußerung hier mit der Realisierung von mehr Unbestimmtheitsmitteln einhergeht. Im Gegensatz zu diesen Formen der offenen und eindeutigen kritischen Bewertung stehen Formen, bei denen die Kritik insgesamt stärker (bspw. durch Unbestimmtheitsmittel) abgeschwächt wird. Diese gehen dann häufig auch mit expliziter Autorpräsenz einher (z. B. *[...], so dünkt mich dies recht zweifelhaft*). Die intertextuellen Bezugnahmen beschränken sich insgesamt natürlich nicht auf kritisch-bewertende Formen. Neben diesen wird auch affirmativ auf andere Autoren verwiesen, um vor allem die eigene Position zu untermauern (vor allem bei Bohnenberger); auch bei diesen Bezugnahmen tritt der Autor allerdings kaum explizit in Erscheinung und Unbestimmtheitsmittel werden nur an einer einzigen Stelle verwendet (*läßt [...] vermuten*).

Wie verhält sich dies nun zum Gebrauch von Unbestimmtheitsmitteln im Speziellen? In welchen speziellen Kontexten werden hier also die Unbestimmtheitsmittel verwendet?

Tab. 16: Gebrauchskontexte Unbestimmtheitsmittel (Intertextualität Zeitraum 1900)

Gebrauchskontexte Unbestimmtheitsmittel (Intertextualität)				
Kritik (explizit und implizit)	Vorschlag	Interpretation	Charakterisierung Forschungsdiskurs	Gegenstand
UiwS (recht; fast); UieS (dünkt mich; lässt vermuten)	UieS (2x *wol*)	UieS (ich nehme an)	UieS (meines Wissens)	UieS (wie mir scheint; läßt vermuten)
+ ←――――― Intensität des Bezugs zur Forschungsgemeinschaft ―――――→ −				

Wie die Abbildung zeigt, findet man im Gegensatz zu den einleitenden Textteilen in den intertextuellen Textteilen keine Kontexte mit text- oder forschungsbezogenen Autorhandlungen und einem gleichzeitigen Gebrauch von Unbestimmtheitsmitteln. Dafür lässt sich allerdings ein Kontext ausmachen, in dem die Textstelle eines anderen Autors mithilfe eines Unbestimmtheitsmittels interpretiert wird. Ansonsten finden sich die gleichen Gebrauchskontexte, in denen Unbestimmtheitsmittel verwendet werden, wie in den einleitenden Textteilen; auch hier gibt es Kontexte, die stärkeren oder schwächeren Bezug zur Forschungsgemeinschaft aufweisen. Insgesamt fällt auf, dass in den intertextuellen Textauszügen überwiegend Unbestimmtheitsmittel ieS verwendet werden, d. h. hinsichtlich der Unbestimmtheit wird in erster Linie autorseitig die Sicherheit kommentiert. Hinzu kommt, dass die wenigen auszumachenden Unbestimmtheitsmittel iwS allein im Zusammenhang mit Unbestimmtheitsmitteln ieS vorkommen.

Schließlich sei noch auf die in Hinblick auf den Unbestimmtheitsgebrauch auffälligen Textteile aus dem Zeitraum 1900 zusammenfassend eingegangen. Diesen Textteilen liegen ganz unterschiedliche Textfunktionen zugrunde: So geht es bspw. darum, Beispiele vorzustellen und zu diskutieren, die eigene Material- bzw. Quellengrundlage zu bewerten oder aber auf die Ausführungen anderer Autoren einzugehen und die behandelten Sachverhalte vor diesem Hintergrund einzuschätzen. Wie verhält sich der Gebrauch von Unbestimmtheitsmitteln vor diesem heterogenen textfunktionalen Hintergrund?

Tab. 17: Gebrauchskontexte Unbestimmtheitsmittel (auffällige Textteile Zeitraum 1900)

\multicolumn{6}{c}{Gebrauchskontexte Unbestimmtheitsmittel (auffällige Textteile)}
Kritik (konzessive Argumentation)	Interpretation	Charakterisierung Forschungsdiskurs	Autorhandlungen (text- und forschungsbezogen)	Gegenstand	Gegenstand (Common sense)
UieS *(möchte; wol)*	UieS *(vermutlich)*	UieS *(vielleicht)*	UieS *(wol)*	UieS *(mögen; wohl; angenommen; scheint mir; vermutlich; aller wahrscheinlichkeit nach)*; UiwS *(ziemlich; etwa, eine art)*	UieS *(2x wohl; sicher; vielleicht)*; UiwS *(meist; so ganz)*

Bei näherer Betrachtung der spezifischen Gebrauchskontexte finden sich im Großen und Ganzen ähnliche Kontexte mit Unbestimmtheitsmitteln wie in den einleitenden und intertextuellen Textteilen. Allerdings zeigt sich bei der Thematisierung des Gegenstandes vor allem bei der Beispieldiskussion eine starke Ausrichtung auf den typischen Sprachgebrauch in einer Sprachgemeinschaft; es geht hier also darum, den Gegenstand vor dem Hintergrund eines Common sense einzuordnen. Außerdem findet sich im Rahmen der Kritik hier eine konzessive Argumentation, die mithilfe von Unbestimmtheitsmitteln realisiert wird.

Grundsätzlich fällt auf, dass auch hier – wie schon bei den intertextuellen Textteilen – die Unbestimmtheitsmittel iwS ausschließlich im Zusammenhang mit Unbestimmtheitsmitteln ieS vorkommen *(meist wohl sogar; vielleicht nicht so ganz; wohl als ehedem ziemlich groß angenommen)*. In diesen Belegen fallen also die Sicherheit der Faktizität kommentierende Unbestimmtheit und den propositionalen Gehalt relativierende Unbestimmtheit zusammen. Außerdem ist diesbezüglich zu erwähnen, dass Unbestimmtheitsmittel ieS in allen Kontexten anzutreffen sind, während Unbestimmtheitsmittel iwS hier lediglich in Bezug auf den Gegenstand gebraucht werden. Ein Großteil der Unbestimmtheitsmittel ieS besteht aus Unsicherheitsmarkierungen; die restlichen Unbestimmtheitsmittel ieS finden sich – wie die Unbestimmtheitsmittel iwS – ausschließlich in den Gegenstandskontexten. Darüber hinaus findet man auch hier in einigen Textauszügen den Gebrauch von Sprachmitteln mit Absolutheitssemantik, mit denen grundsätzlich apodiktische Äußerungen hervorgebracht werden. Diese grundsätzlich apodiktischen Äußerungen fallen in diesen Belegen teilweise zusammen mit dem Gebrauch von Unbestimmtheitsmitteln, wodurch ein eigentümlicher Kontrast in Hinblick auf die Faktizität entsteht (bspw. *sich mir klar zu ergeben scheint*).

Was kann man also für den Zeitraum 1900 festhalten? Alles in allem zeigt sich, dass Unbestimmtheitsmittel in Textausschnitten mit unterschiedlichen Textfunktionen (Einleitung, Intertextualität, etc.) in vergleichbaren kommunikativen Kontexten auftreten. Diese Kontexte weisen z. T. sehr starken (Kritik) oder aber vergleichsweise schwachen bis keinen Bezug zur Forschungsgemeinschaft auf (Gegenstand (Common sense)). Mit diesem mehr oder weniger starken sozial-kommunikativen Bezug gehen u. U. auch spezifische Qualitäten des Unbestimmtheitsgebrauchs einher. Ganz grob kann man sagen, dass der Fokus der Unbestimmtheit bei Gegenstandskontexten eher auf dem ‚Erkenntnisobjekt' liegt, während er bei Kritikkontexten eher auf dem ‚Erkenntnissubjekt' (genauer auf anderen ‚Erkenntnissubjekten') liegt.[58] Die Kommentierung der Sicherheit von Faktizität oder die Relativierung des propositionalen Gehalts eines Sachverhalts können sich also schwerpunktmäßig sowohl auf die inhaltlichen Gegenstände als auch auf die Forschungsgemeinschaft beziehen. Es kann also bspw. Unsicherheit hinsichtlich des behandelten Gegenstandes (z. B. *[...] noch fest in der guten alten tradition der westgermanischen epischen alliterationsdichtung, welche er möglicherweise früher schon ausgeübt hatte*) wie auch hinsichtlich einer kritisierenden Bewertung zum Ausdruck gebracht werden (z. B. *Das merkwürdige zusammentreffen in einer stilistischen wendung, bei mir [...], bei Kluge aber [...], lässt fast vermuten, dass hier der später schreibende autor den andern copiert habe*).

Betrachten wir schließlich noch mögliche Unterschiede in Hinblick auf die jeweilige konzeptionelle Ausrichtung der Texte. Mit der Mundartforschung und den Junggrammatikern wurden oben zwei Strömungen der Sprachwissenschaft um die Jahrhundertwende zum 20. Jahrhundert herausgestellt, die sich in ihrem grundsätzlichen Wissenschafts- und Erkenntnisverständnis unterscheiden (siehe 4.1). Ganz grob kann man sagen, dass es sich hierbei um die Antipoden eines naturwissenschaftlich-positivistischen (Junggrammatiker) vs. eines nicht-positivistischen (Mundartforschung) Sprachwissenschaftsverständnisses handelt. Für

---

58 Dabei sollte klar sein, dass diese Schwerpunkte der Fokussierung, ‚Erkenntnisobjekt' oder ‚Erkenntnissubjekt', natürlich nicht absolut zu setzen sind, da kritische Bezugnahmen in der Regel nicht unabhängig vom Gegenstand sind, genauso wenig wie Gegenstandskontexte nicht gänzlich frei von sozialen Ausrichtungen sind. Aus diesem Grund bietet sich hier auch grundsätzlich eine skalare Lesart an.

den Vergleich sei zunächst einmal der Blick auf den Gebrauch von ‚Absolutheitssemantik' gerichtet. Dieser Zugang erscheint vor dem Hintergrund der jeweils unterschiedlichen konzeptionellen sprachwissenschaftlichen Ausrichtungen insofern plausibel, als man grundsätzlich annehmen könnte, dass bei einer naturwissenschaftlich-positivistischen Ausrichtung bspw. Bewertungskategorien wie *richtig* oder *falsch* eher zum Tragen kommen als bei einer nicht-positivistischen, bei der vielleicht eher auch nicht-eindeutige oder nicht-entscheidbare Kategorien zugelassen sind.

Grundsätzlich lässt sich zum Gebrauch von Absolutheit und Eindeutigkeit indizierender Semantik sagen, dass man sie sowohl in Texten der Mundartforschung (Miedel) als auch der Junggrammatiker findet (Osthoff und Braune). Dabei ist dieser Sprachgebrauch grundlegend in intertextuellen Zusammenhängen, d. h. in Textstellen mit Bezug auf andere Autoren, zu finden.[59] Dabei fällt auf, dass sowohl im Miedel-Text (Mundartforschung) als auch im Braune-Text (Junggrammatiker) die ‚Absolutheitssemantik' im Zusammenhang mit positiven Bewertungen oder Charakterisierungen von anderen Positionen auftritt *(hat Vilmar schon 1837 richtig beurteilt [...] und nach ihm 1843 Schott [...] und Weigand 1853 [...]; Daß das nicht richtig sein kann, beweist [...]; ist durch die eindringenden arbeiten von O. Behaghel und von H. Pauls nun wol so weit klärung geschaffen, dass man die neue Sievers'sche hypothese gelten lassen muss, [...]).* Beim ersten Beleg von Miedel schließt an diese Textstelle eine Kritik an, die indirekt vorgetragen wird, ohne dass dabei (wie insgesamt in diesem Textausschnitt) ein Unbestimmtheitsmittel verwendet wird; beim zweiten Beleg von Miedel liegt eine eindeutig negative Bewertung vor: bei Braune werden hingegen im Rahmen der (positiven) Charakterisierung zwei Unbestimmtheitsmittel verwendet, wodurch der absolute Charakter dieser Einordnung abgeschwächt wird. Dieses gemeinsame Auftreten von ‚Absolutheitssemantik' und Unbestimmtheitsmitteln lässt sich auch bei den restlichen Belegen aus den Junggrammatiker-Texten erkennen (siehe die Osthoff-Beispiele). In den Texten der Junggrammatiker ist das Phänomen der ‚Absolutheitssemantik' also durchaus öfter vertreten. Allerdings finden sich im Rahmen dieser Verwendungen immer auch Unbestimmtheitsmittel, die den Absolutheitscharakter abschwächen können, während die Absolutheit der Charakterisierung bei Miedel nicht eingeschränkt bzw. abgeschwächt wird. Dieses Ergebnis kann in der Form sicher nicht generalisiert werden: Es sei dennoch festgehalten, dass sich das Phänomen der ‚Absolutheitssemantik'

---

59 In der Braune-Einleitung finden sich starke intertextuelle Bezüge (siehe oben). Der Beleg aus dem auffälligen Textteil bei Osthoff hat mit dem Verweis auf eine briefliche Mitteilung ebenfalls einen intertextuellen Bezug.

keineswegs auf Texte der Junggrammatiker beschränkt. Gerade im Miedel-Text (Mundartforschung) wird es zudem ohne Abschwächung durch Unbestimmtheitsmittel vorgetragen, und dies z. T. sogar bei einer explizit negativen Bewertung.

Insgesamt kann man festhalten, dass hinsichtlich des Gebrauchs von expliziten Autormarkierungen und (vor allem) von Unbestimmtheitsmitteln keine nennenswerten Unterschiede zwischen der Mundartforschung und den Junggrammatikern zu verzeichnen sind. Es verhält sich also nicht so, wie man vor dem Hintergrund der jeweiligen konzeptionellen Ausrichtungen (naturwissenschaftlich-positivistisch vs. nicht-positivistisch) vielleicht erwarten könnte, dass in den junggrammatischen Texten die Autorpräsenz besonders zurückhaltend realisiert oder keine Unbestimmtheitsmittel verwendet werden. So ist es bspw. gerade die Einleitung aus dem Bohnenberger-Text (Mundartforschung), die gänzlich ohne Unbestimmtheitsmittel auskommt. Insofern liegen die junggrammatischen Texte voll in dem Trend, der mit der quantitativen Untersuchung aufgezeigt wurde und wonach für den sprachwissenschaftlichen Sprachgebrauch des Zeitraums um 1900 insgesamt eine vergleichsweise starke Affinität zum Gebrauch von Unbestimmtheitsmitteln festgestellt werden konnte (siehe 5.2.3).

5.3.3 Zeitraum 1970 – Pragmatik und Generative Linguistik
5.3.3.1 Pragmatik

Im Folgenden werden zwei Texte untersucht, die dem sprachwissenschaftlichen Bereich der Pragmatik zuzuordnen sind. Es wird hier genauso vorgegangen wie bei der Untersuchung der Texte aus dem Zeitraum 1900. Es werden zunächst die einleitenden Textteile und dann intertextuelle Textteile vor allem in Hinblick auf ihren Gebrauch von Unbestimmtheitsmitteln untersucht. Schließlich wird der Blick noch auf Textteile gerichtet, die hinsichtlich des Gebrauchs von Unbestimmtheitsmitteln aus qualitativer oder quantitativer Sicht auffällig sind. Untersucht wurde zum einen ein Text von Dieter Wunderlich (1971) mit dem Titel *Pragmatik, Sprechsituation, Deixis* und zum anderen mit *Insistieren* ein Text von Franz Hundsnurscher (1976).

Einleitende Textteile

a) Wir beginnen mit dem Text von Dieter Wunderlich. In dem Text lässt sich nur schwer eine funktional fest umrissene Texteinleitung ausmachen, in der etwa ein Problemaufriss mit Fragestellung usw. zu finden wäre. Der Text ist zu Beginn in Teilabschnitte untergliedert (1.0; 1.1; 1.2). Es deutet allerdings nichts darauf hin, dass es sich hierbei um die Einleitung handeln könnte. Aus diesem Grund wird im Folgenden nur der Abschnitt zu Beginn des Textes näher betrachtet.

> *Die Beschreibung der sprachlichen Kompetenz von Sprechern einer Sprache kann sich nicht im Formulieren von syntaktischen und semantischen Wohlgeformtheitsbedingungen erfüllen, denen die Sätze oder zusammenhängende Textstücke dieser Sprache genügen müssen. Schon aus dem semiotischen Modell nach der Auffassung von Morris oder Carnap geht hervor, daß der Bereich der sog. semantischen Phänomene nur durch geeignete Abstraktionen aus dem Gesamtbereich der Erscheinungsformen der linguistischen Kompetenz herauszulösen ist. Die Theorie dieses umfassenden Gesamtbereichs, nämlich die Pragmatik, enthält außer den Wohlgeformtheitsbedingungen für Ketten sprachlicher Signale auch gewisse Adäquatheitsbedingungen, denen die Hervorbringungen solcher Signale in bestimmten Sprechsituationen genügen müssen, wenn sie tatsächlich Verständigung erreichen sollen.*
> *Dabei handelt es sich aber nicht bloß um Bedingungen der sprachlichen Performanz, d. h. der faktischen Anwendungsfälle eines internalisierten syntaktisch-semantischen Regelsystems, sondern zunächst vor allem um die (gleichfalls generalisierten und internalisierten) Voraussetzungen, die durch eine Sprechsituation erfüllt sein müssen, damit in ihr bestimmte Äußerungen sinnvoll möglich sind.* (153)

Der Text beginnt mit einem allgemeinen Bezug auf den Forschungsdiskurs. Der Autor betont diesbezüglich gewissermaßen einen Mangel, der darin liege, dass bestimmte – aus der Sicht des Autors zentrale – Aspekte in der Sprachanalyse unberücksichtigt bleiben. So hebt er hervor, dass die *Beschreibung der sprachlichen Kompetenz* nicht vollständig sein kann *(kann sich nicht erfüllen)*, wenn dabei der Fokus nur auf die Bereiche der Grammatik und der Semantik *(syntaktische und semantische Wohlgeformtheitsbedingungen)* gerichtet wird und pragmatische Bedingungen ausgeklammert werden. Hierfür beruft er sich auf andere Autoren (Morris, Carnap), durch deren Arbeiten und Denken der Vorwurf des Autors bestätigt werden könne *(Schon aus dem semiotischen Modell nach der Auffassung von Morris oder Carnap geht hervor)*. Man kann diesen ersten Teil der Einleitung in gewisser Weise als rechtfertigenden Argumentationszusammenhang lesen: Zunächst wird ein Mangel behauptet und diese Behauptung anschließend mit Verweis auf andere Autoren untermauert – es wird so also für eine pragmatische Perspektivierung bei der *Beschreibung der sprachlichen Kompetenz* argumentiert. Die Tatsache, dass dies zu Beginn des Textes steht, lässt darauf schließen, dass auf diese Weise das Schreiben des Aufsatzes und die Relevanz des Zugangs gerechtfertigt werden sollen. Außerdem wird so natürlich auch das Rahmenthema des Textes angekündigt. Im zweiten Abschnitt der Einleitung differenziert der Autor schließlich noch das von ihm Gemeinte, indem er aufzeigt, was bei ihm nicht *bloß* im Fokus ist, sondern um was es sich bei ihm *vor allem* handelt, nämlich um die *Voraussetzungen, die durch eine Sprechsituation erfüllt sein müssen, damit in ihr bestimmte Äußerungen sinnvoll möglich sind.*

Die Autorinstanz ist in dieser Einleitung nicht explizit und auch nicht durch implizite Formen des Autorverweises präsent. Sie lässt sich nicht einmal über unpersönliche textbezogene Autorhandlungen ausmachen. Neben dieser sehr unpersönlichen Form in der Darstellung der eigenen Autorinstanz ist auch der Bezug auf die Forschungsgemeinschaft insgesamt implizit. Abgesehen von den Verweisen auf Morris und Carnap, die zur Unterstützung der eigenen Position verwendet werden, gibt es keine direkten Verweise auf die Gemeinschaft, der gegenüber allerdings – wie oben gezeigt wurde – ein Mangel postuliert wird. Abschwächungen oder Einschränkungen etwa in Form von Unbestimmtheit finden sich in dieser Einleitung nicht.

b) Bei der Einleitung des Textes von Franz Hundsnurscher stellt sich das gleiche Problem wie beim vorherigen Text. Auch hier ist eine funktional klar umrissene Texteinleitung schwer zu bestimmen. Aus diesem Grund wird auch hier – wie zuvor – der erste Textabschnitt gewählt:

> *Ein umfassender theoretischer Ansatz in der Sprachwissenschaft besteht darin, Sprache unter dem Aspekt sozialen Handelns zu betrachten; als sprachphilosophische Orientierung bietet sich neuerdings die von J. L. Austin begründete ‚Sprechakttheorie' an. Ein solcher Ansatz dürfte aber sprachphilosophischer Selbstzweck bleiben, wenn er nicht zur Entwicklung von linguistischen Analyseinstrumenten genutzt wird, die es ermöglichen, Erscheinungsformen sprachlichen Handelns besser beschreiben und verstehen zu können. Eine wesentliche Voraussetzung der Beschreibungsarbeit hinsichtlich des Zusammenhangs von sprachlichem Handeln und Sprachsystem ist eine Systematik der Sprechakttypen.* (255)

Die Texteinleitung beginnt mit einem Verweis auf den sprachwissenschaftlichen Forschungsdiskurs, der zugleich auf einen zentralen Bereich *(Sprache unter dem Aspekt sozialen Handelns)* eingegrenzt wird *(Ein umfassender theoretischer Ansatz in der Sprachwissenschaft)*. In Bezug auf diesen eingegrenzten Bereich im Forschungsdiskurs wird eine neue *(neuerdings)* Ausrichtung in der Sprachphilosophie hervorgehoben *(die von J. L. Austin begründete ‚Sprechakttheorie')*. Direkt im Anschluss folgt eine autorseitige (durchaus kritisch verstehbare) Einschätzung dieser Ausrichtung: Der Autor hebt hervor, dass diese Ausrichtung allein wahrscheinlich noch nicht viel nützt und *sprachphilosophischer Selbstzweck* bleibe (bzw. *bleiben dürfte*), wenn sie nicht für die (empirische) Sprachanalyse fruchtbar gemacht werde. Abschließend deutet er an, was hierfür eine *wesentliche Voraussetzung* sei *(eine Systematik der Sprechakttypen)*. Mit dem Hinweis darauf, dass *die von J. L. Austin begründete ‚Sprechakttheorie' sprachphilosophischer Selbstzweck* bleiben könnte, und der darauf aufbauenden Andeutung darüber, was für eine Fruchtbarmachung für die Sprachanalyse wichtig wäre, stellt der Autor das zentrale Thema und Anliegen des Aufsatzes heraus, bei dem es genau um das Eingeforderte geht (Anwendung der Sprechakttheorie im Rahmen einer empirischen Analyse).

In Bezug auf die Autorpräsenz lässt sich sagen, dass die Autorinstanz in dieser Texteinleitung nicht explizit präsent ist. Lediglich mit der epistemischen Verwendung des Modalverbs *dürfen* und der in diesem Zusammenhang vorgetragenen Einschätzung in Bezug auf den Forschungsdiskurs lässt sich die Autorinstanz implizit ausmachen. Mit dem epistemischen Modalverb liegt zugleich das einzige Unbestimmtheitsmittel dieses Textauszuges vor. Der Bezug auf die Forschungsgemeinschaft ist insgesamt, bis auf den Hinweis auf Austin, nicht explizit.

Beide Einleitungen aus den pragmatischen Texten zeichnen sich durch wenig explizite und implizite Autorpräsenz sowie durch kaum expliziten Bezug auf die Forschungsgemeinschaft aus. Auf diese Weise entsteht der Eindruck einer vordergründigen Sachorientierung.

c) Kommen wir nun zur genaueren Betrachtung der in den Einleitungen gebrauchten Unbestimmtheitsmittel. Wie bereits erwähnt findet sich in beiden Einleitungen lediglich ein Beleg für Unbestimmtheit. Stellen wir zunächst der Verwendung mit Unbestimmtheitsmittel (I) eine Verwendung ohne gegenüber (I').

> I) *Ein solcher Ansatz **dürfte** aber sprachphilosophischer Selbstzweck bleiben, wenn er nicht zur Entwicklung von linguistischen Analyseinstrumenten genutzt wird, die es ermöglichen, Erscheinungsformen sprachlichen Handelns besser beschreiben und verstehen zu können.*

> I') *Ein solcher Ansatz bleibt aber sprachphilosophischer Selbstzweck, wenn er nicht zur Entwicklung von linguistischen Analyseinstrumenten genutzt wird, die es ermöglichen, Erscheinungsformen sprachlichen Handelns besser beschreiben und verstehen zu können.*

Durch die Gegenüberstellung von I und I' wird der Kontrast einer Äußerung mit Unbestimmtheitsmittel im Vergleich zu einer Assertion bereits auf den ersten Blick deutlich. Der durchaus als Kritik an Austin interpretierbare Ausschnitt bringt mit der Assertion in I' eine nicht zu befragende Faktizität zum Ausdruck; es wird der Eindruck erzeugt, dass der in Rede stehende Sachverhalt absolute Geltung hat. Mit der Verwendung des Unbestimmtheitsmittels in I wird dies abgeschwächt.

Es handelt sich bei dem Beleg um Unbestimmtheit ieS, bei der Faktizität in der Form kommentiert wird, dass ihr gegenüber Unsicherheit signalisiert wird. Dies lässt sich wie folgt umschreiben:

Ia) Es ist Fakt, dass ein solcher Ansatz aber sprachphilosophischer Selbstzweck bleibt.

Ib) Es *dürfte* Fakt sein, dass ein solcher Ansatz aber sprachphilosophischer Selbstzweck bleibt. (Unbestimmtheitsausdruck)

Intertextuelle Textteile

a) Kommen wir nun zu den intertextuellen Textteilen in den pragmatischen Texten. Zunächst wird auf direkte Bezugnahmen im Text von Wunderlich eingegangen. Es werden im Folgenden insgesamt mehr Auszüge aus dem Wunderlich-Text behandelt, da in diesem mehr intertextuelle Bezüge mit expliziten Verweisen enthalten sind als in dem Text von Hundsnurscher, was u. a. auch an der Textlänge liegen kann.

> *Isenberg (1968) hat eine Reihe von Referenzmerkmalen formuliert, die bei der Artikelselektion und der Pronominalisierung in Texten eine Rolle spielen, darunter [...] Diese Merkmale, die als primitive Eigenschaften von Nomen angenommen wurden, beziehen sich auf pragmatische Sachverhalte. Es wäre wünschenswert, sie aus den Kontextgegebenheiten vorherzusagen. Falls dies möglich wäre, ergäbe sich ein recht starkes Argument für eine pragmatische Theorie. Doch scheint es so, daß die Vorhersage bei Berücksichtigung nur der Sprechsituation höchstens in wenigen Fällen möglich ist. Allein die Notwendigkeit pragmatisch zu interpretierender Merkmale rechtfertigt aber noch nicht die pragmatische Erweiterung der bisherigen Syntaxtheorie; die erweiterte Theorie muß auch leistungsfähiger sein, d.h. sie muß mehr grammatische Erscheinungen vorhersagen können als die bisherige Theorie. Im Falle der Isenbergschen Textmerkmale ist die größere Leistungsfähigkeit noch nicht nachzuweisen. (160f.)*

In diesem Textteil nimmt der Autor explizit Bezug auf eine Arbeit eines anderen Autors (Isenberg). Zu Beginn des Abschnitts werden zunächst einmal dessen Überlegungen *(eine Reihe von Referenzmerkmalen)* vorgestellt. Im Anschluss daran werden diese Überlegungen in den Rahmen der Arbeit gestellt *(Diese Merkmale [...] beziehen sich auf pragmatische Sachverhalte)* und betont, was in diesem Zusammenhang *wünschenswert wäre*, um *ein recht starkes Argument für eine pragmatische Theorie* vorweisen zu können. Bezüglich dieses anzustrebenden Ideals wird jedoch direkt im Anschluss zum Ausdruck gebracht, dass es sehr unwahrscheinlich und *höchstens in wenigen Fällen möglich* ist, dass es erreicht wird. Ob dieser skeptische Einwand allerdings direkt auf Isenberg bezogen oder allgemeiner Art ist, kann hier nicht eindeutig herausgestellt werden. Im weiteren Verlauf macht der Autor allerdings explizit deutlich, dass er dem Ansatz Isenbergs kritisch gegenübersteht, indem er aufzeigt, dass bei ihm eine *größere Leistungsfähigkeit* der Theorie (genauer der *pragmatischen Erweiterung der bisherigen Syntaxtheorie*), die aus Sicht des Autors zwingend notwendig ist, *nicht nachzuweisen* sei. Diese Behauptung, dass die größere Leistungsfähigkeit bei Isenberg nicht vorliege, wird jedoch noch damit eingeschränkt, dass dies *noch* nicht geschehen ist, womit auf die Möglichkeit der Umsetzung in der Zukunft verwiesen wird.

Obwohl in dieser Textstelle relativ viel argumentiert und bewertet wird (z. B. *Es wäre wünschenswert; rechtfertigt aber noch nicht; muß auch leistungsfähiger sein; ist die größere Leistungsfähigkeit noch nicht nachzuweisen*) und insofern sich die Autorinstanz relativ stark positioniert, bleibt sie in der gesamten Textstelle insgesamt kaum präsent; es finden sich bspw. keine expliziten Autorverweise. An einer Stelle wird implizit mit einem Unbestimmtheitsmittel auf den Autor verwiesen *(Doch scheint es so)*. In der Äußerung, bei der die Kritik gegenüber Isenberg eindeutig zum Ausdruck gebracht wird *(Im Falle der Isenbergschen Textmerkmale ist die größere Leistungsfähigkeit noch nicht nachzuweisen)*, wird über den indirekten Verweis auf die Möglichkeit einer zukünftigen Erreichung einer *größeren Leistungsfähigkeit* der apodiktische Gehalt der Kritik abgeschwächt. Ansonsten finden sich keine weiteren Äußerungen mit expliziter Kritik. Schließlich sind in der Textstelle noch klare, nicht-abgeschwächte oder eingeschränkte autorseitige Positionierungen oder Forderungen auszumachen *(rechtfertigt aber noch nicht die pragmatische Erweiterung der bisherigen Syntaxtheorie; muß auch leistungsfähiger sein; muß mehr grammtische Erscheinungen vorhersagen können)*.

Kommen wir zu einer weiteren Textstelle bei Wunderlich.

> *In der Analyse von Katz und Postal (1964) entspricht der Variablen α das Element wh und der Situationsbeschreibung ein vorangestellter Questionmarker Q. Diese Analyse wurde von Kummer (1968) für den Fall der Entscheidungsfragen modifiziert: Kummer ersetzt das in den Tiefenstrukturen von Katz und Postal vorkommende Q durch eine explizite Darstellung der Antwortalternativen, die dem Angesprochenen durch die Frage angeboten werden.*
> *Allerdings unterläuft ihm dabei ein Fehler. [...] (167)*

In dieser Textstelle nimmt der Autor Bezug auf zwei unterschiedliche Arbeiten (Katz/Postal und Kummer). Zunächst zeigt er auf, wie das von ihm zuvor Vorgetragene zu der *Analyse* der in der vorliegenden Textstelle zuerst referierten Arbeit (Katz und Postal) passt. Anschließend nimmt er Bezug auf einen anderen Autor (Kummer), der die in Rede stehende *Analyse* hinsichtlich eines bestimmten Punktes *(für den Fall der Entscheidungsfragen) modifiziert* habe. Daraufhin wird erklärt, wie die von Kummer vorgenommene Untersuchung sich zu der von Katz und Postal unterscheidet. Schließlich weist der Autor auf einen *Fehler* bei Kummer hin.

Die Autorinstanz ist in dieser Textstelle sowohl explizit als auch implizit nicht präsent, d. h. es gibt keine direkten oder indirekten Verweise. Beim Großteil dieses Abschnitts werden die anderen Positionen im Grunde nur wiedergegeben und kategorisierend zueinander in Beziehung gesetzt, d. h. es wird hier im Wesentlichen nicht argumentiert oder bewertet. Nur am Ende der Textstelle wird – ohne Einschränkung oder Abschwächung – behauptet, dass einer der anderen Autoren einen Fehler gemacht hat.

Betrachten wir nun eine weitere intertextuelle Textstelle aus dem Wunderlich-Text.

> *Wenn jedoch aus der Tiefenstruktur eines Satzes sich dessen volle Bedeutung ergeben soll – und es scheint, daß Katz und Postal, Kummer und Ross (dessen Arbeit im folgenden noch näher analysiert werden soll) dies beabsichtigen – ergeben sich zweierlei Einwände.*
>
> *1) Zur Bedeutung eines Satzes gehören auch die Voraussetzungen, die ein Sprecher mit der Äußerung dieses Satzes notwendig macht. Deshalb ist eine Tiefenstruktur, die dem Satz (54a) entspricht, unvollständig. (Selbstverständlich ist die in F5 gegebene Situationsbeschreibung noch genau so unvollständig.)*
>
> *2) Es genügt nicht, nur die Struktur von Fragen zu beschreiben, sondern es muß die Struktur von [Frage, Antwort]-Paaren beschrieben werden. Der Antwortende kann z. B. die Voraussetzungen, die der Sprecher in der Frage macht, zurückweisen, oder er kann indirekt antworten, oder kann der Frage überhaupt ausweichen.*
>
> *Um das Satzpaar [...] adäquat zu beschreiben, ist es notwendig, in der Beschreibung der Frage die Voraussetzung aufzunehmen, daß [...] (168)*

Zu Beginn dieser Textstelle greift der Autor paraphrasierend eine Behauptung auf, die unterschiedliche Autoren (Katz, Postal, Kummer, Ross) nach seiner Einschätzung *(es scheint, daß X dies beabsichtigen)* aufstellen. Gegen diese Behauptung bringt er im weiteren Verlauf *zweierlei Einwände* ein (1 und 2). Beim ersten Einwand wird in Klammern einem antizipierten Widerspruch begegnet, indem die zuvor vorgetragene Kritik auch für die eigene vorherige Darstellung an einer Stelle konzediert wird *(die in F5 gegebene Situationsbeschreibung)*. Abschließend wird dann an einem Beispiel aufgezeigt, was für eine *adäquate* Beschreibung notwendig wäre.

Auch in dieser intertextuellen Textstelle ist der Autor wie zuvor nicht über explizite Autorverweise präsent. Und auch hier findet sich allein ein impliziter Verweis, der über ein Unbestimmtheitsmittel realisiert wird *(und es scheint)*. Auf die anderen Autoren wird zwar explizit, allerdings nur am Rande, d. h. in Klammern und ohne nähere bibliographische Angaben, verwiesen. Es handelt sich hierbei offensichtlich um die Zusammenfassung einer vorausgehenden Darstellung der einzelnen Arbeiten, die in dieser Textstelle komprimiert paraphrasiert und diskutiert wird *(Wenn jedoch aus der Tiefenstruktur eines Satzes sich dessen volle Bedeutung ergeben soll [...])*. Im weiteren Verlauf der Textstelle ist dann im

Grunde durchweg ein apodiktischer Duktus auszumachen, bei dem es keine expliziten und impliziten Autorweise oder etwa Abschwächungen oder Einschränkungen gibt. Die kritischen Einwände etwa werden als faktische Behauptungen ohne Einschränkungen vorgetragen (z. B. *Deshalb ist eine Tiefenstruktur, die dem Satz (54a) entspricht, unvollständig*; *Es genügt nicht, nur die Struktur von Fragen zu beschreiben, sondern es muß die Struktur von [Frage, Antwort]-Paaren beschrieben werden*). Dies gilt ebenso für die abschließende Explikation an einem Beispiel *(Um das Satzpaar [...] adäquat zu beschreiben, ist es notwendig [...] daß)*. Es liegt hier also ein Argumentationszusammenhang vor, in dem zuvor explizit genannte Autoren kritisiert und gegenüber diesen *adäquate* Maßnahmen vorgestellt werden, ohne dabei den apodiktischen Charakter (etwa der Kritik) abzuschwächen.

Schließlich sei noch ein viertes intertextuelles Beispiel aus dem Wunderlich-Text aufgeführt.

> *Es gibt Versuche, eine pragmatische Theorie auf Paare < Satz, Kontext > zu gründen. (z. B. Bar-Hillel (1954)). Mit einer solchen globalen Maßnahme ist noch nicht viel geleistet, deswegen gediehen derartige Versuche zunächst auch nicht weit. Es wird, sofern man zu „Satz" auch den Inhalt des Satzes zählt, lediglich eine fiktive Grenze zwischen < Semantik, Pragmatik > postuliert – eine Grenze, die in dieser Schärfe nicht zu ziehen ist. Erfolgreicher scheint die Annahme einer vielfachen Interdependenz von Satz und Kontext zu sein: es gibt nicht ein einziges Paar < Satz, Kontext >, sondern es gibt eine Vielzahl solcher Paare, nämlich alle deiktischen Relationen, die jeweils einen Term der Satzbeschreibung mit einem Term der Kontext(Situations)beschreibung verbinden. (176)*

Zu Beginn dieser Textstelle nimmt der Autor exemplarisch Bezug auf einen anderen Autor (z. B. *Bar-Hillel (1954)*), indem er dessen Überlegungen als *Versuch* klassifiziert und kurz näher beschreibt. Im Anschluss wird der referierte Ansatz noch zusätzlich als *globale Maßnahme* charakterisiert und in dieser Eigenschaft als nicht ausreichend kritisiert *(Mit einer solchen globalen Maßnahme ist noch nicht viel geleistet)*. Weiterhin führt der Autor dieses Nicht-Ausreichen als Grund dafür an, dass *derartige Versuche zunächst auch nicht weit gediehen*. Nachdem bei der folgenden Äußerung die Kritik noch spezifiziert wird *([...] – eine Grenze, die in dieser Schärfe nicht zu ziehen ist)*, macht der Autor dann einen eigenen Vorschlag *(die Annahme einer vielfachen Interdependenz von Satz und Kontext)*, der aus seiner Sicht *erfolgreicher* ist.

Die Autorinstanz ist in dieser Textstelle – wie in den vorherigen Textstellen aus dem Wunderlich-Text – nicht explizit präsent; auch hier findet sich lediglich ein impliziter Verweis, der durch ein Unbestimmtheitsmittel realisiert wird *(scheint [...] zu sein).*⁶⁰ Bei der zum Ausdruck gebrachten Kritik, die zwar exemplarisch, aber dennoch explizit an einen anderen Autor gerichtet ist, lässt sich ein apodiktischer Duktus ausmachen, bei dem gerade die kritische Bewertung durch den Autor sprachlich nicht abgeschwächt wird. Auf eine Abschwächung in Form des besagten Unbestimmtheitsmittels wird erst im Zusammenhang mit der Darstellung der eigenen Überlegung zurückgegriffen.

b) Abschließend sei noch eine Textstelle aus dem Hundsnurscher-Text besprochen:

> *Eine Erweiterung einer Minimalsequenz über ein gewisses Maß des Insistierens hinaus ist ein Indiz für „pathologische" Gesprächsverläufe. Das Korrektiv für die Einhaltung der ‚Normalformen' der Alltagsinteraktion läßt sich in dem vermuten, was C. L. Hamblin ‚raising points of order' nennt, d. h. die Möglichkeit, einen Diskurs über die Form des Diskurses zu führen und Abweichungen von der Normalform zu korrigieren. Gesprächskonstellationen, in denen Sequenz-Transformationen des Insistierens möglich sind, sind daraufhin zu untersuchen, warum in ihnen ‚raising points of order' für einzelne Gesprächsteilnehmer, in unserem Beispiel für Max, nicht möglich sind. (263f.)*

Zu Beginn der Textstelle führt der Autor zunächst einen Gegenstand ein *(Eine Erweiterung einer Minimalsequenz über ein gewisses Maß des Insistierens hinaus)*, der zugleich charakterisiert wird *(ist ein Indiz für „pathologische" Gesprächsverläufe)*. Daraufhin nimmt er Bezug auf ein Konzept eines anderen Autors (Hamblin) *(‚raising points of order')*, in dem er gewissermaßen ein Instrument sieht *(läßt sich in dem vermuten)*, mit dem der zuvor eingeführte Gegenstand korrigiert werden kann. Das Konzept wird dann noch genauer spezifiziert *(d. h. die Möglichkeit, [...] zu führen und [...] zu korrigieren)*. Zum Abschluss der Textstelle zeigt der Autor auf, wie man in Bezug auf einen zu untersuchenden Gegenstand *(Gesprächskonstellationen, in denen Sequenz-Transformationen des Insistierens möglich sind)* forschungspraktisch vorgehen sollte *(sind daraufhin zu untersuchen)*. Dabei bezieht er das zuvor eingeführte Konzept von Hamblin ein. Außerdem führt er als Beispiel ein im Text zuvor behandeltes Beispiel an *(in unserem Beispiel für Max)*.

In diesem intertextuellen Abschnitt von Hundsnurscher befinden sich wie in den vorherigen Textstellen aus dem Wunderlich-Text keine expliziten Verweise auf die Autorinstanz. Im Zusammenhang mit dem expliziten Bezug auf den anderen Autor wird ein Unbestimmtheitsmittel verwendet *(läßt sich in dem vermuten)*, das hier in Form eines Deagentivierungsmittels realisiert wird. Der

---

60 Nebenbei sei erwähnt, dass sich in dem Text aber durchaus explizite Autorbezüge bspw. in Form Personalpronomen in der 1. Pers. Sing finden.

Bezug auf den anderen Autor ist nicht kritisch, sondern wird im Grunde zur Unterstützung der eigenen Argumentation verwendet.

c) Betrachten wir nun die Verwendungen der Unbestimmtheitsmittel in den intertextuellen Textteilen der pragmatischen Texte genauer.

> I) *Es wäre wünschenswert, sie aus den Kontextgegebenheiten vorherzusagen. Falls dies möglich wäre, ergäbe sich ein* **recht** *starkes Argument für eine pragmatische Theorie. Doch* **scheint** *es so, daß die Vorhersage bei Berücksichtigung nur der Sprechsituation höchstens in wenigen Fällen möglich ist. Allein die Notwendigkeit pragmatisch zu interpretierender Merkmale rechtfertigt [...] Im Falle der Isenbergschen Textmerkmale ist die größere Leistungsfähigkeit* **noch** *nicht nachzuweisen.*

> I') *Es wäre wünschenswert, sie aus den Kontextgegebenheiten vorherzusagen. Falls dies möglich wäre, ergäbe sich ein starkes Argument für eine pragmatische Theorie. Doch ist es so, daß die Vorhersage bei Berücksichtigung nur der Sprechsituation höchstens in wenigen Fällen möglich ist. Allein die Notwendigkeit pragmatisch zu interpretierender Merkmale rechtfertigt [...] Im Falle der Isenbergschen Textmerkmale ist die größere Leistungsfähigkeit nicht nachzuweisen.*

Betrachten wir zunächst einmal den Beleg, mit dem Unbestimmtheit ieS ausgedrückt wird. Umschreiben lässt sich dieser wie folgt:

Ia) Es ist Fakt, dass es so ist, daß [...].
Ib) Es *scheint* Fakt, dass es so ist, daß [...]. (Unbestimmtheitsausdruck)

Mit *scheinen* liegt hier also kommentierende Unbestimmtheit vor, mit der Unsicherheit bezüglich der Faktizität der Proposition zum Ausdruck gebracht wird. Die Verwendung des Unbestimmtheitsmittels steht hier in einem Zusammenhang, in dem eine (pessimistische) Spekulation hinsichtlich des zuvor angesprochenen (vom Autor als *wünschenswert* bezeichneten) Gegenstands angestellt wird. Der *wünschenswerte* Gegenstand wird anfangs mit einer Begründung eingeführt *(ergäbe sich ein recht starkes Argument für eine pragmatische Theorie)*, bei der ein Unbestimmtheitsmittel iwS verwendet wird. Es handelt sich dabei um eine Relativierung der Prädikation. Der hypothetisch vorgetragene Zusammenhang sei zunächst einmal ohne Konjunktiv und ohne Unbestimmtheitsmittel rekonstruiert:

a) Falls dies möglich wäre, ergäbe sich ein *recht* starkes Argument für eine pragmatische Theorie.
b) Falls dies möglich ist, ergibt sich ein *recht* starkes Argument für eine pragmatische Theorie.

c) Falls dies möglich ist, ergibt sich ein starkes Argument für eine pragmatische Theorie.

Auf der Basis von b sei der Gebrauch des Unbestimmtheitsmittels *(recht)* wie folgt umschrieben:

Ic) Ein starkes Argument für eine pragmatische Theorie ergibt sich. [R = Ein Argument für eine Theorie + P = starkes, ergibt sich, pragmatische]

Id) Ein *recht* starkes Argument für eine pragmatische Theorie ergibt sich. [R = Ein Argument für eine Theorie + P = *recht* starkes, ergibt sich, pragmatische]

Mit dem Unbestimmtheitsbeleg *recht* wird die Eigenschaftszuschreibung (stark) des Referenzausdruckes (Argument) relativiert, es liegt hier also eine relativierte Prädikation vor.

Der semantische Skopus des Referenzausdrucks *ein Argument* wird hier also vage mit *recht* erweitert.

Beim letzten Beleg dieses Textauszuges handelt es sich ebenfalls um Unbestimmtheit iwS. In diesem Fall wird die Geltung der Proposition relativiert, sodass die Proposition insgesamt vage wird, was sich gut an der Gegenüberstellung von I und I' zeigt. Umschreiben kann man dies wie folgt:

Ie) (Die größere Leistungsfähigkeit ist nachzuweisen) und dies gilt nicht. (absolute Geltung)

If) (Die größere Leistungsfähigkeit ist nachzuweisen) und dies gilt *noch* nicht. (unbestimmte Geltung)

Genau genommen wird hier die Negation, die sich auf die gesamte Proposition bezieht, vage erweitert, indem die Absolutheit der Negation durch einen temporalen Zusatz relativiert wird. Ließe man diesen Zusatz weg, würde sich die Proposition nicht grundsätzlich verändern.

Kommen wir zum nächsten Unbestimmtheitsbeleg aus einem anderen Textausschnitt.

> II) *Wenn jedoch aus der Tiefenstruktur eines Satzes sich dessen volle Bedeutung ergeben soll – und es* **scheint**, *daß Katz und Postal, Kummer und Ross (dessen Arbeit im folgenden noch näher analysiert werden soll) dies beabsichtigen – ergeben sich zweierlei Einwände.*
>
> II') *Wenn jedoch aus der Tiefenstruktur eines Satzes sich dessen volle Bedeutung ergeben soll – und dies beabsichtigen Katz und Postal, Kummer und Ross (dessen Arbeit im folgenden noch näher analysiert werden soll) – ergeben sich zweierlei Einwände.*

Bei diesem Beleg liegt Unbestimmtheit ieS vor, mit der die Faktizität der Proposition als unsicher markiert wird. Umschreiben lässt sich der Beleg wie folgt:

IIa) Es ist Fakt, dass Katz und Postal, Kummer und Ross dies beabsichtigen.
IIb) Es *scheint* Fakt, dass Katz und Postal, Kummer und Ross dies beabsichtigen. (Unbestimmtheitsausdruck)

Die Unsicherheit, die hier zum Ausdruck gebracht wird, richtet sich auf die autorseitige Interpretation von anderen Positionen.
Im nächsten Textausschnitt finden sich zwei Unbestimmtheitsbelege.

> III) *Mit einer solchen globalen Maßnahme ist* **noch** *nicht viel geleistet, deswegen gediehen derartige Versuche zunächst auch nicht weit. Es wird, sofern man zu „Satz" auch den Inhalt des Satzes zählt, lediglich eine fiktive Grenze zwischen < Semantik, Pragmatik > postuliert – eine Grenze, die in dieser Schärfe nicht zu ziehen ist. Erfolgreicher* **scheint** *die Annahme einer vielfachen Interdependenz von Satz und Kontext* **zu sein**: *[...]*
>
> III') *Mit einer solchen globalen Maßnahme ist nicht viel geleistet, deswegen gediehen derartige Versuche zunächst auch nicht weit. Es wird, sofern man zu „Satz" auch den Inhalt des Satzes zählt, lediglich eine fiktive Grenze zwischen < Semantik, Pragmatik > postuliert – eine Grenze, die in dieser Schärfe nicht zu ziehen ist. Erfolgreicher ist die Annahme einer vielfachen Interdependenz von Satz und Kontext: [...]*

Beim ersten Unbestimmtheitsbeleg handelt es sich um Unbestimmtheit iwS. Dieser verhält sich ähnlich wie der Beleg, der oben unter Ie und If besprochen wurde. Auch hier geht es im Grunde darum, eine negierte Proposition in der Absolutheit ihrer Negation zu relativieren. Dies kann man folgendermaßen umschreiben:

IIIa) (Mit einer solchen globalen Maßnahme ist viel geleistet) und dies gilt nicht. (absolute Geltung)
IIIb) (Mit einer solchen globalen Maßnahme ist viel geleistet) und dies gilt *noch* nicht. (unbestimmte Geltung)

Beim zweiten Unbestimmtheitsbeleg in diesem Textauszug liegt Unbestimmtheit ieS vor, mit dem die Proposition kommentiert und bezüglich ihrer Faktizität Unsicherheit zum Ausdruck gebracht wird.

IIIc) Es ist Fakt, dass die Annahme einer vielfachen Interdependenz von Satz und Kontext erfolgreicher ist.

IIId) Es *scheint* Fakt *zu sein*, dass die Annahme einer vielfachen Interdependenz von Satz und Kontext erfolgreicher ist. (Unbestimmtheitsausdruck)

Die Unsicherheitsmarkierung wird hier in einem Zusammenhang verwendet, indem gegenüber einem zuvor kritisierten Gegenstand ein besserer bzw. *erfolgreicherer* Gegenstand eingeführt wird.

Und schließlich sei noch auf den letzten Unbestimmtheitsbeleg aus den intertextuellen Textteilen der Pragmatik-Texte eingegangen.

> IV) *Das Korrektiv für die Einhaltung der ‚Normalformen' der Alltagsinteraktion* **läßt sich** *in dem* **vermuten**, *was C. L. Hamblin ‚raising points of order' nennt, d. h. die Möglichkeit, einen Diskurs über die Form des Diskurses zu führen und Abweichungen von der Normalform zu korrigieren.*
>
> IV') *Das Korrektiv für die Einhaltung der ‚Normalformen' der Alltagsinteraktion ist in dem zu finden, was C. L. Hamblin ‚raising points of order' nennt, d. h. die Möglichkeit, einen Diskurs über die Form des Diskurses zu führen und Abweichungen von der Normalform zu korrigieren.*

Auch hier liegt Unbestimmtheit ieS vor, bei der Unsicherheit in Bezug auf die Faktizität ausgedrückt wird. Umschreiben lässt sich der Beleg wie folgt:

> IVa) Es ist Fakt, dass das Korrektiv für die Einhaltung der ‚Normalformen' der Alltagsinteraktion in dem zu finden ist, was [...].
>
> IVb) Es ist, so *lässt sich vermuten*, Fakt, dass das Korrektiv für die Einhaltung der ‚Normalformen' der Alltagsinteraktion in dem zu finden ist, was [...]. (Unbestimmtheitsausdruck)

Auffällige Textteile

Kommen wir schließlich zu Textteilen der Pragmatik-Texte, die hinsichtlich des Gebrauchs von Unbestimmtheitsmitteln in qualitativer oder quantitativer Hinsicht besonders auffällig sind. Auch hier werden, wie in Abschnitt 5.3.2, die Unbestimmtheitsmittel direkt vorgestellt und nicht erst in einem separaten Abschnitt.

Beginnen wir mit dem Wunderlich-Text.

> I) *Nun* **mag** *man einwenden, daß es nicht Aufgabe der Linguistik sei, die Wahrheitsbedingungen von Sätzen zu formulieren. Doch wird man einer* **etwas** *schwächeren Forderung* **sicher** *zustimmen: die linguistische Beschreibung eines Satzes, der für eine Tatsachenbehauptung verwendet werden kann, soll alle diejenigen Elemente bereitstellen, die in die Formulierung der Wahrheitsbedingungen eingehen, hier Person, Zeit und Ort der Äußerung.* (156f.)

> I') *Nun wird man einwenden, daß es nicht Aufgabe der Linguistik sei, die Wahrheitsbedingungen von Sätzen zu formulieren. Doch wird man einer schwächeren Forderung zustimmen: die linguistische Beschreibung eines Satzes, der für eine Tatsachenbehauptung verwendet werden kann, soll alle diejenigen Elemente bereitstellen, die in die Formulierung der Wahrheitsbedingungen eingehen, hier Person, Zeit und Ort der Äußerung.*

Dem Textteil geht eine Argumentation an Beispielen voraus. Zu Beginn der Textstelle antizipiert der Autor mögliche Einwände (des zukünftigen Forschungsdiskurses) gegenüber dem zuvor Vorgetragenen, indem er eine Vermutung darüber anstellt, was *man* wohl einwenden könnte *(Nun mag man einwenden, daß [...])*. In der Anschlussäußerung reagiert der Autor dann auf diesen antizipierten Einwand, indem er aufzeigt, was man (aus seiner Sicht) dennoch *sicher* zugestehen müsse. Anschließend führt er den Punkt, dem man aus seiner Sicht *zustimmen* werde, näher aus. Insgesamt lässt sich vor allem zu Beginn eine konzessive Argumentation ausmachen, bei der der Autor zunächst einmal ein Gegenargument antizipiert und in gewisser Weise auch konzediert, um im Anschluss dennoch die eigene Position, wenngleich auch eingeschränkt, vorzutragen und zu verteidigen.

Ein zentraler Bestandteil der konzessiven Argumentation ist das epistemisch verwendete Modalverb *mag* – auf den Zusammenhang von Konzession und epistemische Modalität wurde bereits oben hingewiesen (siehe 5.3.2).[61] Hierbei handelt es sich zudem um den ersten Unbestimmtheitsbeleg der Textstelle; mit ihm wird Unbestimmtheit ausgedrückt. Dies lässt sich wie folgt umschreiben:

Ia) Es ist Fakt, dass man einwenden wird, daß [...].
Ib) Es *mag* Fakt sein, dass man einwenden wird, daß [...]. (Unbestimmtheitsausdruck)

Mit dem Unbestimmtheitsmittel wird hinsichtlich der Faktizität der Proposition Unsicherheit signalisiert. In diesem konkreten Fall geht diese nicht sichere Faktizität einher mit einer Antizipation, d. h. per se mit etwas Zukünftigem.

Ein weiteres Unbestimmtheitsmittel ieS liegt mit dem Modalwort *sicher* vor. Hierbei handelt es sich um kommentierende Unbestimmtheit, mit der relative Sicherheit zum Ausdruck gebracht wird:

Ic) Es ist Fakt, dass man einer etwas schwächeren Form zustimmen wird.

---

61 Siehe auch Duden (2009: 560).

Id) Es ist *sicher* Fakt, dass man einer etwas schwächeren Form zustimmen wird. (Unbestimmtheitsausdruck)

Interessant an der Verwendung der zwei Unbestimmtheitsmittel ieS im Rahmen der konzessiven Argumentation ist, dass an der Stelle, an der der Autor sein Argument gegenüber dem zuvor Konzedierten ankündigt, relative Sicherheit in Bezug auf die Faktizität zum Ausdruck gebracht wird, während zuvor, bei der Antizipation eines möglichen Einwand des Forschungsdiskurs, Unsicherheit in Bezug auf die Faktizität ausgedrückt wird. Festgehalten werden soll auch, dass die beiden kommentierenden Unbestimmtheitsmittel in einem engen Bezug zum Forschungsdiskurs verwendet werden. Dieser Bezug ist allerdings allgemein und implizit gehalten, ohne explizite Verweise; dies korreliert mit der lediglich impliziten Autorpräsenz, die über die besagten Unbestimmtheitsmittel ieS hergestellt wird.

Man findet in der Textstelle zudem noch einen Beleg mit Unbestimmtheit iwS. Mit diesem wird eine Prädikation vage erweitert.

Ie) Einer schwächeren Forderung wird man zustimmen. [R = Einer Forderung, man + P = schwächeren, wird zustimmen]
If) Einer *etwas* schwächeren Forderung wird man zustimmen. [R = Einer Forderung, man + P = *etwas* schwächeren, wird zustimmen]

Die absolute Bedeutung einer *schwächeren Forderung* wird hier relativiert zu *etwas schwächeren*. Interessant ist bei dieser Verwendung, dass der Unbestimmtheitsbeleg in dem Kontext gebraucht wird, in dem nach der anfänglichen Konzession die Position des Autors mit relativer Sicherheit vorgetragen wird. Hier korrelieren also offensichtlich die Relativierung des propositionalen Gehalts und der relativ sichere Kommentar.

Der nächste auffällige Textauszug stammt aus dem Text von Hundsnurscher:

> II) *Sofern der Konversations-Ausschnitt für Alltagskonversation typisch ist, liegt allerdings der Schluß nahe, daß der sozialstrategische Aspekt* **in der Regel** *durchaus präsent ist; die Interaktion verläuft* **offenbar** *von Anfang an in taktisch-strategischen Bahnen, da Inge gleich für Max handelt, da alle übrigen gleichermaßen auf Max Einfluß zu nehmen suchen, da er bis zum Schluß insistierenden Angeboten ausgesetzt ist.* (264)

> II') *Sofern der Konversations-Ausschnitt für Alltagskonversation typisch ist, liegt allerdings der Schluß nahe, daß der sozialstrategische Aspekt durchaus präsent ist; die Interaktion verläuft von Anfang an in taktisch-strategischen Bahnen, da Inge gleich für Max handelt, da al-*

> le übrigen gleichermaßen auf Max Einfluß zu nehmen suchen, da er bis zum Schluß insistierenden Angeboten ausgesetzt ist.

Diese Textstelle befindet sich fast am Ende des Gesamttextes. Zu Beginn nimmt der Autor Bezug auf einen im Text zuvor zentral analysierten *Konversations-Ausschnitt*. Unter Berufung auf diese Analyse zieht er hier einen *Schluß*, mit dem er sich von einer Behauptung aus einem dieser Textstelle vorausgehenden Abschnitt abgrenzt *(daß X in der Regel durchaus präsent ist)*. Im weiteren Verlauf begründet der Autor dies anhand einer kurzen Rekapitulation des *Konversations-Ausschnitts*.

Nach der abgrenzenden Äußerung folgt in Anwendung auf den besagten Ausschnitt direkt eine Behauptung, die im Sinne der Abgrenzung ist (die Interaktion verläuft offenbar von Anfang an in taktisch-strategischen Bahnen). Bei dieser Behauptung wird ein Unbestimmtheitsmittel ieS verwendet, mit dem mit Blick auf die Faktizität der Proposition relative Sicherheit ausgedrückt wird. Umschreiben lässt sich dies folgendermaßen:

IIa) Es ist Fakt, dass die Interaktion von Anfang an in taktisch-strategischen Bahnen verläuft.
IIb) Es ist *offenbar* Fakt, dass die Interaktion von Anfang an in taktisch-strategischen Bahnen verläuft. (Unbestimmtheitsausdruck)

Mit diesem Unbestimmtheitsmittel ieS liegt zugleich der einzige (implizite) Verweis auf die Autorinstanz in dieser Textstelle vor. Ansonsten gibt es also keinerlei Verweise auf die Autorinstanz. Insgesamt liegt hier eine Textstelle vor, bei der der Autor (kurz vor dem Ende des Aufsatzes) das Ergebnis seiner Analyse verteidigt; es liegt also gewissermaßen ein ‚knowledge claim' vor (siehe 2.2).

Bei dem weiteren Unbestimmtheitsbeleg in diesem Textauszug handelt es sich um Unbestimmtheit iwS, hier wird also der propositionale Gehalt relativiert. Genau genommen wird hier die Geltung der Proposition relativiert.

IIc) (Der sozialstrategische Aspekt ist durchaus präsent) und dies gilt. (absolute Geltung)
IId) (Der sozialstrategische Aspekt ist durchaus präsent) und dies gilt *in der Regel*. (unbestimmte Geltung)

Die Relativierung der Geltung wird in diesem Zusammenhang an einer zentralen Stelle der eigenen Argumentation gebraucht, denn der Autor legt gewissermaßen einen *knowledge claim* vor. Er betont, dass für den behandelten Gegenstand *durchaus* etwas gilt, was nicht unbedingt zum Common sense im Forschungsdiskurs gehört.

Kommen wir zu einem weiteren auffälligen Textteil im Text von Hundsnurscher.

> III) *Diese Abweichung von der Normalform kann verschiedene Gründe haben und hängt vor allem von den Beziehungen zwischen den Gesprächsteilnehmern ab. Nach den sozialen Konventionen ist Hans* **möglicherweise** *nicht befugt, von sich aus das Wurstebrot anzubieten und Max, falls er z. B. Gast ist, kann nicht von sich aus verlangen, daß man ihm auch von dem Wurstebrot abgibt. Wenn also Inge die Initiative ergreift und dafür sorgt, daß Max auch davon abbekommt, so handelt sie* **möglicherweise** *in Wahrnehmung ihrer Rolle als Gastgeberin, und ihre Äußerung ist ein Akt der Fürsorge,* **vielleicht** *sogar der Ehrerbietung gegenüber Max.* (262)

> III') *[...] Nach den sozialen Konventionen ist Hans nicht befugt, von sich aus das Wurstebrot anzubieten und Max, falls er z. B. Gast ist, kann nicht von sich aus verlangen, daß man ihm auch von dem Wurstebrot abgibt. Wenn also Inge die Initiative ergreift und dafür sorgt, daß Max auch davon abbekommt, so handelt sie in Wahrnehmung ihrer Rolle als Gastgeberin, und ihre Äußerung ist ein Akt der Fürsorge, oder sogar der Ehrerbietung gegenüber Max.*

In diesem Textauszug geht es um die Ausführungen zu einer (Gesprächs-) Analyse. Zu Beginn wird auf einen Umstand in dem analysierten Gespräch hingewiesen *(Abweichung von der Normalform)*, für den im weiteren Verlauf eine Begründung gegeben wird. Dabei wird betont, dass es prinzipiell viele mögliche Erklärungen gibt, wobei doch eine vorzuziehen sei *(kann verschiedene Gründe haben und hängt vor allem von den Beziehungen zwischen den Gesprächsteilnehmern ab)*. Für diese Erklärung werden dann anhand des Gesprächsausschnitts Beispiele gegeben. In diesem Zusammenhang werden nun drei Unbestimmtheitsmittel ieS verwendet, mit denen Unsicherheit hinsichtlich der Faktizität geäußert wird. Betrachten wir diese nacheinander.

IIIa) Es ist Fakt, dass Hans nach den sozialen Konventionen nicht befugt ist.
IIIb) Es ist *möglicherweise* Fakt, dass Hans nach den sozialen Konventionen nicht befugt ist. (Unbestimmtheitsausdruck)
IIIc) Es ist Fakt, dass sie so in Wahrnehmung ihrer Rolle als Gastgeberin handelt.
IIId) Es ist *möglicherweise* Fakt, dass sie so in Wahrnehmung ihrer Rolle als Gastgeberin handelt. (Unbestimmtheitsausdruck)

Bei der letzten Äußerung, bei der ein Unbestimmtheitsmittel gebraucht wird, liegt eine Ellipse vor. Diese könnte man wie folgt umformulieren:

a) Ihre Äußerung ist ein Akt der Fürsorge gegenüber Max. Und ihre Äußerung ist vielleicht sogar ein Akt der Ehrerbietung gegenüber Max.

In dieser umformulierten Variante kann sie der folgenden Umschreibung dienen:

IIIe) Es ist Fakt, dass ihre Äußerung sogar ein Akt der Ehrerbietung gegenüber Max ist.
IIIf) Es ist *vielleicht* Fakt, dass ihre Äußerung sogar ein Akt der Ehrerbietung gegenüber Max ist. (Unbestimmtheitsausdruck)

Mit den Unbestimmtheitsmitteln werden in allen drei Fällen Spekulationen über die Beteiligten des analysierten Gesprächs, d. h. etwa über ihren Status oder ihre Handlungsintentionen, zum Ausdruck gebracht; in diesen Fällen scheint also ‚wirkliche' (und nicht nur signalisierte) Unsicherheit über die Faktizität der Propositionen geäußert zu werden. Außer diesen impliziten Verweisen enthält die Textstelle darüber hinaus keine weiteren expliziten oder impliziten Verweise auf die Autorinstanz.

Kommen wir schließlich zu einem letzten auffälligen Textauszug. Auch dieser ist dem Text von Hundsnurscher entnommen.

> IV) *Eine Sammlung und klassifizierende Beschreibung dieser verschiedenen Gruppen von Sprechaktverben unter Berücksichtigung des Sequenzbezugs wäre ein umfangreiches Programm. Es* **scheint** *mir indes notwendig* **zu sein**, *sich zunächst einfachen Typen zuzuwenden und sich vor allem einen Einblick in die komplexe Struktur von Interaktionssequenzen zu verschaffen, um die Enge einer ausschließlich auf den lexikalischen Aspekt fixierten Betrachtungsweise zu vermeiden. Als Anschauungshintergrund diene eine (nachkonstruierte) Konversation zwischen vier Sprechern [...]* (257)

> IV') *Eine Sammlung und klassifizierende Beschreibung dieser verschiedenen Gruppen von Sprechaktverben unter Berücksichtigung des Sequenzbezugs wäre ein umfangreiches Programm. Es ist indes notwendig, sich [...]*

Dieser Textauszug steht im Text vor der Analyse (eines Gesprächs), die für den Text das zentrale Anliegen darstellt. Voraus geht ihm ein Abschnitt, in dem theoretische Grundlagen (zu Sprechakten und zu ‚Sequenzaspekten') vorgestellt werden. Zu Beginn der Textstelle geht der Autor auf diese vorausgehende Darstellung ein *(dieser verschiedenen Gruppen von Sprechaktverben unter Berücksichtigung des Sequenzbezugs)* und zeigt auf, was hinsichtlich dieses Gegenstandes notwendig ist *(Eine Sammlung und klassifizierende Beschreibung)*, wobei dies zugleich als relativ aufwendig und möglicherweise schwierig charakterisiert wird *(umfangreiches Programm)*. Daraufhin macht der Autor u. a. mit einem expliziten Verweis auf die Autorinstanz deutlich, dass er sich *indes zunächst einfachen Typen* widmen und dabei *vor allem die komplexe Struktur vom Interaktionssequenzen* untersuchen möchte. Hierfür gibt er im direkten Anschluss eine Begründung *(um [...] zu vermeiden)*, womit er sich gleichzeitig kritisch von bisherigen Zugängen dieser Art distanziert *(die Enge einer ausschließlich auf den lexikalischen Aspekt fixierten Betrachtungsweise)*, ohne dabei explizit auf andere Autoren oder Diskurse zu verweisen.

Das in diesem Textausschnitt vorkommende Unbestimmtheitsmittel ieS wird zusammen mit dem erwähnten expliziten Autorbezug gebraucht *(Es **scheint** mir [...] **zu sein**)*. Es wird in einem Zusammenhang realisiert, in dem der Autor (in diesem Fall ganz exponiert) betont, was aus seiner Sicht zunächst einmal *notwendig* ist und was dementsprechend im weiteren Verlauf des Aufsatzes anhand welcher Datengrundlage passieren wird *(Als Anschauungshintergrund diene)*. Im Vergleich zur assertiven Äußerung kann bei der Proposition mit dem Unbestimmtheitsmittel folgende Abstufung vorgenommen werden:

b) Es scheint mir indes notwendig zu sein, X.
c) Es scheint indes notwendig zu sein, X.
d) Es ist indes notwendig, X.

Betrachten wir die Kommentierung der Faktizität mit der folgenden Umschreibung auf der Grundlage des auf den expliziten Autorverweis verzichtenden Beispiels c:

IVa) Es ist Fakt, dass es indes notwendig ist.
IVb) Es *scheint* Fakt *zu sein*, dass es indes notwendig ist. (Unbestimmtheitsausdruck)

5.3.3.2 Generative Grammatik

Im Folgenden werden zwei Texte untersucht, die dem generativistischen Bereich zuzuordnen sind. Es wird hier genauso vorgegangen wie bei den obigen Untersuchungen. Es werden zunächst die einleitenden Textteile und dann intertextuelle Textteile vor allem in Hinblick auf ihren Gebrauch von Unbestimmtheitsmitteln untersucht. Der erste zu untersuchende Text stammt von Gottfried Kolde (1972) und trägt den Titel *Zur transformationellen Erklärung der „Nomina actionis" im Deutschen*. Bei Kolde handelt es sich sicherlich nicht um einen generativen Grammatiker im engeren Sinne. Entscheidend für die Auswahl des Textes war, dass Kolde in dem Text zentral mit der generativen Grammatik argumentiert, unabhängig davon, dass er vereinzelt auch kritische Reflexionen vornimmt. Der zweite Text stammt von Manfred Bierwisch (1972) mit dem Titel *Zur Klassifizierung semantischer Merkmale*.

Einleitende Textteile

a) Kommen wir nun zur ersten Einleitung aus den Texten der Generativen Grammatik. Zunächst wird der Text von Gottfried Kolde behandelt.

> *Die „traditionelle" Grammatik und Wortbildungslehre begnügen sich mit einer onomasiologischen Beschreibung der von ihnen „Nomina actionis" genannten Klasse von Substantiven. So finden wir im Lexikon der deutschen Sprachlehre von W. Ludewig in Wahrigs Deutschen Wörterbuch unter dem Stichwort „Nomen actionis" folgende Erklärung: [...] Angesichts solch vager Begriffe wie „Handlung", „Geschehen" und „Prozeß" ist es verständlich, daß sich die generative Transformationsgrammatik chomskyscher Prägung (TG) in den letzten Jahren immer wieder darum bemüht hat, diejenigen Nominalphrasen (NPn), deren „Kern" ein solches Substantiv ist, durch eine transformationelle Zurückführung auf zugrunde liegende Sätze zu erklären und damit das Nomen actionis explizit syntaktisch zu definieren. Die Mehrzahl der einschlägigen Untersuchungen ist den besonderen Verhältnissen der englischen Nominalisierung gewidmet (R. B. Lees, 1960; N. Chomsky, 1965 und 1968; Z. Vendler, 1968 u. a.), die Beiträge zur Erklärung der entsprechenden und doch in wesentlichen Punkten abweichenden deutschen Bildungsweisen gehen über erste Ansätze noch nicht hinaus (M. Bierwisch, 1961; W. Hartung, 1964; K. E. Sommerfeldt, 1969; R. Steinitz, 1969; D. Wunderlich, 1971; H. Esau, 1971). Im folgenden werden einige Probleme allgemeiner und speziellerer Art eröffnet, die sich in diesem Zusammenhang ergeben. (174f.)*

Zu Beginn der Einleitung geht der Autor auf die Position des von ihm als ‚traditionell' bezeichneten Forschungsdiskurses *(„traditionelle" Grammatik und Wortbildungslehre)* hinsichtlich des behandelten Gegenstands ein *(„Nomen actionis")*. Diese Position wird kritisierend eingeführt *(begnügen sich mit)* und exemplarisch mit einer Definition zitiert *(So finden wir [...])*. Im Anschluss an das Zitat wird die Vagheit der Definition bemängelt. Vor dem Hintergrund dieser Vagheit erscheint es dem Autor nur allzu *verständlich*, dass man sich mit einem anderen theoretischen Hintergrund bzw. in einem anderen sprachwissenschaftlichen Paradigma *(die generative Transformationsgrammatik chomskyscher Prägung (TG))*, dem der Autor sich offensichtlich selbst zurechnet, dem Gegenstand anders *(explizit syntaktisch)* und somit auch besser und nicht vage annähert. Anschließend verweist er mit expliziten Verweisen auf die bisherige Forschung in diesem Zusammenhang, wobei er die Forschung zur englischen und deutschen Sprache unterscheidet. Für den deutschen Diskurs betont er, dass die Überlegungen nicht *über erste Ansätze* hinausgehen. Sein eigenes daran anschließendes Vorhaben im betreffenden Aufsatz bezeichnet er (relativ offen) als Aufzeigen e*iniger Probleme allgemeiner und speziellerer Art, die sich in* *diesem Zusammenhang ergeben*, womit er sich also selbst in dem aufgespannten Diskurs verortet.

Der Bezug auf den Forschungsdiskurs wird in dieser Einleitung explizit hergestellt. Es findet eine klare Abgrenzung und eine klare Verortung des eigenen Ansatzes statt. Auf die Autorinstanz wird dabei nicht explizit und auch nicht implizit verwiesen, wenngleich eindeutige Positionierungen und Kritik auszumachen sind. Einschränkungen oder Abschwächungen, etwa in Form von Unbestimmtheitsmitteln, sind in dieser Einleitung nur an einer Stelle enthalten, die weiter unten besprochen wird.

b) Kommen wir nun zur Texteinleitung aus einem Aufsatz von Bierwisch.

Die semantische Analyse natürlicher Sprachen beruht in entscheidender Weise mindestens auf den zwei folgenden Annahmen: (i) Die Bedeutung eines gegebenen Satzes kann auf der Grundlage der Wörter oder, genauer, der Lexikoneinträge, aus denen er besteht, und der syntaktischen Relationen, die diese Einheiten verbinden, erklärt werden; (ii) die Bedeutung von Lexikoneinträgen sind nicht unanalysierbare Ganzheiten, sondern können in elementarere semantische Komponenten zerlegt werden. Diese beiden Annahmen sind natürlich eng miteinander verbunden. Die interne Ordnung der Bedeutungen von Lexikoneinträgen muß von einer Form sein, die festlegt, wie sie in die zusammengesetzte Bedeutung von komplexeren Konstituenten gemäß der syntaktischen Relationen innerhalb dieser Konstituenten eingehen. Die syntaktischen Relationen wiederum müssen so spezifiziert werden, daß die korrekte Kombination der Bedeutungen von miteinander verbundenen Konstituenten festgelegt werden kann. Ein erster Versuch in dieser Richtung wurde von Katz und Fodor (1963) und Katz und Postal (1964) gemacht. Er beruht auf den beiden Annahmen, daß die betreffenden syntaktischen Relationen mit Hilfe von zugrunde liegenden oder tiefenstrukturellen P-Markers wie in Chomsky (1965) definiert werden können und daß die Bedeutung von Lexikoneinträgen wie auch die von komplexen Konstituenten durch Ketten von elementaren semantischen Komponenten angegeben wird. Die Zweite Annahme war nur eine erste Annäherung, die sich als viel zu einfach erwiesen hat. Inzwischen ist sie ziemlich grundlegend verändert worden. Im vorliegenden Aufsatz werde ich mich auf bestimmte Probleme, die sich aus Annahme (ii) oben ergeben, beschränken, genauer: auf einige Aspekte der Eigenschaft elementarer semantischer Elemente. Aus den einführenden Bemerkungen folgt, daß man auch in der Erörterung solcher Probleme die wichtige gegenseitige Abhängigkeit der Annahmen (i) und (ii) im Auge behalten muß.

Katz und Fodor (1963) haben die Menge der elementaren semantischen Elemente in zwei Typen von Elementen zerlegt: in semantische Markers und Distinktoren. Obwohl Katz diese Unterscheidung kürzlich verteidigt hat (Katz, 1967), scheint mir, daß sie ein Produkt einer recht frühen Stufe in der Entwicklung einer semantischen Theorie ist und zurückgewiesen werden muß, weil sie theoretisch nicht motiviert ist. Gründe für diese Ablehnung habe ich in Bierwisch (1969, Abschnitt 5) angeführt, die ich hier nicht wiederholen will. Wir haben also nur einen Typ von elementaren semantischen Elementen, die semantische Merkmale genannt werden können. Diese primitiven Terme, aus denen semantische Beschreibungen natürlicher Sprachen konstruiert werden, bilden jedoch keine unstrukturierte, amorphe Menge. Sie werden im Gegenteil nach gewissen Aspekten in mehrere Untertypen klassifiziert, wobei sich schließlich ein hochstrukturiertes System von zugrunde liegenden Elementen ergibt. Einige dieser Gesichtspunkte der Klassifizierung werden im vorliegenden Aufsatz diskutiert. (69f.)

Zu Beginn dieser Einleitung wird in gewisser Weise der Common sense im Forschungsdiskurs bezüglich des in Rede stehenden Gegenstands vorgestellt, indem zwei zentrale *Annahmen* skizziert werden. Auf diese Weise wird auch direkt der zentrale thematische Rahmen des Aufsatzes vorgestellt. Im Anschluss an die Darstellung der zwei *Annahmen* werden diese als *eng miteinander verbunden* charakterisiert und näher ausgeführt. Daraufhin verweist der Autor auf zwei andere Arbeiten (Katz & Fodor und Katz & Postal), in denen es erste Überlegungen zu dem zuvor Ausgeführten gebe *(Ein erster Versuch in dieser Richtung [...]).* Die Grundüberlegungen dieses *Versuchs* werden kurz skizziert. Schließlich wird der erste Abschnitt der Einleitung mit der Formulierung des Vorhabens für den Aufsatz abgeschlossen. Der Autor wählt hierfür mit *Im vorliegenden Aufsatz werde ich mich [...] beschränken* einen expliziten Verweis auf die eigene Autorinstanz. Hiermit wird zugleich der zu behandelnde Gegenstand eingeschränkt, indem der Autor deutlich macht, dass er sich nur auf eine der zuvor vorgestellten zwei *Annahmen* konzentrieren werde. Man solle dabei aber den oben erwähnten engen Zusammenhang beider Annahmen *im Auge behalten*, womit der Autor wohl andeuten möchte, dass die von ihm anzustellenden Überlegungen sich indirekt auf beide *Annahmen* beziehen.

Im zweiten Abschnitt der Einleitung werden die oben eingeführten Überlegungen von Katz und Fodor problematisiert. Der Autor ist der Auffassung, dass eine *Unterscheidung*, die im Rahmen dieser Überlegungen getroffen wird, *zurückgewiesen werden muß, weil sie theoretisch nicht motiviert ist.* Diese kritische Zurückweisung wird abgeschwächt durch den die Autorinstanz indizierenden Gebrauch von *scheint mir* sowie durch den Hinweis, dass die Überlegungen sich noch auf *einer recht frühen Stufe in der Entwicklung einer semantischen Theorie* befinden und somit – also vor dem Hintergrund dieses Prozesscharakters – per se noch nicht als abgeschlossen betrachtet werden könnten. Für eine Begründung dieser Zurückweisung verweist der Autor, mit expliziten Autorverweisen, auf eine eigene frühere Arbeit. Einzelne zentrale Punkte dieses Zusammenhangs werden im weiteren Verlauf nur angedeutet.

Die Autorinstanz ist in diesem Textauszug an mehreren Stellen explizit präsent *(werde ich beschränken; scheint mir; habe ich angeführt; will ich nicht wiederholen).* Diese exponierte Autorpräsenz wird vor allem in Kontexten verwendet, in denen es um die eigene Arbeit bzw. das eigene forschungspraktische Handeln geht. An einer Stelle handelt es sich auch um einen kritischen Bezug auf eine andere Arbeit, bei dem mit dem Unbestimmtheitsmittel *scheinen* zugleich eine gewisse Abschwächung vorgenommen wird.

c) Betrachten wir im Folgenden die verwendeten Unbestimmtheitsmittel ein wenig näher. Kommen wir zunächst einmal zu einem Beleg aus der Kolde-Einleitung. Hierbei handelt es sich um Unbestimmtheit iwS.

> I) *Die Mehrzahl der einschlägigen Untersuchungen ist den besonderen Verhältnissen der englischen Nominalisierung gewidmet (R. B. Lees, 1960; N. Chomsky, 1965 und 1968; Z. Vendler, 1968 u. a.), die Beiträge zur Erklärung der entsprechenden und doch in wesentlichen Punkten abweichenden deutschen Bildungsweisen gehen über erste Ansätze* **noch** *nicht hinaus (M. Bierwisch, 1961; W. Hartung, 1964; K. E. Sommerfeldt, 1969; R. Steinitz, 1969; D. Wunderlich, 1971; H. Esau, 1971).*

> I') *Die Mehrzahl der einschlägigen Untersuchungen ist den besonderen Verhältnissen der englischen Nominalisierung gewidmet (R. B. Lees, 1960; N. Chomsky, 1965 und 1968; Z. Vendler, 1968 u. a.), die Beiträge zur Erklärung der entsprechenden und doch in wesentlichen Punkten abweichenden deutschen Bildungsweisen gehen über erste Ansätze nicht hinaus (M. Bierwisch, 1961; W. Hartung, 1964; K. E. Sommerfeldt, 1969; R. Steinitz, 1969; D. Wunderlich, 1971; H. Esau, 1971).*

Mit dem Unbestimmtheitsbeleg wird die Geltung der Proposition relativiert. Die durch die Negation ausgedrückte Absolutheit wird durch den temporalen Zusatz in der Geltung relativiert, was sich wie folgt darstellen lässt:

Ia) (Die Beiträge [...] gehen über erste Ansätze hinaus) und dies gilt nicht. (absolute Geltung)

Ib) (Die Beiträge [...] gehen über erste Ansätze hinaus) und dies gilt *noch* nicht. (unbestimmte Geltung)

Der Beleg wird hier in dem Kontext verwendet, in dem der Autor eine Bewertung gegenüber dem deutschen Forschungsdiskurs vornimmt, was zugleich auch als Rechtfertigung für den eigenen Beitrag angesehen werden kann.

Die nächsten Belege stammen alle aus der Einleitung von Bierwisch.

> II) *Die semantische Analyse natürlicher Sprachen beruht in entscheidender Weise* **mindestens** *auf den zwei folgenden Annahmen: [...] Die zweite Annahme war nur eine erste Annäherung, die sich als viel zu einfach erwiesen hat. Inzwischen ist sie* **ziemlich** *grundlegend verändert worden. [...]*

> *Obwohl Katz diese Unterscheidung kürzlich verteidigt hat (Katz, 1967),* **scheint mir***, daß sie ein Produkt einer* **recht** *frühen Stufe in der Entwicklung einer semantischen Theorie ist und zurückgewiesen werden muß, weil sie theoretisch nicht motiviert ist. [...]*

II') *Die semantische Analyse natürlicher Sprachen beruht in entscheidender Weise auf den zwei folgenden Annahmen: [...] Die zweite Annahme war nur eine erste Annäherung, die sich als viel zu einfach erwiesen hat. Inzwischen ist sie grundlegend verändert worden. [...] Obwohl Katz diese Unterscheidung kürzlich verteidigt hat (Katz, 1967), ist sie ein Produkt einer frühen Stufe in der Entwicklung einer semantischen Theorie und zurückgewiesen werden muß, weil sie theoretisch nicht motiviert ist. [...]*

Die Einleitung von Bierwisch enthält insgesamt vier Unbestimmtheitsbelege, von denen drei zu Unbestimmtheit iwS und einer zu Unbestimmtheit ieS zu rechnen ist. Beim ersten Beleg wird die Geltung des propositionalen Gehalts relativiert, was sich wie folgt umschreiben lässt:

IIa) (Die semantische Analyse [...] beruht [...] auf den zwei folgenden Annahmen) und dies gilt. (absolute Geltung)
IIb) (Die semantische Analyse [...] beruht [...] auf den zwei folgenden Annahmen) und dies gilt *mindestens*. (unbestimmte Geltung)

Mit der Verwendung des Unbestimmtheitsmittels wird der apodiktische Duktus der Behauptung eingeschränkt. Der Autor lässt sich so weitere mögliche, von ihm an der Stelle nicht berücksichtige *Annahmen* offen; durch den Zusatz *mindestens* muss er sich hier nicht absolut festlegen.

Beim zweiten Beleg liegt ebenfalls Unbestimmtheit iwS vor. Hier wird der Skopus der Prädikation vage erweitert und somit relativiert.

IIc) Sie ist grundlegend verändert worden. [R = Sie + P = ist verändert worden, grundlegend]
IId) Sie ist *ziemlich* grundlegend verändert worden. [R = Sie + P = ist verändert worden, *ziemlich* grundlegend]

Der Unbestimmtheitsbeleg ieS wird hier – wie oben bereits betont – in einem Kritik-Zusammenhang verwendet. Es handelt sich bei dem Beleg um Unbestimmtheit ieS, bei der Unsicherheit hinsichtlich der Faktizität signalisiert wird.

IIe) Es ist Fakt, dass sie ein Produkt einer frühen Stufe in der Entwicklung einer semantischen Theorie ist.
IIf) Es *scheint* (mir) Fakt, dass sie ein Produkt einer frühen Stufe in der Entwicklung einer semantischen Theorie ist. (Unbestimmtheitsausdruck)

Der letzte Unbestimmtheitsbeleg wird in demselben Kritik-Zusammenhang verwendet. Es geht hier speziell darum, die kritisierte fremde Position (als *eine frühe Stufe in der Entwicklung einer semantischen Theorie*) zu charakterisieren. Bei dieser Charakterisierung wird eine Relativierung des propositionalen Gehalts vorgenommen. Genau genommen wird eine Prädikation insofern erweitert, als sie semantisch vage wird.

IIg) Sie ist ein Produkt einer frühen Stufe in der Entwicklung einer semantischen Theorie. [R = Sie, ein Produkt einer Stufe in der Entwicklung einer Theorie + P = ist, frühen, semantischen]

IIh) Sie ist ein Produkt einer *recht* frühen Stufe in der Entwicklung einer semantischen Theorie. [R = Sie, ein Produkt einer Stufe in der Entwicklung einer Theorie + P = ist, *recht* frühen, semantischen]

Dem referierten Sachverhalt, also *einer Stufe*, wird mit *früh* eine Eigenschaft zugeschrieben. Mit dem Zusatz *recht* wird die gesamte Prädikation vage erweitert bzw. relativiert.

Intertextuelle Textteile

a) Betrachten wir nun zunächst einmal ein paar intertextuelle Textteile aus dem Kolde-Text.

> *Ausgehend von der Feststellung, alle attributiven Konstituenten von NPn seien fakultativ, ein Teil der Satzkonstituenten aber obligat (nämlich die in „Interdependenzrelation" zum Prädikatsverb stehenden „Mitspieler" einer Dependenzgrammatik), könnte man aus den Beobachtungen G. Stötzels einen textgrammatisch und für eine Performanztheorie wichtigen Zug „syntaktischer Anisomorphie" von Sätzen und NPn ableiten.*
>
> *Nur übersieht G. Stötzel, daß die meisten Verben auch in ihrer finiten Form (also als „Satzprädikate") die Ellipse von „Mitspielern" zulassen (Valenzreduktion), sobald letztere nicht thematisiert und aus dem Kontext (oder der Sprechsituation) eindeutig rekonstruierbar sind. Diese Tatsache veranlaßt G. Helbig und W. Schenkel, in der ihrem „Wörterbuch zur Valenz und Distribution deutscher Verben" vorangestellten „Einführung in die Valenztheorie" auf S. 31 und 38ff. zu der problematischen Unterscheidung „obligatorischer" und „fakultativer" Mitspieler, während H. J. Heringer (1970; S. 115) unter dem Hinweis darauf, daß „Ellipsen bezüglich der Dependenz als Ausnahmen zu behandeln sind", eine derartige Unterscheidung verwirft. (176f.)*

Der Autor nimmt in dieser Textstelle explizit auf drei unterschiedliche Arbeiten Bezug (Stötzel; Helbig & Schenkel; Heringer). Zu Beginn zeigt er auf, was man hinsichtlich einer gegebenen *Feststellung* aus den zuvor vorgestellten *Beobachtungen G. Stötzels ableiten* könne. Anschließend wird in Hinblick auf die Arbeit von Stötzel kritisch angemerkt, dass dieser etwas bei seinen Überlegungen übersehe *(Nur übersieht G. Stötzel, daß)*. Hierbei handelt es sich um eine sehr direkte Form der Kritik, die nicht abgeschwächt oder eingeschränkt wird. Die bei Stötzel laut dem Autor übersehene *Tatsache* führt in einer anderen Arbeit, bei Helbig und Schenkel, wiederum zu einer *problematischen Unterscheidung*. In dieser Arbeit wird die *Tatsache* folglich zwar berücksichtigt, allerdings mit *problematischen* Konsequenzen. Auch diese Autoren werden also explizit und ohne Abschwächung kritisiert. Schließlich wird dem noch die Position von Heringer gegenübergestellt, nach der die bei Helbig und Schenkel getroffene *Unterscheidung* laut Autor verworfen werde.

Wir haben hier also eine Textstelle vorliegen, bei der andere Positionen referiert und auch bewertet werden. Der Autor ist dabei sowohl explizit als auch implizit nicht präsent. Auffällig ist, dass trotz kritischer Bezugnahmen in dem Textauszug keine Formen von Abschwächung oder Einschränkung vorhanden sind, es lassen sich also keine Unbestimmtheitsmittel ausmachen.

Kommen wir zu einem weiteren intertextuellen Textauszug aus dem Kolde-Text.

Vielleicht könnte man diese soeben aufgezeigten Schwierigkeiten im Rahmen einer transformationellen Erklärung der Nomina actionis auch dadurch umgehen, daß man eine „substantivische Nominalisierungstransformation" (vgl. unten 3.3) für „operatorfreie Nuklei" im Sinne P. A. M. Seurens (1969) formuliert und die verbalen Spezifikationselemente grundsätzlich erst später (transformationell) einführt. Ein anderer Ausweg ist immerhin auch denkbar: die generelle Aufgabe des „Dogmas" von der (absoluten) Bedeutungsunabhängigkeit der Transformationen. Gewisse Ansätze zu einer Modifikation des Grundkonzepts der TG in dieser Richtung kann man sogar bei Chomsky selbst (1969; S. 37 u. ö.) feststellen. Durch eine genaue Spezifikation der möglichen Beiträge der „Oberflächenstruktur" (OS) zur semantischen Interpretation müßte man jedoch der Gefahr einer unbegrenzten und unkontrollierten Ausweitung des Anwendungsbereichs von Transformationen in der Sprachbeschreibung entgegenwirken, wenn man an einer Unterscheidung zwischen TS und OS festhalten und die Transformation als generative Operation nicht völlig entwerten möchte. (179f.)

In dieser Textstelle werden grundsätzlich Lösungsmöglichkeiten für offenbar zuvor *aufgezeigte Schwierigkeiten im Rahmen einer transformationellen Erklärung der Nomina actionis* erörtert. Gleich zu Beginn wird ein Lösungsvorschlag mit einem Bezug auf einen anderen Autor (Seurens) vorgestellt. Eingeleitet wird dieser Vorschlag mit einem relativ vorsichtigen und den spekulativen Charakter deutlich machenden Ausdruck *(Vielleicht könnte man [...])*. Interessant ist an dieser Stelle, wie in dem gesamten Textauszug, die Verwendung des unpersönlichen und Allgemeinheit ausdrückenden Pronomens *man*. Ein zweiter Vorschlag wird ebenso vorsichtig eingeführt *(Ein anderer Ausweg ist immerhin auch denkbar)*. Dieser Vorschlag wird nun unterbreitet und mit explizitem Verweis auf Chomsky gewissermaßen abgesichert *(kann man sogar bei Chomsky selbst [...] feststellen)*. Schließlich zeigt der Autor in diesem Zusammenhang noch eine mögliche *Gefahr* sowie eine Möglichkeit ihrer Abwendung auf. Er unterbreitet hier Lösungsvorschläge, ohne selbst explizit präsent zu sein. Zu Beginn der Textstelle wird mit dem Modalwort *vielleicht* allerdings implizit auf die Autorinstanz verwiesen.

Beim nächsten intertextuellen Textauszug aus dem Kolde-Text handelt es sich um einen Teil aus einer Fußnote.

> *Nach H. E. Brekle repräsentiert „ein nomen actionis ... ein Handlungskontinuum, während ein nomen actus einen singulären Akt eines solchen Kontinuums" darstellt (1970, S. 139). Mit dieser Unterscheidung behauptet Brekle der traditionellen Grammatik zu folgen. Das erscheint fraglich, zumal der in Anm. 52 auf S. 139 zitierte F. Schmitthenner in seiner 1826 erschienenen „Ursprachlehre" mit dem Thatnamen (nomen actus) offensichtlich die andernorts (z. B. in der Duden-Grammatik Kennz. 4100) als nomina acti bezeichneten Verbalsubstantive meint.* (180)

Der Autor nimmt hier auf einen anderen Autor (Brekle) Bezug, indem dessen Verständnis hinsichtlich des in Rede stehenden Gegenstands wörtlich zitiert wird. Im Anschluss an das direkte Zitat referiert der Autor das Selbstverständnis des anderen Autors bezüglich dessen eigener Verortung im Forschungsdiskurs *(behauptet Brekle der traditionellen Grammatik zu folgen)*. Dieses Selbstverständnis wird vom Autor der Textstelle in Frage gestellt *(Das erscheint fraglich)* und mit dem Hinweis auf einen von Brekle selbst zitierten anderen Autor (Schmitthenner) begründet *([...], zumal [...])*.

Bei der zum Ausdruck gebrachten eindeutigen Kritik des Autors wird ein Unbestimmtheitsmittel verwendet, mit dem die Autorinstanz implizit repräsentiert und die Kritik abgeschwächt wird. Explizit ist der Autor hier nicht präsent.

b) Im Folgenden werden intertextuelle Textteile aus dem Bierwisch-Text untersucht.

> *Katz hat versucht, Schwierigkeiten dieser Art zu umgehen, indem er gewisse informelle Mittel wie of, at usw. in Kombinationen wie ((Condition (Possession of Y) of X at t_i) benutzte, wobei X und Y Schlitze sind, die durch Merkmalkomplexe aufgefüllt werden, und wobei t_i eine Variable über ein Zeitintervall ist. Diese und ähnliche Mittel, mehr beiläufig eingeführt, haben jedoch keinen klaren theoretischen Status. Die natürlichste Art, solche Schwächen zu beseitigen, scheint darin zu bestehen, semantische Merkmale als Prädikate zu deuten und die komplizierteren Verbindungen zwischen ihnen durch den Gebrauch der formalen Mittel des komplett ausgebauten Prädikatenkalküls zu rekonstruieren, wobei natürlich Anpassungen und kontrollierte Modifizierungen wenn nötig erlaubt sind. Dies scheint zumindest ein erfolgversprechendes Programm zu sein. Einige Versuche in dieser Richtung wurden in Bierwisch (1969) unternommen.* (71)

Der Autor nimmt zu Beginn der Textstelle Bezug auf einen anderen Autor (Katz) sowie auf zuvor besprochene Probleme *(Schwierigkeiten dieser Art)*. Er zeigt auf, wie der andere Autor mit dem angesprochenen Problem umgeht *(Katz hat versucht, Schwierigkeiten dieser Art zu umgehen, indem [...])*. Anschließend bemängelt er diesbezüglich die theoretische Fundierung *([...] haben jedoch keinen klaren theoretischen Status)*. Als Lösung bzw. *erfolgversprechendes Programm* zur Überwindung dieser *Schwächen* stellt er andeutungsweise Überlegungen vor, die er selbst (zumindest zum Teil) *(Einige Versuche in dieser Richtung)* in einem anderen Aufsatz bereits angestellt hat.

Explizite Verweise auf die Autorinstanz gibt es in dieser Textstelle nicht; selbst der Verweis auf die eigene Arbeit bleibt unpersönlich, was gerade vor dem Hintergrund der auffällig starken expliziten Autorpräsenz im sonstigen Text überrascht. Implizite Verweise auf die Autorinstanz werden dagegen durchaus verwendet; sie werden in Form von Unbestimmtheitsmitteln realisiert *(scheint zu bestehen; scheint zu sein)*.

Betrachten wir eine weitere intertextuelle Textstelle aus dem Bierwisch-Text.

> *Ich kann bei diesen Phänomenen nicht auf Details eingehen. Für unsere Zwecke im vorliegenden Aufsatz genügt es festzustellen, daß bestimmte Gesichtspunkte der Referenz für jeden Versuch, die in (1–3) feststellbaren Fakten zu erklären, entscheidend sind. Chomsky (1965: 145) hat in diesem Zusammenhang zuerst vorgeschlagen, bestimmte lexikalische Elemente als ‚referentiell' zu markieren und ihnen natürliche Zahlen zur Angabe von identischer oder verschiedener Referenz zu assignieren (eine ziemlich ausgearbeitete Anwendung dieses Gedankens findet sich in Isenberg (1968)). Da aber Referenz eigentlich keine Eigenschaft lexikalischer Kategorien ist, scheint es angebrachter, Referenzindizes NPs zuzuschreiben. Obwohl auch das eine zu starke Vereinfachung ist, die gewisse Komplikationen der Analyse von NPs nicht berücksichtigt, reicht es doch für unsere Zwecke aus.* (72)

Dem Textauszug geht eine Auflistung von Beispielen voraus. Zu Beginn schränkt der Autor – mit einem expliziten Autorverweis – sein Anliegen ein, indem der betont, dass er *auf Details nicht eingehen* könne. Anschließend zeigt er auf, was stattdessen *genügen* soll *(Für unsere Zwecke im vorliegenden Aufsatz)*. Er verweist im weiteren Verlauf auf einen anderen Autor (Chomsky), der *in diesem Zusammenhang zuerst* einen Vorschlag unterbreitet hat. Dieser Vorschlag wird kurz angedeutet; in Klammern wird diesbezüglich auf einen weiteren Autor verwiesen (Isenberg), der eine *ziemlich ausgearbeitete Anwendung* des in Rede stehenden *Gedankens* vorgelegt hat. Schließlich folgt eine Abgrenzung von dem zuvor Aufgeführten und ein aus Sicht des Autors *angebrachteres* Verständnis. Dies wird anschließend zwar noch einmal eingeschränkt und als *zu starke Vereinfachung* von Seiten des Autors bezeichnet, wobei auch betont wird, dass es für den Rahmen des Aufsatzes *(für unsere Zwecke)* doch ausreiche.

Die Autorinstanz ist in diesem Textausschnitt sowohl explizit als auch implizit präsent. Beim impliziten Verweis liegt zugleich ein Unbestimmtheitsmittel vor *(scheint angebrachter)*. Außerdem finden sich Verweise auf die Autorinstanz, bei denen der Leser mit eingeschlossen wird (2 x *unsere Zwecke*). Das Unbestimmtheitsmittel wird in einem Zusammenhang verwendet, in dem der Autor sich von den Positionen der anderen Autoren (Chomsky; Isenberg) abgrenzt und seinen eigenen, aus seiner Sicht *angebrachteren* Vorschlag unterbreitet. Insgesamt erscheint der hier anzutreffende Kritik-Zusammenhang als durchaus wohlwollend den kritisierten Positionen gegenüber: Chomsky wird bspw. als derjenige vorgestellt, der einen Vorschlag *zuerst* gemacht hat, womit ihm – trotz aller Einwände – eine Pionierrolle zugesprochen wird; Isenberg habe eine *ziemlich ausgearbeitete Anwendung* vorgelegt, wobei man die Bezeichnung *ziemlich ausgearbeitet* hier wohl durchaus als anerkennend interpretieren darf; und auch die Zurückweisung selbst wird mit der Form ‚X ist aber eigentlich nicht Y' eingeführt, was man als abschwächende Form der Zurückweisung interpretieren kann; und schließlich wird der eigene Vorschlag – wie bereits gesagt – mit dem Unbestimmtheitsmittel *scheinen* vorgebracht und im weiteren Verlauf noch eingeschränkt.

Schließlich sei noch eine letzte intertextuelle Textstelle aus dem Bierwisch-Text besprochen.

> *Wir wollen Merkmale vom Typ KAUS und BEDAUERN ‚Fakten-Merkmale' – oder kurz ‚F-Merkmale' – nennen und solche vom Typ GLAUBEN ‚Propositions-Merkmale' oder ‚P-Merkmale'. Mir scheint, daß der Unterschied zwischen F-Merkmalen und P-Merkmalen in engem Zusammenhang steht mit dem Problem, das Reichenbach (1966: 268–74) mit Hilfe sogenannter Faktenvariablen zu erklären versucht. Reichenbach behauptet, daß es für jede Position eine Tatsache geben kann, so daß die Proposition diese Tatsache beschreibt. Damit wird angedeutet, daß P-Merkmale eine Proposition als zweites Argument haben. Der Unterschied zwischen diesen zwei Argumenttypen muß aus syntaktischen und semantischen Gründen explizit aufgeführt werden. Zu den syntaktischen Folgerungen verweise ich auf Kiparsky und Kiparsky (1970). Die dort vorgeschlagene erhellende Unterscheidung zwischen faktiven und nicht-faktiven Prädikaten hat mindestens einen ihrer wichtigsten Gründe in der Unterscheidung von F-Merkmalen und P-Merkmalen. (84)*

Die Textstelle beginnt mit einer Begriffsdefinition, bei der zuvor Vorgetragenes in zwei Kategorien unterteilt wird *(F-Merkmalen und P-Merkmale)*. Anschließend wird diese Kategorisierung mit Überlegungen eines anderen Autors (Reichenbach) in Verbindung gebracht; der Autor geht von einem *engen Zusammenhang* zwischen seiner Kategorisierung und den Überlegungen des anderen Autors aus. Anschließend werden diese Überlegungen kurz skizziert. Im weiteren Verlauf wird hinsichtlich eines Teilbereichs des zuvor Besprochenen *(Zu den syntaktischen Folgerungen)* auf eine weitere Arbeit verwiesen (Kiparsky &

Kiparsky), die als *erhellend* positiv bewertet wird und mit der die aufgezeigte Kategorisierung in Verbindung gebracht wird.

Der Autor ist auch in dieser Textstelle sowohl explizit als auch implizit präsent *(Mir scheint; verweise ich)*. Das Unbestimmtheitsmittel *scheinen* wird im Zusammenhang mit einem Verweis auf einen anderen Autor verwendet; der Autor bringt dabei seine Kategorisierung in Verbindung mit den Überlegungen des anderen Autors. Die Bezüge auf die anderen Arbeiten werden in diesem Textauszug vor allem zur Untermauerung des eigenen Ansatzes gebraucht und nicht zur kritischen Distanzierung.

c) Kommen wir im Folgenden zur genaueren Betrachtung der verwendeten Unbestimmtheitsmittel.

> I) **Vielleicht** *könnte man diese soeben aufgezeigten Schwierigkeiten im Rahmen einer transformationellen Erklärung der Nomina actionis auch dadurch umgehen, daß man eine „substantivische Nominalisierungstransformation" (vgl. unten 3.3) für „operatorfreie Nuklei" im Sinne P. A. M. Seurens (1969) formuliert und die verbalen Spezifikationselemente grundsätzlich erst später (transformationell) einführt.*

> I') *Man könnte diese soeben aufgezeigten Schwierigkeiten im Rahmen einer transformationellen Erklärung der Nomina actionis auch dadurch umgehen, daß man eine „substantivische Nominalisierungstransformation" (vgl. unten 3.3) für „operatorfreie Nuklei" im Sinne P. A. M. Seurens (1969) formuliert und die verbalen Spezifikationselemente grundsätzlich erst später (transformationell) einführt.*

In diesem Textausschnitt aus dem Kolde-Text wird das Unbestimmtheitsmittel *vielleicht* im Rahmen eines Vorschlags verwendet, den der Autor bezüglich zuvor besprochener *Schwierigkeiten* vorträgt. Wie man im Vergleich zu I' gut sehen kann, wird für diesen Vorschlag mit dem Konjunktiv von *können* und der gleichzeitigen Verwendung des unpersönlich-allgemeinen Pronomens *man* ein hypothetischer und allgemeiner Raum geschaffen, zu dem durch das Unbestimmtheitsmittel noch eine Form von Unsicherheits- bzw. Spekulationsorientierung hinzukommt. Im Folgenden sei die interessierende Äußerung sowohl ohne Unbestimmtheitsmittel als auch ohne Konjunktiv aufgeführt, wodurch wir eine assertive Form erhalten:

a) Man kann diese soeben aufgezeigten Schwierigkeiten im Rahmen einer transformationellen Erklärung der Nomina actionis auch dadurch umgehen, daß [...].

Auf der Basis dieser ‚bereinigten' Variante der Äußerung sei der Gebrauch des Unbestimmtheitsmittels wie folgt umschrieben:

Ia) Es ist Fakt, dass man diese soeben aufgezeigten Schwierigkeiten im Rahmen einer transformationellen Erklärung der Nomina actionis auch dadurch umgehen kann, daß [...].
Ib) Es ist *vielleicht* Fakt, dass man diese soeben aufgezeigten Schwierigkeiten im Rahmen einer transformationellen Erklärung der Nomina actionis auch dadurch umgehen kann, daß [...]. (Unbestimmtheitsausdruck)

Die nächsten Verwendungen von Unbestimmtheitsmitteln stammen ebenfalls aus dem Kolde-Text.

> II) *Mit dieser Unterscheidung behauptet Brekle der traditionellen Grammatik zu folgen. Das* **erscheint** *fraglich, zumal der in Anm. 52 auf S. 139 zitierte F. Schmitthenner in seiner 1826 erschienenen „Ursprachlehre" mit dem Thatnamen (nomen actus)* **offensichtlich** *die andernorts (z. B. in der Duden-Grammatik Kennz. 4100) als nomina acti bezeichneten Verbalsubstantive meint.*
>
> II') *Mit dieser Unterscheidung behauptet Brekle der traditionellen Grammatik zu folgen. Das ist fraglich, zumal der in Anm. 52 auf S. 139 zitierte F. Schmitthenner in seiner 1826 erschienenen „Ursprachlehre" mit dem Thatnamen (nomen actus) die andernorts (z. B. in der Duden-Grammatik Kennz. 4100) als nomina acti bezeichneten Verbalsubstantive meint.*

In diesem intertextuellen Textauszug werden zwei Unbestimmtheitsmittel ieS verwendet. Bei dem ersten handelt es sich um kommentierende Unbestimmtheit, bei der Unsicherheit signalisiert wird. Es wird – wie oben gezeigt – an einer Stelle gebraucht, bei der der Autor die Sichtweise eines anderen Autors sehr exponiert in Frage stellt. Durch das Unbestimmtheitsmittel wird diese Kritik in gewisser Weise abgeschwächt, indem der apodiktische Charakter einer Assertion, wie man ihn in II' antrifft, durch die Markierung von autorseitiger Unsicherheit umgangen und somit der absolute Charakter relativiert wird. Umschreiben kann man die Verwendung des Unbestimmtheitsmittels folgendermaßen:

IIa) Es ist Fakt, dass das fraglich ist.
IIb) Es erscheint Fakt, dass das fraglich ist. (Unbestimmtheitsausdruck)

Das zweite Unbestimmtheitsmittel wird in einem Zusammenhang gebraucht, in dem die Infragestellung begründet wird. Dabei wird auf einen anderen Autor Bezug genommen (Schmitthenner) und dessen Ansatz für den interessierenden Zusammenhang interpretiert *(Schmitthenner meint X)*. Mit dem Unbestimmtheitsmittel liegt kommentierende Unbestimmtheit vor, bei der relative Sicherheit zum Ausdruck gebracht wird.

IIc) Es ist Fakt, dass F. Schmitthenner [...] mit dem Thatnamen (nomen actus) die [...] Verbalsubstantive meint.
IId) Es ist *offensichtlich* Fakt, dass F. Schmitthenner [...] mit dem Thatnamen (nomen actus) die [...] Verbalsubstantive meint.

Die nächsten Unbestimmtheitsmittel stammen aus dem Text von Bierwisch.

> III) *Die natürlichste Art, solche Schwächen zu beseitigen,* **scheint** *darin* **zu bestehen,** *semantische Merkmale als Prädikate zu deuten und die komplizierteren Verbindungen zwischen ihnen durch den Gebrauch der formalen Mittel des komplett ausgebauten Prädikatenkalküls zu rekonstruieren, [...]. Dies* **scheint zumindest** *ein erfolgversprechendes Programm* **zu sein.** *Einige* **Versuche** *in dieser Richtung wurden in Bierwisch (1969) unternommen.*

> III') *Die natürlichste Art, solche Schwächen zu beseitigen, besteht darin, semantische Merkmale als Prädikate zu deuten und die komplizierteren Verbindungen zwischen ihnen durch den Gebrauch der formalen Mittel des komplett ausgebauten Prädikatenkalküls zu rekonstruieren, [...]. Dies ist ein erfolgversprechendes Programm. Einige Schritte in dieser Richtung wurden in Bierwisch (1969) unternommen.*

Die beiden in dieser Textstelle enthaltenen Unbestimmtheitsmittel ieS werden in einem Zusammenhang gebraucht, in dem es generell um eine kritische Bewertung von Überlegungen eines anderen Autors (Katz) geht. Die Belege finden sich in Kontexten, in denen der Autor, aufbauend auf der vorausgehenden Kritik, seine Position bzw. seine Überlegungen vorträgt. Genau genommen geht es also um die Einschätzung des Werts der eigenen Überlegungen. Bei beiden Belegen wird dabei Unsicherheit in Bezug auf die Faktizität der Proposition signalisiert. Umschreiben lassen sich die Verwendungen wie folgt:

IIIa) Es ist Fakt, dass die natürlichste Art, solche Schwächen zu beseitigen, darin besteht, X.
IIIb) Es *scheint* Fakt *zu sein*, dass die natürlichste Art, solche Schwächen zu beseitigen, darin besteht, X. (Unbestimmtheitsausdruck)
IIIc) Es ist Fakt, dass dies zumindest ein erfolgversprechendes Programm ist.
IIId) Es *scheint* Fakt *zu sein*, dass dies zumindest ein erfolgversprechendes Programm ist. (Unbestimmtheitsausdruck)

Wie sowohl diese Umschreibungen als auch die Gegenüberstellung von III und III' zeigen, erhalten die Äußerungen zu den eigenen Überlegungen des Autors bei Weglassung der Unbestimmtheitsmittel einen apodiktischen Charakter, mit dem die eigenen Überlegungen als unumstößlich dargestellt werden würden.

Im näheren Kontext des Gebrauchs des zweiten Unbestimmtheitsmittels ieS finden sich zusätzlich noch zwei Belege für Unbestimmtheit iwS. Dabei handelt es sich um die Relativierung der Geltung des propositionalen Gehalts:

IIIe) (Dies ist ein erfolgversprechendes Programm) und dies gilt. (absolute Geltung)
IIIf) (Dies ist ein erfolgversprechendes Programm) und dies gilt *zumindest*. (unbestimmte Geltung)

An dieser Stelle werden also der Unbestimmtheitsbeleg ieS und der Unbestimmtheitsbeleg iwS im Rahmen einer Proposition gebraucht.

Beim letzten zu besprechenden Beleg handelt es sich um ein Unbestimmtheitsmittel iwS, mit dem eine Referenz relativiert wird. Hierfür sei die Äußerung zunächst einmal wie folgt rekonstruiert:

b) Deutungen und Rekonstruktionen in dieser Richtung wurden in Bierwisch (1969) unternommen.
c) Einige Versuche [von Deutungen und Rekonstruktionen] in dieser Richtung wurden in Bierwisch (1969) unternommen.

Für die Rekonstruktion von b wurde auf den vorausgehenden Kontext der Textstelle zurückgegriffen. Auf diese Weise wird herausgestellt, worum es sich bei den in Rede stehenden *Versuchen* genau handelt. In c – also der Entsprechung des Originalbelegs – wird die Referenz aus b schließlich durch das Unbestimmtheitsmittel *Versuch* ersetzt. Die Relativierung der Refernz sei auf der Grundlage von b und c wie folgt umschrieben:

IIIg) Deutungen und Rekonstruktionen in dieser Richtung wurden in Bierwisch (1969) unternommen. [R = Deutungen und Rekonstruktionen in dieser Richtung, in Bierwisch (1969) + P = wurden unternommen]
IIIh) Einige *Versuche* [von Deutungen und Rekonstruktionen] in dieser Richtung wurden in Bierwisch (1969) unternommen. [R = Einige *Versuche* [von Deutungen und Rekonstruktionen in dieser Richtung], in Bierwisch (1969) + P = wurden unternommen]

Kommen wir zu einem weiteren Textteil aus dem Bierwisch-Text.

> IV) *Chomsky (1965: 145) hat in diesem Zusammenhang zuerst vorgeschlagen, bestimmte lexikalische Elemente als ‚referentiell' zu markieren und ihnen natürliche Zahlen zur Angabe von identischer oder verschiedener Referenz zu assignieren (eine* **ziemlich** *ausgearbeitete*

> *Anwendung dieses Gedankens findet sich in Isenberg (1968)). Da aber Referenz **eigentlich** keine Eigenschaft lexikalischer Kategorien ist, **scheint** es angebrachter, Referenzindizes NPs zuzuschreiben. Obwohl auch das eine zu starke Vereinfachung ist, die gewisse Komplikationen der Analyse von NPs nicht berücksichtigt, reicht es doch für unsere Zwecke aus.*

> IV') *Chomsky (1965: 145) hat in diesem Zusammenhang zuerst vorgeschlagen, bestimmte lexikalische Elemente als ‚referentiell' zu markieren und ihnen natürliche Zahlen zur Angabe von identischer oder verschiedener Referenz zu assignieren (eine ausgearbeitete Anwendung dieses Gedankens findet sich in Isenberg (1968)). Da aber Referenz keine Eigenschaft lexikalischer Kategorien ist, ist es angebrachter, Referenzindizes NPs zuzuschreiben. Obwohl auch das eine zu starke Vereinfachung ist, die gewisse Komplikationen der Analyse von NPs nicht berücksichtigt, reicht es doch für unsere Zwecke aus.*

Auf den Zusammenhang, in dem das Unbestimmtheitsmittel ieS *(scheinen)* verwendet wird, wurde oben bereits näher eingegangen: Der Autor kritisiert eine zuvor vorgetragene Position anderer Autoren und macht einen eigenen Vorschlag. Bei der Ankündigung dieses Vorschlags findet sich der Unbestimmtheitsbeleg. Es handelt sich dabei um Unbestimmtheit ieS, bei der die Faktizität der Proposition als unsicher kommentiert wird.

IVa) Es ist Fakt, dass es angebrachter ist, X.
IVb) Es *scheint* Fakt, dass es angebrachter ist, X. (Unbestimmtheitsausdruck)

Mit der Unsicherheit, die hier zum Ausdruck gebracht wird, wird im Grunde der vom Autor erhobene Anspruch, einen Forschungsgegenstand besser zu verstehen, abgeschwächt; in gewisser Weise wird hier also ein ‚knowledge claim' abgemildert.

In der Textstelle finden sich neben diesem Unbestimmtheitsbeleg ieS noch zwei Unbestimmtheitsbelege iwS. Der erste geht dem Unbestimmtheitsbeleg ieS voraus. Er wird im Zusammenhang mit einer Bewertung bzw. Charakterisierung einer anderen Forschungsarbeit gebraucht. Es handelt sich hierbei um die Relativierung des propositionalen Gehalts bzw. genauer der Prädikation:

IVc) Eine ausgearbeitete Anwendung dieses Gedankens findet sich in Isenberg (1968). [R = Eine Anwendung dieses Gedankens, in Isenberg (1968) + P = ausgearbeitete, findet sich]

IVd) Eine *ziemlich* ausgearbeitete Anwendung dieses Gedankens findet sich in Isenberg (1968). [R = Eine Anwendung dieses Gedankens, in Isenberg (1968) + P = *ziemlich* ausgearbeitete, findet sich]

Anstatt der (absoluten) Charakterisierung der *Anwendung* als *ausgearbeitet* wird hier also die Prädikation der Charakterisierung relativiert zu einer *ziemlich ausgearbeiteten Anwendung*. Der zweite Unbestimmtheitsbeleg iwS wird in einem direkten Zusammenhang mit dem Unbestimmtheitsmittel ieS verwendet. Mit dem Unbestimmtheitsbeleg iwS wird die Geltung der Proposition relativiert, was wie folgt umschrieben werden kann:

IVe) (Referenz ist keine Eigenschaft lexikalischer Kategorien) und dies gilt. (absolute Geltung)

IVf) (Referenz ist keine Eigenschaft lexikalischer Kategorien) und dies gilt *eigentlich*. (unbestimmte Geltung)

Kommen wir abschließend zu den letzten hier zu besprechenden Unbestimmtheitsbelegen.

> V) **Mir scheint**, *daß der Unterschied zwischen F-Merkmalen und P-Merkmalen in engem Zusammenhang steht mit dem Problem, das Reichenbach (1966: 268–74) mit Hilfe sogenannter Faktenvariablen zu erklären versucht. [...] Zu den syntaktischen Folgerungen verweise ich auf Kiparsky und Kiparsky (1970). Die dort vorgeschlagene erhellende Unterscheidung zwischen faktiven und nicht-faktiven Prädikaten hat* **mindestens** *einen ihrer wichtigsten Gründe in der Unterscheidung von F-Merkmalen und P-Merkmalen.*

> V') *Der Unterschied zwischen F-Merkmalen und P-Merkmalen steht in engem Zusammenhang mit dem Problem, das Reichenbach (1966: 268–74) mit Hilfe sogenannter Faktenvariablen zu erklären versucht. [...] Zu den syntaktischen Folgerungen verweise ich auf Kiparsky und Kiparsky (1970). Die dort vorgeschlagene erhellende Unterscheidung zwischen faktiven und nicht-faktiven Prädikaten hat einen ihrer wichtigsten Gründe in der Unterscheidung von F-Merkmalen und P-Merkmalen.*

Wie bei den vorherigen Textstellen aus dem Bierwisch-Text handelt es sich bei dem Unbestimmtheitsbeleg ieS auch hier wieder um *scheinen*.

> Va) *Es ist Fakt, dass der Unterschied zwischen F-Merkmalen und P-Merkmalen in engem Zusammenhang mit dem Problem steht, das X.*

> Vb) *Es scheint (mir) Fakt, dass der Unterschied zwischen F-Merkmalen und P-Merkmalen in engem Zusammenhang mit dem Problem steht, das X.* (Unbestimmtheitsausdruck)

Die Unsicherheit, die hier zum Ausdruck gebracht wird, richtet sich auf die Interpretation von Überlegungen eines anderen Autors durch den Autor des Textes.

Gegen Ende der Textstelle findet sich darüber hinaus noch ein Unbestimmtheitsmittel iwS, mit dem die Geltung des propositionalen Gehalts relativiert wird, wie die folgende Umschreibung zeigt:

Vc) (Die [...] Unterscheidung [...] hat einen ihrer wichtigsten Gründe in der Unterscheidung von F-Merkmalen und P-Merkmalen) und dies gilt. (absolute Geltung)

Vd) (Die [...] Unterscheidung [...] hat einen ihrer wichtigsten Gründe in der Unterscheidung von F-Merkmalen und P-Merkmalen) und dies gilt *mindestens*. (unbestimmte Geltung)

Der Autor bringt an dieser Stelle einen referierten und positiv bewerteten Gegenstand anderer Autoren in Verbindung mit dem eigenen an dieser Stelle behandelten Gegenstand.

Auffällige Textteile
Abschließend werden im Folgenden noch in Hinblick auf Unbestimmtheit quantitativ oder qualitativ auffällige Textteile besprochen. Auch hier wird die Analyse der Unbestimmtheitsmittel wieder direkt, d. h. ohne separaten Abschnitt vorgenommen.

Beginnen wir mit einem Ausschnitt aus dem Kolde-Text.

> I) *Bei Paraphrasenpaaren wie (1) und (2) stellt sich im Anschluß an die zweite der oben genannten Bedingungen die Frage, welche Konsequenzen es hätte, wenn in (1) ein verbales Spezifikationselement thematisiert wäre. Denn diese werden ja nach der gängigen Auffassung der TG bei der Nominalisierung getilgt.*
>
> *So **dürften** in bestimmten Redesituationen sogar die durch Umsetzung ins Präsens nur leicht modifizierten Äußerungen (1) und (2) nicht beliebig gegeneinander austauschbar sein, eine Tatsache, die die oben postulierte Äquivalenzrelation in ihrer umfassendsten (die Pragmatik einbeziehenden) Form für (1) und (2) fraglich macht: [...]*
>
> *Berichtet beispielsweise ein Reporter in einer Direktübertragung den Hörern unmittelbar von seiner Beobachtung auf dem Spielfeld, daß der berühmte Fußballspieler Otto nach dem Sieg mit dem Trainer der gegnerischen Mannschaft spreche und **offenbar** dessen Angebot, in seine Mannschaft überzuwechseln durch eine entsprechende Geste ablehne, so wird der Reporter **mit hoher Wahrscheinlichkeit** einen Ausdruck der Art (18) und keinen der Art (19) gebrauchen. Das könnte man als einen Hinweis auf eine (thematisierbare) „prozessuale" semantische Komponente in (18) interpretieren. Solche Gebrauchsbeschränkungen sind in hohem Grade situationsbestimmt und mit der Thematisierbarkeit verbaler Spezifikationselemente in Verbindung zu bringen. Es **erscheint** darum sinnvoll, entsprechend der oben*

formulierten Bedingung 2a alle diejenigen Ausdrücke zunächst von der weiteren Untersuchung auszuschließen, in denen verbale Spezifikationselemente thematisiert sind. (179)

I') *So sind in bestimmten Redesituationen sogar die durch Umsetzung ins Präsens nur leicht modifizierten Äußerungen (1) und (2) nicht beliebig gegeneinander austauschbar, [...]*

daß der berühmte Fußballspieler Otto nach dem Sieg mit dem Trainer der gegnerischen Mannschaft spreche und dessen Angebot, in seine Mannschaft überzuwechseln durch eine entsprechende Geste ablehne, so wird der Reporter einen Ausdruck der Art (18) und keinen der Art (19) gebrauchen. [...] Es ist darum sinnvoll, [...]

In dieser Textstelle werden vergleichsweise viele Unbestimmtheitsmittel verwendet, d. h. die Unbestimmtheitsdichte ist hier relativ hoch. Es handelt sich bei dem Textauszug um den Beginn eines neuen Abschnitts (im Kolde-Text 2.4). Zu Beginn der Textstelle selbst wird auf zuvor thematisierte Gegenstände zurückgekommen *(Paraphrasenpaaren wie (1) und (2); die zweite der oben genannten Bedingungen)*. Diesbezüglich wird nun die *Frage* nach möglichen *Konsequenzen* gestellt, für den Fall, dass eine bestimmte Bedingung zutrifft *(wenn in (1) ein verbales Spezifikationselement thematisiert wäre)*. Die Relevanz und der Hintergrund dieser Frage werden mit einer den Common sense im Forschungsdiskurs anzeigenden Äußerung anschließend angedeutet *(Denn diese werden ja nach der gängigen Auffassung der TG bei der Nominalisierung getilgt)*. Nach dieser Exposition der Problematik folgt nun der autorseitige Versuch einer Beantwortung der Frage. In diesem Zusammenhang wird das erste Unbestimmtheitsmittel verwendet: Der Autor bringt zunächst ein Argument vor *(So **dürften** [...] (1) und (2) nicht beliebig gegeneinander austauschbar sein)*. Durch die Verwendung eines epistemischen Modalverbs, also eines kommentierenden Unbestimmtheitsmittels, wird hierbei zunächst ein Vermutungscharakter in die Argumentation gebracht. Im Gegensatz dazu wird im Anschluss derselbe Sachverhalt als *Tatsache* bezeichnet, durch die eine zuvor offensichtlich erörterte Argumentation widerlegt bzw. in Frage gestellt werden könne *(eine Tatsache, die die oben postulierte Äquivalenzrelation in ihrer umfassendsten (die Pragmatik einbeziehenden) Form für (1) und (2) fraglich macht)*. Wir haben hier also eine eigentümliche Kontrastierung von relativierendem Vermutungscharakter und Absolutheitssemantik vorliegen, die der Autor im Zusammenhang mit der eigenen auch kritisch-abgrenzenden Argumentation gebraucht. Der Gebrauch des Unbestimmtheitsmittels lässt sich wie folgt umschreiben:

Ia) Es ist Fakt, dass die [...] Äußerungen (1) und (2) nicht beliebig gegeneinander austauschbar sind.

Ib) Es *dürfte* Fakt sein, dass die [...] Äußerungen (1) und (2) nicht beliebig gegeneinander austauschbar sind. (Unbestimmtheitsausdruck)

Nachdem im weiteren Verlauf zwei Beispielsätze aufgeführt werden, fährt der Autor mit einer hypothetischen Beispieldarstellung fort *(Berichtet beispielsweise ein Reporter [...])*, in deren Zusammenhang die weiteren Unbestimmtheitsmittel verwendet werden. Beim ersten Unbestimmtheitsmittel handelt es sich um Unbestimmtheit ieS; es wird hier in Hinblick auf die Faktizität relative Sicherheit ausgedrückt. Die Äußerung, in deren Rahmen das Unbestimmtheitsmittel gebraucht wird, kann ohne den Kontext im Original wie folgt umformuliert werden:

a) Der berühmte Fußballspieler Otto lehnt das Angebot des Trainers der gegnerischen Mannschaft durch eine entsprechende Geste ab.

Umschreiben lässt sich der Gebrauch des Unbestimmtheitsmittels auf dieser Basis nun wie folgt:

Ic) Es ist Fakt, dass der berühmte Fußballspieler Otto das Angebot des Trainers der gegnerischen Mannschaft durch eine entsprechende Geste ablehnt.
Id) Es ist *offenbar* Fakt, dass der berühmte Fußballspieler Otto das Angebot des Trainers der gegnerischen Mannschaft durch eine entsprechende Geste ablehnt. (Unbestimmtheitsausdruck)

Direkt in diesem Zusammenhang steht auch der Gebrauch des nächsten Unbestimmtheitsmittels. Hierbei handelt es sich ebenfalls um kommentierende Unbestimmtheit, mit der relative Sicherheit hinsichtlich der Faktizität zum Ausdruck gebracht wird.

Ie) Es ist Fakt, dass der Reporter einen Ausdruck der Art (18) und keinen der Art (19) gebrauchen wird.
If) Es ist *mit hoher Wahrscheinlichkeit* Fakt, dass der Reporter einen Ausdruck der Art (18) und keinen der Art (19) gebrauchen wird. (Unbestimmtheitsausdruck)

Mit dem Ausdruck *mit hoher Wahrscheinlichkeit* wird also autorseitig der zugrunde liegende Sachverhalt kommentiert; es wird zum Ausdruck gebracht, dass der Autor relativ sicher ist, dass der Sachverhalt eintreffen wird.

Das letzte Unbestimmtheitsmittel wird schließlich gegen Ende der Textstelle verwendet. Hier geht es für den Autor im Grunde darum, einen Schluss aus dem vorher anhand der Beispieldarstellung Vorgetragenen zu ziehen. In gewisser Weise darf dies sicher auch als Appell an die Forschungsgemeinschaft verstanden werden, bei dem ein bestimmtes (zukünftiges) forschungspraktisches Vorgehen in Bezug auf den Gegenstand als *sinnvoll* bewertet wird.

Ig) Es ist Fakt, dass es darum sinnvoll ist, X auszuschließen.
Ih) Es er*scheint* Fakt, dass es darum sinnvoll ist, X auszuschließen. (Unbestimmtheitsausdruck)

Mit diesem Beleg liegt wiederum Unbestimmtheit ieS vor; es wird hinsichtlich der Faktizität Unsicherheit signalisiert.

Das nächste auffällige Beispiel stammt ebenfalls aus dem Kolde-Text.

> II) *Die **wohl** am generellsten mögliche Quasinominalisierung (also „satzmäßige" Paraphrasierung einer ein Verbalsubstantiv als Kern enthaltenden NP) ist **wohl** die „pronominale Satzjunktion". Aber auch hier sind für bestimmte Matrixsatztypen besondere zusätzliche Bedingungen zu beachten:* [...]

> *Die Beispiele (59) bis (68) zeigen, daß bei bestimmten, hier nicht im einzelnen zu spezifizierenden Klassen von **wohl meist** nicht-faktischen Matrixprädikaten im Falle der „pronominalen Satzkonjunktion" auch in der OS modale oder temporale Angaben expliziert werden müssen, die im Falle der substantivischen Nominalisierung und **zum Teil** auch in Daß-Satz-Komplexen [vgl. etwa Satz (63)!] in der OS nicht erscheinen.* (186)

> II') *Die am generellsten mögliche Quasinominalisierung (also „satzmäßige" Paraphrasierung einer ein Verbalsubstantiv als Kern enthaltenden NP) ist die „pronominale Satzjunktion".* [...]

> *Die Beispiele (59) bis (68) zeigen, daß bei bestimmten, hier nicht im einzelnen zu spezifizierenden Klassen von nicht-faktischen Matrixprädikaten im Falle der „pronominalen Satzkonjunktion" auch in der OS modale oder temporale Angaben expliziert werden müssen, die im Falle der substantivischen Nominalisierung und auch in Daß-Satz-Komplexen (vgl. etwa Satz (63)!) in der OS nicht erscheinen* [...]

Bei dieser Textstelle handelt es sich im Grunde um eine Diskussion am behandelten Gegenstand. Diese Diskussion wird über Beispiele geführt. Dementsprechend geht der Textstelle auch eine Beispieldiskussion voraus. Zu Beginn der Textstelle selbst zeigt der Autor auf, welcher Typ für den in Rede stehenden Gegenstand *am generellsten möglich* ist. Daraufhin macht er anhand von Beispielen auf Besonderheiten diesbezüglich aufmerksam. Im Anschluss an die

Beispielauflistung führt er sich auf die Beispiele beziehend diese Besonderheiten näher aus.

In dem Textauszug wird auf relativ engem Raum dreimal das gleiche Unbestimmtheitsmittel *wohl* verwendet. Es handelt sich dabei um Unbestimmtheit ieS, bei der die Faktizität als unsicher eingestuft wird. Bei zwei Verwendungen ist der Unbestimmtheitsbeleg Teil der ‚nominalen Organisation' (s. o.), d. h. diese Belege werden in komplexen Nominalgruppen gebraucht. Diese seien zunächst einmal in die ‚verbale Organisation' ‚umverpackt' (s. o.):

b) Die „pronominale Satzjunktion" ist *wohl* die Quasinominalisierung, die *wohl* am generellsten möglich ist.
c) Bei bestimmten Klassen von Matrixprädikaten müssen im Falle der „pronominalen Satzkonjunktion" auch in der OS modale oder temporale Angaben expliziert werden. Die Matrixprädikate sind *wohl meist* nicht-faktisch.

In dem Satzgefüge in b werden zwei Unbestimmtheitsmittel verwendet; es entsteht auf diese Weise eine eigentümliche ‚Potenzierung' der Unbestimmtheit.

Im Folgenden seien die Unbestimmtheitsbelege nacheinander umschrieben:

IIa) Es ist Fakt, dass X am generellsten möglich ist.
IIb) Es ist *wohl* Fakt, dass X am generellsten möglich ist. (Unbestimmtheitsausdruck)
IIc) Es ist Fakt, dass die „pronominale Satzjunktion" die Quasinominalisierung ist, die X.
IId) Es ist *wohl* Fakt, dass die „pronominale Satzjunktion" die Quasinominalisierung ist, die X. (Unbestimmtheitsausdruck)
IIe) Es ist Fakt, dass die Matrixprädikate nicht-faktisch sind.
IIf) Es ist *wohl* Fakt, dass die Matrixprädikate nicht-faktisch sind. (Unbestimmtheitsausdruck)

Die hier zum Ausdruck gebrachte Unsicherheit bezieht sich bei allen drei Belegen auf den behandelten Gegenstand; es geht dabei darum, den Gegenstand auf bestimmte Weise, also etwa als *am generellsten möglich* oder als *nicht-faktisch*, zu charakterisieren.

Im Kontext des zuletzt behandelten Unbestimmtheitsmittels ieS wird noch zusätzlich ein Unbestimmtheitsmittel iwS verwendet. Es handelt sich hierbei um die Relativierung der Geltung der Proposition, was in der folgenden Umschreibung veranschaulicht werden soll:

IIg) (Die Matrixprädikate sind nicht-faktisch) und dies gilt. (absolute Geltung)
IIh) (Die Matrixprädikate sind nicht-faktisch) und dies gilt *meist*. (unbestimmte Geltung)

Und schließlich sei noch auf ein weiteres Unbestimmtheitsmittel iwS eingegangen. Der umgestellte Zusammenhang dieses Belegs lässt sich vereinfacht wie folgt darstellen:

d) Sie [= die] erscheinen *zum Teil* auch in Daß-Satz-Komplexen nicht in der OS.

Mit dem Unbestimmtheitsmittel wird die Prädikation *(auch)* mit *zum Teil* vage erweitert und somit relativiert, was sich wie folgt umschreiben lässt:

IIi) Sie erscheinen auch in Daß-Satz-Komplexen nicht in der OS. [R = Sie, in Daß-Satz-Komplexen, nicht in der OS + P = erscheinen, auch]
IIj) Sie erscheinen *zum Teil* auch in Daß-Satz-Komplexen nicht in der OS. [R = Sie, in Daß-Satz-Komplexen, nicht in der OS + P = erscheinen, *zum Teil* auch]

Kommen wir schließlich noch zu einer auffälligen Textstelle im Bierwisch-Text.

> III) *Die Frage lautet also: welches ist der syntaktische Index des zweiten Arguments, das in relationalen Nomina vorkommt? Diese Frage ist unmittelbar mit dem Problem verbunden, welche Struktur solchen NPs wie Erichs Vater, die linke Seite des Stuhls usw. zugrunde liegt. Viele Autoren haben,* **zumindest** *implizit, angenommen, daß possessive Genitive von zugrunde liegenden Relativsätzen mit haben abgeleitet werden sollten. Das* **scheint** *mir jedoch für den Fall inhärenter Relationen, die zu relationalen Nomina des hier diskutierten Typs gehören, unnatürlich* **zu sein***. Die Annahme, daß relationale Nomina ein direktes Objekt in* **fast** *derselben Weise wie Verben und Adjektive ‚regieren'* **scheint** *zutreffender* **zu sein***. Die Struktur, die Erichs Vater zugrunde liegt,* **scheint** *also etwa folgendermaßen* **beschaffen zu sein***: […]* (86)

> III') *[…] Viele Autoren haben, implizit, angenommen, daß possessive Genitive von zugrunde liegenden Relativsätzen mit haben abgeleitet werden sollten. Das ist jedoch für den Fall inhärenter Relationen, die zu relationalen Nomina des hier diskutierten Typs gehören, unnatürlich. Die Annahme, daß relationale Nomina ein direktes Objekt in derselben Weise wie Verben und Adjektive ‚regieren' ist zutreffender. Die Struktur, die Erichs Vater zugrunde liegt, ist also etwa folgendermaßen beschaffen: […]*

Zu Beginn der Textstelle wird zunächst ein Problem aufgezeigt, das den Forschungsdiskurs offensichtlich beschäftigt. Der Autor zeigt diesbezüglich auf, wie üblicherweise mit diesem Problem umgegangen wird, ohne dabei einzelne

Autoren näher zu benennen *(Viele Autoren)*. Der Autor grenzt sich hiervon ab *(Das scheint mir jedoch [...] unnatürlich zu sein)* und zeigt anschließend auf, was aus seiner Sicht *zutreffender* sei. Diese Sichtweise wird dann anhand eines Beispiels deutlich gemacht.

Durch die Verwendung der Unbestimmtheitsmittel erhält der Autor implizite wie explizite Präsenz in dieser Textstelle, in der eine kritische Abgrenzung gegenüber dem allgemein gehaltenen Forschungsdiskurs vorgenommen wird. Bei den hier gebrauchten Unbestimmtheitsmitteln ieS handelt es sich in allen drei Fällen um *scheinen + zu + Inf.*, womit Unsicherheit hinsichtlich der Faktizität signalisiert wird. Der erste Beleg wird im Rahmen der kritischen Zurückweisung verwendet; die zwei anderen Belege gebraucht der Autor in dem Zusammenhang, in dem seine präferierte Sichtweise vorgestellt wird. Die Unbestimmtheitsbelege seien im Folgenden nacheinander umschrieben.

IIIa) Es ist Fakt, dass das jedoch für den Fall inhärenter Relationen [...] unnatürlich ist.

IIIb) Es *scheint* (mir) Fakt *zu sein*, dass das jedoch für den Fall inhärenter Relationen [...] unnatürlich ist. (Unbestimmtheitsausdruck)

IIIc) Es ist Fakt, dass die Annahme [...] zutreffender ist.

IIId) Es *scheint* Fakt *zu sein*, dass die Annahme [...] zutreffender ist. (Unbestimmtheitsausdruck)

IIIe) Es ist Fakt, dass die Struktur [...] also etwa folgendermaßen beschaffen ist.

IIIf) Es *scheint* Fakt *zu sein*, dass die Struktur [...] also etwa folgendermaßen beschaffen ist. (Unbestimmtheitsausdruck)

Neben diesen Unbestimmtheitsbelegen ieS enthält der Textauszug noch zwei Unbestimmtheitsbelege iwS. Mit diesen wird die Prädikation einer Proposition relativiert.

IIIg) Viele Autoren haben, implizit, angenommen, daß X. [R = Autoren + P = viele, haben, implizit, angenommen, daß X]

IIIh) Viele Autoren haben, *zumindest* implizit, angenommen, daß X. [R = Autoren + P = viele, haben, *zumindest* implizit, angenommen, daß X]

Der Autor macht an dieser Stelle eine Bemerkung zu den *(impliziten)* Standpunkten anderer Autoren. Im Rahmen dieser Einordnung wird die (absolute) prädikative Zuschreibung mit *zumindest* relativiert.

Der zweite Unbestimmtheitsbeleg iwS ist eingebettet in eine referierte Annahme. Der Nebensatz, mit dem das Angenommene ausgedrückt wird, sei wie folgt umgestellt:

e) Relationale Nomina ‚regieren' ein direktes Objekt in *fast* derselben Weise wie Verben und Adjektive.

Umschreiben lässt sich die Relativierung der Prädikation wie folgt:

IIIi) Relationale Nomina ‚regieren' in derselben Weise wie X. [R = Nomina, wie X, in [der] Weise + P = relationale, regieren, derselben]
IIIj) Relationale Nomina ‚regieren' in *fast* derselben Weise wie X. [R = Nomina, wie X, in [der] Weise + P = relationale, regieren, *fast* derselben]

In der ersten Umschreibung ist die Prädikation eindeutig und absolut, das Regieren geschieht in einer eindeutig bestimmten Art und Weise. Mit dem Unbestimmtheitsbeleg wird dies schließlich relativiert bzw. die Prädikation wird durch die Reltivierung insgesamt vage.

5.3.3.3 Rekapitulation Zeitraum 1970

Im Folgenden sollen die zentralen Ergebnisse aus der qualitativen Untersuchung zum Zeitraum 1970 zusammengetragen werden. Im Großen und Ganzen sind die Tendenzen, die in der quantitativen Untersuchung aufgezeigt werden konnten, auch beim qualitativen Zugang spürbar. Die Art und Weise, wie Autorschaft in Szene gesetzt wird, unterscheidet sich demnach gegenüber dem Zeitraum 1900: Die Autorinstanz tritt bspw. weniger explizit und implizit sowie weniger unbestimmt in Erscheinung. Die verwendeten expliziten Autorverweise sowie die Unbestimmtheitsmittel werden nicht bzw. zumindest nicht erkennbar auf präferierte Textteile beschränkt, sondern finden sich im Grunde über die jeweils gesamten Texte verteilt.

In der folgenden Darstellung wird wie oben unter 5.3.2.3 vorgegangen, was bedeutet, dass auch hier auf die einzelnen Textteile separat eingegangen wird. Der Fokus liegt dabei ebenfalls auf Zusammenhängen zwischen der Art und Weise der *Autorpräsenz*, der *Bezugnahme auf andere Autoren oder auf den Forschungsdiskurs* sowie auf dem *Unbestimmtheitsgebrauch*, wobei der unbestimmte Sprachgebrauch den Schwerpunkt darstellt.

Zunächst einmal ist zu sagen, dass die Einleitungen aus dem Zeitraum 1970 zum Großteil eine relativ starke Zurückhaltung bei der expliziten und impliziten Autorpräsenz aufweisen. In allen Einleitungen (bis auf diejenige von Bierwisch) finden sich keine expliziten Autorbezüge, etwa in Form eines Ich-Gebrauchs, und nur vereinzelt implizite Autorverweise. In der Bierwisch-Einleitung dagegen ist die Autorinstanz vergleichsweise stark explizit präsent *(scheint mir, habe ich angeführt, will ich nicht wiederholen)*. Diese expliziten Autorverweise werden vor allem in Bezug auf das eigene Arbeiten verwendet und in einem Fall *(scheint mir)* im Rahmen eines Unbestimmtheitsgebrauchs im Zusammenhang mit Kritik. Gerade bei den Einleitungen der pragmatischen Texte geht die unpersönliche Autordarstellung einher mit einem eher allgemein gehaltenen Bezug auf die Forschungsgemeinschaft. Hier entsteht – wie oben bereits angemerkt – der Eindruck einer vordergründigen Sachorientierung. In den beiden Einleitungen der generativen Texte wird der Bezug auf den jeweiligen Forschungsdiskurs ausführlicher und explizit hergestellt, indem bspw. auf mehrere Arbeiten verwiesen und diese differenziert sowie die Positionen anderer Autoren z. T. genauer wiedergegeben werden. Dabei werden die anderen Positionen auch kritisiert und die eigene Position vor diesem Hintergrund verortet.

Betrachten wir vor diesem Hintergrund den Gebrauch von Unbestimmtheitsmitteln näher: Unbestimmtheitsmittel werden in allen Einleitungen – bis auf derjenigen von Wunderlich – verwendet. Interessant ist, dass die verwendeten Unbestimmtheitsmittel überwiegend im Zusammenhang mit intertextuellen Bezügen, sei es allgemeiner oder direkter Art, gebraucht werden. So findet sich in der Hundsnurscher-Einleitung das Unbestimmtheitsmittel in Bezug auf den einzigen, insgesamt durchaus als kritische Abgrenzung verstehbaren Abschnitt *(dürfte Selbstzweck bleiben)*. Genau genommen handelt es sich hierbei um einen funktionalen Textzusammenhang, den man in Einleitungen zu wissenschaftlichen Aufsätzen durchaus erwarten darf, da es hier darum geht, gewissermaßen eine ‚Lücke' bzw. ein Desiderat zu benennen, auf deren Grundlage dann die eigene Arbeit legitimiert werden kann. Das Unbestimmtheitsmittel wird konkret in dem Kontext verwendet, in dem eine autorseitige Charakterisierung des Forschungsdiskurses zum Ausdruck gebracht wird, mit der behauptet wird, dass – ganz grob – die bisherigen Zugänge im Forschungsdiskurs nicht ausreichen.[62] Ein ähnliches Bild zeigt sich in den Einleitungen der generativen Texte: So wird auch bei Kolde im Zusammenhang mit einer Einschätzung des bisherigen Forschungsdiskurses ein Unbestimmtheitsmittel (allerdings iwS) gebraucht. Besonders ausgeprägt ist dies in der Einleitung von Bierwisch, bei der die Autorinstanz ja auch in Hinblick auf die Autorpräsenz und den Bezug auf andere Positionen relativ exponiert in Erscheinung tritt. Die bei Bierwisch verwendeten Unbestimmtheitsmittel werden ebenfalls im Zusammenhang mit der Charakterisierung anderer Positionen oder des Forschungsdiskurses verwendet, wobei zwei der Mittel in einem explizit kritisierenden Zusammenhang stehen *(scheint mir, recht)*. Der genaue Fokus dieser zwei Unbestimmtheitsmittel liegt jedoch

---

62 In der (zweiten pragmatischen) Einleitung von Wunderlich wird ebenfalls eine ‚Lücke' im Forschungsdiskurs – zu Beginn des Textes – benannt, ohne dass dies dabei allerdings – wie bei Hundsnurscher – durch ein Unbestimmtheitsmittel abgeschwächt wird.

auf der charakterisierenden Einschätzung einer anderen Position. Diese wird zwar insgesamt kritisiert, der spezifische Kontext der Unbestimmtheitsmittel ist jedoch beschränkt auf eine in diesem Kritikzusammenhang vorgetragene abschwächende Einschätzung der Position als eine *recht frühe Stufe in der Entwicklung der Theorie*, womit die kritisierten Schwächen der Position (quasi im Voraus) entschuldigt werden.

Die spezifischen Gebrauchskontexte der Unbestimmtheitsmittel in den Einleitungen des Zeitraums 1970 seien wie folgt festgehalten:

Tab. 18: Gebrauchskontexte Unbestimmtheitsmittel (Einleitungen Zeitraum 1970)

	Gebrauchskontexte Unbestimmtheitsmittel (Einleitungen)
Kontext	Charakterisierung Forschungsdiskurs
Formen von Unbestimmtheit	UiwS *(noch; mindestens; ziemlich; recht)*; UieS *(dürfte,; scheint mir)*[63]

In Hinblick auf die intertextuellen Textausschnitte für den Zeitraum 1970 fällt zunächst einmal auf, dass in beiden pragmatischen Texten – wie zuvor auch in den Einleitungen – keine expliziten Autorbezüge, etwa in Form eines Ich-Gebrauchs, zu finden sind.[64] Die Autorinstanz wird in den pragmatischen Texten im Zusammenhang mit expliziten intertextuellen Bezügen also nicht exponiert dargestellt, wenngleich implizite Verweise vereinzelt auszumachen sind. Ganz ähnlich verhält es sich bei Kolde und z. T. auch bei Bierwisch, wenngleich bei Bierwisch auch durchaus intertextuelle Textausschnitte mit stärkerer Autorpräsenz zu verzeichnen sind. Besonders auffällig in den intertextuellen Textteilen ist der teilweise apodiktische Duktus, der mitunter auch im Zusammenhang mit Kritik gebraucht wird. Die Kritik an anderen Positionen, die in den untersuchten Textteilen zu finden ist, wird also z. T. ohne irgendeine Form von Abschwächung oder Relativierung zum Ausdruck gebracht (z. B. *Allerdings unter-*

---

63 Die Zuordnung der Unbestimmtheitsmittel *scheint mir* und *recht* zum Gebrauchskontext *Charakterisierung Forschungsdiskurs* und nicht – wie man vielleicht erwarten könnte – zu *Kritik* (siehe 5.3.2.3) wird damit gerechtfertigt, dass ihr spezifischer Fokus – wie oben bereits betont – auf der Charakterisierung einer fremden Forschungsposition liegt, auch wenn diese Charakterisierung natürlich in einem übergeordneten Kritikzusammenhang stehen mag. Wichtig für die Zuordnung ist also der *spezifische* Gebrauchskontext.

64 Dies sollte nicht zu der Annahme verleiten, dass die Autorinstanzen in den Texten generell unpersönlich dargestellt werden, denn es finden sich – bspw. bei Wunderlich – über den gesamten Text verteilt durchaus explizite Autorverweise.

läuft ihm dabei ein Fehler). Dieser apodiktische Duktus, mit dem der Anschein von absoluter Geltung ausgedrückt wird, geht in der Regel auch einher mit einer fehlenden expliziten Autorpräsenz.

Trotz dieser apodiktischen Abschnitte finden sich auch in den intertextuellen Textteilen Verwendungen von Unbestimmtheitsmitteln. Im Folgenden seien die genauen Gebrauchskontexte der Unbestimmtheitsmittel näher betrachtet:

Tab. 19: Gebrauchskontexte Unbestimmtheitsmittel (Intertextualität Zeitraum 1970)

Gebrauchskontexte Unbestimmtheitsmittel (Intertextualität)						
Kritik (explizit und implizit)	Vorschlag	Interpretation	Charakterisierung Forschungsdiskurs	Autorhandlungen (text- und forschungsbezogen)		Gegenstand
UiwS *(2x noch)*; UieS *(erscheint)*	UieS *(2x scheint zu sein; scheint zu bestehen; scheint; vielleicht)*; UiwS *(zumindest; recht)*	UieS *(scheint; offensichtlich)*	UiwS *(ziemlich; mindestens)*	UiwS *(Versuche)*		UieS *(läßt sich vermuten; mir scheint; scheint)*; UiwS *(eigentlich)*
+ ←		Intensität des Bezugs zur Forschungsgemeinschaft			→	−

Wie aus der Abbildung ersichtlich wird, sind die Gebrauchskontexte der intertextuellen Textteile ungleich heterogener als in den Einleitungen des Zeitraums 1970. Demnach finden sich z. B. Gebrauchskontexte, in denen Kritik (implizit oder explizit) zum Ausdruck gebracht wird (z. B. *Im Falle der Isenbergschen Textmerkmale ist die größere Leistungsfähigkeit noch nicht nachzuweisen; Das erscheint fraglich*) oder in denen Unbestimmtheit hinsichtlich des behandelten Gegenstands ausgedrückt wird *(Da aber Referenz eigentlich keine Eigenschaft lexikalischer Kategorien ist; Das Korrektiv für die Einhaltung der ‚Normalformen' der Alltagsinteraktion läßt sich in dem vermuten, was [...]).* Mit *Kritik* und *Gegenstand* lassen sich gewissermaßen zwei Pole hinsichtlich der Intensität des Bezugs zur Forschungsgemeinschaft ausmachen, zwischen denen sich (abgestuft hinsichtlich des Bezugs zur Forschungsgemeinschaft) noch weitere Gebrauchskontexte wie *Vorschlag, Interpretation, Autorhandlung* und *Charakterisierung des Forschungsdiskurses* befinden. Die Unbestimmtheitsmittel werden demnach, je nach Gebrauchskontext, mit einer mehr oder weniger starken Intensität auf die

Forschungsgemeinschaft bezogen. Was in Hinblick auf den Zeitraum 1970 besonders auffällt, ist der vergleichsweise stark ausgeprägte Gebrauch von Unbestimmtheitsmitteln ieS im Gebrauchskontext *Vorschlagen*. Bei einem diesem Gebrauchskontext zugeordneten Unbestimmtheitsbeleg iwS *(recht)* handelt es sich genau genommen eher um die Charakterisierung eines hypothetischen Forschungsdiskurses *(Falls dies möglich wäre, ergäbe sich ein recht starkes Argument für eine pragmatische Theorie)*, was man gewissermaßen als Vorschlag lesen kann, zumal der Abschnitt mit *Es wäre wünschenswert, sie aus den Kontextgegebenheiten vorherzusagen* eingeleitet wird.

Kommen wir schließlich zu den in Hinblick auf den Unbestimmtheitsgebrauch auffälligen Textteilen. Zunächst einmal ist diesbezüglich zu sagen, dass in diesen auffälligen Textteilen sowohl der pragmatischen als auch der generativen Texte kaum explizite Autorpräsenz zu verzeichnen ist. Die expliziten Autorbelege, die in den Textstellen zu finden sind, sind auf Unbestimmtheitsbelege beschränkt *(scheint mir zu sein)*. Die Unbestimmtheitsbelege selbst werden in folgenden Gebrauchskontexten verwendet:

Tab. 20: Gebrauchskontexte Unbestimmtheitsmittel (auffällige Textteile Zeitraum 1970)

Gebrauchskontexte Unbestimmtheitsmittel (auffällige Textteile)				
Kritik (explizit und implizit)	Kritik (konzessive Argumentation)	Vorschlag	Charakterisierung Forschungsdiskurs	Gegenstand
UieS *(scheint mir zu sein)*	UieS *(mag)*	UieS *(sicher; scheint mir zu sein; erscheint)*; UiwS *(etwas)*	UiwS *(zumindest)*	UieS *(2x offenbar; 2x möglicherweise; vielleicht; dürften; mit hoher Wahrscheinlichkeit; 3x wohl; 2x scheint zu sein)*; UiwS *(in der Regel; meist; fast, zum Teil)*

⟵ + Intensität des Bezugs zur Forschungsgemeinschaft − ⟶

Bei den auffälligen Textteilen aus dem Zeitraum 1970 scheint es einen Schwerpunkt beim Gebrauchskontext *Gegenstand* zu geben. In diesem Zusammenhang ist vor allem Unbestimmtheit ieS besonders facettenreich vertreten: In Bezug auf die behandelten Gegenstände werden demzufolge verstärkt und mit heterogenen Mitteln autorseitige Kommentierungen vorgenommen, mit denen relative Sicherheit gegenüber den Gegenständen ausgedrückt wird. Mit der Dominanz des *Gegenstands*-Kontextes steht auch ein Unbestimmtheitsgebrauch im Vordergrund, bei dem die Intensität des Bezugs zur Forschungsgemeinschaft nicht besonders hoch ist. Außer im Gebrauchskontext *Gegenstand* finden sich auch Unbestimmtheitsmittel in *Kritik*-Kontexten, beim Vorbringen von *Vorschlägen* oder bei der *Charakterisierung des Forschungsdiskurses*.

Insgesamt lässt sich zum Unbestimmtheitsgebrauch im Zeitraum 1970 festhalten, dass es in Hinblick auf die unterschiedlichen Textteile deutliche Unterschiede gibt. Vor allem beim Vergleich der Einleitungen mit den anderen Textteilen fällt auf, dass der Unbestimmtheitsgebrauch in den Einleitungen deutlich homogener ist, da er sich allein auf die *Charakterisierung des Forschungsdiskurses* beschränkt, während in den intertextuellen und auffälligen Textteilen ein heterogeneres Spektrum an Gebrauchskontexten für Unbestimmtheitsmittel auszumachen ist. Die intertextuellen und auffälligen Textteile weisen insgesamt also mehr Gebrauchsfacetten auf, die sich zwar nicht vollständig decken, aber sich im Großen und Ganzen ähneln. Das Spektrum reicht bei beiden von *Kritik*-Kontexten zu *Gegenstands*-Kontexten, womit bei beiden also sowohl starke als auch schwache Intensität zur Forschungsgemeinschaft hergestellt wird.

Die Art der Unsicherheitsmarkierung beim Unbestimmtheitsgebrauch ieS reicht also von Verwendungen, die eher im Zusammenhang mit Kritik stehen *(Mit dieser Unterscheidung behauptet Brekle der traditionellen Grammatik zu folgen. Das erscheint fraglich, [...])*, bis hin zu Verwendungen, bei denen eine ‚wirkliche' Unsicherheit gegenüber einem Sachverhalt zu bestehen scheint und bei denen folglich nur schwache Intensität beim Bezug auf die Forschungsgemeinschaft vorliegt *(So dürften in bestimmten Redesituationen sogar die durch Umsetzung ins Präsens nur leicht modifizierten Äußerungen (1) und (2) nicht beliebig gegeneinander austauschbar sein, [...])*.[65] Neben diesem sehr heterogenen Vorkommen von Unbestimmtheit ist jedoch auch wichtig zu erwähnen, dass in den intertextuellen Textausschnitten auch Abschnitte mit apodiktischem Duktus anzutreffen sind, in denen mitunter auch Kritik an anderen Positionen vorkommt, die sprachlich einen absoluten Geltungsanspruch suggerieren.

Kommen wir abschließend noch zu den Unterschieden in den konzeptionellen Ausrichtungen: Vor dem Hintergrund der unterschiedlichen konzeptionel-

---

[65] Wenngleich diese Unsicherheitsmarkierung im weiteren Verlauf der Textstelle – wie oben gezeigt – konterkariert wird, indem der mit *dürfte* kommentierte Sachverhalt anschließend als ‚Tatsache' bezeichnet wird (siehe auch 9.).

len Selbst- und Sprachverständnisse von Generativisten und Pragmatikern hätte man hinsichtlich der Präsenz der Autorinstanz möglicherweise erwarten können, dass bei einer naturwissenschaftlich ausgerichteten Orientierung, wie bei den Generativisten, eher eine zurückhaltende Autorpräsenz anzutreffen ist, während eine nich-naturwissenschaftliche Ausrichtung, wie bei der Pragmatikern, eventuell weniger unpersönlich ist. In den untersuchten Textauszügen ist *insgesamt* allerdings – etwa im Gegensatz zum Zeitraum 1900 – eine relativ zurückhaltende Autorpräsenz zu verzeichnen. Wenn dennoch explizite Verweise auf die Autorinstanz vorliegen, finden sie sich eher im Bierwisch-Text und somit – konträr zu möglichen Erwartungen – in einem Text mit einem grundsätzlich naturwissenschaftlichen Verständnis von Sprachwissenschaft. Es scheint diesbezüglich also vielmehr der Faktor Zeit eine Rolle für die Explizitheit der Autorpräsenz zu spielen als das konzeptionelle Selbstverständnis der jeweiligen Textproduzenten.

Ähnlich scheint es sich mit dem Gebrauch von Unbestimmtheitsmitteln zu verhalten. Es lässt sich im Grunde kein großer Unterschied in der Qualität des Unbestimmtheitsgebrauchs zwischen den unterschiedlichen konzeptionellen Ausrichtungen erkennen. In den intertextuellen Textteilen finden sich bei beiden Ausrichtungen Unbestimmtheitsmittel in Gebrauchskontexten mit hoher Intensität des Bezugs zur Forschungsgemeinschaft (also etwa in *Kritik*- oder *Vorschlags*-Kontexten) sowie demgegenüber – ebenfalls bei beiden – eindeutige, nicht-abgeschwächte kritische Bezugnahmen, die einen apodiktischen Duktus aufweisen. Außerdem ist die oben herausgestellte Dominanz der *Gegenstands*-Kontexte in den auffälligen Textausschnitten ebenfalls auf beide Ausrichtungen verteilt. Die in diesem Rahmen verwendeten Unsicherheitsmarkierungen bei Unbestimmtheit ieS, also die ‚wirklichen' Unsicherheiten hinsichtlich eines Sachverhalts, finden sich also sowohl in naturwissenschaftlich als auch nicht-naturwissenschaftlich orientierten Ausrichtungen von Sprachwissenschaft. Auch in Hinblick auf den Unbestimmtheitsgebrauch scheint – analog zur Explizitheit der Autorpräsenz – eher der Zeitfaktor relevant zu sein als das konzeptionelle Selbstverständnis der Textproduzenten.

B – Zwischenfazit

Im Folgenden soll zunächst einmal ein kleines Resümee zum ersten großen Abschnitt A der vorliegenden Arbeit gezogen werden. Die Ergebnisse der vorgestellten empirischen Untersuchung werden dabei zu dem übergeordneten Problem der Erklärung von Wissenschaftssprache in Beziehung gesetzt und problematisiert. Aus dieser Diskussion kristallisieren sich dann Gründe und Perspektiven für die theoretische Erörterung in Abschnitt C heraus.

Resümee: Ausgangspunkt und Hypothesen

Analysegegenstand der empirischen Untersuchung waren Unbestimmtheitsmittel. Ihre Berücksichtigung in Bezug auf Wissenschaftssprache hat in der vorliegenden Arbeit vor allem methodische Gründe, denn mit der Analyse des historischen Unbestimmtheitsgebrauchs in der Wissenschaft können unterschiedliche Erklärungsansätze in Hinblick auf wissenschaftlichen Sprachgebrauch überprüft werden. Mit der Empirie sollte also die Stichhaltigkeit verschiedener Erklärungsansätze von Wissenschaftssprache kontrolliert werden. Betrachten wir zunächst noch einmal kurz und komprimiert diese Erklärungsansätze und setzen sie in Beziehung zu Unbestimmtheit.

Erklärungsansatz a: In der Wissenschaftssprachforschung sehr prominent ist die Erklärung im Rahmen der Autorschaftskonzepte des ‚Ich-Verbots' und der ‚Rhetorik der Durchsichtigkeit'. Im Zusammenhang mit diesen Autorschaftskonzepten lässt sich für die Wissenschaftssprache ein rationalistisches Erklärungsmuster ausmachen, wonach von einem Diskurs, d. h. Sprechen und Reflektieren, über Wissenschaft und Wissenschaftssprache auf den tatsächlichen wissenschaftlichen Sprachgebrauch geschlossen wird. Hier liegt also eine Erklärungsdimension vor, bei der Ideale den Ausgangspunkt der Überlegungen darstellen. Die Kategorie Unbestimmtheit steht mit ihrer Eigenschaft, auf eine Autorinstanz zu verweisen und die Faktizität eines Sachverhalts zu relativieren, diesen Autorschaftskonzepten diametral entgegen, bei denen ja vor allem Objektivität und Faktizität als zentrale Eigenschaften von Wissenschaftssprache herausgestellt werden. Dem Erklärungsmuster dieser Autorschaftskonzepte zufolge dürfte also Unbestimmtheit im wissenschaftlichen Sprachgebrauch keine größere Rolle spielen.

Erklärungsansatz b: Eine weitere Erklärung von Wissenschaftssprache kann vor dem Hintergrund erkenntnistheoretischer Entwicklungen formuliert werden. Im Laufe des 20. Jahrhunderts wird in der Reflexion auf den Status wissenschaftlicher Erkenntnis zunehmend klar, dass wissenschaftliche Erkenntnis nicht teleologisch auf eine absolute Wahrheit zusteuert, sondern dass es Brüche in der Entwicklung gibt. Es rückt zunehmend die Einsicht in den Vordergrund, dass wissenschaftliche Erkenntnis fehlbar ist und dass sie notwendigerweise standortgebunden und abhängig von bestimmten sozialen Kontexten ist. Diese Relativierung des Status von wissenschaftlicher Erkenntnis könnte, so die Erklärung, Auswirkungen auf den wissenschaftlichen Sprachgebrauch haben und zwar insofern, als der relativierte Charakter von Erkenntnis auch sprachlich zum Ausdruck gebracht werden soll. Unbestimmtheitsmittel sind geeignete sprachliche Formen, um dies zu gewährleisten, weshalb man annehmen könnte, dass mit zunehmender Einsicht in die Relativität von Erkenntnis auch eine zunehmende sprachliche Relativierung und Abschwächung von faktischen Aussagen einhergeht. Bei dieser Erklärung handelt es sich, wie zuvor auch, um einen Ansatz, bei dem von einem Diskurs über Wissenschaft auf den wissenschaftlichen Sprachgebrauch geschlossen wird.

Erklärungsansatz c: Ein ebensolcher Erklärungsansatz liegt vor, wenn man die unterschiedlichen konzeptionellen Ausrichtungen bzw. die Selbstverständnisse unterschiedlicher Disziplinen berücksichtigt. Verortet man die eigene Disziplin stärker in den ‚harten' Naturwissenschaften, dann hat dies Auswirkungen auf das eigene methodologische und theoretische Selbstverständnis. Ebenso verhält es sich natürlich umgekehrt mit der Verortung in den ‚weichen' Geisteswissenschaften. Hier dürfte das methodologische und theoretische Selbstverständnis ein anderes, konträres sein. In Bezug auf die Wissenschaftssprache könnte man nun von einer Erklärung ausgehen, nach der diese jeweiligen theoretischen und methodologischen Selbstverständnisse Auswirkungen auf den wissenschaftlichen Sprachgebrauch haben. Kurz gesagt könnte man annehmen, dass der Sprachgebrauch in den Naturwissenschaften eher nicht subjektiv und faktisch und in den Geisteswissenschaften eher subjektiv und die Faktizität relativierend ist. Unbestimmtheitsmittel sind in diesem Zusammenhang also insofern relevant, als sie mit ihrer Eigenschaft, Subjektivität auszudrücken und die Faktizität zu relativieren, in geisteswissenschaftlich orientierten Disziplinen durchaus zur Verwendung kommen dürften. Im Gegensatz dazu könnte man erwarten, dass sie in den ‚harten' naturwissenschaftlichen Fächern keine Rolle spielen sollten, da sie nicht dem methodologischen und theo-retischen Selbstverständnis entsprechen.

Erklärungsansatz d: Ein weiterer Erklärungsansatz basiert auf der grundsätzlichen Diskursivität von Wissenschaft. In der Wissenschaft geht es ganz elementar darum, neue Erkenntnisse zu erzielen und diese einer wissenschaftlichen Öffentlichkeit zur Verfügung zu stellen. Dabei muss Bezug auf die bisherige Forschung genommen werden. Bei dieser Bezugnahme auf den Forschungsdiskurs geht es darum, sich von bisherigen Erkenntnissen und Positionen abzugrenzen und sich selbst zu positionieren, d. h. den eigenen Stellenwert der neuen Erkenntnisse in Relation zum bisherigen Forschungsdiskurs zu setzen, was bedeutet, dass man die bisherige Forschung diskutiert und kritisiert. Diese grundsätzlich diskursive Ausrichtung in der Wissenschaft führt zu dem zweiten Erklärungsansatz von Wissenschaftssprache, wonach vermehrt bestimmte sprachliche Mittel gebraucht werden, die kritische Aussagen abschwächen und relativieren. Dies wird dann so ausgelegt, dass man auf diese abschwächende und relativierende Weise zurückgreift, entweder um Höflichkeit gegenüber den anderen Teilnehmern der Forschungsgemeinschaft zum Ausdruck zu bringen oder aber um sich antizipierend vor zukünftiger Kritik zu schützen. Unbestimmtheitsmittel würden hier also verwendet werden, um mit ihnen Kritik abzuschwächen. Vor dem Hintergrund dieses Erklärungsansatzes müsste Unbestimmtheit in der Wissenschaftssprache relativ häufig verwendet werden, da Wissenschaftssprache im Rahmen einer nach Originalität strebenden Wissenschaft grundsätzlich kritisch-argumentativ ist.

Erklärungsansatz e: Man kann wissenschaftlichen Sprachgebrauch außerdem erklären, indem man sich auf die sozialen Entwicklungen im Sozialbereich Wissenschaft bezieht. Mit Blick auf die wissenschaftssoziologische Forschung ist festzustellen, dass es im 20. Jahrhundert eine starke Diversifizierung und Expansion in der Wissenschaftslandschaft gab. Es haben sich in dieser Zeit immer neue Disziplinen und Subdisziplinen etabliert. Hinzu kommt, dass die Personenanzahl der wissenschaftlichen Gemeinschaft insgesamt stark angestiegen ist, was auch die Menge der publizierten Texte enorm erhöht hat ('Publikationsflut'). Die Wissenschaftslandschaft wird für den Einzelnen also immer unübersichtlicher. Auch wenn mit der Diversifizierung eine Spezialisierung einhergehen mag, und es in der Folge also für den Einzelnen nicht mehr darauf ankommt, den gesamten Wissenschaftsraum im Sinne eines Universalgelehrten zu überblicken, so kann man doch davon ausgehen, dass selbst die eigene Disziplin, mit allen heterogenen Facetten und den zahlreichen Einzelpublikationen, für einzelne Forscher kaum noch in allen Einzelheiten zu erfassen ist. Das Bewusstsein darüber kann möglicherweise zu einer gewissen Unsicherheit führen. In Bezug auf Wissenschaftssprache könnte man nun annehmen, dass sich diese prinzipielle Unsicherheit auch im Sprachgebrauch niederschlägt, und zwar in dem Sinne, dass zunehmend Unsicherheit markierende Sprachmittel verwendet werden. Unbestimmtheitsmittel wären, zumindest teilweise, geeignete Mittel hierfür, sodass man dieser Erklärung zufolge davon ausgehen könnte, dass der Gebrauch von Unbestimmtheitsmitteln mit der Zunahme an Unsicherheit steigt.

Zusammenfassung zentraler Ergebnisse und Abgleich mit Hypothesen

Die aufgezeigten Erklärungsansätze für Wissenschaftssprache, denen recht unterschiedliche Diskurse und Herleitungshintergründe zugrunde liegen, lassen sich also jeweils auf das Phänomen Unbestimmtheit beziehen. Bei dieser Bezugnahme wird allerdings auch schnell deutlich, dass die unterschiedlichen Erklärungen zu recht unterschiedlichen, sich z. T. widersprechenden Erwartungen in Hinblick auf einen potentiellen Gebrauch von Unbestimmtheitsmitteln führen. Betrachten wir also die in den empirischen Untersuchungen erzielten Ergebnisse einmal zusammenfassend vor dem Hintergrund der soeben skizzierten Erklärungsansätze und ihrer möglichen Erwartungen.

Mit der quantitativen Untersuchung konnte zentral gezeigt werden, dass sich die Wissenschaftssprache im Zeitraum von 1900 bis 2010 in Hinblick auf den Unbestimmtheitsgebrauch deutlich verändert hat. Gerade diese Unterschiede im Sprachgebrauch etwa zwischen Zeitraum 1900 und Zeitraum 2010 stehen nicht im Einklang mit Vermutungen, die man auf der Grundlage der Autorschaftskonzepte ‚Ich-Verbot' und ‚Rhetorik der Durchsichtigkeit' anstellen könnte (Erklärungsansatz a). Diesen zufolge wäre es für den untersuchten Gesamtzeitraum (1900 bis 2010) durchaus plausibel zu erwarten, dass der Gebrauch von Unbestimmtheitsmitteln auf einem *konstant niedrigen* Niveau liegen müsste, da für den betreffenden Zeitraum sowohl die Erkenntniskategorie Objektivität als auch das sprachstilistische Ideal der ‚Durchsichtigkeit' auf Diskurs-Ebene relevant sind. Würde das obige Erklärungsmuster zutreffen, nach dem sich der wissenschaftliche Sprachgebrauch entsprechend dem Diskurs über Wissenschaft und Wissenschaftssprache ausgestalte, spielten Unbestimmtheitsmittel im untersuchten Gesamtzeitraum also *konstant* keine große Rolle. Entgegen dieser Relevanz auf Diskurs-Ebene ist der unbestimmte Sprachgebrauch historisch allerdings sehr unterschiedlich ausgeprägt und zwar in der Form, dass im Zeitraum 1900 bedeutend mehr Unbestimmtheitsmittel verwendet wurden als in den Zeiträumen 1970 und 2010. Diesen Ergebnissen zufolge ist der Diskurs über Wissenschaft und Wissenschaftssprache offensichtlich nicht ausreichend für eine Erklärung des tatsächlichen wissenschaftlichen Sprachgebrauchs.

Ähnlich verhält es sich mit einer zweiten Erwartung, die auf der Grundlage eines Diskurses über Wissenschaft formuliert werden kann (Erklärungsansatz b): Hiernach könnten die wissenschaftstheoretischen Erkenntnisse, die vor allem um die Wende zum 20. Jahrhundert sowie während des 20. Jahrhunderts erzielt wurden und die zunehmend die potentielle Fehlbarkeit wissenschaftlicher Erkenntnis sowie die nicht-teleologische Entwicklung der Wissenschaften offenlegen, zu einem ansteigenden Gebrauch von sprachlichen Mitteln führen, mit denen faktische Äußerungen relativiert werden. Nach dieser Vermutung würde der Unbestimmtheitsgebrauch im Verlaufe des 20. Jahrhunderts zunehmen. Auch diese Erwartung, die auf der Grundlage einer diskursiv erfassten Vorstellung von Wissenschaft formuliert wurde, wurde durch die Ergebnisse der quantitativen Untersuchung nicht bestätigt, weshalb auch hier das Erklärungsmuster, wonach der wissenschaftliche Sprachgebrauch sich aus einem Diskurs über Wissenschaft ableiten ließe, nicht greift.

Auch beim qualitativen Zugang in der vorliegenden Arbeit wurde die Frage nach dem Verhältnis von Diskurs und Sprachgebrauch gestellt (Erklärungsansatz c): Hier ging es um die konzeptionelle Ausrichtung in der Sprachwissenschaft in Hinblick auf die Naturwissenschaften. Eine mögliche Erwartung wäre in diesem Zusammenhang, dass, wenn eine sprachwissenschaftliche Richtung sich auf Diskurs-Ebene, d. h. konzeptionell-theoretisch oder methodologisch, an den Naturwissenschaften orientiert, sich dieses Selbstverständnis möglicherweise im Sprachgebrauch niederschlägt und zwar in der Form, dass sich der Umgang mit Unbestimmtheit qualitativ von einer nicht an den Naturwissenschaften orientierten Ausrichtung unterscheidet. Diesbezüglich konnten für die untersuchten Zeiträume 1900 und 1970 jedoch keine bedeutenden Unterschiede zwischen den konzeptionellen Ausrichtungen der Sprachwissenschaft herausgestellt werden. Auch hier scheint das obige Erklärungsmuster nicht zu greifen. Auch die Ergebnisse der qualitativen Untersuchung deuten offenbar vielmehr darauf hin, dass der zeitliche Unterschied entscheidender ist für den qualitativ unterschiedlichen Gebrauch von Unbestimmtheit: So fällt z. B. auf, dass in den Einleitungen des Zeitraums 1900 ein ungleich größerer Facettenreichtum an Gebrauchskontexten für Unbestimmtheitsmittel vorliegt als in den Einleitungen aus dem Zeitraum 1970.

Eine weitere Vermutung, die man in Hinblick auf den Unbestimmtheitsgebrauch aus quantitativer Perspektive für den untersuchten Gesamtzeitraum aufstellen könnte, ist, dass der Gebrauch von Unbestimmtheitsmitteln sich auf einem konstant hohen Niveau befindet, da zumindest ein Teil der Unbestimmtheitsmittel funktional als kommunikative Höflichkeits- oder Schutzmittel in einer durchweg kritisch-argumentativen Wissenschaftskommunikation gebraucht werden könnte (Erklärungsansatz d). Bei dieser Erwartung liegt keine Erklärung im Sinne des obigen Erklärungsmusters vor (Sprachgebrauch als

Ableitung aus Diskurs), sondern vielmehr eine funktionale Erklärung, die sich aus der grundsätzlichen Diskursivität der Wissenschaft ableitet. In der quantitativen Untersuchung konnte diese Erwartung allerdings nicht bestätigt werden. In der qualitativen Untersuchung konnte darüber hinaus gezeigt werden, dass es natürlich durchaus Gebrauchskontexte gibt, in denen Unbestimmtheitsmittel verwendet werden, um Kritik, sei es in direkter oder indirekter Form, abzuschwächen, was man nicht selten als Form von Höflichkeit interpretiert. Es wurde allerdings auch deutlich, dass die Gebrauchskontexte von Unbestimmtheitsmitteln deutlich heterogen sind und sich vor allem auch in Hinblick auf die Intensität des Bezugs zum Forschungsdiskurs unterscheiden. Unbestimmtheitsmittel werden also auch in Kontexten verwendet, in denen nicht unbedingt eine Notwendigkeit besteht, höflich zu sein, bzw. in denen keine ‚Gesichtsbedrohung' oder Notwendigkeit zum Schutz vorliegen. Darüber hinaus wurde in der qualitativen Untersuchung auch deutlich, dass gerade im Zeitraum 1970 sowohl in den naturwissenschaftlich ausgerichteten als auch bei den nicht-naturwissenschaftlich ausgerichteten Zugängen der Sprachwissenschaft auch kritische Zusammenhänge mit z. T. direkter Kritik und dabei ohne irgendeine Form von Abschwächung auszumachen sind. Ein eindeutiger Zusammenhang zwischen der Diskursivität von Wissenschaft und dem Gebrauch von Unbestimmtheitsmitteln in der Wissenschaftssprache kann also nicht ohne weiteres angenommen werden. Insgesamt deuten der große Facettenreichtum an Gebrauchskontexten für Unbestimmtheitsmittel sowie das Ausbleiben von in Frage kommenden Unbestimmtheitsmitteln in eigentlich erwartbaren Kontexten (z. B. bei expliziter Kritik) darauf hin, dass eine Erklärung, bei der allein angenommen wird, dass (Unsicherheit markierende) Unbestimmtheitsmittel gebraucht würden, um ‚Gesichtsbedrohungen' aus Gründen der Höflichkeit oder des Schutzes abzuschwächen, u. U. zu kurz greift. Mit ihr kann unbestimmter Sprachgebrauch in den Wissenschaften folglich höchstens zum Teil erklärt werden.

Schließlich deckt sich auch die formulierte Erwartung, wonach aufgrund der im 20. Jahrhundert zunehmenden Unübersichtlichkeit und der daraus möglicherweise resultierenden Unsicherheit im Sozialbereich Wissenschaft auch im wissenschaftlichen Sprachgebrauch entsprechend zunehmend Unsicherheitsmarkierungen zu finden sind (Erklärungsansatz e), nicht mit den erzielten Ergebnissen der quantitativen und qualitativen Untersuchung. Gerade mit der Berücksichtigung der spezifischen Gebrauchskontexte von Unbestimmtheitsmitteln in der qualitativen Untersuchung wurde deutlich, dass es beim Gebrauch von Unbestimmtheitsmitteln nicht notwendigerweise darum gehen muss, ‚wirkliche' Unsicherheit hinsichtlich eines behandelten Gegenstands zum

Ausdruck zu bringen. In den meisten Fällen liegt bei der Verwendung von Unbestimmtheitsmitteln sogar eher ein Bezug zur Forschungsgemeinschaft vor als zum Gegenstand. Außerdem zeigen die obigen Ausführungen, dass gerade auch in den älteren Texten nicht selten apodiktische Ausführungen zu finden sind, mit denen relativ starke Sicherheit in Bezug auf den Gegenstand ausgedrückt wird.

Hinzu kommt, dass bestimmte Verwendungsweisen eher auf eine gewisse Verselbstständigung des Unbestimmtheitsgebrauchs hindeuten, wie die folgenden Beispiele veranschaulichen:

> So weit die dankenswerten darlegungen Bülbrings, auf grund deren **sich mir klar zu ergeben scheint**, dass in den angl. dialekten **zweifellos** [...] galt. (Osthoff, Zeitraum 1900)
> So **dürften** in bestimmten Redesituationen sogar die durch Umsetzung ins Präsens nur leicht modifizierten Äußerungen (1) und (2) nicht beliebig gegeneinander austauschbar sein, **eine Tatsache**, die die oben postulierte Äquivalenzrelation in ihrer umfassendsten (die Pragmatik einbeziehenden) Form für (1) und (2) fraglich macht: [...]. (Kolde, Zeitraum 1970)

In beiden Beispielen wird einerseits eine autorseitige Kommentierung der Faktizität des zugrunde liegenden Sachverhalts vorgenommen, bei der Unsicherheit hinsichtlich der Faktizität markiert wird *(scheint sich mir zu ergeben; dürften)*. Andererseits wird im weiteren Zusammenhang deutlich, dass diese Unsicherheit vor dem Hintergrund einer ziemlichen Sicherheit hinsichtlich der Faktizität *(zweifellos; Tatsache)* offensichtlich als bloße Markierung anzusehen ist, der keine ‚wirkliche' autorseitige Unsicherheit zugrunde liegt.

Neue Wissenssituation: Notwendigkeit zur Spezifizierung des Explanans

Kommen wir nun zur Problematisierung und zur Diskussion der bis dato erzielten Erkenntnisse: Aus dem Abgleich der oben vorgestellten Erwartungen mit den gewonnenen Ergebnissen der empirischen Untersuchung ergibt sich, dass kein Erklärungsansatz in Hinblick auf den Gebrauch von Unbestimmtheitsmitteln wirklich greift. Wie soll man mit diesem Ergebnis umgehen? Welche Auswirkungen hat dies auf die übergeordnete Frage nach einer Erklärung von Wissenschaftssprache?

Bringen wir diese grundlegende Frage zunächst auf eine – nicht streng logisch zu verstehende – Formel. Die Ausgangsfrage lautet wie folgt: Wie ist der typische, wiederkehrende Sprachgebrauch in der Wissenschaft zu erklären, der sich von Sprachverwendungen in anderen Sozialbereichen oder Fächern unterscheidet (etwa Schule, Wirtschaft, etc.)? Oder: Was ist die Erklärung dafür, dass

Wissenschaftssprache sich auf diese typische Weise ausprägt? Es geht hier also um die Suche nach einem Explanans dafür, dass Wissenschaftssprache sich auf diese typische Weise ausprägt. Die Formel könnte also lauten:

[?Explanans?] → [Explanandum (= typische Ausprägung von Wissenschaftssprache)]

Mit den aufgezeigten Erklärungsansätzen liegen zunächst einmal unterschiedliche mögliche Kandidaten für das gesuchte Explanans vor. Diese können grundsätzlich in Form von Dimensionen zusammengefasst werden: Löst man die Erklärungsansätze (a-e) von ihren spezifischen Kontexten und bringt sie auf eine allgemeinere Ebene, dann lassen sich aus den jeweiligen Erklärungsansätzen für das Explanans zwei Erklärungsdimensionen extrahieren:

Erklärungsdimension 1 = Diskurs (= Erklärungsansätze a, b und c)

Erklärungsdimension 2 = soziale Beziehungen (= Erklärungsansätze d und e)

Die Extraktion der Erklärungsansätze a bis c ergibt die Erklärungsdimension 1. Bei dieser Erklärungsdimension geht es darum, Wissenschaftssprache mit einem *Diskurs über* zu erklären, d. h. mithilfe dessen, was beim Reflektieren und Sprechen über Wissenschaft oder Wissenschaftssprache herausgestellt wird. Vom jeweiligen Diskurs wird dabei auf wissenschaftlichen Sprachgebrauch geschlossen. Die Extraktion der Erklärungsansätze d und e ergibt die Erklärungsdimension 2, bei der das soziale Beziehungsgeflecht im Sozialbereich Wissenschaft im Vordergrund steht. Von einer spezifischen Konstellation in diesem sozialen Beziehungsgeflecht wird dabei auf den wissenschaftlichen Sprachgebrauch geschlossen. Diese Ausgangsüberlegung lässt sich wie folgt darstellen:

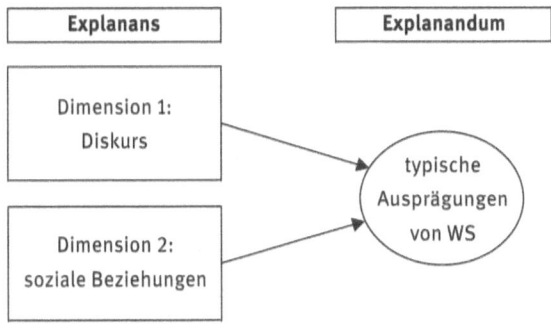

Abb. 12: Erklärungsdimensionen 1 und 2

Wie in Bezug auf das Phänomen Unbestimmtheit gezeigt werden konnte, kann keiner der obigen Erklärungsansätze und somit auch keine Erklärungsdimension für sich genommen den Anspruch geltend machen, das Explanandum vollständig zu erklären und also als das gesuchte Explanans (in Gänze) zu gelten. Anhand des empirischen Gebrauchs von Unbestimmtheit in der Wissenschaftssprache konnte also deutlich gemacht werden, dass diese Erklärungsdimensionen für ein Explanans von Wissenschaftssprache nicht ausreichen; der typische Sprachgebrauch in der Wissenschaft kann mit ihrer Hilfe also nicht vollständig erklärt werden.

Mit Bezug auf Carl G. Hempel (1977) könnte man dies wie folgt einordnen: Bereits vor der empirischen Untersuchung zu Unbestimmtheit gab es für das Explanans für Wissenschaftssprache mit den unterschiedlichen Erklärungsansätzen mehrere potentielle Erklärungen (vgl. Hempel 1977: 86), die zu einer Spezifizierung des Explanans beitrugen. Durch die Ergebnisse zum Unbestimmtheitsgebrauch und der damit einhergehenden Erkenntnis, dass diesbezüglich keine der aufgeführten Erklärungsansätze greift, entstand eine neue „Wissenssituation" (Hempel 1977: 86), bei der deutlich wird, dass das Explanans, gemäß der „Forderung nach maximaler Spezifizierung" (Hempel 1977: 83), erweitert bzw. spezifiziert werden muss.

Um ein zufriedenstellendes Explanans von Wissenschaftssprache zu erreichen, muss man also weiter spezifizieren. Genau genommen sollen die Erklärungsdimensionen 1 und 2 um eine weitere Erklärungsdimension ergänzt sowie durch diese weitere Erklärungsdimension grundiert werden. Dies soll zunächst einmal wie folgt dargestellt werden:

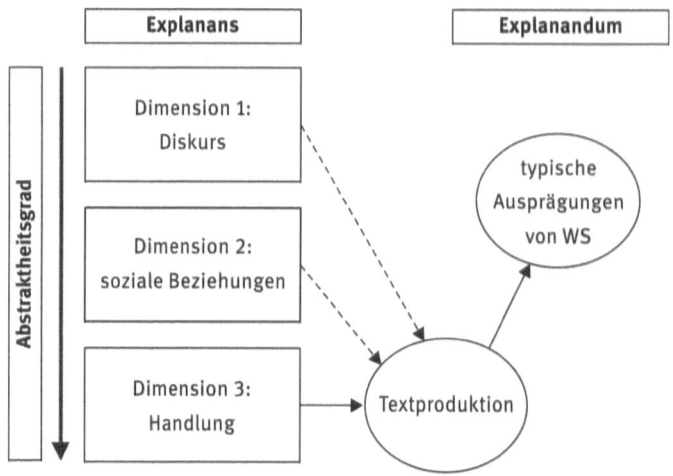

Abb. 13: Erklärungsdimensionen eines Explanans für Wissenschaftssprache

Betrachtet man einmal die Erklärungsdimensionen 1 und 2 näher, fällt auf, dass in ihrem Zusammenhang kein systematisches Verständnis von Textproduktion erörtert wird. Für die Erklärung von wissenschaftssprachlichen Phänomenen wird die wissenschaftliche Textproduktion bei ihnen also nicht einbezogen. Die Textproduktion bleibt in diesen Zusammenhängen gewissermaßen eine Blackbox, über deren genaue Abläufe und theoretische Hintergründe man nichts weiter erfährt bzw. die in all ihren Eigenschaften als selbstverständlich vorausgesetzt wird, ohne dabei zu erklären, wie es zu diesen Eigenschaften kommt. Man kommt bei diesen Erklärungsdimensionen also quasi unmittelbar von Überlegungen zu Diskursen oder zu den sozialen Beziehungen in der Wissenschaft zum wissenschaftlichen Sprachgebrauch – ohne weitere Zwischenschritte, die aber logisch vorhanden sind. Dies liegt natürlich u. a. auch daran, dass – wie weiter oben bereits betont – bei manchen Ansätzen nicht einmal der Anspruch vorliegt, überhaupt explizit eine systematische Erklärung vorzulegen – den Ansätzen selbst ist diesbezüglich also u. U. gar kein Vorwurf zu machen.

Allgemein kann man sagen, dass solche Formen von Erklärungen auch grundsätzlich keineswegs ungewöhnlich sind und dass man sie auch rechtfertigen und aufrechterhalten kann, solange sie einen Gegenstand für sich genommen plausibel erklären können. In dieser Hinsicht gilt wohl, dass, solange die Erklärung plausibel funktioniert, weitere Schritte einfach unnötig sind. Treten aber – wie das bei den obigen empirischen Ergebnissen zum Unbestimmtheitsgebrauch der Fall zu sein scheint – neue Erkenntnisse hinzu, die die zuvor überzeugenden Erklärungen nicht mehr ohne weiteres als plausibel erscheinen lassen, dann müssen diese Erklärungen modifiziert oder ergänzt werden.

Erklärungsdimension: Handlung

Was bedeutet das nun konkret für unser Vorhaben, ein möglichst vollständiges Explanans für den typischen wissenschaftlichen Sprachgebrauch zu finden? Wir haben oben festgestellt, dass das Explanans mit den Erklärungsdimensionen 1 und 2 nicht vollständig ist. Zurückzuführen ist dies möglicherweise darauf, dass beide Erklärungsdimensionen mit relativ abstrakten Kategorien wie Diskursen und sozialen Beziehungskonstellationen arbeiten, ohne dabei – im Sinne einer Blackbox – konkretere Zwischenschritte wie die Textproduktion zu berücksichtigen. Mit Hempel könnte man sagen, dass die Erarbeitung eines Explanans für Wissenschaftssprache bisher nicht „im Lichte der gesamten relevanten Information" (Hempel 1977: 80) erfolgt ist.

Es erscheint also grundsätzlich erst einmal wichtig, die Kategorie Textproduktion explizit und systematisch in ein Explanans für den typischen wissenschaftlichen Sprachgebrauch miteinzubeziehen. Allerdings ist damit allein noch nicht viel erreicht, wenn nicht zusätzlich spezifiziert wird, was genau man unter Textproduktion bzw. wissenschaftlicher Textproduktion zu verstehen hat. Genauer gesagt müsste man klären, welcher *Handlungsbegriff* diesem Textproduktionsverständnis zugrunde liegt. Mit der Kategorie der Handlung ist also die dritte Erklärungsdimension unseres Explanans angesprochen; mit ihr wird ein im Vergleich zu den Dimensionen 1 und 2 weniger abstraktes, d. h. also individuell-konkreteres Moment in das Explanans einbezogen. Dass Textproduktion eine Form von Handlung bzw. Sprachhandlung ist, dürfte außer Frage stehen. Nur wie genau man die Kategorie Handlung dabei theoretisch fasst, ist alles andere als trivial und selbstverständlich.

Logisch gesehen führt grundsätzlich erst einmal kein Weg daran vorbei, bei einem Explanans von Wissenschaftssprache auch die Textproduktion explizit und systematisch einzubeziehen. Allerdings bedeutet der Einbezug von Textproduktion auch, dass man somit eine Perspektive einführt, die auf eine *individuelle* Ebene zielt. Ein wissenschaftlicher Text wird in der Regel von einer Einzelperson (oder zumindest von einigen wenigen Einzelpersonen) geschrieben. Das Problem, dass sich beim Einbezug von Textproduktion in das Explanans für Wissenschaftssprache ergibt, ist, dass man zur Erklärung eines *überindividuellen* Phänomens, nämlich der typischen Ausprägung von Wissenschaftssprache, eine individuelle Perspektive gebraucht. Wie kommt aber die überindividuelle

Gleichförmigkeit der Textproduktion zustande, wenn Textproduktion doch eine Angelegenheit von Einzelpersonen ist? Wie kommt es, dass in bestimmten Gemeinschaften überindividuell gleich geschrieben wird?

Dass die überindividuelle Gleichförmigkeit der Textproduktion nicht ohne weiteres über eine Ableitung aus überindividuellen Diskursen, also etwa aus methodologischen Selbstverständnissen, oder aus den sozialen Beziehungen funktioniert, haben wir bereits gesehen. Man kann bspw. nicht einfach sagen, dass Wissenschaftssprache besonders objektiv und faktisch sei, weil die Textproduzenten bei der Textproduktion ihr Selbstverständnis als objektive Wissenschaftler einbezögen. Es müssten also Überlegungen angestellt werden, die es dem Textproduktionsbegriff selbst erlauben, gleichförmiges Textproduzieren zu erklären. Genau dies soll im zweiten großen Teil der vorliegenden Arbeit (Abschnitt C) geschehen: Grundsätzlich kann man in Hinblick auf die wissenschaftliche Textproduktion davon sprechen, dass sie gewissen *Routinen* folgt bzw. dass sie *routiniert* ist. Man könnte auch sagen, dass der wissenschaftlichen Textproduktion eine Art wissenschaftssprachlicher *Habitus* zugrundeliegt (vgl. Feilke 2012; Feilke & Steinhoff 2003; Steinhoff 2007a). Die wiederkehrende Gleichförmigkeit der Textproduktion in der Wissenschaft wird in der einschlägigen Forschung also mit Konzepten wie Routinen oder Habitus in Verbindung gebracht.

Dieser Orientierung möchte ich grundsätzlich folgen, sie allerdings auch in Hinblick auf das Vorhaben, das Explanans für Wissenschaftssprache zu spezifizieren, hinsichtlich eines notwendigen Gesichtspunktes ausbauen bzw. präzisieren: Wissenschaftliche Textproduktion wird als routiniert und habituell verstanden. Dies schließt man in der Regel aus der Musterhaftigkeit oder Typizität von wissenschaftlichen Textprodukten. Man kann in wissenschaftlichen Texten gewisse wiederkehrende Muster ausmachen, bspw. werden bestimmte grammatische und lexikalische Phänomene häufig verwendet, es kristallisiert sich also eine für den Sozialbereich Wissenschaft typische Art und Weise der Verwendung von sprachlichen Mitteln heraus. In wissenschaftlichen Textprodukten zeigen sich also wiederkehrende Muster, von denen auf die Routinehaftigkeit der Textproduktion geschlossen wird. Damit ist die Routinehaftigkeit der Textproduktion jedoch noch nicht *erklärt*: Für eine Erklärung von Textproduktion benötigen wir grundsätzlich eine grundlegendere Kategorie, und zwar die Kategorie der *Handlung*. Die Handlungskategorie ist insofern grundlegender, als jede Textproduktion zwar eine Handlung ist, aber nicht jede Handlung eine Textproduktion. Um Textproduktion *erklären* zu können, benötigt man also ein systematisch herausgearbeitetes Verständnis der der Textproduktion zugrunde liegenden Kategorie Handlung. Die Berücksichtigung des Handlungsbegriffs schafft hier also die Möglichkeit, auch den Textproduktionsbegriff im notwendigen „Lichte der gesamten relevanten Information" (Hempel 1977: 80) zu betrachten. Kurzum: Wenn man Textproduktion im Allgemeinen, ob in ihrer Routinehaftigkeit oder anders, erklären möchte, verlangt dies grundsätzlich nach einer begrifflichen Auseinandersetzung mit der Kategorie Handlung. Möchte man darüber hinaus – wie es hier geschehen soll – die Routinehaftigkeit von Textproduktion erklären, braucht es folglich einen Handlungsbegriff, mit dem überindividuell gleichförmiges Handeln erklärt werden kann. Einen solchen Handlungsbegriff möchte ich im nächsten großen Teil der vorliegenden Arbeit (Abschnitt C) herausarbeiten und auf dieser Grundlage einen daraus abgeleiteten Textproduktionsbegriff erschließen.

Das Explanans für Wissenschaftssprache erhält auf diese Weise eine dritte Erklärungsdimension. Mit dieser Erklärungsdimension 3 (Handlung) wird also eine allgemeine (und grundlagentheoretische) Basis für einen Textproduktionsbegriff in der Wissenschaft geschaffen, die notwendig ist, wenn man erklären möchte, wie Textproduktion funktioniert. Mit beiden soll das Explanans für die typische Ausprägung von Wissenschaftssprache spezifiziert werden.

Im folgenden Abschnitt C geht es – pointiert formuliert – darum, eine für notwendig erachtete Spezifizierung im Explanans für den typischen Sprachgebrauch in der Wissenschaft vorzunehmen. Dass diese Spezifizierung notwendig erscheint, wurde mit der empirischen Untersuchung in Abschnitt A herausgestellt, bei der anhand des Phänomens Unbestimmtheit unterschiedliche Erklärungsansätze im Rahmen von Wissenschaftssprache überprüft wurden. Als zentrales Ergebnis dieser Untersuchung ließ sich festhalten, dass die überprüften Erklärungsdimensionen, die die allgemeinen Zusammenfassungen der überprüften konkreten Erklärungsansätze darstellen, für das gesuchte Explanans nicht ausreichen. Es muss also über weitere Erklärungsdimensionen nachgedacht werden, die die bisherigen Erklärungsdimensionen ergänzen und u. U. grundieren, d. h. das gesuchte Explanans spezifizieren. Es wurde diesbezüglich dafür argumentiert, dass eine zu ergänzende Erklärungsdimension auf der individuellen Ebene der Textproduktion angesiedelt sein müsste, vor allem auch um den eher abstrakten Perspektiven der vorhandenen Erklärungsdimensionen eine konkrete Perspektive an die Seite zu stellen. Aus dieser Argumentation ergab sich die Notwendigkeit, für die ergänzende Erklärungsdimension explizit und systematisch einen Handlungsbegriff zu erarbeiten, auf dessen Grundlage das Verständnis von Textproduktion konkretisiert werden kann.

Das Ziel des folgenden Abschnittes ist es also, mit dem Fokus auf Handlung eine dritte Erklärungsdimension eines Explanans für gruppenspezifischen Sprachgebrauch einzuführen und grundlagentheoretisch auszubuchstabieren.

Es geht dabei nicht im Schwerpunkt darum, auch Einflüsse der unterschiedlichen Erklärungsdimensionen untereinander, die es höchstwahrscheinlich geben mag, herauszuarbeiten. Außerdem soll es auch nicht darum gehen, einen konkreten Erklärungsansatz für einen bestimmten wissenschaftssprachlichen Gegenstand, also etwa den Gebrauch von Unbestimmtheitsmitteln, zu erörtern. Die folgenden Überlegungen verbleiben ausschließlich auf der allgemeineren, Grundlagen setzenden theoretischen Ebene der Erklärungsdimension.

C – Wissenschaftliche Textproduktion – Spezifizierung des Explanans

Im folgenden Abschnitt C wird die Erklärungsdimension Handlung (Erklärungsdimension 3, s. o.) grundlagentheoretisch ausgearbeitet und auf wissenschaftliche Textproduktion übertragen, um auf diese Weise eine Spezifizierung eines Explanans für gruppenspezifischen Sprachgebrauch bzw. für Wissenschaftssprache vornehmen zu können.

Im vorausgehenden Zwischenfazit wurde bereits die Frage aufgeworfen, wie man mit Blick auf die individuelle Textproduktion überindividuelle Phänomene wie den typischen wissenschaftlichen Sprachgebrauch erklären kann. Auf diese Frage sollen im folgenden Abschnitt *handlungstheoretisch* fundierte Antworten gefunden werden. Zuvor muss der Ausgangspunkt jedoch noch ein wenig konkretisiert werden: Wie die Ergebnisse der oben angestellten empirischen Untersuchung zu Unbestimmtheit deutlich machen, ist der gruppenspezifische Sprachgebrauch in der Wissenschaft historisch deutlich heterogen. Die Texte zu Beginn des 20. Jahrhunderts unterscheiden sich deutlich von gegenwärtigen Texten, wenn man allein diesen Gesichtspunkt des (nicht-)objektiven und (nicht-)faktischen Gehalts von Äußerungen berücksichtigt. Die oben betonte überindividuelle Gleichförmigkeit des wissenschaftlichen Sprachgebrauchs ist also jeweils historisch spezifisch. Man könnte auch sagen, dass es im Laufe der Zeit bei unterschiedlichen Gruppen von Wissenschaftlern zu jeweils unterschiedlichen, für die jeweilige Zeit typischen Verwendungen von Sprachmitteln kommt. Der überindividuelle gruppenspezifische Sprachgebrauch ist also nicht als universell gleichbleibend, sondern als dezidiert historizistisch zu betrachten. Einen weiteren Gedanken aus dem Zwischenfazit aufgreifend könnte man in Hinblick auf die Historizität von gruppenspezifischem Sprachgebrauch auch sagen, dass sich die Routinen der Textproduktion in den jeweiligen historischen Gruppen verändert haben. Es liegen also offensichtlich Routinen in der wissenschaftlichen Textproduktion vor, bei denen Gleichförmiges nicht nur reproduziert, sondern auch verändert wird. Bei den folgenden Überlegungen zum Handlungs- und Textproduktionsbegriff ist folglich nicht allein der Routinecharakter, sondern auch die gruppenspezifische Historizität systematisch zu berücksichtigen und in die theoretischen Überlegungen einzubeziehen.

Der im Folgenden vorzustellende Handlungsbegriff nimmt seinen Ausgangspunkt in einem Verständnis von Wissenschaft als Wissenschafts*kulturen*. Bei dem Kulturbegriff, der dabei zugrunde gelegt wird, steht die Routinehaftigkeit des Handelns im Vordergrund; Handlungen werden als Tätigkeiten in rou-

Bei dem Kulturbegriff, der dabei zugrunde gelegt wird, steht die Routinehaftigkeit des Handelns im Vordergrund; Handlungen werden als Tätigkeiten in routinierten, kulturspezifischen Praktiken verstanden. Es geht im Folgenden also grundsätzlich darum, einen *praxistheoretischen* Handlungsbegriff herauszuarbeiten; der theoretische Schwerpunkt liegt folglich zunächst einmal auf den neueren Kulturtheorien, genauer auf der Praxistheorie (vgl. bspw. Reckwitz 2003). Dieser Zugang grenzt sich von alternativen sozial- und kulturtheoretischen Ansätzen der Handlungserklärung ab, die ebenfalls den Anspruch erheben, überindividuell gleichförmige Formen des Handelns zu erklären. So wäre es ja bspw. vorstellbar, dass man gleichförmiges Handeln etwa über die Orientierung an sozialen Normen erklärt; soziale Normen bewirken demnach (irgendwie), dass unterschiedliche Menschen auf gleichförmige Weise handeln. Solche Ansätze werden bei der Herausarbeitung eines Handlungsbegriffs kritisch betrachtet werden müssen, vor allem in Hinblick auf solch zentrale Fragen, wie etwa diejenige, wie bei der Erklärung von Handlung das Verhältnis zwischen dem handelnden Individuum und der übergeordneten Gesellschaft zu fassen ist. Wie kommen die überindividuellen Normen, Regeln, Gesetze, Werte etc.[66] dazu, das Handeln Einzelner gleichförmig mit Handlungen anderer Einzelner sein zu lassen. Diese Grundsatzfrage zeigt darüber hinaus schon, dass man bei einer Beschäftigung mit dem Handlungsbegriff nicht umhin kommt, auch theoretisch zu klären, welches Verständnis von einem Handlungssubjekt einer Handlungserklärung zugrunde liegt.

Mit der Betonung des Routinecharakters geht ein wichtiger Gedanke für den im Folgenden zu erörternden Handlungsbegriff einher. Mit dieser Akzentuierung ist nämlich ein Handlungsbegriff herauszuarbeiten, der sich dezidiert als nicht-rationalistisch versteht. Auf diese Weise werden die bisherigen rationalistischen Tendenzen im Explanans für Wissenschaftssprache kompensiert: Vor allem bei der Erklärungsdimension 1, nach der die typische Ausprägung von Wissenschaftssprache über Diskurse erklärt werden soll, liegt eine Erklärungsdimension vor, die gruppenspezifischen Sprachgebrauch mithilfe eines rationalistischen Zugangs erklären möchte. Kategorien (wie etwa Objektivität), die in Wissenschaftsgemeinschaften auf einer rationalen Ebene reflektiert und diskutiert werden, dienen demnach der Erklärung von typischem Sprachgebrauch in Gruppen; eine sprachliche Gruppenroutine wird also abgeleitet aus rationalen Erwägungen. Mit einem Handlungsbegriff, bei dem – wie im Folgenden – der Ausgangspunkt Routinen sind, stehen dezidiert nicht-rationale Aspekte der Erklärung im Vordergrund. Die Herausarbeitung der Erklärungsdimension 3

---

66 Über geeignete Begrifflichkeit in diesem Zusammenhang wird zu diskutieren sein.

versteht sich deshalb auch als notwendiges Korrektiv zu den eher rationalistischen Erklärungsdimensionen des bisherigen Explanans für Wissenschaftssprache.

Wie die empirischen Ergebnisse zeigen, ist neben der Gleichförmigkeit auch die historische Veränderbarkeit des sozialen Handelns theoretisch zu fassen, d. h. die oben angesprochene Historizität muss in die grundlagentheoretischen Überlegungen mit einbezogen werden; neben der Reproduktion muss also auch die Transformation in die theoretische Konzeptualisierung einfließen. Dies geschieht im Folgenden unter Einbeziehung theoretischer Überlegungen der Performativitätsforschung (vgl. bspw. Krämer 2002a, 2002b) bei der Erarbeitung eines Textproduktions- bzw. Formulierungsbegriffs. Die Performativitätsforschung ist in den für die vorliegende Arbeit zentralen Gesichtspunkten mit der Praxistheorie eng verwandt und teilt mit ihr grundlegende Sichtweisen. Darüber hinaus kann mit ihrem Einbezug noch stärker der Veränderungsaspekt berücksichtigt werden.

Im Folgenden werden zunächst einmal in Kapitel 6 die praxistheoretischen Grundlagen des Handlungsverständnisses der vorliegenden Arbeit aufgezeigt, wobei auch einschlägige sprachtheoretische Positionen vorgestellt werden, die mit der Bezeichnung Praktik arbeiten. Anschließend werden in Kapitel 7 mit den Überlegungen von Gerd Antos (1981) und Arne Wrobel (1995) zwei einschlägige Ansätze aus der Textproduktionsforschung vorgestellt und diskutiert, bei denen der Handlungsbegriff im Zentrum der Ausführungen steht. Auf dieser Grundlage werden dann in Kapitel 8 ein auf einem praxistheoretischen Handlungsbegriff basierender Textproduktions- bzw. ein Formulierungsbegriff herausgearbeitet. Im letzten Kapitel werden die zentralen theoretischen Aspekte, vor allem auch in Hinblick auf Wissenschaftssprache, noch einmal gebündelt dargestellt.

6 Wissenschaftskulturen – Handeln in Praktiken

Was darf man theoretisch unter Wissenschaft verstehen? Was ist eine Handlung? Und wie sind Handlungen in der Wissenschaft theoretisch zu fassen? Diese Fragen stehen im Mittelpunkt des folgenden Kapitels. Es soll hier also grundsätzlich erst einmal geklärt werden, wie der Begriff Handlung in einem spezifischen sozialen Feld oder einem sozialen System (wie der Wissenschaft) konzeptualisiert werden kann.

Ausgangspunkt ist dabei ein Verständnis von Wissenschaft als Wissenschaftskulturen, wobei diesem Verständnis ein praxistheoretischer Kulturbegriff zugrunde liegt. Im Kern geht es darum zu erörtern, was man unter Handeln im Sozialsystem Wissenschaft zu verstehen hat, ohne dabei etwa auf eine Denkweise im Sinne des ‚protestantischen Gestus' (vgl. Krämer 2002a) oder auf den Gegenstand Handlung verkürzende Dichotomien wie *Individuum/Gesellschaft* oder *Geist/Körper* zurückgreifen zu müssen.

Vor diesem Hintergrund werden im Folgenden Kategorien wie *Wissenschaftskultur*, *Subjekt*, *Praxis* und *Handlung* in Anlehnung an den sozial- und kulturtheoretischen Ansatz der *Praxistheorie* näher bestimmt (vgl. etwa Reckwitz 2003, 2012; Schmidt 2012; Schäfer 2013). Diese Ausführungen sind als kulturtheoretische Grundlage für die sprach- und wissenschaftssprachtheoretischen Ausführungen in Kapitel 8 zu verstehen.[1]

Im zweiten Abschnitt wird dann auf einschlägige Positionen der aktuellen Praktikendiskussion in der Sprachwissenschaft und Sprachtheorie eingegangen, in deren Rahmen die vorliegende Arbeit sich u. a. verortet.

6.1 Das Dreigespann Kultur-Subjekt-Praxis aus Sicht der Praxistheorie

6.1.1 Wissenschaften als Wissenschaft*skulturen*

Wie bereits betont möchte ich Wissenschaft in der vorliegenden Arbeit eng mit dem Kulturbegriff in Verbindung setzen. Genau genommen möchte ich in Bezug auf Wissenschaft bzw. Wissenschaften von Wissenschaftskulturen sprechen. Was genau hat es aber mit dem Konzept Wissenschaftskultur auf sich? Und welcher Kulturbegriff liegt dem zugrunde?

---

1 Einige Elemente dieser Überlegung habe ich bereits in Niemann (2015) vorgestellt.

Die Konzepte ‚Wissenskultur' und ‚Wissenschaftskultur' finden in jüngster Zeit zunehmend Beachtung in der Wissenschaftssoziologie und in der philosophischen Erkenntnis- und Wissenstheorie. Für die Wissenschaftssoziologie lassen sich bspw. die Arbeiten von Karin Knorr Cetina (2002), Peter Weingart (2003: 127–141) und Markus Arnold und Gert Dressel (2004) sowie für die Erkenntnis- und Wissenstheorie Wolfgang Detel (2003) und Hans Jörg Sandkühler (2009) anführen. Diese Konzepte werden in der vorliegenden Arbeit nicht im Einzelnen vorgestellt und diskutiert oder einander gegenübergestellt.[2] Es soll hingegen lediglich zunächst einmal 1) ein zentraler Zusammenhang herausgestellt werden, der auch für das hier vorzustellende Verständnis von Wissenschaftskultur elementar ist. 2) Darauf aufbauend werden kurz unterschiedliche Kulturbegriffe vorgestellt, von denen einer, der bedeutungs- und wissensorientierte Kulturbegriff, dem in dieser Arbeit verwendeten Kulturbegriff entspricht. 3) Im nächsten Schritt wird in Orientierung am Wissenschaftskulturkonzept von Karin Knorr Cetina (2002) der *Kultur-als-Praxis-Ansatz* vorgestellt, worauf aufbauend dann im letzten Schritt 4) das Wissenschaftskulturverständnis der vorliegenden Arbeit dargestellt wird.

1) Die angesprochenen Wissens- und Wissenschaftskulturkonzepte haben insgesamt je spezifische Ausrichtungen und Schwerpunkte. Was sich dennoch als *eine* zugrunde liegende Gemeinsamkeit fassen lässt, ist die *pluralistische Kulturauffassung*. Kultur ist demnach nicht universal, sie ist keine „Superkategorie" (Schmidt 1994: 246) und sie ist auch nicht als Einheit einer entsprechenden Gesellschaft zu- bzw. übergeordnet. Als Beispiel für eine pluralistische Kulturauffassung lässt sich der Ansatz von Karin Knorr Cetina anführen: Kultur ist ihr zufolge zwar ein „fester Bestandteil der menschlichen Geschichte. Gleichzeitig gibt es aber keine Universalkultur, die alle menschlichen Verhältnisse zu allen Zeitpunkten kennzeichnen würde." (Knorr Cetina 2002: 12) Und weiter konstatiert sie diesbezüglich:

> Spezifische Kulturen entstehen, wenn Bereiche der sozialen Welt sich voneinander separieren und sich über längere Zeiträume vorwiegend auf sich selbst beziehen; anders ausgedrückt, sie gedeihen in selbstreferentiellen Systemen, deren Teilnehmer sich mehr aneinander und an früheren Systemzuständen als an der Umwelt orientieren. Wissen-

---

[2] Für eine relativ übersichtliche Vorstellung einiger der genannten sowie weiterer Wissenskulturkonzepte vgl. Hoffmann (2009).

schaften und Expertensysteme scheinen prädisponiert für solche kulturellen Differenzierungen.³ (Knorr Cetina 2002: 12)

2) Eine pluralistische Kulturauffassung in diesem Sinne bildet für das hier vorzustellende Wissenschaftskulturverständnis die Basis. Ausgehend von dieser Basis soll Kultur hier aus kultur- und praxistheoretischer Perspektive noch differenzierter definiert werden. Hierfür erscheint es notwendig, zunächst kurz unterschiedliche Kulturbegriffe vorzustellen, um so die Spezifika des hier interessierenden Kulturverständnisses akzentuieren zu können. Eine anschauliche Typologie des Kulturbegriffes findet sich bei Andreas Reckwitz (vgl. 2012b: 64–90; 2011a: 3–8) – auf sie wird im Folgenden Bezug genommen.

Reckwitz unterscheidet vier Kulturbegriffe: a) den normativen Kulturbegriff, b) den totalitätsorientierten Kulturbegriff, c) den differenzierungstheoretischen Kulturbegriff und d) den bedeutungs- und wissensorientierten Kulturbegriff.

a) Der *normative Kulturbegriff* (vgl. Reckwitz 2012b: 65–72) bildet sich in der Zeit der Aufklärung heraus und wirkt teilweise bis in das 20. Jahrhundert hinein. Mit Kultur wird in diesem Zusammenhang eine menschliche Lebensweise bezeichnet und vor allem *bewertet*. Kultur bezeichnet vor diesem Bewertungshintergrund also eine „ausgezeichnete, letztlich für ‚jedermann' erstrebenswerte Lebensform." (Reckwitz 2011a: 4) Der klassische Kulturbegriff der Antike und der Renaissance, nach dem Kultur als *Cultura*, also als *Pflege* (zunächst des Ackerlandes und später auch des individuellen menschlichen Geistes), verstanden wird, wird in der Moderne nun auf die Lebensform von Kollektiven übertragen: Die Möglichkeit des Kulturerwerbs besteht nun nicht mehr nur für Individuen, sondern für ganze Kollektive. Dies bedeutet allerdings nicht, dass einzelnen Kollektiven je spezifische Kulturen deskriptiv zugesprochen werden. Vielmehr wird mit dem normativen Kulturbegriff hingegen ein normativer „*universaler Maßstab* des ‚Kultivierten'" (Reckwitz 2011a: 4; Hervorhebung von R.N.) angenommen, an dem man sich orientieren müsse.⁴

b) Mit dem *totalitätsorientierten Kulturbegriff* (vgl. Reckwitz 2012b: 72–79) wird Kultur historisiert und kontextualisiert, d. h. der Kulturbegriff verliert sowohl seine universale Orientierung als auch seinen auszeichnenden, bewertenden Charakter: „Kultur ist keine ausgezeichnete Lebensform mehr, sondern die

---

3 Ein ähnliches Kulturverständnis (allerdings ohne Praxisbezug) findet sich bei Siegfried J. Schmidt (1994: 242) (vgl. hierzu auch Hennig & Niemann 2013a, 2013c).
4 *De facto* entspricht dieser Maßstab der zu dieser Zeit aufstrebenden bürgerlichen Kultur – d. h., die bürgerliche Kultur setzt ihre Lebensform als universale Norm, die für jeden anzustreben sei.

spezifische Lebensform eines Kollektivs in einer historischen Epoche." (Reckwitz 2012b: 72) Mit der Historisierung und Kontextualisierung wird der Kulturbegriff nun im Plural verwendet. Es entsteht nun ein Interesse an der „Diversität der Totalitäten menschlicher Lebensweisen" (Reckwitz 2011a: 5) in verschiedenen Völkern oder Nationen. Kulturen werden nach dem totalitätsorientierten Kulturverständnis also in einen engen Zusammenhang mit Gesellschaften gebracht, was weitestgehend auch durchaus einem heutigen alltäglichen Verständnis von Kultur entsprechen dürfte.

c) Der *differenzierungstheoretische Kulturbegriff* (vgl. Reckwitz 2012b: 79–84) konzentriert sich, statt auf ganze Lebensweisen, wie beim totalitätsorientierten Kulturbegriff, eingeschränkt auf das Feld intellektueller und künstlerischer Tätigkeiten. Kultur wird hier „mit jenem gesellschaftlichen Handlungsfeld [identifiziert], in dem die Produktion, Verteilung und Verwaltung von ‚Weltdeutungen' intellektueller, künstlerischer, religiöser und massenmedialer Art stattfindet." (Reckwitz 2012b: 79) Der differenzierungstheoretische Kulturbegriff stellt also keinen Bezug zwischen Kultur und Gesellschaft, sondern zwischen Kultur und dem gesellschaftlichen Teilsystem, das sich mit der Deutung von Welt beschäftigt, her.

d) Der *bedeutungs- und wissensorientierte Kulturbegriff* (vgl. Reckwitz 2012b: 84–90) ist der Kulturbegriff, der den *Kulturtheorien* und damit auch der hier interessierenden *Praxistheorie* zugrunde liegt.[5] Es geht bei diesem Kulturbegriff weder um ein normativ-universales noch um ein auf gesellschaftliche Lebensformen oder Teilsysteme von Gesellschaften fokussiertes Kulturverständnis. Der Kulturbegriff der Kulturtheorien wird über *Sinnmuster und Wissensordnungen* definiert und steht in einem expliziten Zusammenhang mit *Handeln*: Kultur ist demnach ein Komplex von Sinnmustern, die in anderer Terminologie in etwa ‚symbolischen Ordnungen' oder ‚Deutungsmustern' entsprechen. Mit Sinnmustern wird die Wirklichkeit von Akteuren auf eine bestimmte Weise erfahren und *interpretiert*, die Welt macht für die Akteure durch Sinnmuster auf bestimmte Weise *Sinn*. Kollektive Sinnmuster liefern die Grundlage für die gleichförmige Deutung von Welt innerhalb einer historischen Sozialgemeinschaft. Darüber hinaus – und dies ist entscheidend – leiten Sinnmuster das Handeln von Akteuren an. Dieses Anleiten von Handeln durch Sinnmuster geschieht über Wissen, genauer über (in der Regel implizit bleibende) *Wissensordnungen*. Der Kulturbe-

---

5 Mit *Kulturtheorien* beziehe ich mich auf die Klassifikation von Andreas Reckwitz (2012b). Für Teile der Kultursoziologie oder der Cultural studies sind andere Kulturbegriffe als der bedeutungs- und wissensorientierte grundlegend (vgl. Reckwitz 2012b: 77 und 84).

griff der Kulturtheorien stellt also über Wissen einen engen Zusammenhang zum Handeln her:

> Wenn Kultur [...] nicht nur als eine Ebene kollektiver Sinnsysteme verstanden wird, sondern sich auf Sinnsysteme bezieht, die Handeln anleiten und sich im Handeln manifestieren, dann bietet es sich an, den Kulturbegriff mit dem Begriff des ‚Wissens' in Zusammenhang zu bringen: ‚Kultur' sind dann jene Sinnsysteme, über die die Akteure im Sinne von ‚geteilten' Wissensordnungen verfügen, die ihre spezifische Form des Handelns ermöglichen und einschränken. (Reckwitz 2012b: 85)

Kurzum: Warum Akteure auf bestimmte Art und Weise handeln, wird in den Kulturtheorien damit erklärt, dass die Akteure über Sinnmuster in Form von Wissensordnungen verfügen, durch die das Handeln angeleitet wird. Die Handlungserklärung der Kulturtheorien unterscheidet sich damit grundlegend von anderen Handlungserklärungen in der Sozialtheorie, was in Abschnitt 6.1.2 ausführlich vorgestellt wird. *Innerhalb* der Kulturtheorien wird wiederum elementar darin unterschieden, *inwiefern* Sinnmuster und Wissensordnungen das Handeln anleiten, weshalb man von unterschiedlichen Richtungen innerhalb der Kulturtheorien ausgehen kann, von denen eine die Praxistheorie ist. Auch dies wird im oben genannten Abschnitt näher erläutert.

3) Überlegungen in diesem praxisorientierten Sinne finden sich auch im Wissenschaftskulturkonzept von Karin Knorr Cetina (2002): Knorr Cetina versteht unter Wissenskulturen

> diejenigen Praktiken, Mechanismen und Prinzipien, die, gebunden durch Verwandtschaft, Notwendigkeit und historische Koinzidenz, in einem Wissensgebiet bestimmen, *wie wir wissen, was wir wissen*. Wissenskulturen generieren und validieren Wissen. Die wichtigste Wissensinstitution weltweit ist die Wissenschaft. (Knorr Cetina 2002: 11)

Für Knorr Cetina besteht ein enger Zusammenhang zwischen Kultur und Praxis, ja Kultur *ist* Praxis. Der Kulturbegriff wird bei ihr „auf die konventionellen Muster und Dynamiken bezogen, die sich in den Praktiken von Wissenschaftlern und Experten darstellen und die zwischen verschiedenen Expertenkontexten variieren. Kultur bezieht sich also in bestimmter Weise auf Praxis." (Knorr Cetina 2002: 19) Im Zentrum ihrer Überlegungen stehen also „Ordnungen und Dynamiken kollektiver Handlungsketten." (Knorr Cetina 2002: 21)

Pointiert lässt sich Knorr Cetinas Wissenschaftskulturkonzept als ein *Kultur-als-Praxis-Ansatz* bezeichnen (vgl. Knorr Cetina 2002: 19):[6] Das Verständnis von

---

6 Auch in anderen Konzepten zu Wissens- oder Wissenschaftskulturen stehen Praktiken im Zentrum der theoretischen Überlegungen bzw. wird ein enger Bezug zwischen Kultur und

Kultur als Praxis gehört zu den jüngeren Entwicklungen in den Sozial- und Kulturwissenschaften (vgl. etwa Hörning & Reuter 2004b) und bewegt sich im Umfeld des sog. *practice turn* (vgl. Schatzki, Knorr Cetina & von Savigny 2001) (siehe auch 6.1.2). Kultur ist demnach nicht in abstrakten Ideenwelten oder in Texten (jedweder Art) verortet, sondern in der konkreten Praxis und so letztlich im Handeln von Akteuren. „Statt Kultur als Mentalität, Text oder Bedeutungsgewebe kognitivistisch zu verengen, oder sie als fragloses Werte- und Normensystem strukturalistisch zu vereinnahmen, wird", so Karl H. Hörning und Julia Reuter programmatisch, „in anti-mentalistischer und ent-strukturierender Weise von *Kultur als Praxis* gesprochen."[7] (Hörning & Reuter 2004a: 10) Kultur wird demnach *praktiziert* und ist dem praktischen Vollzug nicht irgendwie vorgelagert oder übergeordnet. Für die Kulturanalyse bedeutet dies, dass mit *Kultur-als-Praxis-Ansätzen* bzw. dem Programm der *doing culture* eine Ausrichtung angesprochen ist, die „den *praktischen* Einsatz statt die vorgefertigten *kognitiven* Bedeutungs- und Sinnstrukturen von Kultur analysiert." (Hörning & Reuter 2004a: 10) Dies ist im Grunde auch für Knorr Cetina ein zentrales Argument für ihren Fokus auf die wissenschaftliche Praxis und die damit einhergehende Abgrenzung von Konzepten wie ‚Disziplin', ‚Spezialgebiet' oder ‚Wissenschaftlergemeinde': Letztere hätten nämlich „keine analytische Umschreibungskraft, wenn es um die ‚*Durchführungs*realität' und Erkenntnis*praxis* von Wissensbereichen geht." (Knorr Cetina 2002: 12; Hervorhebungen von R.N.)

4) Kommen wir nun schließlich zum Wissenschaftskulturverständnis der vorliegenden Arbeit, in dem sich die wesentlichen Punkte der vorherigen Absätze wiederfinden lassen: Ganz grundlegend für das hier vertretene Verständnis von Wissenschaftskultur ist, dass Kultur als grundsätzlich pluralistisch verstanden wird. Auf dieser Grundlage wird Kultur dann zum einen im Sinne des *Kultur-als-Praxis-Verständnisses* explizit auf Praxis bezogen und zum anderen im Sinne des *bedeutungs- und wissensorientierten Kulturbegriffes* mit Sinnmustern und Wissensordnungen in Verbindung gebracht. In diesem Bezugsrahmen verstehe ich (vorläufig) unter einer Wissenschaftskultur einen *Komplex von wissenschaftlichen Praktiken*.[8] In diesen wissenschaftlichen Praktiken finden sich die Sinnmuster einer Wissenschaftskultur. Oder anders formuliert: Die

---

Praxis hergestellt, so etwa bei Detel (2003) (epistemische Praktiken) oder auch Rheinberger (2006: 173) (der sich allerdings genau genommen mit „Experimentalkulturen" beschäftigt).
7 Zu einer näheren Erklärung der hier angesprochenen Abgrenzung vom sog. *Mentalismus* und *Textualismus* siehe die Ausführungen zu den unterschiedlichen kulturtheoretischen Handlungserklärungen in Abschnitt 6.1.2.
8 Differenzierter siehe Kapitel 8.5.

Sinnmuster „setzen sich in das Wissen, das know how, das Interpretieren und die Formen der Motivation um, die die Praktik enthält, und diese ist für ihren regelhaften Vollzug auf eben diese Codes [bzw. diese Sinnmuster; R.N.] angewiesen."[9] (Reckwitz 2012a: 37) Die wissenschaftlichen Sinnmuster *wirken* sich also in Form von Wissensordnungen auf die konkreten Vollzüge in wissenschaftlichen Praktiken aus, sie entfalten sich in ihnen, und *zeigen* sich so letztlich auch in ihnen.

Kollektive wissenschaftliche Sinnmuster sorgen demnach für die spezifisch wissenschaftliche Interpretation von Wissenschaftswirklichkeit sowie (über entsprechende Wissensordnungen) für spezifisch wissenschaftliches Handeln. Wissenschaftliche Sinnmuster, die sich in wissenschaftliche Praktiken ‚umsetzen' (s. o.) und insofern in ihnen auf konkrete Handlungsvollzüge wirken, unterscheiden sich von nicht-wissenschaftlichen Sinnmustern – wissenschaftliche Sinnmuster sind die Grundlage für eine aus Wissenschaftskulturen bestehende *wissenschaftliche Ordnung*, womit zugleich ein nicht-wissenschaftlicher Außenraum bezeichnet ist. Was innerhalb der wissenschaftlichen Ordnung *Sinn macht* bzw. was in ihr *sag- und denkbar* ist (vgl. Reckwitz 2012a: 36), muss für eine nicht-wissenschaftliche Ordnung nicht in gleichem Maße sinnhaft, sag- und denkbar sein.

Die wissenschaftliche Ordnung ist darüber hinaus natürlich nicht homogen. Vielmehr ist von sehr heterogenen, aber letztlich doch wissenschaftlichen Sinnmustern und folglich Wissenschaftskulturen auszugehen, die so auch die wissenschaftliche Praxis als heterogen erscheinen lassen. Diese Heterogenität zeigt sich bspw. allein schon an der klassischen Unterscheidung von Natur- und Geisteswissenschaften. Natürlich ist aber diese zweiteilige Unterscheidung vor dem Hintergrund einer sich zunehmend diversifizierenden und expandierenden Wissenschaftslandschaft (vgl. Weingart 2003: 35–39; siehe 3.1) noch viel zu grob gehalten, weshalb man wohl eher von einer Vielzahl von Wissenschaftskulturen auszugehen hat.

Die *Analyse* von Wissenschaftskulturen, die verstanden werden als Komplexe von wissenschaftlichen Praktiken, erfolgt im Rahmen eines Kultur-als-Praxis-Ansatzes anhand von konkreten wissenschaftlichen Praktiken. In der

---

9 „In einem praxeologischen Verständnis sind soziale Praktiken der Ort, an dem sich diese Codes [d. h. kulturellen Codes; R.N.] finden und an dem sie ihre Wirkung entfalten. Kulturelle Codes werden damit nicht in eine praxisenthobene Sphäre von Ideensystemen oder einer bloßen Semantik abgeschoben – solche traditionellen Zuordnungen der Kultur riskieren, begrifflich einen bloßen Überbau an der Spitze einer materiellen, sozialen Basis zu errichten. *Die kulturellen Codes sind vielmehr in sozialen Praktiken enthalten und geben diesen ihre Form.*" (Reckwitz 2012a: 36; Hervorhebung von R.N.)

vorliegenden Arbeit soll dies in Hinblick auf die *Praktiken der wissenschaftlichen Textproduktion*, d. h. also sprachlich-kommunikativen Praktiken, geschehen. Dies impliziert, dass das Verständnis davon, welche Arten von Praktiken eine Wissenschaftskultur ausmachen, mehr umfasst als Praktiken zur Wissenserzeugung und Wissensbewertung (s. o.). Mit diesem Zugang wird in Hinblick auf die soziologische und erkenntnistheoretische Forschung zu Wissenschaftskulturen im Grunde ein sehr grundlegender und in der Regel vernachlässigter Beitrag zur Erforschung von Wissenschaftskulturen geleistet: Wissenschaft ist, wie in der Wissenschaftssprachforschung zu Recht behauptet wird, ein elementar sprachlich-kommunikatives Unterfangen, denn ohne die Mitteilung und Kommunikation von wissenschaftlichen Erkenntnissen, können diese nicht als wirklich wissenschaftlich angesehen werden (vgl. etwa Kretzenbacher 1998: 135; Weinrich 2001: 256). Demzufolge wären für die theoretische Bestimmung sowie die empirische Analyse von Wissenschaftskulturen notwendigerweise grundsätzlich auch sog. *intersubjektive Praktiken*, d. h. in unserem Fall *Textproduktionspraktiken*, zu berücksichtigen. Durch Textproduktionspraktiken wird Wissen intersubjektiv geteilt, d. h. für Andere zugänglich gemacht.

6.1.2 Praxis und Handeln

Nachdem im vorherigen Abschnitt mit der Erarbeitung eines praxistheoretischen Verständnisses von Wissenschaftskultur bereits die Rede von Praktiken und Handeln war, sollen diese Begriffe in dem folgenden Abschnitt nun näher bestimmt werden. Wie in Bezug auf das Kultur-als-Praxis-Verständnis bereits angedeutet wurde, lässt sich für die Sozial- und Kulturwissenschaften der jüngeren Zeit ein sog. *practice turn* verzeichnen, mit dem ein grundlegend modifiziertes Verständnis von *Handeln*, dem (handelnden) *Subjekt* sowie dem *Sozialen* einhergeht (vgl. Reckwitz 2003: 282; auch Schatzki, Knorr Cetina & Savigny 2001).[10]

Unter diesen *practice turn* werden als theoretische Bezugspunkte recht unterschiedliche sozialwissenschaftliche und philosophische Zugänge, wie etwa

---

[10] Für eine kritische Auseinandersetzung mit dem Ansatz der Praxistheorie (vor allem in Bezug auf Reckwitz) vgl. Nassehi (2006: 219–226). Robert Schmidt weist darauf hin, dass der practice turn neben anderen gleichzeitig auch als ein *empirical turn* zu verstehen ist (vgl. Schmidt 2012: 13 und 28). „Der *practice turn* ist also zugleich ein *empirical turn*, der seine Theorieentwicklung eben nicht mit theoriearchitektonischer Zielsetzung, sondern aus der empirischen Forschung heraus betreibt." (Schmidt 2012: 28)

die Ethnomethodologie, die Interaktionsstudien Erving Goffmans, die Figurationssoziologie Norbert Elias', die Akteur-Netzwerk-Theorie (z. B. Bruno Latour), die Strukturierungstheorie Anthony Giddens, der späte Wittgenstein[11] und schließlich auch die Praxeologie Pierre Bourdieus, subsumiert (vgl. Schmidt 2012: 11 und 25; Reckwitz 2003: 282f.; Schäfer 2013: 13–38). *Gemeinsam* ist all diesen Ansätzen ein mehr oder weniger starker Fokus auf *soziale Praktiken*, weshalb man also geneigt ist, in diesem Zusammenhang von *Praxistheorie, Praxeologie* oder *Theorie sozialer Praktiken* zu sprechen, ohne dabei allerdings von einem abgeschlossenen und einheitlichen Theoriekonstrukt auszugehen.[12] Um ein Verständnis dafür zu bekommen, was die Spezifika des praxistheoretischen Ansatzes in Hinblick auf das Handeln und die soziale Ordnung bzw. das Soziale sind, erscheint es hilfreich, sich klar zu machen, was in anderen einschlägigen Sozialtheorien unter Handeln verstanden wird und wie nach deren Verständnis eine soziale Ordnung etabliert und aufrechterhalten wird. Deshalb soll im Folgenden zunächst einmal die Praxistheorie innerhalb des Feldes der Sozial- und Kulturtheorien verortet werden. Auf diese Weise – also durch Abgrenzung[13] – dürfte bereits einiges über die Spezifika des praxistheoretischen Handlungsbegriffes deutlich werden. Im Anschluss wird dann darauf aufbauend das spezifische Verständnis der Begriffe von Handeln und Praxis herausgearbeitet.

6.1.2.1 Der Ort der Praxistheorie innerhalb der Sozial- und Kulturtheorien
Was ist also charakteristisch für die Praxistheorie und wo lässt sie sich innerhalb des Feldes der Sozialtheorien verorten? Das Kerninteresse von Sozialtheorien im Allgemeinen ist die Beschreibung und möglichst adäquate Erklärung des Sozialen bzw. der sozialen Ordnung: „In der Soziologie stehen Fragen nach den Makrostrukturen sozialer Ordnung, nach der Aufrechterhaltung sowie der Auflösung von Ordnungsmustern und nach der Abweichung einzelner Indivi-

---

11 Siehe Wittgenstein (1980).
12 Die Termini *Praxistheorie, Praxeologie, praxistheoretisch, praxeologisch* sowie *Praxis* und *Praktik* werden in der Regel synonym verwendet (vgl. Schäfer 2013: 13, FN 6). Dies gilt auch für die vorliegende Arbeit.
13 Die Identität der Praxistheorie verdankt sich ihrer Differenz zu anderen Sozial- und Kulturtheorien: „Es ist die Differenz [...] zum *homo oeconomicus* und *homo sociologicus*, zum kulturtheoretischen Mentalismus und Textualismus, die der Praxistheorie ihre Identität verschafft." (Reckwitz 2004: 43)

duen von etablierten Normen im Zentrum des Interesses."¹⁴ (Schäfer 2013: 38) Grundlegend kann man Sozialtheorien dahingehend differenzieren, welche Rolle sie einem Individuum *und dessen Handeln* innerhalb einer sozialen Ordnung zusprechen.¹⁵ Ganz grob fragt man etwa: Welche Rolle spielt das Handeln des Einzelnen für den Aufbau, den Erhalt und die Veränderung einer sozialen Ordnung? Oder aber: In welcher Form wirkt die soziale Ordnung auf das Handeln des Einzelnen? Je nach theoretischer und methodologischer Orientierung werden diese Fragen unterschiedlich beantwortet. Diese Unterschiede in den Sozialtheorien werden im Folgenden anhand einer Klassifizierung von Andreas Reckwitz (2012b) aufgezeigt. Dies mündet dann letztlich in der Darstellung der praxistheoretischen Handlungserklärung.¹⁶

Pointiert und grundlegend lässt sich die Praxistheorie zunächst wie folgt abgrenzend definieren: Der praxistheoretische Ansatz positioniert sich

> in kritischer Distanz sowohl zu objektivistischen, holistischen und kollektivistischen Vokabularen, die das Soziale mit Strukturen, Funktionen und Systemen identifizieren, als auch zu jenen Richtungen, die das Soziale aus dem Zusammenspiel von Einzelhandlungen ableiten. (Schmidt 2012: 11)

Was das im Einzelnen zu bedeuten hat, soll hier kurz mit Reckwitz' viel beachteter Rekonstruktion der „Transformation der Kulturtheorien" (2012b) nachgezeichnet werden, in der er aufzeigt, dass die Kulturtheorien, als dem Feld der Sozialtheorien zugehörig verstanden, sich verändern hin zu einer zunehmenden Beschäftigung mit sozialen Praktiken, also zur Praxistheorie. Was ist aber der Ausgangspunkt, von dem aus sich die Sozialtheorie hin zur Praxistheorie ‚trans-

---

14 Als Beispiel sei hier auf Bourdieu verwiesen, den es – wie er behauptet – schon immer verwundert habe, dass sich „die bestehende Ordnung mit ihren Herrschaftsverhältnissen, ihren Rechten und Bevorzugungen, ihren Privilegien und Ungerechtigkeiten, von einigen historischen Zufällen abgesehen, letzten Endes mit solcher Mühelosigkeit erhält und daß die unerträglichsten Lebensbedingungen so häufig als akzeptabel und sogar natürlich erscheinen können." (Bourdieu 2005: 7) Dieses Zitat zeigt Bourdieus Fokus auf die Stabilität sozialer Ordnung. Für eine praxistheoretische Beschäftigung mit der Stabilität *und* Instabilität von sozialer Ordnung vgl. Schäfer (2013).
15 Der Praxistheorie geht es in diesem Zusammenhang um eine grundlegende „Neubestimmung des Konzepts des Sozialen und gleichzeitig um eine Neubestimmung des Begriffs des Handelns." (Reckwitz 2004: 42)
16 Auf die im Folgenden anzusprechenden Ansätze wird nicht im Einzelnen verwiesen, da es hier in erster Linie um die weitgespannte Positionierung der Praxistheorie im Feld der Sozial- und Kulturtheorien aus der Sicht der Praxistheorie geht. Für die einzelnen Literaturangaben kann jedoch auf die jeweils aufgeführten praxistheoretischen Arbeiten zurückgegriffen werden.

formiert' bzw. von welchen Ansätzen grenzt sich der praxistheoretische Ansatz ab? Zunächst einmal grenzt der praxistheoretische Ansatz sich von zwei sozialtheoretischen Paradigmen ab: a) vom Paradigma des *Homo oeconomicus* und b) vom Paradigma des *Homo sociologicus*.

a) Im Paradigma des Homo oeconomicus (vgl. Reckwitz 2003: 287; 2004: 42; 2012b: 119–122; auch Schäfer 2013: 24–27) wird Handeln mit einer *zweckorientierten Handlungserklärung* erklärt. Zweckorientierte Handlungserklärungen umfassen Ansätze von der schottischen Moralphilosophie bis zur Rational-Choice-Theorie. Das Handeln von Akteuren wird in diesem Zusammenhang ganz allgemein mit subjektiver Rationalität und Zweck- und Interessengerichtetheit in Verbindung gebracht: „Für das Paradigma des *homo oeconomicus* ist Handeln eine Kette diskreter, jeweils interessen- und nutzenmotivierter Akte." (Reckwitz 2004: 42) Die Handlungsziele eines Akteurs erscheinen aus dieser Sicht als *Präferenzen*, weshalb Reckwitz auch von einer dezidiert *voluntaristischen Handlungserklärung* spricht, nach der eine Handlung *erklärt* ist, wenn das *Wollen eines Akteurs* beschrieben ist (vgl. Reckwitz 2012b: 121f.).[17] Die Handlungsziele bzw. -präferenzen werden – und dies ist zentral – als gegeben vorausgesetzt und scheinen so keiner Erklärung bedürftig zu sein. Das Soziale bzw. die soziale Ordnung wird im Paradigma des Homo oeconomicus als Produkt von individuellen Akteuren und ihren Handlungen verstanden: Eine soziale Ordnung besteht also als „Aggregation" (Reckwitz 2004: 42) von einzelnen Handlungen, die durch gegebene Präferenzen angeleitet werden.

b) Im Paradigma des Homo sociologicus (vgl. Reckwitz 2003: 287; 2004: 42; 2012b: 123–128; auch Schäfer 2013: 24–27) spricht man von einer *normorientierten Handlungserklärung*. Prominent vertreten wird dieses Paradigma etwa durch die soziologischen Ansätze von Durkheim und Parsons. Mit einer normativen Handlungserklärung wird das Handeln nicht zweckorientiert durch individuelle Handlungsziele und -präferenzen erklärt, sondern durch Befolgung von *normativen Regeln*.[18] In kritischer Distanzierung zur zweckorientierten Handlungserklärung wird hier argumentiert, dass, wenn man kollektive Handlungsmuster oder sogar soziale Geordnetheit erklären möchte, der Rückgriff auf subjektive Handlungsziele bzw. -präferenzen zu kurz greift. Man versteht Handeln demgegenüber also vielmehr als „verpflichtetes Handeln, das sozialen Normen, Werten oder Rollenerwartungen *folgt*." (Reckwitz 2004: 42; Hervorhebung von R.N.)

---

[17] Neben Präferenzen ist auch der *Informationsstand* eines Akteurs wichtig für die Handlungserklärung (vgl. Reckwitz 2012b: 121f.).
[18] „Wenn das zweckorientierte Modell Handeln aus dem subjektiven *Wollen* erklärt, so das normorientierte Modell aus dem sozialen *Sollen*." (Reckwitz 2012b:125)

Diese Form der Befolgung von Regeln darf allerdings nicht mit dem Regelfolgen im Sinne Wittgensteins verwechselt werden. Letzteres ist für die Praxistheorie grundlegend und stellt ein wesentliches Unterscheidungskriterium zum Paradigma des Homo sociologicus dar. Hierauf wird noch zurückzukommen sein (s. u.). Bei der „Befolgung von Sollens-Regeln" (Reckwitz 2004: 42) im Paradigma des Homo sociologicus steht dem Individuum das Soziale bzw. die soziale Ordnung in Form dieser verpflichtenden, normativ-handlungsanleitenden Regeln gegenüber. Kurz gefasst: Die Gesellschaft bestimmt (über Sollens-Regeln) das individuelle Handeln.

An dieser Stelle muss allerdings noch weiter differenziert werden: Innerhalb des Paradigmas des Homo sociologicus lassen sich zwei Fassungen unterscheiden: In der einen Fassung werden die normativen Regeln als „sanktionierte soziale Erwartungen" (Reckwitz 2012b: 124) verstanden, die *zwingend* von *außerhalb* auf die Individuen einwirken. Diese Fassung ist eng mit dem Konzept von Durkheim verbunden. In der zweiten Fassung werden die normativen Regeln „als Komplexe von *internalisierten Werten* verstanden und damit als *Systeme normativer Verpflichtungen*" (Reckwitz 2012b: 124; Hervorhebungen von R.N.), die *zwingend* von *innen* auf die Individuen wirken.[19] Für diese Fassung ist Talcott Parsons als zentraler Vertreter zu nennen. Für *beide* Fassungen gilt „das Modell eines an Verpflichtungen orientierten Handelns [...], bei dem den subjektiven Wünschen des Individuums gesellschaftliche Erwartungen und Pflichten gegenüberstehen, die dieses einschränken." (Schäfer 2013: 24) Es wird in diesem Paradigma also eine grundsätzliche Innen-Außen-Differenzierung angenommen, nach der die inneren Wünsche und Neigungen eines Individuums, die in ihrer subjektiven Form als gegeben angenommen werden, durch äußere, gesellschaftliche Zwänge eingeschränkt werden. Individuum und Gesellschaft stehen sich nach diesem Verständnis also gegenüber und zwar nicht nur, wenn die Zwänge von außen in Form von sozialen Erwartungen auftreten, sondern ebenso, wenn sie von innen in Form von internalisierten Werten wirken: Durch normativ-einschränkende Regeln werden die Handlungsoptionen eines Akteurs limitiert und zwar „entweder im Sinne externer, sanktionierter Erwartungs-*constraints* oder im Sinne internalisierter Wert-*constraints*." (Reckwitz 2012b: 125) Die gesellschaftlich-äußerliche Einschränkung des individuellen Handelns kann demzufolge sowohl *extern* als auch *intern* erfolgen – auch internalisierte

---

[19] Diese internalisierten Werte des Homo sociologicus unterscheiden sich grundsätzlich von den in unserem Zusammenhang vorzustellenden inkorporierten Tugenddispositionen (vgl. Niemann 2015).

Werte sind demnach gesellschaftlich-äußerliche Einschränkungen des individuellen Handelns.

In kritischer Reaktion auf die Sozial- und Handlungserklärungen der Paradigmen des Homo oeconomicus und des Homo sociologicus kommt in den 1960er Jahren mit der (kulturalistischen und sozialkonstruktivistischen) *interpretativen Wende* eine Bewegung auf, in der sich die *Kulturtheorien* etablieren (vgl. Reckwitz 2004: 42). In den Kulturtheorien werden das Soziale und das Handeln über *Wissen* und *Sinn* erklärt und nicht über individuelle Handlungsziele oder normative Regeln. Wie bei der Darstellung des Kulturbegriffes der Kulturtheorien in 6.1.1 bereits aufgezeigt wurde, wird Handeln also über *Sinnmuster* und *Wissensordnungen* erklärt:

> Unter ‚kulturtheoretischen Handlungserklärungen' soll ein Typus der Erklärung von Handeln und Handlungsmustern in den Sozialwissenschaften verstanden werden, der die *Gleichförmigkeit von Handeln* erklären will, indem er davon ausgeht, dass die Handelnden über *kollektive Wissensordnungen verfügen, die kollektive Muster der Weltinterpretation liefern*. (Reckwitz 2000: 167; Hervorhebungen von R.N.)

Mit der Erklärung von Handeln über Sinnmuster und Wissensordnungen wird nun jedoch nicht behauptet, dass individuelle Ziele und Interessen sowie Normen und Werte (im obigen Sinne) überhaupt keine Relevanz für Handlungserklärungen mehr hätten. Vielmehr wird demgegenüber deren Stellenwert relativiert, indem behauptet wird, dass *primär* Sinnzuschreibungen und das Verstehen von Welt das Handeln (in Form von Wissensordnungen) bestimmen (vgl. Reckwitz 2012b: 142). Ziele/Interessen und Normen/Werte sind in diese Sinnzuschreibungen bzw. Interpretationen also eingebettet und leiten sich aus diesen ab.[20] Gegenüber dem Paradigma des Homo sociologicus wird demnach eingewendet, dass zum einen nicht jedes Handeln normorientiert ist, dagegen aber jedes Handeln von Sinnzuschreibungen abhängt (vgl. Reckwitz 2012b: 135).

> Erklärbar sind Handlungsmuster der kulturtheoretischen Argumentation zufolge [...] nicht, weil ihnen ‚regulative Regeln', also Normen, zugrunde liegen, was tatsächlich häufig nicht der Fall zu sein scheint, sondern weil ihnen gewissermaßen ‚konstitutive Regeln' zugrunde liegen, ‚Hintergrundsprachen', die die Verstehensleistungen regeln.[21] (Reckwitz 2012b: 137)

---

20 Für eine anschauliche Abbildung des Verhältnisses von zweckorientierter, normorientierter und kulturtheoretischer Handlungserklärung vgl. Reckwitz (2012b: 143).
21 Reckwitz bezieht sich mit der Unterscheidung von regulativen und konstitutiven Regeln an dieser Stelle auf Searle (1988). Zum Verhältnis von regulativen und konstitutiven Regeln kons-

Selbst wenn nun aber Normen Einfluss auf das Handeln haben, muss zum anderen geklärt werden, durch welche Sinnmuster sie selbst wiederum möglich werden (vgl. Reckwitz 2012b: 135 und 142). Ähnliches gilt für die Abgrenzung zum Paradigma des Homo oeconomicus, denn auch wenn Handlungsziele Handeln anstoßen, ist zu bedenken, dass nach dem kulturtheoretischen Verständnis diese Handlungsziele in kollektiven Sinnmustern wurzeln (vgl. Reckwitz 2012b: 142). Es lässt sich dies wie folgt zusammenfassen: Aus Sicht einer kulturtheoretischen Handlungserklärung gilt – in Abgrenzung zu den Paradigmen des Homo oeconomicus und des Homo sociologicus –

> daß auch in jenen Fällen, in denen es durchaus plausibel erscheint, anzunehmen, daß ‚Normen' (oder subjektive ‚Interessen') einen Einfluß auf das jeweilige Handeln ausüben, die Wirksamkeit dieser Normen und die Geltung dieser Interessen ihrerseits davon abhängen, auf welche Weise die Akteure symbolisch-kognitiv ihre Wirklichkeit organisieren, also davon, über welches komplexe Hintergrundwissen sie verfügen. (Reckwitz 2012b: 138)

Als zentrale Gemeinsamkeit der Kulturtheorien lässt sich also festhalten, dass Handeln über Sinnmuster und Wissensordnungen erklärt wird und dass man sich somit von den zwei zentralen Paradigmen der Sozialtheorie grundsätzlich distanziert.

Nun gibt es jedoch innerhalb des Feldes der Kulturtheorien entscheidende Unterschiede mit Blick darauf, *inwiefern* Sinnmuster und Wissensordnungen handlungsleitend sind. Aus diesem Grund unterscheidet Reckwitz drei Richtungen: c) den *Mentalismus*, d) den *Textualismus* und e) die *Praxistheorie* (vgl. etwa Reckwitz 2012b; 2003: 288–297; 2004: 42–44).

c) Unter den Mentalismus[22] werden so unterschiedliche Ansätze subsumiert wie der klassische Strukturalismus von Claude Lévi-Strauss (vgl. Reckwitz 2012b: 209–242) oder die (vor allem frühe) Phänomenologie von Alfred Schütz

---

tatiert Reckwitz weiter das Folgende: „Die Geltung und Anwendung von normativen Verpflichtungen, von handlungseinschränkenden ‚regulativen Regeln', *setzt aus kulturtheoretischer Sicht durchgängig voraus, daß die Akteure über ‚konstitutive Regeln' verfügen*, die ihnen ein kognitives Modell der Wirklichkeit liefern, auf dem aufbauend es verständlich und situationsangemessen erscheint, den fraglichen Normen zu folgen. Erst in einer auf bestimmte Art und Weise definierten, schematisierten und bewerteten Welt ‚macht es Sinn' und erscheint es legitim und möglich, bestimmten Normen entsprechend zu handeln." (Reckwitz 2012b: 139; Hervorhebung von R.N.) Das Regelverständnis der Praxistheorie orientiert sich ganz grundlegend an Wittgensteins Überlegungen zum *Regelfolgen* (vgl. Schäfer 2013: 27–33). Zu Bourdieus Orientierung an Wittgensteins Regelbegriff vgl. Schäfer (2013: 66f.) und Volbers (2014). Zur Regelskepsis bei Bourdieu vgl. Schulz-Schaeffer (2004). (siehe auch 8.3.3).
22 Für eine Kritik am Mentalismus vgl. auch Reckwitz (2000).

(vgl. Reckwitz 2012b: 366–413).[23] Was diese Ansätze vereint, ist, dass sie die Sinnmuster und Wissensordnungen, die Handeln anleiten, in einer mentalen Sphäre verorten, die unabhängig vom Handeln existiert. Diese mentale Sphäre kann sowohl individuell als auch kollektiv (im Sinne eines kollektiven Geistes) verstanden werden. Handeln wird demnach von dieser mentalen Sphäre aus gesteuert: „Die mentalen Strukturen und Prozesse werden als eine eigenständige Sphäre interpretiert, immanent und autonom strukturiert und unabhängig analysierbar von der ‚äußeren' Handlungspraxis, auf die sie sich auswirken." (Reckwitz 2012b: 552).

d) Zum Textualismus werden der frühe Foucault („Archäologie des Wissens') (vgl. Reckwitz 2012b: 262–292) sowie der Ansatz von Clifford Geertz (Kultur-als-Text) (vgl. Reckwitz 2012b: 445–477) gezählt.[24] Im Gegensatz zum Mentalismus ist der Textualismus radikal *anti-mentalistisch*. Sinnmuster und Wissensordnungen befinden sich hiernach also nicht in einer autonomen mentalen Sphäre, sondern „in den *extramentalen Sequenzen* von Zeichen, von Diskursformationen, von Symbolen, von kommunikativen Prozessen, insgesamt von ‚Texten' im weitesten Sinne." (Reckwitz 2004: 43; Hervorhebung von R.N.) Sinnmuster und Wissensordnungen werden so also konzeptuell von einer inneren, nicht-beobachtbaren (und notwendigerweise spekulativ bleibenden) Sphäre auf eine außenliegende, beobachtbare Sphäre übertragen.

e) In diesem letzten Punkt, in der Verlagerung des „Ausgangspunkt[es] des kulturtheoretischen Vokabulars von ‚innen', das heißt, der Welt des unbewußten Geistes oder Bewußtseinserlebens, nach ‚außen'" (Reckwitz 2012b: 583), lässt sich eine grundsätzliche Gemeinsamkeit zwischen Textualismus und Praxistheorie ausmachen. Beide Ansätze unterscheiden sich jedoch auch grundlegend: Vor allem wird im Gegensatz zum Textualismus in der Praxistheorie keine radikal anti-mentalistische Haltung eingenommen. Sinnmuster und Wissensordnungen sind demnach durchaus mental verankert (vgl. Reckwitz 2012b: 583), das Mentale bildet allerdings nicht – wie im Mentalismus – eine vom Handeln unabhängige Sphäre, die dem Handeln vorgelagert wäre und es von innen heraus anleitete. Eine cartesianische Trennung von (innerem) Geist und (äußerem) Körper wird also grundsätzlich nicht angenommen (siehe 8.3).

Während Zeichen und Symbole nach Auffassung des Textualismus' also einen *autonomen Sinn* besitzen (vgl. Reckwitz 2012b: 584) und also unabhängig von praktischen (körperlich-mentalen) Vollzügen existieren und sich reprodu-

---

[23] Zur (praxistheoretischen) Kritik an Schütz vgl. Reckwitz (2012b: 410–413).
[24] Reckwitz betont allerdings, dass die Ansätze von Foucault und Geertz sich nicht in Gänze textualistisch verstehen lassen (vgl. Reckwitz 2012b: 581f.).

zieren, nimmt die Praxistheorie diesbezüglich eine elementar andere Sichtweise ein:

> Aus der praxeologischen Sicht haben Symbole und Zeichen (und damit auch sprachliche Aussagen) eine Bedeutung erst innerhalb bestimmter – körperlich-mentaler – wissensabhängiger Praktiken der Produktion und Rezeption, in denen ihnen eine Bedeutung zugeschrieben wird.[25] (Reckwitz 2012b: 584)

Ganz grob kann man also sagen: Aus praxistheoretischer Perspektive ist es nicht trivial, dass Texte und Diskurse erst einmal produziert werden müssen – ihnen liegen körperlich-mentale Akte zugrunde. Wissensordnungen werden aus Sicht der Praxistheorie demnach als „mental verankerte, von körperlichen Akteuren ‚inkorporierte' kulturelle Schemata" (Reckwitz 2012b: 589) verstanden, die in *konkreten sozialen Praktiken (mit konkreten körperlichen Handlungsvollzügen)* zu finden sind, also weder in einer autonomen mentalen Sphäre noch in autonomen Diskursen oder Texten. Während nach Auffassung des Mentalismus' *das Wesentliche* im *Mentalen* und nach der des Textualismus' in *Texten* (im weitesten Sinne) zu suchen ist und folglich eine „Depotenzierung des Begriffs des Handelns" (Reckwitz 2004: 43) betrieben wird, wird Handeln aus Sicht der Praxistheorie zu einem „starken, profilierten Begriff." (Reckwitz 2004: 43) Wie dieser Handlungsbegriff in der Praxistheorie genau bestimmt ist und in welchem Verhältnis er zu sozialen Praktiken steht, wird im nächsten Abschnitt näher beleuchtet. Hier sei nur angedeutet, dass Handeln immer als eingebettet in routinemäßige Praktiken verstanden wird. Die sozialen Praktiken selbst sind der Ort des Sozialen bzw. der sozialen Ordnung (vgl. Reckwitz 2004: 43). Aus praxistheoretischer Sicht wird der (theoretische und analytische) Fokus auf *„communities of practice"* gelegt:

> Solche in und durch soziale Praktiken organisierten Kollektive werden als gegenüber den individuellen Handlungen vorgängige soziale Phänomene aufgefasst. Von den Teilnehmerinnen werden solche Praktikergemeinschaften, die über spezifische Formen von *knowing how* [Hervorhebung im Original] integriert sind, oft als besondere soziale Zusammenhänge erfahren. (Schmidt 2012: 12; Hervorhebungen von R.N.)

Mit dieser Vorstellung von sozialer Ordnung setzen sich die Praxistheorien bspw. von Rational-Choice-Ansätzen, „mit ihren empirisch unplausiblen handlungstheoretischen Modellannahmen" (Schmidt 2012: 12), ab, nach denen sich das Soziale aus vielen individuellen Handlungen und „interessenbestimmte[n] Kooperationsmuster[n]" (Schmidt 2012: 12) ergibt.

---

25 Zum Verhältnis von Text und Produktionspraktiken siehe 8.2 und 8.4.

Mit der praxistheoretischen Vorstellung von Sozialem und vom Handeln wird zugleich eine *Grundtendenz der Kritik* deutlich: Die praxistheoretische Kritik sowohl an den zwei Paradigmen als auch an den zwei Versionen der Kulturtheorien richtet sich auf deren *rationalistische* und *intellektualistische* Erklärung von Handeln und sozialer Ordnung. Aus praxistheoretischer Sicht ist diesen sozialtheoretischen Ansätzen insgesamt eine „‚Intellektualisierung' des sozialen Lebens" (Reckwitz 2003: 289) vorzuwerfen.

6.1.2.2 Ein praxistheoretisches Handlungsverständnis

Im Zuge der Verortung der Praxistheorie im Feld der Sozial- und Kulturtheorien ist bereits einiges über das Verständnis von Praxis und Handeln im praxistheoretischen Sinne angedeutet worden. Bevor auf die mit diesem Verständnis einhergehenden Konsequenzen für den *Subjekt*begriff näher eingegangen wird, sollen an dieser Stelle zunächst einmal die Begriffe Praxis und Handeln an sich und in Beziehung zueinander bestimmt werden. Was sind soziale Praktiken? Welche typischen Merkmale weisen sie auf? Welche Rolle spielt Handeln in diesem Zusammenhang?[26]

Das Soziale setzt sich nach einem praxistheoretischen Verständnis – wie wir im vorherigen Abschnitt gesehen haben – aus konkreten sozialen Praktiken zusammen.[27] Eine Praktik selbst ist ein „Nexus von wissensabhängigen Verhaltensroutinen."[28] (Reckwitz 2003: 291) Sie lässt sich definieren als „eine sozial geregelte, typisierte, routinisierte Form des körperlichen Verhaltens (einschließlich des zeichenverwendenden Verhaltens)." (Reckwitz 2012a: 36) Als Beispiele lassen sich etwa Praktiken des Regierens, des Organisierens, der Partnerschaft, der Verhandlungen, des Selbst usw. anführen (vgl. Reckwitz 2003: 289). Zentrale Merkmale oder Kennzeichen sozialer Praktiken sind neben der Öffentlichkeit

---

[26] Es sei an dieser Stelle betont, dass es mit der Orientierung an einem praxistheoretischen Handlungsbegriff in der vorliegenden Arbeit vor allem darum gehen soll, systematisch einen Handlungsbegriff *in Hinblick auf Textproduktion* herauszuarbeiten, weshalb im nächsten Kapitel (siehe 7.) auch in erster Linie nur handlungstheoretische Positionen der Textproduktionsforschung berücksichtigt werden.
[27] „Die Praxissoziologie entwirft das Soziale als ein Gefüge von Feldern situierter, vernetzter und verkörperter, von einem impliziten Wissen organisierter Praktiken." (Schmidt 2012: 55)
[28] Diese Bestimmung ist ganz im Sinne der klassischen Definition von Theodore R. Schatzki, nach der eine soziale Praktik ein „temporally unfolding and spatially dispersed nexus of doings and sayings" (Schatzki 1996: 89) ist. Reckwitz weist bei Praxisdefinitionen stets auf diese Begriffsbestimmung Schatzkis hin (vgl. etwa Reckwitz 2004: 43).

und der Gebundenheit an konkrete Kontexte[29] ihre Selbstverständlichkeit, Routiniertheit und Regelmäßigkeit sowie ihr kollektiver Charakter (vgl. Schmidt 2012: 10f.; auch Reckwitz 2003). Außerdem – und dies ist ein zentraler Punkt – zeichnen sie sich durch *Körperlichkeit* aus (vgl. Reckwitz 2003: 290f.; Schäfer 2013: 328–346):[30] „Wenn ein Mensch eine Praktik erwirbt, dann lernt er, seinen Körper auf bestimmte, regelmäßige und ‚gekonnte' Weise zu bewegen und zu aktivieren." (Reckwitz 2003: 290) Dies schließt – und dies ist für unseren Zusammenhang nicht unwichtig – auch *nicht unmittelbar* wahrnehmbare Aktivitäten des Körpers ein wie etwa „ein bestimmtes Muster des Fühlens oder Formen des Denkens." (Reckwitz 2003: 290) Ganz allgemein gilt:

> Eine Praktik besteht [Hervorhebung im Original] aus bestimmten routinisierten Bewegungen und Aktivitäten des Körpers. Dies gilt ebenso für intellektuell ‚anspruchsvolle' Tätigkeiten wie die des Lesens, Schreibens oder Sprechens."[31] (Reckwitz 2003: 290; Hervorhebungen von R.N.)

Der Körper lernt also einerseits routinierte Aktivitäten auszuführen, d. h., er *erwirbt* eine Praktik innerhalb der Praktik; auf der anderen Seite gibt es eine Praktik nur, weil Körper eine Praktik routinemäßig und repetitiv aufführen, d. h. eine Praktik *besteht* aus routinemäßigen körperlichen Aktivitäten. Mit Letzterem wird betont, dass es sich bei Praktiken *nicht* um (lediglich anders benannte) abstrakte soziale Strukturen handelt, die dem Individuum (im Sinne einer Innen-Außen-Dichotomie) von außen das Handeln diktieren. Eine Praktik ist folglich nicht irgendwie abstrakt vorhanden; sie muss in Vollzügen *stets* konkret hervorgebracht werden.[32] Mit Fokus auf die theoretische Fundierung der vorliegenden Arbeit erscheint es in diesem Zusammenhang wichtig zu betonen, dass

---

29 Hierzu Robert Schmidt: „Die praxistheoretische Perspektive unterstreicht, dass es sich bei sozialen Praktiken um ein konkretes Geschehen handelt, das sich fortlaufend, immer wieder aufs Neue und immer wieder neu im Hier und Jetzt konkreter Gegenwarten vollzieht" (Schmidt 2012: 51) Siehe hierzu auch unter 8.2.
30 Vgl. auch bspw. Hirschauer (2004).
31 Dass die praxistheoretischen Überlegungen zum Handlungsbegriff hier im Grunde einfach auf das Schreiben übertragen werden, ohne dies näher zu spezifizieren oder – was notwendig wäre – systematisch zu erarbeiten, wurde bereits in der Einleitung der vorliegenden Arbeit kritisiert (siehe 1.1). In Kapitel 8 werde ich versuchen, eine entsprechende Erarbeitung vorzunehmen.
32 Einen Vorteil dieser Konzentration auf die Körperlichkeit benennt Robert Schmidt: „Soziale Praktiken als immer auch sinnhafte, bedeutungstragende, gekonnte Körperbewegungen zu perspektivieren, eröffnet insbesondere in jenen Feldern innovative Beschreibungsmöglichkeiten, die wie zum Beispiel Wissensarbeit und wissenschaftliche Arbeit als Domänen des Kognitiven, ‚Geistigen' und Mentalen gelten." (Schmidt 2012: 55)

Praktiken keine abstrakten Typen sind, die durch körperliche Vollzüge realisiert bzw. instantiiert werden. Es gibt Praktiken im Gegenteil ausschließlich nur in den körperlichen Vollzügen und durch die körperlichen Vollzüge. Praktiken sind insofern also an die Materialität der Körper gebunden.[33]

Damit ist auch bereits angedeutet, welche Rolle das *Handeln* in der Praxistheorie spielt. Am besten lässt sich das Handlungsverständnis der Praxistheorie aufzeigen, wenn das *Verhältnis* von Praxis und Handeln bestimmt wird: Zentral für das praxistheoretische Handlungsverständnis ist, dass

> ‚Handlungen' *nicht als diskrete, punktuelle und individuelle* Exemplare vorkommen, sondern dass sie im sozialen Normalfall eingebettet sind in eine umfassendere, sozial geteilte und durch ein implizites, methodisches und interpretatives Wissen zusammengehaltene Praktik als ein *typisiertes, routinisiertes und sozial ‚verstehbares' Bündel von Aktivitäten.*[34] (Reckwitz 2003: 289; Hervorhebungen von R.N.)

Handeln ist demnach also in soziale Praktiken eingebettet und nicht etwa individuell-intentional gesteuert oder kollektiv-regulativ geregelt: Das praxistheoretische Handlungsverständnis richtet sich somit – wie oben bereits angedeutet – bspw. gegen mentalistische Vorstellungen, nach denen Handlungen als „soziale Erscheinung[en]" verstanden werden, „die durch ein mentales Handlungszentrum in den Köpfen von ‚Akteuren' ausgelöst und gesteuert"[35] (Schmidt 2012: 56) werden. Eine Handlungserklärung greift also zu kurz, wenn sie lediglich auf der individuell-intentionalen Ebene verbleibt. Aus praxistheoretischer Perspektive ist eine soziale Praktik aus der Sicht eines einzelnen Akteurs immer schon vorhanden, was bedeutet, dass nicht das individuelle Handeln der sozialen

---

33 Zur Überwindung der ‚Zwei-Welten-Ontologie' (Krämer), die dem zugrunde liegt, siehe bspw. Kapitel 1.1 und 8.2.
34 Den Unterschied von Praxis und Handeln sowie die Rolle von Intentionalität, worauf weiter unten noch eingegangen wird, macht auch das folgende Zitat pointiert deutlich: „Eine Praktik ist [...] weder identisch mit einer Handlung noch mit bloßem Verhalten: Praktiken enthalten in sich Handlungsakte, die wiederholt hervorgebracht werden, aber während das Konzept der ‚Handlung' sich punktuell auf einen einzigen Akt bezieht, der als intentionales Produkt eines Handelnden gedacht wird, ist eine Praktik von vornherein sozial und kulturell, eine geregelte, typisierte, von Kriterien angeleitete Aktivität, die von verschiedensten Subjekten getragen wird. Wenn die Handlung per definitionem eine Intention impliziert, enthält die Praktik von vornherein einen Komplex von Wissen und Dispositionen, in dem sich kulturelle Codes ausdrücken (und die damit unter anderem *auch* typisierte Intentionen enthalten)." (Reckwitz 2012a: 38)
35 Schmidt verweist in diesen Zusammenhang exemplarisch auf Max Webers Position zum sozialen Handeln, die die „inneren [...] subjektiv-gedanklichen Handlungsintentionen und Motive" (Schmidt 2012: 56, Fn 14) fokussiere.

Praktik, sondern vielmehr die soziale Praktik dem individuellen Handeln vorausgeht.[36] Ein handelnder Akteur ist aus dieser Sicht immer ein *Teilnehmer* einer Praktik (vgl. Schmidt 2012: 218) und in diesem Sinne ist Handeln immer gesellschaftliches Handeln – Soziales und Geschichte ist ihm stets eingeschrieben.

Doch wie ist zu erklären, dass das Handeln in den Praktiken als *regelmäßige* und *routinierte* Vollzüge erscheint? Wie kommt es, dass die Ausführung der ‚routinisierten Bewegungen und Aktivitäten des Körpers' von der sozialen Umwelt als gekonnte *performance* (vgl. Reckwitz 2003: 290) wahrgenommen werden? Wie können also regelmäßige, gekonnte *performances* ausgeführt werden, wenn sie nicht durch individuell-intentionale Handlungsziele oder explizite soziale Vorgaben im Sinne von regulativen Regeln determiniert sind? Wie in Bezug auf das dieser Arbeit zugrunde liegende praxistheoretische Kulturverständnis bereits gezeigt wurde (siehe 6.1.1), steht der Handlungsbegriff der Praxistheorie in einem engen Bezug zu *Wissens*ordnungen. Bei diesen Wissensordnungen handelt es sich nicht um ein explizites Knowing that, sondern vielmehr um ein implizites Wissen, und zwar ein *Knowing how*, das in der Praxis angeeignet wird. Das handlungsleitende Wissen der Praxistheorie ist deshalb ein *praktisches Wissen*: Die Praxistheorie begreift

> die kollektiven Wissensordnungen der Kultur […] als ein *praktisches Wissen*, ein Können, ein *know how*, ein Konglomerat von Alltagstechniken, ein praktisches Verstehen im Sinne eines ‚Sich auf etwas verstehen'. (Reckwitz 2003: 289; Hervorhebung von R.N.)

Wissen, das als praktisches Wissen verstanden wird, ist den Akteuren beim Handeln also nicht rational und intellektualistisch vorgelagert: Die Aneignung des praktischen Wissens vollzieht sich als eine nicht-bewusste *Inkorporierung*: „Wissen ist *nicht primär* als ein mental Gewusstes/Bewusstes, sondern als ein durch körperliche Übung Inkorporiertes zu verstehen."[37] (Reckwitz 2004: 45; Hervorhebung von R.N.) Mit dieser Inkorporierung von praktischem Wissen werden Körper „handlungsfähig" (Reckwitz 2004: 44) gemacht, auf diese Weise

---

36 Mit diesem dem individuellen Handeln Vorgelagertsein der Praktik ist bereits das Phänomen der *Dezentrierung des Subjekts* angesprochen, das im nächsten Abschnitt (siehe 6.1.3) behandelt wird (vgl. Schmidt 2012: 217f.).

37 Es geht beim praktischen Wissen also um eine „*implizite* Vertrautheit und Könnerschaft." (Hörning 2004: 19) In einer Praxis entwickeln sich implizit auch Kriterien und Maßstäbe heraus, die praktische Vollzüge als angemessen und korrekt erscheinen lassen. Praktisches Wissen impliziert also auch Korrektheits- und Angemessenheitskriterien (vgl. Hörning 2004: 20 und 23; auch Reckwitz 2012a: 37). Zum Regelverständnis der Praxistheorie vgl. Schäfer (2013: 27–33).

wird der Einzelne erst zu einem *Akteur* (vgl. Reckwitz 2004: 44).[38] Es entstehen aus dieser Sicht also „skilled bodies" (Schatzki 2001: 3), deren praktische Vollzüge wiederum für eine soziale Umwelt als *skillful performances* erscheinen (vgl. Reckwitz 2004: 45). Mit Michael Meuser könnte man in diesem Zusammenhang auch von einem „verkörperten Wissen" (Meuser 2006: 110) sprechen, das einem kognitiven Wissen gegenübersteht. Meuser grenzt dieses ‚verkörperte Wissen' explizit von dem Wissensverständnis nach Berger und Luckmann (2010) ab, die Wissen als „Vorrat an kognitiven, sprachlich vermittelten Deutungsschemata" (Meuser 2006: 110) verstünden.[39]

Kurzum: Mit der *Inkorporierung* und der *Performativität* sind die zwei zentralen Komponenten des Zusammenhangs von Praxis und Körperlichkeit angesprochen (vgl. Reckwitz 2004: 45). Das für das Handeln elementare praktische Wissen wird in praktischen Vollzügen inkorporiert und macht Akteure so zu *Akteuren*, die wiederum gekonnte Vollzüge (Performanzen) in Praktiken vollziehen können.[40] An dieser Stelle sei allerdings darauf hingewiesen, dass die Inkorporierung von praktischem Wissen nicht zu einer starren Wiederholung von Praxis führt, sondern dass im Gegenteil immer auch Möglichkeiten für Veränderung impliziert sind (vgl. etwa Reckwitz 2004: 45). Mit jeder Wiederholung ist immer auch die Möglichkeit der Veränderung eingeschlossen (vgl. Reckwitz 2012a: 37). Auf den Punkt bringt dies Karl H. Hörning: „Soziale Praktiken sind immer beides: Wiederholung und Veränderung. Erst wenn wir die scheinbare Unverträglichkeit zwischen Routine und Kreativität, zwischen Iteration und Innovation auflösen und beide als zwei Seiten einer umfassenden sozialen Praxis begreifen, können wir auch die Bedingungen spezifizieren, unter denen sie in unterschiedlicher Ausprägung hervortreten."[41] (Hörning 2004: 19; vgl. auch Reckwitz 2004; Schäfer 2013)

---

38 An dieser Stelle lassen sich bereits die Konsequenzen für ein praxistheoretisches Subjektverständnis erkennen: „Die Akteure oder Subjekte *sind* nichts anderes als Bündel dieser praktischen Wissensformen, die sich in sozialen Praktiken aktualisieren. Nichts an ihnen kann vorpraktisch vorausgesetzt werden: weder Reflexivität noch Innerlichkeit, weder Interesse noch Begehren." (Reckwitz 2004: 44) (siehe auch 6.1.3.2 und 6.1.3.3)
39 Hieran ist gut zu erkennen, welcher Stellenwert dem Körper in einem praxistheoretischen Ansatz zukommt. Deutlich wird dies bspw. auch beim Habituskonzept von Pierre Bourdieu (siehe 6.1.3.2). Das Körperkonzept wird unter 8.3 noch systematisch in Hinblick auf körperliches Handeln und Sprachhandeln ausgearbeitet.
40 Zum Zusammenhang von Praxistheorie und Performativitätstheorie sowie deren Bezüge zu Körperlichkeit siehe 8.2 und 8.3.
41 Auf die Bedeutung von Reproduktion und Transformation von sozialen Praktiken wird im Kapitel zu den sprachtheoretischen Konsequenzen eines praxistheoretischen Handlungsbegriffs noch näher eingegangen (siehe 8.2.1).

Wie verhält es sich nun aber vor diesem Hintergrund mit mentalen Prozessen wie Intentionen, Absichten oder Reflexionen, die ja in der Regel für die Erklärung von Handlung herangezogen werden? Wird Handeln nun als intentions- oder reflexionslos verstanden, das quasi automatisch abläuft? Intentionalität, Bewusstheit und Reflexivität werden aus Sicht der Praxistheorie nicht für obsolet erklärt, sondern es wird – wie oben bereits angesprochen – ihr Stellenwert relativiert, sie werden „praxeologisch reformuliert." (Schmidt 2012: 57) Mentale Prozesse sind demnach nicht, wie etwa nach einer cartesianischen Trennung von (innerem) Geist und (äußerem) Körper, getrennt von der Praxis, was auch bedeutet, dass sie den praktischen Vollzügen nicht als Wesentliches vorausgehen. Vielmehr sind sie Bestandteil von Praktiken (vgl. Schmidt 2012: 57). Entgegen den Annahmen von Handlungen als rational gesteuerten Aktivitäten („Intellektualisierung des Sozialen' (s. o.)) liegt der Fokus der Praxistheorie folglich *nicht primär* „auf den Sichtweisen, Motiven oder Absichten von Individuen, sondern auf deren Aktivitäten" (Schmidt 2012: 24):

> Zentral für das praxeologische Verständnis des Handelns ist, dass Handeln zwar *auch* Elemente der Intentionalität enthält – wie das Paradigma des Homo oeconomicus betont –, dass es zwar *auch* mit normativen Kriterien hantiert – wie der Homo sociologicus es hervorhebt –, dass in ihm zweifellos symbolische Schemata zum Einsatz kommen – worauf die anderen Zweige des Kulturalismus verweisen –, dass *Intentionalität, Normativität und Schemata in ihrem Status jedoch grundsätzlich modifiziert werden* [Hervorhebung von R.N.], wenn man davon ausgeht, dass Handeln im Rahmen von Praktiken zuallererst als *wissensbasierte* Tätigkeit begriffen werden kann, als Aktivität, in der ein praktisches Wissen, ein Können im Sinne eines ‚know how' und eines praktischen Verstehens zum Einsatz kommt. (Reckwitz 2003: 291)

Mit einer Handlungsvorstellung, wie sie hier im Zusammenhang mit der Praxistheorie vorgestellt wurde, werden zentrale Dualismen bzw. Dichotomien überwunden, die in den herkömmlichen Sozialtheorien eine grundlegende Rolle spielen (vgl. etwa Schäfer 2013: 18; Reckwitz 2003: 291; 2012b: 349; Schmidt 2012: 56 und 216f.). Im Zentrum stehen vor allem die Dichotomien von *Individuum und Gesellschaft* sowie *Körper und Geist*.[42] Das Soziale und Handeln werden mit der praxistheoretischen Überwindung nicht mehr mit dem Gegensatz von Gesellschaft und Individuum erklärt. Individuum und Gesellschaft werden nicht mehr als zwei separate Bereiche betrachtet, die je aufeinander einwirken. Das einzelne Individuum ist vielmehr „von vornherein und sehr radikal als vergesellschaftet[...]" zu denken (Krais & Gebauer 2013: 67, vgl. auch Schmidt

---

[42] Eine sprachtheoretische Kritik an der cartesianischen Trennung von Körper und Geist findet sich bei Jäger (2003). (siehe vor allem auch 8.3)

2012: 216f.), wie Beate Krais und Gunter Gebauer im Zusammenhang mit dem Boudieu'schen Habituskonzept konstatieren (vgl. auch Schmidt 2012: 56).[43] Eng damit verbunden ist auch die Überwindung der Dichotomie von Körper und Geist: Dem Geist wird in der Sozialtheorie traditionell das Primat zugesprochen – er bildet bspw. den Ausgangspunkt und das Zentrum für soziale Handlungen. *In dieser Privilegierung steckt zugleich die Annahme einer Trennung von Körper und Geist.* Diese Trennung und Gegenüberstellung wird mit einem praxistheoretischen Zugang abgelehnt: Wie in Bezug auf die zentrale Stellung des Körpers innerhalb der Praxistheorie bereits angedeutet wurde (s. o.), wird mit der Fokussierung von ‚skilled bodies' die „verbreitete Gegenüberstellung von Denken und Tun zurückgewiesen." (Schmidt 2012: 56)

Mit dem praxistheoretischen Handlungsverständnis und der Überwindung zentraler sozialtheoretischer Dichotomien ist indirekt bereits ein Punkt angesprochen, der Gegenstand des nächsten Abschnitts sein wird. Wenn das Individuum als vergesellschaftet verstanden wird und ein Einzelner erst zum sozialen Akteur wird, wenn er praktisches Wissen inkorporiert hat, dann wird mit einer praxistheoretischen Erklärung vom Handeln und vom Sozialen zugleich der Aktant selbst (mit)thematisiert. Das praxistheoretische Handlungsverständnis hat demnach Konsequenzen für die Auffassung vom *Subjekt*, denn: „Die körperlichen Akte, aus denen sich die Praktiken zusammensetzen, sind solche von Subjekten."[44] (Reckwitz 2012a: 39)

6.1.3 Subjekt

Die Frage nach dem Subjekt stellt sich grundsätzlich vor ganz unterschiedlichen Disziplinhorizonten, etwa in der Philosophie, der Neurophysiologie, der Literaturwissenschaft, den Sozialwissenschaften usw. (vgl. bspw. Grundmann & Beer 2004; Zima 2010; Gebauer, König & Volbers 2012). Die Bestimmung dessen, was man unter einem Subjekt zu verstehen hat, fällt sicherlich je nach Disziplin, aber auch je nach gesellschaftlich-historischen Umständen sowie (natürlich) wissenschaftstheoretischen Hintergründen (mitunter sehr) unterschiedlich aus

---

43 Zum Habituskonzept und zur Rolle Pierre Bourdieus innerhalb der Praxistheorie siehe 6.1.3.2.

44 Unter 8.3 werden die hier vorgestellten Überlegungen zur cartesianischen Dichotomie von Geist und Körper, mit denen zugleich auch das Subjekt und dessen Handeln angesprochen sind, noch einmal mit einem dezidierten Blick auf die Körperlichkeit des Sprachhandelns aufgegriffen und weiter ausgearbeitet.

(vgl. Keupp & Hohl 2006). Mit der zunehmenden Diskussion praxistheoretischer Ansätze in den Sozial- und Kulturtheorien der jüngeren Zeit wird auch die Frage nach dem Subjekt vermehrt im Fokus praxistheoretischer Überlegungen thematisiert (vgl. etwa Reckwitz 2012a; 2012c; Alkemeyer, Budde & Freist 2013b; Krais & Gebauer 2013; Füssel 2003). Im folgenden Abschnitt soll gezeigt werden, was vor dem Hintergrund der vorausgehenden Ausführungen zur Praxistheorie und zum praxistheoretischen Verständnis von Handeln und sozialer Ordnung unter einem Subjekt zu verstehen ist, um so die Grundlage für die unten folgenden Überlegungen zu einem textproduzierenden wissenschaftlichen Subjekt zu schaffen.

Grundsätzlich wäre zunächst einmal zu fragen, wie sich die allgemeine Kategorie des Subjekts zum Thema Sprache überhaupt verhält. Ludwig Jäger (2003) macht für die Sprachwissenschaft deutlich, dass mit einem bestimmten Verständnis von Sprache (implizit) immer auch ein bestimmtes Verständnis von einem Sprachsubjekt einhergeht; je nachdem wie man also Sprache konzeptualisiert, konzeptualisiert man zugleich immer auch (implizit oder explizit) eine Vorstellung von einem Subjekt: Die „Modellierung von Sprache [ist] zugleich eine Modellierung des Sprachsubjekts bzw. der Sprachsubjekt-Gemeinschaft." (Jäger 2003: 72) Jäger zeigt dies eindrucksvoll in seinen Auseinandersetzungen mit der ‚cartesianischen Linguistik' bzw. den ‚Chomsky-Theorien' (vgl. Jäger 1993a; 2003).[45] Er macht dort oftmals implizit mitgedachte Subjektvorstellungen explizit.

In der vorliegenden Arbeit wird diese Denkrichtung gewissermaßen umgekehrt, wenn ausgehend von einer expliziten und allgemeinen Modellierung von ‚Subjekt-Gemeinschaft' und ‚Subjekt' ein Sprachhandlungsverständnis in Hinblick auf Textproduktion modelliert wird. Grundlage und Ausgangspunkt sind hier also die Konzeptualisierung von (Wissenschafts-)Kultur und von Sozialem. Auf dieser Folie wird erörtert, wie Handeln und somit Subjekte zu verstehen sind, welche letztlich Autorinstanzen in Texten hervorbringen. Der Ausgangspunkt ist hier also die explizite Konzeptualisierung eines textproduzierenden Subjekts, woraus sich letztlich auch ein Verständnis von Sprache ableitet. Diese Denkrichtung wird u. a. deshalb eingeschlagen, weil *der Körper* bzw. *das körperliche Subjekt* nach dem hier vertretenen Kulturverständnis als *elementares und integrierendes Scharnier* zwischen der kulturell-sozialen ‚Welt' und den individuellen Sprachhandlungsvollzügen verstanden wird. Der Ursprung des handlungs- und sprachtheoretischen Denkens der vorliegenden Arbeit liegt also in gewisser Weise in der fundamentalen Kategorie des Körpers, was unter 8.3

---

45 Hierauf komme ich unter 8.3.1 zurück.

ausführlich diskutiert wird. Dies hat schließlich zur Folge, dass aus dieser Perspektive die Kulturspezifik eines Sprachgebrauchs (bspw. der Wissenschaftssprache) in erster Linie unter expliziter Einbeziehung der Kategorie des körperlichen Sprachhandlungssubjekts theoretisch erfasst werden kann.

Im Folgenden wird zunächst einmal kurz ein Blick auf die Entwicklung von einem autonomen zu einem praxistheoretischen Subjektverständnis geworfen (siehe 6.1.3.1), um vor diesem Hintergrund ein praxistheoretisches Subjektverständnis akzentuieren zu können. Für die Darstellung dieses praxistheoretischen Subjektverständnisses soll zum einen das für Pierre Bourdieus Praxeologie zentrale Konzept des Habitus vorgestellt werden (siehe 6.1.3.2). Mit dem Habituskonzept ist eine grundlegende Orientierung für die dann anschließend vorzustellenden subjekttheoretischen Überlegungen von Andreas Reckwitz (2012a; 2012c) gegeben, der Subjekte (differenzierter) als *Bündel von Dispositionen* versteht sowie nach Subjekten und Subjektformen differenziert (siehe 6.1.3.3). Diese Subjektverständnisse werden in Kapitel 8 – ausgehend von den Überlegungen zum Habitus bei Feilke & Steinhoff (2003) – grundlegend sein für die subjekttheoretischen Überlegungen zu einem praxistheoretischen Zugang zur wissenschaftlichen Textproduktion.

6.1.3.1 Vor-praktische Subjektverständnisse

Der Subjektbegriff zeichnet sich durch eine eigentümliche Doppelbedeutung aus, die in unserem Zusammenhang nicht uninteressant erscheint: Das Subjekt

> ist das in die Höhe Erhobene und das Unterworfene. Es ist Zentrum autonomen Handelns und Denkens – vom Subjekt der Geschichte bis zum grammatischen Subjekt eines Satzes. Und es ist das, was übergeordneten Strukturen unterliegt – bis hin zum Rechtssubjekt und zu jenem, für den im Englischen gilt: ‚he is subjected to something'. *In seiner Doppeldeutigkeit präsentiert sich das Subjekt als ein unterworfener Unterwerfer, ein unterwerfendes Unterworfenes.* (Reckwitz 2012a: 9; Hervorhebung von R.N.)

Die beiden Teile dieser Doppelbedeutung spiegeln sich in den Subjektauffassungen seit Beginn der Moderne jeweils unterschiedlich wider: Auf der einen Seite kommt im Zuge der Aufklärung und mit dem Überwinden der traditionellfeudalen Gesellschaftsordnung zunächst ein Denken auf, nach dem das Subjekt vor allem mit Zuschreibungen wie Reflexivität, Rationalität etc. in Verbindung gebracht wird:

> Seit dem Humanismus, der Renaissance, der Reformation, der Aufklärung und dem Liberalismus wird die moderne Kultur von der Idee angetrieben, dass die Ablösung der traditionalen durch die moderne Gesellschaft die Bedingungen für eine soziale Freisetzung – eine Befreiung des Subjekts aus kollektiven Bindungen – gelegt und den Raum für ref-

lexive, rationale, eigeninteressierte, expressive Individuen geschaffen hat."[46] (Reckwitz 2012a: 9)

Zunächst wird das Subjekt also als *autonom* betrachtet: Für die klassische Subjektphilosophie der Frühen Moderne hat das Subjekt einen autonomen Status (vgl. Reckwitz 2012c: 12), was bedeutet, dass ihm universale und allgemeingültige Eigenschaften zugesprochen werden. Das autonome Subjekt ist die „irreduzible Instanz der Reflexion, des Handelns und des Ausdrucks, welche ihre Grundlage nicht in den kontingenten äußeren Bedingungen, sondern in sich selber findet." (Reckwitz 2012c: 12) Der sozial-kulturelle Kontext ist nach diesem Subjektverständnis für die Subjektkonstitution folglich irrelevant; das Subjekt ist unabhängig von ihm, es hat seine Eigenschaften a priori. Das, was das Subjekt als Subjekt ausmacht, kommt allein aus seinem Inneren.

Seit Ende des 19. Jahrhunderts gab es mit dem Aufkommen der Sozial- und Kulturwissenschaften verstärkt einen Perspektivwechsel hin zu dem Teil des Bedeutungsinhalts des obigen Subjektverständnisses, der die das Subjekt determinierenden ‚übergeordneten Strukturen' betont – ein Individuum wird dieser Sichtweise zufolge erst zu einem (vermeintlich) rationalen Subjekt, indem es sich bestimmten Regeln, etwa denen des Kapitalismus oder der Moralität, unterordnet und sich in ein soziales Gefüge einreiht (vgl. Reckwitz 2012a: 9).[47] Die Kritik am autonomen Subjektverständnis, als deren frühe Vertreter etwa Marx, Freud oder Nietzsche genannt werden können, betrachtet das Subjekt nun nicht mehr als autonom, sondern es wird *dezentriert*:

> Das Subjekt wird ‚dezentriert', indem es seinen Ort als Null- und Fixpunkt des philosophischen und humanwissenschaftlichen Vokabulars verliert, es erweist sich selber *in seiner Form* als abhängig von gesellschaftlich-kulturellen Strukturen, die ihm nicht äußerlich sind und in deren Rahmen es seine Gestalt jeweils wechselt. (Reckwitz 2012c: 13; Hervorhebung von R.N.)

Innerhalb der Kulturtheorien findet man den Ansatz der Subjektdezentrierung sowohl in den strukturalistischen als auch in den interpretativen Zugängen (vgl. Reckwitz 2012b: 348f. und 532) (siehe 6.1.2). Radikal erscheint die Dezentrierung

---

[46] Mit „der von der Aufklärung betriebenen Entzauberung oder Verweltlichung kam das Individuum in die Welt, ein Personen-Konzept, das Menschen als autonom handlungsfähige und selbstverantwortliche Personen anerkennt." (Krais & Gebauer 2013: 65)

[47] Entgegen dieser Trennung in entweder Unterwerfung oder Unterworfenheit werden aus Sicht des kultur- und praxistheoretischen Ansatzes beide Teile der Bedeutung des obigen Subjektverständnisses nicht als gegenläufig, „sondern als zwei Seiten des gleichen Prozesses" (Reckwitz 2012a: 10) angesehen.

schließlich im Poststrukturalismus mit dem Postulat vom *Tod des Subjekts* (vgl. Füssel 2003: 143–145).[48] Das Subjekt löst sich nach dieser Auffassung in (übersubjektiven) Strukturen und Diskursen auf (vgl. hierzu Zima 2010: 237–243).[49]

Mit dem Aufkommen praxistheoretischer Ansätze wird dieser radikale Verzicht auf subjekttheoretische Überlegungen negiert: Man könnte im Rahmen der Praxistheorie in der Nachfolge an das Postulat vom ‚Tod des Subjekts' im Poststrukturalismus von einer *Wiederauferstehung des Subjekts* sprechen. Diese Rückkehr des Subjekts darf allerdings nicht als Rückkehr zum guten alten Bekannten missverstanden werden: „Das zurückkehrende Subjekt ist [...] nicht mehr identisch mit demjenigen, welches man zuvor meinte verabschieden zu können. Die Zeiten ändern sich, und die Subjekte ändern sich mit ihnen." (Füssel 2003: 159) Mit der Praxistheorie kommt es also nicht etwa zur Rückkehr zu einem irgendwie gearteten autonomen Subjekt. Auch unter praxistheoretischen Gesichtspunkten wird eine Dezentrierung des Subjekts vorgenommen (vgl. etwa Schmidt 2012: 217f). Die Dezentrierung aus praxistheoretischer Perspektive lässt sich mit Robert Schmidt wie folgt auf den Punkt bringen:

> Es [das handelnde Subjekt; R.N.] wird aus dem Zentrum genommen, ohne einfach eliminiert zu werden: Aus der (dezentralen) Perspektive des Subjektes läuft eine Praktik immer schon. Sie wird nicht durch subjektive Motive und Absichten in Gang gesetzt, sondern durch die interaktive Ausübung von Mitgliedschaft aufrechterhalten. (Schmidt 2012: 217f.)

Das Subjekt selbst ist demnach nicht einfach da, sondern es wird in und mit der Praxis konstituiert. Wie dies genau geschieht, wird in den nächsten zwei Abschnitten näher betrachtet.

6.1.3.2 Habitus

Im Folgenden sollen im Rahmen des praxistheoretischen Ansatzes von Pierre Bourdieu dessen Überlegungen zum Habituskonzept und damit zur Subjektde-

---

48 Aus Sicht der Textlinguistik findet sich bei Angelika Linke und Markus Nussbaumer (1997) eine kritische Auseinandersetzung mit dem Poststrukturalismus, in der im Grunde eine Rehabilitierung des Subjekts eingefordert wird (vgl. Linke & Nussbaumer 1997; dazu auch Niemann 2015).

49 In Bezug auf Sprache und Text bedeutet dies Folgendes: „Der Text erscheint nicht mehr als Produkt einer sprachlichen Handlung des Autors und damit als Ausdruck einer wie auch immer gearteten Intention, ebenso fehlt ein Leser, der dem Text (bzw. seinem Autor) eine bestimmte Intention (und sei es auch die falsche) unterstellen könnte. Und auch für die Perspektive eines ‚aussenstehenden' Beobachters ist aufgrund der radikalen Streichung der kommunikativen Einbettung des Textes keine funktionale Zuordnung mehr möglich." (Linke & Nussbaumer 1997: 121)

zentrierung vorgestellt werden. Pierre Bourdieu als einen Praxistheoretiker zu lesen scheint einerseits gewissermaßen zwingend zu sein, denn mit seiner Arbeit *Entwurf einer Theorie der Praxis* (2012) kommt ihm (aus heutiger Sicht) die Bedeutung zu, den Praxisbegriff für das gesamte Feld praxistheoretischer Überlegungen mit etabliert zu haben; er lässt sich sogar als ein besonders zentraler Vertreter in diesem Feld ansehen (vgl. Schäfer 2013: 63). Auf der anderen Seite zeigt die Rezeptionsgeschichte in Deutschland (vgl. hierzu Schäfer 2013: 63f.), dass Bourdieu (gerade zu Beginn) in erster Linie im Kontext der Ungleichheits- und Lebensstilforschung rezipiert wurde und weniger in Hinblick auf explizit praxistheoretische Fragestellungen. Erst in der jüngeren Forschung wird Bourdieu zunehmend auch dezidiert praxistheoretisch gelesen (vgl. bspw. Hörning 2001: 167–170; Reckwitz 2004, 2012b: 308–346; Meier 2004; Schmidt 2011, 2012).

Ein zentrales Element der Bourdieu'schen Praxistheorie ist das Konzept des Habitus (vgl. Krais & Gebauer 2013; Schäfer 2013: 73–79; Reckwitz 2012b: 308–346). Die Konzeption des Habitus ist als eine kritische Reaktion auf die oben angesprochenen intellektualisierten Handlungsverständnisse aufzufassen. Das durch Erwin Panofsky[50] inspirierte Habituskonzept ist wie folgt definiert: Der Habitus ist ein „sozial konstituiertes System von strukturierten und strukturierenden *Dispositionen, das durch Praxis erworben* wird und konstant *auf praktische Funktionen ausgerichtet* ist."[51] (Bourdieu & Wacquant 2006: 154; Hervorhebungen von R.N.)

Was heißt das? Und was hat das mit den hier interessierenden subjekttheoretischen Überlegungen zu tun? Spezifische gesellschaftliche Weisen des Denkens, Wahrnehmens, Beurteilens und Handelns werden durch die alltägliche Praxis als Dispositionen ‚erworben' bzw. *inkorporiert*; der Habitus ist als das „Körper gewordene Soziale" (Bourdieu & Wacquant 2006: 161) sowie als „verinnerlichte, inkorporierte Geschichte" (Krais & Gebauer 2013: 6) zu verstehen. In dieser Hinsicht ist der Habitus ein *opus operatum*. Darüber hinaus zeichnet sich der Habitus *zugleich* – wie das obige Zitat deutlich macht – durch seinen Status als *modus operandi* aus (vgl. Krais & Gebauer 2013: 5f.). Der Habitus ist demnach nicht nur passiver Speicher, sondern auch an der aktiven Erzeugung von Praktiken beteiligt (vgl. Krais & Gebauer 2013: 34): Aus der Perspektive des Ha-

---

50 Vgl. hierzu Bourdieu (1974: 132). Zur Begriffstradition des Habitusbegriffs vgl. Schäfer (2013: 73f.).
51 In Bezug auf den Dispositionsbegriff in diesem Zusammenhang findet man bei Hilmar Schäfer Folgendes: „Der Begriff ‚Disposition' ist dabei nach Bourdieu besonders geeignet, den Habitus zu charakterisieren, da er darauf hinweist, dass dieser sowohl Ergebnis einer Strukturierung als auch ein inkorporierter Zustand ist, vor allem aber ‚eine *Tendenz*, ein[] *Hang* oder eine *Neigung*' [Bourdieu 2012: 446, FN 39]." (Schäfer 2013: 75)

bitus als *modus operandi* ist der Habitus ein Operator, der „jene *regelhaften Improvisationen* hervorbringt, die man auch *gesellschaftliche Praxis* nennen kann."[52] (Krais & Gebauer 2013: 5f.; Hervorhebungen von R.N.)

Der Habitus wird in der Praxis zu einer Quasi-Natur des Individuums, die dessen Handeln generiert; das Individuum wird in diesem Sinne als durch und durch *vergesellschaftet* verstanden, so dass eine dichotomische Gegenüberstellung von Individuum und Gesellschaft (sowie Körper & Geist, s. o.) aus der Sicht des Habituskonzepts nicht greift (vgl. Schäfer 2013: 78). Die Konzeption des Habitus geht, mit ihrem Fokus auf die Inkorporierung bzw. die Vergesellschaftetheit des Einzelnen, einher mit einem elementaren Bezug auf *Körperlichkeit* (vgl. Schäfer 2013: 79–83): Der ‚Ort des Habitus' ist nicht das Mentale, d. h. er ist *nicht als mental* Abgespeichertes zu verstehen:[53] Als *inkorporiertes* Soziales lässt sich der Habitus im Sinne von „*im Körper* abgelegte[n] Resultate[n] von Sozialisations- und Bildungsprozessen" (Alkemeyer & Schmidt 2003: 77; Hervorhebung von R.N.) fassen. Aus dieser Perspektive wird akzentuiert, dass auch bei „vermeintlich ‚mentalen Akten'" wie z. B. „Intention, Wille, Erwartung, Haltung, Dispositionen – der Körper beteiligt ist." (Krais & Gebauer 2013: 33)

Das handelnde Subjekt wird mit diesem Fokus auf den Körper *dezentriert*: Laut Armin Nassehi geht es Bourdieu darum, „den Akteur zu dezentrieren, das intellektualistische Selbstmissverständnis des für sich selbst transparenten, über sich verfügenden und die Welt zum Objekt seiner Subjektivität machenden Heldenakteurs, der – um mit Freud zu sprechen – *Herr im eigenen Hause sei*."[54] (Nassehi 2006: 246) Intentionen und Haltungen eines Akteurs, die beim Handeln natürlich weiterhin eine Rolle spielen, sind nach diesem Verständnis habituell bestimmt und somit nur dem Schein nach autonom. Bourdieu grenzt sich somit mit dem Habituskonzept explizit von *Unzulänglichkeiten intentionalistischer Handlungstheorien* ab: „Diese führen *einerseits* Handlungen auf die Intentionen, Präferenzen oder Handlungspläne individueller Akteure zurück und

---

52 Im Rahmen einer linguistischen Arbeit erscheint es nicht unwichtig, zu erwähnen, dass Bourdieu den Habitus mit seinem operativen bzw. generativen Charakter mit der generativen Grammatik Noam Chomskys vergleicht. Bourdieus Akzent liegt dabei allerdings auf dem schöpferischen Gehalt dieses Operators. In einem (wenn nicht sogar dem) entscheidenden Punkt distanziert er sich jedoch von Chomsky: Im Gegensatz zu Chomsky geht Bourdieu *nicht* von einem *angeborenen* Operator aus. Der Habitus bildet sich im Gegenteil in der Erfahrung heraus (vgl. Krais & Gebauer 2013: 31; siehe auch Steinhoff 2007a: 95f.; Feilke 1994: 351, Fn 82).
53 „Kognitive Strukturen begreift Bourdieu als Dispositionen eines Körpers und nicht als im Bewusstsein angesiedelt." (Schäfer 2013: 79)
54 „[A]us dem Heldensubjekt wird der Körper, der an einem Ort, zu einer Zeit vorkommt." (Nassehi 2006: 248)

unterschätzen damit *andererseits* die soziale Genese solcher Intentionen."[55] (Nassehi 2006: 242) Der *Sinn* einer Handlung ist nicht primär reflexiv, vom Individuum hergestellter Sinn, sondern ein *sozialer Sinn*:

> Wenn Bourdieu formuliert, das Handeln der Akteure habe mehr Sinn, als sie wissen, so ist das nicht nur darauf gemünzt, dass die Akteure nicht nur ‚bewusst' und ‚intentional' handeln. Es meint auch, dass der Sinn einer Handlung sich nur *in einer Gesellschaft* entfalten kann, die den Boden darstellt, auf dem etwas einen Sinn haben *kann*.[56] (Nassehi 2006: 245)

Die gesellschaftlich-sozialen Erfahrungen eines Akteurs sind in dessen Handeln also stets präsent und wirken sich auf dieses aus.

Ganz allgemein wird mit dem Habituskonzept versucht, zu erklären, warum Akteure innerhalb eines sozialen Feldes (s. u.) ähnlich denken und handeln, ohne dies auf die Handlungsziele individueller Akteure oder soziale (regulative) Regeln zurückführen zu müssen. Wie ist aber diese Regelmäßigkeit im Handeln sonst zu erklären? Hilmar Schäfer zeigt auf, dass Bourdieus Regelverständnis auf das *Regelfolgen*-Konzept von Ludwig Wittgenstein zurückgeht (vgl. Schäfer 2013: 66–68) – Regeln werden also bei Bourdieu (wie in der Praxistheorie insgesamt) in diesem wittgensteinianischen Sinne verstanden (vgl. Schäfer 2013: 27–33).[57] Darüber hinaus spielen *Situationen* eine wesentliche Rolle: Armin Nassehi weist darauf hin, dass es – wie die Rede von der ‚*regel*haften Improvisation' (s. o.) möglicherweise suggerieren könnte – beim Habitus streng genommen nicht um kollektive *Regeln* geht, die die Praktiken leiten, sondern um *Situationen* und *Strategien* (vgl. Nassehi 2006: 249). Mit Verweis auf Bourdieu (2013) spricht er davon, dass erst Situationen einem Habitus Möglichkeiten zur strategischen Befolgung eröffnen (vgl. Nassehi 2006: 249). Kurzum: Die Hervorbringung der Praxis bzw. die Vollzüge in der Praxis sind als eine Art Regelfolgen im wittgensteinianischen Sinne zu verstehen, die dabei allerdings immer auf Situationen angewiesen ist.

Der Habitus darf insgesamt allerdings nicht als fest und unveränderlich aufgefasst werden, sondern er ist dagegen vielmehr als im steten Wandel begriffen zu verstehen (vgl. Krais & Gebauer 2013: 79). Im Habitus selbst sind

---

55 Es ist nach Armin Nassehi ein Kennzeichen für sog. operative Theorien (er zählt dazu die Theorien Luhmanns und Bourdieus), dass sie im Gegensatz dazu den „*sozialen Sinn* von Handlungsketten und Ereignisreihen" (Nassehi 2006: 242; Hervorhebung von R.N.) betonen.
56 Zu Handlung und Sinn siehe auch 7.2 und 6.1.1 und 6.1.2.
57 Zur Regelskepsis bei Bourdieu vgl. auch Schulz-Schaeffer (2004). Zum Zusammenhang der Ansätze von Bourdieu und Wittgenstein, siehe auch 8.3.3.2.

"Sprengsätze" angelegt, „die die Selbstverständlichkeit der Praxen immer wieder ein Stück in Frage zu stellen vermögen." (Krais & Gebauer 2013: 72f.) Aber: Zwar ist es so, dass „sich die Individuen in ihrer Praxis [immer wieder] als reflektierende, bewusst handelnde Subjekte" (Krais & Gebauer 2013: 73) erfahren. Dennoch bleibt man immer eingebunden „in den sozialen Zusammenhang, nicht nur auf Grund äußerer Zwänge, sondern auch auf Grund der mit unserer Vergangenheit, unserem Habitus gegebenen Haltung zur Welt." (Krais & Gebauer 2013: 73f.) Solche Sprengsätze sind eine wesentliche Bedingung für die Veränderlichkeit von Habitus. Auch Thomas Alkemeyer und Robert Schmidt (2003) weisen in ihrem Versuch, das Bourdieu'sche Habituskonzept mit dem Foucault'schen Konzept der Selbsttechniken zu verbinden, darauf hin, dass Bourdieu vereinzelt explizit auf die Möglichkeit von „Akte[n] der praktischen Modifikation habitueller Verfestigungen" (Alkemeyer & Schmidt 2003: 78) verwiesen hat (vgl. Alkemeyer & Schmidt 2003: 92–96).

Mit der Inkorporierung von Gesellschaft in der Praxis sowie dem nach dieser Gesellschaftseinverleibung generierten Handeln ist für die Praxis ein weiterer wichtiger Aspekt des Bourdieu'schen Denkens zentral: das *soziale Feld* (vgl. Krais & Gebauer 2013: 53–60). Handeln findet immer in sozialen Feldern, wie bspw. dem Feld der Wissenschaft, statt, was bedeutet, dass es an feldspezifische Spielregeln orientiert ist.[58] Der *modus operandi* ist die „praktische Beherrschung der Spielregeln in den sozialen Feldern." (Alkemeyer & Schmidt 2003: 90) Das Habituskonzept ist folglich eng verzahnt mit den Überlegungen zu sozialen Feldern (vgl. Schäfer 2013: 91–93):[59] Innerhalb eines sozialen Feldes zeichnen sich die durch den Habitus generierten Handlungen durch „Fraglosigkeit und Affirmation der Regeln der Felder aus, in denen gehandelt wird." (Alkemeyer & Schmidt 2003: 90) Habitus und soziales Feld sind also aufeinander abgestimmt; feldspezifisches Handeln wird als solches innerhalb eines sozialen Feldes anerkannt bzw. akzeptiert: Es handelt sich um ein „unmittelbare[s] Verhältnis der Anerkennung, das in der Praxis zwischen einem Habitus und dem Feld hergestellt wird, auf das dieser abgestimmt ist." (Bourdieu 1987: 126) Eine grundlegende Bedingung für die Teilnahme an Praktiken in sozialen Feldern ist der Glaube an das Feld, die *illusio*. Dieser Glaube bewirkt, dass der

---
58 Reckwitz bezeichnet soziale Felder auch als „Praktikenkomplexe." (Reckwitz 2011b: 45)
59 Der Akteur hat ein *zweifelloses* Verhältnis zu seiner sozialen Umwelt, was bei Bourdieu als *Doxa* bezeichnet wird (vgl. Schäfer 2013: 78).

„Mikrokosmos des Feldes" zur Selbstverständlichkeit wird und schließlich zur Identität des Teilnehmers gehört (vgl. Krais & Gebauer 2013: 59).[60]

An dieser Stelle möchte ich noch einmal auf die Körperlichkeit im Habituskonzept zurückkommen, um so – abschließend – auf den Aspekt der Sozialisation einzugehen:[61] Der Körper spielt offensichtlich eine zentrale Rolle bei der Konzeption des Habitus. Dieser Fokus auf den Körper lässt sich in drei Perspektiven differenzieren: *Körper als Speicher*, *Körper als Agens* und *Körper als Medium* (vgl. Alkemeyer & Schmidt 2003: 89–91). In den Perspektiven Speicher und Agens steckt im Grunde die Auffassung von Habitus als *opus operatum* und *modus operandi*. Der Körper ist darüber hinaus ein *Medium*, mit dem in Form einer „implizite[n] Pädagogik" (Bourdieu 2012: 200), d. h. also durch unbewusste „praktische[] Mimesis" (Alkemeyer & Schmidt 2003: 90) innerhalb eines sozialen Feldes, der Habitus von Körper zu Körper übertragen wird (vgl. Alkemeyer & Schmidt 2003: 91f.).[62] Über den Körper, verstanden als Medium, werden Habitus also auch weitergegeben, d. h. sie sind ein wesentlicher Faktor der Sozialisation: Mit dieser impliziten, ausdrücklich nicht-bewussten Pädagogik werden aus Sicht Bourdieus in Form einer stummen Weitergabe (s. u.) „eine ganze Kosmologie, *Ethik*, Metaphysik und Politik" (Bourdieu 2012: 200; Hervorhebungen von R.N.) übertragen.

Diese die ‚implizite Pädagogik' und Werte/Tugenden (Ethik) aufeinander beziehende Überlegung beinhaltet zwei Aspekte, die für die vorliegende Arbeit nicht unwichtig sind: Werte/Tugenden lassen sich 1) als *Werte-/Tugenddisposi-*

---

60 In Bezug auf das soziale Feld der Wissenschaft heißt es diesbezüglich bei Krais und Gebauer: „So muss, wer Wissenschaft zu seinem Beruf machen will, wer in der Arena einer Wissenschaftsdisziplin um seine Position kämpft, zunächst den Glauben haben, dass der Einsatz für die Wissenschaft lohnt, dass wissenschaftliche Arbeit das ist, wofür man gemacht ist, worin man aufgeht." (Krais & Gebauer 2013: 58f.)

61 Es sei an dieser Stelle ausdrücklich betont, dass man dem Habituskonzept im Bourdieu'schen Sinne offensichtlich nur wirklich gerecht wird, wenn man die Kategorie des Körpers systematisch einbezieht (vgl. Meuser 2002: 40) (siehe auch 8.3).

62 Zur Diskussion sozialisatorischer Vermittlungsprozesse vgl. Schmidt (2012: 204–222). Am Beispiel des Fußballspiels erklärt Schmidt den Sozialisationsprozess mithilfe der *Teilnahme* an Praktiken: „Als Teilnehmer der Praktik sind die Spieler gehalten, ihre Aktionen als Fußballspielen hervorzubringen. Dies gelingt durch ihre fortlaufende Einsozialisierung in die Praktik des Spiels. Das heißt, die Praktik des Fußballspiels eignet sich immer wieder individuelle Spielerinnen an [...]. Sie bringt ihnen fortlaufend praktisches Know-how bei und macht sie auf diese Weise zu kompetenten Teilnehmern beziehungsweise Mitspielern. Diese Einsozialisierung vollzieht sich als weitgehend *stumme Weitergabe* entsprechender Kompetenzen und Schemata. *Spielen und ins Spiel einsozialisiert werden sind nicht voneinander trennbare Aspekte derselben Praktik*." (Schmidt 2012: 218f.; Hervorhebungen von R.N.)

tionen[63] verstehen, die 2) in der alltäglichen Praxis über *stumme Weitergabe* vermittelt werden:

1) Die obige Überlegung impliziert zum einen, dass aus praxis- und habitustheoretischer Sicht *Werte/Tugenden* nicht in erster Linie als etwas in rein mentalen Dispositionen eines Individuums Abgelegtes zu verstehen sind, an das man sich beim alltäglichen Handeln rational orientiert. Werte werden vielmehr mit einem Habitus *unbewusst* inkorporiert: „Die im Habitus eingekörperte Geschichte, die verkörperten sozialen Strukturen und kulturellen Werte finden sich also jenseits des Bewusstseinsprozesses angesiedelt" (Alkemeyer & Schmidt 2003: 89) – sie sind „geschützt vor absichtlichen und überlegten Transformationen." (Bourdieu 2012: 200) Für eine mit dem Habituskonzept arbeitende Soziologie gibt es kein kulturelles Wertesystem, das außerhalb der gesellschaftlich-sozialen Praxis existierte und sich entwickelte (vgl. Krais & Gebauer 2013: 61) – Werte/Tugenden sind demnach nicht als außergesellschaftliche Orientierungen oder gar Anweisungen zu verstehen, die als solche das Denken und Handeln bestimmen bzw. ausrichten. Werte/Tugenden werden vielmehr in der sozialen Praxis selbst gebildet und angeeignet – sie sind der Praxis also nicht vorgelagert. Mit diesem Eingebundensein in soziale Praktiken werden Werte/Tugenden zu Einverleibungen, also „zu Körpern gemachte[] Werte" (Bourdieu 2012: 200) – Werte lassen sich aus dieser Perspektive als *Werte-/Tugenddispositionen* ansehen, die als solche für Handlungsvollzüge relevant werden. Dies führt zu einem zweiten Aspekt, der in diesem Zusammenhang wichtig erscheint:

2) Mit ihrer Inkorporierung sind kulturelle Werte/Tugenden im Handeln stets präsent, was bedeutet, dass sie am Handeln, egal wie unbedeutend dieses scheinen mag, ablesbar sind. Dies hat nicht nur für praxistheoretische Untersuchungen den Vorteil, dass ein Konnex zwischen an der sozialen Praxis ausgerichtetem Handeln und Werte-/Tugenddispositionen hergestellt werden kann.[64] Die Ablesbarkeit kommt auch bei der ‚impliziten Pädagogik' bzw. der *stummen Weitergabe* (vgl. Schmidt 2012: 207f.) der Werte-/Tugenddispositionen innerhalb eines sozialen Feldes zum Tragen: In den scheinbar „unbedeutendsten Einzelheiten der *Haltung*, des *Auftretens*, der körperlichen und verbalen *Darstellungsweisen*" (Bourdieu 2012: 200) sind Werte-/Tugenddispositionen ablesbar und sie werden dadurch ‚jenseits des Bewusstseinsprozesses' *vermittelt*: „Werte, Einstellungen, Dispositionen und Strukturen werden [...] ‚in der Praxis im Zustand des Praktischen vermittelt, ohne die Stufe des Diskurses zu erreichen.

---

63 In Niemann (2015) spreche ich in diesem Zusammenhang darauf aufbauend von *inkorporierten Tugenddispositionen.*
64 Vgl. hierzu auch den oben skizzierten Ansatz von Daston und Galison (siehe 3.2).

Man ahmt nicht ‚Vorbilder' nach, sondern Handlungen anderer'."[65] (Schmidt 2012: 207f.) Werte-/Tugendvermittlung findet hiernach über alltägliches, offensichtlich normales Handeln in sozialen Praktiken statt.

Mit der Annahme einer unbewussten Aneignung und Weitergabe kultureller Werte/Tugenden soll hier natürlich nicht die Möglichkeit der Bewusstmachung von Werte-/Tugenddispositionen geleugnet werden. Im Gegenteil wird davon ausgegangen, dass stets von rational-reflexiven Anteilen bei der Werte-/Tugendaneignung und -vermittlung auszugehen ist. Diese rational-reflexiven Anteile sind allerdings selbst wieder habituell bestimmt.

6.1.3.3 Subjekt als Bündel von Dispositionen

Das im Folgenden vorzustellende Subjektverständnis von Andreas Reckwitz (2012a, 2012c) geht u. a. (nicht unwesentlich) auch auf das Habituskonzept von Pierre Bourdieu zurück. Das Habituskonzept an sich ist laut Reckwitz allerdings zu homogen konzipiert: „[D]er homogene Habitus, das heißt eine Subjektstruktur, die das Subjekt in allen seinen Praktiken durchgängig und widerspruchsfrei reproduziert," kann seines Erachtens „nicht als Voraussetzung in Anspruch genommen werden" (Reckwitz 2012a: 40f., Fn 13; vgl. auch Schäfer 2013: 104). Er hingegen konzipiert ein Subjekt als *Bündel von Dispositionen* (vgl. Reckwitz 2012a: 40–42):[66]

> Bevor der Mensch Subjekt ist, ist er nichts anderes als ein organisches Substrat, ein körperlicher Mechanismus (einschließlich neurophysiologischer Strukturen); dadurch, dass dieses körperliche Wesen sich in Praktiken trainiert, wird es zum Subjekt im Sinne eines Bündels von Dispositionen, die sich auch als praktisches Schemawissen begreifen lassen. (Reckwitz 2012a: 40)

Mit der Bezeichnung *Bündel* möchte Reckwitz andeuten, dass es bei dieser Subjektkonzeption nicht darum geht, eine homogene und konsistente Subjektstruktur anzunehmen. Vielmehr besteht ein Subjekt aus (potentiell) heterogenen Dispositionen, die es in ganz unterschiedlichen Praktiken bzw. Praktikenkomplexen einer Sozialstruktur inkorporiert (vgl. Reckwitz 2012a: 40). Wenn das Soziale – wie oben gezeigt – aus praxistheoretischer Perspektive als aus heterogenen Praktikenkomplexen bestehend verstanden wird, dann ist eine entsprechende Subjektauffassung in diesem Sinne zu konzipieren. Eine statisch-

---

65 Schmidt zitiert hier Bourdieu (1987: 136).
66 *Dispositionen* werden bei Reckwitz noch differenziert in drei Wissenstypen: in know-how-Wissen, interpretatives Deutungswissen sowie einem Komplex motivational-affektiver Schemata (vgl. Reckwitz 2012a: 41).

homogene Subjektkonzeption würde einem Sozialverständnis mit „disparaten und heterogenen Praktiken" (Reckwitz 2012a: 40f., Fn 13) nicht entsprechen können.

Mit diesem grundlegenden Verständnis ist auch bereits ein zentraler Punkt dieses Subjektverständnisses angesprochen, und zwar der elementare Konnex zwischen *Subjekt* und *Praxis* sowie *Kultur*: Aus

> praxeologischer Perspektive [können] einzelne Menschen als körperlich-mentale Wesen niemals anders erscheinen denn als Subjekte, die Träger von Praktiken sind, als etwas, was immer im praktischen Vollzug begriffen ist und darin sozial-kulturelle Formen reproduziert (oder auch modifiziert). Das Subjekt ist nicht Denken, sondern Tun (wobei Denken dann ein sehr spezifisches Tun darstellt); es wird geformt und formt sich als sozial-kulturelle Struktur, indem es an spezifischen sozialen Praktiken partizipiert. In der praxeologischen Perspektive sind das Sozial-Kulturelle und das Subjekt nicht einander äußerlich, das Subjekt lässt sich in seiner Form auch nicht – etwa nach Art der Phänomenologie – in seinem ‚Innern' unabhängig von seinen Praktiken analysieren. (Reckwitz 2012a: 39)

Subjekte, *Praktiken* und *Kultur* sind demzufolge elementar miteinander verbunden: Zunächst gehören Subjekte und Praktiken zusammen.[67] Subjekte existieren in, sie formen sich in und sie werden geformt in Praktiken. Die dabei angesprochene Subjektbildung ist nicht allein auf solche Praktiken beschränkt, die sich reflexiv auf das Selbst richten: Reckwitz unterscheidet intersubjektive, interobjektive und selbstreferentielle Typen von Praktiken (vgl. Reckwitz 2012c: 135f.): Subjekte formen sich demzufolge nicht nur in selbstreferentiellen Praktiken, sondern auch in ganz alltäglichen Formen des Umgangs mit anderen Menschen oder mit Dingen, also z. B. in schlichter Kommunikation mit anderen Personen (intersubjektive Praktiken) oder bei der Arbeit im Haushalt (interobjektive Praktiken).

Praktiken selbst brauchen wiederum Subjekte als ihre Träger: „Die körperlichen Akte, aus denen sich die Praktiken zusammensetzen, sind solche von Subjekten." (Reckwitz 2012a: 39) Als Träger ist ein Subjekt also ein Bündel von Dispositionen, ein „Set inkorporierter und interiorisierter Kriterien und Schemata"

---

[67] In seiner Besprechung des Subjektbegriffs bei Foucault weist Reckwitz darauf hin, dass bestimmte Subjektformen in „scheinbar profane[n] Techniken" bzw. Praktiken des Alltags immer wieder hervorgebracht (und damit auch modifiziert) werden (vgl. Reckwitz 2012c: 24f.). Foucault bietet somit ein „kulturwissenschaftliches Entzauberungsprogramm", bei dem scheinbare Universalien einer zeitlichen und räumlichen Kontextualisierung unterzogen werden (vgl. Reckwitz 2012c: 25). Diese Form der Entzauberung wird – wie oben aufgezeigt – auch bei Lorraine Daston vorgenommen (siehe 3.2).

(Reckwitz 2012a: 40), das in Praktiken erworben wird. Die Verbindung von Praktiken und Subjekten wird – aus der hier eingenommenen kulturtheoretischen Perspektive – immer zugleich im Zusammenhang mit Kultur betrachtet (zum Kulturbegriff, siehe 6.1.1). Die Sinnmuster und Wissensordnungen einer Kultur findet man in Praktiken, wobei diese wiederum durch sie geformt werden. Wir können folglich mit der Analyse von Praktiken eine bestimmte Kultur sowie zudem (spezifisch kultivierte) Subjekte herausarbeiten und charakterisieren. Außerdem können wir mit der Analyse von Praktiken, verstanden als Orte der Subjektformung, einen Blick auf kultur- und kontextspezifische Weisen der Subjektbildung werfen.

Reckwitz unternimmt in diesem Zusammenhang noch eine weitere Differenzierung, indem er Subjekt und Subjektform unterscheidet: Er geht von *kulturellen Formen* aus, entsprechend denen sich der Einzelne als Subjekt ausgestaltet. Der Einzelne verinnerlicht demnach kulturelle Kriterien der Subjekthaftigkeit – genau genommen „Subjektcodes"[68] (Reckwitz 2012a: 42) –, er schreibt sich in *Subjektformen* ein: „[D]as Subjekt ist hier nicht das Individuum, sondern die sozial-kulturelle Form der Subjekthaftigkeit, in die sich der Einzelne einschreibt." (Reckwitz 2012a: 10) Das Subjekt trägt und repräsentiert eine kulturelle Subjektform (vgl. Reckwitz 2012a: 42):[69]

> Der Einzelne als ein – lediglich gedankenexperimentell vorstellbarer – vorkultureller Körper wird zum Subjekt durch seine Partizipation an Praktiken und durch die Modellierung dieses Körpers als Dispositionskomplex und Träger eines Subjektcodes. Jedes einzelne der in dieser Gestalt kulturell geformten Subjekte, welche die jeweilige Praktik tragen, repräsentiert damit eine allgemeine Form des Subjekts, wie sie mit der Praktik korreliert. (Reckwitz 2012a: 42f.)

---

[68] Innerhalb der kulturellen Codes (diese entsprechen den Sinnmustern, von denen in 6.1.1 und 6.1.2 die Rede war) „sind jene Unterscheidungen von besonderer Bedeutung, in denen das, was das Subjekt ist und sein soll, unmittelbar codiert und klassifiziert wird: die Subjektcodes." (Reckwitz 2012a: 42) Zu den kulturellen Codes vgl. Reckwitz (2012a: 36).

[69] Vor dem Hintergrund der Überwindung eines ‚protestantisches Gestus' (siehe bspw. 1.1 und 8.2) wäre es m. E. nicht plausibel, wenn das Verhältnis von Subjektform und Subjekt in dem Sinne als ein Repräsentationsverhältnis bestimmt werden würde, dass Subjekte als konkrete Instantiierungen von wesentlichen typischen Subjektformen angesehen werden. Subjektformen machen demnach aus meiner Sicht als ‚allgemeine Formen des Subjekts' nur Sinn, wenn sie als reflexiv erfasste Allgemeinheiten angesehen werden, die aus konkreten Subjektexemplaren im Rückblick auf die Praxis erschlossen wurden. Die praktischen Vollzüge von Subjekten dürften also nicht als Ableitungen aus oder Orientierungen an Subjektformen verstanden werden.

Subjekte bilden sich – wie oben gezeigt – in Praktiken nicht nur heraus, sondern sie bilden sich auch in ihnen um. Die Veränderung von Subjekten ist jedoch *nicht ausschließlich* auf Veränderungen der kulturellen Sinnmuster oder der Praktiken(komplexe) zurückzuführen, innerhalb derer sie existieren und in denen sie sich bilden. Man muss im Gegenteil – mit Alkemeyer, Budde & Freist (2013a) – darüber hinaus einen gewissen *Eigenanteil* des Individuums bei der Bildung von Subjekten annehmen, was wiederum Auswirkungen auf die jeweiligen Subjektformen hat. Alkemeyer, Budde und Freist sprechen in diesem Zusammenhang von Selbst-Bildungen:[70]

> Mit dem Terminus *Selbst-Bildungen* [Hervorhebung im Original] legen wir explizit den Akzent auf diesen *Eigenanteil der Individuen an der praktischen Aus- und Umgestaltung vorgefundener Subjektformen* und damit an ihrer eigenen Subjektwerdung in verschiedenen Kontexten, *ohne die Individuen als absolut agierende Subjekte misszuverstehen*. (Alkemeyer, Budde & Freist 2013a: 21; Hervorhebungen von R.N.)

Der Akteur selbst darf also bei einem praxistheoretischen Ansatz der Subjektbildung nicht aus dem Blickfeld geraten, möchte man nicht letztlich „subjektlose Praktiken an Stelle der vielgeschmähten Strukturen treten lassen." (Füssel 2003: 159) Die Subjekte, die sich in Praktiken bilden, die sich also in diesen Dispositionen aneignen, sind nicht durch Praktiken *determiniert*. Praktiken sind nicht einfach neue Formen von gesellschaftlichen Strukturen, die auf den Einzelnen – von außen – einwirken und ihn in diesem Sinne absolut bestimmen. Es ist demnach bei der theoretischen Bestimmung von Subjekten und Subjektformen wichtig, *subjektiven Eigensinn* zuzugestehen (vgl. Alkemeyer 2013: 46).[71] Das Subjekt ist dabei allerdings nicht autonom im Sinne der klassischen Subjektphilosophie, da man den subjektiven Eigensinn selbst als Produkt der Sozialisation betrachten muss (vgl. Alkemeyer & Villa 2010; Alkemeyer 2013: 46). Diese Form von Eigensinn ist neben dem Wandel von Kultur ein grundlegender

---

[70] Die Verwendung des Terminus *Selbst* wird von den Autoren mit der Abgrenzung neuerer Subjektverständnisse gegenüber dem klassischen Subjektverständnis (s. o.) begründet. So findet man die Verwendung von *Selbst* bspw. auch bei Foucault als „Ausweitung des theoretischen Blicks auch auf nicht-neuzeitlich-moderne ‚Subjektkonzepte.'" (Alkemeyer, Budde & Freist 2013a: 21f.). In diesem Sinne dürfte auch die Verwendung der Bezeichnung *wissenschaftliches Selbst* bei Daston/Galison (2007) zu interpretieren sein, vor allem auch, da dort ein expliziter Bezug auf Foucault hergestellt wird (siehe 3.2).
[71] Für einen kritischen Vergleich zwischen Schatzki, auf den der praxeologische Subjektansatz Alkemeyers zum Großteil rekurriert, mit dem social act-Konzept von Mead vgl. Alkemeyer (2013: 46, FN 70): Alkemeyer zufolge lässt das Schatzki-Konzept mit dem Eigensinn zu, u. a. Kritik an und Veränderung von Praktiken fassen zu können.

Faktor für den *Wandel* von Praktiken und Subjekten (vgl. Alkemeyer 2013: 47)[72] (siehe aber auch 8.2).

An dieser Stelle seien abschließend noch kurz ein paar Überlegungen speziell zu *wissenschaftlichen Subjekten* angestellt. In dem unter 3.2 vorgestellten Ansatz von Lorraine Dastons und Peter Galison zu historisch spezifischen wissenschaftlichen Selbst bzw. Subjekten wird von typischen wissenschaftlichen Subjekten in bestimmten historischen Kontexten ausgegangen, die sich in alltäglichen wissenschaftlichen Praktiken herausbilden. Sie bringen diese wissenschaftlichen Subjekte explizit in Verbindung mit wissenschaftlichen Werten (epistemischen Tugenden), die je historisch-kulturell spezifisch sind. Dieser Ansatz dient der vorliegenden Arbeit als ein wesentlicher Ausgangspunkt.

Im Kontext der in diesem Kapitel vorgestellten sozialtheoretisch-praxeologischen Subjektanalysen findet sich mit dem Beitrag von Thomas Etzemüller (2013) ebenfalls ein Ansatz, der explizit auf wissenschaftliche Subjekte zielt. Ein wissenschaftliches Subjekt ist ihm zufolge „durch Habitus, Wertvorstellungen und Praktiken derart geprägt, eine spezifische Identität ist derart eingeschliffen, dass es nicht mehr freihändig in andere Subjektformen wechseln kann." (Etzemüller 2013: 187) Interessant ist hier, dass nicht allein Habitus, Subjektformen und Praktiken in einen Zusammenhang gestellt werden, der in diesem Fall spezifisch wissenschaftlich geprägt ist, sondern dass auch – wie bei Daston und Galison (2007) – explizit auf Wertvorstellungen verwiesen wird, die letztlich in die wissenschaftliche Subjektform eingeschrieben sind. Etzemüller weist in diesem Zusammenhang darauf hin, dass die Betrachtung der wissenschaftlichen Subjektform natürlich vor dem Hintergrund des wissenschaftlichen Feldes (er spricht vom wissenschaftlichen System) mit seinen historisch sich verändernden Spezifika, wie spezifischen Fachkulturen, Sprachen und Denkweisen, erfolgen muss (vgl. Etzemüller 2013: 187). Im Zentrum dieses Ansatzes steht die Subjektwerdung zu einem Verfasser (bzw. ‚Vf.'): Wenn „ein beliebiger *Irgend*jemand sich zu *Jemandem* verwandelt hat, und zwar in der paradoxen Form des ‚Vf.', einer wissenschaftlichen Autorität, die gleichzeitig hinter ihrer wissenschaftlichen Arbeit verschwindet, ein individueller, depersonalisierter Autor, dann ist das Subjekt in der Wissenschaft konstituiert" (Etzemüller 2013: 178)

---

[72] Für die Subjektumbildung durch Eigenanteil dürften auch *Subjektdiskurse* nicht unwichtig sein, auf die an dieser Stelle nur hingewiesen wird: Modelle für Subjekthaftigkeit sind – wie wir oben gesehen haben – in Praktiken *implizit* vorhanden und wirken sich so auf die Subjektbildung aus. In Subjektdiskursen werden solche Modelle dagegen *explizit* gemacht (vgl. Reckwitz 2012a: 43). In diesen Diskursen wird explizit thematisiert, was ein Subjekt oder Anti-Subjekt ausmacht – dies kann selbstverständlich ebenfalls Auswirkungen auf die Subjektbildung haben.

Dieses Wissenschaftler-Subjekt wandelt sich historisch und ist mithilfe der Resultate aus Textproduktionsprozessen zu identifizieren (vgl. Etzemüller 2013: 191f.): „*Dass Menschen sich zum ‚Vf.' wandeln, lässt sich beispielsweise über die Strukturen ihrer Textproduktion verfolgen* [Hervorhebung von R.N.] – wie das geschieht, freilich nicht."[73] (Etzemüller 2013: 192) Auf diesen Zugang werde ich in Kapitel 8.5 kritisch zurückkommen.

Die aufgeführten Grundannahmen zum Kultur-, Praxis- und Subjektbegriff sollten deutlich gemacht haben, dass eine Nähe zu dem Konzept der ‚*Communities of Practice*' – trotz der gemeinsamen Referenz auf Praktiken – nur bedingt gegeben ist (vgl. Wenger 1998; Lave & Wenger 1991; Eckert 2000).[74] Gemeinsam sind beiden sicherlich das grundsätzlich sozial-situative Verständnis von Lernen sowie die generelle Orientierung an den Sozialtheorien (vgl. Lave & Wenger 1991; Wenger 1998: 11f.).[75] Auch das Interesse an Fragen zur sozialen Identitätsbildung deckt sich zumindest teilweise mit der vorliegenden Arbeit und ist darüber hinaus – gerade bei Eckerts (2000) ethnographisch linguistischer Herangehensweise – überaus interessant. Bei näherem Hinsehen zeichnen sich jedoch auch entscheidende Unterschiede ab, die hier im Folgenden kurz angedeutet werden sollen: Vor allem liegt mit dem in der vorliegenden Arbeit verwendeten Verständnis von Praktik ein anderer Praxisbegriff vor als im Konzept der Communities of Practice. Zum einen liegt das sicherlich an den unterschiedlichen Theorietraditionen, die den jeweiligen Begriffen zugrunde liegen: So sind bspw. die Verweise auf Bourdieu und Wittgenstein bei Wenger (1998) eher kursorischer Art, während die genannten Autoren und ihre Überlegungen für das hier herauszuarbeitende Praxisverständnis grundlegend sind und systematisch in die eigenen Überlegungen eingearbeitet werden (siehe 8.3 und 8.4).[76] Zum anderen sind Praktiken in der vorliegenden Arbeit nicht grundsätzlich an Gemeinschaften gebunden, wie das bei Wenger der Fall ist (vgl. Wenger 1998: 72–85): Praktiken werden in der vorliegenden Arbeit also nicht – wie bei Wenger – verstanden als der Kitt, der eine Gemeinschaft erst zu einem „special type of community" (Wenger 1998: 72) macht, etwa über „joint enterprise" und „mutual engagement." (vgl. Wenger 1998: 73–77) Praxis im Sinne Wengers kann

---

[73] Zumindest aber den Verlauf bzw. den Entwicklungsprozess dieser Subjektwerdung, den Helmuth Feilke und Torsten Steinhoff als „Habitusanpassung" (Feilke & Steinhoff 2003) bezeichnen, kann man durchaus nachzeichnen (vgl. bspw. Steinhoff 2007a).
[74] Für weitere Studien im Rahmen dieses Konzepts (vgl. Wardhaugh & Fuller 2015: 68–70).
[75] Der spezifische Bezugsrahmen unterscheidet sich allerdings deutlich (s. u.).
[76] Diesbezüglich sind, nicht zuletzt mit dem Fokus auf den Handlungsbegriff (s. u.) sowie damit einhergehend auf die Kategorie des Körpers (siehe 8.3), unterschiedliche Akzente hervorzuheben.

demnach als gemeinsames, aufeinander bezogenes Verhalten der Personen in einer Gemeinschaft, also etwa einer Arbeitsgemeinschaft, verstanden werden. Dieses gemeinsame und aufeinander bezogene Verhalten konzentriert sich um eine gemeinsame ‚Aufgabe' bzw. eine gemeinsame ‚Unternehmung' einer Gruppe, durch die die jeweiligen Personen zusammenbracht werden.[77] Die Community of Practice wird erzeugt, weil unterschiedliche Personen sich zueinander (interaktiv) auf eine bestimmte, die Gemeinschaft charakterisierende Weise verhalten (vgl. Wenger 1998: 125f.). In der vorliegenden Arbeit werden Praktiken dagegen viel elementarer verstanden als eine Art zentraler Baustein von Sozialität, denn sie bilden *die* zentrale und elementare Kategorie von sozialer Ordnung (siehe 6.1.2): Eine soziale Ordnung *besteht* demnach aus sozialen Praktiken; das allgemeine (geordnete) menschliche Miteinander vollzieht sich also immer in sozialen Praktiken. Dieser sehr grundsätzliche Ausgangspunkt für meine Überlegungen erscheint mir notwendig zu sein, da m. E. Begriffe wie *Handeln* und *Subjekt* nur wirklich sinnvoll gefasst werden können, wenn sie von einem allgemeinen Verständnis von Sozialität *ausgehen*. Mit dem Fokus auf den Handlungsbegriff ist zugleich ein weiterer unterscheidender Punkt angesprochen: Das Verständnis von Praktik ist in der vorliegenden Arbeit unauflöslich gebunden an Handlungen. Jedes Handeln ist bei diesem allgemeinen Verständnis von sozialer Ordnung ein Handeln in Praktiken, und zwar auch dann, wenn es nicht – wie bei den Communities of Practice – im Rahmen einer gemeinschaftlichen, interaktiven Unternehmung stattfindet. Handlungen sind also *immer* Vollzüge in Praktiken und sie sind dabei nicht notwendigerweise interaktiv, sie sind also nicht notwendigerweise Handlungen in Gemeinschaften. Insofern ist der Praxisbegriff der vorliegenden Arbeit nicht über gemeinschaftliche Unternehmungen von Gruppen definiert, sondern geht elementar aus von sozialer Ordnung und einem Verständnis von Handeln innerhalb dieser. Entscheidend ist dabei außerdem, dass ein Handlungsbegriff einerseits *explizit* einbezogen und andererseits dabei auch *systematisch theoretisch* bestimmt wird: Die Beschäftigung mit Praktiken muss – aus der hier eingenommenen Perspektive – in seinen Grundzügen *handlungstheoretisch* erfolgen; die Praxistheorie, wie sie hier gebraucht wird, ist denn auch im Kern eine *Handlungstheorie*. Sämtliche Kategorien, wie etwa *Subjekt* und *Kultur*, sind in elementarer Weise mit dem Handlungsbegriff verknüpft und nicht ohne diesen zu denken (siehe etwa 6.1.1, zum

---

77 „A community of practice is an aggregate of people who come together around some enterprise. United by this common enterprise, people come to develop and share ways of doing things, ways of talking, beliefs, values – in short, practices – as a function of their joint engagement in activity." (Eckert 2000: 35)

Kulturbegriff der vorliegenden Arbeit). Es handelt sich beim praxistheoretischen Ansatz der vorliegenden Arbeit also um einen grundsätzlich unterschiedlichen Ausgangspunkt mit anderer Perspektive als beim Konzept der Communities of Practice: Nicht die gemeinschaftliche wissenschaftliche Unternehmung bildet den Ausgangspunkt der vorliegenden theoretischen Überlegungen, sondern vielmehr ein theoretisches Verständnis von Handeln und Subjekt im Rahmen spezifischer wissenschaftlicher Sinnmuster und Wissensordnungen (Wissenschaftskulturen). Diese Verständnisse werden als notwendiges und geeignetes theoretisches Werkzeug betrachtet, mit dem dann im weiteren Verlauf der Arbeit ein theoretisches Verständnis von textproduktivem Sprachhandeln erarbeitet und somit der typische Sprachgebrauch in der Wissenschaft erklärt werden kann (siehe Kapitel 8).

6.2 Das Praktikenkonzept in der Sprachwissenschaft

Das Konzept der Praktik erfährt in der jüngeren sprachwissenschaftlichen Forschung zunehmend Beachtung. Im Folgenden werden einschlägige sprachtheoretische Praktikenkonzepte vorgestellt.[78] Anschließend werden diese dann in Hinblick auf das weiter oben vorgestellte Praxiskonzept erörtert. Es wird dabei versucht, den Ansatz der vorliegenden Arbeit in dem aufgezeigten Rahmen zu verorten. Es geht im Folgenden nicht um eine erschöpfende Darstellung, sondern eher um eine Erörterung der grundlegenden Prinzipien der jeweiligen Konzepte einerseits sowie um das Aufzeigen von zentralen Gemeinsamkeiten und Unterschieden untereinander andererseits.

6.2.1 Kommunikative Gattungen und Praktiken

Bevor ich auf die Überlegungen zu ‚kommunikativen Praktiken' von b) Reinhard Fiehler (2000) und c) Angelika Linke (2010) sowie d) auf praxistheoretische Überlegungen von Jan Georg Schneider (2009)[79] zu sprechen komme, möchte

---

[78] Ich konzentriere mich dabei auf diejenigen Zugänge, die den Begriff der Praktik (bzw. auch der Gattung) in systematischer und theoretischer Hinsicht behandeln und nicht einfach für sprachliche Phänomene oberhalb der Satzgrenze verwenden (vgl. hierzu Linke 2010: 259).
[79] Der Ansatz von Schneider ist sicherlich nicht im engeren Sinne als Praktikenansatz zu verstehen. Einige der Ausführungen von Schneider sind jedoch für die weiteren theoretischen Überlegungen der vorliegenden Arbeit zentral, weshalb sie in dem folgenden Zusammenhang mit aufgenommen werden.

ich zunächst einmal a) auf das Konzept der ‚kommunikativen Gattungen' eingehen, das sowohl bei Fiehler als auch bei Linke im Rahmen ihrer Erörterungen zu Praktiken zentral thematisiert wird. In gewisser Weise kann man das Konzept der kommunikativen Gattungen als wichtige theoretische Folie betrachten, auf der die Überlegungen zu kommunikativen Praktiken (mitunter abgrenzend) herausgearbeitet werden.

a) Das Konzept der kommunikativen Gattungen, das ursprünglich aus der wissenssoziologischen Forschung um Thomas Luckmann stammt (vgl. etwa Luckmann 1986, 1997), ist in der linguistischen Forschung durch Susanne Günthner (1995) etabliert worden. Kommunikative Gattungen sind nach Luckmann definiert als „mehr oder minder wirksame und verbindliche ‚Lösungen' von spezifischen *kommunikativen* ‚Problemen.'" (Luckmann 1997: 12). Das Gattungskonzept geht also davon aus, dass es im Alltag wiederkehrende kommunikative Anforderungen bzw. Probleme gibt, die auf typische und musterhafte Weise bewältigt bzw. gelöst werden. Es handelt sich folglich um nicht-spontane Rede, die in ihrer Typik und Musterhaftigkeit voraussagbar ist und an der sich die jeweiligen Interaktionsteilnehmer bei ihrer Produktion und Rezeption orientieren (vgl. Günthner 1995: 197).[80] Als Beispiel führt Günthner das *Prüfungsgespräch* auf: Prüfungssituationen dürfen für bestimmte Kulturkreise sicherlich als wiederkehrende kommunikative Anforderungen betrachtet werden. Für solche Situationen hat sich in unserer Gesellschaft ein Gattungswissen über Prüfungsgespräche herausgebildet, das den Teilnehmenden Kenntnisse u. a. über den typischen sequenziellen Handlungsablauf oder über die rollenspezifische Zusammensetzung mit ihrer typischen Beziehungsstruktur zur Verfügung stellt (vgl. Günthner 1995: 197).

Wie gerade die letzten Punkte andeuten, werden kommunikative Gattungen auf unterschiedlichen Ebenen betrachtet. Unterschieden werden eine *Binnenstruktur*, eine *Ebene der situativen Realisierung* sowie eine *Außenstruktur* (vgl. Günthner 1995: 201–207). Auf diese Weise werden bspw. unterschiedliche Perspektiven wie die Morphosyntax (Binnenstruktur), der Sprecherwechsel in konkreten Dialogsituationen (situative Realisierung) sowie der Zusammenhang mit

---

[80] Günthner verweist auf prinzipielle Ähnlichkeiten sowie auf Unterschiede des Gattungskonzepts mit dem Konzept der ‚sprachlichen Handlungsmuster' von Konrad Ehlich und Jochen Rehbein (1979) (vgl. Günthner 1995: 197, Fn 8). Auch Angelika Linke verweist auf Ähnlichkeiten des Gattungs- sowie ihres Praktikenkonzepts zu „verwandten Nachbarkonzepten", die teilweise auf recht unterschiedliche theoretische Hintergründe zurückgehen (vgl. Linke 2010: 260, Fn 14).

sozialen und kulturellen Milieus (Außenstruktur) durchaus analytisch differenziert, aber auch in Verbindung zueinander gebracht.

In Abgrenzung zur Textsortenforschung wird vor allem der Zusammenhang von kommunikativen Gattungen und sozio-kulturellen Faktoren hervorgehoben (vgl. Günthner 1995: 210). Das Gattungskonzept ermögliche „gerade mit der ‚Außenstruktur' eine Verbindungsmöglichkeit zwischen linguistischen Detailanalysen einzelner sprachlicher Phänomene, interaktiv-situativer Realisierungsformen und Aspekten der sozialen Praxis in einem bestimmten kulturellen Umfeld." (Günthner 1995: 210) Aus meiner Sicht ist gerade dieser die soziokulturellen Faktoren explizit auch mit grammatisch strukturellen Phänomenen verbindende Aspekt eine der Stärken des Konzepts der kommunikativen Gattungen. Weiter unten werde ich darauf zurückkommen.

Prinzipiell scheint es Günthner darum zu gehen, mit dem Gattungskonzept die Musterhaftigkeit der *mündlichen, interaktiven* Kommunikation, d. h. der situationsgebundenen Interaktion, zu erfassen und zu beschreiben. Darauf deutet vor allem ihre Argumentation für die Abgrenzung der Gattungsforschung gegenüber der Textlinguistik und Textsortenforschung hin. Ein wichtiger Punkt in diesem Zusammenhang ist, dass Gattungen in ihrer Musterhaftigkeit von den Interagierenden und in der Interaktion erst erzeugt werden, womit Günthner die Dynamik des Gattungskonzepts hervorhebt (vgl. Günthner 1995: 208).[81] Gattungen sind folglich nicht als statische und monologische, sondern als dynamische und interaktiv-erzeugte Phänomene der Kommunikation zu betrachten. Gegenstand der Gattungsforschung sind also explizit nicht „immanente, normative, festgelegte Textstrukturen" (Günthner 1995: 211), sondern zwar durchaus konventionalisierte, aber eben auch „flexible und dynamische Erwartungsstrukturen bzgl. der Organisation formaler Mittel und Strukturen im konkreten Diskurszusammenhang." (Günthner 1995: 211) Die Art und Weise also, wie jemand im Rahmen einer Gattung spricht, welche sprachlichen Mittel er/sie an welcher Stelle im Verlauf eines Gesprächs wie verwendet, ist *relativ* stabil. Die Typizität und Musterhaftigkeit von Gattungen sind folglich vor dem Hintergrund dieser dynamisch-relativen Sichtweise zu verstehen. Hiermit geht auch der Gedanke einher, dass Gattungen nicht in einer reinen Form vorliegen, sondern vielmehr,

---

81 Auch in Bezug auf die Methodik der Gattungsforschung betont Günthner, dass im Gegensatz zur Textsortenforschung der Analysefokus auf reale Gespräche gerichtet ist. Sie lehnt sich in diesem Zusammenhang explizit an Forschungsrichtungen wie die Konversationsanalyse oder die interpretative Soziolinguistik an (vgl. Günthner 1995: 209).

aufgrund von „Rekontextualisierung" (Günthner 1995: 211) und Intertextualität, variiert und/oder vermischt werden können.[82]

Abschließend möchte ich noch auf zwei weitere Punkte in Günthners Überlegungen zum Gattungskonzept hinweisen, die mir sowohl für das Gattungskonzept selbst als auch für meine weiter unten vorzustellenden Überlegungen zur Praxis als wichtig erscheinen. Da wäre zunächst die Erklärung der Art und Weise, wie die typischen Realisierungen von Gattungen in der Interaktion zustande kommen. Es geht hier um die Frage, wie die Handelnden eigentlich dazu kommen, im Rahmen einer kommunikativen Gattung auf eine typische Weise zu sprechen bzw. zu interagieren. In gewisser Weise handelt es sich hier aus meiner Sicht um eine Grundsatzfrage, die an der Schnittstelle von Kultur, Subjekt und Sprachhandeln ansetzt. Laut Günthner lassen sich kommunikative Gattungen als eine Art Orientierungsrahmen für die Interagierenden begreifen. An diesem Rahmen orientieren sich die Interagierenden sowohl bei der Produktion als auch bei der Rezeption (vgl. Günthner 1995: 199). Bei Günthner heißt es hierzu: „Gattungen bezeichnen also *sozial verfestigte und komplexe kommunikative Muster, an denen sich Sprecher/innen und Rezipient/innen sowohl bei der Produktion als auch Interpretation interaktiver Handlungen orientieren.*" (Günthner 1995: 199) An anderer Stelle heißt es: „Sie [= Gattungen] unterscheiden sich von ‚spontanen' kommunikativen Vorgängen dadurch, daß die Interagierenden sich in einer voraussagbaren Typik an vorgefertigten Mustern ausrichten." (Günthner 1995: 197) Der Kern der theoretischen Bestimmung scheint hier auf der Musterhaftigkeit zu liegen, wobei das jeweilige konkrete Handeln der Akteure (Sprechen, Interpretieren) als aus dieser Musterhaftigkeit abgeleitet verstanden wird. Das Handeln selbst scheint also nicht im Zentrum zu stehen, sondern ist im Grunde eine Ableitung aus einem Muster, an dem sich die Akteure orientieren und das in dieser Hinsicht priorisiert wird. Ich werde unten auf diesen Punkt zurückkommen und vorschlagen, in einem Praktikenzusammenhang stärker vom eigentlichen Handeln selbst aus zu denken, um somit dem möglicherweise aufkommenden Eindruck, dass Handeln und Subjekte Epiphänomene aus Mustern seien, zu begegnen.

Und schließlich sei noch auf den Status der kommunikativen Gattungen innerhalb gesellschaftlicher Kommunikation im Allgemeinen hingewiesen. Wo

---

[82] „D.h., Interagierende können sich bei der Rekontextualisierung von Gattungen sehr eng an vorherige Modelle anlehnen, sehr stark davon abweichen oder aber Hybridformen kreieren." (Günthner 1995: 211) Auf den Punkt der Rekontextualisierung, der m. E. nicht nur für Gattungs- sondern auch für Praktikenkonzepte ziemlich zentral ist, werde ich unten in Kapitel 8.2 noch ausführlicher zu sprechen kommen.

finden wir also kommunikative Gattungen in unserer so vielschichtigen und komplexen Kommunikationslandschaft? Laut Günthner sind kommunikative Gattungen zum einen selbstverständlich nicht auf literarische, d. h. fiktivkünstlerische Gattungen beschränkt, wie vielleicht die Bezeichnung als ‚Gattung' suggerieren mag. Zum anderen umfassen kommunikative Gattungen aber auch nur einen Teil der gesamtgesellschaftlichen Kommunikation. Es kann, so Günthner, „nicht behauptet werden, daß alles Sprechen in Gattungen ablaufe." (Günthner 1995: 199) Kommunikative Gattungen sind demnach also mehr oder weniger ‚Spezialfälle' der Kommunikation,[83] neben denen weitere, möglicherweise nicht-musterhafte Formen der Kommunikation existieren.

b) Ähnlich wie beim Gattungskonzept geht es auch beim Konzept der kommunikativen Praktiken nach Reinhard Fiehler (2000)[84] im Wesentlichen um eine gewisse Musterhaftigkeit und Typizität bei der Hervorbringung von sprachlichen Handlungen. Es geht auch hier darum, zu betonen, dass sprachliches Handeln im Grunde nicht frei oder spontan, sondern im Rahmen von musterhaften kommunikativen Praktiken abläuft. Wiederkehrende kommunikative Probleme innerhalb einer Gesellschaft können mithilfe dieser musterhaften kommunikativen Praktiken gelöst werden (vgl. Fiehler 2000: 38).

Vor allem aber in Hinblick auf den unter a) zuletzt aufgeführten Punkt unterscheiden sich die Konzepte der kommunikativen Gattungen und der kommunikativen Praktiken wesentlich voneinander. Nach Fiehler unterliegt die „kommunikative Praxis", wie er die Kommunikation im Allgemeinen nennt, einer „weitergehenden Vorstrukturierung", als das nach dem Konzept der kommunikativen Gattungen der Fall ist (vgl. Fiehler 2000: 39). Größere Teile der allgemeinen Kommunikation sind demzufolge als musterhaft anzusehen, wobei – und das ist ein weiterer Unterschied zum Gattungskonzept – die Praktiken selbst weniger rigide „Ordnungsstrukturen" aufweisen (vgl. Fiehler 2000: 39).[85] Auf den Punkt gebracht heißt das, dass kommunikative Praktiken weniger stark präformiert sind als kommunikative Gattungen und dabei zugleich zu größeren Anteilen in der allgemeinen Kommunikation vertreten sind als kommunikative Gattungen. Letzteres trägt schließlich zu einer größeren Präformiertheit der Kommunikation im Allgemeinen bei. In Bezug auf diesen letzten Punkt, den

---

[83] Unabhängig davon, wie weit verbreitet sie auch innerhalb der gesamtgesellschaftlichen Kommunikationslandschaft sein mögen.
[84] Siehe auch Fiehler in der Duden-Grammatik (vgl. Duden 2009: 1170–1172).
[85] An dieser Stelle wird deutlich, dass so etwas wie die Stärke der Musterhaftigkeit einer gewissen Skalarität unterliegt. Dies wäre sicher in Bezug auf das Praktikenkonzept noch herauszuarbeiten.

Anteil von kommunikativen Praktiken an der Kommunikation im Allgemeinen, findet man bei Fiehler jedoch auch weniger vorsichtige Formulierungen. Während es – wie oben gezeigt – im Zusammenhang mit der Abgrenzung vom Konzept der kommunikativen Gattungen vorsichtig heißt: „Das Konzept der kommunikativen Gattungen sieht größere Anteile der kommunikativen Praxis als nicht präformiert und spontan an [...]. Das Konzept der kommunikativen Praktiken geht von einer *weitergehenden* Vorstrukturierung aus" (Fiehler 2000: 39; Hervorhebung von R.N.), findet man noch zu Beginn seiner Ausführungen zu kommunikativen Praktiken den Hinweis, dass Sprachhandlungen *immer* in kommunikativen Praktiken stattfinden: „Wir sprechen und schreiben nicht schlechthin, sondern jedes Sprechen und Schreiben geschieht in und ist Bestandteil von kommunikativen Praktiken." (Fiehler 2000: 38; Hervorhebung getilgt) Nach diesem Verständnis gibt es also kein Sprechen und Schreiben außerhalb kommunikativer Praktiken.[86]

In dem zuletzt angeführten Zitat wird neben der Auffassung von stets an Praktiken gebundenen Sprachhandlungen ein weiterer Punkt deutlich, mit dem sich das Praktikenkonzept Fiehlers vom Gattungskonzept unterscheidet, denn offensichtlich macht Fiehler in Hinblick auf das Praktikenkonzept keinen prinzipiellen Unterschied zwischen Sprechen und Schreiben, während das Gattungskonzept nach Günthner in erster Linie auf situationsgebundene Interaktionen, d. h. auf Sprechen abhebt.[87] Kommunikative Praktiken können sowohl in medial mündlicher als auch in medial schriftlicher Form vorliegen. Als Beispiele nennt Fiehler solche Praktiken wie das Sprechen im Rahmen eines Kaffeeklatsches, einer Dienstbesprechung, einer Rede sowie das Schreiben eines Einkaufszettels, eines Briefs oder eines Aufsatzes (vgl. Fiehler 2000: 38).

Es lässt sich bis dato also festhalten, dass mit dem Praktikenkonzept Fiehlers hinsichtlich dieser zwei Aspekte, nämlich der (man könnte sagen) *Ubiquität* des Praktikenkonzepts innerhalb der allgemeinen Kommunikation sowie der *medialen Indifferenz* hinsichtlich der Sprachhandlungen (Gesprochen- *und* Ge-

---

86 „Fragen wir uns [...] vor dem Hintergrund des Konzepts kommunikativer Praktiken, wo man ,die' gesprochene Sprache oder ,die' geschriebene Sprache findet: Man findet sie nie allgemein, sondern immer nur in Form von Exemplaren je konkreter Praktiken." (Fiehler 2000: 39)

87 Interessanterweise wird dieser aus meiner Sicht durchaus wichtige Unterschied zwischen den zwei Konzepten bei Fiehler nicht als Unterscheidungsmerkmal mit aufgeführt. Dass Fiehler stattdessen gerade „Interaktivität" (neben anderen) als wichtiges Abgrenzungsmerkmal gegenüber dem Konzept der kommunikativen Gattungen aufführt, lässt vor dem Hintergrund der elementaren Rolle von Interaktivität für das Gattungskonzept (siehe oben) doch verwundern (vgl. Fiehler 2000: 39).

schriebensprachlichkeit), ein weiter reichendes Verständnis vorliegt als mit dem Gattungskonzept nach Günthner. Kurzum: Das Praktikenkonzept ist auf weitere Teile der Gesamtkommunikation anwendbar.

Gerade vor dem Hintergrund dieses umfassenden Verständnisses von kommunikativen Praktiken erscheint es aus meiner Sicht notwendig, nach der Art und Weise des Zustandekommens von Sprachhandlungen im Zusammenhang mit kommunikativen Praktiken zu fragen. Auch hier geht es also um die Frage, welche Rolle dem Sprachhandeln und dem Subjekt zugesprochen wird. Damit einher geht auch die Frage nach dem Zusammenhang von Sprachhandlung und Subjekt mit sozialer Ordnung und Kultur. Wie wird also das Sprachhandeln im Rahmen des Konzepts der kommunikativen Praktiken erklärt?

Fiehler geht davon aus, dass den Akteuren ein Wissen über die kommunikativen Praktiken einer Gesellschaft zur Verfügung steht. Beim Kommunizieren würden die Akteure dann je passende Exemplare der ihnen zur Verfügung stehenden Praktiken „intendieren und realisieren." (Fiehler 2000: 38) Wichtig sind in diesem Zusammenhang zwei Aspekte, die bei Fiehler sehr eng zusammenhängen. Das sind zum einen der Begriff des Sozialen und zum anderen der Regelbegriff. Fiehler betont, dass kommunikative Praktiken soziale Praktiken sind: „Kommunikative Praktiken sind zugleich soziale Praktiken, Formen sozialer Praxis." (Fiehler 2000: 38) Mit dieser Betonung der Sozialität von kommunikativen Praktiken hebt er vor allem auf den Konventionalisierungs- bzw. Regelaspekt ab. Der Begriff des Sozialen scheint für Fiehler in erster Linie zu bedeuten, dass eine Regelung bzw. eine Konvention vorliegt, wobei zwischen Regel und Konvention im Grunde nicht unterschieden wird: „Als soziale Phänomene sind kommunikative Praktiken geregelt. Das Ausführen einer kommunikativen Praktik bedeutet die Berücksichtigung eines spezifischen [...] Komplexes von sozialen Regeln bzw. Konventionen." (Duden 2009: 1171) Folgende Gleichung dürfte hierfür zutreffen: Soziales entspricht Regelung und Regelung entspricht (weitestgehend) Konvention. Wenn Fiehler also konstatiert, dass kommunikative Praktiken Formen *sozialer* Praxis bzw. *soziale* Praktiken sind, dann ist damit im Wesentlichen gemeint, dass kommunikative Praktiken in ihrer Musterhaftigkeit aus sozialen Regeln bzw. Konventionen entstehen. Schließlich sei noch erwähnt, dass nach Fiehler das Ausführen von Regeln zum Großteil nicht bewusst geschieht und darüber hinaus unterschiedliche Ebenen der Kommunikation, d. h. etwa „einschlägige Syntagmen", die Rederechtsorganisation, den Ablauf von Gesprächen usw. betrifft (vgl. Duden 2009: 1171). Wie beim Gattungskonzept wird also auch hier systematisch u. a. die grammatische Ebene in die Überlegungen einbezogen.

c) Angelika Linke (2010) schließt sich bei ihren Überlegungen zu kommunikativen Praktiken grundsätzlich den Überlegungen Günthners (bzw. Luckmanns) und Fiehlers an (vgl. Linke 2010: 260), d. h. auch sie geht grundsätzlich von vorgeprägten Lösungen für wiederkehrende kommunikative Probleme innerhalb einer Gesellschaft aus. Allerdings nimmt sie im Gegensatz zum Gattungskonzept sowie zu Fiehlers Praktikenkonzept eine begriffliche Differenzierung vor, indem sie hinsichtlich größerer und kleinerer kommunikativer Formen unterscheidet (vgl. Linke 2010: 260–262): Unter kleineren Formen versteht Linke z. B. ‚jemanden grüßen', ‚im Restaurant Essen bestellen' oder ‚ein Gespräch eröffnen'; unter größeren Formen versteht sie z. B. ‚Restaurantbesuch in Gesellschaft' oder ‚Beratungsgespräch'. Kleinere Formen können, wie die Beispiele zeigen, in den größeren Formen integriert sein. Die kleineren kommunikativen Formen bezeichnet Linke schließlich als kommunikative Praktiken und die größeren Formen als kommunikative Gattungen. Beide Bezeichnungen, Praktik *und* Gattung, werden also im Rahmen dieser Differenzierung verwendet, wobei das Konzept der kommunikativen Praktiken, das von Linke zentral beleuchtet wird, auf kleinere Formen beschränkt bleibt.

Das Konzept der kommunikativen Praktiken nach Linke ist in erster Linie auf gesprochene Sprache ausgerichtet (vgl. Linke 2010: 265)[88] und versteht sich – ähnlich wie Günthner – als interaktives Konzept, bei dem es vor allem um den Zusammenhang von Produktion und Rezeption geht. Auch Linke interessiert in diesem Zusammenhang also der Aspekt der *interaktiven* Hervorbringung (vgl. Linke 2010: 262). Vor dem Hintergrund dieses interaktiven Charakters hebt Linke mit den Parametern *Musterhaftigkeit* und *Wiedererkennbarkeit* (in Anlehnung an Günthner & Knoblauch 1994) die Entlastungsfunktion von kommunikativen Praktiken hervor: Kommunikative Praktiken sind – wie oben bereits angesprochen – musterhaft, sie sind „routinisierte Verfahren sozialen Handelns." (Linke 2010: 262) Als solche sind sie wiederum wiedererkennbar und können somit für kognitive Entlastung innerhalb der Kommunikation sorgen. Linke betont darüber hinaus, dass man bei aller Musterhaftigkeit bzw. Typizität nicht übersehen darf, dass kommunikative Praktiken (eventuell auch gerade wegen ihrer Musterhaftigkeit) innovationsfähig bzw. veränderbar sind (vgl. Linke 2010: 262f.). Hiermit wird – wie auch oben bei Günthner – der sehr wichtige Zusammenhang

---

88 In diesem Zusammenhang sei auch erwähnt, dass Linke das Konzept der kommunikativen Praktiken zwar grundlegend, aber nicht ausschließlich sprachlich definiert, sondern vielmehr auch systematisch multimodale Zusammenhänge (bspw. zusätzlich Mimik-Gestik oder Raumnutzung) mit einbezieht (vgl. Linke 2010: 263).

von Reproduktion und Produktion angesprochen, auf den ich in Kapitel 8.2 mit Bezug auf Sybille Krämer (2001) ausführlich zu sprechen kommen werde.

Schließlich weist Linke noch auf die soziale Markiertheit von kommunikativen Praktiken hin, womit angedeutet wird, dass Praktiken etwa je nach sozialem Milieu, Geschlecht, Formalität (Nähe – Distanz) unterschiedlich ausgeprägt sein können (vgl. Linke 2010: 263f.). Kommunikative Praktiken stehen Akteuren folglich „in unterschiedlichem Maß und in unterschiedlicher Ausprägung zur Verfügung" (Linke 2010: 264), was sich nicht zuletzt auch auf sprachliche Ebenen wie etwa die Syntax oder die Lexik auswirkt (vgl. Linke 2010: 264).

Bevor ich weiter unten auf diese Praktiken- bzw. Gattungskonzepte zurückkomme, möchte ich an dieser Stelle noch (kurz) d) auf ein paar Ausführungen von Jan Georg Schneider (2009)[89] eingehen, der zwar kein Praktikenkonzept im engeren Sinne vorlegt, der aber dennoch mit Bezug auf Wittgenstein wichtige praxistheoretische Überlegungen in die sprachtheoretische Diskussion zu Praktiken einbringt, die auch für das Praxiskonzept der vorliegenden Arbeit elementar sind.

d) Jan Georg Schneider greift im Rahmen seiner grundlagentheoretischen Überlegungen zum Kompetenzbegriff auf das Sprachspielkonzept von Wittgenstein zurück und bringt es zunächst einmal in eine enge Verbindung zu Fiehlers Praktikenkonzept (vgl. Schneider 2009: 62).[90] Schneider betont in diesem Zusammenhang vor allem, dass Sprechen und Schreiben nie allgemein, sondern immer in Praktiken bzw. Sprachspielen vorkommen.[91] Sprachspiele fasst er als „soziale, veränderliche kulturelle Praktiken" (Schneider 2009: 63), womit er u. a. unterstreicht, dass mit dem Blick auf Praktiken bzw. Sprachspiele vor allem die kulturelle und soziale Einbettung von Sprachhandlungen besser zum Tragen kommt als bei einer sprechakttheoretischen Fokussierung auf Einzelhandlungen.

Mit diesem Verständnis befindet sich Schneider noch weitgehend in Übereinstimmung mit dem Praktikenkonzept von Fiehler. Darüber hinaus wird in Schneiders Überlegungen der Regelbegriff noch systematischer erarbeitet. Vor dem Hintergrund der Ausführungen zum Kompetenzbegriff hebt er hervor, dass die Regelhaftigkeit einer Praktik bzw. eines Sprachspiels zu erklären ist mit dem

---

89 Ein wenig ausführlicher finden sich die Überlegungen auch in Schneider (2008).
90 Siehe Wittgenstein (1980).
91 Schneider (2008: 192) bezieht sich dabei auf folgende – oben nicht wörtlich zitierte – Textstelle bei Fiehler: „Was wir vorfinden, wenn wir uns empirisch der Wirklichkeit des Sprechens zuwenden, ist nicht gesprochene Sprache schlechthin, sondern es sind einzelne Exemplare konkreter, unterschiedlicher Praktiken." (Fiehler 2000: 39)

wittgensteinianischen Regelbegriff des *Regelfolgens* (vgl. Schneider 2009: 63f.). Das sprachliche Handeln innerhalb von Sprachspielen unterliegt demnach keinem Regulismus; es ist also nicht mithilfe von Vorschriften oder Gesetzen zu erklären. Zugleich ist sprachliches Handeln aber nicht (irgendwie) frei oder spontan; sprachlichem Handeln ist vielmehr immer ein normativer Gehalt inhärent, was Schneider damit begründet, dass es gelingen/misslingen und beurteilt werden kann (vgl. Schneider 2009: 64).[92] Mit der Vorstellung vom Regelfolgen geht schließlich einher, dass Sprachkompetenz als *know how (Wissen-Wie bzw. Können)* und nicht als *know that (Wissen-Dass)* zu verstehen ist (vgl. Schneider 2009: 64).[93]

6.2.2 Gemeinsamkeiten und Unterschiede

Im Folgenden möchte ich die im vorherigen Abschnitt vorgestellten Praktikenkonzepte vor dem Hintergrund des praxistheoretischen Zugangs der vorliegenden Arbeit einordnen. Es wird grundsätzlich darum gehen, Gemeinsamkeiten und Unterschiede herauszuarbeiten, womit jedoch explizit nicht der Anspruch erhoben werden soll, hier einen irgendwie vollständigeren oder durchdachteren Zugang zum Praxiskonzept in der Sprachtheorie vorzulegen. Ganz im Gegenteil wird vielmehr anerkannt, dass den oben vorgestellten Praktikenkonzepten jeweils spezifische Frageinteressen zugrunde liegen, vor deren Hintergrund allein eine mögliche Bewertung der jeweiligen Konzepte möglich und sinnvoll wäre. Die folgenden Ausführungen sollten also nicht als Bewertungen in diesem Sinne verstanden werden. Es geht dagegen vielmehr allein darum, auf der Folie der obigen Ansätze bestimmte Spezifika des Praktikenansatzes der vorliegenden Arbeit herauszustellen, um auf diese Weise dessen mögliche Relevanz und Innovation zeigen zu können.

Im nächsten Abschnitt wird zunächst einmal vor allem der Bezug zu den obigen Konzepten der Sprachtheorie hergestellt. Die folgenden Ausführungen beziehen sich vor allem auf die Gattungs- und Praktikenkonzepte, die oben unter a) bis c) vorgestellt wurden.

---

92 Hiermit nimmt Schneider kritisch Bezug auf Sybille Krämers Wittgenstein-Darstellung im Rahmen ihrer Überlegungen zur Unterscheidung von einem ‚Zwei-Welten-Modell' und einem ‚Performanz-Modell' (dazu unter 8.2 mehr) (vgl. auch Schneider 2005).
93 Der ‚späte' Wittgenstein gehört für die Praxistheorie zu den elementaren und klassischen Zugängen (siehe 6.1). In Kapitel 8.3.3.2 werden die hier mit Bezug auf Schneider vorgestellten Überlegungen in Orientierung an Gunter Gebauers anthropologischer Wittgensteinrezeption noch weiter (u. a. mit Rückgriff auf Bourdieu) differenziert.

Schreiben und Sprechen

Das in dieser Arbeit vorzustellende Praktikenkonzept teilt mit den Gattungs- und Praktikenkonzepten unter a) bis c) zunächst einmal ganz grundlegend deren prinzipielle Ausrichtung: Auch hier werden Praktiken als mehr oder weniger präformierte Einheiten der Kommunikation verstanden; es geht im Grunde um routinierte Formen des Sprachhandelns, was impliziert, dass sie als musterhafte Antworten auf wiederkehrende Probleme innerhalb einer Gesellschaft bzw. einer Kultur verstanden werden können. Wie Fiehler (und Schneider) gehe ich allerdings von einem umfassenden Praktikenverständnis aus. Praktiken sind demnach ubiquitär und medienindifferent, was bedeutet, dass Sprachhandlungen immer im Rahmen von Praktiken vorkommen sowie dass diese Sprachhandlungen sowohl das Sprechen als auch das Schreiben umfassen. Die Gesamtheit der Kommunikation findet folglich in Praktiken statt.

Wenngleich hier also ein entsprechend umfassendes Praktikenverständnis vorausgesetzt wird, konzentriere ich mich in den theoretischen Ausführungen doch in erster Linie auf die schriftliche Textproduktion.[94] Auch wenn meine Praxisüberlegungen zwar prinzipiell sowohl für das Schreiben als auch für das Sprechen gelten, wird der Fokus meiner Überlegungen also auf das Schreiben eingegrenzt. Dies geschieht auch aus dem Grund, da man davon ausgehen muss, dass für das Schreiben und das Sprechen jeweils sehr spezifische theoretische Überlegungen etwa hinsichtlich des Handlungsbegriffs angestellt werden müssten (siehe etwa 8.4), was hier auch aus Machbarkeitsgründen nicht für beide Bereiche umgesetzt werden kann.

Der hier zu entwickelnde Praktikenansatz unterscheidet sich von den obigen Ansätzen also zunächst einmal insofern, als er (zumindest in der vorliegenden Arbeit) das Praxiskonzept allein im Zusammenhang mit schriftlicher Textproduktion thematisiert.[95] Es geht hier zwar auch – wie bei den obigen Ansätzen – um präformierte Kommunikationseinheiten, allerdings aus der Perspektive des Schreibens bzw. genauer des Formulierens (siehe 8.4). Wichtig ist dabei, dass dies nicht als Rückgriff auf die Konzepte Textmuster oder Textsorten zu verstehen ist. Beim hier vorzustellenden Ansatz handelt es sich nicht einfach

---

[94] Auch Helmuth Feilke geht mit seinem Ansatz zu „Textroutinen" grundsätzlich von einem Zusammenhang von Schriftlichkeit und Routinehaftigkeit aus (vgl. Feilke 2012). Auf diesen Ansatz komme ich unter 8.4 noch einmal zurück.

[95] Fiehler versteht sein Konzept zwar – wie gezeigt – prinzipiell als medienindifferent, er legt seinen Schwerpunkt jedoch auf die gesprochene Sprache, was allein schon dadurch deutlich wird, dass er seine Überlegungen zu kommunikativen Praktiken im Kapitel zur gesprochenen Sprache in der Duden-Grammatik unterbringt (vgl. Duden 2009).

darum, gewisse musterhafte Strukturen in Texten nachzuweisen. Mir geht es um eine *Grundlage* für die Erklärung, wie diese Musterhaftigkeit zustande kommt; es geht hier also im Grunde um die Hervorbringung der Musterhaftigkeit. Und hierfür sollte man theoretisch aus meiner Sicht systematisch bei der Textproduktion, also beim Schreiben von Texten, ansetzen. Es geht in der vorliegenden Arbeit darum, den Prozess vor dem fertigen Textprodukt theoretisch zu betrachten. Das Textproduktionshandeln im Schreibprozess, das letztlich zu einem spezifisch musterhaften Textprodukt führt bzw. führen kann, wird hier also vor einem Praxishintergrund erörtert.

In diesem Zusammenhang werden hier mit der *Textebene* und der *Praxisebene* grundsätzlich zwei Handlungsebenen unterschieden (ausführlich siehe 8.2.2): Die Sprachhandlungen auf der Praxisebene sind Handlungen von Subjekten; die Sprachhandlungen auf der Textebene sind Handlungen von Autoren. Die alltägliche Kategorie des Autors wird hier also differenziert in ein Subjekt und eine Autorinstanz, die sich hinsichtlich der Qualität ihrer Handlungen unterscheiden. Der (selbstverständlich vorhandene) Zusammenhang zwischen beiden Ebenen besteht darin, dass Subjekte bei der Textproduktion das Autorenhandeln ‚aufführen' bzw. ‚in Szene setzen'. Die hier anzustellenden Überlegungen zum textproduktiven Sprachhandeln beziehen sich folglich *unmittelbar* auf die Praxisebene und erst *mittelbar* auf die Textebene. Die Unterscheidung von Praxis- und Textebene ist aus theoretischer Sicht wichtig und grundlegend, wie weiter unten noch herauszustellen sein wird. Dabei darf allerdings nicht das genuine Interdependenzverhältnis beider Ebenen in der Realität sowie vor allem bei meiner Argumentation übersehen werden: Wenn sich auch meine theoretischen Ausführungen zu Subjekt und Handlung auf die Textproduktion auf der Praxisebene beziehen, stehen diese Ausführungen doch immer auch – durch das Ausgehen von den *Textprodukten* – in einem engen Zusammenhang mit dem, was auf der Textebene realisiert wurde. Die Trennung von Praxis- und Textebene ist folglich in erster Linie auf die grundlagentheoretische Erklärungsabsicht der vorliegenden Arbeit zurückzuführen.

Sprachhandlungsbegriff

Grundsätzlich liegt mit der expliziten theoretisch-begrifflichen Bestimmung und Ausdifferenzierung eines Sprach*handlungs*- und Sprach*subjekt*begriffs ein weiterer Unterschied der vorliegenden Arbeit zu den oben vorgestellten Konzepten vor, d. h., in der vorliegenden Arbeit kommt Einzelhandlungen und den Handelnden selbst ein anderer, zentralerer theoretischer Status zu. In den obigen

Ansätzen wird kein explizites Handlungsverständnis systematisch herausgearbeitet. Die konkrete Erklärung von Sprachhandlungen steht in den theoretischen Konzepten zu kommunikativen Gattungen und Praktiken eher im Hintergrund; Sprachhandlungen werden in erster Linie als abgeleitete und sekundäre Phänomene behandelt. Wenn in Günthners Gattungskonzept bspw. die konkreten Einzelhandlungen (Produktion, Rezeption) thematisiert werden, dann als an präformierten Mustern ‚orientierte' oder ‚ausgerichtete' Aktivitäten; ein Handlungsbegriff selbst wird dabei nicht erörtert. Ähnlich verhält es sich bei Linke, die zwar konstatiert, dass es bei ihr um „routinisierte Verfahren sozialen Handelns" (Linke 2010: 262) geht, ohne dabei allerdings ein konkretes Handlungsverständnis vorzulegen. Im Ansatz von Fiehler findet man in diesem Zusammenhang den Hinweis, dass beim ‚Ausführen' einer Praktik die sozialen Regeln/Konventionen ‚berücksichtigt' werden. Auch hier liegt der Akzent eher auf der Feststellung der sozialen Konvention und Regelhaftigkeit als auf der Erklärung, wie einzelne Sprachhandlungen in diesem Rahmen konkret funktionieren.[96]

Im Grunde lässt sich der Umstand, dass Handlungsbegriffe in den theoretischen Konzeptualisierungen von kommunikativen Gattungen und Praktiken nicht explizit berücksichtigt werden, auf einen grundsätzlich eher ‚holistischen' Zugang zurückführen. Was damit gemeint ist, sei im Folgenden kurz angedeutet:[97] In den Sozial- und Kulturtheorien werden theoretische Zugänge (klassischerweise) danach unterschieden, ob sie eine ‚holistische' oder eine ‚individualistische' Perspektive einnehmen (vgl. Reckwitz 2012b: 173–182): Pointiert könnte man sagen, dass bei der holistischen Erklärung das Handeln als Produkt und Ableitung aus einer sozialen Struktur verstanden wird, ohne dass dabei der individuelle Aspekt eine Rolle spielte. Die soziale Struktur ist die Voraussetzung für die Einzelhandlung von Subjekten. Bei der individualistischen Erklärung wird das Handeln allein über den individuellen Akteur und seine Eigenschaften sowie seine Ziele/Zwecke erklärt (vgl. bspw. Reckwitz 2012b: 175f.). Im Grunde steht also auf der einen Seite das Soziale (bzw. das Überindividuelle) im Vordergrund, wobei das Individuelle sekundär ist; auf der anderen Seite steht da-

---

[96] Es sei ausdrücklich betont, dass dies für die Ansätze selbst keineswegs problematisch ist. Dass in den Ansätzen kein Handlungsbegriff systematisch erarbeitet wird, führt also nicht unbedingt zu Defiziten, sondern die Ansätze selbst scheinen vor dem Hintergrund der jeweiligen Erkenntnisinteressen zu funktionieren.
[97] Für ausführliche Überlegungen zum Handlungsbegriff, bei denen die Dichotomie Holismus vs. Individualismus und (vor allem) deren Überwindung impliziert sind, siehe bspw. 6.1.2.

gegen das Individuelle im Vordergrund, wobei das Soziale dann schlicht die Summe individueller Aktivitäten ist.

Das Prinzip der holistischen Erklärung findet sich nun m. E. in den oben vorgestellten Ansätzen wieder:[98] Mit den Konzepten zu kommunikativen Gattungen und Praktiken liegen Zugänge vor, deren primärer Fokus und theoretischer Ausgangspunkt die wiederkehrenden sozialen Muster der Kommunikation sind. Die individuelle konkrete Handlung wird nicht weiter theoretisch bestimmt, sondern einfach als aus der sozialen Musterhaftigkeit abgeleitete Ausführung gedacht, die letztlich zur Realisierung der musterhaften Kommunikationen führt. Auf den Punkt gebracht könnte man dies wie folgt beschreiben: Bei den obigen holistischen Ansätzen interessiert in erster Linie die soziale Gesamtheit, in diesem Fall das Muster der Kommunikation. Die individuelle Einzelhandlung ist vor diesem Hintergrund nur sekundär; sie wird erklärt als Ableitung aus der sozialen (musterhaften) Gesamtheit.

Bei einer einseitigen holistischen Fokussierung der sozialen Musterhaftigkeit besteht jedoch die Gefahr eines theoretischen Bruchs, der eine theoretisch adäquate Verbindung von sozialer Musterhaftigkeit und individueller Handlung verhindert, weshalb es möglicherweise notwendig sein könnte, die holistische und die individuelle Perspektive zu integrieren: Im Zentrum meiner Überlegungen steht zwar auch – wie bereits betont – eine gewisse Musterhaftigkeit und Präformiertheit im sprachlichen Handeln. Konkrete Einzelhandlungen von Subjekten werden hier allerdings nicht als Ableitungen aus dieser Musterhaftigkeit und nur als sekundär behandelt, sondern sie stehen mit im Zentrum der Überlegungen zur Musterhaftigkeit, bzw. genauer: Sie sind genuiner Bestandteil und *Ausgangspunkt* der Erklärung der musterhaften, regelmäßigen Sprachhandlungen. Das bedeutet nun nicht etwa, dass in der vorliegenden Arbeit etwa keine holistische Perspektive eingenommen wird; es bedeutet jedoch *auch nicht*, dass hier eine ausschließlich individuelle Perspektive interessiert. Mit dem Praktikenansatz der vorliegenden Arbeit wird dagegen vielmehr versucht, den holistischen und den individuellen Blick zu vereinen; es wird also versucht, etwaige Dichotomisierungstendenzen in sozial/holistisch vs. individuell bei der

---

[98] Speziell bezüglich des Gattungsansatzes von Luckmann wäre in diesem Zusammenhang die individualistische Tradition nach Schütz („interpretativ-sozialphänomenologische Kulturtheorie") zu diskutieren (zu Schütz vgl. Reckwitz 2012b: 181f. und 366–413). Darauf wird in der vorliegenden Arbeit jedoch verzichtet, da hier die sprachtheoretische Gattungs- und Praktikendiskussion i.e.S. im Vordergrund steht.

theoretischen Konzeptualisierung von Textproduktion von vornherein auszuschließen.[99]

Körperlichkeit und Kultur

Neben den Unterschieden gegenüber den obigen Konzepten hinsichtlich des medialen Fokus (Schreiben statt Sprechen) einerseits sowie des theoretisch-begrifflichen Status von Handlung (und Subjekt) andererseits zeigt der Praxisansatz der vorliegenden Arbeit ein zweischneidiges Verhältnis zu den Konzepten von Günthner und Linke in Hinblick auf die raum-zeitlich-konkrete und körperliche Realisierung von sprachlichen Vollzügen. In den Ansätzen von Günthner und Linke steht – wie oben gezeigt – im Gegensatz zu der hier eingenommenen Perspektive die interaktive Hervorbringung von Gattungen bzw. Praktiken im Vordergrund, d. h., sie zielen in erster Linie auf die gesprochene Kommunikation ab. Beiden ist damit neben der Aufwertung des Rezipienten gemein, dass sie – wenn auch nicht unbedingt explizit – die raum-zeitlich gebundene und körperliche Präsenz der Interaktanten bei der Kommunikation betonen.[100]

Obwohl es in der vorliegenden Arbeit vordergründig um schriftliche Textproduktion geht, lassen sich in dieser Hinsicht trotzdem gewisse Parallelen zu den Ansätzen von Günthner und Linke herausstellen: Zunächst einmal wird Textproduktion selbstverständlich auch als interaktiv verstanden, ohne dabei von einer interaktiven *Hervorbringung* auszugehen. Genau genommen wird schriftliche Kommunikation (prinzipiell) als ‚zerdehnte Interaktion' bzw. – mit Konrad Ehlich – als ‚zerdehnte Sprechsituation' (vgl. Ehlich 1998: 32) verstanden, für die charakteristisch ist, dass Produktion und Rezeption zeitlich und räumlich getrennt sind und somit nicht von einer körperlichen Ko-Präsenz der Interaktanten auszugehen ist. Dennoch ist die Textproduktion natürlich auf einen (potentiellen) Rezipienten ausgerichtet und somit *inter*aktiv. Außerdem ist Textproduktion – und dies sei besonders hervorgehoben – eine körperliche Handlung und als solche raum-zeitlich gebunden. Die Nähe zu Günthner und Linke besteht hier also darin, dass das Sprachhandeln in einen engen Zusam-

---

[99] Dies entspricht ganz dem für die Praxistheorie zentralen Ansatz von Pierre Bourdieu, auf den weiter unten an unterschiedlichen Stellen ausführlich eingegangen wird.
[100] Bei Linke äußert sich das zudem darin, dass ihr Praktikenkonzept zwar dominant sprachlich, aber durchaus auch mit nicht-sprachlichen Komponenten konzeptualisiert ist.

menhang gebracht wird zur Körperlichkeit des Sprachhandelnden und somit des Sprachhandelns selbst.

Diese Akzentuierung der Körperlichkeit des Sprachhandelns, die für die mündliche Interaktion und die gemeinsame interaktive Hervorbringung sicherlich noch ohne größere Zweifel plausibel ist, dürfte in Hinblick auf die schriftliche Textproduktion zunächst doch recht merkwürdig erscheinen. In Bezug auf Schreiben und Texte ist man daran gewöhnt, von einer räumlich, zeitlich und körperlich entbundenen Form des Sprachgebrauchs auszugehen, was der These von der Körperlichkeit der schriftlichen Textproduktion entgegen zu stehen scheint. Für fertige Textprodukte, die im Medium Schrift vorliegen, mag diese Auffassung von der Entraumzeitlichung und Entkörperung auch zutreffen. Gerade hierdurch wird ja bspw. die wichtige Speicher- und Tradierungsfunktion schriftlicher Textprodukte gewährleistet. Dieser Aspekt soll mit der Akzentuierung der Körperlichkeit des Sprachhandelns nun auch keineswegs in Frage gestellt werden.

Vielmehr soll eine andere, in der Regel als zu selbstverständlich behandelte Facette in diesem Zusammenhang beleuchtet und theoretisch ausbuchstabiert werden: Zunächst einmal sei an die oben vorgestellte Unterscheidung von Praxis- und Textebene erinnert. Mit den Überlegungen zu Körperlichkeit im Rahmen der schriftlichen Textproduktion beziehe ich mich natürlich auf die Praxisebene des Handelns, die sich im Endeffekt natürlich auch (mittelbar) auf die Textebene auswirkt. Auf der Praxisebene geht es um die Textproduktionshandlungen von Subjekten, die bei dieser Textproduktion eine Autorinstanz (mit entsprechenden Autorhandlungen, Positionen usw.) auf der Textebene, d. h. letztendlich im Textprodukt, inszenieren bzw. aufführen. Bei Textproduktionshandlungen von Subjekten handelt es sich folglich um körperliche Sprachhandlungen, die raum-zeitlich konkret situiert sind. Die Produkte dieser körperlichen Handlungen sind dann schließlich entkörpert und nicht raum-zeitlich konkret situiert.[101]

Kurzum: Schreiben ist, wie Sprechen, grundsätzlich immer eine körperliche Sprachhandlung. Dass Schreiben und Sprechen sich selbstverständlich in vielerlei Hinsicht, bspw. in Bezug auf die Präsenz eines Interaktionspartners, auch grundlegend unterscheiden, ändert an diesem Faktum nichts. Für das Praxisverständnis der vorliegenden Arbeit bedeutet das Gesagte, dass – ungeachtet der zunächst vielleicht kontraintuitiv erscheinenden Perspektive auf die schriftliche Textproduktion – Aspekte wie die konkrete raum-zeitliche Gebundenheit,

---

[101] Ausführlich hierzu siehe 8.3 und 8.4. In gewisser Weise verändert sich durch diesen Zugang allerdings auch das Verständnis von Text, wie unten ausführlich gezeigt wird.

die Körperlichkeit, die Iterabilität und Performativität[102] eine zentrale Rolle bei der theoretischen Konzeptualisierung spielen.

Nun mag man sich vielleicht fragen, was der Nutzen einer solchen theoretischen Perspektive im Rahmen der historischen Sprach- und Wissenschaftssprachforschung sein soll. Warum wird der theoretische Akzent auf das (körperliche) Textproduktionshandeln gerichtet und nicht einfach auf den Text bzw. auf Textprodukte? Diese Frage stellt sich sicherlich auch vor allem vor dem Hintergrund, dass der empirischen Untersuchung der vorliegenden Arbeit ja Textprodukte zugrunde liegen. Wozu also das Ganze? Eine wesentliche Begründung für das angedeutete Vorgehen lässt sich im Verständnis von *Kultur* ausmachen. In der vorliegenden Arbeit wird mit Bezug auf die praxistheoretische Kulturtheorie ein *Kultur-als-Praxis-Ansatz* vertreten, wonach Kultur ein genuines Verhältnis zu Praktiken, und zwar im Allgemeinen und nicht nur zu kommunikativen, eingeht und folglich in Praktiken auszumachen ist. Kultur ist demnach primär in Praktiken zu finden und erst sekundär in symbolischen Ordnungen (bzw. Texten). Dieses Verständnis steht u. a. einem *Kultur-als-Text-Ansatz* gegenüber, nach dem Kultur primär in symbolischen Ordnungen bzw. Texten steckt, wobei diesem Ansatz ein weiter, nicht i.e.S. linguistischer Textbegriff zugrunde liegt. Das Entscheidende ist in diesem Zusammenhang, dass Kultur nach dem in der vorliegenden Arbeit vertretenen Kulturverständnis *primär* an (körperliche) Subjekte und ihr Handeln gebunden ist; erst sekundär, d. h. *infolge* des Handelns von Subjekten lässt sich Kultur (natürlich) auch in Texten finden.[103] Es liegt der vorliegenden Arbeit also ein Kulturbegriff zugrunde, der im Kern über die (performative) Hervorbringung und die Prozessualität definiert ist. Möchte man – wie es hier geschehen soll – (wissenschafts-) kulturspezifisches Vorkommen von Sprache *erklären*, muss man nach diesem Verständnis beim Subjekt und seinen raum-zeitlich und körperlich konkreten Sprachhandlungen ansetzen und nicht beim Text. Es muss hier also in erster Linie zunächst einmal das Anliegen unterschieden werden nach *Beschreibung* oder *Erklärung*: Für eine analytische Beschreibung ist der Fokus auf den Text selbstverständlich geeignet; für eine Erklärung von Kulturspezifik ist dagegen jedoch eine Subjekt- und Handlungsperspektive einzunehmen.

---

102 Auf die Aspekte der Iterabilität und Performanz/Performativität gehe ich an dieser Stelle nicht näher ein, sie sind für die Gesamtüberlegung jedoch durchaus zentral (siehe 8.2). Ich habe sie an dieser Stelle mit aufgeführt, da sie in den Überlegungen Judith Butlers, auf die ich mich unten u. a. beziehe, genuin mit Körperlichkeit und raum-zeitlicher Konkretheit zusammenhängen.
103 Wobei Texte und Symbole Kultur auch dann nicht ‚enthalten', denn entscheidend ist schließlich die Rezeptionspraxis.

Auch in Hinblick auf den Kulturbegriff liegt also ein Unterschied zu den oben vorgestellten Praktikenkonzepten vor: Zum einen ist sicher der Status von Kultur in diesen Ansätzen weniger zentral als in dem hier vorzustellenden Ansatz. Zum anderen dürfte ihnen darüber hinaus ein prinzipiell anderes Kulturverständnis zugrunde liegen. Zumindest wird in den Ansätzen zu kommunikativen Gattungen und Praktiken kein systematischer Kulturbegriff herausgearbeitet, sodass die jeweiligen Kulturverständnisse eher im Impliziten verbleiben.

Der Begriff des Sozialen

Ähnlich grundlegend wie der Kulturbegriff ist für das hier vorzustellende Praxisverständnis der Begriff des Sozialen bzw. der sozialen Ordnung. Der Unterschied zu den oben vorgestellten Konzepten liegt diesbezüglich weniger in der Berücksichtigung des Sozialen überhaupt als vielmehr darin, dass das Konzept zu (kommunikativen) Praktiken in der vorliegenden Arbeit aus einem Verständnis von sozialer Ordnung *abgeleitet* wird und somit in einen allgemeinen Rahmen von sozialen Praktiken gestellt wird.

Was das im Einzelnen bedeutet, soll im Folgenden kurz gezeigt werden: Auch in den obigen Konzepten zu kommunikativen Gattungen und Praktiken wird natürlich stets der soziale Charakter von Gattungen und Praktiken betont, womit die soziale Regelung bzw. Konvention (Fiehler) und die soziale Markiertheit von kommunikativen Praktiken (z. B. je nach Geschlecht) (Linke) oder schließlich die sozio-kulturelle Rahmung (Außenstruktur) bei den kommunikativen Gattungen (Günthner) gemeint ist. Diese Betonung des Sozialen im Allgemeinen betrachte ich zusammen mit den obigen Konzepten als elementar. Mit dem hier vorzustellenden Praktikenbegriff wird hinsichtlich des Sozialen jedoch noch ein etwas anderer Weg eingeschlagen: Den unten folgenden Überlegungen zu Textproduktionspraktiken liegt ein Verständnis vom Sozialen zugrunde, das *explizit* und *systematisch* mit dem Praktikenkonzept verbunden wird. Genauer: Das Praktikenverständnis der vorliegenden Arbeit wird systematisch *aus einem Konzept vom Sozialen heraus* erarbeitet, was bedeutet, dass die unten folgenden Überlegungen zu Textproduktionspraktiken *untrennbar* mit diesem Konzept vom Sozialen verbunden sind.

Aus meiner Sicht ist es zuallererst einmal notwendig, zu fragen, was das Soziale bzw. eine soziale Ordnung überhaupt ist und wie es/sie funktioniert. Erst wenn man sich darüber im Klaren ist und wenn man zeigen kann, welchen Status Handlungen und Subjekte in diesem Zusammenhang besitzen und wie sie zu erklären sind, ist es möglich, auch das Sprachhandeln oder kommunikative Praktiken zu erklären. Das Soziale bzw. die soziale Ordnung wird in der vorliegenden Arbeit als *bestehend aus sozialen Praktiken* verstanden. Es gibt demnach keinen sozialen Zustand außerhalb sozialer Praktiken. Kommunikative Praktiken, symbolverwendende Praktiken oder eben (wie es hier in erster Linie heißt) Textproduktionspraktiken sind vor diesem Hintergrund spezielle Formen von sozialen Praktiken. Sprachhandlungen wiederum, also Sprechen und Schreiben, sind – wie oben bereits erwähnt – stets nur im Zusammenhang mit diesen kommunikativen Praktiken zu verstehen, wobei das besondere Verhältnis von Praktik und Handeln (weiter unten) noch zu spezifizieren ist. Während also die Feststellung Fiehlers, dass „[k]ommunikative Praktiken [...] zugleich soziale Praktiken" (Fiehler 2000: 38) seien, in erster Linie darauf zielt, den Regel- und Konventionalitätscharakter von kommunikativen Praktiken zu betonen, geht es bei meiner ähnlich klingenden Feststellung, dass Textproduktionspraktiken Formen sozialer Praktiken sind, vielmehr darum, Textproduktionspraktiken in einen größeren Zusammenhang zu stellen bzw. genauer: sie aus diesem abzuleiten.

Sprachformorientierung und Entlastung

Für alle oben vorgestellten Konzepte gilt, dass sie in ihre jeweiligen Konzeptionen neben anderem auch immer (mehr oder weniger zentral) eine grammatische (und lexikalische) Sprachformperspektive mit einbeziehen. Das bedeutet bspw. für Fiehler, dass er etwa neben der Ablaufstruktur von Gesprächen auch „einschlägige Syntagmen" (Duden 2009: 1171) berücksichtigt, die in bestimmten Gesprächskonstellationen typischerweise gebraucht werden. Am deutlichsten wird dies jedoch im Konzept der kommunikativen Gattungen nach Günthner betont, da hier die Perspektive auf grammatische Mittel mithilfe der Binnenstruktur systematisch in die Gesamtkonzeption integriert ist. Eine Stärke des Gattungskonzepts liegt m. E. – wie oben bereits erwähnt – gerade in dieser grundlegenden theoretischen Konzeption, nach der systematisch die Ebene der Grammatik mit der Ebene des Sozialen und der Kultur verknüpft ist. Dieser Grundgedanke gilt auch für die vorliegende Arbeit, ohne dass für das hier vorzustellende Praxiskonzept eine explizite Differenzierung nach Strukturen im Sinne des Gattungskonzepts (etwa Binnen- und Außenstruktur) vorgenommen wird.

In diesem Zusammenhang sei kurz auf die angestrebte Reichweite der hier vorzustellenden Argumentation eingegangen: Wir erinnern uns an die vorgestellte Unterscheidung von Praxis- und Textebene sowie daran, dass die theoretischen Überlegungen zum Handeln und zum Subjekt sich unmittelbar auf die Praxisebene richten und somit nur mittelbar auf die Textebene. Was nun die Textebene betrifft, so bezieht sich die Argumentation der vorliegenden Arbeit *in erster Linie* (d. h. dezidiert nicht ausschließlich) auf die Mikrostruktur von Texten, d. h. auf die morpho-syntaktische und die lexikalische Ebene. Nicht im Vordergrund steht dagegen die Makrostruktur, d. h. etwa das Textmuster. Grundsätzlich gibt es diesbezüglich selbstverständlich keinen Unterschied: Auf der Praxisebene finden Textproduktionshandlungen statt, die auf der Textebene ein Textprodukt mit Mikro- *und* Makrostruktur herstellen (siehe 8.4). Die theoretischen Überlegungen zum Handlungsbegriff jedoch, die ja mittelbar auch die Textebene betreffen, beziehen sich, was die Textebene angeht, schwerpunktmäßig auf die Mikrostruktur. Hierauf werde ich in den Kapiteln 7 und 8.4 zurückkommen, wo es um Textproduktion als Form des Sprachhandelns und um das Formulieren geht. Während es also in den oben vorgestellten Gattungs- und Praktikenkonzepten mit bspw. Ablaufsequenzen in Gesprächen oder ‚Handlungsschemata' (vgl. Duden 2009: 1171) immer auch (bzw. durchaus auch schwerpunktmäßig) um den Blick auf Makrostrukturen (in diesem Fall von Gesprächen) geht, sind diese für die theoretische Argumentation der vorliegenden Arbeit sekundär relevant.

Bezüglich des genannten Fokus auf die textliche Mikrostruktur soll hier noch auf einen weiteren Aspekt eingegangen werden, der direkt mit dem für die Gattungs- und Praktikenkonzepte wesentlichen Merkmal der Musterhaftigkeit bzw. Routiniertheit zusammenhängt: Allen hier diskutierten Konzepten ist bekanntlich die Musterhaftigkeit und Routiniertheit der Kommunikation gemein, was zur Folge haben dürfte, dass in allen Konzepten einer gewissen Entlastungsfunktion eine wichtige Rolle zukommt. Günthner bspw. betont, dass mit kommunikativen Gattungen eine gewisse Erwartbarkeit gegeben ist, die Kommunikation in „halbwegs verläßliche[n], bekannte[n] und gewohnte[n] Bahnen" (Günthner 1995: 197) verlaufen lässt. Durch diese Erwartbarkeit werden die Interaktanten für die ‚wesentlichen Aufgaben' innerhalb der Kommunikation entlastet, d. h. durch die Routine müssen sie nicht sämtliche Aufgaben innerhalb eines so komplexen Aufgabenzusammenhangs wie etwa eines Gesprächs bewusst bewältigen. Die Entlastungsfunktion kann man sowohl auf die Makro- als auch auf die Mikroebene beziehen: Günthner führt als Beispiel etwa die „Synchronisation der Interagierenden und die Koordination ihrer Handlungsteile" (Günthner 1995: 197) auf und bezieht sich damit auf die Makrostruktur von Gesprächen (rollenspezifische Sequenzialität der Interaktion). Selbstverständlich ist die Entlastungsfunktion auch für das hier vorzustellende Praxiskonzept wesentlich. Aus der hier eingenommenen Perspektive auf die schriftliche Textproduktion sowie die zuvor vorgestellte angestrebte Reichweite der Argumentation ergibt sich allerdings, dass die Entlastungsfunktion hier vor allem in Bezug auf das Formulieren auf der Praxisebene und somit auf den Bereich der textlichen Mikrostruktur, also in Bezug auf die morpho-syntaktische und lexikalische Sprachformebene, angenommen wird.

Diesen Punkt abschließend sei noch betont, dass die Entlastungsfunktion in dem hier diskutierten Zusammenhang zwar eine wichtige, aber nicht die einzige Rolle spielt. Vor dem Hintergrund der hier im Zentrum stehenden Routinisierung oder Habitualisierung im Bereich Wissenschaftssprache und wissenschaftliche Textproduktion sind – für die Textebene – mindestens noch Funktionen wie Signalhaftigkeit/Signalisierung (von Fachlichkeit) (vgl. Feilke & Steinhoff 2003), Kontextualisierung (vgl. Auer 1986; Feilke 1994: 288–299) sowie Gruppenzugehörigkeit oder gar soziale Distinktion (vgl. von Polenz 1981) zu berücksichtigen, wenngleich Letzteres m. E. für den Wissenschaftssprachgebrauch nur begrenzt zutrifft.

Übergänge

Es sei an dieser Stelle abschließend noch auf den wichtigen Umstand hingewiesen, dass der Fokus auf die schriftliche Textproduktion in der vorliegenden Arbeit theoretische Konsequenzen für das Praxiskonzept mit sich bringt, die in den obigen Ansätzen aufgrund ihrer primären Berücksichtigung des mündlichen Sprachgebrauchs keine Rolle spielen (können). Es handelt sich hierbei um die Kategorie des *Übergangs*, die aus meiner Sicht in der bisherigen Beschäftigung mit Textproduktion und Text *aus theoretischer Sicht* zu wenig berücksichtigt wurde: Der Prozess des Textproduktionshandelns auf der Praxisebene lässt sich zum einen im Grunde als permanenter Wechsel von Praxisebene-Textebene-Übergängen verstehen. Beide, Praxisebene und Textebene, sollten nicht in einem rein dichotomischen Verhältnis gedacht werden, sondern es sollte vielmehr darum gehen, den steten Übergangscharakter im Prozess des Textproduktionshandelns zu betonen. Mit dem theoretischen Blick auf die Kategorie des Übergangs wird allerdings nicht allein einer entsprechenden Dichotomisierung entgegengesteuert, sondern außerdem auch der Rolle des Lesens im Textproduktions- bzw. Formulierungsprozess ein größeres Gewicht gegeben. Schließlich – und das ist mit Bezug auf die obigen Ausführungen zur Körperlichkeit besonders wichtig – wird mit der Fokussierung von Übergängen und Übergangsphänomenen der Körperlichkeit beim Textproduktionshandeln in besonderem Maße Rechnung getragen bzw. genauer: Die Körperlichkeit des

Sprachhandelns lässt sich gerade im Zusammenhang mit der Perspektive auf Übergangsphänomene besonders prägnant herausstellen (siehe 8.4).

7 Der Handlungsbegriff in der Textproduktionsforschung

Nachdem im vorherigen Kapitel die kulturtheoretischen Grundlagen zum hier vertretenen Handlungsbegriff gelegt wurden, soll im folgenden Kapitel auf einschlägige handlungstheoretische Überlegungen der Textproduktionsforschung eingegangen werden. Zudem wird kurz auf das Kultur- und Domänenverständnis der Forschung zum wissenschaftlichen Schreiben eingegangen. Sowohl Kapitel 6 als auch Kapitel 7 bilden die Grundlage für die in Kapitel 8 herauszuarbeitenden Überlegungen zu wissenschaftlicher Textproduktion im Sinne der vorliegenden Arbeit.

Im folgenden Abschnitt soll die Textproduktion theoretisch als Form des Handelns herausgearbeitet werden. Es ist das Verdienst von Gerd Antos (1981; 1982), die Textproduktion auf der einen Seite überhaupt in das Zentrum einer dezidiert theoretischen Auseinandersetzung gerückt zu haben sowie auf der anderen Seite Textproduktion als einen relevanten sprachwissenschaftlichen Gegenstand herausgestellt zu haben (vgl. Antos 1981: 403).[1] Die folgende in diesem Zusammenhang zentrale Aussage darf als grundlegendes programmatisches Argument auch der vorliegenden Arbeit angesehen werden:

> Die Art und Weise der Formulierung von Texten hat entscheidenden Anteil an der Bildung sprachlicher Verständigung. (Antos 1981: 405)

Zudem ist eine

> Analyse der Resultate von textuellen Herstellungshandlungen [...] ohne die Betrachtung der Handlung selbst wenig sinnvoll. D.h. eine Thematisierung von Formulierungsresultaten erfordert eine Theoretisierung der Herstellungshandlung ‚Formulieren'. (Antos 1981: 405)

Für eine adäquate Betrachtung von Textprodukten ist ein theoretisches Verständnis von Textproduktion unabdingbar, was bedeutet, dass der (Sprach-)Handlungsbegriff selbst einer systematischen Begriffsbestimmung unterzogen werden muss.[2]

---

[1] Antos spricht in erster Linie von ‚Formulierungen', wobei er die Bezeichnung ‚Formulieren' synonym zu ‚Textherstellen' verwendet (vgl. Antos 1981: 409).
[2] Textprodukt und Textproduktion sollten demnach stets in ihrem Zusammenhang betrachtet werden (vgl. auch Becker-Mrotzek 1994: 159; aus sprachtheoretischer Perspektive vgl. Schneider 1999).

Dem Handlungsbegriff kommt in diesen Überlegungen zur Textproduktion also ganz offensichtlich eine zentrale Rolle zu. Es geht in der folgenden Darstellung weniger darum, die einzelnen Positionen zur Textproduktion umfassend zu referieren. Vielmehr wird dagegen der Fokus primär darauf gelegt, welcher mehr oder weniger explizit formulierte *Handlungs*begriff den Überlegungen zugrunde gelegt wird.[3] Welches Handlungsverständnis wird also in Darstellungen, die Textproduktion *explizit und systematisch* als Sprachhandeln konzeptualisieren, zugrunde gelegt? Es handelt sich im Folgenden also um eine Schwerpunktsetzung, bei der die jeweiligen Handlungsverständnisse selektiv herausgearbeitet werden, was auch bedeutet, dass sich etwaige kritische Erörterungen ausschließlich auf diesen ausgewählten Bereich beziehen können und nicht auf die Zugänge in Gänze.

Dabei wird die folgende Erörterung – dies sei entkräftend vorausgeschickt – den diskutierten Überlegungen sicherlich nie ganz gerecht, vor allem auch, weil man in Bezug auf den Sprachhandlungsbegriff bei der schriftlichen Textproduktion je nach Perspektive unterschiedliche Schwerpunkte setzt, die mitunter nicht vollständig vergleichbar sind: Es macht bspw. einen Unterschied, ob man Textproduktion in Hinblick auf einen Makrotext, also etwa den strukturellen Aufbau eines wissenschaftlichen Aufsatzes, oder in Hinblick auf einen Mikrotext, also etwa einzelne wissenschaftliche Äußerungen bzw. Sätze, handlungstheoretisch bestimmt.[4] Bei der Makroperspektive sind möglicherweise z. B. größere Planungs- und Reflexionsleistungen zu vollbringen als bei der Mikroperspektive. Die theoretischen Überlegungen der vorliegenden Arbeit sind zwar auf beide Ebenen (Makro und Mikro) bezogen, zielen allerdings schwerpunktmäßig auf die Mikroebene (siehe vor allem 8.2 und 8.4). Ein Ansatz wie derjenige von Arne Wrobel (1995), der im Folgenden vorgestellt wird, fokussiert dagegen in erster Linie die Makroebene. Die folgende Erörterung ist sich dieser unterschiedlichen Schwerpunktsetzung durchaus bewusst und versucht dies an den entsprechenden Stellen zu berücksichtigen.

---

[3] Es geht im Folgenden, wie im Grunde auch in der gesamten vorliegenden Arbeit, um einen Sprachhandlungsbegriff, der im Zusammenhang mit schriftlicher Textproduktion erörtert wird und nicht unbedingt um einen Sprachhandlungsbegriff im Allgemeinen. So ist der hier gewählte kulturwissenschaftliche Zugang zu Handlung und Subjekt letztlich darauf ausgerichtet, einen Textproduktions- bzw. Formulierungsbegriff zu erarbeiten (siehe 8.2.2).

[4] Auf den Textbegriff der vorliegenden Arbeit, der eng mit dem noch herauszuarbeitenden Verständnis von Textproduktion bzw. Formulieren zusammenhängt, wird unter 8.2.2 zurückzukommen sein.

7.1 Textproduktion und Handeln – Antos

Den Kern der folgenden Erörterung bilden die handlungstheoretischen Ausführungen von Gerd Antos (1981, 1982) und Arne Wrobel (1995). Wir beginnen mit dem Antos'schen Zugang. Den Überlegungen von Gerd Antos liegt das folgende Handlungsverständnis zugrunde (vgl. Antos 1981: 413f.): Zunächst einmal stellt Antos fest, dass, wenn im Rahmen seiner Überlegungen zum Formulierungsbegriff von Handlungen gesprochen wird, dies nicht in einem irgendwie metaphorischen Sinne, sondern in einem „strengen Sinne" (Antos 1981: 413) gemeint ist, weshalb der Handlungsbegriff auf bestimmte Weise definiert werden muss.[5] Er bezieht sich hierfür auf den handlungslogischen Ansatz von Waltraud Brennenstuhl (1975) (vgl. Antos 1981: 413f.). Brennenstuhl wird mit der folgenden Definition zitiert: Handeln ist „das Zustandebringen, Verhindern oder Zulassen eines Ereignisses durch einen Agenten mit der Bedingung, daß er dabei eine *Intention oder Voraussicht* bezüglich des Zustandebringens des Ereignisses hat, d.h. *daß er es kontrolliert oder mit Voraussicht zustandebringt.*" (Brennenstuhl 1975: 279; Hervorhebungen von R.N.) Zum Intentionsbegriff findet man bei ihr Folgendes: „Eine normal interpretierbare Intentionskomponente [in einer handlungslogischen Formel] bezeichnet eine aktuelle derartige Absicht (Intention), mit der der Agent das von der Geschehniskomponente bezeichnete Ereignis zustandebringt." (Brennenstuhl 1975: 216) Nach diesem Verständnis ist das Formulieren bzw. die Textproduktion eine durch und durch (individuell) rationale Handlung. Der Handelnde beherrscht subjektiv-intentional das Geschehen in seinem Umfeld, d. h., er ‚kontrolliert' das Geschehen ‚mit Voraussicht'.[6] Der hier durchaus zentral gesetzte Intentionsbegriff wird bei Antos an dieser Stelle nicht näher thematisiert, weshalb man davon ausgehen muss, dass das bei Brennenstuhl implizierte Verständnis von Intention in seinem Ansatz geteilt wird.

An anderer Stelle diskutiert Antos den Intentionsbegriff allerdings explizit, und zwar im Zusammenhang mit Überlegungen zum ‚Planen' beim Formulieren, d. h., er bezieht Planung und Intention eng aufeinander (vgl. Antos 1982: 91–97): Antos profiliert an dieser Stelle seinen Formulierungsbegriff, indem er zunächst einmal Vorstellungen zurückweist, nach denen ‚Formulierung' gleich-

---

[5] Dies ist nicht unbedingt selbstverständlich, in vielen Zugängen der Schreibforschung wird ein Handlungsbegriff einfach vorausgesetzt.
[6] Kritisch betrachtet handelt es sich hierbei – mit Bourdieu gesprochen – um einen „durch und durch informierten Akteur[]." (Bourdieu 2013: 180) Letztlich dürfte – so die Kritik Bourdieus – dieses Informiertsein bzw. dieses Beherrschen aber eher der Sichtweise des analysierenden Wissenschaftlers bzw. des „quasi göttlichen Berechners" (Bourdieu 2013: 179) entsprechen als der Perspektive des analysierten Akteurs.

zusetzen sei allein mit ‚Planung', da auch die ‚Ausführung' zur Formulierung gehört. Er betont demgegenüber, dass ‚Planen' und ‚Ausführen' als Phasen einer komplexen Handlung gemeinsam Bestandteil einer Formulierung seien sowie – kritisch bezugnehmend auf Rehbein (1977) – dass beide Phasen nicht strikt zu trennen seien. ‚Planen' und ‚Ausführen' fallen nicht nur – wie Rehbein meint – (teilweise) zeitlich zusammen, sondern auch prinzipiell. Dass Rehbein zu dem Fehlschluss einer Trennung der Phasen ‚Planen' und ‚Durchführen' kommt, liegt nach Antos daran, dass Rehbein keine prinzipielle Unterscheidung zwischen sprachlichem und nicht-sprachlichem Handeln mache (vgl. Antos 1982: 93; auch Rehbein 1977: 8).

In Bezug auf das Formulieren findet man bei Antos schließlich die folgende an Hegel angelehnte Erklärung für die nicht sinnvolle Trennung von ‚Planung' und ‚Durchführung':

> Wir fangen einfach an zu reden oder zu schreiben, auch wenn wir noch nicht (genau) wissen, was wir sagen oder schreiben werden. Der damit qua „Tat" in Gang gesetzte [...] Prozeß der Intentionsbildung in Texten weist zwar alle strukturellen Ähnlichkeiten zum ‚Planen' auf, ist aber zugleich seine ‚Realisierung'. (Antos 1982: 96; Hervorhebungen von R.N.)

Mit diesem „sprachabhängigen Intentionsbegriff" (Antos 1982: 96) überwindet Antos die – wie er es nennt – „‚Inhalt/Form'-Denkfigur" (Antos 1982: 95), nach der man Inhalte, also etwa Meinungen oder Absichten, zunächst einmal *hat* und dann (nachträglich) realisiert.[7] Seine Kritik richtet sich also gegen die zeitliche wie ontische Stufung von Intention und Handeln.

Wie verhält sich dieser Handlungs- bzw. Intentionsbegriff aber zu dem oben mit Bezug auf Brennenstuhl (1975) vorgestellten Verständnis? M. E. ist ein Handlungsbegriff, nach dem mit Intentionen Ereignisse ‚kontrolliert' und ‚mit Voraussicht' ‚zustande gebracht' werden (Brennenstuhl), schwer integrierbar in eine Vorstellung von Handlung und Intention, nach denen Intentionen ‚qua Tat' ‚im Text' entstehen. Im Gegensatz zu dem ersten Intentionsbegriff ist der zweite weniger rationalistisch (s. o.). Durch das zeitliche und ontische Ineinanderfallen von ‚Tat' und Intentionsbildung wird dem Akteur weniger rationale Kontrolle über das Geschehen zugesprochen, wie der erste Satz des obigen Zitats deutlich macht: „Wir fangen einfach an zu reden oder zu schreiben, auch wenn wir noch nicht (genau) *wissen*, was wir sagen oder schreiben werden."

---

[7] An dieser Stelle wird deutlich, dass Antos' Fokus hier auf die Mikroebene gerichtet ist. In dieser Hinsicht ist das Textproduktions- und Formulierungsverständnis der vorliegenden Arbeit dem Antos'schen recht nahe.

(Antos 1982: 96; Hervorhebung von R.N.) Als zentral darf hier wohl die Kategorie des *Wissens* angesehen werden: Während der Akteur laut dem ersten Intentionsbegriff (Brennenstuhl) weiß, wie er handeln wird (Kontrolle, Voraussicht), weiß es der Akteur laut dieser Vorstellung zu Beginn des Tuns ‚noch nicht genau'. Mit dem zweiten Intentionsbegriff werden demnach Handlungs- und Wissensvorstellungen im Sinne des Mentalismus (siehe 6.1.2) kritisiert, wie man sie noch beim ersten Intentionsverständnis vorfindet. Der mentalistischen Vorstellung nach ist das Wissen, das das Handeln anleitet, dem Handeln mental vorgelagert. Mit dem zweiten Intentionsbegriff wird demgegenüber eine Form von *implizitem Wissen* suggeriert, das der handelnden Ausführung nicht in einem mentalen Bereich vorgelagert ist.

Insofern lässt sich in Bezug auf das zweite Intentionsverständnis hinsichtlich des Wissens eine gewisse Nähe von Antos zum praxistheoretischen Handlungsverständnis konstatieren. In einem entscheidenden Punkt gibt es jedoch einen elementaren Unterschied zwischen Antos und der praxistheoretischen Handlungsvorstellung, der sowohl auf das erste als auch auf das zweite Handlungs- bzw. Intentionsverständnis zutrifft: Der Unterschied ist im Rahmen der Vorstellungen vom Verhältnis von Individuum und Gesellschaft zu suchen. Gerd Antos konzentriert sich bei seinen Überlegungen zur Textproduktion bzw. zum Formulieren *in erster Linie* auf das individuelle Handeln, wie Thorsten Pohl betont: Antos fasse den „Formulierungsprozess in erster Linie als *individuelles und nicht sozial-vermitteltes* Phänomen" (Pohl 2007: 132) auf. Das Verhältnis des individuellen Akteurs zu seinem sozialen Umfeld bzw. zur Gesellschaft scheint bei Antos zumindest eine untergeordnete Rolle zu spielen. Wie weiter unten gezeigt wird, muss die Wortwahl in diesem Zusammenhang ganz bewusst sehr vorsichtig gewählt werden, da eine ausschließlich individuelle Ausrichtung bei Antos keineswegs uneingeschränkt postuliert werden kann. Wie im Folgenden u. a. auch im Zusammenhang mit der Besprechung der Sprachhandlungsvorstellung bei Arne Wrobel (1995) herausgestellt wird, liegt der entscheidende Unterschied zur praxistheoretischen Handlungsvorstellung in der Auffassung davon, *in welcher Form* das Handeln des einzelnen Akteurs von seinem sozialen Umfeld bzw. der Gesellschaft beeinflusst wird, d. h. also, in welchem Verhältnis Individuum und Gesellschaft prinzipiell stehen. Aus diesem Grund wird bei der folgenden Darstellung der Handlungserklärung von Arne Wrobel (und Jochen Rehbein) immer wieder auch dezidiert die Frage nach der Rolle der Gesellschaft bzw. des Sozialen für die Erklärung von Handlung aufgeworfen.

7.2 Textproduktion und Handeln – Wrobel (und Rehbein)

Im Folgenden soll mit „Schreiben als Handlung" von Arne Wrobel (1995) eine zweite einschlägige Arbeit vorgestellt werden, die den Zusammenhang von Textproduktion und Sprachhandeln explizit und systematisch thematisiert. In seinen Überlegungen zum Sprachhandlungsbegriff grenzt sich Wrobel zunächst einmal von kognitiven Zugängen in der Schreibforschung ab. Seine (berechtigte) Kritik an diesen Zugängen ist, dass mit einer ausschließlich kognitiven Orientierung ein wesentliches Charakteristikum des Schreibens außer Acht gelassen wird, und zwar das Faktum, dass es sich beim Schreiben um den Ausdruck von *sprachlichen* Äußerungen handelt (vgl. Wrobel 1995: 21): „Das Ergebnis des Schreibens, der Text, tritt hier [in der kognitiven Schreibforschung] quasi hinter die mentalen Prozesse seiner Produktion zurück, die wiederum nur über die speziellen theoretischen Annahmen und experimentellen Verfahren der Kognitionspsychologie empirisch greifbar werden." (Wrobel 1995: 21) Ähnlich wie oben bereits Antos plädiert Wrobel also zu recht dafür, das Schreiben in einem *sprachwissenschaftlichen* Rahmen zu thematisieren. Als besonders geeignet scheint ihm hierfür ein handlungstheoretischer Zugang zu sein: „In der Betrachtung des Schreibprozesses als (komplexer) Handlung liegt sowohl eine systematische Alternative als auch eine Erweiterung des kognitiven Ansatzes." (Wrobel 1995: 24) Wie der Verweis auf *komplexes Handeln* bereits andeutet, ist für Wrobels Handlungsverständnis der Handlungsbegriff von Jochen Rehbein (1977) zentral, der laut Wrobel „für die (sprachwissenschaftliche) Handlungstheorie [...] nach wie vor" (Wrobel 1995: 24, Fn 3) grundlegend sei. Um nachvollziehen zu können, welches Handlungsverständnis den Ausführungen Wrobels demnach zugrunde liegt, und aufgrund der (zweifelsohne) zentralen Stellung Rehbeins in der sprachwissenschaftlichen Handlungsdiskussion soll im Folgenden zunächst einmal das Handlungskonzept von Rehbein vorgestellt werden, bevor die darauf aufbauenden Überlegungen Wrobels zur Textproduktion besprochen werden.

Jochen Rehbein (1977) hat mit seiner Arbeit „Komplexes Handeln. Elemente zur Handlungstheorie der Sprache" ein umfassendes und vielzitiertes Konzept zum sprachlichen Handeln vorgelegt. Ihm kommt damit das große Verdienst zu, systematisch handlungstheoretische Überlegungen auf den Gegenstand Sprache angewendet zu haben.[8] Es geht Rehbein in dieser Arbeit nicht darum, expli-

---

8 Es sei noch einmal betont, dass es in der vorliegenden Arbeit in erster Linie darum gehen soll, das Handlungsverständnis, das in der *Textproduktionsforschung* für eine adäquate Handlungserklärung herangezogen wird, kritisch zu erörtern. Da Wrobel (1995) sich bei seiner theo-

zit eine Handlungs*erklärung* vorzulegen oder etwa Handlungserklärungen zu diskutieren (vgl. Rehbein 1977: 92) – d. h. also, er versucht *nicht explizit* zu thematisieren, wie eine Handlung an sich zustande kommt und welche Rolle etwa das soziale Umfeld oder die Gesellschaft dabei spielen. Derartige ‚Handlungsursachen' werden eher vorausgesetzt und lassen sich demnach auch in erster Linie nur implizit ableiten.[9]

Demgegenüber verfolgt Rehbein ein anderes Ziel: Ganz grundsätzlich macht er zunächst einmal keinen Unterschied zwischen sprachlichen und nichtsprachlichen Handlungen (vgl. Rehbein 1977: 8).[10] Ihm geht es im Wesentlichen darum, sprachliches Handeln als komplexes Handeln zu konzeptualisieren, also als Handeln, dass sich aus Teilen bzw. Elementen wie etwa ‚Planen', ‚Wissen' und ‚Kontrolle' zusammensetzt (vgl. Rehbein 1977: 5). Folglich ist für das Rehbein'sche Handlungskonzept eine Vorstellung von *Handeln in Mustern* zentral: Er verfolgt das Ziel, „das in der Handlungstheorie gebräuchliche Konzept der isolierten Handlung zu destruieren, indem gezeigt wird, daß Handeln sich in Mustern vollzieht." (Rehbein 1977: 7) Seinen Grundgedanken formuliert er dementsprechend wie folgt:

> Handeln erfolgt innerhalb von Mustern; der Durchgang durch Muster geschieht nicht sprunghaft, sondern in einem Prozeß mit verschiedenen Stadien, unter Umständen in mehreren Prozessen. Bei diesem Durchlauf werden in unterschiedlicher Weise bestimmte objektive und subjektive Kategorien des Handlungsraums in Anspruch genommen, die die Durchführung bedingen und die ihrerseits gesellschaftliche Produkte sind. (Rehbein 1977: 8)

In diesem Zitat werden zwei zentrale Punkte des Rehbein'schen Handlungsverständnisses herausgestellt: Zum einen liegt der Akzent – wie bereits erwähnt – auf der Musterhaftigkeit von (sprachlichen) Handlungen, also darauf, dass beim Handeln Handlungsmuster mit unterschiedlichen Stadien realisiert werden.[11] Diese Musterhaftigkeit von komplexen Handlungen ist übrigens auch für die Konzeption von Wrobel zentral, wie weiter unten noch gezeigt wird. Zum anderen werden mit dem Konzept des *‚Handlungsraums'* bei Rehbein subjektive und objektive *Bedingungen* des Handelns angesprochen. Diese das Handeln bedin-

---

retischen Erörterung des Handlungsbegriffs explizit auf Rehbein bezieht, wird die Rehbein'sche Auffassung an dieser Stelle etwas ausführlicher behandelt.
9 Insofern ist m. E. jedoch die von Rehbein zu Beginn seiner Arbeit gestellte Frage ‚Was ist eine Handlung?' (vgl. Rehbein 1977: 1) irreführend, da sie suggeriert, dass im Verlaufe der Arbeit der Handlungsbegriff in Form einer Handlungserklärung an sich erörtert wird.
10 Zu dieser Thematik vgl. etwa auch Knobloch (1988a).
11 Für die entsprechende Handlungsdefinition von Rehbein vgl. Rehbein (1977: 184).

genden Faktoren sollen im Folgenden etwas näher betrachtet werden, da sie Aufschluss über die bei Rehbein implizierte Handlungserklärung geben können. Was versteht Rehbein also unter einem Handlungsraum?

> Ein Handlungsraum ist nicht allein ein sichtbarer Platz, sondern umfaßt ein spezifisches ausgrenzbares Ensemble von *voraussetzenden Bestimmungen*, die durch die gesellschaftliche Gesamtstruktur und deren Reproduktion auskristallisiert sind und die spezifisch *in die Handlungen*, die in dem betreffenden Raum stattfinden, *eingehen*. (Rehbein 1977: 12; Hervorhebungen von R.N.)

Ein Handlungsraum umfasst dabei sowohl eine objektive als auch eine subjektive Seite. Beide Seiten sind, wie man dem obigen Zitat entnehmen kann, ‚gesellschaftliche Produkte'. In diesem Sinne werden also Handlungen durch gesellschaftliche Einflüsse *bedingt*, d. h., die subjektive und objektive Seite des Handlungsraums gehen „*determinierend* in das Handeln" (Rehbein 1977: 14; Hervorhebung von R.N.) ein und außerdem sind sie konstituiert, „*bevor* sie [= eine Handlung] ausgeführt wird." (Rehbein 1977: 14; Hervorhebung von R.N.) Kurzum: Die objektive Seite des Handlungsraums, die noch einmal unterteilt wird in ‚Handlungsfeld', ‚Interaktionsraum' und ‚Kontrollfeld', determiniert das Handeln eines Subjekts *von außen* und die subjektive Seite, differenziert nach ‚Wahrnehmung', ‚Wissen', ‚Bewertung' und ‚Motivation', determiniert es *von innen*. Beide Seiten gehen dem eigentlichen Handeln, der Ausführung bzw. dem *Vollzug*, voraus.

Dreierlei ist hier interessant: Zum einen wird mit der objektiven und subjektiven Seite des Handlungsraums klar zwischen Innen und Außen getrennt. Die im Subjekt liegenden Komponenten, d. h. die „interne[n] (‚mentale[n]') Kategorien [...], nach denen die Aktanten ihr Handeln ausrichten" (Rehbein 1977: 13), sind strikt getrennt von der objektiven Außenwelt. Außerdem scheint hier, zumindest was die subjektiv-mentale Seite betrifft, eine strikte Trennung von Körper und Geist angenommen zu werden. Demnach gehen die für das Handeln relevanten geistigen Operationen den (aus dieser Sicht im Grunde nebensächlichen) körperlichen Vollzügen notwendig voraus. Das Geistige ist demzufolge wesentlich und das Körperliche nur akzidentiell; das Entscheidende an Handlungen geschieht vor den eigentlichen Vollzügen, die selbst nur bloße Realisierungen sind. Und schließlich scheint mit dem Konzept des Handlungsraums noch eine Trennung von Individuum und Gesellschaft angenommen zu werden, nach der das individuelle Handeln durch gesellschaftliche Faktoren determiniert wird. Alles in allem scheinen der Rehbein'schen Handlungserklärung mit dem Konzept des Handlungsraums also drei in der Handlungstheorie recht geläufige Dichotomien (Innen/Außen; Geist/Körper; Individuum/Gesellschaft) inhärent zu sein, die mit einer praxistheoretischen Handlungserklärung überwunden werden sollen (siehe 6.1.2).

Eine (kurze) exemplarische Anwendung auf die Kategorie des *Wissens* soll dies verdeutlichen: Die für eine Handlungserklärung zentrale Kategorie des Wissens wird bei Rehbein vor dem Hintergrund der aufgezeigten dichotomischen Handlungsauffassung wie folgt konzeptualisiert: Zunächst einmal spricht Rehbein im Zusammenhang mit Wissen von einem ‚Wissensraum', da „Wissen nicht plan oder linear, sondern mit anderen Bereichen vielfältig verknüpft [ist]." (Rehbein 1977: 13) Dieser Wissensraum liegt einem Akteur größtenteils als implizite und kollektive Wissensordnung vor.[12] Wie kann dieses implizit-kollektive Wissen aber das Handeln ‚determinieren'? Rehbein scheint davon auszugehen, dass das implizit zugrunde liegende Wissen beim Handeln *explizit* gemacht wird. Er spricht davon, dass das Wissen aktualisiert bzw. vergegenwärtigt wird und somit eine Art „Konsultation von Listen" (Rehbein 1977: 36) stattfindet. Diese Konsultation (bzw. ‚Abfragefunktion') werde in „Handlungssequenzen von den Aktanten immer wieder verwendet." (Rehbein 1977: 36) Darüber hinaus wird das Wissen – ganz im Sinne der unter 6.1.2 vorgestellten mentalistischen Handlungserklärung – als in einer mentalen Sphäre verortet verstanden, die unabhängig vom eigentlichen Handeln existiert und es von dieser Sphäre aus anleitet. Das Wissen wird also vor dem Hintergrund der Dichotomien Innen/Außen und Geist/Körper einseitig als innerlich-mental und dem körperlichen Handeln vorausgehend konzeptualisiert. In diesem Sinne lässt sich das bereits oben in diesem Zusammenhang aufgeführte Zitat von Andreas Reckwitz auch auf die Handlungsvorstellung von Rehbein beziehen: „Die mentalen Strukturen und Prozesse werden als eine eigenständige Sphäre interpretiert, immanent und autonom strukturiert und unabhängig analysierbar von der ‚äußeren' Handlungspraxis, auf die sie sich auswirken." (Reckwitz 2012b: 552) Das Verständnis des Wissens als kollektiv[13] impliziert darüber hinaus, dass dieser innerlich-mentale Bestimmungsort des Handelns gesellschaftlich geprägt ist. Das Wissen ist also ein gesellschaftliches Wissen, das in einer innerlich-

---

12 „Ein Aktant weiß selber gar nicht, was er alles weiß (Hintergrundwissen)." (Rehbein 1977: 35)

13 Der Verweis auf kollektives Wissen erklärt, warum Rehbein oben auch in Bezug auf die subjektive Seite des Handlungsraums von einem ‚gesellschaftlichen Produkt' spricht (vgl. Rehbein 1977: 8).

mentalen Sphäre verankert ist und von dieser Sphäre aus die äußerlich-körperlichen Handlungsvollzüge anleitet.[14]

Bevor im Folgenden vor dem Hintergrund dieser Ausführungen zum Rehbein'schen Handlungsverständnis weiter auf Arne Wrobels Handlungsüberlegungen eingegangen wird, soll an dieser Stelle noch kurz ein weiterer Text von Rehbein besprochen werden, auf den Wrobel ebenfalls an der Stelle der Grundlegung seines Handlungsbegriffs hinweist (vgl. Wrobel 1995: 24, Fn 3). In diesem Beitrag stellt Rehbein u. a. zentrale handlungstheoretische Ansätze aus den Sozial- und Gesellschaftswissenschaften dar (vgl. Rehbein 1979: 2-7). M. E. lassen sich aus dieser Zusammenstellung sozial- und gesellschaftswissenschaftlicher Handlungstheorien auch Rückschlüsse auf die bei Rehbein implizierte Handlungserklärung ziehen. Es geht im Folgenden allerdings nicht darum, diese Ausführungen Rehbeins im Einzelnen nachzuvollziehen, sondern vielmehr darum, eine seiner Lesart und den von ihm gesetzten Akzenten zugrunde liegende Handlungserklärung herauszufiltern. Auf diese Weise soll herausgestellt werden, dass die Dichotomisierung von Individuum und Gesellschaft in der Rehbein'schen Handlungserklärung aus der Tradition der (von ihm vorgestellten) sozial- und gesellschaftswissenschaftlichen Handlungserklärungen heraus zu erklären ist.

Zu Beginn seiner Ausführungen macht Rehbein zunächst einmal auf die Notwendigkeit einer Beschäftigung mit sozial- und gesellschaftswissenschaftlichen Handlungserklärungen auch für die Sprachwissenschaft (trotz aller möglicher Mühen oder sogar Aversionen) aufmerksam:

> Es erwies sich und erweist sich für den Sprachanalytiker als mühevoll, sich sachlich auf das Gebiet einzulassen, auf dem und in dem sich die Kommunikation, der Gebrauch der Sprache als Handlung, abspielt: auf das Gebiet der Gesellschaft und der Theorie ihrer Prozesse. Denn Sprache ist als Handeln praktisch auf gesellschaftliches Handeln bezogen, greift in es ein, ist eo ipso selbst gesellschaftliches Handeln. (Rehbein 1979: 1)

Für die „Erforschung der Wirklichkeit des sprachlichen Handelns" (Rehbein 1979: 1) ist es also ratsam, sich an Handlungstheorien wie denen von Max Weber, Alfred Schütz, Talcott Parsons usw. zu orientieren, mit denen versucht wird, gesellschaftliches Handeln zu erklären. Die Darstellung der sozial- und gesellschaftswissenschaftlichen Handlungstheorien durch Rehbein erfolgt im Grunde als thematische Entwicklung von sinnhaftem (sozialem) Handeln hin

---

[14] In welcher Form Wissen bzw. Wissensordnungen demgegenüber aus einer praxistheoretischen Perspektive mit Handeln in Verbindung gebracht wird, wurde oben unter 6.1.2 vorgestellt.

zum Handeln in Institutionen. Es wird also eine gewisse Tendenz zu mehr Gesellschaftlichkeit im Handlungsverständnis suggeriert. Im Folgenden sollen kurz die Ausführungen Rehbeins zu a) Weber, b) Schütz und c) Parsons vorgestellt und (kurz) aus praxistheoretischer Perspektive eingeordnet werden, wobei der Fokus auf der diesen Handlungserklärungen inhärenten Dichotomie Individuum/Gesellschaft liegt:

a) Max Weber wird von Rehbein[15] mit seiner klassischen Handlungsdefinition aus „Wirtschaft und Gesellschaft" (1922) zitiert. Bei Weber heißt es:

> „Handeln" soll [...] ein menschliches Verhalten (einerlei, ob äußerliches oder innerliches Tun, Unterlassen oder Dulden) heißen, wenn und insofern als der oder die Handelnden mit ihm einen subjektiven *Sinn* verbinden. „Soziales" Handeln aber soll ein solches Handeln heißen, welches seinem von dem oder den Handelnden gemeinten Sinn nach auf das Verhalten *anderer* bezogen wird und daran in seinem Ablauf orientiert. (Weber 2013: 149)

Max Weber grenzt mit dem Sinn-Begriff zunächst einfaches Verhalten von Handeln ab. Sinn wird als ‚subjektiver Sinn' verstanden, d. h. als Bedeutung, „die ein einzelner Aktant [...] subjektiv mit seiner Handlung meint." (Rehbein 1979: 2) Soziales Handeln versteht Weber darauf aufbauend als mit subjektivem Sinn ausgestattetes Verhalten, das sich am Handeln anderer *orientiert*. Das Soziale wird in diesem Sinne also verstanden als Summe von (autonomen) Individuen, die sich reziprok aufeinander beziehen; soziales Handeln ist demnach schlicht „als Miteinanderhandeln Einzelner zu verstehen." (Rehbein 1979: 3) Der Einzelne bleibt nach dieser Auffassung also das Zentrum der Handlungserklärung. Handeln und Gesellschaft werden ausgehend vom Individuum gedacht. Laut Rehbein lässt diese Konzeption Webers offen, „umfassendere Formen des Handelns in ihrer gesellschaftlichen Eigenständigkeit" (Rehbein 1979: 3) zu konstituieren. Was darunter zu verstehen ist, wird weiter unten deutlich werden. In Bezug auf Weber bzw. der bei Rehbein aufgeführten Akzentuierung der Weber'schen Handlungsauffassung bleibt festzuhalten, dass mit dieser Handlungserklärung eine klare Dichotomisierung von Individuum und Gesellschaft

---

15 Peter Auer bringt in seiner klassischen Einführung in die „Sprachliche Interaktion" (1999) Jochen Rehbein und Max Weber in einen direkten Zusammenhang, indem er Webers Konzept vom zweckrationalen Handeln, also dem „bei Max Weber [...] wichtigste[n] Fall sozialen Handelns" (Auer 1999: 110), in Rehbeins Konzept des „Planens" (Rehbein 1977) wiederentdeckt (vgl. Auer 1999: 110). Rehbein selbst geht in der hier besprochenen Arbeit zwar auf Webers Handlungskonzept ein, lässt aber eine Thematisierung des zweckrationalen Handelns aus (vgl. Rehbein 1979: 2f.). Folgt man Auers Ausführung, dann ist die oben und hier vorgetragene, in erster Linie praxistheoretisch motivierte Kritik an der Handlungserklärung Rehbeins (Stichwort Dichotomisierungen) durchaus berechtigt.

vorgenommen wird, da das Individuum als autonom und zur subjektiven Sinnbildung fähig gedacht wird, dem Gesellschaft äußerlich bleibt.[16]

b) Für die Handlungserklärung von Alfred Schütz gilt laut Rehbein im Grunde Ähnliches wie für diejenige von Max Weber.[17] Auch bei Schütz wird Handeln über (subjektiven) Sinn erklärt, wobei er Sinn als Handlungs*entwurf* eines Einzelnen auffasst (vgl. Rehbein 1979: 3). Für das soziale Handeln bedeutet dies, dass die Handlungsentwürfe der einzelnen Handelnden aufeinander bezogen werden: „Dies geschieht mittels eines komplexen Verstehensprozesses, in dem die Auslegung des Handelns des *anderen* (Fremden; alter ego) aufgrund bestimmter Deutungsschemata erfolgt." (Rehbein 1979: 3) Die in diesem Zitat angesprochenen Deutungsschemata, die oben praxistheoretisch im Rahmen von Sinnmustern und Wissensordnungen behandelt werden (siehe 6.1), werden bei Schütz als subjektiv-mentale Muster der Interpretation von Welt verstanden, die Einfluss auf das Handeln von Akteuren haben. Andreas Reckwitz (2012b) verortet den Ansatz von Schütz in der kulturtheoretischen Richtung des Mentalismus (siehe 6.1.2), für den ohnehin die Dichotomien Innen/Außen und Geist/Körper charakteristisch sind (vgl. Reckwitz 2012b: 552).[18]

Darüber hinaus lässt sich nach der Darstellung Rehbeins aber auch bei Schütz – wie bereits oben bei Weber – eine strikte Trennung zwischen Individuum und Gesellschaft konstatieren. Als zentrales Kennzeichen kann man bei der Handlungserklärung von Schütz ein Ausgehen vom (autonomen) Subjekt feststellen: „Der archimedische Punkt der Schütz'schen Handlungstheorie ist der im ‚Hic et nunc' stehende Einzelne, der sein Handeln als ‚sinnhaft' setzt." (Rehbein 1979: 3) Der weiteren Lesart Rehbeins zufolge findet eine Zuschreibung von Sinn durch dieses Subjekt statt, „nachdem sich das Individuum kontemplativ-theoretisierend von der ‚Welt' separiert hat." (Rehbein 1979: 3) Weiter heißt es:

---

16 Aus praxistheoretischer Sicht steht Robert Schmidt der Handlungserklärung Webers dementsprechend kritisch gegenüber (vgl. Schmidt 2012: 56; 2006: 305f.). Er sieht in der Konzeption Webers quasi einen paradigmatischen Beitrag zur Dichotomisierung von Individuum und Gesellschaft sowie von Geist und Körper in der Sozialtheorie: „Weber *priorisiert* die inneren (zweckrationalen, wertrationalen, affektuell-emotionalen und traditionalen) subjektiv-gedanklichen Handlungsintentionen und Motive, die soziales Handeln *veranlassen und lenken.*" (Schmidt 2012: 56, Fn 14; Hervorhebungen von R.N.) Ebenfalls zum Bezug von Praxistheorie und der Handlungserklärung von Weber vgl. Reckwitz (2003: 294).

17 Einen Verweis auf diesen Zusammenhang findet man auch bei Andreas Reckwitz: „Schütz' Sozialphänomenologie knüpft ausdrücklich an Webers Problem der Handlungserklärung an und beansprucht, dieses über den Weg der Analyse der mentalen Sinnkonstitutionsprozesse zu lösen." (Reckwitz 2012b: 551f.)

18 Gemeint ist in erster Linie der ‚frühe' Schütz.

„Die ‚soziale Welt' tritt im Gewand von ‚Umwelt', ‚Mitwelt' und ‚Vorwelt' an die Person heran." (Rehbein 1979: 4) Es scheint also, als ob mit dem Blick auf die subjektive Sinnsetzung, d. h. der theoretischen Fokussierung auf den subjektiven Standpunkt, auch bei der Schütz'schen Handlungserklärung eine prinzipielle Trennung von Individuum und Gesellschaft angenommen wird.[19]

c) Eine weitere gesellschaftswissenschaftliche Handlungserklärung, die Rehbein vorstellt, ist diejenige von Talcott Parsons. Für den in diesem Abschnitt vorzustellenden Zusammenhang ist zentral, dass Handeln nach dieser Handlungserklärung durch soziale Erwartungen und soziale Rollen (normierend) geregelt wird (vgl. Rehbein 1979: 4f.). Eine gesellschaftliche Ordnung wird hiernach als ein System in Form einer Sammlung von einzelnen Akteuren unter eine gemeinsame Wertorientierung verstanden. Dieses System stabilisiert Handeln insofern, als in diesem System soziale Rollen bzw. Rollenmuster ausgebildet werden, die zu normorientiertem Handeln beitragen (vgl. Rehbein 1979: 5). Der Ansatz von Parsons ist dem Paradigma des *Homo sociologicus* zuzuordnen, das unter 6.2.1 ausführlich besprochen und von dem in der vorliegenden Arbeit vertretenden praxistheoretischen Ansatz abgegrenzt wird. Es sei an dieser Stelle lediglich darauf hingewiesen, dass auch mit diesem normorientierten Handlungsverständnis eine klare Trennung zwischen Individuum und Gesellschaft angenommen wird.

Nachdem mit der Darstellung der Rehbein'schen Handlungsauffassung gewissermaßen die Grundlage für die Handlungserklärung bei Wrobel gelegt ist, soll nun speziell auf Wrobels (1995) Überlegungen zur Textproduktion als eine Form von Handeln eingegangen werden. Grundsätzlich scheint es Wrobel mit seiner Orientierung an Rehbein in erster Linie darum zu gehen, die Textproduktion als eine Form von *komplexem* Handeln zu konzeptualisieren. Grundlegend hierfür ist, dass die komplexe Handlung, der ein globaler Plan unterliegt, in Teilhandlungen mit jeweiligen Subplänen unterteilt werden kann (vgl. Wrobel 1995: 25).[20] Mit der Unterteilung der Textproduktion in Teilhandlungen und der Zuordnung von Plänen zu Handlungen und Teilhandlungen ist eine Handlung jedoch noch *nicht erklärt*. Zudem ist nichts über die Rolle des Sozialen bzw. der Gesellschaft für das Handeln ausgesagt. Was erfährt man also von Wrobel über den Handlungsbegriff selbst? Wie wird bei Wrobel Handlung erklärt?

---

19 Zum Sinnbegriff vgl. auch die unten folgende Diskussion zu Cartesianismus und Handlungstheorie (siehe 8.3.3.1).
20 Hieran wird im Grunde auch die primäre Fokussierung auf die Makroebene bei Wrobel deutlich (siehe oben).

Ganz allgemein darf man wohl annehmen, dass Wrobels Handlungserklärung im Prinzip der oben herausgearbeiteten Handlungserklärung bei Rehbein entspricht, da Wrobel – wie oben gezeigt – an einer zentralen Stelle seiner Argumentation auf Rehbein verweist und dessen Handlungsbegriff als für die Sprachwissenschaft grundlegend auszeichnet (vgl. Wrobel 1995: 24, Fn 3). Dessen ungeachtet sollen Wrobels Ausführungen im Folgenden einmal näher betrachtet werden: Der Handlungsbegriff selbst wird von Wrobel zunächst mit gängigen handlungstheoretischen Kategorien wie *Intention*, *Ziel* und *Zweck* bestimmt, die er unter die Kategorie des ‚Plans' subsumiert (vgl. Wrobel 1995: 24). Er veranschaulicht dies anhand eines Beispiels, aus dessen Darstellung man schließen kann, dass diese Kategorien hier als allein individuelle Handlungsanleitungen zu verstehen sind. Das Bild, das dabei zunächst von einer Handlung entsteht, lässt sich wie folgt beschreiben: Ein individuell Handelnder hat Ziele, Zwecke, Pläne usw., die sein Handeln anleiten. Der Akteur wird dabei ganz für sich, d. h. ohne ein auf ihn (wie auch immer) einwirkendes gesellschaftliches Umfeld, betrachtet. Aus dieser Position, einen Handlungsplan für sich, d. h. ohne gesellschaftliche Einflüsse, gefasst zu haben, entschließt sich der Akteur, seinen individuell gefassten Plan umzusetzen (mit einer Strategie), d. h., auf die ihn umgebende Welt Einfluss zu nehmen. In dieser Form – die natürlich noch nicht Wrobels ganzer Handlungsauffassung entspricht – wäre Handeln mit dem oben vorgestellten Verständnis von Max Weber vergleichbar, sofern dem Handeln dabei ein subjektiver Sinn unterstellt wird.

Das Bild ist in dieser Form aber noch nicht vollständig, denn Wrobel gibt durchaus auch Hinweise auf gesellschaftliche Faktoren, die Einfluss auf die Handlungserklärung haben können. Er gibt an, dass es im Gegensatz zu freien strategischen Entscheidungen darüber, *ob* Handlungen als Text realisiert werden oder nicht (z. B. Liebesbrief oder Blumenstrauß als Ausdruck der Liebe), auch klare gesellschaftliche Vorgaben gibt, die determinieren, *dass* eine Handlung als Text und *in welcher Form* dieser Text realisiert werden muss (vgl. Wrobel 1995: 26). In diesem letzten Fall werden freie „[s]trategische Entscheidungen [...] durch konventionalisierte und auf bestimmte gesellschaftliche Zwecke bezogene Muster des Handelns substituiert." (Wrobel 1995: 26) Als Beispiele für diese Muster nennt Wrobel etwa Beschwerden bei Behörden oder Verträge. Aus dem Gesagten ergibt sich eine recht starre und zweiteilige Auffassung des Verhältnisses von Handeln und Gesellschaft: Entweder unterliegt eine Handlung einer freien, gesellschaftslosen Strategiewahl mit einem individuellen Plan, unter den individuelle Ziele, Zwecke und Intentionen subsumiert werden (vgl. Wrobel 1995: 24). Oder eine Handlung unterliegt klaren gesellschaftlichen Vorgaben in Form von Mustern, die eine Handlung gesellschaftlich *prä*determinieren (vgl. Wrobel 1995: 26). Diese zweite, auf gesellschaftlich prädeterminierende Muster zurückgreifende Erklärung lässt sich im Grunde als eine Handlungserklärung im Sinne des *Homo sociologicus* (siehe 6.1.2.1) ansehen, nach der Handeln normorientiert erklärt wird.

Doch auch mit dieser Zweiteilung ist Wrobels Handlungserklärung natürlich noch nicht vollständig wiedergegeben. Wrobel geht es bei den obigen Ausführungen ja in erster Linie darum, zu zeigen, dass es Fälle gibt, in denen Handlungen *als Text* realisiert werden *müssen*. Sozusagen zwischen den Zeilen lässt sich daraus indirekt und ausschließlich für Fälle der genannten Art auch ein gesellschaftlicher Handlungsdeterminismus erschließen. Findet man bei Wrobel nicht aber auch Aussagen, die das Handeln *prinzipiell*, und nicht allein in diesem zweiteiligen Entweder-Oder-Schema, in Beziehung zur Gesellschaft setzen? Welche Rolle spielt Gesellschaft bspw. für die individuelle Planung bzw. Strategiewahl?

An einer Stelle, an der er grundlegende Argumente für seinen handlungstheoretischen Zugang vorträgt, konstatiert er Folgendes zur Rolle der Gesellschaft beim textproduktiven Handeln: „In handlungstheoretischer Perspektive läßt sich Schreiben als eine auf spezifische Zwecke sozialen Handelns bezogene Teilhandlung auffassen." (Wrobel 1995: 30) Und weiter heißt es: „[S]chriftliche Kommunikation ist [...] eingebettet in einen gesellschaftlichen Zweck- und Aufgabenzusammenhang." (Wrobel 1995: 30) Und schließlich: „Schriftliche Äußerungen oder Texte sind insofern nicht nur Produkte kognitiver Prozesse, sondern Elemente des Vollzuges spezifischer sozial-kommunikativer Handlungen: des Teilbereichs sprachlicher Handlungen nämlich, der aus dem Bereich unmittelbaren sozialen Handelns herausgelöst und auf räumlich und zeitlich getrennte Kommunikationssituationen bezogen ist." (Wrobel 1995: 30) Textproduktion ist demnach einerseits eine Teilhandlung des sozialen Handelns und ‚eingebettet' in einen ‚gesellschaftlichen Zweck- und Aufgabenzusammenhang'. Andererseits – und dies scheint Wrobel hier in erster Linie zu interessieren – ist (schriftliche) Textproduktion eine *spezifische* Form sozialen Handelns und zwar insofern, als sie in Form einer ‚zerdehnten Sprechsituation' im Sinne Ehlichs (vgl. Ehlich 1998: 32), also einer nicht-unmittelbaren Interaktion stattfindet.

Was bedeutet aber, dass textproduktives Handeln in einen ‚gesellschaftlichen Zweck- und Aufgabenzusammenhang' ‚eingebettet' ist? Handelt es sich bei dieser Einbettung um eine schlichte Platzierung bzw. Verortung in einen gesellschaftlichen Rahmen oder hat diese gesellschaftliche Rahmung einen qualitativen Einfluss auf das Handeln? Hierzu findet man bei Wrobel folgenden Hinweis auf konventionalisierte Muster bzw. den Einfluss von Gesellschaft bei der Textproduktion:

> Wer bestimmte Ziele verfolgt oder einen Text plant, kann sich an vorliegenden Texten oder Textmustern orientieren, die erprobte, sozial erwünschte oder anerkannte Möglichkeiten der Aufgabenlösung bereitstellen. Kurz: Schreiben ist, obwohl es sich isoliert und „monologisch" vollzieht, kein individueller Akt der „Erfindung", sondern auch Handeln in den Formen einer literarisierten Gesellschaft, die dem Individuum Handlungsmöglichkeiten in Form der ihr eigenen literalen Regeln und Gebräuche vorgibt. (Wrobel 1995: 31)

Es scheint zunächst einmal nicht plausibel, anzunehmen, dass Wrobel hier mit ‚Textmustern' auf die weiter oben in Bezug auf die Zweiteilung angesprochenen, recht eng gefassten Muster rekurriert. Vielmehr dürfte es sich hier um eine allgemeinere Form von Mustern handeln und insofern auch um den Versuch einer prinzipiellen Erklärung. M. E. ergeben sich aus dem obigen Zitat allerdings zwei Auffassungen, die nicht unbedingt kompatibel sind: Das Bild, das hier gezeichnet wird, ist einerseits dasjenige eines individuell Handelnden, der sich bei der Textproduktion nach den *Vorgaben* einer Gesellschaft richtet. Textproduktion ist demnach – im zweiten Teil des obigen Zitats – ‚Handeln *in den Formen* einer literarisierten Gesellschaft'. Diese Gesellschaft *gibt* den einzelnen Handelnden Möglichkeiten *in Form von ‚Regeln und Gebräuchen' vor*. Diese Lesart führt zu einer Handlungsvorstellung, nach der Handeln eingebettet ist in einen gesellschaftlichen Rahmen, der das Handeln durch ‚Regeln und Gebräuche' anleitet.

Die zweite Auffassung ergibt sich aus dem ersten Teil des obigen Zitats, in dem es heißt: ‚Wer bestimmte Ziele verfolge oder einen Text plane, *könne* sich an vorliegenden Texten oder Textmustern orientieren'. In diesem Fall ist die Orientierung an gesellschaftlichen Vorgaben bzw. Mustern durch den individuell Handelnden fakultativ: Individuelle Ziele und Planung *können* sich an gesellschaftlichen Mustern ausrichten. In diesem Fall wird eine Autonomie des individuell Handelnden gegenüber gesellschaftlichen ‚Regeln und Gebräuchen' postuliert, die ihm eine Wahl gestattet, was in einem offensichtlichen Gegensatz zu der ersten Auffassung steht. Gesellschaft hat nach der zweiten Auffassung allein Einfluss auf das Handeln eines Individuums, wenn das Individuum diesen Einfluss zulässt. Der zweite Teil des obigen Zitats ist demnach m. E. keine bloße Zusammenfassung des dem Zitat Vorausgehenden. In Hinblick auf die Frage nach der Rolle der Gesellschaft bei der Erklärung textproduktiven Handelns werden hier kleine, aber entscheidende Unterschiede gemacht. Es kann folglich auch hier nicht entschieden werden, wie sich Wrobel in diesem Zusammenhang positioniert.

Weil auch mit den vorherigen Ausführungen nicht eindeutig gezeigt werden konnte, *ob* und *in welcher Form* Gesellschaft bei Wrobel für eine Handlungserklärung prinzipiell konstitutiv ist, soll im Folgenden eine kritische Anmerkung

Wrobels gegenüber Gerd Antos diskutiert werden, in der Wrobel Antos eine mangelnde soziale Einbettung der Textproduktion vorwirft, mit der er also explizit eine soziale Perspektivierung von Textproduktion einfordert und die sich letztlich jedoch auch auf seinen eigenen Ansatz anwenden lässt (vgl. hierzu Pohl 2007: 132). Bei Wrobel heißt es diesbezüglich: „Antos beschränkt die Leistung des Formulierens auf ‚innovative' Formen der Textproduktion, die von konventionalisierten Mustern oder situationsspezifischen Sets von Routinen nicht oder kaum reguliert werden." (Wrobel 1995: 83) Diesbezüglich lässt sich allerdings Folgendes einwenden: Der Vorwurf der mangelnden sozialen Einbettung bei Antos scheint zumindest dessen theoretische Überlegungen *nicht ganz* zu treffen, denn man findet bspw. bei seinen Überlegungen zum Regel-Begriff durchaus Hinweise auf soziale Faktoren beim Sprachhandeln (vgl. Antos 1982: 121): Laut Wrobel vollzieht Antos eine Dichotomisierung von Innovation und Reproduktion, wobei er sich mit seinem Formulierungskonzept einzig und somit einseitig auf die Seite der Innovation stelle (vgl. Wrobel 1995: 84). Dadurch verhindere er „eine Rekonstruktion der *Handlungsweise* Formulieren [...], die als kooperationsbezogene Handlung immer auf gesellschaftlich vorfindliche, konventionalisierte und mustergeleitete Formen der Handlungsregulation zurückgreifen muß." (Wrobel 1995: 84) Gesellschaftliche Muster als ‚Formen der Handlungs*regulation*' spielten demnach bei Antos keine Rolle. Aus der Sicht Wrobels sei es jedoch „von besonderem Interesse, das Zusammenwirken und die Effekte einerseits mustergeleiteter bzw. routinisierter und andererseits innovativer Leistungen im Prozeß der Textproduktion aufzuschlüsseln." (Wrobel 1995: 84) Nun scheint Wrobel allerdings gewisse Nuancen in den theoretischen Ausführungen von Antos zu übersehen: Es ist eine zentrale These der „Grundlagen einer Theorie des Formulierens" von Antos, dass „unser Verständnis von ‚Sprache' und ‚Kommunikation' zu kurz [greift], wenn nur die Regelgeleitetheit/die Konventionalisiertheit des Sprechens beachtet wird. Demgegenüber soll [...] gezeigt werden, daß Sprechen im Sinne von ‚Formulieren' *auch* als problemlösendes Verhalten aufzufassen ist."[21] (Antos 1982: 121; Hervorbringung von R.N.) Antos erkennt also durchaus beide Seiten der angeblich von ihm vertretenen Dichotomie an; er bezieht folglich durchaus auch soziale Komponenten (Regeln, Konventionen) in seine theoretischen Grundüberlegungen mit ein, wie auch das folgende Zitat deutlich macht:

---

21 M. E. ist der Begriff des ‚Verhaltens' hier fehlplatziert, da Antos Formulieren ja als *Handlung* bestimmt und nicht als bloßes Verhalten.

> Wie schon betont, kann kreatives Problemlösen zwar an Mustern orientiert sein, aber per definitionem ist problemlösendes Handeln *nicht nur* reproduzierendes, regelgeleitetes Handeln. D.h. es ‚operiert' *auch* in einem nicht-konventionellen Bereich, was bedeutet, daß es als Agens für den Übergang von Nicht-Konventionellem zum Konventionellen zu betrachten ist. (Antos 1982: 121f.; Hervorhebungen von R.N.)

Antos eine einseitige Fokussierung auf Kreativität und Innovation und somit eine Nicht-Berücksichtigung gesellschaftlich-sozialer Komponenten vorzuwerfen, scheint mir also in Hinblick auf seine Grundüberlegungen zum sprachlichen Handeln nicht berechtigt.[22]

Wie verhält es sich aber bei Wrobel selbst? Folgt man Thorsten Pohl, dann wird Wrobel seinem Anspruch, im (angeblichen) Gegensatz zu Antos soziale Faktoren zu berücksichtigen, selbst kaum gerecht:

> Sicherlich rücken in Wrobels Modell durch den Faktor der ‚kontextuellen Bedingungen' soziale Aspekte des Formulierungsvorgangs etwas stärker in den Fokus, aber letztlich bleibt auch sein Modell fast uneingeschränkt auf den individuellen Formulierer und nur auf diesen bezogen. Dem kritischen Einwand gegenüber der Konzeption von Antos, den Wrobel bezüglich der sozialen Komponente angebracht hatte [...], vermag sein eigenes Modell nur teilweise gerecht zu werden. (Pohl 2007: 135)

Auch Wrobel verbleibt demnach mit seiner Konzeption von Textproduktion im Wesentlichen bei einer individuellen Perspektive auf das Sprachhandeln. Ein ähnliches Bild ergibt sich ebenfalls aus der hier vorgetragenen Diskussion zu Wrobels Handlungserklärung. Beim Rekurs auf Gesellschaft verbleibt Wrobel stets im Andeutungshaften. Es kann aus der oben vorgestellten Diskussion heraus im Grunde nicht entschieden werden, inwiefern Gesellschaft eine *prinzipielle* Rolle bei seinem Handlungsbegriff spielt. Im Wesentlichen scheint es mir so, dass Wrobel Handeln in erster Linie als individuell-planmäßiges Phänomen konzeptualisiert, das *auch* gesellschaftlich beeinflusst werden *kann*. Unabhängig hiervon kann man aber, und dies ist für die Diskussion um den Handlungsbegriff in der Textproduktionsforschung noch entscheidender, sowohl bei Wrobels Andeutungen zu einer rein individuellen Handlungserklärung als auch bei seinen Andeutungen zu einer gesellschaftlichen Handlungserklärung konstatieren, dass seiner Handlungserklärung stets eine Dichotomie von Individuum und

---

[22] Die soziale Orientierung bei Antos zeigt sich m. E. auch in seiner Diskussion von ‚strategischen Regeln', die überhaupt nicht als a-sozial gedacht werden können (vgl. Antos 1982: 123–126): „Die Relevanz von strategischen Regeln beim Kommunizieren wird immer dort unterstellt, wo Formulierungen (und Diskurseinheiten unter Herstellungsaspekten) im Hinblick auf stilistische, rhetorische, soziale, mediale, situative, persönlichkeitsspezifische etc. Fragen behandelt werden." (Antos 1982: 125)

Gesellschaft zugrunde liegt: Entweder ist der individuelle Akteur in seinem planmäßigen Handeln nicht beeinflusst von Gesellschaft oder die Gesellschaft macht bezüglich des Handelns des einzelnen Akteurs Vorgaben oder Regulierungen. Mit der Dichotomisierung von Individuum und Gesellschaft befindet sich Wrobel in Einklang mit Jochen Rehbein, auf den Wrobel sich an zentraler Stelle bezüglich seiner Handlungserklärung bezieht. Auch für Rehbeins Handlungsbegriff konnte neben weiteren Dichotomien eine prinzipielle Trennung von Individuum und Gesellschaft herausgearbeitet werden.

Die Frage nach sozialen Faktoren bei der Beschäftigung mit Textproduktion ist, wie Thorsten Pohl (2007) zu Recht feststellt, grundlegend für ein adäquates Verständnis von textproduktivem Sprachhandeln. Mit einem praxistheoretischen Verständnis von (wissenschaftlicher) Textproduktion soll dies in der vorliegenden Arbeit berücksichtigt werden, ohne zugleich auf gängige Dichotomisierungen bei Handlungserklärungen zurückgreifen zu müssen. Bevor in Kapitel 8 ein praxistheoretisches Textproduktionsverständnis in diesem Sinne vorgestellt wird, soll im nächsten Abschnitt mit dem Fokus auf das ‚domänenspezifische Schreiben' zunächst eine jüngere Richtung in der Textproduktionsforschung vorgestellt werden, die ausdrücklich soziale Komponenten in ihre Fragestellungen einbezieht.

7.3 Kultur- und Domänenspezifik

Kommen wir nun kurz zu dezidiert kulturellen und sozialen Perspektiven in der Textproduktionsforschung. Der übergeordnete Fokus soll dabei darauf gerichtet sein, inwiefern sich die Kategorie Kultur oder Domäne auf das jeweilige textproduktive Handeln auswirken.

Mit der vergleichsweise jungen Hinwendung zur Domänen- und Disziplinspezifik des Schreibens bzw. der Textproduktion vollzieht die Schreibforschung einen Paradigmenwechsel von individuell-kognitiven hin zu sozialen Gesichtspunkten (vgl. Lehnen 2009: 283). Schreiben ist nach Letzterem „in situative, gruppen- und domänenspezifische Kontexte eingebettet, die wesentlichen Einfluss auf Diskursformen und die Verfertigung von Texten haben." (Lehnen 2009: 283) Während also im kognitiven Paradigma, das sich exemplarisch am klassischen Modell von Hayes und Flower (1980) festmachen lässt,[23] individuelle und kognitive Prozesse des Schreibens im Vordergrund stehen, verlagert sich die Aufmerksamkeit zunehmend auf die sozialen Bedingungen des Schrei-

---

23 Vgl. hierzu bspw. auch die Ausführungen in Wrobel (1995).

bens.[24] Wenn betont wird, dass Schreiben bzw. Textproduktion in einer Domäne oder in einer Disziplin stattfindet, wird damit zugleich impliziert, dass für das Schreiben mehr als nur individuell-kognitive Faktoren eine Rolle spielen. Mit Domänen und Disziplinen sind soziale Gefüge angesprochen, die sich auf das Schreiben spezifisch auswirken. In diesem Zusammenhang wird zudem nicht selten, und mitunter als übergeordnet eingestuft (vgl. Jakobs 1999: 219), das Konzept der Kultur hinzugezogen. Konzepte wie Disziplin, Domäne und Kultur werden zusammenfassend als zentrale Elemente von sozialen *Kontexten* aufgefasst, die die (wissenschaftliche) Textproduktion beeinflussen können (vgl. Steinhoff 2007a: 27–33).[25]

In welcher Form diese Kontextelemente im Zusammenhang mit dem wissenschaftlichen Schreiben bzw. der wissenschaftlichen Textproduktion verstanden werden, soll im Folgenden kurz anhand der Kategorien Kultur und Domäne betrachtet werden. Zunächst einmal gibt es nach Steinhoff (2007a: 28f.) zwei antagonistische Positionen hinsichtlich der Kulturbezogenheit des wissenschaftlichen Schreibens: eine universalistische und eine relativistische. Während nach der universalistischen Auffassung für wissenschaftliche Texte keine kulturspezifischen Ausprägungen anzunehmen sind, sind wissenschaftliche Texte und somit die wissenschaftliche Textproduktion nach der relativistischen Position relativ zu bestimmten Kulturen und folglich kulturspezifisch.[26] In beiden Fällen wird unter Kultur ein *Raum* verstanden, also etwa ein geographisch-nationaler Raum oder ein einzelsprachlicher Raum (vgl. Steinhoff 2007a: 28; Jakobs 1999: 221).[27] Das wissenschaftssprachliche Handeln findet innerhalb dieser Räume statt, und die kulturellen Räume haben, nimmt man eine relativistische Position ein, Einfluss auf das wissenschaftssprachliche Handeln. Die Tatsache also, dass man innerhalb eines sozial-kulturellen Raumes handelt, führt dazu, dass das Handeln spezifisch für diesen sozial-kulturellen Raum ist.

---

24 Neben der Ausblendung des Sozialen wird auch die Ausblendung des genuin Sprachlichen kritisiert: Als weiteren Kritikpunkt an einer rein kognitiven Beschäftigung mit Textproduktion lässt sich mit Wrobel (1995: 21) die Nicht-Beachtung der Text*produkte* bzw. das Ausblenden des Umstands, dass man bei der Textproduktion sprachliche Äußerungen vollzieht, ansehen. So gesehen ist also die Erforschung der Textproduktion ein genuin sprachbezogenes Unterfangen.
25 Die Disziplinspezifik wird für den weiteren Verlauf der Argumentation keine zentrale Rolle spielen, was allerdings nicht bedeutet, dass die folgenden Überlegungen diesen Gedanken nicht miteinschließen würden.
26 Die universalistische Auffassung bleibt im Folgenden unberücksichtigt.
27 Dieses Kulturverständnis lässt sich dem oben vorgestellten *totalitätsorientierten Kulturbegriff* zuordnen (siehe 6.1.1).

Eine Domäne wiederum kann man mit Eva-Maria Jakobs verstehen als „sozial-gesellschaftlichen Bereich, in dem bzw. für den ein Text produziert wird." (Jakobs 1997: 10) An anderer Stelle findet man bei ihr diesbezüglich auch die Bezeichnung „Handlungsraum." (Jakobs 1999: 234) Das Sprachhandeln in einer Domäne bzw. in einem Handlungsraum, z. B. der Wissenschaft, ist demnach domänenspezifisch. Als Erklärung für die domänenspezifische Ausprägung des wissenschaftlichen Sprachhandelns werden das Sprachhandeln beeinflussende (soziale) Faktoren wie Normen, Werte, Konventionen und Erwartungen aufgeführt: „In Abhängigkeit von der Domäne müssen bei der Texterzeugung jeweils andere Normen, Konventionen, Wertesysteme und Erwartungen an textuelles Handeln berücksichtigt werden."[28] (Jakobs 1997: 10) Ähnlich wie beim kulturellen Raum wird das wissenschaftliche Sprachhandeln also als Handeln im Handlungsraum Wissenschaft bzw. in der Domäne Wissenschaft verstanden. Die Normen, Werte usw. des Handlungsraums wirken als Raumbedingungen auf den einzelnen Akteur ein und beeinflussen so sein Handeln.

Mit der Betonung des zentralen Charakters der Kontextelemente Kultur und Domäne wird zweifelsohne ein wesentlicher und wichtiger Schritt in der theoretischen Erklärung von wissenschaftssprachlichem Handeln vollzogen. Was in diesem Zusammenhang, vor allem mit Blick auf theoretische *Erklärungen* von textproduktivem Handeln, stärker herausgearbeitet werden müsste, ist die Frage, *inwiefern* kulturelle Werte oder Normen auf das einzelne Handeln wirken. Hierfür müsste man systematisch aufzeigen, was man unter Handeln versteht und welche Rolle Kultur in diesem Zusammenhang spielt. Geschieht dies nicht, verbleiben Betonungen, dass Textproduktion kultur- oder domänenspezifisch sei, auf der Beschreibungsebene, auf der man eben feststellt, dass bspw. im wissenschaftlichen Bereich auf eine bestimmte Art geschrieben wird. Zur *Erklärung* von Textproduktion reichen schlichte Verweise auf Räume wie Kultur oder Domänen, in denen bestimmte Normen oder Werte herrschen, nicht aus. Kurzum: Für eine produktive Verwendung von Kategorien wie Kultur bzw. Domäne und Handeln im Rahmen der Textproduktionsforschung müssten diese Kategorien u. U. systematisch und in Bezug aufeinander theoretisch bestimmt werden,

---

28 Eva-Maria Jakobs geht insgesamt von „komplexen Faktorenbündeln aus, die in ihrem Zusammenwirken die *inneren und äußeren Rahmenbedingungen* für Textproduktionsprozesse konstituieren." (Jakobs 1997: 10; Hervorhebung von R.N.) Die hier interessierenden Kontextelemente Kultur und Domäne gehören bei Jakobs zum situativ-pragmatischen Kontext im weiteren Sinne (vgl. Jakobs 1999: 220). Die bei ihr außerdem aufgeführten Punkte der konkreten Textproduktionssituation sowie der je individuellen Bedingungen bleiben hier unberücksichtigt.

d. h. sie sollten nicht als allgemeiner „Präsuppositionsbestand" (Ehlich 2007b: 105) der Schreibforschung einfach vorausgesetzt werden.

8 Textproduktion – Eine kulturtheoretische Perspektive

Der bis dato vorgestellte Handlungsbegriff ist theoretisch eng gebunden an die Konzepte Praktiken und Kultur (siehe Kapitel 6). Das Konzept der Wissenschaftskulturen bildete den Ausgangspunkt für die Überlegungen zum Handlungsbegriff. Wissenschaften bestehen als Wissenschaftskulturen demnach aus ganz unterschiedlichen sozialen Praktiken wie bspw. Experimentieren, Analysieren und Ergebnispräsentation. Handlungen sind dabei routinierte Vollzüge von Subjekten in solchen Praktiken, die über die wissenschaftskulturspezifischen Sinnmuster und Wissensordnungen angeleitet werden. Je nach Wissenschaftskultur liegen den Handlungsroutinen also jeweils spezifische Sinnmuster und Wissensordnungen zugrunde, was dazu führt, dass die jeweiligen Praktiken kulturspezifische Handlungsergebnisse hervorbringen; je nach Wissenschaftskultur wird also spezifisch, d. h. eben auch auf unterschiedliche Weise experimentiert, analysiert oder präsentiert.

Ausgehend von dieser allgemeinen Ebene zu Praktiken in Wissenschaftskulturen wird im folgenden Kapitel der Fokus speziell auf kommunikative Praktiken in Wissenschaftskulturen gelegt. Man könnte auch sagen, dass in Ergänzung zu den etwa bei Knorr Cetina (2002) eher interessierenden Erkenntnispraktiken in Wissenschaftskulturen hier nun intersubjektive, kommunikative Praktiken im Vordergrund stehen sollen. Während Knorr Cetina sich mit Praktiken beschäftigt, die „in einem Wissensgebiet bestimmen, *wie wir wissen, was wir wissen*" (Knorr Cetina 2002: 11), stehen hier also die Praktiken im Zentrum, die ‚in einem Wissensgebiet bestimmen, wie wir *sprachlich kommunizieren*, was wir wissen'. Im Folgenden werden also die praxistheoretischen Überlegungen zum Handlungsbegriff aus Kapitel 6 aufgegriffen und für eine Erarbeitung eines Textproduktions- und Formulierungsbegriffs fruchtbar gemacht. Es wird dabei im Grundsatz vor allem darum gehen, einen dezidiert nicht-rationalistischen Ansatz zur Erklärung der Routinehaftigkeit des textproduktiven Handelns vorzulegen.

Im Rahmen dieser Übertragung des praxistheoretischen Handlungsbegriffs auf ein Verständnis von Textproduktion muss allerdings noch Weiteres spezifiziert werden: Zum einen wird der praxistheoretische Textproduktionsbegriff grundsätzlich ausdifferenziert und konkretisiert zu einem Formulierungsbegriff. In Praktiken der Textproduktion ist das Formulieren eine spezifische und vor allem zentrale Form des Vollzugs. Diesbezüglich muss außerdem geklärt werden, was in der vorliegenden Arbeit unter Text verstanden wird. Es geht dabei vor allem auch darum, das Verhältnis von Text und Formulieren zu konkretisieren; der Übergang zwischen beiden wird sich dabei als ein Schlüsselkonzept des Textproduktionsverständnisses herauskristallisieren. In diesem Zusammenhang muss das Praktikenkonzept von oben darüber hinaus auch theoretisch ausgebaut werden: Um neben den Routinecharakter auch das Potential zur Veränderung von Praktiken theoretisch zu akzentuieren, wird aufgezeigt, was genau man aus praxistheoretischer Perspektive unter Wiederholung versteht. Diesbezüglich wird auf Überlegungen der Performativitätsforschung zurückgegriffen. Auch in Bezug auf die Performativitätsüberlegungen wird die Frage nach dem Textverständnis gestellt werden müssen, ebenso wie die Frage nach der Materialität bzw. der Körperlichkeit des Handelns.

Über die praxistheoretische Ausrichtung in Hinblick auf das Dreigespann Kultur-Subjekt-Praxis hinaus werden in diesem Kapitel also mit Wiederholung, Performativität, Text Körperlichkeit und Übergänge weitere wesentliche Kategorien des Textproduktionsverständnisses der vorliegenden Arbeit erarbeitet.

8.1 Textproduktion und praxistheoretischer Handlungsbegriff

Im folgenden Abschnitt wird – ausgehend von den vorherigen Überlegungen zur handlungstheoretischen Fundierung des Textproduktionsbegriffs in Kapitel 7 – ein praxistheoretisches Verständnis von wissenschaftlicher Textproduktion erarbeitet. Die in Kapitel 6 vorgestellten Überlegungen werden nun also auf die wissenschaftliche Textproduktion übertragen.[1]

Auf die (mitunter zentrale) Rolle Pierre Bourdieus für die Praxistheorie wurde bereits unter 6.1.3.2 hingewiesen. Sein Denken lässt sich im Allgemeinen als Kritik an einer ‚scholastischen' Auffassung vom Sozialen und von Handeln verstehen, was in der folgenden Textstelle zu seinem Habituskonzept gut zum Ausdruck kommt (siehe hierzu auch 6.1.3.2 und 8.3.3):

> Eine der Hauptfunktionen des Habitusbegriffs besteht darin, zwei einander ergänzende Irrtümer aus dem Weg zu räumen, die beide der scholastischen Sicht entspringen: einerseits die mechanistische Auffassung, die das Handeln für die mechanische Folge äußerer Ursachen hält, andererseits die finalistische, die – so namentlich die Theorie des rationalen Handelns – dafürhält, daß der Agierende frei, bewußt und, wie manche Utilitaristen sagen, *with full understanding* handelt, wobei die Handlung aus der Berechnung von Gewinnchancen hervorgeht. Gegen die eine wie gegen die andere Theorie ist einzuwenden,

---

[1] Im Folgenden wird aus Gründen der besseren Lesbarkeit bei Bezugnahmen auf praxis- und subjekttheoretische Überlegungen nicht im Einzelnen auf das Kapitel 6 verwiesen.

> daß die sozialen Akteure über einen Habitus verfügen, den vergangene Erfahrungen ihren Körpern einprägten: Diese Systeme von Wahrnehmungs-, Bewertungs- und Handlungsschemata ermöglichen es, praktische Erkenntnisakte zu vollziehen, die auf dem Ermitteln und Wiedererkennen bedingter und üblicher Reize beruhen, auf die zu reagieren sie disponiert sind, und ohne explizite Zwecksetzung noch rationale Mittelberechnung Strategien hervorzubringen, die [...] angemessen sind und ständig erneuert werden. (Bourdieu 2013: 177f.)

Aus dieser Kritik ergibt sich für Bourdieu also ein nicht-rationalistisches Handlungsverständnis, das er wie folgt auf den Punkt bringt:

> Die Handlungstheorie, die ich (mit dem Begriff Habitus) vorschlage, besagt letzten Endes, daß die meisten Handlungen der Menschen etwas ganz anderes als die Intention zum Prinzip haben, nämlich erworbene Dispositionen, die dafür verantwortlich sind, daß man das Handeln als zweckgerichtet interpretieren kann und muß, ohne deshalb von einer bewußten Zweckgerichtetheit als dem Prinzip dieses Handelns ausgehen zu können. (Bourdieu 1998: 167f.)

Bourdieus Kritik an einer ‚scholastischen Vernunft' und sein Handlungsverständnis stellen also gewissermaßen den Horizont dar, vor dem Textproduktion und Formulieren in der vorliegenden Arbeit konzeptualisiert werden sollen.

Als eine Alternative zu einer ‚scholastischen Vernunft' innerhalb der Textproduktionsforschung lassen sich die Überlegungen von Helmuth Feilke und Torsten Steinhoff (2003) ansehen, nach denen der Erwerb wissenschaftlicher Schreibfähigkeiten als eine Form von ‚Habitusanpassung' verstanden wird.[2] Der wissenschaftssprachliche Habitus ist ihnen zufolge „ein System verinnerlichter Verhaltensmuster, das dem ‚Common sense' in der Wissenschaftskommunikation entspricht."[3] (Feilke & Steinhoff 2003: 118) Er ist „die Art und Weise [...], wie sich Wissenschaftler in ihren Texten ausdrücken." (Feilke & Steinhoff 2003: 118) Die Fähigkeit, sich auf typische Art und Weise wie ein Wissenschaftler sprachlich auszudrücken, ist bei Studienanfängern (‚Novizen') nicht einfach gegeben; mit dem Erwerb der Hochschulzugangsberechtigung sind also keineswegs auch bereits wissenschaftssprachliche Schreibfähigkeiten erworben, was in der Forschung zur Entwicklung der wissenschaftlichen Textproduktion stets betont wird (vgl. u.a. Ehlich 2003: 24f.; Kruse & Jakobs 1999: 23f.; Lehnen 2009: 282 und 284; Pohl 2007: 19; Hennig & Niemann 2013c). Diese Fähigkeiten eignen sich Studierende im ‚Sozialisationssystem' Wissenschaft/ Universität erst in einem langwierigen „Enkulturationsprozess" (Lehnen 2009: 281) an. Diese Tat-

---

2 Vgl. auch Steinhoff (2007a: 95f.).
3 Zur sprachlichen Common sense-Kompetenz vgl. Feilke (1994).

sache wird nun bei Feilke und Steinhoff mitunter mit dem Habituskonzept erklärt, indem der wissenschaftssprachliche Kompetenzerwerb – wie oben bereits angedeutet – als eine ‚Habitusanpassung' verstanden wird.[4] Auch wenn der Fokus der Autoren dabei nicht primär auf der Erarbeitung eines habituellen *Handlungs*begriffs liegt, ist dem Konzept ‚Habitusanpassung' implizit eingeschrieben, dass das zugrunde liegende Handlungsverständnis theoretisch im Sinne eines habituellen Handelns gefasst werden kann.[5] Dieser handlungstheoretische Zugang steht in der vorliegenden Arbeit im Vordergrund.

Es wird dabei zugleich auch ein anderer Akzent als bei Feilke und Steinhoff gesetzt: Wie bereits in Abschnitt 8.2 angedeutet wurde und wie noch unter 8.2.2 ausführlich vorgestellt wird, wird mit der Erarbeitung eines praxistheoretischen Textproduktionsbegriffs zwischen den Ebenen *Praxis* und *Text* unterschieden, womit zugleich die alltägliche Kategorie des Autors differenziert wird in *Subjekt* (Praxisebene) und *Autor* bzw. *Autorinstanz* (Textebene). Der Autor wird dabei als eine von einem Wissenschaftler-Subjekt[6] in Szene gesetzte bzw. hervorgebrachte Instanz verstanden. Die Handlung des Hervorbringens bzw. In-Szene-Setzens ist das, worum es geht, wenn im Folgenden ein praxistheoretisches Handlungs- und Subjektverständnis für die Textproduktion erarbeitet wird. Während bei Feilke und Steinhoff der Fokus darauf zu liegen scheint, wie sich der Habitus gewissermaßen in den wissenschaftlichen Textprodukten niederschlägt bzw. wie man ihn an bestimmten routinierten sprachlichen Ausdrucksformen festmachen kann, ist das Interesse der vorliegenden Arbeit – mit dem Vorhaben, wissenschaftliche Textproduktion handlungstheoretisch zu fassen – darauf gerichtet, die wissenschaftliche Textproduktion bzw. das Formulieren, verstanden als Hervorbringung einer (für jeweilige Wissenschaftskulturen typischen) Autorinstanz, praxistheoretisch und somit eben auch orientiert am Habi-

---

[4] Bei Bourdieu findet man zum Habituserwerb die folgende Aussage: „Die für die Zulassung zu dem Spiel [eines Feldes] und den Erwerb des spezifischen Habitus erforderliche, je nach dem Ausgangspunkt mehr oder weniger radikale Umwandlung des ursprünglichen Habitus vollzieht sich unauffällig, das heißt graduell, allmählich und unmerklich, so daß sie im wesentlichen gar nicht wahrgenommen wird." (Bourdieu 2013: 20)

[5] Einen engeren Habitusbegriff findet man in der wissenschaftlichen Schreibforschung bei Thorsten Pohl (2007: 137f.): Hier wird Habitus in gewisser Weise mit Automatismus assoziiert. Der Fokus wird dabei auf feste Ausdrücke gelegt.

[6] Es ist hoffentlich selbstverständlich, dass mit der Bezeichnung Wissenschaftler-Subjekt hier immer männliche, weibliche und sonstige soziale Geschlechter zusammen gemeint sind. Dass dies nicht gesondert sprachlich markiert wurde, ist dem schlichten Umstand der einfacheren Lesbarkeit geschuldet und soll keinesfalls eine Diskriminierung oder Missachtung nicht-männlicher Geschlechter anzeigen - was im Übrigen auch absurd wäre, da ein wesentlicher Teil des theoretischen Rüstzeugs dieser Arbeit auf nicht-männliche Autoren aufbaut.

tuskonzept zu erörtern. Man könnte auch sagen, dass Feilke und Steinhoff sich im Rahmen des Habituskonzepts vordergründig für Texthandlungen von Autorinstanzen interessieren, während in der vorliegenden Arbeit der theoretische Akzent auf der (routinierten, körperlichen) Hervorbringung von Autorinstanzen durch Subjekte liegt.[7]

Wie wird also wissenschaftliche Textproduktion auf der Folie der praxistheoretischen Überlegungen in Kapitel 6 und zum Teil in kritischer Distanzierung zu den Ausführungen in Kapitel 7 in der vorliegenden Arbeit verstanden?

Zunächst einmal sei daran erinnert, dass der Ausgangspunkt der in der vorliegenden Arbeit vorgenommenen theoretischen Konzeptualisierung die Frage nach dem Status von Wissenschaften war. Es hat sich gezeigt, dass das Verständnis von Wissenschaft eng mit dem Praktikenkonzept zusammenhängt: Wissenschaften werden hier als *Wissenschaftskulturen* gefasst, die allgemein als *Komplexe wissenschaftlicher Praktiken* verstanden werden. Diesen wissenschaftlichen Praktiken liegen spezifische wissenschaftliche Sinnmuster und Wissensordnungen zugrunde, die sich von Sinnmustern und Wissensordnungen (und demnach auch Praktiken) anderer gesellschaftlicher Bereiche, etwa der Wirtschaft, unterscheiden. Im Rahmen dieser Komplexe von wissenschaftlichen Praktiken gibt es selbstverständlich neben allgemeinen wissenschaftlichen Praktiken, z. B. solchen der Erkenntnisgewinnung, auch speziell intersubjektiv-kommunikative Praktiken. Diesen intersubjektiv-kommunikativen Praktiken bzw. (hier) Textproduktionspraktiken kommt sogar – nicht nur aus der hier eingenommenen Perspektive, sondern auch im Allgemeien – eine fundamentale Rolle für die Wissenschaften zu: Intersubjektiv-kommunikative Praktiken nehmen insofern eine Schlüsselrolle für Wissenschaftskulturen ein, als Wissenschaft insgesamt vor allem in erster Linie als ein genuin sprachlich-kommunikatives Unterfangen verstanden werden kann, denn eine Erkenntnis wird erst zu einer wirklich wissenschaftlichen Erkenntnis, wenn sie kommuniziert wird.

Diese für Wissenschaftskulturen offensichtlich so zentralen wissenschaftlichen Textproduktionspraktiken lassen sich nun wie folgt charakterisieren: Zunächst einmal wird wissenschaftliche Textproduktion hier nicht als vereinzelte, autonome Aktivität verstanden werden, die von einem autonomen wissenschaftlichen Akteur ausgeführt wird. Wissenschaftliche Textproduktion wird vielmehr verstanden als verschiedene Handlungsvollzüge im Rahmen einer wissenschaftlichen Praktik der Textproduktion, die von einem wissenschaftli-

---

[7] Zu den jeweils unterschiedlichen Gesichtspunkten des Feilke'schen Ansatz und des Ansatzes der vorliegenden Arbeit in Hinblick auf die Routinehaftigkeit bei der Textproduktion siehe 8.4.

chen Subjekt, verstanden als Bündel von Dispositionen, ausgeführt werden.[8] Diese in der Praxis einverleibten Dispositionen, aus denen sich ein Wissenschaftler-Subjekt zusammensetzt, sind zum Teil für das Produzieren von wissenschaftlichen Texten ausgerichtet. Mit Blick auf Textproduktion sind diese Dispositionen also spezifisch hin Hinblick auf typische Handlungsvollzüge im Rahmen wissenschaftlicher Textproduktion (Recherchieren, Lesen, Formulieren, usw.) und insofern letztlich natürlich hinsichtlich der Verwendung kulturspezifischer wissenschaftssprachlicher Sprachmittel, also etwa typischer syntaktischer oder semantisch-stilistischer Sprachmittel.[9]

Grundsätzlich zeichnen sich wissenschaftliche Textproduktionspraktiken, wie wissenschaftliche Praktiken insgesamt, dadurch aus, dass sie neben ihrer Konkretheit und Kollektivität vor allem routiniert, selbstverständlich und regelmäßig sind.[10] Bei den Vollzügen in Textproduktionspraktiken handelt es um *gekonnte* Vollzüge. Die wissenschaftliche Textproduktionspraktik selbst – und das ist besonders wichtig – *besteht* aus diesen (raum-zeitlich) konkreten, *repetitiven* Vollzügen, d. h., sie ist keine (überzeitlich) abstrakte Struktur, die den Vollzügen als Muster oder Typ ‚logisch-genealogisch' vorgelagert wäre und diese anleitete.[11] Insofern ist die Beziehung zwischen den Textproduktionshandlungen und der Textproduktionspraktik gewissermaßen zweidimensional: Eine Textproduktionspraktik besteht zum einen aus raum-zeitlich konkreten und körperlichen Handlungen. Die in ihr vollzogenen Handlungen werden zum anderen allerdings *der Textproduktionspraktik gemäß* routiniert und typisch aus- und *auf*geführt, so dass die Praktik als routiniert und regelmäßig erscheint. Diese Regelmäßigkeit und Routiniertheit kommt dadurch zustande, dass dem Handeln ein *praktisches Wissen* zugrunde liegt, das als inkorporiertes, in der Praxis erworbenes Wissen zu verstehen ist. Das inkorporierte praktische Wissen

---

8 Mit diesem dezentrierten Subjektverständnis sollen in der theoretischen Konzeptualisierung von Subjekt und Handeln grundsätzlich gängige Dichotomien wie Individuum/Gesellschaft oder Geist/Körper überwunden werden (siehe 6.1.3). Auf das Körperkonzept wird in diesem Zusammenhang weiter unten noch ausführlich eingegangen (siehe 8.3).
9 Insofern ist also in gewisser Weise das Wissenschaftler-Subjekt, als Bündel von Dispositionen, als der theoretische Ausgangspunkt für die Erklärung von wissenschaftlicher Textproduktion und somit letztlich auch von wissenschaftlichen Textprodukten anzusehen.
10 Auf die Rolle des Körpers bei der Textproduktionspraktik wird weiter unten näher eingegangen (siehe 8.3.3).
11 An diesem Vollzugs- und Wiederholungscharakter zeigen sich bereits das performative Moment – und insofern auch eine gewisse Nähe zu den Überlegungen von Sybille Krämer (2002a) – des hier vertretenen Sprachhandlungsbegriffs. Auf diesen zentralen Punkt wird im nächsten Abschnitt zurückzukommen sein (siehe 8.2).

lässt wissenschaftliche Akteure also *gekonnte* (im Sinne eines Knowing how) Handlungen ausführen.

Diese Überlegungen zum Textproduktionsbegriff bilden die Grundlage für die in den folgenden Abschnitten zu erarbeitenden Spezifizierungen. Bei diesen Spezifizierungen werden weitere Kategorien wie der *Wiederholungsbegriff*, der *performative Akzent* des Handelns und der damit einhergehende Bezug zur Kategorie *Text*, die *Körperlichkeit* des Sprachhandelns sowie schließlich – vor dem Hintergrund der zuvor erarbeiteten Kategorien – ein genaueres Verständnis von *Formulieren* erörtert.

Doch zuvor seien noch kurz ein paar grundlegende Unterschiede des vorliegenden Ansatzes gegenüber dem in der Sprachwissenschaft – zu Recht – sehr einflussreichen und viel besprochenen Ansatz der Funktionalpragmatik herausgestellt (vgl. dazu etwa Ehlich 2007a, 2007b; Rehbein 1977; Redder 1990; Brünner & Graefen 1994). Grundsätzliche Überlegungen dazu wurden bereits in Kapitel 7.2 in Hinblick auf das Handlungsverständnis von Jochen Rehbein (1977) vorgestellt. Und auch in Kapitel 8.2.2 wird noch einmal näher auf den Ehlich'schen Textbegriff eingegangen und dieser produktiv in die eigenen Überlegungen einbezogen.[12]

In seinem programmatischen Beitrag zu Zielen und Verfahren der Funktionalpragmatik stellt Konrad Ehlich (2007a) den Handlungsbegriff als eine zentrale Kategorie vor, wobei er generell von einem „Handlungscharakter der Sprache" (Ehlich 2007a: 12) ausgeht. Diese Zentralstellung des Handlungsbegriffs deckt sich mit dem Grundverständnis der vorliegenden Arbeit. Das konkrete Verständnis von Handlung ist bei Ehlich eng verbunden mit den Kategorien des *Zwecks* und des *Musters* (vgl. Ehlich 2007a: 14–16) (siehe auch 7.2., Handlung bei Rehbein). Beim Zweck handelt es um eine traditionelle Handlungskategorie (siehe hierzu 6.1.2.1). Sie wird in der Funktionalpragmatik eng an die Musterkategorie geknüpft, und zwar um den „Zweck in seiner das sprachliche Handeln leitenden Bedeutung" (Ehlich 2007a: 14) analytisch zu fassen.[13] Mit Zweck und Muster sollen Handlungen bzw. Handlungsanleitungen also erklärt werden. Muster werden dabei in dem Sinne verstanden, dass sie „Tiefenkategorien" (Ehlich 2007a: 15) darstellen, die auf der Oberfläche in Form von sprachlichen

---

[12] Und generell besitzt der Ehlich'sche Ansatz (ob implizit oder explizit) einen prägenden Einfluss auf das gesamte hier vorgetragene Denken.
[13] Dem scheint auch Angelika Redder (1990) zu folgen. Zu den zentralen Kategorien der linguistischen Pragmatik gehört laut ihr „die Kategorie des Handlungsmusters, deren wesentliche Bestimmtheit, nämlich die innere Systematik, über die Kategorie des Zwecks vermittelt ist." (Redder 1990: 6)

Handlungen *realisiert* werden: „Die konkreten sprachlichen Oberflächen werden erzeugt, indem Musterstrukturen realisiert werden." (Ehlich 2007a: 15) Und:

> Muster sind Organisationsformen des sprachlichen Handelns. Als solche sind sie gesellschaftliche Strukturen, die der Bearbeitung von gesellschaftlich rekurrenten Konstellationen dienen. [...] Das einzelne menschliche Handeln realisiert allgemeine Handlungsstrukturen. Die sprachlichen Handlungsformen sind ein wesentlicher Teilbereich dieser allgemeinen Handlungsstrukturen. (Ehlich 2007a: 14f.)

Diese Vorstellung von Handlung bzw. Handlungserklärung wird in der vorliegenden Arbeit *nicht* geteilt: Zum einen gehört es, wie im folgenden Abschnitt 8.2 zu zeigen sein wird, zu den Grundüberlegungen der vorliegenden Arbeit, dass soziale Kategorien wie Handlungen nicht im Denkschema einer Zwei-Welten-Ontologie gedacht werden [in Anlehnung an Krämer (2001, 2002b)], wie es mit dem Ehlich'schen Musterbegriff geschieht, wenn Ehlich Handlungen als Realisierungen von zugrunde liegenden Mustern betrachtet. Gegen Vorstellungen von Handlungen in diesem Sinne eines protestantischen Denkgestus (siehe 8.2.1) werden bei den hier anzustellenden handlungstheoretischen Überlegungen u. a. performativitäts- und körpertheoretische Akzente stark gemacht, womit auch ein gänzlich anderes Verständnis von Wiederholung einhergeht (siehe 8.2 und 8.3). Durch den systematischen Einbezug der Körperkategorie sowie subjekttheoretischer Überlegungen werden darüber hinaus mit dem Handlungsbegriff der vorliegenden Arbeit auch *Dichotomien* aus klassischen Handlungserklärungen überwunden, die den Gegenstand Handlung unnötig rationalisieren und vergeistigen. Zu diesen Dichotomien gehören vor allem etwa die systematische Trennung zwischen *Geist und Körper* oder *Individuum und Gesellschaft* (siehe auch 6.1.2, 7.1 und 7.2). Zum anderen wird in der vorliegenden Arbeit die zentrale Stellung der Zweckkategorie nicht geteilt: Wie in Kapitel 6.1.2 ausgeführt greift aus Sicht der Praxistheorie eine Handlungserklärung zu kurz, wenn sie nur oder in erster Linie mit der Zweckkategorie arbeitet, um die Handlungsanleitung zu erklären.[14] Ausgehend von einem praxistheoretischen Kulturbegriff sind für die Handlungsanleitung eher die (kulturellen) Sinnmuster und Wissensordnungen entscheidend, in denen Handlungszwecke auch integriert sein können, und weniger die Handlungszwecke alleine. Und schließlich unterscheidet sich der Handlungsbegriff der vorliegenden Arbeit von demjenigen der Funktionalpragmatik in der Hinsicht, dass offensichtlich ein gänzlich

---

14 Die Zweckkategorie ist laut Brünner und Graefen „eine für die Funktionale Pragmatik wesentliche Kategorie. Zwecke stellen das zentrale strukturierende Element sprachlicher Handlungsprozesse dar." (Brünner & Graefen 1994: 10)

anderer Fokus gewählt wird: In der vorliegenden Arbeit wird sprachliches Handeln grundsätzlich unterschieden in textproduktives Handeln (Praxisebene) und Texthandeln (Textebene), wobei das unterscheidende Kriterium zwischen beiden Handlungsformen die *kommunikative Abgeschlossenheit* ist (siehe 8.2.2).[15] Mit *textproduktivem Handeln* werden kommunikativ abgeschlossene und somit wirksame Einheiten erst hervorgebracht, es handelt sich also um den Prozess der Hervorbringung von kommunikativen Handlungen bzw. von Sprechakten (= Texthandlungen); mit *Texthandlungen* dagegen wird kommuniziert, sie sind kommunikativ abgeschlossen.[16] Während der Fokus der Funktionalpragmatik, wie etwa auch der Searle'schen Sprechakttheorie, in dessen Tradition sie sich durchaus auch verortet (vgl. Brünner & Graefen 1994: 11), auf der Textebene zu liegen scheint, wird mit den handlungstheoretischen Überlegungen der vorliegenden Arbeit die Praxisebene fokussiert, d. h. die textproduktiven, hervorbringenden Handlungen. Sie stehen im unmittelbaren Fokus, die Texthandlungen dagegen nur im mittelbaren. Diese Trennung der zwei Sprachhandlungsqualitäten lässt sich –abschließend – gut vor dem Hintergrund der Ehlich'schen Unterscheidung von *sprachinternen* und *sprachexternen Zwecken* verdeutlichen (vgl. Ehlich 1994): Dem „sprachexternen Zweckbereich" (Redder 1990: 9, FN 10) sind das illokutionäre und perlokutionäre Potential von Sprachhandlungen zuzuordnen, das über die „illokutive Analyse" (Ehlich 1994: 68) im Anschluss an die Sprechakttheorie erfasst werden kann. Sprachinterne Zwecke dagegen beziehen sich „auf die innere Organisation der sprachlichen Mittel, auf den Aufbau und Formenbestand einer Sprache." (Brünner & Graefen 1994: 10) Diese – klassisch gesehen – grammatischen Formen werden ebenfalls mit sprachlichem Handeln in Verbindung gebracht (vgl. Redder 1990): „Die Struktur, die sich [...] ermitteln lässt, ist nicht selbstzweckhaft, sondern Resultat der Funktionen, die die jeweiligen Einheiten im und für das sprachliche Handeln haben." (Brünner & Graeen 1994: 10) In Bezug auf die oben angedeutete Unterscheidung von Praxis- und Textebene ist nun wichtig, dass *beide* – sprachinterne *und* sprachexterne Zwecke – sich auf den Bereich der Texthandlungen des obigen Schemas beziehen. Die Ehlich'schen Zweckbereiche sind vor dem Hintergrund der in der vorliegenden Arbeit angenommenen Unterscheidung der Sprachhandlungsqualitäten demzufolge der Textebene zuzuordnen. Für die

---

15 Diese Unterscheidung wird unter 8.2.2 u. a. auch in Auseinandersetzung mit dem Textbegriff von Ehlich (1998) vorgenommen.
16 Diese Unterscheidung wird grundsätzlich sowohl für Schreib- als auch für Sprechhandlungen angenommen, auch wenn in der vorliegenden Arbeit der Fokus auf Schreibhandlungen liegt.

Praxisebene, d. h. für die Textproduktionshandlungen, wäre demgegenüber dann ein eigener, dritter Zweckbereich anzunehmen, der sich auf ebendiese textproduktiven Handlungen bezieht. Man könnte hier dann – in Orientierung an die obige Terminologie – von *textexternen Zwecken* sprechen. Wichtig wäre diesbezüglich nur, dass der Zweckkategorie dann entsprechend der oben angesprochenen Relativierung durch die Praxistheorie weniger Gewicht für die Handlungsanleitung zugesprochen wird.

8.2 Spezifizierung des praxistheoretischen Textproduktionsbegriffs

Das bis dato aufgezeigte Verständnis von wissenschaftlicher Textproduktion wird im folgenden Abschnitt um die Kategorien *Wiederholung* und *Performativität* erweitert, was entscheidende Konsequenzen sowohl für den Praktiken- als auch für den zugrunde liegenden Handlungsbegriff mit sich bringt.

Der in der vorliegenden Arbeit vertretene Praktikenbegriff wurde bisher schwerpunktmäßig mit einem reproduktiven Akzent konzeptualisiert (Routiniertheit). Praktiken ist neben diesem reproduktiven Charakter darüber hinaus allerdings auch eine „Tendenz zur Unberechenbarkeit, Widerständigkeit, ‚Subversion' und Veränderungsoffenheit" (Reckwitz 2004: 41) eigen. Deshalb soll in diesem Abschnitt mit dem Transformations- bzw. Subversionscharakter von wissenschaftlichen Textproduktionspraktiken eine weitere Facette aufgezeigt werden. Im Grunde wird hier nun die im Kapitel zu kommunikativen Gattungen und Praktiken (siehe 6.2.1) angesprochene Kategorie der *Rekontextualisierung* aufgegriffen und theoretisch neu akzentuiert. Es wird sich zeigen, dass der transformierende oder subversive Charakter von Praktiken in einem engen Zusammenhang mit den Kategorien der *Wiederholung* und der *Performativität* steht. Aus diesem Zusammenhang ergibt sich auch die fundamentale Einsicht, dass Praktiken *nicht* als abstrakte Muster oder Typen zu verstehen sind, die bei konkreten Vollzügen instantiiert werden, sondern dass Praktiken stets raumzeitlich konkret situiert sind. Praktiken der Textproduktion und textproduktives Handeln leiten sich nicht – und das ist ein Kerngedanke der vorliegenden Arbeit – aus abstrakten Mustern oder Typen ab, die sich angeblich in einer wesentlichen virtuellen ‚Welt' in einem reinen Zustand befänden; sie sind keine akzidentiellen Repräsentationen eines wesentlichen und reinen Musters. Kurz gesagt: Praktiken und Handeln lassen sich aus der hier gewählten Perspektive nicht im Horizont eines ‚protestantischen Gestus' erklären.

Wie diese kurzen Ausführungen bereits andeuten, bewegen sich die im Folgenden vorzustellenden Überlegungen im Horizont des von Sybille Krämer

(2001; 2002b) herausgearbeiteten ‚Performanz-Modells' der Sprache, das das Resultat einer Neu-Interpretation der sprachtheoretischen Landschaft des 20. Jahrhunderts ist. Für dieses ‚Performanz-Modell' spielt der theoretische Ansatz von Judith Butler (1997; 2013), der mit seiner radikal-feministischen und politischen Ausrichtung auf den ersten Blick nichts mit Sprachtheorie und -philosophie im engeren Sinne zu tun zu haben scheint, eine nicht unerhebliche Rolle. Es ist das Verdienst von Krämer, diesen sehr fruchtbaren Ansatz auch in den deutschsprachigen sprachtheoretischen Diskussionszusammenhang eingebracht zu haben.[17] Für die hier vorzustellenden Überlegungen ist der Butler'sche Ansatz darüber hinaus insofern interessant, als er auch im Rahmen der praxistheoretischen Diskussion eine zentrale Rolle spielt (vgl. etwa Reckwitz 2004; Schäfer 2013).[18] Der sprach- und der praxistheoretische Ansatz werden im Folgenden (mit Schwerpunkt auf Krämer) zunächst integrativ behandelt (siehe 8.2.1), bevor anschließend hinsichtlich der Spezifika von Textproduktionspraktiken differenziert wird (siehe 8.2.2).

Alles in allem soll auf diese Weise neben dem Transformationscharakter von Praktiken der Textproduktion, der über die elementaren Kategorien *Wiederholung* bzw. *Iterabilität* und *Performativität* herausgearbeitet wird, vor allem auch gezeigt werden, dass der zugrunde liegende Sprachhandlungsbegriff der vorliegenden Arbeit mehr ist als ein bloßes Tun, nämlich ein ‚aufführendes' bzw. ‚in Szene setzendes' Tun.

8.2.1 Wiederholung – Judith Butler in Sprach- und Praxistheorie

Betrachten wir zunächst einmal kurz Sybille Krämers (2001; 2002b) Neu-Interpretation der sprachtheoretischen Landschaft des 20. Jahrhunderts. Krämers Interpretation weicht von gängigen Modellierungen sprachtheoretischer Positionen insofern ab, als sie nicht der Unterscheidung von *Sprache als System vs. Sprache als Handlung* folgt, die üblicherweise auf der Unterscheidung von sprachtheoretischen Positionen wie bspw. *de Saussure/Chomsky vs. Searle* ba-

---

[17] Zum Stellenwert von Sprache bei Butler vgl. auch Müller (2009), die sich allerdings nicht auf Krämer bezieht.
[18] Mit dem gemeinsamen Bezug auf Butler wird offensichtlich, dass zwischen den Theoriefamilien der Praxis- und Performativitätstheorie sehr große Parallelen bestehen (vgl. Volbers (2011); auch Reckwitz (2012b: 708) und Hörning & Reuter (2004a: 12)). Es ist nicht zuletzt deshalb sicher kein Zufall, dass zwischen den kulturtheoretischen Überlegungen der Praxistheorie und dem ‚Performanz-Modell' der sprachtheoretischen Überlegungen Sybille Krämers (2001; 2002a; 2002b) eine gewisse Affinität besteht (vgl. Niemann 2015).

siert.[19] Krämer wählt gewissermaßen quer dazu einen anderen Ausgangspunkt: Grundsätzlich stellt sie in ihrem Zugang die zwei grundlegenden Sprachauffassungen eines ‚Zwei-Welten-Modells' und eines ‚Performanz-Modells' gegenüber. Für das ‚Zwei-Welten-Modell' gilt grob gesagt, dass das Sprachhandeln als Instantiierung eines Musters bzw. Typus (im Sinne einer type-token-Beziehung) aufzufassen ist, d.h., dass das konkrete Sprechen als akzidentielle Realisierung einer *hinter* diesem Sprechen befindlichen, wesentlichen Entität (also der Sprache) zu begreifen ist. Die Sprache hat demnach gegenüber dem Sprechen einen „logisch-genealogischen Vorrang" (Krämer 2001: 96); sie hat einen eigenständigen ontischen Status gegenüber dem Sprechen; Sprache und Sprechen werden folglich als jeweils eigenständige ‚Welten' betrachtet (‚Zwei-Welten-Ontologie'). Das ‚Performanz-Modell' wird demgegenüber wie folgt bestimmt:

> Sprache existiert nicht als Form, sondern nur *in Form von Praktiken des Sprachgebrauchs*. Unter einer ‚Praktik' sei ein Tun verstanden, das – im weitesten Sinne – *an Körper gebunden* ist. Für die Ausübung von Praktiken ist kein Wissen-Daß, sondern ein *Wissen-Wie*, ein *durch Einübung erworbenes Können* notwendig.[20] (Krämer 2001: 270; Hervorhebungen von R.N.)

Mit dem ‚Performanz-Modell' werden Auffassungen von Sprache als Muster hinter dem konkreten Sprechen zurückgewiesen. Sprache gibt es demnach allein in der Performanz, und zwar in Form einer ‚verkörperten Sprache' (vgl. Krämer 2001: 270; Krämer 2002a: 325).[21] Es wird hier also die Annahme zurückgewiesen, dass sich das Sprechen aus der Sprache ableitet, wobei beide als eigenständige ontische Bereiche verstanden würden, bzw. dass das Sprechen die Sprache *repräsentiere*. Sprache und Sprechen gibt es also nur in einer konkreten ‚Welt', der keine virtuelle ‚Welt' ‚logisch-genealogisch' vorgelagert ist.

Diese Zurückweisung des ‚Zwei-Welten-Modells' durch das ‚Performanz-Modell' lässt sich auch in einem weiter gefassten Zusammenhang betrachten: Mit der Zurückweisung der Annahme, dass die Phänomene der konkreten ‚Welt' lediglich als Ableitungen oder Repräsentationen einer virtuellen ‚Welt' zu verstehen sind, die sich angeblich hinter der konkreten ‚Welt' befinde, wird eine

---

[19] Zu dieser natürlich nach wie vor plausiblen Unterscheidung vgl. etwa Ehlich (2007), Feilke (2014).

[20] Krämer verwendet hier zwar die Bezeichnung ‚Praktik', sie legt jedoch keine systematische praxeologische Begriffsbestimmung vor. Der Bezug auf Krämer wird hier in erster Linie wegen der raum-zeitlichen Konkretheit und Körperlichkeit von sprachlichen Vollzügen hergestellt.

[21] Der ‚verkörperten Sprache' stellt Krämer die ‚virtuelle Sprache' des ‚Zwei-Welten-Modells' gegenüber (vgl. Krämer 2002a: 331). Auf den Zusammenhang von Sprache und Körper wird in Kapitel 8.3 ausführlich eingegangen.

typische und fest etablierte Denkweise in den Kulturwissenschaften insgesamt kritisiert, die Krämer als „‚protestantischen Gestus' in den Geistes- und Kulturwissenschaften" (Krämer 2002a: 325) bezeichnet. Mit einem Denken im Rahmen des ‚protestantischen Gestus' komme man der Wirklichkeit des Sprachgeschehens nicht wirklich nahe, wie Krämer betont:

> Was die dem protestantischen Gestus verpflichteten Theorien zu leisten vermögen, ist, daß sie die Bedingungen der Möglichkeit unseres sprachlichen und interpretatorischen Handelns thematisieren können – doch über die Bedingungen der Wirklichkeit unseres Sprachgeschehens recht wenig zu sagen haben. (Krämer 2002a: 325)

In Folge dieser Kritik am ‚protestantischen Gestus' rücken mit einer ‚flachen Ontologie' (vgl. Krämer 2002b: 117) Konzepte wie *Materialität* und *Konkretheit* bzw. raum-zeitliche Situiertheit in den theoretischen Vordergrund, wie am folgenden Zitat zum „Leitbild von der ‚verkörperten Sprache'" (Krämer 2002a: 344) deutlich wird:

> Es gibt *keine Sprache jenseits des raum-zeitlich situierten Vollzugs* ihrer stimmlichen, schriftlichen oder gestischen Artikulation. Sobald wir *Sprache als ein radikal zeitliches Phänomen* erfassen, kommen die unausdrücklichen, die material und technisch gebundenen Bedingungen des Sprachgebrauchs unausweichlich ins Spiel. (Krämer 2002a: 331; Hervorhebungen von R.N.)

Es sind diese Charakteristika der raum-zeitlichen Konkretheit von Handlungsvollzügen, der (damit zusammenhängenden) radikalen Zeitlichkeit sowie der Körperlichkeit, die auch für das hier noch herauszuarbeitende Verständnis von Textproduktion wichtig sind. Diese Charakteristika des sprachtheoretischen ‚Performanz-Modells' zeigen große und zentrale Parallelen zum oben vorgestellten praxistheoretischen Handlungsverständnis. Das Grundprinzip der Zurückweisung des ‚protestantischen Gestus' gilt also auch für das hier diskutierte Konzept von Praktiken: Praktiken sind demnach keine abstrakten Muster oder Typen, die durch Handlungen instantiiert bzw. realisiert werden; sie sind keine reinen, wesentlichen Formen hinter den konkreten Erscheinungen. Praktiken gibt es immer nur konkret und raum-zeitlich situiert; sie kommen nur in konkreten Handlungen von körperlichen Subjekten zum Tragen, was bedeutet, dass Praktiken den einzelnen Vollzügen nicht ‚logisch-genealogisch' vorgelagert sind. Das Praktikenkonzept lässt sich folglich nicht auf ein Modell reduzieren, nach dem Praktiken einer wesentlichen virtuellen ‚Welt' zugeordnet werden, die in konkreten Handlungsvollzügen in einer akzidentiellen konkreten ‚Welt' repräsentiert werden.

Versucht man nun die mit der Ablehnung des ‚protestantischen Gestus' zusammenhängenden Charakteristika der raum-zeitlichen Situiertheit, der radikalen Zeitlichkeit und der Körperlichkeit theoretisch unter einem gemeinsamen Nenner zu integrieren, kristallisiert sich sowohl in Sprach- als auch in Praxistheorie die Kategorie der *Wiederholung* heraus (vgl. Krämer 2002a: 344f.; Schäfer 2013: 44), womit schließlich der theoretische Ansatz von Judith Butler zum Tragen kommt.

Was versteht Butler unter Wiederholung und inwiefern wird mit ihrem Wiederholungsbegriff ein transformierendes Moment in die praxis- und sprachtheoretische Diskussion eingeführt? Im Zentrum von Butlers Überlegungen zu Wiederholung steht die Annahme einer grundsätzlichen Ambivalenz von Stabilität und Instabilität bzw. Bestätigung und Infragestellung (vgl. Schäfer 2013: 242; Krämer 2001: 247). Für ihren Wiederholungsbegriff ist nicht die Identität des Wiederholten, sondern ein „Anderswerden des Wiederholten" (Krämer 2001: 253) zentral, womit Butler auf das Iterabilitätskonzept von Jacques Derrida[22] rekurriert (vgl. Krämer 2001: 250): Für Derrida ist das wesentliche Charakteristikum eines Zeichens (bei Derrida geht es um Zeichen), dass es in neuen Kontexten gebraucht werden kann: „[D]ie Entbindung von jedem bestimmten Kontext macht ein Zeichen erst zum Zeichen." (Krämer 2001: 250) Der Gebrauch in neuen Kontexten, also die Rekontextualisierung, wird als Zitation beschrieben. Zeichen zeichnen sich demnach grundlegend durch ihre Zitatförmigkeit aus (vgl. Krämer 2001: 250). Butler übernimmt diese Gedanken zu Rekontextualisierung und Zitatförmigkeit und überträgt sie auf das Konzept der Performativität; sie gibt dem Gedanken der Iterabilität somit „eine bei Derrida so nicht angelegte Wendung" (Krämer 2001: 253): Wiederholung wird bei Butler also im Zusammenhang mit *Aufführung* und *Inszenierung* gedacht, womit dem Handeln ein grundlegend inszenatorischer Akzent zugesprochen wird; Handeln ist demnach kein einfaches Tun, sondern immer ein *aufführendes* bzw. *in-Szene-setzendes* Tun.[23] Gerade in diesem wiederholenden Aufführungscharakter liegt letztlich das transformierende bzw. subversive Moment der Wiederholung:

> Ein Potential zur Transformation weisen Wiederholungsverfahren dann auf, wenn die Reproduktion zugleich als die *Inszenierung* des Reproduzierten zu begreifen ist. Wenn also das Wiederholen die *Aufführung* des Wiederholten ist. Es geht hier um eine implizite

---

22 Krämer bezieht sich auf Derrida (1999).
23 „[Z]eitlich situierte Ereignisse [...] sind [...] immer als *Aufführungen* von etwas zu beschreiben. Wo aufgeführt wird, ist die *Iterabilität*, die immer ein Anderswerden des Iterierten einschließt, bedeutsam." (Krämer 2002a: 345; Hervorhebungen von R.N.; vgl. auch Gebauer (1995))

theatrale Dimension in unserem Tun: In diesem Aufführungscharakter unseres Handelns ist angelegt, daß Reproduktion eine Art von Produktion sein kann und darin die Chance liegt, das Wiederholte zu transformieren wenn nicht gar neu und anders zu schaffen. (Krämer 2001: 253)

In der vorliegenden Arbeit wurde in Bezug auf Praktiken bis hierher vor allem deren Routine- bzw. Reproduktionscharakters betont. Mit der Butler'schen Auffassung von Performativität und Wiederholung ist dieser Gedanke der Reproduktion von Praktiken nun um diesen Aufführungsakzent zu erweitern, womit die transformierende Note des Praktikenkonzepts betont wird: „Mit jeder Wiederholung ist daher nicht nur die Aktualisierung, sondern auch die Verschiebung einer Praxis verbunden."[24] (Schäfer 2013: 243) Die Reproduktion von Praktiken ist demnach als ‚Inszenierung des Reproduzierten' bzw. ‚Aufführung des Wiederholten' zu verstehen; bei der Reproduktion selbst wird somit der produzierende, d. h. herstellende, hervorbringende Akzent hervorgehoben.

Vor dem Hintergrund der oben vorgetragenen Kritik an einem ‚protestantischen Denkgestus' erscheint es allerdings notwendig, das Verständnis von Wiederholung noch ein wenig zu spezifizieren: Genau genommen geht es darum, deutlich zu machen, dass ein Wiederholungsverständnis in dem vorgetragenen Sinne nicht kommensurabel ist mit einer Denkweise im Sinne einer Muster-Realisierung-Beziehung. Es werden beim Wiederholungsvollzug also *nicht* abstrakte Muster oder Typen konkret wiederholend realisiert oder instantiiert. Der Wiederholungsbegriff muss demgegenüber vielmehr vor dem Hintergrund der oben angesprochenen ‚radikalen Zeitlichkeit', die einhergeht mit Konkretheit und Materialität, verstanden werden:

> Das Bemerkenswerte an Wiederholungsprozeduren ist, daß, was sie wiederholen, ihnen als ein Singuläres und seinerseits in Raum und Zeit Situiertes vorausgegangen ist und nicht etwa, daß sie teilhaben an einem abstrakten Typus, dessen partikuläre Instantiierung sie sind. In diesem Sinne ist das, was zur Struktur sich verfestigen kann, immer nur Resultat von Wiederholungspraktiken, nicht aber deren Voraussetzung. (Krämer 2001: 259f.)

Nicht abstrakte Muster werden nach diesem Verständnis wiederholt realisiert, sondern konkrete, raum-zeitlich situierte Realisierungen, die der Wiederholung zeitlich vorausgehen, werden zitierend realisiert. Es handelt sich bei Wiederholungen also vielmehr um eine Art Aufeinanderfolge von Zitaten, die stets auf einer konkreten Ebene verbleibt. In diesem Sinne ist der Zitat- und Wiederho-

---

24 Unter Aktualisierung darf hier nicht eine Repräsentation oder Instantiierung im Sinne einer type-token-Relation verstanden werden, sondern eine wiederholende Zitation.

lungsgedanke radikal zeitlich und – was eine logische Folge daraus ist – radikal räumlich. Mit der konkreten Raum-Zeitlichkeit wird unweigerlich auch die Materialität auf den Plan gerufen. Für Sprache und Sprechen heißt das etwa, dass durch den Einbezug von Performativität und Zitatförmigkeit der ‚Materialität der Kommunikation' (Gumbrecht & Pfeiffer 1988) (wieder) ein primärer theoretischer Status in der Sprachtheorie zukommt.

8.2.2 Performativität, Text und Formulieren

Mit der Zurückweisung des ‚protestantischen Denkgestus' und der Betonung der Performativität sowohl in Sprach- als auch in Praxistheorie liegt nicht allein ein Kulturbegriff zugrunde, bei dem Kultur und kulturelle Bedeutung grundsätzlich aus einer *Prozess*perspektive betrachtet werden, bei dem es also darauf ankommt, Kultur in Hinblick auf ihre Hervorbringung, also in gewisser Weise auch hinsichtlich ihres Handlungscharakters zu charakterisieren (vgl. Fischer-Lichte 2001; Bachmann-Medick 2010: 104–143) (siehe auch oben unter 6.1.1 zu Kultur-als-Praxis). Mit dieser Perspektive wird auch dem Handlungsbegriff selbst ein grundsätzlich weiter gefasster Status zugesprochen, als wenn man ihn auf ein einfaches Tun reduzierte oder schlicht auf Kategorien wie Intention beschränkte:

> Wenn soziales Handeln nicht auf Intentionalität reduziert wird, sondern sein performativer Charakter betont wird, bedeutet dies eine Veränderung der Perspektive. Soziales Handeln wird dann als Aufführung und Inszenierung begriffen. Damit kommt der Körper der Handelnden ins Spiel.[25] (Wulf 2001: 253)

Ähnlich wie bereits oben mit Bezug auf Krämer und Sprache betont wurde, ist Handeln bzw. soziales Handeln in diesem Zusammenhang also mehr als ein einfaches Tun; dem Handlungsbegriff kommt vor dem Hintergrund des bisher Gesagten also eine ‚theatrale Dimension' (Krämer), ein gewisser Performativitätsakzent zu.[26] Was das genau bedeutet und was in diesem Zusammenhang unter Performativität verstanden werden darf, soll im Folgenden kurz angedeu-

---

[25] Auf die Kategorie des Körpers wird im nächsten Abschnitt ausführlich eingegangen (siehe 8.3).
[26] In diesem Sinne formuliert Uwe Wirth in Bezug auf sprachliche Äußerungen: „Die kulturwissenschaftliche ‚Entdeckung des Performativen' liegt [...] darin, daß sich alle Äußerungen immer auch als Inszenierungen, das heißt *als Performances* betrachten lassen." (Wirth 2002a: 39)

tet werden, bevor dies dann auf den Textbegriff und Textproduktion angewendet wird.

Bekanntermaßen ist Performativität ursprünglich ein Konzept, das in der von John L. Austin (1979) gehaltenen Vorlesung mit dem Titel *How to do things with Words* zuerst in einem sprachphilosophischen Zusammenhang thematisiert wurde. Von der Sprachphilosophie ausgehend wurde das Konzept dann unter Bezugnahme auf Austin in ganz unterschiedlichen Bereichen der Kulturwissenschaften aufgegriffen und theoretisch entsprechend neu akzentuiert (vgl. etwa Wirth 2002b; Bachmann-Medick 2010: 104–143; König 2011: 45–56; Wulf, Göhlich & Zirfas 2001).[27] Diese Entwicklung des Performativitätsbegriffs in unterschiedlichen theoretischen Feldern wie den Theaterwissenschaften, der Ritualtheorie oder aber der Sprachphilosophie wird im Folgenden nicht im Einzelnen nachgezeichnet (vgl. hierzu etwa König 1998; König 2011). Auch geht es hier nicht im Kern um begriffsdefinitorische Differenzierungen zwischen Konzepten wie Performativität, Performance oder Performanz (vgl. hierzu Hempfer 2011). Der Kern des in der vorliegenden Arbeit verwendeten Performativitätsbegriffs wurde bereits oben mit Bezug auf Krämer vorgestellt; dieser soll hier noch einmal pointiert zusammengetragen und hinsichtlich möglicher Fehldeutungen abgegrenzt werden.

Grundsätzlich sei betont, dass der in der vorliegenden Arbeit verwendete Performativitätsbegriff prinzipiell in der oben angedeuteten Tradition Austins steht, wobei das Verständnis von Performativität durch Bezug auf Butler/ Krämer natürlich stark kulturwissenschaftlich geprägt ist. Dies bedeutet aber zugleich auch, dass mit Performativität hier nicht einfach auf Performanz als Gegenpol zu Kompetenz im Sinne der Unterscheidung von Chomsky rekurriert wird (siehe hierzu 8.3.1), sondern dass Performativität theoretisch mehr impliziert als Performanz in diesem Sinne: Zwar steht die vorliegende Arbeit mit ihrer theoretischen Ausrichtung einer einseitigen oder vor allem primären Fokussierung der Kompetenzseite im Sinne Chomskys selbstverständlich auch kritisch gegenüber (siehe 8.3). Der Performativitätsbegriff erschöpft sich jedoch nicht in der Betonung des Handlungs- und Interaktionscharakters von Sprache allein.

Performativität wird hier vor allem im Zusammenhang mit dem Wiederholungskonzept im obigen Sinne gedacht, bei dem es prinzipiell darum geht, einen ‚protestantischen Denkgestus' zu überwinden.[28] Es geht also ganz allge-

---

27 Für die Linguistik vgl. bspw. auch Feilke & Linke (2009).
28 Für Krämer sind es gerade die Überlegungen im Rahmen der Performativitätstheorie, die für die Kulturwissenschaften wie für die Sprachphilosophie eine „methodische Neuakzentuierung jenseits des protestantischen Gestus" (Krämer 2002a: 325) ermöglichen.

mein darum, Wiederholung als wiederholtes Aufführen bzw. Inszenieren von zeitlich vorausgehenden Akten zu verstehen, was für die vorliegende Arbeit im Speziellen bedeutet, routinierte Handlungen im Rahmen von Praktiken immer als wiederholend-inszenierende Vollzüge in Praktiken aufzufassen, womit neben der Reproduktion (Routine) *zugleich* die Transformation von Praktiken in den theoretischen Fokus rückt.[29] Entscheidend ist in diesem Zusammenhang vor allem auch, dass Praktiken und Handeln somit theoretisch nicht in Form einer type-token-Relation, sondern vielmehr als stets *raum-zeitlich konkrete Aufführungen bzw. In-Szene-Setzungen* zu fassen sind. Mit diesem letzten Punkt ist bereits die Verbindung zwischen Performativität und Körperlichkeit angesprochen: Wie in dem obigen Zitat von Wulf sowie in den Ausführungen zu Krämer deutlich wird, hängt Performativität untrennbar zusammen mit der Kategorie des Körpers (vgl. etwa auch Klein 2005). Auch dieser Aspekt ist für das performative Handlungsverständnis der vorliegenden Arbeit elementar, was im nächsten Abschnitt ausführlich vorgestellt wird (siehe 8.3). An dieser Stelle soll lediglich erst einmal festgehalten werden, dass der in-Szene-setzende Charakter des hier vertretenen performativen Handlungsbegriffs als elementar körperlich gefasst wird.

Vor diesem Hintergrund der Annahme eines performativ-körperlichen Handlungsbegriffs ist es allerdings wichtig, folgenden Fehlschluss zu vermeiden: Bei der Konzeptualisierung von Handeln als aufführendem bzw. inszenierendem Tun liegt der Fokus auf dem Hervorbringungs- bzw. Herstellungscharakter im Sinne eines in-Szene-*setzens* und *nicht* etwa – wie man vielleicht vermuten könnte – auf einem Inszenieren im Sinne eines Schauspiels bzw. einer theatralen (körperlichen) *performance*.[30] Es geht hier also nicht um die Inszenierung von fiktiven Handlungen in einer fiktiven Welt; performatives Handeln bedeutet nicht Schauspielern im engeren Sinne. Der performative Akzent von Handlungen wird hier in diesem Sinne folglich allgemein für Handlungen postuliert und beschränkt sich nicht etwa auf spezielle Formen des künstlerischen Handelns.

Ein essentieller Punkt bei der Beschäftigung mit Performativität ist m. E. die Frage nach dem Verhältnis zum (linguistischen) Textbegriff. Mit dieser Frage

---

29 In einem ähnlichen Ansatz sprechen Gunter Gebauer und Christoph Wulf von „mimetischen Prozessen." (Wulf 2001: 256; vgl. auch Gebauer & Wulf 1992) Auch sie bringen wiederholende ‚mimetische Prozesse' in einen Zusammenhang mit Performativität und Körperlichkeit.
30 Wenngleich allerdings eine gewisse schauspielerische Note doch jedem Handeln inhärent sein dürfte, ohne dass man dabei gleich von einem inszenierten Schauspiel im engeren Sinne sprechen muss. Beim alltäglichen, ‚realen' Handeln spielt sicherlich immer auch der Charakter eines Alltagstheaters eine gewisse Rolle (vgl. bspw. Goffman 1988).

nach dem Zusammenhang von Performativität und Text ist ein Schlüsselproblem der theoretischen Überlegungen der vorliegenden an der Textproduktion orientierten Arbeit angesprochen, das im Folgenden erörtert und unter 8.4, nachdem die Überlegungen zur Körperkategorie vorgetragen wurden, noch einmal aufgegriffen und (unter anderem auch hinsichtlich der Körperkategorie) vertieft wird.

Wie zu Beginn dieses Abschnitts angedeutet wurde, ist der Kulturbegriff der vorliegenden Arbeit mit der praxis- und performativitätstheoretischen Ausrichtung als Kultur-als-Praxis-Ansatz zu verstehen, womit er einem Kultur-als-Text-Ansatz gegenübersteht (siehe 6.1.1). So wird bspw. im Rahmen von Darstellungen zum sog. *performative turn* hervorgehoben, dass man im Zuge dieser performativen Wende Kultur nicht mehr, wie im Kultur-als-Text-Ansatz, „als ein Gefüge von Zeichensystemen" versteht, „das wie ein Text gelesen und interpretiert werden kann" (Häsner, Hufnagel, Maassen & Traninger 2011: 69), sondern eben aus der Perspektive des Hervorbringens und des Erzeugens von kulturellen Bedeutungen; der Fokus richtet sich demnach also gewissermaßen auf Dynamiken und *Prozesse* (vgl. Bachmann-Medick 2010: 104). Diese Umorientierung in der Forschungsperspektive darf allerdings nicht als eine schlichte Substitution von einer Text- durch eine Performativitätsorientierung verstanden werden; es handelt sich beim *performative turn* also nicht um eine ausschließende Opposition von Text und Performativität (vgl. Häsner, Hufnagel, Maassen & Traninger 2011: 69f.).

Für die Überlegungen der vorliegenden Arbeit spielt dieses grundsätzliche Verständnis eines Kultur-als-Praxis-Ansatzes nun folgende Rolle: Zunächst einmal dürfte deutlich geworden sein, dass der Textbegriff in dem aufgezeigten Zusammenhang des *performative turn* sehr weit gefasst ist und in dieser Form natürlich nicht mit einem (‚linguistischen') Textverständnis im engeren Sinne kongruent ist, welches sich – zunächst einmal ganz grob – als Produkt einer schriftsprachlichen Herstellung verstehen lässt. Der Zusammenhang von Text und Performativität wird in der kulturwissenschaftlichen Diskussion also für gewöhnlich in einem weiter gefassten Sinne von Text diskutiert. Der Blick der vorliegenden Arbeit richtet sich demgegenüber – methodisch wie theoretisch – auf einen Textbegriff in einem engeren, linguistisch sprachlichen Sinne (vgl. hierzu etwa de Beaugrande & Dressler 1981; Heinemann & Heinemann 2002; Antos & Tietz 1997).[31] Dabei wird der hier grundsätzlich für das Kulturverständ-

---

31 Weiter unten wird noch ausführlich auf das der vorliegenden Arbeit zugrunde liegende Textverständnis zurückgekommen. Dieses steht in einem engen Verhältnis zu hier vertretenen Formulierungsbegriff.

nis geteilte Kultur-als-Praxis-Ansatz aus theoretischer Sicht konsequent und in gewisser Weise radikal auf diesen eng gefassten Textbegriff angewendet; die grundlegende und im Normalfall weit gefasste Forschungsperspektive des Kultur-als-Praxis-Ansatzes wird in diesem Sinne also für die hier vorgenommene sprachtheoretische Konzeptualisierung fruchtbar gemacht: Mit dieser Perspektive rücken – wie oben ausgeführt – Hervorbringungs- und Prozessaspekte in den Vordergrund. Dieser Grundgedanke wird in der vorliegenden Arbeit auf Texte im engeren Sinne angewendet, woraus ein Textverständnis folgt, das die performative Seite von Texten betont. Es geht hier also nicht darum, Text durch Performativität zu ersetzen, sondern vielmehr darum, den Textbegriff selbst grundsätzlich anders, nämlich als primär dynamisch zu denken, indem er ausgehend von der Text*produktion* gedacht wird. Ohne also den Text durch Performativität zu ersetzen, wird hier von einem Primat der Performativität ausgegangen, woraus folgt, dass die Kategorie Text durch die ‚Brille' der Performativität betrachtet wird. Dass sich Performativität und Text nicht gegenseitig ausschließen, wird hier folglich so gewendet, dass die Kategorie Text zwar nicht ignoriert und somit beibehalten, dabei aber performativ umakzentuiert wird.[32] Eine sich hieraus ergebende Folge könnte sein, dass die scheinbar klare Trennung von Text und Textproduktion in ihrer Eindeutigkeit hinterfragt werden muss. Mit der radikalen Anwendung des Kultur-als-Praxis-Ansatzes auf Texte im engeren Sinne wird aus meiner Sicht also auch eine grundsätzliche Frage nach dem theoretischen Status des Textbegriffs gestellt.

Die *Kulturalität von Texten* – so die hier vertretene These – lässt sich *theoretisch* nur fassen, wenn der Hervorbringungscharakter von Texten in Augenschein genommen wird und diese nicht als ausschließlich statisch betrachtet werden. Wichtig ist in diesem Zusammenhang, dass hiermit natürlich *nicht* gemeint ist, dass Texten ihre prinzipiell vorhandene „Überlieferungsqualität" (Ehlich 1998: 32; im Original hervorgehoben) abgesprochen wird oder dass Texte nicht mehr bspw. als kohärente Strukturen analysiert werden können oder dass deren Bedeutung nicht mehr interpretiert werden könne. Die Möglichkeit

---

[32] Für einen linguistischen Zugang, bei dem Texte bzw. Text-Bild-Kombinationen mit Blick auf ihre medial performative Verkörperung betrachtet werden, vgl. Steinseifer (2009). Bei Steinseifer geht es also darum, den linguistischen Gegenstand Text anhand eines theoretischen Grundzugs der Performativitätsforschung, der „Verkörperungsbedingungen" (Steinseifer 2009: 144), zu betrachten, wobei hinsichtlich der Verkörperung die Medialität fokussiert wird. Der hier angestrebte Ansatz ist demgegenüber insofern ein Stück weit radikaler, als der Gegenstand Text selbst performativ gedacht wird. Auf der Basis des praxis- und performativitätstheoretischen Kulturbegriffs wird die Kategorie Text selbst also in diesem performativen Sinne verstanden.

oder die Berechtigung des methodisch-analytischen Zugangs zu Texten soll damit also keineswegs in Frage gestellt werden. Man sollte sich aber darüber im Klaren sein, dass ein derartiger analytischer Blick stets aus einer Meta-Perspektive, mit einem *Blick drauf* erfolgt und somit sekundär (nicht zweitrangig) ist. Die hier gewählte theoretische Perspektive auf Texte und deren Kulturalität geht diesem *Blick drauf* dagegen voraus und ist folglich primär (nicht vorrangig): Versteht man – wie in der vorliegenden Arbeit – Kultur generell dynamisch als Hervorbringung und ‚In-Szene-Setzung', dann ist auch die theoretische Konzeptualisierung von (vermeintlich nur statischen und feststehenden) Produkten dieser Hervorbringungen hinsichtlich ihrer Kulturalität mit diesem dynamisch performativen Akzent zu versehen. Grundsätzlich lässt sich sagen, dass die kulturelle Praxis den Produkten vorausgeht – ohne Praxis natürlich keine Produkte. Dies hat zum einen zur Folge, dass die Produkte (sekundär) zwar in Hinblick auf die kulturelle Spezifität analysiert werden können, zum anderen aber auch, dass die *theoretische Konzeptualisierung* dieser Produkte *in Hinblick auf ihre kulturelle Spezifität* über den Fokus auf den primären Praxischarakter erfolgen muss.

Vor dem Hintergrund des Gesagten löst sich ein scheinbarer Widerspruch der vorliegenden Arbeit auf: Es erscheint möglicherweise zunächst paradox, dass hier methodisch-analytisch mit Textprodukten gearbeitet und dabei zugleich eine dezidiert theoretische Ausrichtung auf die Textproduktion gewählt wird. Dieses vermeintliche Paradoxon stellt sich in Hinblick auf das angedeutete performative Verständnis von Text jedoch gewissermaßen als logische Konsequenz eines praxis- und performativitätstheoretischen Kulturverständnisses und seiner z. T. radikalen Anwendung im sprachtheoretischen Zusammenhang heraus; das vermeintliche Paradoxon ist also schlicht ein theoretisches Kernelement der vorliegenden Arbeit. Welches Textverständnis genau aus diesen Überlegungen folgt, wird weiter unten und unter 8.4 im Zusammenhang mit Begriffen wie *Formulieren* und *Übergang* ausführlich vorgestellt.

Zuvor muss jedoch noch präzisiert werden, was hier grundsätzlich damit gemeint ist, wenn der Textbegriff als dynamisch-performativ verstanden wird: Prinzipiell lassen sich (mindestens) zwei Verständnisse von performativen Texten unterscheiden, von denen für die vorliegende Arbeit nur ein Verständnis in Frage kommt, wobei sich beide jedoch auch nicht ausschließen. Im Rahmen der kulturwissenschaftlichen Diskussion zum *performative turn* gibt es vereinzelt in der Literaturwissenschaft Bestrebungen, Texte im engeren Sinne im Zusammenhang mit Performativität zu behandeln. So „ergibt sich für die Literaturwissenschaft die Aufgabe, den Textbegriff, nachdem er von den Kulturwissenschaften als Etikett für bestimmte Forschungszugriffe metaphorisiert wurde, auf ihr eigenes Gebiet zurückzuwenden: Wie verhält es sich mit dem Performativen als Untersuchungsperspektive für ‚echte' Texte?" (Häsner, Hufnagel, Maassen & Traninger 2011: 71). Die Frage nach der Performativität von ‚echten' Texten ließe sich demnach in dem Sinne stellen, wie Texte selbst performativ aktiv werden können, also in gewisser Weise, ob und inwiefern sie analog zu performativen Äußerungen (Austin) beschreibbar sind: Es wäre dann bspw. von Interesse, wie Texte das (nicht) machen, was sie sagen, oder wie sie in der nicht-sprachlichen Welt wirken bzw. was sie auslösen (vgl. Häsner, Hufnagel, Maassen & Traninger 2011: 84). Auch wenn diese Ausrichtung nicht nur für die Literaturwissenschaft relevant und interessant ist, ist dieses Verständnis von performativen Texten für die Überlegungen der vorliegenden Arbeit jedoch nicht zentral: Während bei dem obigen Verständnis der Textbegriff im Grunde als gegeben vorausgesetzt und auf dieser Grundlage hinsichtlich seiner Rolle als Aktant spezifiziert wird, wird mit dem hier gewählten Zugang die Grundlage selbst betrachtet. Ein Text selbst wird hier also, bevor er überhaupt performativ aktiv werden kann, bereits grundlegend als immer auch dynamisch und performativ angesehen. Beim obigen Verständnis werden Texte – grob gesagt – als Akteure angesehen, die performativ handeln und in der Welt wirken. Es wird dabei gewissermaßen eine Fest-Text-Perspektive eingenommen, womit gemeint ist, dass Texte als fertig vorausgesetzt werden, die, nachdem sie fertig gemacht wurden, tätig werden. Mit dem hier gewählten Ansatz wird dagegen eher eine Fluid-Text-Perspektive eingenommen, was bedeutet, dass, anstatt das Gemachtsein von Texten vorauszusetzen, eher das Gemachtwerden von Texten akzentuiert wird, woraus letztlich folgt, dass eine eindeutige Grenze zwischen fertigem Text und Textproduktion schwindet. Das Interessante an Texten ist aus der hier gewählten Perspektive also nicht, dass sie auch performativ aktiv werden können, sondern dass das scheinbar fertige Produkt Text selbst immer auch prozessual bzw. – genauer – performativ denkbar ist.

Bevor dieser Gedanke weiter geführt wird, seien zunächst einmal zwei zentrale Punkte der hier angestellten Überlegungen auf den Punkt gebracht. Mit Blick auf Performativität werden in der vorliegenden Arbeit zwei gegenüber üblichen Verständnissen möglicherweise ungewöhnliche Perspektiven eingenommen: Zum einen wird – wie oben ausgeführt – die Kategorie Text (im engeren Sinne) selbst performativ verstanden. Zum anderen – und das steht in einem engen Zusammenhang zum vorherigen Punkt – wird Performativität hier im Zusammenhang mit schriftlicher Textproduktion bzw. Schreiben thematisiert. Letzteres ist sicherlich gerade vor dem Hintergrund der Austin'schen Tradition und der dortigen Fokussierung auf mündliche performative Äußerungen oder aber auch der weiterführenden kulturwissenschaftlichen Arbeit mit dem

Performativitätsbegriff, etwa in den Theaterwissenschaften, nicht selbstverständlich. Sybille Krämer rückt im Rahmen ihrer Überlegungen zum ‚Performanz-Modell' der Sprache zwar durchaus auch die Schriftlichkeit in den Vordergrund, sie legt dabei aber den Akzent auf die Medialität bzw. den Zusammenhang von Performativität und Medialität (vgl. Krämer 2002a; 2001: 270; auch Krämer 2004); es geht bei ihr also nicht darum, das Schreiben selbst als Form von Sprachhandeln in einem performativen Sinne zu konzeptualisieren.[33] Hierin besteht folglich ein wesentlicher Unterschied der vorliegenden Arbeit gegenüber dem Ansatz von Krämer: Obwohl es auch hier in Anlehnung an Krämer darum geht, u. a. mit dem theoretischen Rückgriff auf den Performativitätsbegriff einen ‚protestantischen Denkgestus' in der Sprachtheorie zu vermeiden, ist doch die grundsätzliche Ausrichtung unterschiedlich: Während Krämers Ansatz darauf abzielt, Sprechen nicht als Repräsentation von Sprache als ideellem Muster zu verstehen, wird in der vorliegenden Arbeit in Hinblick auf die Überwindung des ‚protestantischen Gestus' von vornherein ein allgemeinerer Ausgangspunkt gewählt, indem generell nach dem Sprachhandeln und seinem Verhältnis zu etwaigen Mustern gefragt wird. Vor diesem Hintergrund erscheint es notwendig, zuallererst einmal zu erörtern, was Kultur und eine soziale Ordnung ganz allgemein ausmachen und wie auf dieser Grundlage menschliches Handeln *im Allgemeinen* zu verstehen ist. Ein praxistheoretisches Verständnis von Kultur, Handlung und Subjekt scheint hierfür sowie für Sprachhandeln im Speziellen eine passende Antwort zu liefern, vor allem wenn es darum geht, den besagten ‚protestantischen Denkgestus' zu vermeiden. Da schriftliche Textproduktion mehr umfasst als das Formulieren von Sätzen (s. u.), erlaubt nun gerade dieser allgemeine Zugang zum Handlungsbegriff, dass auch die schriftliche Textproduktion als zentrale sprachliche Handlungsform in das Zentrum performativitätstheoretischer Überlegungen gestellt werden kann.

In diesem Zusammenhang soll nun folgende Differenzierung vorgenommen werden, die die Grundlage für die weiteren Überlegungen bildet:

---

[33] Ein möglicher Grund dafür, dass die schriftliche Textproduktion in der Regel nicht mit Blick auf Performativität behandelt wird, könnte u. a. darin liegen, dass Performativität im Grunde elementar mit der Kategorie des Körpers verknüpft ist und Schreiben und Körperlichkeit für gewöhnlich als nicht kompatibel betrachtet werden. Auf diesen Aspekt wird im nächsten Kapitel ausführlich eingegangen.

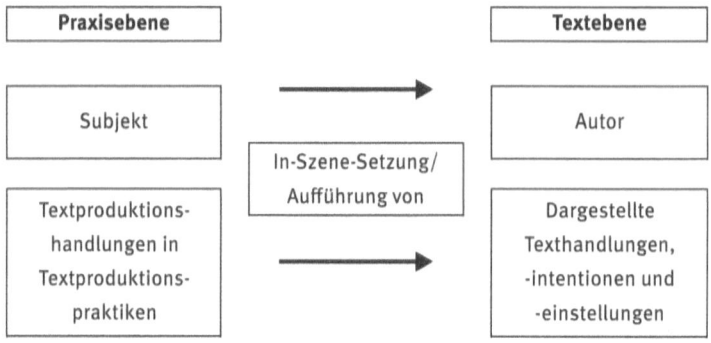

Abb. 14: Praxis- und Textebene

Wie bereits bei der Diskussion des Praktikenkonzepts in der Sprachwissenschaft angedeutet wurde (siehe 6.2), wird in der vorliegenden Arbeit hinsichtlich der schriftlichen Textproduktion zwischen einer *Praxis-* und einer *Text*ebene des Handelns unterschieden. Diese Unterscheidung wird unter 8.5 mit Bezug auf Felix Steiner (2009) vor allem in Hinblick auf wissenschaftliche Autorschaft noch ein wenig weiter differenziert. Die in der vorliegenden Arbeit angestellten Erörterungen zum Handlungsbegriff beziehen sich grundsätzlich *unmittelbar* auf die Praxisebene, d. h. auf die Ebene der Textherstellung durch Subjekte. Auf die *Textebene* beziehen sich diese Überlegungen folglich nur *mittelbar*: Das Subjekt bringt demzufolge auf der Praxisebene bei der Textherstellung einen Autor bzw. eine Autorinstanz mit Autorhandlungen auf der Textebene hervor, d. h. es führt einen Autor auf. Die Autorhandlungen sind dabei also als dargestellte Handlungen zu verstehen. Wenn in einem Text folglich Handlungen wie Assertionen o. ä. zu finden sind (siehe hierzu 5.1), dann handelt es sich dabei um aufgeführte bzw. in-Szene-gesetzte Autorhandlungen, die mittelbar mit Textproduktionshandlungen im praxis- und performativitätstheoretischen Sinne der vorliegenden Arbeit zusammenhängen.[34] Auf beiden Ebenen liegen demnach Sprachhandlungen mit jeweils unterschiedlicher Qualität vor: Die (praxistheoretisch erklärbaren) Textproduktionshandlungen auf der Praxisebene

---

[34] Hiermit geht auch einher, dass das alltägliche Konzept des Autors theoretisch differenziert wird in Subjekt und Autor bzw. Autorinstanz, wobei diese Differenzierung in erster Linie auf den unterschiedlichen Handlungsqualitäten basiert (siehe unten).

stehen den aufgeführten, in-Szene-gesetzten Texthandlungen auf der Textebene gegenüber.[35]

Die Unterscheidung von Praxis- und Textebene darf jedoch nicht mit dem bekannten, von Konrad Ehlich vorgeschlagenen Konzept der „zerdehnten Sprechsituation" (Ehlich 1998: 32; im Original hervorgehoben) gleichgesetzt werden, mit dem die Kategorie Text in Hinblick auf ihre „Überlieferungsqualität" (Ehlich 1998: 32; im Original hervorgehoben) bestimmt wird. Es geht bei dieser Unterscheidung also nicht einfach darum, Handeln und (gespeichertes) Handlungsprodukt zu charakterisieren. Vor dem Hintergrund der Differenzierung von Praxis- und Textebene scheint mir die Frage nach dem Überlieferungscharakter von Texten vielmehr neu gestellt werden zu müssen, da es sich bei dem mit Texten überlieferten Handlungsgeschehen aus der hier eingenommenen Perspektive um *aufgeführte Autorhandlungen und -einstellungen* handelt, die in einem Textproduktionsprozess und folglich in einem (reziproken) Formulierungsverfahren (s. u.) hervorgebracht werden. Es ist also bei den jeweiligen Handlungen auf Praxis- und Textebene von einem Unterschied in der Qualität des Handlungscharakters auszugehen. Insofern erscheint mir die Vorstellung von Text als Möglichkeit zur Etablierung einer ‚zerdehnten Sprechsituation', wie Ehlich sie versteht, nicht ganz passend: Selbstverständlich wird zwar – wie Ehlich beschreibt – Kommunikation durch Texte (irgendwie) überliefert, d. h. in neue Kontexte und Situationen übertragen; Texte zeichnen sich also durchaus essentiell durch ‚Überlieferungsqualität' aus. Man fasst in Hinblick auf schriftlich fixierte Texte dasjenige, was dabei überliefert wird, jedoch u. U. theoretisch zu einfach, wenn man Text als schlichte Speicherung einer Sprachhandlung versteht, die in neue Situationen übertragen wird. Bei Ehlich heißt es hierzu etwa:

> Eine Sprechhandlung kann also aus ihrer unmittelbaren Sprechsituation herausgelöst und in eine zweite Sprechsituation übertragen werden. [...] Ich schlage nun vor, für eine solche, aus ihrer primären unmittelbaren Sprechsituation herausgelöste Sprechhandlung, die für eine zweite Sprechsituation gespeichert wird, den Ausdruck ‚Text' zu verwenden. Nach dieser Auffassung sind Texte also durch ihre *sprechsituationsüberdauernde Stabilität* gekennzeichnet. (Ehlich 1998: 32)

---

[35] Es sei an dieser Stelle darauf hingewiesen, dass die Unterscheidung von Praxis- und Textebene nicht auf das Schreiben beschränkt ist, sondern auch für das Sprechen gilt. Es wird generell angenommen, dass Texte bzw. Texthandlungen (ob mündlich oder schriftlich) stets durch (performative) Hervorbringungshandlungen erzeugt werden.

Nach Ehlichs Vorstellung von Text sind die Handlungen, die als Text gespeichert und in neuen Situationen abrufbar sind, qualitativ gleichzusetzen mit den Handlungen der Textproduktion; Ehlich macht also keinen Unterschied zwischen Texthandlungen und Textproduktionshandlungen. Aus meiner Sicht müsste man aber aus theoretischen Gesichtspunkten zwischen der Qualität des Charakters von Textproduktions- und Texthandlungen unterscheiden: Es werden demzufolge bei Texten nicht einfach Sprachhandlungen (einer Situation) gespeichert und in neue Situationen übertragen, wobei dann der grundlegende Charakter der Sprachhandlungen (bis auf die Eigenschaft der Konserviertheit) als gleich betrachtet würde, sondern es ist m. E. vielmehr von einem grundsätzlich unterschiedlichen Charakter, d. h. von einer unterschiedlichen Qualität bei Textproduktionshandlungen und Texthandlungen auszugehen – und dieser Unterschied in der Qualität besteht vor allem im oben beschriebenen Performativitätscharakter von Textproduktionshandlungen. Was im Rahmen einer zerdehnten Interaktion gespeichert und in neue Situationen übertragen wird, sind folglich nicht unmittelbar diese performativen und (körperlichen) Sprachhandlungen, sondern die durch diese performativen und (körperlichen) Sprachhandlungen aufgeführten Sprachhandlungen, d. h. die Texthandlungen. Werden Texte allein über das Kriterium der Speicherung von Sprachhandlungen charakterisiert, ohne dabei den Sprachhandlungscharakter weiter qualitativ zu differenzieren, bleibt der performative Charakter der Textproduktion und somit schließlich auch der performative Akzent von Texten selbst verdeckt.

Bei aller prinzipiellen Differenzierung von Praxis- und Textebene sowie der unterschiedlichen Handlungsqualitäten auf diesen Ebenen darf selbstverständlich nicht übersehen werden, dass diese Ebenen fundamental voneinander abhängig und insofern eng verbunden sind. Für ein Verständnis dieses ambivalenten Verhältnisses von Getrennt- und Verbundensein wird im Folgenden sowie unter 8.4 auf die Konzepte des *Formulierens* und des *Übergangs* einzugehen sein; es wird dort also das Verhältnis von Praxis- und Textebene noch weiter spezifiziert. Dabei wird sich auch herausstellen, dass Performativität bei schriftlicher Textproduktion in zweifacher Hinsicht zum Tragen kommt.

Zunächst einmal erscheint es jedoch notwendig, ganz allgemein zu fragen, was die Praxisebene, d. h. Textproduktionshandlungen im Einzelnen überhaupt umfasst: Unter Textproduktionshandlungen lassen sich im Grunde ganz verschiedene Handlungen subsumieren, die an einem Texterstellungsprozess beteiligt sind, wie etwa das Recherchieren, das (kritische, selektive) Lesen, das Strukturieren von Inhalten, das Formulieren usw. Eine für die hier anzustellenden Überlegungen zentrale Textproduktionshandlung ist dabei das *Formulieren*. Das Formulieren ist deshalb so zentral, da es eine Art Vermittler zwischen der

Praxis- und der Textebene ist. Es ist gewissermaßen das entscheidende Scharnier zwischen beiden Ebenen, das bei der bloßen Rede von Textproduktion und Text in gewisser Weise verdeckt bleibt. Dieses Scharnier soll also in den theoretischen Vordergrund der folgenden Überlegungen gerückt werden. Auf diese Weise werden gewisse Isolierungs- und Dichotomisierungstendenzen zwischen Textproduktion und Text sowie eine einseitig statische Charakterisierung von Text in Frage gestellt.[36]

Was ist also Formulieren? Formulieren wird in der vorliegenden Arbeit verstanden als (schrift-sprachliches) ‚arbeitsmäßiges' Verbalisieren von kommunikativen Einheiten, was impliziert, dass dabei nicht einfach beliebige Laut- bzw. Buchstabenfolgen oder einzelne nicht-kommunikative Laute bzw. Buchstaben produziert, sondern eben kommunikativ selbstständige, d. h. wirksame Einheiten (‚arbeitsmäßig') hergestellt werden. Wichtig ist in diesem Zusammenhang der *Arbeits*charakter beim Formulieren: Dass Formulieren als arbeitende Hervorbringung verstanden wird, bedeutet so viel, dass es stets als ein konkreter zeitlich-prozessualer Akt gedacht ist, der darauf abzielt eine kommunikative Einheit in Szene zu setzen.[37] Diese kommunikativen Einheiten, die beim Formulieren hervorgebracht werden, lassen sich als Texte bezeichnen, womit also die Frage aufgeworfen ist, welches Textverständnis der vorliegenden Arbeit zugrunde liegt.

Wie diese ersten Andeutungen zum Formulierungsbegriff deutlich machen, steckt hinter den hier vorgeschlagenen Überlegungen ein bestimmtes Verständnis von Text – Formulieren und Text stehen demnach in einem unauflöslichen Zusammenhang, da beim Formulieren Texte entstehen und es keine Texte geben kann ohne Formulierung. Wenn in der vorliegenden Arbeit bisher von Text und Textproduktion die Rede war, dann bewegte sich das Verständnis von Text dabei implizit in erster Linie im Rahmen von transphrastischen, hierarchischen und kohärenten sprachlichen Strukturen. Im Folgenden wird diesbezüglich eine Differenzierung vorgenommen, bei der Mikro- und Makroformen von Texten unterschieden werden. An dieser Stelle sei zunächst einmal lediglich darauf verwiesen, dass mit dem hier bisher verwendeten Textbegriff im Grunde Makroformen gemeint sind. Das genaue Verständnis von Makroformen sowie

---

36 Zur Überwindung der Dichotomie Prozess und Produkt vgl. auch Feilke (2012). Ich gehe hierauf unter 8.4 näher ein.
37 Der Arbeitscharakter sollte nicht mit dem ‚Leistungskriterium' nach Antos (1981: 412f.) verwechselt werden, bei dem es darum geht, dass das Verbalisieren von vorgeformten, idiomatischen Sprachstrukturen nicht zum Formulieren gehört, da dieses nicht leistungsmäßig, gewissermaßen eigenständig hervorgebracht werden.

natürlich von Texten als Mikroformen wird im Folgenden im Zusammenhang mit dem Formulieren herausgearbeitet.

Im Grunde kann man sagen, dass das Textverständnis der vorliegenden Arbeit eine Art Amalgam aus den Textbegriffen von Konrad Ehlich (1998), Eugenio Coseriu (1988) und Siegfried J. Schmidt (1973) ist. Was darf man unter dieser (möglicherwiese abenteuerlich anmutenden) Kombination von Textverständnissen verstehen? Grundsätzlich gilt natürlich, dass diese Textverständnisse nicht vollständig integriert gedacht werden (können und sollen) – es werden also nur jeweils einzelne Aspekte berücksichtigt.

Das im Folgenden vorzustellende Verständnis von Text ist *prinzipiell* nicht auf schriftliche Hervorbringungen beschränkt, sondern gilt im Grundsatz auch für mündliche Hervorbringungen; insofern ist also auch die obige Unterscheidung von Praxis- und Textebene nicht auf Schreiben beschränkt. Da der zentrale Fokus der vorliegenden Arbeit jedoch das Schreiben ist, wird mit Ehlich (1998) – wie oben diskutiert – der Gedanke betont, dass schriftlich verfasste Texte in ihrer grundlegenden Eigenschaft als Konservierungsmittel verstanden werden können, mit denen Kommunikation aus Situationen gelöst und in neue Situationen übertragen werden kann. Für die Perspektive der vorliegenden Arbeit gilt als erstes Kriterium für (schriftliche) Texte also ebenfalls die prinzipielle Möglichkeit der Situationsübertragung, wenngleich das Verständnis der Art und Weise der Übertragung – wie oben ausgeführt – nicht geteilt wird.

Der Textbegriff von Coseriu, wie er ihn in seiner Arbeit ‚Sprachkompetenz' (1988) versteht, ist für das hier vorgelegte Verständnis von Text primär insofern relevant, als mit dem ‚Werk'-Gedanken auch kleinere kommunikative Einheiten als Text in Frage kommen. Wir kommen hiermit also zur Differenzierung von Mikro- und Makroformen: Im Rahmen seiner Differenzierung der Sprachebenen (vgl. Coseriu 1988: 57–185) spricht Coseriu bezüglich der ‚individuellen Ebene' von ‚Diskurs' und ‚Text': ‚Diskurs' wird dabei als individuelle Tätigkeit und ‚Text' als das Produkt dieser Tätigkeit verstanden. In Orientierung an die Humboldt'sche Unterscheidung von *energeia* und *ergon* schreibt er: Die Sprechtätigkeit könne betrachtet werden als „das Produkt, das durch die Tätigkeit geschaffen wird, d. h. als Werk [...]. So ist das Produkt des individuellen Sprechens, d. h. des Diskurses, der Text, der in der Erinnerung bewahrt, der aufgezeichnet oder der aufgeschrieben werden kann." (Coseriu 1988: 71) In diesem Zusammenhang ist aber mit Coseriu noch weiter zu spezifizieren, denn er betont, dass es sich bei der Differenzierung von ‚Tätigkeit' und ‚Werk' um *Gesichtspunkte* und nicht um *Realität* handelt: „Es sei betont, daß es sich um Unterschiede des Gesichtspunkts handelt, unter denen *dieselbe reale Sprechtätigkeit* betrachtet wird, nicht um verschiedene reale Gegenstände." (Coseriu 1988: 71; Hervorhebung von R.N.) ‚Dieselbe reale sprachliche Tätigkeit' kann also entweder aus der Perspektive der Tätigkeit (des ‚Diskurses') oder aus der Perspektive des Werkes (des ‚Textes') betrachtet werden.

Ein Text zeichnet sich in diesem Coseriu'schen Sinne, ungeachtet möglicher weiterer Differenzierungen, in erster Linie dadurch aus, dass man ihn als ‚Werk' verstehen kann, wobei es sich sowohl um einen mündlichen als auch einen schriftlichen Text handeln kann (‚der aufgezeichnet oder der aufgeschrieben werden kann'). Dies impliziert, dass der Textbegriff hier nicht auf ein Verständnis von Text im Sinne von kohärenten, transphrastischen Strukturen abzielt – grundlegend ist vielmehr der ‚Werk'-Charakter. Ein Text im Sinne dieses Werk-Charakters lässt sich somit als funktional abgeschlossene kommunikative Einheit verstehen; für seine Bestimmung ist also offensichtlich die Eigenschaft der *kommunikativen Abgeschlossenheit* entscheidend. Als kommunikativ abgeschlossen können demnach bspw. ‚fertige' Sprechakte bzw. „Redeakte" (Coseriu 1988: 86) wie bspw. *Es tut mir leid* gelten. Dieses grundlegende Verständnis von Text als abgeschlossene kommunikative Einheit wird auch der vorliegenden Arbeit zugrunde gelegt, wobei es kommunikative Einheiten sowohl in Mikroform (z. B. Sprechakte) als auch in Makroform (hierarchische und kohärente Formen aus mehreren Mikroformen) umfasst (s. u.). Für die Unterscheidung von Praxis- und Textebene heißt das folglich, dass die Textebene sowohl Mikro- als auch Makroformen ausmachen kann. Auf den Zusammenhang von Mikro- und Makroformen auf dieser Ebene wird allerdings noch zurückzukommen sein.

Die Coseriu'sche Unterscheidung von ‚Diskurs' und ‚Text' entspricht *in ihren Grundlagen* der hier angenommenen Unterscheidung von Praxis- und Textebene, wonach auf der Praxisebene ein Text im obigen Sinne hervorgebracht bzw. produziert wird. Die Annahme, dass die Tätigkeit der Produktion und das Produkt lediglich zwei unterschiedliche Gesichtspunkte auf denselben Gegenstand seien, wird in der Form jedoch nicht geteilt. Kann man tatsächlich *dieselbe* ‚reale sprachliche Tätigkeit' zugleich als Tätigkeit und als Produkt betrachten? Was genau ist eigentlich mit dieser ‚realen sprachlichen Tätigkeit' gemeint, die einmal aus der Perspektive als ‚Text' und einmal aus der Perspektive als ‚Diskurs' betrachtet werden soll? Blickt man aus der Perspektive des ‚Textes', verstanden als einer abgeschlossenen kommunikativen Einheit, ist die betrachtete ‚reale sprachliche Tätigkeit' *abgeschlossen*; blickt man dagegen aus der Perspektive des ‚Diskurses', bei dem es, wenn auch nicht ausschließlich, aber dennoch sehr wohl um die „mechanische[] Realisierung" (Coseriu 1988: 71) bzw. die raum-zeitliche Erzeugung geht, dann handelt es sich bei der ‚realen sprachlichen Tätigkeit' um einen Prozess, der per definitionem nicht abgeschlossen ist. Oder ein wenig pointierter: Wenn man etwas als ‚Text' betrachten *kann*, dann *muss* es abgeschlossen sein – sonst könnte es nicht als ‚Text' im Sinne eines ‚Werkes' betrachtet werden. Dieses selbe Etwas, das offenkundig abgeschlossen sein muss, kann dann aber *nicht zugleich* in seiner Prozesshaftigkeit bzw. in seinem Erzeugungsprozess betrachtet werden, da es bereits ‚fertig' ist. Es können folglich nicht dieselben ‚realen Gegenstände' vorliegen. Aus diesem Grund handelt es sich bei der Praxis- und Textebene der vorliegenden Arbeit auch nicht um lediglich zwei Gesichtspunkte, die denselben Gegenstand betreffen können, sondern vielmehr um qualitativ unterschiedliche Stadien, die sich u. a. hinsichtlich der Qualität des Handlungscharakters unterscheiden (s. o.) und die in einem starken Interdependenzverhältnis stehen (siehe 8.4).

Coserius Verständnis von ‚Diskurs' und ‚Text', die als lediglich zwei Gesichtspunkte angesehen werden, hinterlässt aus meiner Sicht einen blinden Fleck, was die wirkliche Hervorbringung von Texten (also bspw. Sprechakten) betrifft. Diese Hervorbringung, die hier – wie oben gezeigt – als Formulieren im Sinne eines ‚arbeitsmäßigen' Verbalisierens von kommunikativen Einheiten (also Texten) verstanden wird, zeichnet sich aus durch ihre radikale raum-zeitlich konkrete Situiertheit; beim Formulieren geht es ausschließlich um den (konkreten raum-zeitlich situierten) Prozess, d. h. *um den konkreten Weg* zum Produkt. Bevor eine sprachliche Einheit als eine solche Einheit *kommunikativ* sein kann und somit abgeschlossen ist, muss sie (trivialerweise) erst hervorgebracht werden. Hierauf liegt also der Akzent der vorliegenden Arbeit. Dieses Verständnis von Formulieren hat – wie unter 8.4 noch zu zeigen sein wird – bei näherem Hinsehen auch Konsequenzen für den Textbegriff selbst sowie insgesamt für das Verständnis vom Zusammenhang von Textproduktion und Text.

Vor dem Hintergrund der bis dato vorgestellten Überlegungen zur Kategorie Text, die bei Coseriu in einen Zusammenhang mit ‚Werk' (Humboldt) gebracht wird, erscheint es mir notwendig, an dieser Stelle zunächst einmal noch eine Abgrenzung von Karl Bühlers Überlegungen zu *Sprechhandlung* und *Sprachwerk* vorzunehmen, bevor die Bestimmung von Text abgeschlossen werden kann: Im Rahmen seiner Ausführungen zum ‚Vierfelderschema' nimmt Karl Bühler u. a. die Unterscheidung von *Sprechhandlung* und *Sprachwerk* vor, wobei er in diesem Zusammenhang ebenfalls auf die Humboldt'sche Unterscheidung von *energeia* und *ergon* rekurriert (vgl. Bühler 1999: 48). Grundsätzlich werden Sprechhandlungen und Sprachwerke in der Hinsicht unterschieden, dass Sprechhandlungen „*subjektsbezogene* Phänomene" und Sprachwerke „*subjektsentbundene* und dafür intersubjektiv fixierte Phänomene" (Bühler 1999: 49) sind. Auf den ersten Blick entsteht durch diese Einordnung der Eindruck, dass sich Handlung und Werk allein durch (Subjekts- und somit auch) Situationsentbindung unterscheiden. In diesem Sinne wäre dann Werk ähnlich wie oben bei Ehlich (in Bezug auf Text), unabhängig von der Art der Herstellung, durch Speicherung und Übertragung von einer Situation in eine andere gekennzeichnet.[38] Situationsbindung bzw. -entbindung sind allerdings nicht die einzigen Merkmale bei Bühlers Unterscheidung von Sprechhandlung und Sprachwerk, denn sie unterscheiden sich vor allem auch in Hinblick auf die *Art ihrer Herstellung*: Bühler nimmt seine Differenzierung von Handlung und Werk grundsätzlich auf der Basis der aristotelischen Unterscheidung von *Praxis* und *Poiesis* vor (vgl. Bühler 1999: 52). Vor dem Hintergrund dieser Unterscheidung lässt sich die unterschiedliche Art der Herstellung von Handlung und Werk mit der Opposition *Erledigung* (Praxis) und *Schaffung* (Poiesis) bezeichnen. Bühler führt zur Differenzierung Folgendes aus:

> [D]er Schaffende [redet] an einem Sprachwerk nicht wie der praktisch Handelnde redet; es gibt für uns alle Situationen, in denen das Problem des Augenblicks, die Aufgabe aus der Lebenslage redend gelöst wird: *Sprechhandlungen*. Und es gibt andere Gelegenheiten, wo wir schaffend an der adäquaten sprachlichen Fassung eines gegebenen Stoffes arbeiten und ein *Sprachwerk* hervorbringen. Dies ist also das Merkmal, welches im Begriff ‚Sprechhandlung' unterstrichen werden muß und nicht wegzudenken ist, daß das Sprechen „erledigt" (erfüllt) ist, in dem Maße, wie es die Aufgabe, das praktische Problem der Lage zu lösen, erfüllt hat. Aus der Sprechhandlung ist demnach die Creszenz (im Weinberg des praktischen Lebens) nicht wegzudenken, sie gehört dazu. Beim Sprachwerk dagegen ist es anders.
>
> Das *Sprachwerk* als solches will entbunden aus dem Standort im individuellen Leben und Erleben seines Erzeugers betrachtbar und betrachtet sein. Das Produkt als Werk des Menschen will stets seiner Creszenz enthoben und verselbständigt sein. (Bühler 1999: 54)

Mit Sprechhandlungen werden demnach ‚Aufgaben aus der Lebenslage' bzw. ‚des praktischen Lebens' ‚erledigt' bzw. ‚erfüllt'. Es handelt sich dabei um nichtgeplante Tätigkeiten, die den augenblicksgebundenen Anforderungen der alltäglichen Praxis ‚redend' gerecht werden. Sprachwerke werden dagegen ‚schaffend' hervorgebracht. Bei ihrer Herstellung handelt es sich um (‚prospektive') geplante Tätigkeiten, bei denen das „Resultat des Tuns" (Bühler 1999: 53) vor der Herstellung mental vorhanden ist und in dieser Form auch die „Betätigung am Material" (Bühler 1999: 53) steuert. Sprachwerke können im Gegensatz zu Sprechhandlungen post festum betrachtet und bestaunt werden (vgl. Bühler 1999: 53). Sprechhandlungen werden demnach situationsgemäß und nicht-geplant erledigt und Sprachwerke werden planend geschaffen. Bei beiden Tätigkeiten entstehen Produkte, was Bühler besonders hervorhebt: „Man verstehe

---

38 So bspw. auch die Interpretation von Coseriu (1975: 43f.).

uns recht: ein Produkt kommt stets heraus, wo ein Mensch den Mund auftut."[39] (Bühler 1999: 54) Die Produkte unterscheiden sich jedoch in Folge ihrer unterschiedlichen Hervorbringungsweisen. Die Unterscheidung *Sprechhandlung* und *Sprachwerk* darf also nicht, wie bspw. bei Coseriu (1975: 43f.) als Unterscheidung von *Prozess* und *Produkt* missverstanden werden, denn bei *beiden*, bei Sprechhandlung und Sprachwerk, werden Produkte, allerdings in einem sich jeweils unterscheidenden Hervorbringungsprozess, hervorgebracht.

Kurzum: Man sollte m. E. bei der Bühler'schen Unterscheidung von Sprechhandlung und Sprachwerk den Akzent nicht allein auf die Subjekts- und Situationsentbindung legen, sondern man muss auch berücksichtigen, dass es sich (mit der Situationsentbindung einhergehend) bei der Unterscheidung auch um gänzlich anders geartete Formen der Hervorbringung von Sprachprodukten handelt, dass sich also die Herstellung und (in der Folge auch) das Produkt unterscheiden.

Gerade bei diesem Fokus auf die Art der Hervorbringung wird die Differenz von Bühlers Sprechhandlung und Sprachwerk zur oben vorgestellten Praxis- und Textebene deutlich: Die Unterscheidung von Sprechhandlung und Sprachwerk deckt sich nicht mit der Unterscheidung von Praxis- und Textebene, d. h. es gibt *keine* Entsprechung von Praxisebene und Sprechhandlungen (im Bühler'schen Sinne) sowie Textebene und Sprachwerk (im Bühler'schen Sinne). Während der Bühler'schen Unterscheidung jeweils unterschiedliche Hervorbringungsverständnisse zugrunde liegen, bei denen dann jeweils unterschiedliche Produkte entstehen, wird mit Praxis- und Textebene eine elementarere Perspektive eingenommen, bei der es grundlegend darum geht, zu zeigen, dass ein Werk (bzw. Text) immer erst durch performatives Sprachhandeln (also Formulieren) hervorgebracht wird, bevor es kommunikativ wirksam sein kann. Wenn man mit Bühler grundsätzlich sagen kann, dass ‚ein Produkt stets herauskommt, wo ein Mensch den Mund auftut', dann gilt aus der hier eingenommenen Perspektive, dass dieses Mund-Auftun (oder Nieder-Schreiben), d. h. der Prozess zum Produkt, generell als performatives Sprachhandeln, d. h. als Formulieren im obigen Sinne, verstanden wird. Text bzw. Werk und (damit unauflöslich zusammenhängend) Formulieren werden hier also in einem ele-

---

39 In dieser Textstelle heißt es weiter: „[E]in Produkt entsteht auch im reinsten Handlungsspiel des Kindes." (Bühler 1999: 54) ‚Handlungsspiel' ist hier analog zu *Sprechhandlung* zu verstehen: Mit der Unterscheidung von ‚Handlungsspielen' und ‚Werkspielen' (im Zusammenhang mit der Entwicklung von Kindern) leitet Bühler (aufbauend auf der aristotelischen Unterscheidung von *Praxis* und *Poiesis*) seine Argumentation zur Unterscheidung von *Sprechhandlung* und *Sprachwerk* ein. *Sprechhandlungen* werden dabei in Analogie zu ‚Handlungsspielen' und *Sprachwerke* in Analogie zu ‚Werkspielen' gebracht.

mentareren Sinne als bei Bühler konzeptualisiert, und zwar in dem Sinne, dass *jedes* Sprachhandeln, d. h. jede Form von Hervorbringung, mithilfe der Unterscheidung von Praxis- und Textebene theoretisch bestimmt werden kann.[40]

Unter Text wird also bis hierher mit Rückgriff auf Ehlich und Coseriu eine abgeschlossene kommunikative Einheit (in Mikro- oder Makroform) verstanden, die sich dadurch auszeichnet, dass mit ihr Übertragungen in neue Situationen möglich sind und sie insofern zerdehnte Interaktionen ermöglichen. Dieses Verständnis soll schließlich noch mit einem Gedanken von Siegfried J. Schmidt (1973) ergänzt werden: Schmidt wählt in seiner ‚Texttheorie' einen dezidiert kommunikativen und sprechtaktorientierten Zugang zu Text:

> Ein Text ist jeder geäußerte sprachliche Bestandteil eines Kommunikationsaktes in einem kommunikativen Handlungsspiel, der thematisch orientiert ist und eine erkennbare kommunikative Funktion erfüllt, d. h. ein erkennbares Illokutionspotential realisiert. [...] Werden in einem Kommunikationsakt mittels verschiedener Äußerungsmengen verschiedene unterscheidbare Illokutionsakte realisiert, und lassen sich diese Illokutionsakte hierarchisch in ein kohärentes System einordnen, dann gilt die gesamte Äußerungsmenge, die

---

40 Der Formulierungsbegriff, nach dem Formulieren als ‚arbeitsmäßiges' Verbalisieren von kommunikativen Einheiten (bzw. Texten) verstanden wird, gilt grundsätzlich erst einmal für jede Form von Formulieren, egal ob mündlich oder schriftlich. Jedes sprachliche Handeln wird demnach als Hervorbringung bzw. Schaffung eines Textes mit Werk-Charakter verstanden, ohne dass dabei geleugnet wird, dass natürlich manche Handlungen mehr explizit bedachte Planung erfahren als andere. Unterschiede in der Planung sind folglich nicht entscheidend für das hier vertretene Verständnis von Text bzw. Werk – entscheidend ist vielmehr die kommunikative Abgeschlossenheit von Texten bzw. Werken. Texte, also abgeschlossene kommunikative Einheiten, werden vor dem Hintergrund der Praxis- und Textebene immer als Aufführungen bzw. ‚In-Szene-Setzungen' verstanden, was impliziert, dass ihnen (auf der Praxisebene) performative Sprachhandlungen zugrunde liegen; ein Sprechakt z. B., egal ob mündlich oder schriftlich, wird nach diesem Verständnis immer erst in einem (‚arbeitsmäßigen') Formulierungsprozess hervorgebracht.

Für das hier vertretene *grundsätzliche* Verständnis von Text als Werk ist also weder die Speicherung bzw. Übertragung noch der Planungsgedanke ausschlaggebend: Texte mit Werkcharakter gibt es *prinzipiell* auch ohne (Raum und Zeit überwindende) Speicherung und ohne explizit bedachte Planung. Wenngleich Text hier zwar grundsätzlich auf diese Weise verstanden wird, wird selbstverständlich nicht ignoriert, dass es zwischen Sprechen und Schreiben durchaus Unterschiede gibt. In der vorliegenden Arbeit werden mit dem Fokus auf das Schreiben vor dem Hintergrund dieser prinzipiellen Übereinstimmung die Spezifika des schriftlichen Formulierens herausgearbeitet. Hierzu gehört dann schließlich selbstverständlich auch der Gedanke, dass schriftliche Formulierungen speicherbar und somit übertragbar sind (Ehlich, s. o.). Es wird sich allerdings auch zeigen, dass dieses bei Ehlich zentral gesetzte Kriterium der Speicherung nicht nur für Situationsübertragungen entscheidend ist, sondern auch für den Formulierungsprozess an sich, der sich durch ständige Reziprozität zwischen Praxis- und Textebene auszeichnet.

die Illokutionshierarchie vollzieht, als Text; die Äußerungsmengen, die unterscheidbare integrierte Illokutionsakte vollziehen, heißen *Intexte*. (Schmidt 1973: 150)

Mit dem grundsätzlichen Verständnis, dass Texte ein ‚erkennbares Illokutionspotential' besitzen, d. h. eine ‚kommunikative Funktion' erfüllen müssen, ist der Schmidt'sche Textbegriff den obigen Verständnissen in dem Sinne recht nahe, dass es für die Textbestimmung zunächst einmal nicht auf transphrastische Kohärenzstrukturen ankommt, sondern grundsätzlich auf kommunikative Einheiten. Wenngleich die Bezeichnung solcher kommunikativen Einheiten als ‚Werk' den Abgeschlossenheitscharakter m. E. besser zum Ausdruck bringt als etwa die Bezeichnung ‚erkennbares Illokutionspotential', stellt sich in Schmidts Zugang das kommunikativ-sprechakttheoretische Potential dieser kommunikativen Einheiten am stärksten heraus. Worauf es hier allerdings vor allem ankommt, ist, dass in Schmidts Textdefinition der Zusammenhang von Mikro- und Makroformen explizit herausgestellt wird: Der prinzipiell mögliche Blick auf Texte als kleinere kommunikative Einheiten wie etwa einzelne Äußerungen wird hier explizit in Beziehung gesetzt zu hierarchischen und kohärenten Systemen von ‚Illokutionsakten', d. h. zu Makroformen von Texten. Besteht ein ‚Kommunikationsakt' aus mehreren ‚unterscheidbaren Illokutionsakten', die hierarchisch und kohärent angeordnet sind, gilt dieser gesamte ‚Kommunikationsakt' als Text. Die ‚unterscheidbaren Illokutionsakte', d. h. die kommunikativen Einheiten, aus denen der hierarchisch-kohärente Text besteht, werden als ‚Intexte' bezeichnet. Diese ‚Intexte' sind folglich kommunikative Einheiten in übergeordneten kommunikativen Einheiten bzw. Texte in Texten.

Für den hier interessierenden Textbegriff gilt folglich: Neben dem Charakter der Speicherung und Übertragung sowie dem grundsätzlichen Verständnis von Texten als abgeschlossenen kommunikativen Einheiten mit ‚Werk'-Charakter werden Texte in ihrer Makroform durch Hierarchie und Kohärenz definiert. Das oben vorgestellte Verständnis von Praxis- und Textebene ist sowohl auf Mikro- als auch auf Makrotexte bezogen. Für das noch herauszustellende Verständnis von ‚performativen Texten' ist insbesondere das Zusammenspiel von Mikro- und Makroform, in Schmidt'scher Terminologie also von Text und Intext, zentral, das in Kapitel 8.4 aufbauend auf der Unterscheidung von Praxis- und Textebene herausgearbeitet wird. In diesem Zusammenhang wird auch die Kategorie des *Übergangs* eingeführt: Formulieren als zentrales Scharnier zwischen Textproduktion und Text wird in diesem Sinne als Übergangsphänomen betrachtet.

Performativität und Formulieren zeichnen sich vor dem Hintergrund der in diesem Abschnitt aufgezeigten Erörterung als ‚radikal zeitliche' Phänomene aus. Der Gedanke der ‚radikalen Zeitlichkeit' (Krämer, s. o.) steht im engen Zusammenhang mit Konkretheit und Materialität. Formulieren als performatives

Sprachhandeln ist also ein raum-zeitlich konkret situiertes Unterfangen. Aus diesem Grund erscheint es notwendig, vor den weiteren Ausführungen zu Übergängen und Formulieren den Fokus auf die materielle Seite des Formulierens zu richten. Im Folgenden geht es also um die Körperlichkeit des Sprachhandelns.

8.3 Körperliches Sprachhandeln

In diesem Abschnitt soll vor dem Hintergrund des zuvor vorgestellten Verständnisses von wissenschaftlicher Textproduktion und Textproduktionspraktiken ein mit Blick auf Sprachhandeln und vor allem auf Schreiben zunächst vielleicht ein wenig befremdlicher Aspekt thematisiert werden. Es geht hier darum, die Körperlichkeit des Sprachhandelns bzw. Schreibens als grundlegenden Faktor der sprachtheoretischen Erklärung herauszustellen. Wie wir oben gesehen haben, spielt die Kategorie des Körpers im Rahmen der praxistheoretischen Kulturtheorie eine zentrale, wenn nicht sogar essentielle Rolle, da die körperlichen Subjekte mit ihren Vollzügen die Träger von Praktiken sind; ohne diese körperlichen Subjekte und ihre wiederholenden Inszenierungen gäbe es schlicht keine Praktiken, da diese – wie gezeigt – nicht als in einer virtuellen ‚Welt' befindlich verstanden werden, sondern konkret sind. Die Körperlichkeit ist also elementar für die raum-zeitlich konkrete Konzeptualisierung von Praktiken. Doch, so mag man einwenden, muss man diese Kategorie denn auch gleich auf die Sprachtheorie übertragen, nur weil man sich grundsätzlich bei der theoretischen Konzeptualisierung auf diese Praxistheorie bezieht? Zeichnet sich der Bereich der Sprache demgegenüber nicht vielmehr durch eine gewisse Körperlosigkeit aus, die das angestrebte Anliegen obsolet erscheinen lässt? Ist also die Körperlichkeit nicht lediglich ein speziell für die Sozial- und Kulturtheorie wichtiger Aspekt, der uns als Sprachwissenschaftler und -theoretiker nicht zu interessieren braucht? Ich möchte im Folgenden versuchen, zu zeigen, dass die Kategorie des Körpers durchaus auch für theoretische Überlegungen zum Sprachhandeln wesentlich ist. Ich werde hierfür zunächst eine klassische und in den letzten Jahren ein wenig zur Ruhe gekommene (wenngleich sicherlich nicht abgeschlossene) sprachtheoretische Diskussion aufgreifen und in einem neuen, weiter gefassten Licht betrachten. Es handelt sich um die Anfang der 1990er Jahre akut geführte Diskussion um den Cartesianismus in der Sprachtheorie, deren opponierende Positionen Ludwig Jäger treffend mit ‚Chomsky-Theorien' vs. ‚Mead-Theorien' bezeichnet (vgl. Jäger 1993a) (siehe 8.3.1). Hiervon ausgehend möchte ich aufbauend auf die oben vorgestellten Überlegungen zum praxistheoretischen Handlungsbegriff und in Anlehnung an aktuelle Überlegungen der Körpersoziologie fragen, ob wir nicht mit einer körperlosen Konzeptualisierung von sprachlichem Handeln in der Sprachtheorie gewissermaßen einem ‚latenten Cartesianismus' aufsitzen, obschon wir glauben mögen, mit der Ablehnung einer ‚cartesianischen Linguistik' Chomsky'scher Prägung den Cartesianismus in der Sprachtheorie überwunden zu haben (siehe 8.3.3). Diesen Ansatz zum körperlichen Sprachhandeln möchte ich zugleich abgrenzen von den Überlegungen John R. Searles, der im Rahmen seines ‚biologischen Naturalismus' eine (ganz einfache) Lösung für die ‚Geist-Körper-Problematik' gefunden zu haben glaubt. Auf diese Überlegungen werde ich also vorab kurz eingehen (siehe 8.3.2).

8.3.1 Cartesianische vs. anti-cartesianische Linguistik

Im Zentrum der folgenden Darstellung steht die Anfang 1990er Jahre in der germanistischen Linguistik geführte Diskussion um eine ‚cartesianische Linguistik'. Die Hauptvertreter dieser Diskussion sind Ludwig Jäger (1993a, 1993b) sowie die Vertreter der generativen Linguistik Manfred Bierwisch (1993) und Günther Grewendorf (1993). Die Diskussion dürfte allenthalben bekannt sein, weshalb ich mich hier ausschließlich auf den für die vorliegende Arbeit relevanten Kern konzentriere. Außerdem werde ich die Darstellung im Wesentlichen aus der Sicht Jägers wiedergeben, da hier auch meine weiterführenden Überlegungen ansetzen werden.[41] Zudem möchte ich betonen, dass es mir hier nicht um eine Darstellung des Cartesianismus im Allgemeinen oder sämtlicher rationalistischer Sprachauffassungen geht, sondern lediglich um die oben genannte Diskussion und die Konsequenzen, die sich aus ihr ergeben. Es geht hier folglich nicht darum, den Cartesianismus zu charakterisieren, sondern vielmehr darum, aufzuzeigen, was Cartesianismus im Rahmen der oben genannten sprachtheoretischen Auseinandersetzung bedeutet.

Worum geht es also im Kern in der oben genannten Diskussion? Der Kern der Auseinandersetzung betrifft die Sprachauffassung von Noam Chomsky und

---

[41] Es sei bereits an dieser Stelle darauf verwiesen, dass ich auf die jüngeren Überlegungen Jägers (2013) zu Körper bzw. Leib und Sprache weiter unten zu sprechen komme (siehe 8.3.3.2). Hier geht es erst einmal nur darum, die ursprünglich geführte Diskussion zu Cartesianismus vs. Anti-Cartesianismus in der Sprachtheorie wiederzugeben. Dass der Zusammenhang von Sprache und Körper bzw. Leib in jüngerer Zeit stärker berücksichtigt wird, lässt sich im Grunde als Bestätigung für die Relevanz der sprachtheoretischen Beschäftigung mit dem Körper (vor allem in den ‚Mead-Theorien') begreifen. Wie in diesem Kapitel zentral herausgearbeitet wird, sollte die Argumentation in diesem Zusammenhang aus meiner Sicht im Kern allerdings dezidiert *handlungs*theoretisch geführt werden.

seinen Anhängern sowie die Kritik dieser Auffassung.[42] Es geht hierbei im Prinzip um die Grundsatzfrage, was eigentlich der Gegenstand der Sprachwissenschaft sei und wie sie folglich methodisch und theoretisch ausgerichtet sein müsse. Ludwig Jäger unterscheidet vor diesem Hintergrund grundsätzlich zwei theoretische Ausrichtungen, die er – wie oben bereits erwähnt – als ‚Chomsky-Theorien' und ‚Mead-Theorien' bezeichnet (vgl. Jäger 1993a: 78). Noam Chomsky versteht seinen sprachtheoretischen Zugang als eine ‚Cartesianische Linguistik' (1971); er stellt sich damit explizit in die lange Tradition rationalistischer Sprachauffassungen (vgl. Chomsky 1971: 2, Fn 3; hierzu etwa auch Gardt 1999: 334f.). Für die ‚Chomsky-Theorien' in diesem Sinne ist laut Jäger charakteristisch, dass sie den Gegenstand Sprache auf das Kognitive beschränken, ohne dabei die kommunikative Seite von Sprache zu berücksichtigen. Es bestehe zwischen Kognition und kommunikativem Gebrauch kein konstitutiver Zusammenhang (vgl. Jäger 1993a: 79). Die sozial-kulturelle, kommunikativ-funktionale, mediale und handlungsbezogene Seite, also schlicht die Seite des sozial-interaktiven Gebrauchs, werde aus Sicht der ‚Chomsky-Theorien' als ein „Epiphänomen" abgewertet (vgl. Jäger 1993a: 81). Für das Verständnis des Sprechersubjekts hat dies zur Folge, dass dieses als ein „solitäres, kognitiv autonomes Gattungssubjekt" verstanden wird, „das – zu welchem Zwecke auch immer – über ein kognitives Teilsystem ‚Sprache' [...] verfügt." (Jäger 1993a: 79) Wie die kritische Andeutung in dem Zitat hinsichtlich des unklaren Zwecks schon zeigt, wird eine Sprachauffassung in diesem Sinne von ‚Mead-Theorien', zu denen sich Jäger selbst zählt, abgelehnt. Kritisiert wird vor allem die a-soziale und nicht-kommunikative Konzeptualisierung von Sprache. Demgegenüber ist Sprache aus Sicht der ‚Mead-Theorien' ein soziales und gesellschaftliches Unterfangen, das *wesentlich* kommunikativ ausgerichtet ist. Jäger zitiert zum Ausdruck dieser wesentlichen Kommunikativität Searle, wonach Sprache „als ein wesentlich auf Kommunikation ausgerichtetes System" (Searle 1974: 436) anzusehen ist.[43] Das Sprechsubjekt wird in diesem Zusammenhang als genuin interaktiv verstanden. Mit Bezug auf George Herbert Mead werden Kognition und Interaktion systematisch und konstitutiv aufeinander bezogen bzw. genauer: Kognition wird als Produkt von Interaktion angesehen. Demnach sind also die „kognitiven Systeme [...] in relevanter Hinsicht zeichenvermittelte Interaktionsprodukte." (Jäger 1993a: 79) Mit dieser Position wird also der sozial-interaktive Handlungsaspekt von Sprache in den Vordergrund gestellt.

---

42 Zu Chomskys Sprachauffassung siehe auch 4.2.
43 Auf Searle komme ich weiter unten noch genauer zu sprechen (siehe 8.3.2).

Wir haben hier also zwei Positionen, die im Kern das Verhältnis von Kognition und Kommunikation unterschiedlich interpretieren und folglich jeweils unterschiedliche Schwerpunkte setzen: Während ‚Chomsky-Theorien' einseitig den Akzent auf die Kognition legen und somit den sprachwissenschaftlichen Gegenstand (in ihrer Geschichte) zunehmend ‚verschlanken' (vgl. Jäger 1993a: 79), berücksichtigen die ‚Mead-Theorien' zumindest prinzipiell beide Seiten und gehen von einem konstitutiven Zusammenhang zwischen Kognition und Kommunikation aus, wobei der Schwer- und Ausgangspunkt allerdings auf der sozial-interaktiven Handlungsseite liegt. Inwiefern hängt nun dieser grundlegend unterschiedliche Fokus mit dem Cartesianismus zusammen?

Im Folgenden wird die ‚Chomsky- und Mead-Theorien'-Opposition explizit im Lichte des Cartesianismus bzw. Anti-Cartesianismus dargestellt. Auf diese Weise soll mit dem für die Argumentation der vorliegenden Arbeit wichtigen Aspekt der Körperlichkeit des Sprachhandelns eine Facette herausgearbeitet werden, die in der bisherigen Kritik nicht berücksichtigt wurde: Die aufgezeigte Opposition von ‚Chomsky- und Mead-Theorien' lässt sich auch als Opposition von cartesianischer vs. anti-cartesianischer Sprachauffassung beschreiben. Wie oben angedeutet versteht Chomsky seinen Sprachzugang als explizit cartesianisch: In seinem Essay ‚Cartesianische Linguistik' (1971) stellt er sich – wie oben bereits angedeutet – explizit in die Tradition von Descartes und anderen rationalistischen Denkern, die er ebenfalls einer ‚cartesianischen Linguistik' zurechnet. Für das Denken von Descartes ist die Trennung von *res cogitans* und *res extensa* zentral.[44] Es handelt sich dabei um zwei elementare Substanzen, die zum einen den Bereich der Vernunft, des Denkens und des Bewusstseins (res cogitans) und zum anderen den Bereich außerhalb des Bewusstseins, d. h. der seienden Außenwelt (res extensa) betreffen. Im Folgenden wird diese Dichotomie (sicherlich ein wenig verkürzt) als Geist-Körper-Dichotomie bezeichnet. Chomsky nimmt auf Descartes und diese Dichotomie zu Beginn seiner Besprechung des kreativen Charakters des Sprachgebrauchs Bezug (vgl. Chomsky 1971: 5). Die Kreativität des Sprachgebrauchs, also die Fähigkeit des Menschen, mit Sprache stets „neue Aussagen zu formulieren, die neue Gedanken zum Ausdruck bringen und neuen Situationen angepaßt sind" (Chomsky 1971: 5f.), wird als Argument dafür genommen, die Sprache einseitig der Seite der Vernunft und des Denkens, also des Geistes, zuzuordnen und sie so klar von der Seite des Körpers zu distanzieren (vgl. Chomsky 1971: 8). Diese Zuordnung geschieht vor dem Hintergrund eines Geist- und Körperverständnisses, nach dem der Geist mit Descartes als kreative und erzeugende Kraft (Ingenio) und der Körper als

---

[44] Siehe hierzu etwa Brugger & Schöndorf (2010: 69f.).

schlicht ‚automatisch' und instinkthaft aufgefasst wird (vgl. Chomsky 1971: 8, Fn 9). Der Geist-Körper-Dichotomie entspricht hier folglich eine Dichotomie von kreativ vs. automatisch. Der Bezug Chomskys auf Descartes und seine Sprachauffassung als ‚cartesianische Linguistik' rühren also zum Teil daher, dass er den kreativen Charakter des Sprachgebrauchs mit der cartesianischen Auffassung von einem kreativen und erzeugenden Geist in Verbindung bringt. Die Folge ist ein vernunftorientiertes Sprachverständnis, das Sprache konzeptualisiert als frei von den Zwängen der inneren und äußeren Natur, und damit auch des Körpers, sowie als nicht vordergründig für kommunikative Zwecke ausgerichtet.[45] Vielmehr wird dagegen die elementare Rolle der Sprache für das Denken hervorgehoben. Das folgende Zitat bringt dies auf den Punkt: Aus Chomskys Sicht lässt sich für die ‚cartesianische Linguistik' sagen,

> daß menschliche Sprache in ihrem normalen Gebrauch frei ist von der Kontrolle durch unabhängig identifizierbare externe Reize oder interne Zustände, und nicht beschränkt auf irgendeine praktische kommunikative Funktion ist [...] Sie ist daher frei, um als Instrument freien Denkens und des Selbstausdrucks zu dienen. Die unbegrenzten Möglichkeiten des Denkens und der Vorstellung spiegeln sich im kreativen Aspekt des Sprachgebrauchs. (Chomsky 1971: 41)

Dieser cartesianischen Auffassung von Sprache, nach der Sprache direkt und einzig mit dem Geist assoziiert wird, stellt Ludwig Jäger u. a. mit George Herbert Mead eine anti-cartesianische Position gegenüber. Dies wird vor allem an der Subjektauffassung Meads deutlich, mit der eine „Destruktion der cartesisch-kantischen Subjektidee" (Jäger 1993a: 83, Fn 13) betrieben werde. Dieses Subjekt ist wie folgt zu verstehen: „Das cartesianische Sprachsubjekt ist eine selbstmächtige Monade, die sich des Werkzeugs Sprache nur bedient, um ihre einsamen Erlebnisse und Erkenntnisse anderen selbstmächtigen Monaden zu übermitteln." (Jäger 2003: 75) Ähnlich der oben vorgestellten Subjektauffassung wird das Subjekt bei Mead dagegen nicht als Voraussetzung oder Ausgangspunkt, sondern (‚dezentriert') als Produkt von sozialer Interaktion betrachtet. Das Subjekt wird zum Subjekt erst über das „Hereinholen der weitgespannten Tätigkeit des jeweiligen gesellschaftlichen Ganzen [...] in den Erfahrungsbereich eines jeden in dieses Ganze eingeschalteten [...] Individuums." (Mead 1998: 197) Dieses ein Subjekt produzierende ‚Hereinholen' von Gesellschaft geschieht über soziale Interaktion und ist insofern ein symbolvermittelter, sprachzeichenhafter

---

45 „Es ist [...] keineswegs abwegig, Chomskys Mentalismus – trotz seiner szientifischen Programmatik – als Geisteswissenschaft im besten Sinne zu bezeichnen, als eine Art Neocartesianismus, der die *res extensa* in der *res cogitans* auflöst." (Jäger 2003: 79)

Prozess (vgl. Jäger 1993a: 83, Fn 13).[46] Diese Auffassung der „sprachzeichenvermittelten Subjektgenese" (Jäger 1993a: 83, Fn 13) hat die anti-cartesianische Konsequenz, dass der Geist nicht – wie bei Descar-tes – als autonome Substanz aufgefasst wird, die der (wiederum autonomen) Substanz des Nicht-Geistigen gegenübersteht. Vielmehr benötigt der Geist Gesellschaft und Kommunikation als Grundlage, wie in dem folgenden von Jäger verwendeten Zitat Meads deutlich wird:

> Wir sind der Ansicht, daß der Geist niemals hätte Ausdruck finden können und überhaupt zur Existenz kommen können, gäbe es keine gesellschaftliche Umwelt; daß ein organisiertes Netz gesellschaftlicher Beziehungen und Wechselwirkungen (insbesondere solcher der Kommunikation mittels Gesten, die als signifikante Symbole dienen [...]) notwendig von ihm vorausgesetzt wird und in seinem Wesen impliziert ist. (Mead 1998: 268)

Der Geist existiert demnach nur „dank dem gesellschaftlichen Erfahrungs- und Tätigkeitsprozess." (Mead 1998: 268)

Sprache kommt in einem anti-cartesianischen Paradigma also ein gänzlich anderer Status zu als in der ‚cartesianischen Linguistik', was man anhand von Meads Subjekt- und Geistauffassung sehr gut erkennen kann: Während Sprache in einer ‚cartesianischen Linguistik' im Sinne Chomskys ausschließlich eine Angelegenheit eines a priori vorausgesetzten Geistes ist, wird in einer anti-cartesianischen Perspektive Geist erst über gesellschaftlich-interaktive, sprachzeichenvermittelte Handlungen erzeugt. Der primäre Fokus liegt bei der anti-cartesianischen Sprachauffassung also nicht auf einer postulierten autonomen Sphäre des Geistes, sondern darauf, die folgenden vier Punkte zu betonen: 1. Die Sphäre des Geistes ist nicht autonom. 2. Der Geist existiert nicht a priori, sondern ist gesellschaftlich erzeugt. 3. Die Basis dieser Erzeugung ist Interaktion, also (auch) Sprache. 4. Bei Sprache interessiert der interaktive *Gebrauch* bzw. das Sprach*handeln*.

Die Argumentation von cartesianischer und anti-cartesianischer Linguistik lässt sich wie folgt zusammenfassen: Chomsky greift für seine Sprachauffassung auf die Geist-Körper-Dichotomie nach Descartes zurück. Er ordnet Sprache dem Geist zu und ignoriert die Seite des Körpers gänzlich. Die Anti-Cartesianer

---

46 In Meads Zusammenhang wird genau genommen von Identitätsproduktion gesprochen. Ein Mensch hat also keine Identität per se, sondern er erhält sie erst in der sozialen Interaktion. Eine ähnliche Auffassung von Identitätsbildung findet man bei Judith Butler, die von einer diskursiven, also ebenfalls symbolvermittelten Produktion von Identität ausgeht (vgl. Butler 1997; 2013). Bei Butler steht allerdings weniger die Interaktion selbst im Vordergrund, sondern sie legt vielmehr den Akzent auf die (produktive) Macht des Diskurses.

zielen dagegen auf eine Überwindung dieser Dichotomie. In ihrer kritischen Antwort auf die ‚cartesianische Linguistik' betonen sie zum einen die sprachzeichenbedingte Relativierung des Geistes im Sinne eines nicht-autonomen, gesellschaftlich bedingten Phänomens. Zum anderen legen sie den primären Akzent auf den kommunikativ-interaktiven Handlungscharakter von Sprache. Subjekt und Sprachhandeln werden so zwar als gesellschaftlich bedingt angesehen, womit etwa – richtigerweise – die Dichotomie Individuum-Gesellschaft überwunden werden kann. Die Rolle der Körperlichkeit des Sprachhandelns wird dabei jedoch nicht explizit berücksichtigt, was zur Folge hat, dass die cartesianische Geist-Körper-Dichotomie nur teilweise überwunden wird. Sprache wird so zwar dem Bereich der reinen Geistigkeit und Individualität enthoben – die genuine Materialität von Sprache und Sprachhandeln wird mit der bloßen Betonung des interaktiven Handlungsaspekts jedoch nicht erfasst, womit aber m. E. erst eine wirkliche Überwindung der Geist-Körper-Dichotomie in der Sprachtheorie erreicht werden könnte.[47] Die Kritik an der Geist-Körper-Dichotomie der ‚cartesianischen Linguistik' müsste deshalb den Zusammenhang von Sprachhandeln und Körperlichkeit in theoretischer Hinsicht einbeziehen. Es ist für eine Überwindung der Geist-Körper-Dichotomie also entscheidend, den theoretischen Status des Sprachhandelns in Bezug auf Körperlichkeit zu akzentuieren.

Die Betrachtung der Auseinandersetzung um die ‚Chomsky- und Mead-Theorien' mit einem expliziten Blick auf die cartesianischen und anti-cartesianischen Implikationen zeigt m. E. also, dass die Diskussion im Grunde mehr umfasst als die (ganz grob gefasste) Opposition Primat des Geistes vs. Primat der Kommunikation/des Sprachhandelns. Die Körperlichkeit wird auf beiden Seiten der Opposition, wenn auch aus unterschiedlichen Gründen, ausgeklammert oder nicht systematisch einbezogen: 1. Bei Chomsky geht es nicht allein darum, die Kommunikation als nebensächlich zu qualifizieren. Das obige Zitat zeigt auch, dass Geist und Sprache als ‚frei' von der ‚Kontrolle' der inneren und äußeren Natur, und somit auch des Körpers, aufgefasst werden. Sprache ist bei Chomsky nicht nur Nicht-Kommunikation, sondern auch Nicht-Materialität bzw. Nicht-Körperlichkeit. 2. Beim anti-cartesianischen Versuch der Überwindung der Geist-Körper-Dichotomie wird die sozial-interaktive Kommunikation

---

[47] Wie oben bereits angedeutet betont Ludwig Jäger (2013) in jüngerer Zeit auch explizit das fundamentale Verhältnis von Körper und Sprache und zeigt somit im Grunde die genuine Rolle der Körperlichkeit für die ‚Mead-Theorien' auf. Wie in Bezug auf das Mead'sche Denken weiter unten gezeigt wird, ist die systematische Einbeziehung des Körpers in Überlegungen zu sozialem Handeln – zumindest prinzipiell – bereits bei Mead angelegt.

betont. Die primäre Funktion der Sprache ist demnach, dass Menschen sprachhandelnd interagieren. Der Körper spielt auch bei dieser Konzeptualisierung *keine systematische* Rolle; er wird *nicht explizit* thematisiert. Nun könnte man sicherlich einwenden, dass die Körperlichkeit bei dieser Betrachtung der Kommunikation und des interaktiven Sprachhandelns doch stets (wenn auch implizit) mitgedacht werde. Warum sollte der Körper dann also explizit und systematisch einbezogen werden? Genau an dieser Stelle setzt jedoch meine Kritik an. Ich werde diesen Punkt im Abschnitt 6.3.3 ausführlich diskutieren; vorab nur so viel: In der jüngeren soziologischen Forschung wird der Körper als zentrale theoretische Kategorie thematisiert. Dies geschieht u. a. aus dem Grund, dass älteren Sozial- und Handlungsverständnissen eine cartesianische Grundhaltung vorgeworfen wird. Diesen Handlungserklärungen liege demnach stets eine Körper-Geist-Dichotomisierung zugrunde, wonach der Geist das Wesentliche der Handlungserklärung ausmache und der Körper schlicht als zwar benötigtes, aber ansonsten unwesentliches Instrument, als bloßes ‚Fleisch', betrachtet werde. Für die Argumentation der vorliegenden Arbeit ist in diesem Zusammenhang zunächst einmal wichtig, dass die bloße Berücksichtigung des (kommunikativ-interaktiven) Handlungsaspekts in der Sprachtheorie nicht automatisch zu einer Überwindung der cartesianischen Geist-Körper-Dichotomie führt, da dieser Thematisierung von Handeln ohne Berücksichtigung der Körperlichkeit eine cartesianische Haltung zugrunde liegen kann. Wird die Körperlichkeit also nicht systematisch in Sprachhandlungsüberlegungen einbezogen, besteht aus meiner Sicht die Gefahr, dass einem in der Theoriebildung ein ‚latenter Cartesianismus' unterläuft. Darüber hinaus wird die Darstellung in Abschnitt 8.3.3 auch zeigen, dass das körperliche Sprachsubjekt als das zentrale Scharnier zwischen Kultur/Sozialem und dem individuellen Sprachhandeln anzusehen ist. Insofern ist also die theoretische Bezugnahme auf die Körperlichkeit gerade auch für die Erklärung von Kulturalität und Sozialität von Sprache im Allgemeinen wesentlich.

Bevor dies näher ausgeführt wird, sollen im Folgenden zunächst die zumindest indirekt als sprachphilosophisch zu verstehenden Überlegungen von John R. Searle zur Geist-Körper-Dichotomie vorgestellt und kritisch eingeordnet werden, die er im Rahmen seines von ihm selbst als ‚biologischen Naturalismus' bezeichneten Ansatzes vorträgt.

8.3.2 Die Geist-Körper-Dichotomie bei Searle

John R. Searle ist mit seinen Arbeiten zur Sprechakttheorie (etwa 1988) zu großer Berühmtheit in der Sprachwissenschaft gelangt. In seiner späteren Beschäftigung legt er seinen Fokus vermehrt auf die ‚Philosophie des Geistes', die er selbst als Fundament für die Sprachtheorie und -philosophie versteht (vgl. Searle 1993: 9). In seinen Arbeiten zum Geist (etwa 1986; 1991; 1993) spielt die cartesianische Geist-Körper-Dichotomie eine wichtige Rolle. Searle erhebt im Rahmen dieser Arbeiten den Anspruch, für das „Körper/Geist-Problem" (Searle 1986: 12) eine (eigentlich offensichtliche und einfache) Lösung gefunden zu haben, was indirekt natürlich auch Folgen für die Konzepte Sprache und Sprechen hätte. Ich möchte im Folgenden Searles Argumentation in diesem Zusammenhang ein wenig näher betrachten. Im Kern soll diese kurze kritische Diskussion ausschnitthaft auf Inkohärenzen von Searles ‚biologischem Naturalismus' hinweisen und somit auch dessen geringe Brauchbarkeit für die Sprachtheorie und -philosophie in Hinblick auf die Überwindung der cartesianischen Geist-Körper-Dichotomie aufzeigen.

Grundsätzlich betrachtet Searle also seine Beschäftigung mit der „Philosophie des Geistes" als Fundament für die Sprachphilosophie und -theorie (vgl. Searle 1991: 9; 1993: 9). Ausführlich stellt er den Zusammenhang im folgenden Zitat dar:

> Hinter meinem Zugang zu Problemen der Sprache steht die grundlegende Annahme, daß die Sprachphilosophie ein Zweig der Philosophie des Geistes ist. Das Vermögen von Sprechakten, Gegenstände und Sachverhalte in der Welt zu repräsentieren, ist eine Erweiterung des biologisch fundamentaleren Vermögens des Geistes (bzw. Hirns), den Organismus mit Hilfe von Geistzuständen wie Überzeugungen und Wünschen, insbesondere aber mittels Handlung und Wahrnehmung zur Welt in Beziehung zu setzen. Sprechakte sind eine Gattung menschlichen Handelns, und das Vermögen der Sprache, Gegenstände und Sachverhalte zu repräsentieren, gehört zu dem allgemeineren Vermögen des Geistes, den Organismus zur Welt in Beziehung zu setzen; aus diesen Gründen verlangt jede vollständige Theorie des Sprechens und der Sprache auch eine Theorie darüber, wie der Geist bzw. das Hirn den Organismus zur Wirklichkeit in Beziehung setzt. (Searle 1991: 9)

Searle versteht hier Sprache als Teil des geistigen Vermögens, dessen Aufgabe es ist, eine Beziehung von Organismus und Welt aufzubauen; durch Geist, und damit auch durch Sprache und Sprechen, wird der Organismus in Beziehung zur Welt gesetzt. Diese Auffassung von Geist kommt sicherlich einer klassischen Sichtweise bezüglich des Geistes recht nahe; so wie Geist und Organismus in dem obigen Zitat beschrieben werden, könnte man möglicherweise auch Searle die klassische Geist-Körper-Dichotomisierung unterstellen. Doch Searle versucht in seinen Überlegungen zur Philosophie des Geistes gerade diese dem „cartesianischen Apparat" (Searle 1993: 10) entsprechende Dichotomisierung zu überwinden. Deshalb erscheint es notwendig, einmal genauer zu ergründen, wie Searle Phänomene wie Geist, Geistzustände und Organismus begrifflich fasst.

In seinen *Reith Lectures* aus dem Jahre 1984 widmet Searle (1986) der Körper-Geist-Dichotomie eine ganze Vorlesungssitzung. Hierauf sowie auf die Überlegungen in „Die Wiederentdeckung des Geistes" (1993), wo Searle im Wesentlichen auf seine Überlegungen in „Intentionalität" (1991) (z. T. korrigierend) aufbaut, gehe ich bei der folgenden Darstellung ein.

Was versteht Searle also unter Geist und wie steht dieser Geist zum Körper? Wie verhält sich also die Geist-Körper-Dichotomie vor dem Hintergrund von Searles Überlegungen? Die Geist-Körper-Problematik hat laut Searle eine ganz einfache Lösung, die eigentlich jedem „gebildeten Menschen zugänglich" (Searle 1993: 15) sei, nur habe sie vor Searle einfach noch niemand entdeckt. Die Lösung Searles lautet wie folgt:

> Geistige Phänomene werden von neurophysiologischen Vorgängen im Hirn verursacht und *sind selbst Merkmale des Hirns*. Um diese Auffassung von den vielen anderen zu unterscheiden, die im Umlauf sind, nenne ich sie ‚biologischen Naturalismus'. Geistige Ereignisse und Vorgänge gehören genauso zu unserer biologischen Naturgeschichte wie Verdauung, Mitose, Meiose oder Enzymsekretion. (Searle 1993: 15; Hervorhebung von R.N.)

Zunächst einmal muss erwähnt werden, dass Searle hier das Verhältnis Geist und Körper reduziert auf das Verhältnis Geist und Hirn (vgl. Searle 1986: 13). Das Hirn wird in diesem Zusammenhang dann nicht nur als Grundlage der Verursachung des Geistes betrachtet, sondern der Geist wird zugleich als Merkmal bzw. Eigenschaft des Hirns angesehen (vgl. Searle 1986: 19). Der Geist ist demnach letztlich nur ein biologisches Phänomen neben anderen: Der *„geistige Zustand des Bewußtseins"* bspw. ist „einfach ein gewöhnliches biologisches – und das heißt: *physisches* – Merkmal des Hirns." (Searle 1993: 28) Wie kann man sich aber die Gleichzeitigkeit von *Geist als Ergebnis der Verursachung des Hirns* und *Geist als Merkmal/Eigenschaft des Hirns* genauer denken? Für Searle sind Geist und Geistzustände neben ihrem Status als Ergebnis der Verursachung durch das Hirn zugleich „einfach *höherstufige* Merkmale des Hirns." (Searle 1993: 29; Hervorhebung von R.N.) Zur Erläuterung dieser Höherstufigkeit bedient er sich der Analogie des Wassers (in dessen unterschiedlichen Aggregatzuständen):

> Bewußtsein ist eine höherstufige oder emergente Eigenschaft des Hirns – und zwar in dem völlig harmlosen Sinn von ‚höherstufig' bzw. ‚emergent', in dem Festigkeit eine höherstufige, emergente Eigenschaft von H_2O-Molekülen ist, wenn sie in einer Gitterstruktur angeordnet sind (Eis), und in dem Flüssigkeit ebenso eine höherstufige, emergente Eigenschaft von H_2O-Molekülen ist, wenn sie, grob gesagt, übereinander herumrollen (Wasser). Bewußtsein ist eine geistige – und folglich physische – Eigenschaft des Hirns in dem Sinne, in dem Flüssigkeit eine Eigenschaft eines Systems von Molekülen ist. (Searle 1993: 29)

Geist und Geistzustände sind also ‚einfach' Merkmale wie Festigkeit und Flüssigkeit (in Bezug auf Wasser); diese Merkmale lassen sich wiederum auf die Art und Weise zurückführen, wie die sie verursachenden Moleküle angeordnet sind (z. B. als Gitterstruktur). Die materielle Basis des Gehirns, also die biochemischen Prozesse im Rahmen der molekularen Hirnstruktur, ist also zum einen die Ursache für Geist und Geistzustände; zum anderen sind Geist und Geistzustände zugleich Eigenschaften bzw. Merkmale dieser biochemischen Prozesse.

Diese Wasser-Analogie scheint mir nicht ganz plausibel zu sein: Fasst man wie Searle Geist als Merkmal des Hirns im Sinne einer zugrundliegenden molekularen Anordnung und ihrer biochemischen Prozesse, ergibt sich daraus m. E. ein gewisser Determinismus, der vor allem im Gegensatz zum kreativen Charakter des Geistes (bspw. des Denkens) steht (siehe hierzu oben Descartes/ Chomsky). Denn: Höherstufige Eigenschaften bzw. Merkmale wie Festigkeit und Flüssigsein werden durch die Anordnung von Molekülen determiniert;[48] diese Anordnung der Moleküle wird wiederum durch natürliche Zustände wie die Temperatur, den Luftdruck usw. determiniert. Verändert sich bspw. die Temperatur, dann verändert sich auch das ‚Verhalten' der Moleküle und somit ihre Anordnung; verändert sich das ‚Verhalten' der Moleküle, dann haben wir auf einer ‚höheren Stufe' je nach Molekülanordnung unterschiedliche Eigenschaften, also bspw. flüssig oder fest. Das höherstufige Merkmal ist im Sinne der Wasser-Analogie folglich das Ergebnis von *Determinierungen*. Diese Form der Determinierung kann aus meiner Sicht jedoch nicht den kreativen, und das heißt eben nicht-deterministischen Charakter des Denkens erklären.

Aus meiner Sicht steht die Schwäche der Wasser-Analogie in einem engen Zusammenhang mit Inkohärenzen in der Searleschen Argumentation im Allgemeinen: Um seine These der Lösung für das Geist-Körper-Problem stützend zu erläutern, greift Searle auf Beispiele für Geistzustände zurück, an denen man

---

48 Natürlich können Eigenschaften wie Festigkeit und Flüssigsein auch von der Gestalt der Moleküle abhängen, wie das Beispiel der gesättigten und ungesättigten Fettsäuren zeigt. Auch hier gilt jedoch, dass die Gestalt der Moleküle, also ihr ‚Bau', das höherstufige Merkmal determiniert bzw. vorbestimmt, was wiederum dem kreativen Charakter des Geistes gegenübersteht.

ganz leicht erkennen könne, dass es sich so verhält, wie es Searle im obigen Zitat aufzeigt. Er gebraucht für seine Erklärung Beispiele wie Durst oder Schmerzen (vgl. Searle 1986: 19, 23) und erhebt zugleich den Anspruch, mit seinem Ansatz „die Gesamtheit unseres geistigen Lebens" (Searle 1986: 17; im Original kursiv) abzudecken und in diesem Sinne das Geist-Körper-Problem zu lösen. Daraus folgt, dass sich seine Argumentation auf so unterschiedliche geistige Phänomene wie bspw. visuelle oder auditive Wahrnehmung, Kitzel, Schmerzen, Durst oder aber Gedanken und Denken bezieht (vgl. Searle 1986: 17). Unterliegen geistige Phänomene wie Schmerzen und Durst aber tatsächlich der gleichen Erklärung wie Gedanken, Denken oder Wünsche?

Es ist sicherlich kein Zufall, dass Searle zur Untermauerung seiner These, der Geist sei schlicht ein höherstufiges Merkmal des Hirns, Beispiele wie Durst und Schmerzen wählt und nicht etwa Gedanken oder Denken. Es dürfte zunächst einmal natürlich unbestreitbar sein, dass Schmerzen und Durst zentral im Gehirn entstehen: Dies kann man z. B. ganz leicht am Phänomen Phantomschmerz ausmachen, wonach Menschen bspw. nach einer Beinamputation noch Schmerzen ‚im Bein' verspüren können. Ein entsprechendes Organ oder Körperteil muss also nicht mehr zwingend vorhanden sein, um Schmerzen (durch das Gehirn) hervorzurufen. Das besondere an Phänomenen wie etwa Durst ist nun jedoch, dass ihnen eine gewisse Zwangsläufigkeit bzw. eine gewisse natürliche Notwendigkeit zukommt: Wird dem Organismus über längere Zeit keine Flüssigkeit zugeführt, stellt sich der geistige Zustand Durst gewissermaßen automatisch ein. Ähnlich verhält es sich bei Schmerzen: Auch hier führt eine gewisse Zwangsläufigkeit dazu, dass bei äußeren oder inneren Verletzungen des Organismus Schmerzen erzeugt werden. Searles These scheint also vor dem Hintergrund dieser Beispiele stimmig zu sein: Im Organismus, d. h. auf der materiellen Seite, vollziehen sich biochemische Prozesse und Veränderungen, die (zwangsläufig) dazu führen, dass sich bestimmte Geistzustände einstellen. Übertragen auf die ‚*Gesamtheit* unseres geistigen Lebens', also bspw. auch auf Gedanken oder das Denken, erscheint die These jedoch relativ unhaltbar: Bspw. dürfte es unmöglich sein, zu zeigen, dass Gedanken oder Denken sich zwangsläufig im obigen Sinne einstellen und dass es sich bei ihnen insofern, wie etwa bei Durst, um eine natürliche Notwendigkeit handelt. Während der Organismus als materieller Organismus im Grunde nur existieren kann, wenn ihm ausreichend Flüssigkeit zugeführt wird, erschließt sich mir keine vergleichbare Notwendigkeit, die im Zusammenhang mit Gedanken und Denken für die Existenz des Organismus wichtig wäre. Durst stellt sich unter entsprechenden natürlichen Gegebenheiten (zum Erhalt der Existenz des Organismus) *automatisch* ein; diese Automatik des Einsetzens dürfte für geistige Phänomene wie Gedanken, Denken oder Wünsche nur schwerlich zutreffen. Aus dem Gesagten ergibt sich m. E., dass geistige Phänomene wie Durst qualitativ anders einzuordnen sind als etwa Denken. Hieraus folgt dann wiederum, dass Searles Lösungsansatz bezüglich des cartesianischen Geist-Körper-Problems in Frage gestellt werden müsste, da seine Erklärung offensichtlich *nicht* für die ‚Gesamtheit unseres geistigen Lebens' zutrifft.

In diesem Zusammenhang erscheint mir darüber hinaus auch die Frage nach der Verursachung unklar: Erinnern wir uns an Searles These zur Überwindung der Geist-Körper-Problematik (siehe oben): ‚Geistige Phänomene werden von neurophysiologischen Vorgängen im Hirn *verursacht* und sind selbst Merkmale des Hirns.' Ein Teil der These besagt also, dass die materielle, neurophysiologische Seite des Körpers geistige Phänomene verursacht. In Bezug auf Durst und Schmerzen dürfte diese Überlegung unmittelbar einleuchten. In Bezug auf Gedanken und Denken stellt sich mir jedoch die Frage, *was genau* hier verursacht wird. Dies bleibt in Searles Argumentation über weite Strecken unklar. An einer Stelle jedoch, an der es um den „zentrale[n] geistige[n] Begriff" (Searle 1993: 103) des Bewusstseins geht, wird ganz deutlich, dass Searle im Grunde nicht Gedanken oder das Denken selbst meint, sondern die *Fähigkeit* dazu:

> Der Mensch ist Teil der Natur. Doch wenn dem so ist, dann sind die besonderen biologischen Charakteristika dieses Lebewesens – wie z. B. sein reiches Bewußtseinssystem, seine größere Intelligenz, seine Sprach*fähigkeit*, seine *Fähigkeit* zu außerordentlich feiner Wahrnehmungsdifferenzierung, seine *Befähigung* zu rationalem Denken, usw. – biologische Phänomene wie alle anderen biologischen Phänomene auch. (Searle 1993: 109; Hervorhebungen von R.N.)

Nun, die Überlegung, dass die Fähigkeit zu Sprache und Denken eine biologisch-körperliche Grundlage besitzt, wie es Searle hier behauptet, dürfte durchaus auch vor Searle bereits jedem ‚gebildeten Menschen' klar gewesen sein, war man nicht gerade Anhänger eines ‚naiven Physikalismus oder Mentalismus' (vgl. hierzu Searle 1986: 26). Der Mensch kann nur Sprache gebrauchen und rational Denken, weil er die entsprechenden biologisch-materiellen Voraussetzungen besitzt. Diesen Umstand dürfte auch vor Searle im Rahmen der Sprachtheorie und -philosophie wohl kaum jemand ernsthaft bezweifelt haben. Die Argumentation Searles zielt aber im Grunde nicht – wie er behauptet – auf den Geist bzw. die Geistzustände selbst, sondern auf die materielle Befähigung zu Geistzuständen, was ein durchaus entscheidender Unterschied ist vor dem Hintergrund der Frage nach dem Geist-Körper-Problem: Searle behauptet also zwar, über Geistzustände zu sprechen, verbleibt allerdings schlicht auf der Ebene der Fähigkeit zu Geistzuständen; er behandelt also nicht den Zusammenhang von neurophysiologisch-materiellen Grundlagen und Geistzuständen wie Gedanken und Denken, sondern allein deren biologisch-materielle Grundlegung, womit also seine vermeintliche Lösung für das Geist-Körper-Problem mindestens angezweifelt werden darf.

8.3.3 Körper und Sprachhandeln

Die oben unter 8.3.1 aufgezeigte Diskussion macht zunächst einmal deutlich, dass das Konzept des Körpers bei den zwei „Grundmodelle[n] linguistischer Gegenstandskonstitution" (Jäger 1993a: 79), den sog. ‚Chomsky- und Mead-Theorien', aus unterschiedlichen Gründen keine systematische Rolle für die Theoriebildung spielt, obwohl die Diskussion explizit vor dem Hintergrund eines cartesianischen Geist-Körper-Denkmodells geführt wird. Im Folgenden möchte ich dafür argumentieren, die Kategorie des Körpers explizit und systematisch in grundlagentheoretische Überlegungen zu Sprache und Sprechen einzubeziehen. Grundsätzlich orientiere ich mich dabei an der Position der ‚Mead-Theorien', d. h. – vor dem Hintergrund der Chomsky'schen Unterscheidung Kompetenz-Performanz – an der primären Perspektivierung der Performanzseite. Wie weiter oben bereits vorgestellt wurde, umfasst der Performativitätsbegriff der vorliegenden Arbeit allerdings mehr als ein einfaches, interaktives Tun (siehe 8.2.2), was eben unter anderem auch die Kategorie des Körpers einbezieht. Diese performative Denkweise hängt nicht zuletzt auch wesentlich mit dem (praxis- und performativitätstheoretischen) Kultur- und Sozialverständnis der vorliegenden Arbeit zusammen – dieser Zusammenhang wird weiter unten noch näher ausgeführt.

Mit der primären Performanzorientierung stellt sich die vorliegende Arbeit also in die Tradition der ‚Mead-Theorien'. Doch wie verhält sich die Frage nach dem Körper eigentlich bei George Herbert Mead selbst, dessen Name und Denken als Orientierungspunkt für ein gesamtes ‚Grundmodell linguistischer Gegenstandskonstitution' (s. o.) gebraucht wird? Ist nicht Meads sozialpsychologischer Ansatz der phylogenetischen Entwicklung ‚symbolvermittelter Interaktion' gerade ein Beleg dafür, dass man im Zuge dieser Entwicklung bei Sprache zunehmend vom Körper absehen kann? Findet im Zusammenhang mit dieser Entwicklung der Sprache nicht gerade eine Entkörperung der Kommunikation statt? Ist also Sprache zwar in ihren phylogenetischen Ursprüngen als körperlich, jedoch mit zunehmender Entwicklung als körperlos zu betrachten?

Bevor hierauf wie auf die Frage nach dem Körper in der jüngeren Sprachtheorie im Allgemeinen näher eingegangen wird, soll zunächst einmal kurz angedeutet werden, was in der jüngeren körperorientierten Soziologie mit Blick auf die Frage nach der cartesianischen Geist-Körper-Dichotomie diskutiert wird.

8.3.3.1 Cartesianismus und soziologische Handlungstheorie

Dietrich Busse (2005) wirft in einem programmatischen Beitrag die Frage nach dem Verhältnis von Sprachwissenschaft und Sozialwissenschaft auf und plädiert aus Sicht der Sprachwissenschaft dafür, sich stärker von den etablierten linguistischen Fächergrenzen zu lösen und sich stärker als bisher für die Kultur- und Sozialwissenschaften zu öffnen (vgl. Busse 2005: 42). Die Sprachwissenschaft könne sich insgesamt durchaus als Sozialwissenschaft verstehen. Folgt man dieser Einschätzung, erscheint es grundsätzlich nicht unplausibel und u. U. sogar notwendig, zentrale soziologische bzw. sozialtheoretische Kategorien in sprachtheoretische Überlegungen mit einzubeziehen, was z. B. in Hinblick auf den Sprachhandlungsbegriff ja durchaus auch geschieht (vgl. etwa Holly, Kühn & Püschel 1984; siehe auch oben zu Rehbein 1977).[49] Nun ist es allerdings so, dass sich in der jüngeren soziologischen Forschung eine Tendenz abzeichnet, nach der der Körper zunehmend als eine solche zentrale Kategorie verstanden wird (vgl. etwa Schroer 2005a; Gugutzer 2006a; Gugutzer 2013): Der Körper wurde in der Soziologie und Sozialtheorie lange Zeit vernachlässigt und – wenn überhaupt – als „implizite Kategorie" (Schroer 2005b: 9) mitgeführt; erst in jüngerer Zeit wird er systematisch berücksichtigt, was u. U. – und das ist wichtig – Konsequenzen für bereits etablierte Kategorien, wie etwa das Handeln, mit sich bringt: Der Handlungsbegriff einer Körpersoziologie dürfte sich in nicht unerheblichem Maße von vorherigen Handlungsverständnissen unterscheiden. Vor diesem Hintergrund stellt sich m. E. aus der Perspektive einer sozialwissenschaftlich denkenden Sprachwissenschaft die Frage, wie mit solchen Neuakzentuierungen umzugehen ist und inwiefern diese Eingang in die Theoriebildung der Sprachwissenschaft finden können oder sollten.

Was es mit dieser Körperorientierung in der Soziologie auf sich hat und welche Rolle der Körper in diesem Zusammenhang spielt, soll im Folgenden

---

49 Diese Orientierung an den Sozial-, Gesellschafts- und Kulturwissenschaften findet man natürlich auch in anderen Zusammenhängen, wie bspw. die eingangs aufgezeigten programmatischen Positionierungen einer kulturwissenschaftlichen Linguistik (siehe 1.2) oder aber Ludwig Jägers Verständnis von ‚Mead-Theorien' (siehe 8.3.1) zeigen (vgl. vor allem auch Feilke 1994, 1996; Linke & Feilke 2009). Es geht bei alledem darum, Sprache und Sprechen durch und durch, also „bis in die kleinsten Verästelungen der Grammatik" (Busse 2005: 36), und ganz selbstverständlich in ihren sozialen Zusammenhängen zu betrachten und u. a. mithilfe der Sozial- und Kulturtheorie theoretisch zu bestimmen.

angedeutet werden. Es ist wichtig, bereits an dieser Stelle zu betonen, dass es bei der folgenden Darstellung nicht um empirische (also etwa beobachtende) Zugänge zum Körper geht, sondern um theoretische: Die theoretische Konzeptualisierung von Sozialität wird dabei *ausgehend vom Körper* gedacht, d. h. der Körper wird als *elementar* für eine *Theorie des Sozialen* angesehen (vgl. Gugutzer 2006b: 11). Der Kern der folgenden Darstellung konzentriert sich dabei in erster Linie auf die soziologische Handlungstheorie, wobei dabei der Akzent auf den Zusammenhang von Handeln, Körper und (die Kritik am) Cartesianismus gelegt wird.[50] Es geht im Folgenden also im Grunde darum, die unter 6.1.2, 8.1 und 8.2 angedeutete Körperlichkeit des (textproduktiven) Handelns in Hinblick auf diesen Zusammenhang zu spezifizieren und somit in den oben aufgeworfenen Zusammenhang von Sprache, (Anti-)Cartesianismus und Handeln zu stellen.

Erinnern wir uns aber zunächst an die obigen Ausführungen zum praxistheoretischen Handlungsbegriff (siehe 6.1.2), auf die im Folgenden unter besonderer Akzentuierung des Zusammenhangs von Handeln und Körper mit Blick auf den Cartesianismus aufgebaut wird: Ein praxistheoretisches Grundverständnis ist die Einsicht in die Notwendigkeit der Überwindung von im modernen Denken fest etablierten Dichotomien wie bspw. Subjekt/Objekt, Innen/Außen oder eben auch Geist/Körper. Wie die obigen Ausführungen zum praxistheoretischen Handlungsverständnis sowie zur Praxistheorie generell zeigen, spielt der Körper in diesem Zusammenhang eine elementare Rolle für das Verständnis von Praxis und Handeln sowie deren Zusammenhang mit Kultur und Subjekt. Vor dem Hintergrund der Überwindung der cartesianischen Geist-Körper-Dichotomie wird der Körper hier also aus theoretischer Sicht systematisch aufgewertet.

Auch in der Soziologie wird der Körper – wie erwähnt – aktuell in den Vordergrund gerückt: Als gemeinsamer Nenner dieser Körpersoziologie lässt sich nach Michael Meuser der Anspruch ansehen, die in der cartesianischen Tradition wurzelnde Dichotomie von Körper und Geist zu überwinden, die sich offensichtlich auf die soziologische Theoriebildung auswirkt (vgl. Meuser 2006: 95). Gerade diese cartesianische Tradition habe verhindert, dass der Körper in der

---

50 Diese Fokussierung auf sowohl die Theorie (gegenüber der Empirie) als auch das Handeln zeigt bereits an, dass es bei der Körperorientierung der vorliegenden Arbeit nicht um den Körper als Zeichenträger, sondern eher um den Körper als Agenten geht (siehe hierzu weiter unten). Es geht hier also eher darum, den Körper systematisch in theoretische Überlegungen zum Sprachhandeln bzw. genauer zum Schreiben einzubeziehen, als ihn empirisch (beim Sprachhandeln bzw. Schreiben) zu beobachten.

Soziologie überhaupt systematisch Berücksichtigung fand; eine Folge hieraus sei, dass Gesellschaft und Soziales in erster Linie ‚kopforientiert' bzw. intellektualisiert gedacht wurden (vgl. Schroer 2005b: 12f.):[51]

> *Gesellschaft ist in unserem Bewußtsein, nicht in unsern Körpern.* Das jedenfalls läßt sich aus Jahrhunderten religiöser, philosophischer und pädagogischer Praxis folgern. Wir stellen uns die öffentliche Ordnung dualistisch vor, als herrsche der Geist über die Materie oder die Vernunft über die Sinne. Nach dieser Auffassung sind unsere Körper die willenlosen Diener der moralischen und intellektuellen Ordnung. (O'Neill 1990: 14)

In der Zeit vor der expliziten Körpereinbeziehung findet der Körper hier und da immer auch mal Erwähnung und es wird u. U. sogar die Notwendigkeit seiner Berücksichtigung angedeutet, er wird dennoch nicht systematisch in die Theoriebildung einbezogen (vgl. Meuser 2002: 21f.): So stellen bspw. Peter L. Berger und Thomas Luckmann zwar fest, dass „die Art, wie der Organismus tätig ist [...], den Stempel der Gesellschaftsstruktur [trägt]." (Berger & Luckmann 2010: 193) Einer sich vor diesem Hintergrund abzeichnenden „Möglichkeit einer Soziologie des Körpers" (Berger & Luckmann 2010: 193) gehen sie jedoch nicht nach.[52]

Besonders auffällig ist die „Absenz des Körpers" (Schroer 2005b: 11) aber vor allem – und hierauf liegt unser Schwerpunkt – in der soziologischen Handlungstheorie, die sich trotz ihrer geradezu genuinen Fokussierung auf den Menschen im Grunde mit „leiblosen Akteuren" (Schroer 2005b: 11) beschäftige.[53] Hans Joas spricht in diesem Zusammenhang auch von „einer Art theoretischer Prüderie" (Joas 1992: 245) der Handlungstheorie gegenüber dem Körper und

---

51 Für Markus Schroer besteht ein zentraler Grund für die Nicht-Berücksichtigung des Körpers in der Soziologie in der „Dominanz des cartesianischen Denkens." (Schroer 2005b: 12) Bei Jens Loenhoff heißt es hierzu: „Das in den Sozialwissenschaften allenthalben präsente kartesianische und kryptokartesianische Denken jedenfalls, das Sozialität eher in den Köpfen ihrer Mitglieder verortet, hat den Blick auf die verkörperte Gesellschaft und den vergesellschafteten Körper lange verstellt." (Loenhoff 1999: 73)
52 Ein wichtiges Abgrenzungskriterium einer körperorientierten Soziologie vom wissenssoziologischen Ansatz bei Berger & Luckmann ist der Wissensbegriff: Man unterscheide sich darin, „dass Wissen nicht mehr nur als ein Vorrat an kognitiven, sprachlich vermittelten Deutungsschemata verstanden wird, sondern insbesondere auch als *verkörpertes Wissen*, und dass dem verkörperten Wissen eine deutlich stärkere wirklichkeitskonstituierende und -reproduzierende Kraft zugesprochen wird als dem kognitiv-diskursiven Modus." (Meuser 2006: 110; Hervorhebung von R.N.)
53 „Ausgerechnet dort [= in der soziologischen Handlungstheorie], wo man nicht müde wird gegen konkurrierende Theorieangebote auf den Menschen zu verweisen, hat man es mit geradezu leiblosen Akteuren zu tun." (Schroer 2005b: 11)

betont in gewisser Weise die Notwendigkeit, „das Verhältnis des Handelnden zum Körper als eine der zentralen Fragen der Handlungstheorie anzuerkennen." (Joas 1992: 251) Doch was genau spricht eigentlich dafür, den Körper handlungstheoretisch explizit zu berücksichtigen? Was bringt uns also ein körperlicher Handlungsbegriff? Grundsätzlich kann dem Körper die Funktion eines Zeichenträgers sowie diejenige eines Agenten zukommen (vgl. z. B. Meuser 2006: 97):[54] Als Zeichenträger ist er vor allem als kulturell geformter Körper interessant, auf den die sozial-kulturellen Verhältnisse einwirken und die an diesem Körper folglich ablesbar sind. Als Agent rückt er dagegen als die sozial-kulturellen Verhältnisse produzierender und reproduzierender Körper in den Vordergrund (siehe auch zum Habitus unter 6.1.3.2).

Gerade mit dieser Perspektive auf den Körper als Agenten, d. h. auf den handelnden Körper, wird laut Meuser die „kognitivistische Tradition der Soziologie" bzw. die „kognitivistische Verkürzung der traditionellen soziologischen Handlungstheorie" (Meuser 2006: 97) am radikalsten in Frage gestellt. Die Ursprünge dieser ‚kognitivistischen Verkürzung' und die damit einhergehende „Leibvergessenheit der meisten soziologischen Handlungstheorien" (Meuser 2006: 98) gehen zurück auf Max Webers Konzept vom sozialen Handeln, in dessen Tradition dann u. a. auch Alfred Schütz steht (vgl. Meuser 2006: 98) (zu Weber und Schütz siehe auch 7.2). Als körpersoziologische Gegenentwürfe zu diesen ‚kognitivistischen Verkürzungen' werden nicht selten die Ansätze von Mead und (vor allem) Bourdieu gewählt (vgl. Meuser 2002; Meuser 2006; Steuerwald 2010).[55]

Die Unterschiede beider Ausrichtungen (kognitivistisch vs. körperorientiert) lassen sich (ausgehend von Schütz) anhand von zwei zentralen Punkten veranschaulichen: Zum einen wird der Körper etwa bei Schütz als beherrschbares ‚Ding' betrachtet: Er thematisiert zwar verschiedentlich den Körper, dieser wird dabei allerdings u. a. so verstanden, dass der Handelnde über ihn verfügt bzw.

---

54 Diese Unterscheidung lässt sich bei Gugutzer für die Körpersoziologie im Allgemeinen gut nachvollziehen (vgl. Gugutzer 2006b: 14–20). Lange Zeit stand der Fokus auf die kulturelle Formung von Körpern (z. B. Foucault) und nicht das Handeln im Vordergrund (vgl. Meuser 2002: 24).
55 Zu Bourdieu siehe z. B. 6.1.3.2 – Es sei daran erinnert, dass die folgenden Ausführungen als Spezifizierung der obigen Überlegungen zum praxistheoretischen Handlungsbegriff in Hinblick auf das Konzept des Körpers zu verstehen sind. Das grundlegende Handlungsverständnis, das sich in Teilen mit den Vorstellungen der hier vorgetragenen Körpersoziologie deckt, wurde also bereits unter 6.1.2 näher betrachtet und in einen praxistheoretischen Rahmen gestellt. Die folgende Betrachtung legt den Akzent nun speziell auf die Körperlichkeit bzw. auf die Frage, warum in der Handlungstheorie eine Körperorientierung notwendig erscheint.

ihn beherrscht. Der Körper ist in diesem Zusammenhang also einerseits schlicht ein Instrument, das vom handelnden Akteur rational beherrscht und gebraucht wird (vgl. Meuser 2006: 99), was im Rahmen der körperorientierten Handlungstheorie so nicht geteilt wird (siehe unten).[56] Ein weiterer Unterschied zwischen der traditionellen und der körperorientierten Soziologie liegt zudem in den unterschiedlichen, das Handeln im Kern betreffenden Sinnbegriffen:[57] Meuser stellt dem Schütz'schen Sinnbegriff, der individualistisch und reflexiv-rationalistisch sei, mit Mead und Bourdieu Konzepte gegenüber, die einen stärker körperbezogenen, vorreflexiven Sinnbegriff aufweisen (vgl. Meuser 2006: 101):

> Der Schützsche Sinnbegriff steht ersichtlich in der Tradition des cartesianischen Dualismus von Körper und Geist. Die „Rede vom Sinn" zielt, wie Schütz selbst bemerkt, auf die Spannung „zwischen Leben und Denken."[58] Konzepte, die den Körper als Agens zu bestimmen versuchen, betonen hingegen die *Einheit von Leben und Denken.* Sie gehen – anders als Schütz, der Sinn vom denkenden Ich her konzipiert – von einem handelnden Ich aus, dessen Handeln zudem nur als ein Miteinander-Handeln, also in seiner intersubjektiven Verwobenheit mit dem Handeln anderer begriffen werden kann. (Meuser 2006: 100; Hervorhebung von R.N.)

Das Verständnis von Sinn im Zusammenhang mit Handeln sowie von der Kategorie Körper selbst stellen also offensichtlich zentrale Unterschiede zwischen kognitivistischen und körperorientierten handlungstheoretischen Ansätzen dar. Welches Verständnis liegt diesbezüglich also in körpersoziologischen Ansätzen vor?

Mit dem im vorherigen Zitat zuletzt genannten interaktionalen Aspekt wird vor allem auf Mead[59] verwiesen, bei dem sich Sinn – gegenüber der Auffassung

---

56 Meuser zeigt an dieser Stelle mit Bezug auf Joas (1992: 245f.), dass dies ein typisches Verständnis der traditionellen Handlungstheorie sei: Gemeint ist, „die Unterstellung, der Körper sei ein beherrschbares Instrument, beliebig einsetzbar, um die Zwecke zu erreichen, die ein rationaler Akteur seinem Handeln setzt." (Meuser 2006: 99)
57 Diese kritische Einordnung des Schütz'schen Sinnbegriffs ist sicherlich auch für das sprachtheoretische Handlungsverständnis wesentlich. Bspw. konzipieren Holly, Kühn & Püschel (1984) Sprachhandeln als ‚sinnvoll' und beziehen sich dabei zentral auf Schütz (vgl. Holly, Kühn & Püschel: 1984: 289). Zu Sinn bzw. Sinnmustern und Handeln siehe auch 6.1.2 Die folgenden Ausführungen verstehen sich als spezifizierende Ergänzung der obigen Überlegungen zu Sinnmustern in Hinblick auf die Körperlichkeit.
58 Meuser zitiert hier Schütz (1974: 94).
59 Zur Gegenüberstellung von Mead und Schütz vgl. auch Bergmann & Hoffmann (1985). Pointiert wird dieses Verhältnis auch bei Meuser charakterisiert: „Indem die Schützsche Analyse der Sinnkonstitution vom reflektierenden Ich ausgeht – und nicht vom handelnden Ich, wie

bei Schütz – bereits bei gestenvermittelter Kommunikation einstelle: „Schon bei dieser gänzlich auf Körperexpression basierenden Interaktion und nicht erst mit dem Austausch signifikanter Symbole entsteht Sozialität." (Meuser 2006: 100) Hiermit wird also nicht nur das interaktionale Verständnis, sondern auch die grundsätzliche Körperfundiertheit von Sinn (zumindest) angedeutet, was dem eher individualistischen (bzw. ‚egologischen') und reflexiv-rationalen Sinnbegriff bei Schütz gegenübersteht (vgl. hierzu auch Meuser 2006: 102).[60]

Radikal körperlich ist der Sinnbegriff dann aber schließlich bei Bourdieu (siehe hierzu auch 6.1.3.2):[61] Die ‚Einheit von Leben und Denken' wird hier über einen ‚praktischen Sinn' (Bourdieu 1987) und ein ‚praktisches Verstehen' gewährleistet, die grundsätzlich körperlich zu denken sind (vgl. Bourdieu 2013: 178). Es handelt sich dabei eben nicht – wie bei Schütz – um einen analytisch-reflexiven Sinn, der quasi retrospektiv auf das Handeln gerichtet wird, sondern um einen körperlich-praktischen Sinn, der Bestandteil des Handelns selbst ist. Die körperlichen Vollzüge sind dabei folglich nicht irgendwie – wie in cartesianischer Tradition – trennbar von geistigen Akten der Sinngebung. Bourdieu spricht deshalb in diesem Zusammenhang auch von einer *„körperliche[n] Erkenntnis"* (Bourdieu 2013: 174), womit das Erfassen von Welt grundsätzlich vorreflexiv im Rahmen der Praxis zu denken ist (vgl. Meuser 2006: 101). Es geht hier also um ein „praktisches Erfassen" der Welt (Bourdieu 2013: 174) bzw. um ein „praktische[s], quasi körperliche[s] *Antizipieren* der dem Feld immanenten Tendenzen." (Bourdieu 2013: 178) Der Körper spielt bei Bourdieu also nicht zuletzt wegen dieses *elementaren* Weltbezugs, aus dem sich das ‚praktische und körperliche Erfassen von Welt' ergibt, eine zentrale Rolle für den Sinnbegriff und für das Handeln. Eine hiermit einhergehende Konsequenz ist auch, dass der Körper beim Handeln kein schlichtes Instrument ist, dessen sich ein rationaler Akteur für die Verrichtung seiner Zwecke bedient. Der Körper ist mit seinem elementaren Weltbezug *konstitutiv-konstruierender* und nicht zu hintergehender

---

das bei Mead der Fall ist [...] – bleibt sie dem cartesianischen Dualismus von Körper und Geist verhaftet." (Meuser 2002: 22)
60 Christian Steuerwald betont, dass „Mead explizit die physische Anwesenheit der Körper als eine Voraussetzung der symbolischen Interaktion fasst." (Steuerwald 2010: 40) Das Konzept der ‚Rollenübernahme' sei demnach *grundsätzlich* von dieser physischen, raum-zeitlich gebundenen Präsenz aus zu denken.
61 Die fundamentale Körperorientiertheit in Bourdieus Denken wird besonders in seinen ‚Meditationen' (2013) deutlich. Vor dem Hintergrund dieser Ausführungen erscheint es als Reduktion des Bourdieu'schen Ansatzes, wenn man auf diesen zurückgreift, ohne die Körperlichkeit systematisch einzubeziehen. Konzepte wie Habitus und Handeln (im Sinne Bourdieus) wären also ohne Körperorientierung nur unzureichend verwendet.

Bestandteil der Sinnhaftigkeit von Welt und des damit verbundenen Handelns. Der Körper ist im Zusammenhang mit Handeln also nicht ein bloßes, für das Handeln selbst irgendwie irrelevantes Stück Fleisch, das von einem wesentlichen geistigen Zentrum aus gesteuert und dabei voll beherrscht wird (vgl. Schroer 2005b: 21). Der Körper gilt darüber hinaus grundsätzlich als *wesentlich* für einen fraglosen, ‚gewissen' Bezug zur Welt (vgl. Gebauer 1998; Meuser 2006: 110);[62] diese fraglose Gewissheit im Verstehen von Welt ist – wie oben angedeutet – im Bourdieu'schen Sinne ein ‚praktisches Verstehen', das durch einen ‚praktischen', nicht-reflexiven Sinn entsteht. Handeln ist in der Folge *in diesem Sinne* als sinnhaft zu verstehen (siehe hierzu auch Wittgenstein/Gebauer unter 8.3.3.2).

Mit diesen Überlegungen zum Sinnbegriff geht zugleich ein bestimmtes Verständnis von der Kategorie Körper einher. Körper wird vor diesem Hintergrund nicht als irgendwie natürliches Ding verstanden, sondern als durch und durch gesellschaftlich: Der Körper zeichnet sich zwar – und das ist wichtig – durch Materialität aus und ist insofern konkret und raum-zeitlich gebunden. Er stellt also schlichtweg eine Gegebenheit dar, die sich „nicht wegkommunizieren" (Gumbrecht 1999) lässt und die insofern als Garantie für das Konkrete angesehen werden darf (vgl. Schroer 2005b: 22).[63] Er ist dabei aber nie bloß physischer Organismus, sondern immer auch und durch und durch gesellschaftlich – d. h., die Rede vom ‚nicht bloßen Fleisch' ist in diesem Zusammenhang durchaus wörtlich gemeint.[64] Dieser durch und durch gesellschaftliche Körper, der als konkreter Agent im raum-zeitlichen Hier und Jetzt aktiv ist, ist das verbindende Moment zwischen Gesellschaft und Individuum: Nur über eine systematische Fokussierung des körperlichen Handelns lassen sich also die Gräben zwischen Objektivismus und Subjektivismus, zwischen gesellschaftlich-sozialen Makro- und Mikroorientierungen einebnen (vgl. bspw. Steuerwald 2010: 45–90).[65]

Der vergesellschaftete Körper und dessen Handeln sind also das entscheidende *Scharnier*, mit dem sich Handeln als sozial-kulturelle *und zugleich* indivi-

---

62 „Die Welt umfängt einen Körper, für den es eine Welt gibt, einen Körper, der auf eine Weise in die Welt eingeschlossen ist, die sich nicht auf einen simplen materiellen und räumlichen Modus reduzieren läßt." (Bourdieu 2013: 173) Auf den Zusammenhang vom Verhältnis Körper-Welt und Gewissheit wird weiter unten noch näher eingegangen.
63 Zur Relevanz der Konkretheit und zum Zusammenhang mit dem Wiederholungsbegriff siehe 8.2.
64 Der Körper gilt zwar „gemeinhin als natürlichster Ausdruck der innersten Natur – und doch gibt es an ihm *kein einziges bloß ‚physisches' Mal*." (Bourdieu 1982: 310; Hervorhebung von R.N.)
65 Siehe auch oben zu Holismus vs. Individualismus unter 6.2.

duelle Aktivität denken lässt. Dieser Aspekt ist vor dem Hintergrund des grundlegenden Status von Kultur und Sozialität des praxis- und performativitätstheoretischen Ansatzes der vorliegenden Arbeit als ganz zentral anzusehen: Kultur und Soziales lassen sich aus dieser Perspektive nicht unabhängig vom Körper denken. In der Konsequenz wäre ein praxistheoretischer Sprachhandlungsbegriff, der hier – wie gezeigt – dezidiert performativ gedacht ist, ebenfalls grundsätzlich nur vom Körper aus zu denken. Auf diesen Punkt komme ich weiter unten noch einmal ausführlicher zurück. Zuvor soll jedoch die Rolle des Körpers in der (jüngeren) Sprachtheorie und -philosophie aufgezeigt werden.

8.3.3.2 Körper und Sprache in der (jüngeren) Sprachtheorie und -philosophie

Kommen wir zunächst einmal auf die oben aufgeworfene Frage nach dem Zusammenhang vom Denken Meads mit Überlegungen zu körperlichem Sprachhandeln zurück: Macht es überhaupt Sinn, ausgehend von Mead und im Rahmen der ‚Mead-Theorien' für einen körperlichen Sprachhandlungsbegriff zu plädieren bzw. sollte man in diesem Zusammenhang nicht eher von so etwas wie entkörperter Sprache und Kommunikation ausgehen? Wie die vorherigen Ausführungen andeuten, wird dem interaktionalen Ansatz von Mead in der körpersoziologischen sowie vor allem auch in der soziologisch-handlungstheoretischen Diskussion eine durchaus wichtige Rolle zugesprochen. In diversen (teils programmatischen) Darstellungen, in denen der Körper zentral im Fokus steht, wird Mead mitunter als Klassiker geführt (vgl. etwa Gugutzer 2013: 26; Schroer 2005b: 8; Klein 2005; Steuerwald 2010; Meuser 2002, 2006), wenngleich er sicherlich nicht (wie bspw. Bourdieu) im Zentrum dieses Diskurses steht. Der Ansatz Meads darf in diesem Zusammenhang also im Wesentlichen als *Fundament* für ein körperorientiertes Denken begriffen werden (vgl. Meuser 2002: 24).[66]

Diese Perspektive auf das Mead'sche Denken ist jedoch keineswegs selbstverständlich, denn in der Rezeption Meads im Symbolischen Interaktionismus wurde dieser häufig „kognitivistisch verengt" (Meuser 2002: 24); der Körper scheint in diesem Zusammenhang schlicht als Marginalie des Mead'schen Denkens betrachtet zu werden. Demgegenüber wäre allerdings zu betonen, dass der Körper bei Mead nicht als irgendwie beiläufig vorhanden, sondern als fundamental gedacht wird, wie Meuser auf den Punkt bringt: „Bei Mead kommt der Körper nicht *auch* ins Spiel, wird nicht zusätzlich zum Geist berücksichtigt; das

---

[66] „Gewiß hat Mead keine ausgearbeitete soziologische Theorie des Körpers vorgelegt, wohl aber Fundamente für eine solche." (Meuser 2002: 24)

Fundierungsverhältnis ist eher umgekehrt." (Meuser 2002: 24) In diesem Sinne hat man bei Mead – wie auch oben in Bezug auf den Sinnbegriff deutlich wurde – *grundlegend* von dezidiert körperlichen Subjekten bzw. Akteuren auszugehen: „Die menschliche Gesellschaft funktioniert dadurch, daß körperliche Subjekte durch die Manipulation physischer Objekte einander in ihren kooperativen Handlungen helfen oder behindern." (Mead 1969: 427) Dem Gedanken der *Inter*-Subjektivität liegt bei Mead demzufolge Interkorporalität zugrunde (vgl. Meuser 2002: 40).[67]

Diese grundsätzliche Körperlichkeit bei Mead spielt auch – und darauf kommt es hier an – in der ‚symbolvermittelten Interaktion' eine Rolle; es scheint also keineswegs so, dass man hier schlicht von einer Entkörperung der Kommunikation sprechen kann: In einem grundsätzlichen Sinne darf man wohl die folgenden Ausführungen von Hans Joas zur Rolle von Sprache bei Mead verstehen:

> Sprache wird bei Mead also im Kontext „leibnaher Expressionen" verortet und nicht als Inkarnation eines ursprünglich reinen Geistes gedacht. Sprache ist für Mead nur aus ihrer Funktion in körperbezogenen, kooperativen Handlungen und nicht nach dem Modell von im individuellen Bewußtsein im vorhinein festgelegten Ausdrucksabsichten zu verstehen. (Joas 1980: 113f.)

Der Zusammenhang von Sprache und Körper wird hier bei Mead von den Ursprüngen der Kommunikation aus, also phylogenetisch gedacht; gleichwohl scheint es nicht abwegig zu sein, Meads Konzept von symbolvermittelter Kommunikation auch generell als körperlich zu denken: „Soziale Handlungen sind bei Mead, wie gesehen, stets kooperative Handlungen, die von körperlichen Subjekten ausgeführt werden. Auch in der symbolvermittelten Interaktion ist der Bezug zum Körper mithin nicht aufgehoben." (Meuser 2002: 26) Körper und (soziales und somit eben auch kommunikatives) Handeln gehen bei Mead offensichtlich eine enge und fundamentale Beziehung ein und zwar nicht allein aus phylogenetischer Perspektive.

---

[67] Wie bereits oben in Bezug auf den Sinn-Begriff gezeigt lässt sich der Mead'sche Ansatz mit seiner Körperfundiertheit als Gegenentwurf zu an Max Weber orientierten Handlungsverständnissen interpretieren: Gabriele Klein weist darauf hin, dass u. a. durch Mead „entgegen der von Max Weber eingeführten gängigen individualistisch-teleologischen Deutung sozialen Handelns die Körperlichkeit des Handelns selbst in den Mittelpunkt [gerückt wird]. Der Körper erscheint hier nicht als zwangsläufiger Bestandteil sozialer Interaktion, sondern als deren *unhintergehbare Basis*, er wird als handelnder Organismus [...] und damit als Agent von Wirklichkeitsgenerierung gedacht." (Klein 2005: 75; Hervorhebung von R.N.)

Steht man also bei der Konzeptualisierung von Sprache und sprachlichem Handeln in der anti-cartesianischen Tradition der ‚Mead-Theorien' erscheint es vor diesem Hintergrund keineswegs abwegig, sprachliches Handeln dezidiert und explizit vom Körper aus zu denken, wenngleich Mead – wie oben bereits betont – keine körpersoziologische Handlungstheorie im engeren Sinne vorgelegt hat. Es scheint also gewissermaßen erforderlich zu sein, sich von einer etablierten ‚kognitivistisch verengten' Lesart zu lösen, die zum Großteil aus der Rezeption Meads im Symbolischen Interaktionismus herrührt. Dass diese körperlose Lesart auch in der kommunikationstheoretischen Forschung dominant ist, die sich mehr oder weniger explizit auch mit Mead auseinandersetzt, zeigt ein kurzer Blick in einschlägige kommunikationstheoretische Handbuchartikel zu Mead oder zu seinem Denken elementar bestimmende Kategorien wie Identität oder sozialer Interaktion (vgl. Serbser 2004; Krappmann 2004; Schönpflug 2004; Graumann 2005).

Dass man, in der Tradition der ‚Mead-Theorien' stehend, nicht umhin kommt, die Körperlichkeit systematisch einzubeziehen, zeigen auch jüngere Überlegungen von Ludwig Jäger (2013), in denen er sich der „Leiblichkeit der Sprache" zuwendet.[68] Im Grunde geht es im Zusammenhang mit der Leiblichkeit der Sprache grundsätzlich erst einmal um die Perspektive auf die Materialität der Sprache, der in einer strukturalistisch und kognitivistisch orientierten Linguistik keine nennenswerte Beachtung geschenkt wurde: In der vom Strukturalismus und Kognitivismus dominierten Linguistik wurde („lange Zeit") eine „Idee von Sprache, Geist und Sprachsubjekt" entworfen, „die in einer pointierten intellektuellen Bewegung zugleich mit der tiefgreifenden Abwertung von

---

[68] Jäger geht in diesem Beitrag begrifflich vom Leib aus und stellt sich damit in die Tradition der Phänomenologie (vgl. hierzu Waldenfels 2013), wie bspw. seine Bezüge auf Merleau-Ponty zeigen (vgl. Jäger 2013: 71 und 76). Wenn in der vorliegenden Arbeit dagegen vom Körper (statt vom Leib) die Rede ist, wird damit stärker auf die soziologische Tradition, insbesondere auf die Tradition Bourdieus, abgehoben. Dass zwischen beiden Traditionen sehr enge Zusammenhänge bestehen, zeigt allein schon Bourdieus häufige Bezugnahme auf Merleau-Ponty; Bourdieus Ansatz lässt sich gewissermaßen auch als soziologische Ausbuchstabierung der Phänomenologie Merleau-Pontys verstehen (vgl. Meuser 2002: 24 und 39; auch Meuser 2006: 103). Zur Kritik des Leibkonzepts vgl. auch Steuerwald (2010: 100–107): Nach Steuerwald ist es fraglich, ob das Konzept des Leibs dafür geeignet ist, den cartesianischen Dualismus von Körper und Geist zu überwinden. Vielmehr steht zu vermuten, dass der Dualismus damit „einfach nur in andere Begrifflichkeiten übersetzt oder gar durch zusätzliche Dimensionen (Körper, Geist und Leib) überfordert wird." (Steuerwald 2010: 106) Für eine diesbezügliche Kritik an Merleau-Ponty vgl. auch Waldenfels (2013: 42f.). Zum Verhältnis von Bourdieu und Merleau-Ponty vgl. auch besonders Gebauer (2009: 166f.).

Materialität und Medialität der Sprache auch das Problem der Leiblichkeit und ihrer Prozessierung in die theoretische Peripherie verdrängt." (Jäger 2013: 59)

Dieser Blick auf die materielle Seite von Sprache und Kommunikation[69] wird bei Sybille Krämer (2001: 270; vgl. auch 2002a) unter dem Begriff „verkörperte Sprache" subsumiert (siehe auch 8.2): Dazu gehöre – wie oben bereits zitiert wurde – zum einen die grundlegende Einsicht darin, dass Sprache immer nur als „Sprache-in-einem-Medium, als gesprochene, geschriebene, gestische, technisch mediatisierte Sprache" (Krämer 2001: 270) existiere. Zum anderen sei auch der „Körperlichkeit der Sprachbenutzer" (Krämer 2001: 270) Rechnung zu tragen. Mit der materiellen Perspektive auf Sprache rücken folglich der Sprachzeichenkörper bzw. Sprache als Medium sowie der Körper des Sprachbenutzers in den Vordergrund; beide Perspektiven werden nun nicht mehr als schlicht gegebene, aber sonst nicht weiter zu beachtende Faktoren der Sprachbetrachtung, sondern als für Sprache und Sprechen konstitutiv angesehen.[70] Diesbezüglich ist allerdings einschränkend zu erwähnen, dass im Zuge dieser Fokussierung auf die Materialität zwar der Zusammenhang von Medialität und Sprache sehr intensiv diskutiert wird (vgl. exemplarisch Jäger 2005; Jäger & Linz 2004; Schneider 2008), die Körperlichkeit der Sprachbenutzer und *vor allem des Sprachhandelns* aber eher vernachlässigt wird.

Die Körperlichkeit der Sprachbenutzer, die in der vorliegenden Arbeit im Vordergrund steht, ist grundsätzlich als *elementar* zu betrachten, wie wir bereits oben bei Mead gesehen haben und wie Jäger mit Rückgriff auf die Gebärdensprachforschung betont: Sprache sei demnach „nicht dualistisch von ihrer physischen Realisation getrennt [...], sondern sowohl ontogenetisch, als auch phylogenetisch tief in ihrer körperlichen Basis verwurzelt." (Armstrong, Stokoe & Wilcox 1995: 34, zitiert nach Jäger 2013: 60) An anderer Stelle heißt es bei Jäger in kritischer Abgrenzung vom Kognitivismus, dass dieser „dem Umstand nicht

---

[69] Vgl. hierzu auch den frühen Diskurs zur „Materialität der Kommunikation." (Gumbrecht & Pfeiffer 1988)

[70] Bernhard Waldenfels drückt gerade den Zusammenhang von der Körperlichkeit des Sprachbenutzers und der Körperlichkeit des Sprachzeichens im Rahmen seiner ‚Phänomenologie des Fremden' wie folgt aus: „Halten wir uns an sprachliche Indizien, so legt sich [...] ein Ansatz nahe, der geradewegs die spezifische *Leiblichkeit* der Spracherzeugung sowie die spezifische *Materialität* der Sprachzeichen und ihre *Regelungen* in den Blick bringt. Die Mündlichkeit der Sprache erinnert an den Mund, der Laute formt und Worte gleich einem Windhauch entfliehen läßt, während die Schriftlichkeit auf das Schreiben als eine Form des Einritzens und Eingravierens verweist und die Hand ins Spiel bringt, die Schreibmaterial bearbeitet und Schreibgeräte benutzt. Auch die Sprechlust und Sprechunlust ist in verschiedenen Zonen des Leibes beheimatet." (Waldenfels 1999: 21)

gerecht [wird], dass *auch die mentale Dimension der Sprache auf der Ebene des sprachlichen Wissens*, ebenso wie die vokale und gestische Artikulation bzw. die auditive und visuelle Verarbeitung *tief in einer körperlichen Basis verankert ist*."[71] (Jäger 2013: 76; Hervorhebungen von R.N.) Jägers Argumentation (vgl. Jäger 2013: 71–76) zielt hierbei darauf, gerade mit dem Ausgehen vom Leib bzw. Körper und dem Anerkennen seines *elementaren* Status „eine cartesianische Modellierung des Menschen und seines Sprachvermögens" (Jäger 2013: 75) für überholt zu erklären.[72]

Bis dato sei erst einmal festgehalten, dass nach Einsicht der jüngeren Sprachtheorie und -philosophie zwischen Sprache und dem Körper (der Sprachbenutzer) offensichtlich ein elementarer Zusammenhang besteht. Dieser Zusammenhang wäre nun aus meiner Sicht auch systematisch in sprach*handlungstheoretische* Überlegungen einzubeziehen, möchte man nicht bei der Sprachhandlungserklärung erneut einem Cartesianismus oder besser einem ‚latenten Cartesianismus' aufsitzen. Wie oben in Bezug auf die körpersoziologische Handlungstheorie gezeigt wurde, kann erst durch den systematischen Einbezug des Körpers der Cartesianismus in den Handlungserklärungen überwunden werden. Dies hätte zur Folge, dass zentrale Kategorien der Handlungserklärung, wie etwa der Sinn- oder der Wissensbegriff, oder aber auch die Kategorie des Körpers selbst im obigen Sinne (etwa mit Bourdieu) umgedacht werden müssten (siehe oben etwa zu Sinnmustern und Wissensordnungen, unter 6.). Ein solcher körperlicher Sprachhandlungsbegriff wäre dann m. E. zudem hinsichtlich der Kategorien *Performativität* und *Iterabilität/Wiederholung* zu erweitern, die eng mit der (raum-zeitlich) konkreten Materialität des Körperkonzepts korrelieren (siehe 8.2): Körper, Performativität und Iterabilität/Wiederholung sind bei diesem Sprachhandlungsbegriff also stets mitzudenken.[73] Dies

---

71 In diesem Zitat wird Körperlichkeit in erster Linie dem Sprechen zugeordnet (‚vokale und gestische Artikulation', ‚auditive Verarbeitung'). In der vorliegenden Arbeit wird der Aspekt des Körperlichen dagegen dezidiert auch in Bezug auf das Schreiben angewendet.
72 Ähnlich wie die Jäger'sche Argumentation liest sich übrigens auch die folgende Schlussfolgerung Gunter Gebauers in Bezug auf den späten Wittgenstein in „Hand und Gewißheit": „Der Sprachgebrauch – damit auch die Semantik – ist im Ursprung eine körperliche Kategorie. Wie die Sprachtheorie muß die Erkenntnistheorie von den Händen her aufgebaut werden." (Gebauer 1998: 274) Auf Gebauers Wittgenstein-Interpretation komme ich weiter unten in diesem Abschnitt noch ausführlicher zu sprechen.
73 Für eine (sehr gelungene) Kritik an Butler, bei der der Zusammenhang von Körper und Sprache noch konsequenter eingefordert wird als bei Butler, vgl. Gehring (2007). Im Diskurs zu Sprache und Gewalt wird nicht selten der Zusammenhang von Sprache und Körperlichkeit der Sprachbenutzer hergestellt (vgl. etwa Herrmann, Krämer & Kuch 2007).

gilt auch – und darauf legt die vorliegende Arbeit besonderen Wert – für Textproduktionshandlungen, womit auch die Kategorie des Textes eine grundlegend körperlich nuancierte Note bekommt. Ein Text wird in der vorliegenden Arbeit immer zuerst und grundsätzlich aus dieser körperlich-performativen Textproduktionsperspektive betrachtet, ja in gewisser Weise kann man hier von einem körperlich-performativen Textbegriff sprechen. Auf diesen Aspekt des körperlich-performativen Charakters des Sprachhandelns sowie dessen Zusammenhang mit der Kategorie Text wird weiter unten noch näher eingegangen.

Vorerst soll jedoch das bis hierher abgesteckte Feld, auf dem mit den Konzepten von Mead, Jäger und Krämer (Butler) dezidiert körperorientiert in Hinblick auf Sprache argumentiert wird, nun kurz abschließend mit Wittgenstein bzw. vielmehr mit der anthropologischen Lesart Wittgensteins durch Gunter Gebauer (1998; 2009) erweitert werden, da durch diese weitere Argumente für eine grundsätzliche Körperorientierung zur Verfügung gestellt werden. Zunächst einmal sei daran erinnert, dass das Denken des späten Wittgenstein ein wesentlicher Bezugspunkt für einen praxistheoretischen Ansatz ist, wie er in der vorliegenden Arbeit vertreten wird (siehe 6.). Und natürlich ist Wittgenstein fraglos als ein Klassiker der pragmatischen Sprachtheorie einzuordnen (vgl. etwa Gardt 1999: 348–350).[74] Aber welchen Bezug hat das Wittgenstein'sche Denken zum Körperkonzept? Laut Gunter Gebauer gibt es beim späten Wittgenstein eine „zwar unausgesprochene und von der Literatur ignorierte, aber immanent vorhandene anthropologische Seite seines Denkens." (Gebauer 1998: 250) Kurz gesagt geht es für Gebauer darum, mit Blick auf die späten Überlegungen Wittgensteins zu ‚Gewissheit' (vgl. Wittgenstein 1984) auf die *ursprüngliche* Körperlichkeit von Sprache und Erkenntnis hinzuweisen, wie das folgende, bereits oben aufgeführte Zitat deutlich macht: „Der Sprachgebrauch – damit auch die Semantik – ist im Ursprung eine körperliche Kategorie. Wie die Sprachtheorie muß die Erkenntnistheorie von den Händen her aufgebaut werden." (Gebauer 1998: 274) Was ist damit aber genau gemeint?

Im Grunde handelt es sich bei den Überlegungen Wittgensteins um die Frage danach, was der Ursprung von Gewissheit bzw. eines fraglosen, selbstverständlichen Wissens von der und über die Welt ist. Die These lautet, dass es vor aller rational gewonnener Erkenntnis bzw. vor allem rationalen Wissen ein

---

[74] Andreas Gardt bringt diese pragmatische Orientierung in Bezug auf die Wittgenstein'schen ‚Philosophischen Untersuchungen' wie folgt auf den Punkt: „In jedem Fall ist das gesamte Buch ein beeindruckender philosophischer Versuch, Sprache an ihre Sprecher, ihre Lebenswelten, ihr Handeln zurückzubinden: Sprache kommentiert nicht das Leben und Handeln, sondern *ist* eine Form des Lebens und Handelns." (Gardt 1999: 350)

„Fundament von Gewissheiten" (Gebauer 1998: 258) gibt, das *ursprünglich* ist und auf dem demnach alle Erkenntnis und alles Wissen aufbauen. Es ist dies eine Form von Gewissheit, die eine „tiefere Fundierung als die vom Denken ermöglichte Reflexion" (Gebauer 1998: 259f.) darstellt. Dieses Fundament ist körperlich bzw. stammt aus dem Verhältnis des Körpers zur Welt.

> Wir können uns zwar mit Hilfe des Denkens außerhalb des Körpers positionieren, aber bei solchen Abstraktionsleistungen lösen wir uns nicht endgültig vom Körper. Wir bleiben an die Gewißheiten gebunden, die nicht mit Hilfe des Denkens allein gewonnen werden können. *Sie können weder mit Argumenten begründet noch aus Prämissen abgeleitet noch in Frage gestellt werden*: Sie sind *Gewißheiten des eigenen Körpers*, und zwar des Körpers mit seiner gegebenen materiellen Form und seinem in Sprachspielen auf andere gerichteten Gebrauch, mit Händen, die fähig sind zu greifen, zu formen und zu fühlen, mit Augen, Mund, Ohren und mit Geschmackssinnen. Wittgenstein behauptet mit dieser Überlegung,[75] daß *grundlegende Gewißheiten des Denkens in der materiellen Struktur des Körpers und dessen Fähigkeit, sich in der Welt und der Welt gegenüber zu verhalten, begründet sind.* (Gebauer 1998: 259; Hervorhebungen von R.N.)

Durch die Beziehung des Körpers zur Welt, d. h. durch seine materielle Beschaffenheit und seinen Gebrauch in Bezug auf sie, wird also im Grunde eine Art Grundgewissheit etabliert, die nicht weggedacht werden kann. Sie ist schlicht *da*, weil der menschliche Körper (in der Welt) handelnd präsent ist: „Die Gewißheiten des Körpers sind Erkenntnis*bedingungen*. Die Tatsache, daß es sie gibt, ist kein Gegenstand von Erkenntnis; sie kann weder wahr noch falsch sein, noch können wir uns in ihr irren." (Gebauer 1998: 261; Hervorhebung von R.N.) Erst auf der Grundlage dieser Grundgewissheit können sich also ‚höhere' Formen der Erkenntnis etablieren.[76]

---

[75] Gebauer bezieht sich hier auf folgende Textstelle bei Wittgenstein: „Wenn Einer mir sagte, er zweifle daran, ob er einen Körper habe, würde ich ihn für einen Halbnarren halten. Ich wüßte aber nicht, was es hieße, ihn davon zu überzeugen, daß er einen habe. Und hätte ich etwas gesagt und das hätte nun den Zweifel behoben, so wüßte ich nicht wie und warum." (Wittgenstein 1984: 170, § 257)

[76] Es ist wichtig zu betonen, dass, wenngleich natürlich auch in anderen theoretischen Zusammenhängen auf die Selbstverständlichkeit des Verhältnisses von Mensch und Welt hingewiesen wird (etwa bei Schütz), es aus der hier eingenommenen Perspektive doch entscheidend ist, für diese Selbstverständlichkeit die (elementare) Kategorie des Körpers in Betracht zu ziehen: „Die fraglose Gegebenheit, die Schütz zufolge die Lebenswelt des Alltags auszeichnet, ist in der Vorreflexivität der körperlichen Praxis fundiert." (Meuser 2006: 110) Es reicht folglich nicht aus, die ‚fraglose Gegebenheit' der Welt zu postulieren; sie ist vielmehr explizit und systematisch mithilfe der Fundierung durch die Kategorie des Körpers zu explizieren. Dies wäre dann schließlich bei der theoretischen Konzeptualisierung (bspw. des Handelns) mit zu berücksichtigen.

Die fundamentale Form von Gewissheit, die von der ‚materiellen Form' des Körpers und seines ‚auf andere gerichteten Gebrauchs' herrührt, bildet schließlich die Basis von Sprachspielen; Sprachspiele sind demnach grundsätzlich *körperlich fundiert* (vgl. Gebauer 1998: 262).[77] Das Handeln in Sprachspielen und die Sicherheiten und Gewissheiten, die diesem in der Regel eigen sind, sind also ausgehend vom Körper bzw. von den körperlichen Gewissheiten zu denken – es lässt sich nicht ohne diese körperliche Fundierung verstehen. Gebauer beschreibt dieses fundamentale Verhältnis von Sprachspiel und Körper am Beispiel der Hand und dem Greifen (also ihrem Gebrauch) (vgl. Gebauer 1998: 262):[78] Der Gebrauch der Hand ist nach Gebauer trotz aller Unterschiede strukturell analogisch zum Gebrauch von Worten; das verbindende Moment, das beiden gleich ist bzw. das „zwischen beiden Fällen eine strukturelle Analogie konstituiert", ist die „durch den Gebrauch erworbene Gewißheit." (Gebauer 1998: 263) Für den Spracherwerb bedeutet das, dass das Erlernen des Gebrauchs von Worten auf den zuvor erworbenen körperlichen Gewissheiten beruht, die man für den handelnden Umgang mit Gegenständen (bzw. Objekten der Welt) benötigt. Bevor Worte gebraucht werden, wird also bereits ein Handlungssystem erworben, „in dem die Hand das ‚Führungsorgan' (Gehlen) ist." (Gebauer 1998: 264) Diese Fundierung der Sprache durch den Körper betrifft (natürlich) auch die Semantik (und die Syntax): Dass die Bedeutung eines Wortes sein Gebrauch ist, ist dann in dem Sinne zu verstehen, dass der Gebrauch hier als ein handartiges *Ergreifen* eines Wortes (analog zum Ergreifen eines Gegenstandes) gedacht wird: „In vielen Fällen ist der Wortgebrauch eine Art Greifen zu Namen für Dinge. Bedeutungen werden durch Greifen erzeugt; sie entstehen aus der Tätigkeit der Hand – auf höheren Ebenen im symbolischen, auf unteren Ebenen im wörtlichen Sinn." (Gebauer 1998: 264) Interessant ist in diesem Zusammenhang vor allem, dass die ‚höheren Ebenen' der Wortbedeutung dann als Erweiterung des Körpers zu einem Symbolkörper gedacht werden:

---

77 „[D]ie Prozesse, in denen der Organismus gegenüber seiner Umgebung von sich Gebrauch macht, [sind] der Ausgangspunkt der Gewißheitserzeugung. In ihnen werden Sicherheiten gewonnen, auf deren Fundament die elementaren Sprachspiele errichtet werden: Sicherheiten über den eigenen Körper, die Körpertätigkeit und die Körperumgebung." (Gebauer 1998: 262)
78 Gebauer deutet an, dass das körperliche Denken Wittgensteins bereits den Philosophischen Untersuchungen zugrunde liegt: „Es ist kein Zufall, daß Wittgenstein in den *Philosophischen Untersuchungen* seine Annahme, der Gebrauch von Wörtern konstituiere in den meisten Fällen deren Bedeutungen, immer wieder an Beispielen des Handgebrauchs exemplifiziert: am Zugreifen, Herreichen, Fassen, Hinweisen." (Gebauer 1998: 263)

> Greifen und Einverleiben, die beiden Seiten des Handgebrauchs, erweitern in ihrer ständig fortschreitenden Tätigkeit die Hand über sich selbst hinaus. Die Grenzen der Physis des Handelnden überschreitend, formen sie alles, was ergriffen und einverleibt wird, zu einem nur durch die Reichweite der Sinne begrenzten sensomotorischen Körper und erweitern diesen mit Hilfe der Sprache zu einem Symbolkörper. Unsere Gewißheiten sind Bestandteil dieses Körpers. Eine Archäologie der Sprache würde die Bindung von Syntax und Semantik an die Geschichte des Körpers aufzeigen. (Gebauer 1998: 264f.)

Es lässt sich vor dem Hintergrund des bis hierher in Bezug auf Wittgenstein/Gebauer Gesagten festhalten, dass Sprache nicht als körper*los* oder gar als *entkörpertes* System verstanden wird, sondern sie wird im Gegenteil immer (auch in den ‚höheren Formen') auf den Körper bezogen, und zwar als *Erweiterung* des Körpers: Die Beziehung von Sprache und Körper ist demzufolge nicht diejenige eines Darüber-Hinausgehens, sondern diejenige eines Darauf-Zurückgehens.

Im Rahmen der anthropologischen Lesart Wittgensteins arbeitet Gunter Gebauer neben der zuvor aufgezeigten körperlichen Fundierung des Wittgenstein'schen Denkens zudem eine aus meiner Sicht sehr fruchtbare Symbiose zwischen dem Denken Wittgensteins und Bourdieus heraus (vgl. Gebauer 2005; 2009: 165–169; auch Schäfer 2013: 66–68; Volbers 2014). Wittgenstein wird auf diese Weise gewissermaßen mit Bourdieu weitergedacht.[79] Bourdieu selbst bezeichnet Wittgenstein, wie die ‚Philosophie des Alltags' generell, grundsätzlich als seinen „unersetzlichen Verbündeten" im Kampf gegen die ‚scholastische Vernunft' (vgl. Bourdieu 2013: 44) (siehe hierzu auch 8.1). Im Grunde schließt sich mit dieser im Folgenden kurz aufzuzeigenden Symbiose von Wittgenstein und Bourdieu auch der Kreis zu den oben vorgestellten Überlegungen zu einem körperlichen Handlungsbegriff in der Körpersoziologie, bei denen Bourdieu eine zentrale Rolle spielt (siehe 8.3.3.1). Betrachten wir also kurz die diesbezüglichen Grundgedanken Gebauers vor allem auch hinsichtlich des Körperkonzepts.[80]

---

[79] Zum Verhältnis beider heißt es etwa: „[E]s gibt einen Philosophen, der [in Bourdieus Schriften] nicht nur Spuren in Form von Zitaten hinterließ, sondern den Bourdieu sich zu eigen machte, so daß er ihn weiterdachte mit seinen eigenen Konzepten und Lösungen: Ludwig Wittgenstein." (Gebauer 2005: 137) Und: „Das von Wittgenstein begonnene Projekt eines völligen Neudenkens des Denkens erhält mit Hilfe wichtiger von Bourdieu entwickelter theoretischer Konzepte eine höhere innere Kohärenz und Sachhaltigkeit; es wird vollständiger, wirklichkeitsnäher und verständlicher." (Gebauer 2005: 138)

[80] Die im Folgenden aufzuzeigenden Punkte konzentrieren sich in erster Linie auf die für dieses Kapitel relevanten Kategorien (bspw. den Körper, das Subjekt). Weitere Erweiterungen (wie auch Gemeinsamkeiten) werden in dem Handbuchartikel von Jörg Volbers (2014) angedeutet (vgl. insbesondere Volbers 2014: 62).

Eine grundsätzliche Erweiterung des Wittgenstein'schen Denkens durch Bourdieu lässt sich in Hinblick auf die – auch für die vorliegende Arbeit zentrale (siehe 6.1.3) – Kategorie des *Subjekts* ausmachen. Das Subjekt, also der Spieler des Sprachspiels, findet bei Wittgenstein nur wenig Beachtung, weshalb es für Gebauer sinnvoll erscheint, Wittgenstein mit Bourdieu um ein „*Zwischenglied* zu ergänzen, mit dem sich die Aktivitäten des Sprechers hervorheben läßt." (Gebauer 2009: 165)

> Wittgenstein hat die subjektive Seite der Sprachspiele wohl bemerkt, aber er wendet sich in seinen Untersuchungen ausschließlich den öffentlichen Strukturen zu. Bourdieu hingegen entwirft mit der gegenseitigen Durchdringung objektiver und subjektiver Aspekte eine Überwindung des Leib-Seele-Dualismus. Die Bedingungen dafür, daß die Welt bedeutungsvoll ist und daß wir in ihr sinnvoll handeln können, liegen sowohl in der Welt als auch im Subjekt. (Gebauer 2005: 161)

Konkret geht es darum, die Tatsache der Selbstverständlichkeit des Daseins (siehe oben), die von einer *Übereinstimmung* des Menschen mit seiner Umwelt herrührt, mit Blick auf die Handelnden in einem Sprachspiel zu erläutern. So richtet Gebauer die folgende Frage an Wittgenstein: „Worin bestehen bei der Überzeugung von Gemeinsamkeit die Beiträge des handelnden Subjekts?" Er führt dazu aus: „Dieses [= das handelnde Subjekt] ist nicht passiv, sondern es ist diejenige Instanz, die das Sprachspiel *spielt*. Es will etwas in der Welt erledigen, es wendet Regeln an, es hat Empfindungen etc. In Wittgensteins Überlegungen wird die Beteiligung des Subjekts bei der Herstellung von Übereinstimmung in der Praxis wenig beachtet."[81] (Gebauer 2009: 165)

Bei dem ergänzenden ‚Zwischenglied' handelt es sich also um das handelnde, genauer das *körperlich* handelnde Subjekt, mit dem Bourdieu die Dichotomie zwischen Objektivismus und Subjektivismus überwindet: Wie bereits mehrfach erwähnt ist der Bourdieu'sche Ansatz insgesamt nicht ohne das Körperkonzept zu denken. Der Körper zeichnet sich in diesem Zusammenhang aus durch seine ‚Zweiseitigkeit', d. h. durch „seine Ausrichtung sowohl nach außen als auch nach innen; er ist einerseits auf die Welt, andererseits auf das Subjekt selbst gerichtet. Dabei bleibt er ein und derselbe Körper, der von außen als Objekt wahrgenommen und behandelt, dabei gleichzeitig vom Subjekt erfahren und gespürt wird." (Gebauer 2009: 169) Es ist also der Bezug des Körpers zur

---

81 „Bourdieu setzt mit seinen Überlegungen an dem Punkt an, der bei Wittgenstein in unserer bisherigen Diskussion noch nicht klar geworden ist: Worin genau besteht die Übereinstimmung des Handelnden mit der Praxis der Sprachgemeinschaft und wie macht sich das Subjekt das Sprachspiel zu eigen?" (Gebauer 2009: 165f.)

Welt, der in seiner kontret-materiellen Form in der Welt enthalten ist sowie diese Welt zugleich enthält und behandelt: Es ist dieses chiastische ‚Enthalten-Sein', das (erst) durch die Zweiseitigkeit des Körpers gewährleistet wird (vgl. Gebauer 2009: 168f.). Der Körper ist demnach letztendlich der Ausgangspunkt für das Verhältnis des Menschen zur Welt; er ist somit eine theoretische Kategorie, von der man bei Überlegungen zum Handeln offensichtlich *auszugehen* hat. Hergestellt wird der Bezug von Welt und Körper letztlich über das Bourdieu'sche Konzept des *praktischen Sinns*, das – wie oben gezeigt wurde – als eine grundlegend körperliche Kategorie zu denken ist.[82]

Gebauers Überlegungen zu Wittgenstein machen zum einen deutlich, dass dem Konzept des Körpers (spätestens) ab dem späten Denken Wittgensteins[83] eine Schlüsselrolle zukommt, die gewissermaßen eine fundamentale Bedeutung für das Wittgenstein'sche Denken hat. Hieraus leitet sich u. a. auch für die vorliegende Arbeit die Rechtfertigung zur dezidierten Berücksichtigung des Körper-Konzepts in Hinblick auf Überlegungen zum Sprachhandeln ab. Zum anderen zeigen die Überlegungen Gebauers auch, dass Wittgensteins Ansatz mit Bezug auf die Frage nach dem handelnden Subjekt bzw. dem *körperlichen* Handlungssubjekt weitergedacht werden muss, wofür die Bourdieu'sche Konzeption eines zweiseitigen, die subjektive und objektive Seite integrierenden Körpers, der über einen praktischen Sinn handelnd aktiv ist, besonders geeignet scheint.

8.3.3.3 Körper und Kultur

Im folgenden Abschnitt sollen nun die zentralen Argumente für die sprachhandlungstheoretische Beschäftigung mit dem Körper zusammengetragen und – in Hinblick auf das Kulturverständnis der vorliegenden Arbeit – erweitert werden. Es wird sich zeigen, dass mit den im Folgenden anzustellenden Überlegungen auch zentrale (vor allem theoretisch konzeptionelle) Teile der vorliegenden Arbeit zusammengebracht werden.

Fassen wir also zunächst einmal den Kern des bisher Gesagten kurz zusammen. Wie aus den Überlegungen zum Verhältnis von Sprachtheorie und -philosophie zur Kategorie des Körpers ersichtlich wird, spielt der Körper gerade in jüngeren Ansätzen vermehrt eine wichtige Rolle, wenngleich sich bereits bei Mead der fundamentale Körpercharakter (auch) der symbolvermittelten Interaktion ausmachen lässt, wenn man über die etablierten ‚kognitivistisch verengten'

---

[82] Der ‚praktische Sinn' wird von Gebauer dezidiert als „Fortsetzung des Wittgensteinschen Denkens" (Gebauer 2005: 152) aufgefasst (siehe auch 6.1.3.2).

[83] Hiermit ist die Zeit ab 1945 gemeint, die auch als ‚Wittgenstein III' bezeichnet wird (vgl. Gebauer 2009: 155).

Lesarten Meads hinausgeht. Ganz allgemein wird im Rahmen der jüngeren Beschäftigung mit einer ‚verkörperten Sprache' (Krämer) der Materialität von Sprache und Kommunikation zunehmend Beachtung geschenkt, sei es mit Fokus auf Medien oder eben auf die Körperlichkeit der Sprachbenutzer. Im Zusammenhang mit Letzterem konnte mit Mead und Jäger gezeigt werden, dass der Körper gewissermaßen als Fundament für Sprache (auch in ihrer mentalen Form als sprachliches Wissen) anzusehen ist; in gewisser Weise hat – und dies zeigen vor allem auch die Ausführungen zu Wittgenstein/Gebauer – die sprachtheoretische Beschäftigung in ihrer elementaren theoretischen Form vom Körper auszugehen.

Grundsätzlich scheint das Verhältnis von Sprache und Körper also keineswegs entkoppelt zu sein im Sinne einer Entkörperung der (verbalen) Sprache; diese Grundeinsicht ist u. a. auch vor dem Hintergrund der Diskussion über den Cartesianismus in der Sprachtheorie wichtig. Aus Sicht der in der vorliegenden Arbeit eingenommenen Perspektive erscheint es vor diesem Hintergrund nun allerdings erforderlich, diese Grundeinsicht bezüglich des Zusammenhangs von Sprache und Körper in bestimmter Form auch auf sprachhandlungstheoretische Überlegungen zu übertragen, da, wie bei den Ausführungen zur körpersoziologischen Handlungstheorie gezeigt wurde, traditionelle Handlungserklärungen auf cartesianischen Grundmustern aufbauen können. Die Kategorie des Körpers sollte demzufolge also bei sprachhandlungstheoretischen Überlegungen explizit und systematisch Berücksichtigung finden, möchte man nicht Gefahr laufen, bei aller (berechtigter) Kritik an einer ‚cartesianischen Linguistik' im Sinne Chomskys die eigenen sprachhandlungstheoretischen Überlegungen selbst gewissermaßen mit einem ‚latenten Cartesianismus' bzw. einem ‚Cartesianismus durch die Hintertür' zu unterlegen.

Die vorliegende Arbeit versucht vor diesem Hintergrund, prinzipiell in der Tradition der ‚Mead-Theorien' stehend, den Handlungsbegriff grundsätzlich körperlich zu fassen. Diesbezüglich sei zunächst aber noch einmal daran erinnert, in welcher Hinsicht der Körper für die vorliegende Arbeit interessant ist: Es geht hier im Kern darum, die Kategorie des Körpers (verstanden als Agenten) grundlagentheoretisch aufzuwerten und weniger darum, den Körper als Zeichenträger zu untersuchen, etwa indem seine Bewegungen beim Sprachhandeln (verbal oder non-verbal) beobachtet werden. Der Körper interessiert hier also vielmehr in dem Sinne, dass seine explizite und systematische Berücksichtigung fundamentale Konsequenzen für klassische Kategorien der (Sprach)- Handlungserklärung sowie für das Verständnis einer kultur- und sozialorientierten Sprachtheorie hat: Mit der Berücksichtigung des Körpers bzw. (genauer) mit dem Ausgehen vom Körper bei sprachhandlungstheoretischen Überlegungen müssen zentrale Kategorien der Handlungserklärung wie der Sinn-, Wissens- und Intentionsbegriff grundsätzlich neu gedacht werden: Die Rede vom praktischen Wissen oder vom praktischen Sinn, also auch die oben in Bezug auf die Praxistheorie vorgestellten kollektiven Wissensordnungen und Sinnmuster, ist grundsätzlich vom Körper aus zu denken und in diesem Sinne in den Begriff des Sprachhandelns zu integrieren.[84] Auch die Kategorie des Körpers selbst muss bei der theoretischen Konzeptualisierung des Sprachhandelns neu gedacht werden: Es greift sicherlich zu kurz, wenn man einfach davon ausgeht, dass das Wesentliche der Sprachhandlungserklärung über rein geistige Kategorien wie eben Sinn und Wissen erfüllt ist und der Körper dann als reines Realisierungsmaterial, als Instrument oder Werkzeug dieser geistigen Sphäre gedacht wird. Der Körper ist beim Sprachhandeln nicht einfach auch dabei, sondern er ist wesentlich und fundamental beteiligt, was sich an seinem Status als Mittler (zwischen Welt und Mensch) und (damit zusammenhängend) an dem wichtigen Bezug zu Kategorien wie Kultur und Sozialität zeigt: Zu allererst einmal wird durch den Körper ganz grundlegend – wie wir u. a. auch von Wittgenstein gelernt haben – eine fraglose Gewissheit des Menschen gegenüber der Welt erzeugt, auf der ‚höhere Formen' von Erkenntnis und Sprache aufbauen; der Körper ist in diesem grundlegenden Sinne das verbindende Moment zwischen Welt und Mensch. Jedes Sprachhandeln ist auf diese körperliche Gewissheit zurückzuführen. Darüber hinaus ist der Körper, genauer das körperliche Subjekt, im konkreten Sprachhandeln als das zentrale *integrierende Scharnier* zwischen der individuellen Mikro- und der überindividuellen Makrostruktur, d. h. der subjektiven und objektiven Struktur, zu betrachten, was zugleich impliziert, dass der Körper dabei nicht auf ein bloßes Fleisch oder ein einfaches Naturding reduziert werden darf, sondern vielmehr als durch und durch gesellschaftlich zu betrachten ist. Dieser vergesellschaftete Körper ist also das Scharnier zwischen sozialer Ordnung und dem Individuum; Sprachhandeln, das demnach immer sozial-kulturelles *und zugleich* individuelles Sprachhandeln von Subjekten ist, wäre vor diesem Hintergrund über die Kategorie des Körpers zu beschreiben. Erst durch den Einbezug des körperlichen Subjekts in sprachhandlungstheoretische Überlegungen kann also die Dichotomisierung von objektiven und subjektiven Perspektiven überwunden werden. Für die Sprach-

---

84 Im Zusammenhang mit dem (körperlichen) Habitus und Inkorporierung heißt es bei Bourdieu zu Intentionen etwa: „Durch die Dispositionen und den Glauben, die der Beteiligung am Spiel zugrunde liegen, schleichen sich alle für die praktische Axiomatik des Feldes [...] konstitutiven Voraussetzungen noch in die scheinbar luzidesten Intenionen ein." (Borudieu 2013: 178)

handlungs- und Sprachtheorie folgt daraus, dass sie, wenn sie sich als sozial- oder kulturwissenschaftlich verstehen bzw. wenn sie die Kulturalität und Sozialität von Sprache und Sprechen explizit in den Vordergrund stellen, diesem Umstand der Integration der subjektiven und objektiven bzw. mikro- oder makrostrukturellen Ebene gerecht werden müssten, was letztendlich offensichtlich nur über die Kategorie des Körpers bzw. körperlichen Subjekts zu leisten ist. Kurzum: Eine Sprachhandlungs- und Sprachtheorie, die Sprache und sprachliches Handeln als (wie auch immer) sozial-kulturell ansieht, dürfte vor diesem Hintergrund die Kategorien des Körpers und des Subjekts nicht außer Acht lassen (zum Subjekt siehe 6.1.3).

Dies führt zu einem weiteren Punkt, der in Hinblick auf das Verhältnis von Kultur und Körper eine Rolle spielt: Ein weiteres Argument für die Notwendigkeit der Berücksichtigung des Körpers leitet sich nämlich zum einen aus der in der vorliegenden Arbeit vertretenen praxistheoretischen Kulturauffassung ab, nach der Kultur *primär* im Handeln verortet ist *(Kultur-als-Praxis)*, sowie zum anderen aus dem performativen Charakter, der dem Handlungsbegriff hier vor dem Hintergrund der Subversivität und Transformation von Praxis zugesprochen und durch den der Konkretheits- und Iterabilitätsaspekt des Handelns hervorgehoben wird: Kultur steckt und wird demnach erzeugt in der körperlichen und performativen Praxis; Kultur im Text bzw. in symbolischen Ordnungen ist dagegen daraus abgeleitet, sie ist sekundär. Nach diesem Verständnis hätten theoretische Erörterungen von Kultur an der dynamischen Prozesshaftigkeit der Produktion von Kultur (bspw. Sprache oder anderen symbolischen Ordnungen) anzusetzen und nicht bei den Produkten selbst.[85] Die körperlich-performative Praxis zeichnet sich durch raum-zeitliche Situiertheit, d. h. Konkretheit aus; sie wird in wiederholenden Aufführungen hervorgebracht. Mit der performativitätstheoretischen Ausrichtung der vorliegenden Arbeit steht – wie bereits ausgeführt – der Grundgedanke der Hervorbringung bzw. der Herstellung von Kultur im Vordergrund (vgl. Fischer-Lichte 2001; Bachmann-Medick 2010: 104–143). Diese werden stets in einem engen Zusammenhang mit dem Körper gestellt (vgl. etwa Klein 2005; Krämer 2001: 270; Wulf 2001). Christoph Wulf bringt diesen Zusammenhang von Performativität, Körper und Handeln in dem folgenden – oben bereits zitierten – Ausschnitt pointiert zum Ausdruck:

---

[85] Es sei an dieser Stelle noch einmal betont, dass es bei dieser Argumentation der praxisorientierten Kulturperspektive um theoretische Erörterungen oder Erklärungen geht und nicht um empirische Kulturanalysen. Letztere können sehr wohl auch auf der Produktebene stattfinden. Die theoretische Erklärung hätte dagegen allerdings vom Handeln auszugehen.

> Wenn soziales Handeln nicht auf Intentionalität reduziert wird, sondern sein performativer Charakter betont wird, bedeutet dies eine Veränderung der Perspektive. Soziales Handeln wird dann als Aufführung und Inszenierung begriffen. Damit kommt der Körper der Handelnden ins Spiel. (Wulf 2001: 253)

Dieses Ins-Spiel-Kommen des Körpers gilt nicht nur, wie das Zitat vielleicht suggerieren mag, für beobachtbare Bewegungen des Körpers (in diesem Fall im Sinne eines Zeichenträgers), sondern auch für die theoretische Perspektive auf körperliche Inszenierung bzw. In-Szene-Setzung, wie in diesem Abschnitt ausgeführt wurde.

Abschließend lässt sich also Folgendes festhalten: Ausgehend vom praxistheoretischen Kulturbegriff wird in der vorliegenden Arbeit der *performativ-körperliche Charakter des Sprachhandelns* betont. Hierbei ist in Abgrenzung zu den obigen Ausführungen zweierlei zu akzentuieren: Zum einen wird hier in Hinblick auf den Zusammenhang von Sprache und Körper dezidiert eine theoretische Konzeptualisierung des Sprach*handelns* angestrebt und zwar mit dem primären Fokus auf die Überwindung der cartesianischen Geist-Körper-Dichotomie. Mit dieser Ausrichtung rückt unweigerlich das körperliche Subjekt als theoretische Grundkategorie ins Zentrum der Überlegungen. Zum anderen liegt der besondere Akzent der vorliegenden Arbeit auf der primären Fokussierung der schriftlichen Textproduktion: Es wird hier hervorgehoben, dass das Schreiben eine Form performativ-körperlichen Sprachhandelns ist. Dies hat u. U. theoretische Konsequenzen für den (linguistischen) Textbegriff, denn mit dem primären theoretischen Fokus auf die Produktion bekommt der Text in seinen sozial-kulturellen Spezifika einen körperlichen und performativen Anstrich. Dieser Gedanke wird im folgenden Abschnitt (siehe 8.4) ausführlich vorgestellt.

In Hinblick auf das zu Beginn des Abschnitts zum körperlichen Sprachhandeln mit Dietrich Busse aufgezeigte Selbstverständnis einer sozial- und/oder kulturwissenschaftlichen Linguistik lässt sich abschließend festhalten, dass es aus der hier aufgezeigten Perspektive notwendig erscheint, soziale und kulturelle Spezifika von Sprache ausgehend vom körperlichen Sprachhandeln zu erörtern. Dies bedeutet also, dass die grundsätzlich zu unterstützende Forderung nach einer sozial- und kulturtheoretischen Linguistik um die Kategorie des Körpers zu erweitern wäre, möchte man der Wirklichkeit des Sprachgeschehens nahe kommen und cartesianische Reduktionen und Spekulationen vermeiden. Der Gegenstand Sprache, in seiner jeweiligen sozialen und kulturellen Spezifität und vor allem in seiner Erscheinung als Text, wäre vor diesem Hintergrund grundsätzlich in Form einer performativ-körperlichen Prozesshaftigkeit zu denken.

8.4 Formulieren und Übergänge

Nachdem in den vorherigen Kapiteln das hier zugrunde liegende Verständnis eines praxistheoretischen Sprachhandlungsbegriffs mit seinem performativ-körperlichen Akzent herausgearbeitet sowie ein darauf aufbauendes Verständnis von Formulieren und Text angedeutet wurde, soll dieser letzte Aspekt im folgenden Abschnitt schließlich noch weiter spezifiziert werden.

Zunächst sei jedoch noch kurz auf die Nähe der in der vorliegenden Arbeit angestellten Überlegungen zu einem zentralen Zugang der Textproduktionsforschung hingewiesen, bei dem ebenfalls – wenngleich in anderer Hinsicht – der Routinecharakter betont wird. Es handelt sich um den Ansatz von Helmuth Feilke zu „literalen Prozeduren."[86] (vgl. Feilke 2012: 7–10) Feilke versteht unter literalen Prozeduren ein „Schreibwissen", bei dem Schreib- und Textroutinen integriert sind, womit auch die Dichotomie von Prozess und Produkt hinterfragt wird (vgl. Feilke 2012: 11). Bei Feilke stehen dabei Textroutinen im Vordergrund, die wie folgt definiert sind: „*Textroutinen* sind textkonstituierende sprachlich konfundierte literale Prozeduren, die jeweils ein textliches Handlungsschema *(Gebrauchsschema)* und eine saliente Ausdrucksform *(Routineausdruck)* semiotisch koppeln. Sie [...] sind ausdrucksseitig durch rekurrent kookkurrente Ausdruckskomponenten ausgezeichnet." (Feilke 2012: 11) Die Schnittmengen dieses Ansatzes mit den Überlegungen der vorliegenden Arbeit liegen – wie bereits betont – vor allem in der Betonung der Routinehaftigkeit von Textproduktion. Vor dem Hintergrund der vorausgehenden Ausführungen kristallisiert sich bei beiden Ansätzen jedoch auch ein jeweils eigener Akzent heraus: In der vorliegenden Arbeit geht es vor allem darum, den Routinecharakter der Textproduktion bzw. des Formulierens handlungstheoretisch zu reflektieren. Vor diesem handlungstheoretischen Hintergrund muss m. E. zwischen einer Praxis- und einer Textebene differenziert werden, da die Handlungsqualitäten auf diesen Ebenen sich jeweils unterscheiden (siehe 8.2.2). Mir geht es dabei nicht schwerpunktmäßig um Textroutinen, die man im Text anhand von ‚rekurrenten kookkurrenten Ausdruckskomponenten' ausmachen und auf Textwissen zurückführen kann. Vielmehr geht es darum, Texthandlungen von Autorinstanzen, worunter *auch* – aber nicht ausschließlich – typische „Kollokationen" oder „grammatische Konstruktionen" (Feilke 2012: 11) fallen, handlungstheoretisch, genauer praxis- und performativitästhe-oretisch, über die kulturspezifische Routinehaftigkeit der Hervorbringung durch Subjekte zu betrachten. Kurz gesagt: In der vorliegenden Arbeit geht es nicht vordergründig um Routinen oder

---

[86] Zum Stellenwert des Feilke'schen Denkens für die vorliegende Arbeit siehe auch 8.1.

Muster in Texten, sondern um die grundlagentheoretische Erörterung von einer routinehaften und insofern also nicht-rationalistischen Konzeption von Textproduktion, bei der kulturspezifische Autorschaftsphänomene hervorgebracht bzw. in Szene gesetzt werden.

Ganz allgemein dürften grundsätzlich zwei Aspekte an dem in der vorliegenden Arbeit eingeschlagenen Weg auf den ersten Blick ungewöhnlich erscheinen: Auf den ersten Aspekt wurde oben bereits ausführlich eingegangen (siehe 8.2.2). Er betrifft das hier angestrebte systematische Zusammenbringen der Kategorien Performativität und Text, die für gewöhnlich eher nicht in einem Zusammenhang gedacht werden. Hierzu gehört schließlich auch die Verbindung von Performativität und Textproduktion bzw. Formulieren. Der zweite Aspekt, der höchstwahrscheinlich ungewöhnlich anmutet, betrifft den Fokus auf den Zusammenhang von Textproduktion und Körperlichkeit. Körper und Textproduktion/Formulieren, Performativität und Text – diese vermeintlich schwer zusammenpassenden Kategorien werden hier also mit der Annahme eines performativ-körperlichen Textproduktionsbegriffs zusammengedacht.

Aus Sicht der Kulturtheorie und der Sozialwissenschaften scheint es zunächst einmal kein Problem zu sein, eine Verbindung von Schreiben und Körperlichkeit anzunehmen: Wir finden hierzu bspw. einen – bereits in der Einleitung der vorliegenden Arbeit in diesem Zusammenhang zitierten – Hinweis bei Andreas Reckwitz, welcher in Bezug auf den Praktikenbegriff konstatiert: „Eine Praktik besteht aus bestimmten routinisierten Bewegungen und Aktivitäten des Körpers. Dies gilt ebenso für intellektuell ‚anspruchsvolle' Tätigkeiten wie die des Lesens, Schreibens oder Sprechens." (Reckwitz 2003: 290) Einen weiteren, allgemeiner gefassten Hinweis findet man auch bei Christian Steuerwald, der aus Sicht der Körpersoziologie feststellt: „In allen menschlichen Aktivitäten ist der Körper eine grundlegende Voraussetzung. Handeln, Denken, Schreiben, Wahrnehmen, Sprechen, Gehen und anderes sind ohne körperlichen Bezug nicht denkbar und immer an den Körper und seine biologische Ausstattung rückgebunden." (Steuerwald 2010: 27) In Hinblick auf diese scheinbare Selbstverständlichkeit, Schreiben in Verbindung mit der Kategorie Körper zu denken, wäre allerdings zu fragen, *wie genau* man sich diese Verbindung vorstellen dürfe. Bei den zitierten Textstellen handelt es sich lediglich um beiläufige Anmerkungen, auf die nicht systematisch eingegangen wird. Aus Sicht der Sprachtheorie und Textproduktionsforschung sind diese Andeutungen aber natürlich zu grob, weshalb es in dieser Hinsicht einer Spezifizierung bedarf. Aus diesem Grund wurde im vorherigen Abschnitt versucht, den Körperbegriff selbst sowie diesen in Hinblick auf einen Handlungs- bzw. Sprachhandlungsbegriff spezifizierend zu bestimmen. Im Folgenden wird nun erörtert, wie Formulieren, verstanden als körperliches Sprachhandeln im oben aufgezeigten Sinne, funktioniert, womit zugleich der Fokus auf die Kategorie Text hinsichtlich ihres Performativitätscharakters gerichtet ist.

In Hinblick auf die für das Denken der vorliegenden Arbeit zentrale Unterscheidung von Praxis- und Textebene wird im Folgenden der Blick auf die *Übergänge* zwischen diesen Ebenen gerichtet. Wie oben bereits angedeutet wurde, ist das Formulieren, als Scharnier zwischen Praxis- und Textebene, ein zentrales Übergangsphänomen. Die folgende Skizze soll dieses Verständnis veranschaulichen:

Das Formulieren als ‚arbeitsmäßiges' Hervorbringen von kommunikativen Einheiten ist unmittelbar auf die Praxisebene bezogen, auf der es um körperlich-performative Sprachhandlungen geht. Bei den kommunikativen Einheiten, die beim Formulieren hervorgebracht werden, handelt es sich um Texte im obigen Sinne; diese sind der Textebene zuzuordnen. Das Formulieren bezieht sich folglich unmittelbar auf die Praxis- und mittelbar auf die Textebene. Bei Texten wurde oben unterschieden zwischen Mikro- und Makroformen, wobei Makroformen aus mehreren Mikroformen bestehen, die hierarchisch und kohärent angeordnet sind. Primär werden beim Formulieren folglich Texte in Mikroform, also bspw. ‚Redeakte' (Coseriu) bzw. Sprechakte, hergestellt. Das ‚arbeitsmäßige' Hervorbringen eines solchen Textes geschieht in einem Prozess, in dem sukzessive Buchstaben, Wörter, Phrasen etc. so angeordnet werden, dass aus ihnen schließlich eine (funktional abgeschlossene) kommunikative Einheit (also ein Text als Mikroform) entsteht. Diese Hervorbringung darf nun jedoch nicht als linear-progressiv verstanden werden, wenngleich die Zeit dabei selbstverständlich stets fortschreitet. Die Hervorbringung ist aus dem Grund nicht linear-progressiv, da bei ihr immer bereits hervorgebrachte Elemente (Buchstaben, Wörter, Phrasen etc.) zurückwirken können; sie ist kein automatischer Prozess, der wie ein Fließband fortschreitet. Das Hervorbringen einer funktional abgeschlossenen kommunikativen Einheit ist schließlich ein Übergang von der Praxis- auf die Textebene.

Das Rückwirken von bereits Hervorgebrachtem auf die Hervorbringung setzt sich bei der Herstellung von Texten als Makroformen permanent fort: Bereits hervorgebrachte kommunikative Einheiten bzw. Texte (als Mikroformen) wirken beim weiteren Formulieren, was in diesem Fall der weiteren Hervorbringung von Texten (als Mikroformen) sowie deren Hierarchie- und Kohärenzbildung betrifft, zurück, indem beim Formulieren immer auch rezipiert wird. Wichtig ist dabei, dass diese Form der Rückwirkung nicht bewusst geschehen muss; es handelt sich hierbei also nicht notwendigerweise um einen bewussten Rezeptionsakt. Diese Rückwirkungen können nun ebenfalls als Übergänge verstanden werden, nur dass in diesem Fall Übergänge von der Text- auf die Praxisebene stattfinden. Genau genommen ist es so, dass es beim Formulieren permanente reziproke Übergänge von Praxis- und Textebene gibt, so dass das eigentliche Hervorbringen von kommunikativen Einheiten immer auch beeinflusst ist von den bereits hervorgebrachten Elementen und kommunikativen Einheiten.[87] Es wäre also verfehlt, wenn man die Herstellung von Text als einen eindimensionalen Prozess von Textproduktion zu Text verstehen würde.

Der reziproke Formulierungsprozess ist als ein durch und durch *materieller Prozess* zu verstehen, bei dem die reziproken Übergänge im Grunde permanent zwischen der Körperlichkeit der Sprachbenutzer und der Körperlichkeit der (medialen) Sprachzeichen wechseln. Genauer müsste man sogar sagen, dass der Körper der Sprachbenutzer im Grunde das Zentrum des Formulierungsprozesses bildet, und zwar insofern, als selbst die Materialität der Sprachzeichen ohne die Rezeptionsakte des körperlichen Subjekts nicht auf den Formulierungsprozess rückwirken könnten. In diesem Sinne sind die permanenten Übergänge zwischen der Praxis- und Textebene fundamental an die Körperlichkeit der Sprachbenutzer gebunden. Das Konzept des Übergangs ist also an materielle Präsenz gebunden und in dieser konkreten Form ein radikales raumzeitliches Phänomen (siehe 8.2.1). Mit der Betrachtung von Übergängen in diesem Sinne wird betont, dass eine strenge Dichotomisierung von Textproduktion und Text nicht haltbar ist. Gerade durch die Annahme einer solchen Dichotomie wird nämlich normalerweise die Körperlichkeit des Formulierens verdeckt. In einem anderen Zusammenhang betont Bernhard Waldenfels (1999) aus phänomenologischer Perspektive ganz ähnlich die „offenkundige[n] Übergangsphänomene wie die Beteiligung der Motorik am Lesen, auch am leisen Lesen, oder de[n] vergewissernde[n] Blick, mit dem wir dem Redenden ‚aufs Maul schauen' und ihm die Worte vom Munde ablesen." (Waldenfels 1999: 22) Dieser (gewissermaßen mikroskopische) Blick auf die sonst übergangene körperliche Grundlage der Kommunikation wird in der Theoriebildung der vorliegenden Arbeit zentral berücksichtigt: Der Körper ist allerdings nicht nur in mündlicher Interaktion und nicht nur beim Lesen, sondern natürlich stets auch beim Schreiben elementar beteiligt. Er ist dabei – wie oben zu Körper und Sprachhandeln (siehe 8.3) herausgestellt – die *Garantie für das Konkrete* der Kommunikation, er ist der materielle Nullpunkt der Kommunikation. Der Körper ist im Zusammenhang mit Formulieren von Texten also nicht allein – wie oben herausgearbeitet – ein

---

[87] Durch die Darstellung soll nicht der Eindruck entstehen, dass das Schreiben eines Textes (als Makroform) völlig planlos und spontan geschieht. Diese Perspektive wird durch den hier vorgeschlagenen Ansatz nicht negiert.

zentrales Scharnier zwischen der individuellen Mikro- und der überindividuellen Makrostruktur, d. h. zwischen Individuum und sozialer Ordnung, sondern darüber hinaus ist er auch das entscheidende materielle Scharnier zwischen Textproduktion und Text; die – oben angedeutete – Scharnierfunktion des Formulierens, verstanden als eines Übergangsphänomens, ist demzufolge ohne die Körperlichkeit des Sprachbenutzers nicht zu denken. Der Körper als materielles Scharnier zwischen Praxis- und Textebene ist jedoch nur ein (zentraler) Gesichtspunkt im Zusammenhang von Körper und Formulieren: Es sei deshalb an dieser Stelle noch einmal daran erinnert, dass neben dieser materiellen ‚Erdung' des Formulierens durch den Blick auf die Körperlichkeit außerdem der performative Charakter des Sprachhandelns betont sowie der Sprachhandlungsbegriff selbst modifiziert gedacht wird.

Das Konzept der reziproken Übergänge von Praxis- und Textebene hat nicht nur Konsequenzen für die Kategorie Formulieren, sondern auch für die Kategorie Text. Bestimmt man Texte (in Mikro- und Makroform) allein über ihre Eigenschaft, kommunikative Einheiten für neue Situationen zu konservieren, bleibt im Grunde der *dynamische und performative* Charakter von Texten unberücksichtigt, bei dem es darum geht, dass bereits Formuliertes immer auch auf die Formulierung zurückwirkt. Im Grunde müsste die Eigenschaft der Speicherung von Text in gewisser Weise weiter gedacht werden: Wird die Speicherung von Texten allein im Zusammenhang mit Situationsübertragung verstanden, folgt daraus zwangsläufig ein statischer Textbegriff, wonach es entscheidend ist, eine kommunikative Einheit zu fixieren, damit sie in anderen Situationen auch entsprechend funktionieren kann. Die Speicherung von Texten spielt jedoch nicht nur bei der Situationsübertragung, sondern auch im Formulierungsprozess selbst, d. h. in der Produktionssituation, eine zentrale Rolle. Hier ist sie sogar essentieller Bestandteil der Dynamik von Text. Speicherung von Text kann im Grunde als eine Form von Materialisierung bzw. Medialisierung verstanden werden. In dieser materialisierten Form wirkt der Text – wie oben gezeigt – auf das Formulieren ein; der Text ist auf diese Weise ein Teil des Formulierungsprozesses.

Anhand dieser Ausführungen lässt sich schließlich erahnen, was hier mit dem performativen Charakter von Texten gemeint ist: Grundsätzlich wird damit nicht nur angedeutet, dass Texte durch performative Sprachhandlungen hervorgebracht werden: Wie in Abschnitt 8.2.2 gezeigt wurde, geht es bei der Unterscheidung in Praxis- und Textebene vor allem auch darum, auf die unterschiedliche Qualität des Sprachhandlungscharakters hinzuweisen. Das Sprachhandeln auf der Praxisebene wird als performatives und körperliches Sprachhandeln betrachtet, durch das auf der Textebene kommunikative Einheiten entstehen, die dann als aufgeführte bzw. in-Szene-gesetzte Sprachhandlungen zu verstehen sind. Beim performativ-körperlichen Formulieren wirken immer bereits realisierte Elemente (Buchstaben, Wörter, Phrasen, etc.) oder aber abgeschlossene, kommunikativ wirksame Einheiten, also Texte, zurück. Elemente und Texte in dieser Form sind also an der Hervorbringung und In-Szene-Setzung weiterer Texte beteiligt; sie wirken mit an der performativen Erzeugung. Ein Text in Makroform besteht also nicht einfach aus Texten in Mikroform, die hierarchisch und kohärent angeordnet sind, sondern er wird mit performativ erzeugten und erzeugenden Texten hervorgebracht. In diesem Sinne haben also Texte in Mikro- und Makroform immer auch performativen Charakter.

Vor diesem Hintergrund erscheint es schließlich noch notwendig, den Performativitätsbegriff in Hinblick auf Textproduktion und Formulieren ein wenig zu spezifizieren: Die schriftliche Textproduktion wurde oben als eine Form performativen Sprachhandelns vorgestellt, die als Vollzüge in Textproduktionspraktiken zu verstehen sind. Diese Vollzüge umfassen, wie oben betont, ganz unterschiedliche Teilhandlungen wie – im Rahmen des wissenschaftlichen Schreibens – etwa die Recherche von Fachliteratur, das Lesen, das Strukturieren von Inhalten und schließlich auch das Formulieren. Die Textproduktion wird mit all ihren Teilhandlungen nach dem obigen praxistheoretischen Sozial- und Handlungsverständnis wiederholend körperlich-performativ hergebracht, also bspw. auch das Lesen oder Strukturieren von Inhalten. Es handelt sich bei Textproduktion insgesamt also um eine wiederholende In-Szene-Setzung. Texte in Makroform, um die es ja in der Textproduktionsforschung in der Regel geht, werden also durch Textproduktionen in diesem Sinne hervorgebracht und selbstverständlich *nicht allein* in einem Formulierungsprozess, wie die obige Skizze möglicherweise suggerieren mag.

Dem Formulieren kommt – unter diesen Teilhandlungen der Textproduktion – nun aber in Hinblick auf die In-Szene-Setzung eine besondere Rolle zu, da die Hervorbringung bei ihm *ausschließlich* mithilfe sprachlicher Zeichen funktioniert. Das Besondere am Formulieren ist, dass es nicht ohne Text (im oben herausgearbeiteten Sinne) gedacht werden kann: Es gibt keinen Text ohne In-Szene-Setzung und es gibt keine In-Szene-Setzung ohne Text. Die In-Szene-Setzung bzw. Hervorbringung ist beim Formulieren offenbar radikal an Sprachzeichen gebunden; gerade hier, d. h. mit Fokus auf die körperliche Hervorbringung von Text, zeigt sich aus meiner Sicht auch die fundamentale Verbindung von Körper und Sprache. Offensichtlich liegen also mit der Differenzierung von Formulieren und anderen Teilhandlungen der Textproduktion zwar nicht zwei gänzlich unterschiedliche Arten der In-Szene-Setzung, aber wohl doch In-Szene-Setzungen mit unterschiedlich ausgeprägten Facetten vor. Bei den obigen Ausführungen zu Performativität und Textproduktion wurde hervorgehoben, dass der Schwerpunkt beim Inszenieren bzw. In-Szene-Setzen vor allem auf der Iterabilität und Körperlichkeit liegt und es nicht um ein Theaterspielen im engeren Sinne geht. Dieser grundsätzlich nicht-künstlerische oder nicht-fiktive Charakter gilt selbstverständlich auch für das Formulieren, wenngleich dem In-Szene-Setzen beim Formulieren, mit seiner essentiellen Bindung an den Text, ein gewisser Akzent an mehr Theatralität zukommt. Hiermit ist gemeint, dass mit der Hervorbringung von Autorhandlungen auf der Textebene eine Autorinstanz inszeniert wird, die man – mit Felix Steiner (2009) in Bezug auf wissenschaftliche Texte – als differenziert in unterschiedliche ‚Autorfiguren' verstehen kann (siehe 8.5). Mit diesen werden selbstverständlich keine fiktiven Handlungen, Haltungen usw. gespielt, sondern – im Bereich der Wissenschaft – ‚reale' wissenschaftliche Auseinandersetzungen geführt.[88]

Im Kapitel zur Empirie wurden wissenschaftliche Textprodukte in Hinblick auf den Gebrauch von Unbestimmtheitsmitteln untersucht. Wenn dabei von Sprachhandlungen wie bspw. Assertionen die Rede war, dann waren damit stets in-Szene-gesetzte Autorhandlungen auf der Textebene gemeint, die mittelbar Rückschlüsse auf die Praxisebene zulassen. Mit dem in den vorherigen Abschnitten etablierten Verständnis von wissenschaftlicher Textproduktion und der sehr kleinschrittigen Unterscheidung von Praxis- und Textebene verfügen wir über eine Basis, auf der wissenschaftliche Autorschaftsphänomene erklärt werden können, ohne dabei auf einen ‚protestantischen Denkgestus' zurück-

---

[88] In der Literaturwissenschaft gibt es ebenfalls Versuche, Text und Performativität zusammen zu denken, wie oben unter 8.2.2 bereits gezeigt wurde. Gabriele Klein stellt diesbezüglich in Bezug auf die Literaturtheorie – ganz ähnlich dem hier vorgestellten Ansatz – fest, dass „der Körper dann Konjunktur [hat], wenn der Text nicht als Produkt, sondern als Prozeß verstanden wird." (Klein 2005: 78) Es gehe darum, „den Text selbst als Bühne sprachlicher Performanz" (Klein 2005: 78) zu verstehen. Nach diesem Verständnis scheint die Materialität der körperlichen Performanz durch die Materialität der Schrift ersetzt zu werden, was im Gegensatz zur Konzeption der vorliegenden Arbeit steht, bei der es darum geht, die Körperlichkeit der Sprachbenutzer als Grundlage jedweden Textes zu betonen. Mit der Praxis- und Textebene werden hier also grundsätzlich beide Formen von Materialität (der Körper der Sprachbenutzer sowie der Sprachzeichen) berücksichtigt und in ihrer Interdependenz theoretisch fruchtbar gemacht, und nicht etwa – wie bei Klein – der menschliche Körper durch einen „semiotischen Körper[]" (Klein 2005: 78) ersetzt, um so die Kategorien Performativität und Text aufeinander beziehen zu können. Mit letzterem Verständnis von Text wird möglicherweise der Grundgedanke der Performativität konterkariert, da es nicht wirklich um den Hervorbringungsakzent von Texten geht, den man m. E. nur mit der theoretischen Einbeziehung körperlicher Subjekte herausarbeiten kann.

greifen zu müssen und den Sprachhandlungsbegriff mit Dichotomisierungen wie bspw. Geist/Körper zu reduzieren.

8.5 Subjekt und Autor in (historischen) Wissenschaftskulturen

Die in den vorherigen Kapiteln angestellten Überlegungen zu einem praxis- und performativitätstheoretischen Begriff von Handlung und Textproduktion haben Konsequenzen für ein Verständnis davon, was man gemeinhin unter einem Autor versteht. Dieses Autorverständnis, das oben anhand der Differenzierung in Praxis- und Textebene erörtert wurde (siehe 8.2.2), soll im Folgenden noch einmal explizit in den Zusammenhang mit wissenschaftlicher Autorschaft gestellt werden. Anschließend werden diese Überlegungen im Zusammenhang mit den oben vorgestellten Ausführungen zu Wissenschaftskulturen und Praktiken sowie zu den Ergebnissen der empirischen Untersuchung in Abschnitt A betrachtet.

Kommen wir also zunächst einmal zur Frage, wie sich das in dieser Arbeit vertretene Handlungs- und Subjektverständnis zu dem Konzept eines wissenschaftlichen Autors verhält, das auch bereits in Kapitel 2 behandelt wurde. Ist der Autor identisch mit dem Wissenschaftler-Subjekt, das den Text produziert? Sind sprachliche Erscheinungen, die man auf der Textoberfläche wissenschaftlicher Texte ausmachen kann und die – im wohl deutlichsten Fall in der Form des Personalpronomens ‚Ich' – in irgendeiner Form auf eine Produktionsinstanz verweisen, unmittelbare Verweise auf das, was oben unter dem Subjekt der Textproduktion verstanden wurde? Dies scheint zunächst einmal eine plausible Annahme zu sein, denn sie entspricht in gewisser Weise auch einem Alltagsverständnis von Autor. In der vorliegenden Arbeit wird hinsichtlich dieser Alltagsauffassung der Kategorie Autor eine theoretische Differenzierung in Subjekt und Autor vorgenommen (siehe 8.2.2). Dem liegen die folgenden Überlegungen zugrunde:

Wie in Abschnitt 6.1.3.3 gezeigt geht Thomas Etzemüller (2013) aus praxeologischer Perspektive hinsichtlich der Frage nach der Subjektbildung von Wissenschaftlern davon aus, dass der im Text erscheinende Verfasser sich vollends mit dem Subjekt der Textproduktion deckt: Wenn

> ein beliebiger Irgendjemand sich zu Jemandem verwandelt hat, und zwar in der paradoxen Form des ‚Vf.', einer wissenschaftlichen Autorität, die gleichzeitig hinter ihrer wissenschaftlichen Arbeit verschwindet, ein individueller, depersonalisierter Autor, dann ist das Subjekt in der Wissenschaft konstituiert. (Etzemüller 2013: 178)

Nach dieser Auffassung ist der Autor also gleichzusetzen mit dem Wissenschaftler-Subjekt bzw. das Wissenschaftler-Subjekt findet sich unmittelbar im Text in der Form eines Verfassers wieder. Die Subjektkonstitution in der Wissenschaft ist demnach ausreichend beschrieben, wenn die Verfasserinstanz auf der textlichen Zeichenoberfläche beschrieben ist, denn das Subjekt in der Wissenschaft entspricht dementsprechend unmittelbar dem Verfasser. Diese Sichtweise lässt sich nach der Anwendung des praxis- und performativitätstheoretischen Handlungsbegriffs auf wissenschaftliche Textproduktion und mit all den entsprechenden Konsequenzen, wie sie weiter oben diskutiert wurden, nicht aufrechterhalten.

Mit Bezug auf Felix Steiner (2002, 2009) und der oben vorgenommenen Differenzierung in Praxis- und Textebene soll hier gegenüber der Vorstellung zur wissenschaftlichen Subjektkonstitution von Etzemüller eine (zunächst möglicherweise kontraintuitive) theoretische Differenzierung vorgenommen werden (vgl. auch Niemann 2015). Der Autor wird demnach als eine vom Wissenschaftler-Subjekt *theoretisch* zu trennende Instanz aufgefasst, was natürlich keineswegs bedeuten soll, dass in dieser Hinsicht auch eine ontische Trennung angenommen wird: „Ein Autor ist nicht gleichzusetzen mit einer realen Person – er ist der werkhervorbringende Aspekt einer personalen Instanz." (Steiner 2002: 94) Übertragen auf die obigen Überlegungen könnte man sagen: Ein Autor wird in einem Text vom Wissenschaftler-Subjekt *aufgeführt*. Das, was man an einer wissenschaftlichen Textoberfläche als Kommunikationsinstanz wahrnehmen kann, ist demzufolge eine aufgeführte wissenschaftliche *Autorfigur*: Unter einer Autorfigur versteht Steiner

> grosso modo die Aufführung einer *Rollenauffassung* [...], die im Text indiziert und auf eine *einzige* Instanz bezogen wird. Das Konstrukt ermöglicht eine Rezeption von Text vor dem Hintergrund einer an die jeweilige Domäne angepassten Modellierung der Autorinstanz, mit der sich die im Text dargestellten Handlungen, Intentionen, Einstellungen, Aussagen in Verbindung bringen lassen. (Steiner 2009: 155)

Der Aufführungscharakter von wissenschaftlichen Autorfiguren bringt mit sich, dass sich die im Text auszumachenden Einstellungen und Handlungen als ‚*im Text dargestellte'* Phänomene fassen lassen.

Auf der Basis dieser Grundüberlegung scheint es aus der Perspektive der vorliegenden Arbeit angebracht zu sein, zwischen Handlungen und Einstellungen eines textproduzierenden Wissenschaftler-Subjekts und ebensolchen der aufgeführten Autorfigur bzw. -instanz zu unterscheiden; die Einstellungen und Handlungen, die sich auf der Textoberfläche ausmachen lassen, sind vom Wissenschaftler-Subjekt dargestellte bzw. inszenierte Handlungen und Einstellungen einer Autorinstanz bzw. Autorfigur. Beim Text handelt es sich also nicht um die unmittelbare (ungefilterte) Abbildung der Einstellungen und Handlungen des den Text hervorbringenden Subjekts. Diese Überlegungen zur theoretischen Trennung von einem Wissenschaftler-Subjekt und einem wissenschaftlichen Autor sind also in den Rahmen der oben unter 8.2.2 und 8.4 erörterten Unterscheidung zwischen Praxis- und Textebene zu stellen, wonach bspw. die Handlungen auf der Praxisebene von einer anderen Qualität sind als die Texthandlungen auf der Textebene.[89] Für die Textproduktion in Wissenschaftskulturen bedeutet dies schließlich Folgendes:

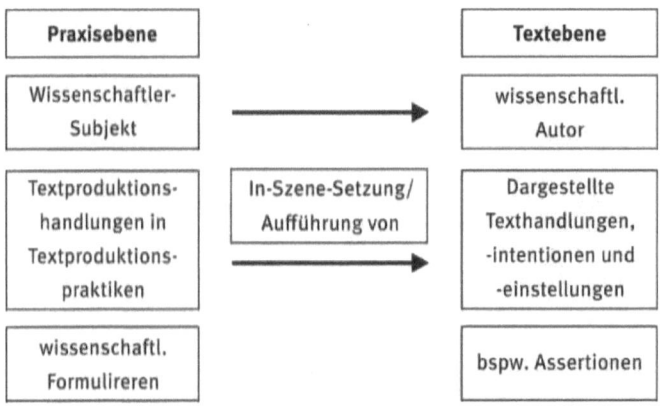

Abb. 15: Praxis- und Textebene und Wissenschaftssprache

Wissenschaftler-Subjekte bringen auf der Praxisebene Texthandlungen einer wissenschaftlichen Autorinstanz auf der Textebene hervor.[90] Wenn also in ei-

---

[89] Die Überlegungen Steiners werden so gewissermaßen radikalisiert, da sich meine Unterscheidung von Praxis- und Textebene – wie oben gezeigt – (zumindest) grundsätzlich sowohl auf schriftlichen als auch auf mündlichen Sprachgebrauch beziehen. Außerdem werden hier die unterschiedlichen Handlungsqualitäten, mit bspw. dem körperlich-performativen Akzent beim Handeln auf der Praxisebene, sowie die dem Autor zugrunde liegende kulturspezifische Subjektkonstitution herausgearbeitet.

[90] Es sei hier sicherheitshalber noch einmal betont, dass es sich bei der Unterscheidung von Praxis- und Textebene nicht einfach um eine mediale Differenzierung von Schreiben (als Prozess) und Aufgeschriebenem (als Produkt) handelt. Es geht hier also nicht einfach um eine ‚zerdehnte' Kommunikationssituation (im Sinne Ehlichs), sondern um durchaus unterschiedliche Handlungsqualitäten auf beiden Ebenen, wobei das Sprachhandeln auf der Praxisebene als körperlich-performatives Handeln zu verstehen ist, das erst Sprachhandlungen (bzw. kom-

nem Wissenschaftstext bspw. der Handlungstyp Assertion vorkommt, dann handelt es sich dabei um eine Autorhandlung in einem Wissenschaftstext, die von einem Wissenschaftler-Subjekt beim Formulieren hervorgebracht bzw. in Szene gesetzt wurde.

Diese Hervorbringung von typisch wissenschaftlichen Autorinstanzen ist dabei abhängig von der jeweiligen Wissenschaftskultur. Wissenschaftskulturen werden hier verstanden als Komplexe von wissenschaftlichen Praktiken, worunter auch, aber eben nicht ausschließlich, Textproduktionspraktiken fallen (siehe 6.1.1). Die Art und Weise, wie die wissenschaftlichen Autorinstanzen der Textebene hervorgebracht werden, ist demzufolge abhängig von der jeweiligen Wissenschaftskultur, in der sich die produzierenden Wissenschaftler-Subjekte befinden, und also davon, wie die jeweiligen kulturellen Sinnmuster und Wissensordnungen deren textproduktives Handeln anleiten. Der gruppenspezifische Sprachgebrauch in der Wissenschaft, d. h. die typische Ausprägung von Wissenschaftssprache, kann nach dieser Auffassung erklärt werden über die spezifischen Sinnmuster und Wissensordnungen einer Wissenschaftskultur, die in den Praktiken das routinierte Handeln bestimmen.

Die Sinnmuster und Wissensordnungen von Wissenschaftskulturen differenzieren sich allerdings nicht nur auf synchroner Ebene etwa in der Art ihrer Erkenntnisgewinnung (also etwa in Natur- und Geisteswissenschaften), sondern sie differenzieren sich auch diachron. Dies kann man gut nachvollziehen, wenn man sich bspw. die oben unter 3.2 vorgestellten Überlegungen von Lorraine Daston und Peter Galison (2007) ansieht, wonach sich die Praktiken der wissenschaftlichen Erkenntnisgewinnung sowie die typischen Ausprägungen von Wissenschaftler-Subjekten im Laufe der Zeit innerhalb der Naturwissenschaften verändern. Mit dieser Veränderung wandeln sich also die Sinnmuster und Wissensordnungen innerhalb der Wissenschaftskulturen, die sich – in diesem Fall – hinsichtlich ihrer thematischen Ausrichtungen als naturwissenschaftlich verstehen. Man kann in diesem Zusammenhang also allgemein erst einmal von *historischen Wissenschaftskulturen* sprechen. Historische Wissenschaftskulturen sind demnach zeitlich spezifisch ausgeprägte Komplexe von wissenschaftlichen Praktiken, die von zeitlich spezifisch ausgeprägten Wissenschaftler-Subjekten umgesetzt werden, je nach den spezifischen Sinnmustern und Wissensordnungen. Historische Wissenschaftskulturen können also unabhängig von der thematischen, disziplinären Ausrichtung in der Wissenschaftskultur sein; d. h. innerhalb einer Disziplin, also bspw. der Sprachwissenschaft,

---

munikativ-abgeschlossene Einheiten oder auch Texte) wie z. B. Assertionen *hervorbringt* oder *in Szene setzt*. Dies wurde ausführlich unter 8.2.2 und 8.4 diskutiert.

kann es historisch unterschiedliche Wissenschaftskulturen geben. Konkret könnte man in Hinblick auf historische Wissenschaftskulturen auch sagen, dass Gruppen von Wissenschaftlern in unterschiedlichen historischen Kontexten auf für ihre bestimmte historische Zeit typische Weise, überindividuell gleichförmig handeln; sie haben für ihre jeweilige Zeit routinierte, wissenschaftliche Handlungsweisen, die sich von Handlungsweisen zu anderen Zeiten unterscheidet.

Dies gilt nicht nur für Handlungen im Allgemeinen, sondern natürlich auch für textproduktive Handlungen. Dies kann man gut an der im Abschnitt A präsentierten empirischen Untersuchung zum Unbestimmtheitsgebrauch deutlich machen. Diesen Ergebnissen zufolge unterscheidet sich der wissenschaftliche Sprachgebrauch vor allem historisch. Gerade in den älteren Texten des vorliegenden Korpus (Zeitraum 1900) werden die Äußerungen deutlich weniger objektiv und faktisch zum Ausdruck gebracht als in jüngeren Texten (Zeitraum 1970 und Zeitraum 2010). Kurzum: Die Wissenschaftler zu Beginn des 20. Jahrhunderts schreiben überindividuell anders als in der Gegenwart. Offensichtlich haben wir hier also unterschiedliche historische Wissenschaftskulturen mit historisch unterschiedlichen Praktiken der Textproduktion vorliegen, in denen die Autorinstanz auf Textebene mit mehr oder weniger stark objektiven und faktischen Äußerungen hervorgebracht wird.

Das Besondere dabei ist aber nun, dass diese historischen Wissenschaftskulturen allein mithilfe von Textproduktionspraktiken identifiziert worden sind. Man könnte auch sagen, dass diese historischen Wissenschaftskulturen in erster Linie so etwas wie Schreibkulturen sind, die zuallererst über die Praktiken des Schreibens als Kulturen definiert werden können. Diese Textproduktionspraktiken sind nämlich, wie gezeigt, offensichtlich relativ unabhängig von den Diskursen über Wissenschaftssprache und Wissenschaft, also im Grunde von Praktiken des Reflektierens und Sprechens über Wissenschaftssprache. Während diese Diskurse historisch relativ konstant sind (siehe Objektivität in den Autorschaftskonzepten), verändert sich dessen ungeachtet doch die Art und Weise der Textproduktion. Wir können hier also allein aus dem Grund von historischen Wissenschaftskulturen sprechen, weil die Textproduktionspraktiken sich verändern, und das unabhängig von den Praktiken des Reflektierens über Wissenschaftssprache (Diskurs). Würden wir dagegen nur die historisch gleich bleibenden Praktiken des Reflektierens (im Rahmen der Autorschaftskonzepte) berücksichtigen, läge keine historische Differenz vor, weshalb wir in diesem Fall nicht von historischen Wissenschaftskulturen sprechen könnten. Doch damit nicht genug: Für die historischen Wissenschaftskulturen selbst, also bspw. für die Zeiträume 1900 und 1970, liegen ja nicht nur konstante Diskurse vor, sondern auch differierende: Mit der Unterscheidung in naturwissenschaftlich ausgerichteten und nicht-naturwissenschaftlich ausgerichteten Sprachwissenschaftlern wurde in der obigen Untersuchung das jeweilige methodologische und theoretische Selbstverständnis von Sprachwissenschaftlern berücksichtigt. Diese Selbstverständnisse sind auf einer diskursiven Ebene angesiedelt. Obwohl sich innerhalb der jeweiligen Zeiträume 1900 und 1970 unterschiedliche und eben auch konträre Diskurse befinden, hat dies offenbar keinen Einfluss auf die Textproduktion. Man könnte auch sagen, dass die unterschiedlichen Erkenntnispraktiken, also die naturwissenschaftlichen und nicht-naturwissenschaftlichen, sich nicht unmittelbar auf die Textproduktionspraktiken auswirken. Offensichtlich sind die Textproduktionspraktiken auch hier unabhängig. Auch hier sprechen wir für die untersuchten Zeiträume vor allem aufgrund der Textproduktionspraktiken von historischen Wissenschaftskulturen. Würde man dagegen nur die Diskursebene berücksichtigen, wäre dies nicht der Fall. Dann würde man für die Zeiträume vielleicht eher in naturwissenschaftliche und nicht-naturwissenschaftliche Kulturen differenzieren.

Die Wissenschaftskulturen, die hier herausgestellt wurden, sind also in erster Linie diachron differenziert, d. h. es scheinen hier vor allem die zeitlichen Unterschiede relevant zu sein. Das gruppenspezifische textproduktive Handeln ist also vordergründig zeitlich spezifisch, d. h. für bestimmte Zeiträume liegt eine gewisse überindividuelle Gleichförmigkeit in der Textproduktion vor, die sich von der gleichförmigen Textproduktion in anderen Zeiträumen unterscheidet. Das Handeln in Textproduktionspraktiken ist dabei in hohem Maße autonom gegenüber anderen Praktiken, also bspw. gegenüber Praktiken der Erkenntnisgewinnung[91] – es weist stark ausgeprägte Routinen auf. Der überindividuell gleichförmige Sprachgebrauch ist also relativ stark an nicht-rationale Routinen bei der Textproduktion gebunden. Der gruppenspezifische Sprachgebrauch untersteht – der Handlungserklärung der vorliegenden Arbeit zufolge – je nach Zeitraum unterschiedlichen kulturellen Sinnmustern und Wissensordnungen, die das Textproduktionshandeln je unterschiedlich anleiten. Daraus gehen dann beim textproduktiven Hervorberingen bzw. In-Szene-Setzen *kulturspezifische, d. h. hier vor allem historisch unterschiedliche* Autorinstanzen hervor. Für die Wissenschaftskultur um 1900 bedeutet das etwa, dass die hervorgebrachten Texthandlungen und Einstellungen der Autorinstanz in wissenschaftlichen Texten relativ gesehen weniger stark objektiv und faktisch sind als in der Wissenschaftskultur um 2010.

---

[91] Dies gilt zumindest für den unmittelbaren Einfluss auf die Textproduktion. Langfristig scheinen sich die Denkweisen (unter bestimmten Umständen) auch in Textproduktionspraktiken einschreiben zu können. Dies wird im Fazit (Kapitel 9) ausführlich diskutiert.

Die Handlungen und Einstellungen auf der Textebene mehr oder weniger stark objektiv und faktisch erscheinen zu lassen ist demnach also eine Folge der historischen Wissenschaftskulturen, in denen die textproduzierenden Wissenschaftler-Subjekte sich bewegen und in denen sie entsprechende Dispositionen erwerben, die dann wieder handlungsleitend sind. Vor allem in Bezug auf den unbestimmten Sprachgebrauch ist dabei von Sinnmustern und Wissensordnungen auszugehen, die relativ stark autonom sind, d. h. die textproduzierenden Handlungsroutinen wirken ungeachtet von (auch teils konträren) Einstellungen, die auf einer Diskursebene reflektiert werden.

9 Fazit

In der vorliegenden Arbeit wurde der Versuch unternommen, mit Blick auf handlungstheoretische Grundlagen einen Begriff für wissenschaftliche Textproduktion zu erarbeiten. Eingebettet waren diese kultur- bzw. vor allem praxistheoretisch orientierten Überlegungen in einen Rahmen, bei dem es um die Erklärung von Wissenschaftssprache, d. h. der typischen Ausprägung des wissenschaftlichen Sprachgebrauchs, geht. Die Notwendigkeit und die Legitimation für die entsprechende Beschäftigung mit wissenschaftlicher Textproduktion wurden abgeleitet aus einer empirischen Untersuchung zum Gebrauch von Unbestimmtheitsmitteln sowie auf diese Untersuchung bezogenen bisherigen Erklärungsansätzen. Dieser Rahmen soll im Folgenden noch einmal kurz nachgezeichnet werden, bevor die einzelnen Abschnitte interpretatorisch aufeinander bezogen werden.[1]

Rückschau: Erklärung, Wissenschaftssprache und Textproduktion

Den thematischen Rahmen für die in der vorliegenden Arbeit angestellten Überlegungen bot das gut und breit erforschte Feld der Wissenschaftssprache und Wissenschaft. In diesem Zusammenhang ging es darum, zu erörtern, was ein Explanans für den typischen Sprachgebrauch in der Wissenschaft umfassen sollte. Unter Erklärung wurde dabei eine grobe Orientierung an einem induktiv-statistischen Erklärungstyp verstanden (vgl. Hempel 1977), bei dem es darum geht, ein Explanans für ein Explanandum möglichst maximal zu spezifizieren.

Für den Sprachgebrauch in der Wissenschaft wurden anhand unterschiedlicher Diskurse zu Wissenschaftssprache sowie zur Erkenntnis- und Wissenschaftstheorie mehrere Erklärungsansätze herausgearbeitet, anhand derer man unterschiedliche, teils konträre Erwartungen hinsichtlich der Entwicklung des Gebrauchs von Unbestimmtheitsmitteln in der Wissenschaft erhält. Die Erklärungsansätze lassen sich in Form von allgemeineren Erklärungsdimensionen zusammenfassen, die als das bisherige Explanans für Wissenschaftssprache angesehen werden können (siehe Abschnitt B): *Diskurs* (Erklärungsdimension 1) und *soziale Beziehungen* (Erklärungsdimension 2). Durch den Abgleich der Erklärungsansätze bzw. der Erklärungsdimensionen mit dem empirischen histori-

---

[1] Für eine ausführliche Diskussion und theoretische Einordnung der Ergebnisse der empirischen Untersuchung siehe vor allem auch das Zwischenfazit (Abschnitt B).

schen Gebrauch von Unbestimmtheitsmitteln konnte die Plausibilität des bisherigen Explanans überprüft werden.

Mithilfe dieses Abgleichs wurde gezeigt, dass das bisherige Explanans für Wissenschaftssprache nicht zu einer zufriedenstellenden Erklärung führt, da die Ergebnisse nicht den formulierten Erwartungen entsprechend waren. Sowohl die Erklärungsdimension 1, mit der der wissenschaftliche Sprachgebrauch mithilfe von Diskursen über Wissenschaft oder Wissenschaftssprache erklärt wird, als auch die Erklärungsdimension 2, mit der der wissenschaftliche Sprachgebrauch mithilfe einer Ableitung aus den sozialen Beziehungskonstellationen im Sozialbereich Wissenschaft erklärt wird, greifen nicht. Hinsichtlich der Ergebnisse zum historischen Gebrauch von Unbestimmtheitsmitteln wurde also eine gewisse Diskrepanz zu den bisherigen Erklärungsdimensionen offengelegt; wenn die Erklärungsdimensionen für Wissenschaftssprache ausreichend und zutreffend wären, müssten sie auch den empirischen Gebrauch von Unbestimmtheitsmitteln im historischen Verlauf vorhersagen können, was jedoch nicht der Fall war. Die Diskrepanz macht folglich die Notwendigkeit deutlich, das bisherige Explanans zu erweitern bzw. zu ergänzen, oder genauer es möglichst *maximal zu spezifizieren*.

Auf einer allgemeinen erklärungstheoretischen Ebene lässt sich dies wie folgt beschreiben: Dass eine Erklärung maximal spezifisch sein muss, wie es eingangs hinsichtlich des *induktiv-statistischen Erklärungstyps* gezeigt wurde, bezieht sich auf den Grundgedanken, dass die maximale Spezifizierung nur immer in Hinblick auf eine bestimmte „Wissenssituation" (Hempel 1977: 86) erfolgen kann. Diese Wissenssituation umfasst alle zu einem bestimmten Zeitpunkt vorhandenen Erkenntnisse bzw. alle zu einem bestimmten „Zeitpunkt akzeptierten Aussagen" (Hempel 1977: 83) (also etwa theoretische Überlegungen oder empirische Ergebnisse) hinsichtlich eines Gegenstands. Erklärungen, im induktiv-statistischen Sinne, sind also immer als *epistemisch relativ* zu bestimmten Wissenssituationen zu betrachten:

> [G]enau wie eine gerade Linie nicht schlechthin senkrecht sein kann, sondern nur senkrecht zu gewissen anderen Geraden, so kann ein statistisches Argument nie eine I-S-Erklärung [induktiv-statistische Erklärung] schlechthin sein, sondern immer nur eine I-S-Erklärung in bestimmten Wissenssituationen [...]. (Hempel 1977: 86)

Eine Folge aus dieser Relativität ist, dass, wenn sich die Wissenssituation verändert, auch ein bis dato geltendes Explanans u. U. entsprechend angepasst werden muss. Für den Zugang in der vorliegenden Arbeit bedeutet das also: Mit dem Ergebnis der empirischen Untersuchung zum Unbestimmtheitsgebrauch in der Wissenschaft hat sich die Wissenssituation bezüglich unseres Gegenstands verändert, wodurch die Notwendigkeit deutlich geworden ist, eine der neuen Wissenssituation gerecht werdende maximale Spezifizierung des Explanans vorzunehmen. Im Rahmen der alten Wissenssituation, also ohne die hier erzielten Ergebnisse zum Unbestimmtheitsgebrauch, war das Explanans für Wissenschaftssprache u. U. durchaus noch plausibel, was für die veränderte Wissenssituation nicht mehr gilt.

Das Explanans muss also spezifiziert werden. Bei dieser Spezifizierung lagen in der vorliegenden Arbeit zwei Schwerpunkte zugrunde. Bei der Spezifizierung sollten auf der einen Seite die bisherigen Erklärungsdimensionen *grundiert* und *zugleich* auf der anderen Seite um eine weitere Dimension *erweitert* bzw. *ergänzt* werden. Was bedeutet das genau? Im bisherigen Explanans, d. h. in den bisherigen Erklärungsdimensionen 1 und 2, stecken potentielle Erklärungen, die sich z. T. widersprechen. Man könnte auch sagen, hier liegen „rivalisierende Argumente" (Hempel 1977: 77) vor, z. B.: Wenn die Erklärung mittels des ‚Ich-Verbots' streng gilt, dann kann nur schwerlich gleichzeitig die Erklärung mittels des Rückgriffs auf die Höflichkeits- oder Schutzfunktion (Hedging) gelten, da bei der einen eine Autorinstanz negiert und bei der anderen eine Autorinstanz (wenn auch implizit) benötigt wird. Wie eingangs vorgestellt ist dies Teil der „Erklärungsmehrdeutigkeit" (Hempel 1977: 76), die für *induktiv-statistische Erklärungen* gilt und die über die Forderung nach „maximaler Spezifizierung" (Hempel 1977: 79) behoben werden soll. Vor diesem Hintergrund wurde es in der vorliegenden Arbeit als wichtig erachtet, bei der Spezifizierung des Explanans nicht bloß eine weitere irgendwie passende, ggf. sogar noch eine weitere rivalisierende Erklärungsdimension hinzufügen. Es ging zum einen vielmehr darum, eine Dimension zu wählen, die die bisherigen Erklärungsdimensionen *grundiert*, die ihnen also einen kategorialen Boden gibt, auf dem sie mehr Plausibilität erhalten. Gleichzeitig muss das Explanans natürlich aber auch insgesamt *erweitert* werden, es wird also zugleich auch eine Erklärungsdimension benötigt, die grundsätzlich und unabhängig von den Erklärungsdimensionen 1 und 2 Erklärungskraft besitzt.

Mit dem grundlagentheoretischen Fokus auf den *Handlungsbegriff*, mit dessen Hilfe ein bestimmter *Textproduktionsbegriff* für die Wissenschaft erarbeitet werden kann, liegt m. E. eine solche Erklärungsdimension vor, mit der sich das bisherige Explanans grundieren *und zugleich* erweitern lässt. Auf diese Weise wird im Vergleich zu den Erklärungsdimensionen 1 und 2 eine weniger abstrakte, d. h. eine grundsätzlich eher individuell-konkrete Dimension der Erklärung berücksichtigt und somit auch versucht, das Explanans „im Lichte der gesamten relevanten Information" (Hempel 1977: 80) zu betrachten. Für diesen Handlungs- und Textproduktionsbegriff war nun entscheidend, dass er in der Lage ist, überindividuell gleichförmige Produkte des Handelns, also etwa den typischen Sprachgebrauch in der Wissenschaft, zu erklären. Dies bedeutet, es musste ein Handlungs- und Textproduktionsbegriff sein, der die prinzipiell paradoxe Ausgangslage überwinden kann, dass Handeln und Textproduktion grundsätzlich zunächst einmal an einzelne Individuen gebunden sind und dass es aber gleichzeitig darum geht, das für Gruppen von Individuen gleichförmige Ergebnis von Einzelhandlungen mit einem Handlungsbegriff erklären zu können.

Für die wissenschaftliche Textproduktion finden sich in der entsprechenden Forschung Ansätze, die dieser paradoxen Situation mit den Konzepten *Routine* oder *Habitus* begegnen (vgl. Feilke 2012; Feilke & Steinhoff 2003; Steinhoff 2007a). Die überindividuelle Gleichförmigkeit in der wissenschaftlichen Textproduktion wird dort u. a. als routinemäßig bzw. habituell gefasst, ohne dabei allerdings einen entsprechenden Handlungsbegriff systematisch zu erörtern, der dieser Textproduktion zugrunde liegt. Gerade ein solcher Handlungsbegriff war hinsichtlich des Vorhabens einer *Erklärung* also herauszuarbeiten, da nur mit einem entsprechenden systematisch erarbeiteten Handlungsverständnis, das dem routinierten Textproduktionsbegriff zugrunde liegt, eine wirkliche Spezifizierung des Explanans möglich ist. Nur mit einem grundlagentheoretisch fundierten Verständnis von Handlung können also alle für die angestrebte Spezifizierung ‚relevanten Informationen' mit eingebracht werden. Darauf aufbauend können diese Überlegungen dann speziell auf die schriftliche Textproduktion in der Wissenschaft übertragen werden.

Bei der für die Spezifizierung des Explanans herauszuarbeitenden Erklärungsdimension wurde der Fokus also *grundsätzlich* auf einen Handlungsbegriff gelegt, der die überindividuelle Gleichförmigkeit der Handlungsergebnisse plausibel erklären kann. Dabei wurde auf ein im Rahmen der sog. Praxistheorie vertretenes Handlungsverständnis zurückgegriffen, das im Rahmen der jüngeren Kulturtheorie stark diskutiert wird und das sich gerade in Abgrenzung zu alternativen Handlungskonzepten für überindividuelles Handeln in den Sozial- und Kulturtheorien definiert. Es sei im Folgenden noch einmal kurz skizziert und in seinen Konsequenzen für den Textproduktionsbegriff dargelegt.[2]

Ausgangspunkt der hier angestellten Überlegungen war das Verständnis von Wissenschaft als Wissenschaftskulturen. Für die für den wissenschaftlichen Sprachgebrauch verantwortliche *Gruppe von Individuen* wurde somit also zunächst einmal ein sozial- und kulturtheoretisches Verständnis als Ausgangspunkt genommen, auf dessen Grundlage die Kategorie des Handelns von Indi-

---

[2] Auf konkrete Verweise wird in diesem Fazit verzichtet. Siehe hierzu die Ausführungen in Abschnitt C.

viduen dann theoretisch konsistent etabliert werden konnte. Wissenschaftskulturen werden hier im Rahmen eines Kultur-als-Praxis-Ansatzes allgemein verstanden als Komplexe von wissenschaftlichen Praktiken. Dies umfasst zunächst einmal auch Praktiken, die nichts mit sprachlicher Kommunikation im engeren Sinne zu tun haben, also etwa auch Erkenntnisgewinnungspraktiken wie das Experimentieren oder das Analysieren.

In unterschiedlichen Wissenschaftskulturen liegen unterschiedliche *Sinnmuster und Wissensordnungen* zugrunde, die das jeweilige Handeln auf entsprechend unterschiedliche Weise anleiten. In der Praxistheorie werden Handlungen dabei als *routinierte Vollzüge in Praktiken* verstanden. Handlungsanleitend für diese routinierten Vollzüge sind demnach nicht etwa Normen oder externe sowie verinnerlichte Werte, wie das älteren sozialtheoretischen Ansätzen zufolge der Fall ist, sondern in der Praxis *einverleibte* Sinnmuster und Wissensordnungen. Gleichförmigkeit und Routine rühren demnach von der gleichen einverleibten ‚Kultur' her, die dann das routinierte Handeln anleitet. Wichtig ist dabei, dass mit dem praxistheoretischen Handlungsbegriff gängige Dichotomien bei der Erklärung von Handeln wie Individuum/Gesellschaft, Subjekt/Objekt oder Geist/Körper überwunden werden, die bei alternativen Handlungserklärungen in Sozial- wie Kulturtheorie obligatorisch sind. So wird bspw. in alternativen kulturtheoretischen Handlungserklärungen, also beim sog. *Mentalismus* oder beim *Textualismus*, zwar auch von Sinnmustern und Wissensordnungen als handlungsanleitenden Faktoren ausgegangen (allerdings in anderer, nicht einheitlicher Terminologie), womit diese ebenfalls den älteren norm- oder zweckorientierten Handlungsvorstellungen kritisch gegenüberstehen. Bei der Art und Weise der Anleitung wird dann allerdings auch auf Dichotomisierungen zurückgegriffen, die der Wirklichkeit des Handlungsgeschehens nicht gerecht werden. Mit der Praxistheorie liegt ein Handlungsansatz vor, der mit dem Anspruch antritt, überindividuell gleichförmiges Handeln ohne diese dem Gegenstand nicht gerecht werdenden Dichotomisierungen zu erklären. Es liegt also ein Ansatz vor, der bei der Handlungserklärung näher an der Handlungswirklichkeit zu sein vorgibt als andere Handlungserklärungen.

Dies gilt ebenfalls für das *Verhältnis* von Praktiken und Handlungen. Wenn gesagt wird, dass es in der Praxistheorie um Handeln in Praktiken geht, dann darf dieses Verhältnis nicht vor dem Hintergrund einer Denkweise im Sinne eines ‚protestantischen Gestus' (vgl. Krämer 2002a) gedacht werden, wonach Handlungen dann konkrete Repräsentationen von abstrakten Praktiken wären (im Sinne eines Zwei-Welten-Modells). Gerade die Überwindung dieses Denkgestus steht für die Praxistheorie im Vordergrund, womit auch die große Nähe zur Performativitätsforschung offenkundig wird. Mit der Überwindung des ‚protestantischen Gestus' werden soziale Kategorien wie bspw. das Handeln demnach näher an der Wirklichkeit konzipiert.

Dieses Handlungsverständnis stellt also die Erklärungsdimension 3 unseres Explanans für Wissenschaftssprache und somit auch die Grundlage für ein bestimmtes Verständnis von Textproduktion in der Wissenschaft dar. Geht man grundsätzlich von diesem Handlungsbegriff aus und nimmt ihn hinsichtlich wichtiger Kategorien ernst, die sich vor allem aus der Überwindung der angesprochenen Dichotomien ergeben, womit die Praxistheorie sich von alternativen Handlungserklärungen abgrenzt, dann ergeben sich bei der Übertragung auf die schriftliche Textproduktion wichtige Konsequenzen.

Wichtig ist, dass die Übertragung nicht einfach ohne Anpassungen vorgenommen werden kann, wie das in der Kulturtheorie in der Regel suggeriert wird; hier wird bei Ausführungen zum Handlungsbegriff im Allgemeinen postuliert, dass diese Ausführungen ebenso und ohne weiteres für relativ spezielle Formen des Handelns, also etwa Denken oder Schreiben, gelten würden, ohne dass dies allerdings näher ausgeführt wird. Bei der Übertragung des Handlungsbegriffs auf die Textproduktion bedarf es einerseits einer spezifischen Anpassung hinsichtlich des Bereichs, in den übertragen werden soll. Dies bedeutet, dass nicht einfach nur behauptet werden kann, der praxistheoretische Handlungsbegriff gelte für das Schreiben, ohne dabei die Besonderheiten des spezifisch schriftsprachlichen Handelns zu berücksichtigen. Auf der anderen Seite müssen die zentralen Kategorien der praxistheoretischen Handlungserklärung beibehalten und berücksichtigt werden. Ein Rückgriff auf die Praxistheorie macht demnach wenig Sinn, wenn er nur halbherzig vorgenommen wird. Man kann in unserem Zusammenhang bspw. nicht einfach die Körperkategorie ausklammern, weil sie traditionellerweise nicht im Zusammenhang mit Schreiben behandelt wird. Die Körperkategorie ist für die Praxis- und Performativitätstheorie essentiell; verzichtet man auf diese Kategorie, dann wird man den Theorien nicht gerecht und dann verlieren diese Theorien ihre Erklärungskraft. Aus dieser doppelten Notwendigkeit der Anpassung können sich jedoch durchaus auch neue, innovative Gesichtspunkte für beide Bereiche ergeben. Alles in allem kann man sagen, dass die Übertragung des praxistheoretischen Handlungsbegriffs auf Textproduktion Konsequenzen nach sich zieht, auf die in der vorliegenden Arbeit nicht einfach nur hingewiesen werden sollte, sondern die ernst genommen wurden und folglich systematisch herauszuarbeiten waren. Als Beispiel für eine solche Konsequenz sei hier nur auf die Ausführungen zur Körperkategorie und zum Hervorbringungsakzent bei Handlungsvollzügen verwiesen, aus denen sich für den Handlungsbegriff in Hinblick auf Textproduktion mit der Unterscheidung in Praxis- und Textebene ergeben hat, dass man im Rahmen von Formulieren möglicherweise von mehreren Sprachhandlungsqualitäten auszugehen hat.

Kommen wir vor diesem Hintergrund schließlich kurz zu der Frage, welches Textproduktionsverständnis in der Wissenschaft sich aus der Übertragung der praxis- und performativitätstheoretischen Überlegungen ergeben hat. Neben den oben erwähnten allgemeinen Praktiken gibt es in Wissenschaftskulturen natürlich auch sprachliche, kommunikative Praktiken. Sprachlich-kommunikative Praktiken werden in der vorliegenden Arbeit als Textproduktionspraktiken bezeichnet. In diesen Praktiken werden unterschiedliche an der Textproduktion beteiligte und teilweise für die Wissenschaft spezifische Einzelhandlungen (wie etwa Recherchieren, Rezipieren, Lesen, Formulieren) als routinierte Vollzüge getätigt, wobei dem *Formulieren* dabei eine zentrale Rolle zukommt. Die grundsätzliche Routinehaftigkeit der Vollzüge in Textproduktionspraktiken, also auch des Formulierens, wird dabei mit den jeweils spezifischen wissenschaftskulturellen Sinnmustern und Wissensordnungen erklärt, wobei diese Sinnmuster und Wissensordnungen, ohne Dichotomisierungen wie Individuum/Gesellschaft oder Geist/Körper, als *inkorporierte Dispositionen* verstanden werden. Die routinierten Handlungsvollzüge in Textproduktionspraktiken werden demzufolge vor einem dezidiert nicht-rationalistischen und nicht-kognitivistischen Hintergrund konzeptualisiert. In diesem Zusammenhang wird auch die Körperlichkeit dieser Vollzüge, auch des Formulierens, betont. Alle diese körperlichen Vollzüge in Textproduktionspraktiken sind – performativitätstheoretisch gesehen – raum-zeitlich konkrete und wiederholende Hervorbringen von wissenschaftskultureller Textproduktion, d. h. sie sind keine Ableitungen oder Repräsentationen von einer idealen wissenschaftskulturellen Textproduktion (in Kritik an der Zwei-Welten-Ontologie). Die Vollzüge sind im Gegenteil immer eine Art Zitat von raum-zeitlich konkreten vorausgehenden Vollzügen, es sind wiederholende körperliche Aufführungen von ebensolchen vorausgehenden Aufführungen. Diesem Iterabilitätscharakter des textproduktiven Handelns ist mit seiner Zitathaftigkeit zugleich ein Bewahrungs- und Veränderungspotential eingeschrieben. Die Vollzüge sind für eine Wissenschaftskultur auf der einen Seite immer irgendwie ähnlich, man kann sie als überindividuell gleichförmiges Handeln ausmachen. Auf der anderen Seite ist ein zitierendes Handeln immer auch ein wenig (u. U. ein kaum merkbares) veränderndes Handeln, denn ein Zitat kann niemals komplett identisch sein mit dem Zitierten, da mindestens der Kontext des Zitats (Raum-Zeit) anders ist als beim Zitierten. Dies ist etwa eine Folge aus der konsequenten Berücksichtigung der Überwindung eines ‚protestantischen Gestus' in Bezug auf die Übertragung des Praktikenkonzepts auf die Textproduktion.

Eine Art Schlüsselrolle unter diesen Handlungsvollzügen in Textproduktionspraktiken kommt dem *Formulieren* zu. Das Formulieren ist ein grundsätzlich routinierter Vollzug, bei dem Sprachzeichen in sprachstrukturellen Relationen zueinander hervorgebracht werden. Dieses Hervorbringen ist in der Wissenschaft angeleitet durch die Sinnmuster und Wissensordnungen einer Wissenschaftskultur und demzufolge ist es wissenschaftskulturell spezifisch. Das Formulieren befindet sich als eine Art Scharnier zwischen den in der vorliegenden Arbeit zentral unterschiedenen Ebenen der Textproduktion, zwischen der *Praxis- und der Textebene*: Aus der konsequenten Übertragung des praxis- und performativitätstheoretischen Handlungsbegriffs auf die Textproduktion in der Wissenschaft ergab sich grundsätzlich eine Differenzierung in Praxis- und Textebene, mit der das Verständnis von sprachlichem Handeln insgesamt eine Akzentuierung erhält, die durchaus neu ist, da mit ihr beim sprachlichen Handeln grundsätzlich immer differenziert wird in zwei Ebenen mit unterschiedlicher Handlungsqualität, nämlich in das sprachlich hervorbringende Handeln und das sprachlich-kommunikative Handeln, wobei beide Ebenen aufeinander angewiesen sind – keine gebe es ohne die andere. Gegenüber der gängigen Vorstellung von sprachlichem Handeln als dem Sprechen, Schreiben, Kommunizieren mit anderen wird mit dieser Differenzierung also die materielle, d. h. hier körperliche Ebene der Hervorbringung von kommunikativen Akten, also etwa Sprechakten, betont. Dem liegt folgender Gedanke zugrunde: Bevor ein Sprechakt, sowohl mündlich als auch schriftlich, kommunikativ wirksam sein kann, also etwa eine Begrüßung, ein Versprechen, eine Kritik, muss er materiell hervorgebracht werden. Der raum-zeitlich konkrete und körperliche Akt dieser Hervorbringung findet nach der hier vorgenommenen Unterscheidung auf der Praxisebene statt. Das Hervorgebrachte, also der kommunikative Sprechakt bzw. der Text, befindet sich dann auf der Textebene. Auf beiden Ebenen liegen hier also unterschiedliche Sprachhandlungsqualitäten vor. Insofern sind mit der Unterscheidung von Praxis- und Textebene auch nicht einfach Konzepte wie die ‚zerdehnte Sprechsituation' von Konrad Ehlich (vgl. Ehlich 1998: 32), die Unterscheidung ‚Sprechhandlung' und ‚Sprachwerk' im Sinne von Karl Bühler (vgl. Bühler 1999) oder die Coseriu'sche Unterscheidung von ‚Diskurs' und ‚Text' (vgl. Coseriu 1988) gemeint.

Die hier herausgearbeiteten praxis- und performativitätstheoretischen Überlegungen beziehen sich also unmittelbar auf die Praxisebene. Hier geht es um das textproduktive Handeln von Subjekten in Wissenschaftskulturen. Diese Wissenschaftler-Subjekte bringen in Textproduktionspraktiken und im Speziellen beim Formulieren Sprachzeichen hervor, die kommunikativ wirksam sind. Genau gesagt bringen sie also Texte (Mikro- und Makrotexte) hervor. Auf dieser

Textebene, auf der man kommunikative Einheiten findet, wird im Rahmen der wissenschaftlichen Textproduktion also eine Autorinstanz hervorgebracht, die für Wissenschaftskulturen typisch ist. Bspw. kann dies eine Autorinstanz sein, die Ergebnisse präsentiert und diskutiert oder andere Positionen kritisiert. Die wissenschaftskulturellen Sinnmuster und Wissensordnungen, diese einverleibten Dispositionen, sorgen dabei u. a. für die Art und Weise, wie präsentiert, diskutiert oder kritisiert wird und wie explizit der Autor selbst dabei in Erscheinung tritt.

Pointiert gesagt: Der typische wissenschaftliche Sprachgebrauch, d. h. also die typische Art und Weise der Darstellung von Autorinstanzen in wissenschaftlichen Texten, ist eine Folge aus den hochgradig routinierten Formulierungsvollzügen in wissenschaftlichen Textproduktionspraktiken, die von Wissenschaftler-Subjekten getätigt werden, die spezifische wissenschaftskulturelle Sinnmuster und Wissensordnungen in Form von Dispositionen inkorporiert haben.

Interpretationen: Versuch einer Synopse

Was lässt sich vor dem Hintergrund des hier vertretenen Handlungs- und dem daraus resultierenden Textproduktionsverständnis abschließend in Hinblick auf das zu spezifizierende Explanans für Wissenschaftssprache sagen? Betrachten wir hierfür zunächst einmal die folgende Abbildung:

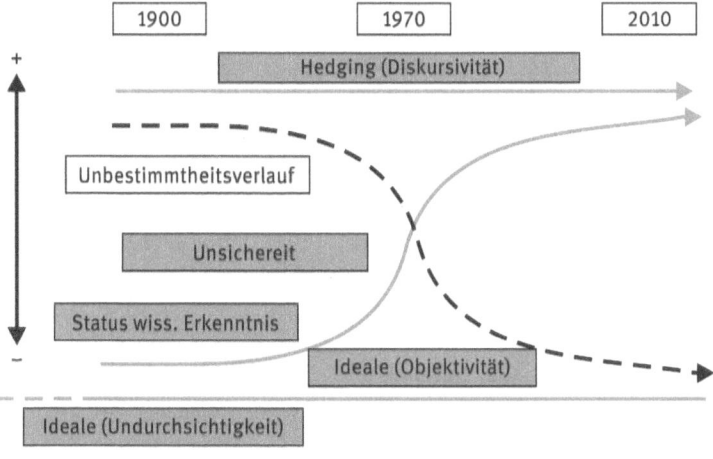

Abb. 15: Übersicht – Gebrauch von Unbestimmtheitsmitteln in Relation zu den Erwartungen

In der Abbildung werden noch einmal zusammenfassend zentrale Erwartungen bezüglich des Gebrauchs von Unbestimmtheitsmitteln in Beziehung gesetzt zum tatsächlichen Gebrauch: Die Erwartungen, die vor dem Hintergrund von unterschiedlichen Erklärungsansätzen formuliert wurden, sind in der Abbildung mit grauen Pfeilen abgebildet; der tatsächliche Verlauf ist mit dem schwarzen, gestrichelten Pfeil dargestellt. Insgesamt wird der Verlauf im untersuchten Gesamtzeitraum (von 1900 bis 2010) abgebildet.

Aus der Abbildung wird direkt ersichtlich, dass der tatsächliche Gebrauch von Unbestimmtheitsmitteln sich nicht mit den formulierten Erwartungen deckt und dass insofern also die Erklärungsdimensionen problematisch sind (siehe oben). Wie ist dies aber nun vor dem Hintergrund des herausgearbeiteten Handlungs- und Textproduktionsbegriffes zu interpretieren? Wie lautet die Interpretation vor dem Hintergrund, dass mit dem Handlungsbegriff eine Spezifizierung des Explanans für Wissenschaftssprache vorgenommen wurde?

Der Gebrauch von Unbestimmtheitsmitteln scheint also zunächst einmal weitgehend unabhängig von Diskursen zu Wissenschaftssprache und Wissenschaft sowie zur Ausgestaltung der sozialen Beziehungen zu sein (Erklärungsdimensionen 1 und 2). Unter Einbezug der hier herausgearbeiteten Erklärungsdimension 3 und des darauf aufbauenden Textproduktionsverständnisses könnte man diesbezüglich sagen, dass der Unbestimmtheitsgebrauch auf die stark routinierten Textproduktionspraktiken zurückzuführen ist, die unabhängig von dem funktionieren, was etwa über Wissenschaftssprache als Ideal gesagt und reflektiert wird. Das textproduktive Handeln der Wissenschaftler-Subjekte zeichnet sich durch eine starke, gewissermaßen autonome Routinehaftigkeit aus; man könnte auch sagen, dass die Schreibroutinen grundsätzlich ein hohes Maß an Autonomie aufweisen, die das Schreiben bspw. relativ eigensinnig gegenüber diskursiven Überlegungen sein lässt. Die Sinnmuster und die Wissensordnungen der Wissenschaftskultur, die das Schreibhandeln anleiten, bleiben in diesem Sinne relativ unbeeinflusst von den Diskursen über Wissenschaftssprache und Wissenschaft sowie der sozialen Beziehungskonstellation. Wie man allerdings der Abbildung entnehmen kann, nähert sich die Linie des tatsächlichen Unbestimmtheitsgebrauchs im Verlauf des Untersuchungszeitraums der Linie mit den Autorschaftskonzepten an. D. h. die Häufigkeit des Unbestimmtheitsgebrauchs nimmt ab und tendiert somit mehr und mehr zu dem Erklärungsansatz, nach dem Wissenschaftssprache mithilfe von (erkenntnistheoretischen und sprachstilistischen) Idealen erklärt werden kann. Wie ist das zu erklären?

Man könnte dies so interpretieren, dass die grundsätzlich autonome Textproduktion vom Diskurs über die Ideale erst im Laufe der Zeit und *allmählich* beeinflusst wird; Diskurse wirken sich demnach nicht direkt auf das textproduktive Handeln aus, sondern indirekt und zeitverzögert. Dies kann man so erklären, dass die Diskurse sich mit der Zeit in die Sinnmuster und Wissensordnungen einschreiben, die für das routinierte Formulieren verantwortlich sind – in dem Iterabilitätscharakter der Formulierungsvollzüge in Textproduktionspraktiken ist für diese Veränderung gewissermaßen das Potential angelegt. Die wissenschaftskulturellen Sinnmuster und Wissensordnungen werden demnach (neben sicherlich anderen Einflussgrößen) *allmählich* vom Objektivitätsdiskurs beeinflusst. Das Ideal der Objektivität wirkt sich also nicht direkt auf die Textproduktion aus, wie im entsprechenden Erklärungsansatz suggeriert, sondern erst im Laufe der Zeit, indem es sich allmählich in die wissenschaftskulturellen Sinnmuster und Wissensordnungen einschreibt, die dann wiederum das textproduktive Handeln bestimmen. Würde dieser Diskurs die Textproduktion hingegen direkt beeinflussen, dann hätte der Unbestimmtheitsgebrauch gerade in der Anfangsphase des Objektivitätsdiskurses zu Beginn des 20. Jahrhunderts deutlich niedriger sein müssen.

Hinsichtlich der Abnahme der Häufigkeit von Unbestimmtheitsmitteln im Verlauf des Untersuchungszeitraums könnte man also sagen, dass es zwar eine gewisse Routinehaftigkeit in der wissenschaftlichen Textproduktion gibt, die grundsätzlich erst einmal unabhängig ist von Diskursen und sozialen Beziehungskonstellationen, die sich aber im Laufe der Zeit den Diskursen entsprechend anpassen kann. Die Textproduktionspraktiken lassen also eine gewisse *Schwerfälligkeit* bzw. *Behäbigkeit* erkennen, mit der sie sich kurzfristig gegen äußere, unmittelbare Einflüsse sperren, langfristig und mittelbar aber von diesen äußeren Faktoren beeinflusst werden können. Man könnte demnach also sagen, dass die Routinehaftigkeit des textproduktiven Handelns gewissermaßen als eine Art *Filter* fungiert, der die Auswirkungen von Diskursen auf Textproduktion erst stark zeitversetzt spürbar macht.

Dies wäre allerdings noch zu präzisieren, denn es sind ja durchaus nicht alle Diskurse, die sich auf die Schreibroutinen auswirken; genau genommen scheinen es nicht einmal beide der Ideale im Rahmen der Autorschaftskonzepte zu sein. Wie den obigen Ausführungen zu entnehmen ist, kann das sprachstilistische Ideal der Durchsichtigkeit auf eine sehr lange Tradition zurückblicken, die mit der Aufklärungszeit in Deutschland deutlich vor unserem Untersuchungszeitraum beginnt. Offensichtlich beeinflusst aber erst das Aufkommen des erkenntnistheoretischen Diskurses zu Objektivität, das mit Daston und Galison (2007) ungefähr auf das letzte Drittel des 19. Jahrhunderts zu datieren ist, dann im Verlauf des 20. Jahrhunderts relativ deutlich auch die wissenschaftskulturellen Sinnmuster und Wissensordnungen, die das Textproduzieren anleiten. Erst die weitreichende Etablierung der Objektivität als eines relevanten Faktors im Erkenntnisprozess führt im Verlauf des 20. Jahrhunderts offensichtlich zunehmend dazu, dass sie sich auch – über die Sinnmuster und Wissensordnungen – auf die Schreibroutinen auswirkt.

Aber auch dies dürfte noch zu spezifizieren sein: Möglicherweise ist ein nicht unwichtiger Punkt in diesem Zusammenhang auch, dass Objektivität nach Daston und Galison nicht nur als Ideal, sondern vor allem auch in der Erkenntnis*praxis* seit dem Ende des 19. Jahrhunderts relevant wird. Beim Handeln in der Erkenntnisgewinnung, d. h. beim Experimentieren usw., spielen objektive Gesichtspunkte fortan eine zentrale Rolle. Mit großer Wahrscheinlichkeit ist also für die allmähliche Einschreibung der Objektivität in die Sinnmuster und Wissensordnungen vor allem auch der Umstand grundlegend, dass auch die Erkenntnis*praxis*, und nicht nur das Erkenntnisideal, im untersuchten Zeitraum objektiven Maßstäben unterliegt. Die Schreibpraxis würde demnach also in gewisser Weise auch der Erkenntnispraxis folgen, allerdings auch wieder zeitversetzt, was auch hier wieder für eine gewisse autonome Trägheit der Routinehaftigkeit textproduktiven Handelns spricht. Dass die Schreibpraxis sich nicht direkt und analog zur Erkenntnispraxis entwickelt, wurde in der quantitativen Untersuchung gezeigt.

Neben dem Diskurs zur Durchsichtigkeit scheinen auch andere Diskurse sich nicht auf die Routinen der Textproduktion auszuwirken. So scheinen offensichtlich die erkenntnistheoretischen Überlegungen zum allgemeinen Status von Erkenntnis und Wissenschaft, die im Laufe des 20. Jahrhunderts einem deutlichen Wandel unterlagen, sich sowohl kurzfristig als auch langfristig nicht wesentlich in die für das Schreiben verantwortlichen Dispositionen zu übertragen. Dies wird in der obigen Abbildung an dem dem tatsächlichen Unbestimmtheitsverlauf diametral entgegengesetzten Verlauf der Erwartung deutlich. Eine mögliche Erklärung dafür, dass diese Diskurse keinen Einfluss zu haben scheinen, könnte sein, dass sie auf einer zu abstrakten, zu philosophisch-theoretischen Ebene geführt werden, dass sie also zu weit weg sind, als dass sie Einfluss auf das textproduktive Handeln nehmen könnten. Ergänzend dazu könnte man auch vermuten, dass gerade der Umstand, dass diese abstrakten Diskurse nicht in der gleichen Form wie Objektivität auch in der Erkenntnis*praxis* eine Rolle spielen, dazu führt, dass eine Übertragung auf die Schreibpraxis nicht stattfindet.

Die Art und Weise, wie die sozialen Beziehungen in der Wissenschaft sich im Verlauf des 20. Jahrhunderts verändert haben, haben offensichtlich ebenfalls keinen größeren Einfluss auf die Schreibroutinen. Dass der expansive Anstieg und die zunehmende Ausdifferenzierung und Komplexität der Wissenschaftslandschaft zu Unübersichtlichkeit und Unsicherheit führen, überträgt sich demnach nicht auf die Dispositionen, die für das routinierte textproduktive Handeln in der Wissenschaft verantwortlich sind. Bei diesem Erklärungsansatz wie bei dem vorherigen handelt es sich offenbar um ‚potentielle Erklärungen' für unser Explanans, die durch die neue ‚Wissenssituation' (siehe oben), die durch die empirischen Ergebnisse zum Unbestimmtheitsgebrauch entstanden ist, an Erklärungskraft verloren haben. Sie können also zu dem Ziel, eine maximal plausible Erklärung vorzulegen, nichts Wesentliches beitragen, da sie nicht mit der Empirie in Einklang zu bringen sind. Die anderen Erklärungsansätze können demgegenüber mindestens indirekt zur Maximierung der Plausibilität beitragen.

Ein wenig differenzierter als beim vorherigen Ansatz verhält es sich bei einem Erklärungsansatz, der ebenfalls zur Erklärungsdimension 2 (soziale Beziehungen) gezählt wurde: Hier wurde aus dem elementaren wissenschaftssprachlichen Wert, dass in der Wissenschaft eine originale Erkenntnis erzielt und diese präsentiert werden muss (vgl. Steinhoff 2007a), zunächst einmal die grundsätzliche Diskursivität von Wissenschaftssprache abgeleitet, da eine originale Erkenntnis sich stets auf alte Erkenntnisse bezieht und ihre Originalität gerade mithilfe einer kritischen Abgrenzung gegenüber diesen kenntlich gemacht wird. Die Diskursivität wiederum führt dann dazu, dass man seinen Sprachgebrauch abschwächt, um entweder höflich gegenüber anderen Teilnehmern zu sein oder um sich vor Kritik zu schützen (Hedging). Bei diesem Erklärungsansatz spielen die sozialen Beziehungen in der Form eine Rolle, dass es hier um eine Art Haltung gegenüber anderen geht, die sprachlich zum Ausdruck gebracht wird. Diese Haltung hat der obigen Abbildung zufolge ebenfalls keinen nennenswerten Einfluss auf die Sinnmuster und Wissensordnungen, die die routinierte Textproduktion anleiten, zumindest wenn man sich den tatsächlichen Unbestimmtheitsgebrauch in der quantitativen Untersuchung betrachtet. Allerdings ist aus der qualitativen Untersuchung, wie oben gezeigt, hervorgegangen, dass es durchaus Unbestimmtheitsgebrauch im Zusammenhang mit Kritik an anderen Positionen gibt, dass der Erklärungsansatz also in einigen Fällen durchaus greift, wenngleich er nicht generalisiert werden kann. In diesem Zusammenhang lässt sich also sagen, dass der Erklärungsansatz über das Phänomen Hedging punktuell in Bezug auf den Unbestimmtheitsgebrauch stimmen mag. Den Gesamttrend des Unbestimmtheitsgebrauchs vermag er jedoch nicht zu erklären, denn offenbar sind die Textproduktionsroutinen im Gesamtverlauf betrachtet relativ unabhängig von diesen Haltungen gegenüber anderen Positionen und somit auch gegenüber der elementaren Diskursivität von Wissenschaft.

Aus dieser Interpretation geht alles in allem hervor, dass die routinierte Textproduktion weitestgehend unabhängig ist von *direkten* Einflüssen durch Faktoren, die im Rahmen der Erklärungsdimensionen 1 und 2 eine zentrale Rolle spielen. Die inkorporierten Sinnmuster und Wissensordnungen, die das wissenschaftliche Formulieren anleiten, zeigen also eine gewisse *veränderungsresistente Trägheit*, wenn es um Einflüsse wie Diskurse oder die soziale Beziehungskonstellation geht. Allenfalls über einen längeren Zeitraum und u. U. vor allem wenn auch nicht-kommunikative bzw. nicht-sprachliche Praktiken betroffen sind, scheinen sich die für die Textproduktion verantwortlichen Dispositionen entsprechend zu verändern. Der Einfluss auf die Textproduktion, vor allem von Diskursen, ist so gesehen zwar vorhanden, allerdings nicht direkt und unmittelbar, sondern nur durch den trägen Filter textproduktiver Handlungsroutinen. Das Potential für diese (träge) Veränderbarkeit steckt theoretisch gesehen im Iterabilitätscharakter der Vollzüge in Textproduktionspraktiken; die konkretkörperlichen Vollzüge unterliegen, wie gezeigt, diesem sehr speziellen Wiederholungsverständnis, bei dem die Reproduktion der Praktiken immer zusammen mit ihrer gleichzeitigen Veränderung gedacht wird. Dadurch ist die Reproduktion von Textproduktionspraktiken niemals als hermetisch, sondern immer auch mit einem gewissen Akzent der Transformation zu denken. Das Schreiben in der Wissenschaft reproduziert sich demnach verhältnismäßig autonom, ist dabei aber immer auch offen für verändernde Einflüsse.

Das Handeln in Textproduktionspraktiken darf demzufolge als durchaus elementar für eine Erklärung von Wissenschaftssprache angesehen werden. Die hier herausgearbeitete Erklärungsdimension 3 wäre folglich als Basis für unser Explanans für Wissenschaftssprache zu betrachten, ohne die eine vernünftige Erklärung kaum vorstellbar ist und von der man bei einer Erklärung höchstwahrscheinlich sogar auch *auszugehen* hat. Mit der Erklärungsdimension 3 wurde also gewissermaßen ein *Ausgangspunkt* für das Explanans für Wissenschaftssprache erarbeitet, der die Anwendbarkeit und Handhabbarkeit der Erklärungsdimensionen 1 und 2 beeinflusst und der auf diese Weise die Plausibilität des gesamten Explanans erhöht. Vor allem eine Bezugnahme der Erklärungsdimension 1 (Diskurs) auf die Erklärungsdimension 3 (Handlung) scheint für das Explanans für Wissenschaftssprache fruchtbar aufeinander anwendbar zu sein. Mit der Erklärungsdimension 3, die quasi kompensatorisch zu den anderen Dimensionen auf einer eher individuellen, weniger abstrakten Ebene ansetzt, scheint also eine sinnvolle grundierende und ergänzende Spezifizierung des Explanans für den typischen Sprachgebrauch in der Wissenschaft vorgenommen werden zu können, die dieses Explanans hinsichtlich der Plausibilität maximiert. Gerade durch die Fokussierung des Handlungs- und Textproduktionsbegriffs können die abstrakten Erklärungsfaktoren der anderen Erklärungsdimensionen also gewissermaßen auf einen soliden Erklärungsboden gestellt werden.

Schlussfolgerungen

Welche Konsequenzen können wir aus diesen Überlegungen für die Frage nach der Erklärung von gruppenspezifischem Sprachgebrauch ableiten? Zunächst einmal macht es in unserem Rahmen wenig Sinn, nach einer einzigen, alles umfassenden und vor allem abschließenden Erklärung zu suchen, da solche Erklärungen einem Gegenstand wie Sprache höchstwahrscheinlich nicht gerecht werden würden. Solche Erklärungen sind sicherlich notwendig, wenn es um Fragen im Bereich der Naturwissenschaften geht. Ein Ingenieur muss bspw. den Ablauf einer Maschine und das Zusammenspiel ihrer einzelnen Teile und Kräfte erklären können, um nicht zuletzt auch gewährleisten zu können, dass die Maschine funktioniert. Bei der Erklärung von Sprache, mit all ihrer Kulturalität, Sozialität und Historizität, wäre ein solcher Zugang jedoch fehlplatziert. Hier wäre vielmehr der Versuch zu unternehmen, der Vielschichtigkeit der offensichtlich vorhandenen heterogenen Einflussfaktoren nachzugehen. Dabei kann es, im Sinne induktiv-statistischer Erklärungen, immer nur um den Versuch einer möglichst maximalen Spezifizierung einer Erklärung gehen.

Für eine Erklärung von gruppenspezifischem Sprachgebrauch bedeutet dies, dass sie grundsätzlich mehrdimensional ausgerichtet sein sollte. Bei der Vielschichtigkeit möglicher Einflussgrößen genügt es offensichtlich nicht, nur einzelne Erklärungsdimensionen zu berücksichtigen, sondern es muss im Gegenteil die mögliche Heterogenität und Komplexität eines Explanans in diesem Zusammenhang vorausgesetzt werden. Für diese Mehrdimensionalität ist es entscheidend, dass die einzelnen Dimensionen zu der Empirie des Sprachgebrauchs in Beziehung gesetzt werden, sodass auf diese Weise immer wieder neue Wissenssituationen (siehe oben) entstehen können, vor deren Hintergrund die mögliche Notwendigkeit für weitere Spezifizierungen deutlich wird. Für Erklärungen von gruppenspezifischem Sprachgebrauch ist demnach ein enges und stets reziprokes Zusammenspiel von Theorie und Empirie gewissermaßen eine Grundvoraussetzung.

Hinsichtlich der Mehrdimensionalität bei der Erklärung von gruppenspezifischem Sprachgebrauch geht aus den obigen Ausführungen aber auch hervor, dass es offensichtlich wichtig ist, die Erklärungsdimensionen in Hinblick auf ihren Abstraktheitsgrad zu differenzieren. Wenn abstrakte und weniger abstrakte Erklärungsebenen vorliegen, sollten Erklärungsversuche m. E. stets von der konkreten Ebene eines Handlungs- und Textproduktionsbegriffs *ausgehen*: Für unseren Fall bestand die individuelle Ebene aus einem grundlagentheoretischen Verständnis von überindividuell gleichförmiger, routinierter Handlung, aus dem ein entsprechendes wissenschaftliches Textproduktionsverständnis abgeleitet wurde. Erst auf dieser Folie konnte auf die durch die Empirie zum Unbestimmtheitsgebrauch veränderte Wissenssituation sinnvoll reagiert und eine plausiblere Erklärung für den historischen Gebrauch von Unbestimmtheitsmitteln vorgeschlagen werden. Ohne die Einbeziehung der individuell-konkreten Ebene des Handelns und der Textproduktion hätten die Erklärungsdimensionen 1 und 2 wenig bis keine Erklärungskraft besessen.

Für die Erklärung von gruppenspezifischem Sprachgebrauch scheint es also grundsätzlich sinnvoll zu sein, eine individuelle Handlungsdimension in der vorgestellten Form zu berücksichtigen, da mit ihr die überindividuelle Gleichförmigkeit von individuellen Handlungen theoretisch erklärt werden kann. Würde man dagegen, wie es häufig geschieht, im Zusammenhang mit gruppenspezifischem Sprachgebrauch nur auf (außersprachliche) soziale Parameter *hinweisen*, die – irgendwie – zur Gruppenspezifität des Sprachgebrauchs beitragen, dann wäre damit noch keine Erklärung gegeben. In der Varietätenforschung findet man häufig Hinweise auf Gründe für eine Gruppenspezifik, ohne dass dabei allerdings Erklärungsabsichten im expliziten Sinne vorliegen müssen: So findet man bspw. Hinweise auf außersprachliche soziale Faktoren wie Alter, Geschlecht, Herkunft, auf gesellschaftliche Größen wie Milieu und Kultur oder auf gesellschaftliche Bedingungen wie soziale Normen. Mit solchen Größen wird in der Regel das Feld für gruppenspezifischen Sprachgebrauch wie etwa Wissenschaftssprache abgesteckt, mit ihnen lassen sich Grenzen für bestimmte Gruppen gegenüber anderen Gruppen ziehen. Man kann also bspw. sagen, der Sprachgebrauch in einer Gruppe sei milieu- oder normspezifisch oder abhängig vom Alter der Sprecher, also altersspezifisch. Man sagt so zwar, dass mehrere Individuen überindividuell gleichförmig sprechen oder schreiben und *schlussfolgert* daraus dann etwa, dass dem wohl eine Norm zugrunde liegen muss oder dass das am entsprechenden Milieu oder Alter liegen muss. Aber im Grunde erklärt man nicht, wie das gruppenspezifische, d. h. also überindividuell gleichförmige Sprechen oder Schreiben zustande kommen kann. Erklärt ist dieser gruppenspezifische Sprachgebrauch damit also nicht, da es für eine Erklärung notwendig wäre, theoretisch zeigen zu können, inwiefern diese sozial-gesellschaftlichen Größen das sprachliche Handeln Einzelner beeinflussen. Es handelt sich bei diesen Größen also höchstens um *mögliche* Dimensionen, die, neben einem Handlungsbegriff, in einem entsprechenden Explanans mitberücksichtigt werden müssten. Für eine Erklärung, so die hier vertretene Position, bedarf es demzufolge immer einer Erklärungsdimension, die sozialgesellschaftliche Größen der obigen Art *grundiert* und *ergänzt*, und eine solche Erklärungsdimension stellt der in der vorliegenden Arbeit herausgearbeitete Handlungsbegriff dar.

Die grundsätzliche Notwendigkeit, ein mehrdimensionales Explanans mit dem Handlungs- und Textproduktionsbegriff zu spezifizieren, konnte mit der vorliegenden Arbeit wohl herausgestellt werden. Dabei bleiben aber natürlich auch Fragen offen. Bspw. könnten in Bezug auf Wissenschaftssprache die Wechselwirkungen zwischen den Erklärungsdimensionen, vor allem auch zwischen den Erklärungsdimensionen 1 und 2, aber auch zwischen den Erklärungsdimensionen 2 und 3, vielleicht noch stärker herausgearbeitet werden. Grundlegend hierfür wären sicherlich weitere empirische Untersuchungen, die u. U. zu neuen Wissenssituationen führen. Insgesamt wäre es darüber hinaus notwendig, zu zeigen, wie genau es zu dem angenommenen allmählichen Einschreiben diskursiver Überlegungen in die kulturellen Dispositionen, die für die routinierten Vollzüge in Textproduktionspraktiken verantwortlich sind, kommt. Dies wäre also gewissermaßen die Grundsatzfrage, nach dem Verhältnis von Praktiken und Diskursen zueinander, das in Hinblick auf sprachlich-kommunikative Praktiken gegenüber allgemeinen sozialen Praktiken möglicherweise sehr spezifisch ist. In diesem Zusammenhang wäre auch systematisch zu erarbeiten, welchen Stellenwert bei dieser Einschreibung der Umstand zukommt, dass eine auf diskursiver Ebene relevante Kategorie auch in der (nicht-kommunikativen) Praxis relevant ist, wie das für die Kategorie der Objektivität ja gilt. Zu fragen wäre diesbezüglich also, inwiefern sich Diskurse möglicherweise erst in Abhängigkeit von ihrer praktischen Etablierung auch auf kommunikativ-sprachliche Praktiken übertragen. Hierfür wäre eine noch stärkere Annährung der Sprachwissenschaft an die Praktikenforschung sowie an die praxisorientierte Forschung der historischen Epistemologie unabdingbar. In Hinblick auf andere Varietäten als den wissenschaftlichen Sprachgebrauch wären darüber hinaus vermutlich noch andere als die hier thematisierten Erklärungsdimensionen einzubeziehen, da man ja sicherlich nicht bei jeder Varietät bspw. von einem der Wissenschaftssprache entsprechenden Diskurs ausgehen kann. Es wäre also u. U. bezüglich anderer Varietäten zu überprüfen, inwiefern sich weitere Erklärungsdimension mit der Handlungsdimension verbinden oder nicht.

Unabhängig von diesen grundlegenden und allgemeinen Fragen, lässt die Arbeit natürlich auch noch spezifischere Punkte offen. Ein paar seien abschließend kurz angedeutet: In einer Arbeit wie der vorliegenden bleiben notwendigerweise Fragen offen. So verstehen sich die Überlegungen zur Textproduktion bzw. zum Formulieren im Zusammenhang mit Performativität und Materialität bzw. Körperlichkeit bspw. nicht nur als zwingend vor dem Hintergrund des hier aufgeworfenen Problemzusammenhangs, sondern darüber hinaus vor allem auch als Vorschlag für eine Diskussion über die sprachtheoretische Rolle und das Verständnis von Textproduktion. Dies scheint nicht zuletzt deshalb interessant zu sein, da mit einem solchen kulturtheoretischen Zugang zugleich auch Fragen an einen linguistischen Textbegriff gestellt werden. Inhaltlich wären diese Überlegungen, bei denen Praxis- und Textebene und somit Subjekt und Autor unterschieden werden, bspw. auch bezüglich der Frage nach der Rezeption auszudehnen. Auch in Hinblick auf Unbestimmtheit wären sicherlich vor allem die Ausführungen zu Unbestimmtheit iwS auszubauen und noch stärker zu systematisieren. In Bezug auf wissenschaftliche Autorschaft könnte man schließlich weitere sprachliche Phänomene untersuchen, die normalerweise nicht im Zusammenhang mit wissenschaftlicher Autorschaft behandelt werden, die in der empirischen Untersuchung aber durchaus (wenn auch nicht unbedingt dominant) auffielen. Ich denke hier vor allem an Phänomene, die eigentlich eher der gesprochenen Sprache zugeordnet werden, wie etwa Abtönungspartikeln. Ein derartiger Zugang wäre vor allem in einem zur vorliegenden Arbeit vergleichbaren Zeitraum (also ca. 20. Jahrhundert) lohnenswert, da die Hintergründe (Geschichte der Objektivität, Wissenschaftsverständnis, Autorschaftskonzepte) diesbezüglich ähnlich relevant sind.

Literaturverzeichnis

Primärliteratur

Quantitative Untersuchung

Ágel, Vilmos (2011): Analyse und Synthese – ein Diskussionsbeitrag. In: *Zeitschrift für germanistische Linguistik* 39, 405–421.

Andresen, Helga (1973): Ein methodischer Vorschlag zur Unterscheidung von Ergänzung und Angabe im Rahmen der Valenztheorie. In: *Deutsche Sprache*, 49–61.

Androutsopoulus, Jannis (2011): Die Erfindung ‚des' Ethnolekts. In: *Zeitschrift für Literaturwissenschaft und Linguistik* 41, 93–120.

Auer, Peter (2012): Sprachliche Heterogenität im Deutschen. Linguistik zwischen Variation, Varietäten und Stil. In: *Zeitschrift für Literaturwissenschaft und Linguistik* 42, 7–28.

Bahrami, Fatemeh & Marzieh Atei Kachoui (2012): Silbenstruktur des Deutschen und des Persischen. Eine optimalitätstheoretische Analyse von Aussprachschwierigkeiten persischer Muttersprachler im Deutschunterricht. In: *Zeitschrift für germanistische Linguistik* 40, 167–216.

Bayer, Klaus (1973): Verteilung und Funktion der sogenannten Parenthese in Texten gesprochener Sprache. In: *Deutsche Sprache* 1, 64–115.

Behaghel, Otto (1900): Ich habe geschlafen. In: *Zeitschrift für deutsche Philologie* 32, 64–72.

Beißwenger, Michael & Angelika Storrer (2012): Interaktionsorientiertes Schreiben und interaktive Lesespiele in der Chat-Kommunikation. In: *Zeitschrift für Literaturwissenschaft und Linguistik* 42, 92–124.

Bernhardt, E. (1903): Beiträge zur mittelhochdeutschen Syntax. [1. Teil] In: *Zeitschrift für deutsche Philologie* 35, 145–156.

Bernhardt, E. (1903): Beiträge zur mittelhochdeutschen Syntax. [2. Teil] In: *Zeitschrift für deutsche Philologie* 35, 343–362.

Bernzen, Rolf & Werner Deutsch (1973): Über Implikationen theoretischer und methodologischer Konstruktionen und ihre Verwendung in der strukturalistischen Sprachwissenschaft. In: *Deutsche Sprache*, 69–85.

Bryant, Doreen (2011): Präpositionaladverbien im Erst- und Zweitspracherwerb – Pleonasmen oder Funktionsträger? In: *Zeitschrift für germanistische Linguistik* 39, 55–89.

Bugge, S. (1899): Beiträge zur vorgermanischen Lautgeschichte. In: *Beiträge zur Geschichte der deutschen Sprache und Literatur* 24, 425–463.

Christen, Helen (2012): Hauptsache irgendwie Dialekt? Intendierter Dialekt in der Kontaktzone von Dialekt und Standardsprache. In: *Zeitschrift für Literaturwissenschaft und Linguistik* 42, 45–60.

Delbrück, Berthold (1910): Beiträge zur germanischen Syntax. In: *Beiträge zur Geschichte der deutschen Sprache und Literatur* 36, 355–365.

Dittrich, Ottmar (1909): Konkordanz und Diskordanz in der Sprachbildung. In: *Indogermanische Forschungen. Zeitschrift für indogermanische Sprach- und Altertumskunde* 25, 1–37.

Dressler, Wolfgang (1973): Zum Aussagewert der Lehnwortphonologie für die Abstraktheitsdebatte. In: *Die Sprache. Zeitschrift für Sprachwissenschaft* 19, 125–139.

Ehrlich, H. (1900): Über die sekundäre Aktivendung der 3. Peron Pluralis im Oskisch-Umbrischen. In: *Indogermanische Forschungen. Zeitschrift für indogermanische Sprach- und Altertumskunde* 11, 299–307.

Feist, S. (1910): Die germanische und die hochdeutsche Lautverschiebung sprachlich und ethnographisch betrachtet. In: *Beiträge zur Geschichte der deutschen Sprache und Literatur* 36, 307–354.

Felfe, Marc (2012): Transitive Resultativkonstruktionen in der Konstruktionsgrammatik. In: *Zeitschrift für germanistische Linguistik* 40, 352–395.

Fix, Ulla (2009): Stand und Entwicklungstendenzen der Textlinguistik (I). In: *Deutsch als Fremdsprache* 46, 11–20.

Fleischer, Jürg, Katrin Kuhmichel & Augustin Speyer (2012): Sprachveränderung bei Goethe. Das auslautende Schwa in den Werther-Fassungen von 1774 und 1787. In: *Zeitschrift für germanistische Linguistik* 40, 305–351.

Friedrich, W. (1900): Die Flexion des Hauptwortes in den heutigen deutschen Mundarten. [1. Teil] In: *Zeitschrift für deutsche Philologie* 32, 484–501.

Friedrich, W. (1901): Die Flexion des Hauptwortes in den heutigen deutschen Mundarten. [2. Teil] In: *Zeitschrift für deutsche Philologie* 33, 45–84.

Fritz, Gerd (1975): Sprachliche Interaktion: Gemeinsam Planen. In: *Zeitschrift für germanistische Linguistik* 3, 257–279.

Grosse, Rudolf (1970): Probleme der Phonologie und Morphologie. In: *Deutsch als Fremdsprache* 7, 39–47.

Haefele, Josef (1974): Fragekompetenz. In: *Zeitschrift für germanistische Linguistik* 2, 171–205.

Harczyk, I. (1898): Gotes. Eine Anmerkung zur altdeutschen Wortstellung. In: *Beiträge zur Geschichte der deutschen Sprache und Literatur* 33, 240–245.

Harweg, Roland (1972): Stilistik und Textgrammatik. In: *Zeitschrift für Literaturwissenschaft und Linguistik* 2, 71–81.

Harweg, Roland (1973): Ist das vergangenheitsgezogene Perfekt im Neuhochdeutschen zweideutig? In: *Zeitschrift für Dialektologie und Linguistik* 40, 257–278.

Heeschen, Volker (1976): Überlegungen zum Begriff „Sprachliches Handeln". In: *Zeitschrift für germanistische Linguistik* 4, 273–301.

Helbig, Gerhard (1970): Zu einigen Spezialproblemen der Valenztheorie. In: *Deutsch als Fremdsprache* 8, 269–282.

Helten, W. van (1898): Zur altwestfriesischen Lexikologie. In: *Beiträge zur Geschichte der deutschen Sprache und Literatur* 33, 232–236.

Hennig, Mathilde (2011): Ellipse und Textverstehen. In: *Zeitschrift für germanistische Linguistik* 39, 239–271.

Jacobs, Joachim (2009): Valenzbindung oder Konstruktionsbindung? Eine Grundfrage der Grammatiktheorie. In: *Zeitschrift für germanistische Linguistik* 37, 490–513.

Jakob, T. (1899): Über das Genus des Participium Praeteriti. In: *Zeitschrift für deutsche Philologie* 31, 359–371.

Jellinek, M. H. (1901): Beiträge zur Geschichte der Sprachwissenschaft. In: *Indogermanische Forschungen. Zeitschrift für indogermanische Sprach- und Altertumskunde* 12, 158–170.

Johansson, K. F. (1899): Über aisl. eldr, ags. aeled „Feuer" usw. In: *Zeitschrift für deutsche Philologie* 31, 285–302.

Jokl, N. (1910): Über „Etymologische Anarchie" und ihre Bekämpfung. In: *Indogermanische Forschungen. Zeitschrift für indogermanische Sprach- und Altertumskunde* 27, 297–324.

Kammel, W. (1904): Modusgebrauch im Mittelhochdeutschen. Über den einfluss der negation im hauptsatze auf den modus in substantiv-, consecutiv- und relativsätzen. In: *Zeitschrift für deutsche Philologie* 36, 86–115.
Kanngießer, Siegfried (1972): Untersuchungen zur Kompetenztheorie und zum sprachlichen Handeln. In: *Zeitschrift für Literaturwissenschaft und Linguistik* 39, 13–45.
Katz, Hartmut (1974): Versuch einer Beschreibung der Substantivflexion des Dialekts der deutschen Zigeuner. In: *Zeitschrift für Dialektologie und Linguistik* 41, 145–155.
Knobloch, Clemens (2009): Noch einmal: Partikelkonstruktionen. In: *Zeitschrift für germanistische Linguistik* 37, 544–564.
Kolde, Gottfried (1975): Sprachnormen und erfolgreiches Sprachhandeln. Ein Diskussionsbeitrag. In: *Zeitschrift für germanistische Linguistik* 3, 149–174.
König, Werner (1973): Kontextuell bedingte Neutralisationen und der Vorgang des Lautwandels. In: *Zeitschrift für Dialektologie und Linguistik* 40, 157–164.
Kummer, Werner (1972): Sprechsituation, Aussagesystem und Erzählsituation des Romans. Ein Beitrag zu einer Theorie der Kommunikationsspiele. In: *Zeitschrift für Literaturwissenschaft und Linguistik* 2, 83–105.
Lee, Mi-Young (2012): Zusammenhänge zwischen Wortstellungen und Subjekt-Verb-Kongruenz in der lernersprachlichen Entwicklung bei L2-Lernern des Deutschen. In: *Zeitschrift für germanistische Linguistik* 40, 217–241.
Lessiak, P. (1910): Alpendeutsche und Alpenslawen in ihren sprachlichen Beziehungen. In: *Germanisch-romanische Monatsschrift* 2, 274–288.
Leys, Odo (1973): Nicht-referentielle Nominalphrasen. In: *Deutsche Sprache*, 1–15.
Martens, Peter (1975): Fortfall oder Bewahrung von unbetonbarem „-e". Einige phonetische, orthographische und grammatische Implikationen. In: *Zeitschrift für Dialektologie und Linguistik* 42, 39–52.
Meibauer, Jörg (2011): Spracherwerb und Kinderliteratur. In: *Zeitschrift für Literaturwissenschaft und Linguistik* 41, 9–26.
Meinunger, André (2011): Der Wortartenstatus des Elements *je* in der komparativen Korrelativkonstruktion. In: *Zeitschrift für germanistische Linguistik* 39, 217–238.
Mensing, O. (1902): Beiträge zur niederdeutschen Syntax. In: *Zeitschrift für deutsche Philologie* 34, 505–515.
Meringer, R. (1909): Wörter und Sachen. In: *Germanisch-romanische Monatsschrift* 1, 593–598.
Meyer, R. M. (1909): Hilfsverba zweiter Ordnung. In: *Beiträge zur Geschichte der deutschen Sprache und Literatur* 34, 267–291.
Meyer-Lübke, W. (1909): Aufgaben der Wortforschung. In: *Germanisch-romanische Monatsschrift* 1, 634–647.
Michel, Sascha (2011): Zur Systematik der Kompositionsstammformbildung N+N-Komposita – Implikationen für den DaF-Unterricht. In: *Deutsch als Fremdsprache* 48, 221–231.
Möller, Robert (2011): *Hier*, *da* und *dort* – regionale Variation und standardsprachlicher Gebrauch bei den primären Lokaldeiktika im Deutschen. In: *Zeitschrift für germanistische Linguistik* 39, 1–23.
Müller, Sonja (2012): Inkompatible Illokutionsmerkmale. Konjunktivische und imperativische w-Interrogativsätze. In: *Zeitschrift für germanistische Linguistik* 40, 396–442.
Niedermann, M. (1899): Studien zur Geschichte der lateinischen Wortbildung. Das Suffix *-do-*. In: *Indogermanische Forschungen. Zeitschrift für indogermanische Sprach- und Altertumskunde* 2, 221–258.

Osthoff, Hermann (1910): Zur Entlabialisierung der Labiovelare im Keltischen. In: *Indogermanische Forschungen. Zeitschrift für indogermanische Sprach- und Altertumskunde* 27, 161–193.
Petkov, Marin (2011): Zum genus substantivi der Fremdwörter im Althochdeutschen bis zum 8. Jahrhundert. In: *Zeitschrift für germanistische Linguistik* 39, 272–284.
Pörksen, Uwe (1973): Zur Terminologie der Psychoanalyse. In: *Deutsche Sprache*, 7–36.
Reckendorf, H. (1899): Zur allgemeinen Syntax. In: *Indogermanische Forschungen. Zeitschrift für indogermanische Sprach- und Altertumskunde* 10, 167–189.
Redder, Angelika (2011): ‚Ethnizität' und Mehrsprachigkeit. In: *Zeitschrift für Literaturwissenschaft und Linguistik* 41, 71–92.
Rein, Kurt (1974): Die mittelbairische Liquiden-Vokalisierung. In: *Zeitschrift für Dialektologie und Linguistik* 41, 21–37.
Rein, Kurt & Martha Scheffelmann-Mayer (1975): Funktion und Motivation des Gebrauchs von Dialekt und Hochsprache im Bairischen. Untersucht am Sprach- und Sozialverhalten einer oberbayerischen Gemeinde (Walpertskirchen, Landkreis Erding). In: *Zeitschrift für Dialektologie und Linguistik* 42, 257–290.
Reis, H. (1901): Über althochdeutsche Wortfolge. In: *Zeitschrift für deutsche Philologie* 33, 212–238.
Reis, Marga (2011): *Kaum*-Gefüge im Deutschen – Grammatik und Pragmatik. In: *Zeitschrift für germanistische Linguistik* 39, 317–355.
Roenitz, Bernd (1976): Kompetenzmodell und Sprachvergleich. In: *Linguistische Studien* 29, 39–75.
Rothstein, Björn (2011): Zur temporalen Interpretation von Fügungen des Typs *sie kamen gelaufen*. In: *Zeitschrift für germanistische Linguistik* 39, 356–376.
Ruiter, Jan P. de (2012): Kommunikation im 21. Jahrhundert: Alter Dialog-Wein in neuen Technik-Schläuchen. In: *Zeitschrift für Literaturwissenschaft und Linguistik* 42, 13–27.
Schecker, Michael (1973): Sem- und Themenanalysen als textlinguistische Beschreibungsverfahren. In: *Deutsche Sprache*, 16–41.
Schleef, Erik (2012): Sprache und Geschlecht im universitären Diskurs. In: *Zeitschrift für germanistische Linguistik* 40, 1–34.
Schmidt, Siegfried J. (1973): Texttheoretische Aspekte der Negation. In: *Zeitschrift für germanistische Linguistik* 1, 178–208.
Schneider, Jan Georg (2011): Hat die gesprochene Sprache eine eigene Grammatik? Grundsätzliche Überlegungen zum Status gesprochensprachlicher Konstruktionen und zur Kategorie ‚gesprochenes Standarddeutsch'. In: *Zeitschrift für germanistische Linguistik* 39, 165–187.
Schnurr, Dagmar (1973): Wozu überhaupt „Überhaupt"? In: *Linguistische Berichte* 26, 25–34.
Schönbach, A. E. (1899): Über den Conjunctiv Praeteriti im Bairisch-Oesterreichischen. In: *Beiträge zur Geschichte der deutschen Sprache und Literatur* 34, 232–238.
Schreyer, Reinhard (1974): Linguistische Aspekte zur Untersuchung politischer Witze. In: *Zeitschrift für Dialektologie und Linguistik* 41, 289–317.
Schwarz, Christian (2012): Rezenz als Faktor phonologischer Variation. In: *Zeitschrift für Literaturwissenschaft und Linguistik* 42, 29–44.
Sommer, F. (1900): Lateinischer Vokalumlaut in haupttonigen Silben. In: *Indogermanische Forschungen. Zeitschrift für indogermanische Sprach- und Altertumskunde* 11, 325–341.
Sommerfeldt, Karl-Ernst (1971): Zur Wortstellung in der Gruppe des Substantivs. In: *Deutsch als Fremdsprache* 8, 13–19.

Sommerfeldt, Karl-Ernst & Herbert Schreiber (1971): Untersuchungen zur syntaktischen und semantischen Valenz deutscher Adjektive (1). In: *Deutsch als Fremdsprache* 8, 227–231.

Stellmacher, Dieter (1975): Die Kodifikation der deutschen Hochlautung. Ein Vergleich von Ergebnissen in der Vorschrift und in Realisationen bei Sprechern der deutschen Hochsprache. In: *Zeitschrift für Dialektologie und Linguistik* 42, 27–38.

Stetter, Christian (1976): Zur sprachtheoretischen Entfaltung der „Erfahrung". In: *Zeitschrift für germanistische Linguistik* 4, 129–154.

Streitberg, W. (1909): Die Zukunft der deutschen Sprache. In: *Germanisch-romanische Monatsschrift* 1, 1–7.

Thumb, A. (1911): Experimentelle Psychologie und Sprachwissenschaft. Ein Beitrag zur Methodenlehre der Philologie. [1. Teil] In: *Germanisch-romanische Monatsschrift* 3, 1–15.

Thumb, A. (1911): Experimentelle Psychologie und Sprachwissenschaft. Ein Beitrag zur Methodenlehre der Philologie. [2. Teil] In: *Germanisch-romanische Monatsschrift* 3, 65–74.

Tyrnister, Hans Josef (1973): Ansätze zu einer pragmatischen Analyse von Unterrichtsdialogen. In: *Deutsche Sprache*, 81–99.

Uhlenbeck, C. C. (1909): Zur deutschen Etymologie. In: *Beiträge zur Geschichte der deutschen Sprache und Literatur* 35, 161–180.

Veit, F. (1909): Zum Conj. Praet. im Schwäbischen. In: *Beiträge zur Geschichte der deutschen Sprache und Literatur* 35, 348–359.

Weise, O. (1909): Der gegenwärtige Stand der Forschung auf dem Gebiete der Syntax deutscher Mundarten. In: *Germanisch-romanische Monatsschrift* 1, 733–742.

Wollmann, Alfred (1974): Das Vokalsystem des Reichenberger Dialekts um 1900. Diachronie und phonologische Regeln. In: *Zeitschrift für Dialektologie und Linguistik* 41, 271–288.

Qualitative Untersuchung

Bierwisch, Manfred (1972): Zur Klassifizierung semantischer Merkmale. In: Kiefer, Ferenc (Hrsg.): *Semantik und generative Grammatik*. Frankfurt a. M.: Athenäum, 69–99.

Bohnenberger, K. (1905): Die Südgrenze der Diphtongierung von mhd. $\bar{\imath}$ und $\bar{u}$ westlich der Vogesen. In: *Zeitschrift für hochdeutsche Mundarten* 6, 299–304.

Braune, Wilhelm (1907): Zur altsächsischen Genesis. In: *Beiträge zur Geschichte der deutschen Sprache und Literatur* 32, 1–29.

Hundsnurscher, Franz (1976): Insistieren. In: *Wirkendes Wort* 26, 255–265.

Kolde, Gottfried (1972): Zur transformationellen Erklärung der „Nomina actionis" im Deutschen. In: *Wirkendes Wort* 22, 174–198.

Miedel, J. (1905): Die sogenannten elliptischen Ortsnamen. In: *Zeitschrift für hochdeutsche Mundarten* 6, 362–368.

Osthoff, Hermann (1902): Fechten. In: *Beiträge zur Geschichte der deutschen Sprache und Literatur* 27, 343–353.

Wunderlich, Dieter (1971): Pragmatik, Sprechsituation, Deixis. In: *Zeitschrift für Literaturwissenschaft und Linguistik* 1, 153–190.

Sekundärliteratur

Adamzik, Kirsten, Gerd Antos & Eva-Maria Jakobs (Hrsg.) (1997): *Domänen- und kulturspezifisches Schreiben*. Frankfurt a. M.: Peter Lang.

Ágel, Vilmos (1997): Ist der Gegenstand der Sprachwissenschaft die Sprache? In: Kertész, András (Hrsg.): *Metalinguistik im Wandel. Die ‚kognitive Wende' in Wissenschaftstheorie und Linguistik*. Frankfurt a. M. et al.: Peter Lang, 57–97.

Ágel, Vilmos (1999): Grammatik und Kulturgeschichte. Die *raison graphique* am Beispiel der Epistemik. In: Gardt, Andreas, Ulrike Haß-Zumkehr & Thorsten Roelcke (Hrsg.): *Sprachgeschichte als Kulturgeschichte*. Berlin, New York: de Gruyter, 171–223.

Ágel, Vilmos (2000): Syntax des Neuhochdeutschen bis zur Mitte des 20. Jahrhunderts. In: Besch, Werner, Anne Betten, Oskar Reichmann & Stefan Sonderegger (Hrsg.): *Sprachgeschichte. Ein Handbuch zur Geschichte der deutschen Sprache und ihrer Erforschung*. 2. Teilband. Berlin, New York: de Gruyter, 1855–1903.

Alkemeyer, Thomas (2013): Subjektivierung in sozialen Praktiken. Umrisse einer praxeologischen Analyse. In: Alkemeyer, Thomas, Gunilla Budde & Dagmar Freist (Hrsg.): *Selbst-Bildungen. Soziale und kulturelle Praktiken der Subjektivierung*. Bielefeld: transcript, 33–68.

Alkemeyer, Thomas & Robert Schmidt (2003): Habitus und Selbst. Zur Irritation der körperlichen Hexis in der populären Kultur. In: Alkemeyer, Thomas et al. (Hrsg.): *Aufs Spiel gesetzte Körper. Aufführungen des Sozialen in Sport und populärer Kultur*. Konstanz: UVK, 77–102.

Alkemeyer, Thomas & Paula-Irene Villa (2010): Somatischer Eigensinn? Kritische Anmerkungen zu Diskurs- und Gouvernementalitätsforschung aus subjektivationstheoretischer und praxeologischer Perspektive. In: Angermüller, Johannes & Silke van Dyk (Hrsg.): *Diskursanalyse meets Gouvernementalitätsforschung. Perspektiven auf das Verhältnis von Subjekt, Sprache, Macht und Wissen*. Frankfurt a. M.: Campus, 315–335.

Alkemeyer, Thomas, Gunilla Budde & Dagmar Freist (2013a): Einleitung. In: Dies. (Hrsg.): *Selbst-Bildungen. Soziale und kulturelle Praktiken der Subjektivierung*. Bielefeld: transcript, 9–30.

Alkemeyer, Thomas, Gunilla Budde & Dagmar Freist (Hrsg.) (2013b): *Selbst-Bildungen. Soziale und kulturelle Praktiken der Subjektivierung*. Bielefeld: transcript.

Antos, Gerd (1981): Formulieren als sprachliches Handeln. Ein Plädoyer für eine produktionsorientierte Textpragmatik. In: *Amsterdamer Beiträge zur neueren Germanistik* 13, 403–440.

Antos, Gerd (1982): *Grundlagen einer Theorie des Formulierens. Textherstellung in geschriebener und gesprochener Sprache*. Tübingen: Niemeyer.

Antos, Gerd & Heike Tietz (Hrsg.) (1997): *Die Zukunft der Textlinguistik. Traditionen, Transformationen, Trends*. Tübingen: Niemeyer.

Armstrong, David F., William C. Stokoe & Sherman E. Wilcox (1995): *Gesture and the Nature of Language*. Cambridge et al.: Cambridge University Press.

Arnold, Markus & Gert Dressel (Hrsg.) (2004): *Wissenschaftskulturen – Experimentalkulturen – Gelehrtenkulturen*. Wien: Turia + Kant.

Auer, Peter (1986): Kontextualisierung. In: *Studium Linguistik* 19, 22–48.

Auer, Peter (1999): *Sprachliche Interaktion. Eine Einführung anhand von 22 Klassikern*. Tübingen: Niemeyer.

Auer, Peter (2000): Die Linguistik auf dem Weg zur Kulturwissenschaft? In: *Freiburger Universitätsblätter* 127, 55–68.
Austin, John L. (1979): *Zur Theorie der Sprechakte (How to do things with Words)*. Stuttgart: Reclam [Original 1962].
Bachmann-Medick, Doris (2010): *Cultural Turns. Neuorientierungen in den Kulturwissenschaften*. 4. Aufl. Reinbek: Rowohlt.
Beaugrande, Robert-Alain de, Ulrich Dressler (1981): *Einführung in die Textlinguistik*. Tübingen: Niemeyer.
Becker, Andrea & Markus Hundt (1998): Die Fachsprache in der einzelsprachlichen Differenzierung. In: Hoffmann, Lothar, Hartwig Kalverkämper & Herbert Ernst Wiegand (Hrsg.): *Fachsprachen. Ein internationales Handbuch zur Fachsprachenforschung*. (Handbücher zur Sprach- und Kommunikationswissenschaft 14.1). Berlin, New York: de Gruyter, 118–133.
Becker-Mrotzek, Michael (1994): Schreiben als Handlung. Das Verfassen von Bedienungsanleitungen. In: Brünner, Gisela & Gabriele Graefen (Hrsg.): *Texte und Diskurse. Methoden und Forschungsergebnisse der funktionalen Pragmatik*. Opladen: Westdeutscher Verlag, 158–175.
Beneš, Eduard (1966): Syntaktische Besonderheiten der deutschen wissenschaftlichen Fachsprache. In: *Deutsch als Fremdsprache* 3, 26–33.
Beneš, Eduard (1981): Die formale Struktur der wissenschaftlichen Fachsprachen in syntaktischer Hinsicht. In: Bungarten, Theo (Hrsg.): *Wissenschaftssprache. Beiträge zur Methodologie, theoretischen Fundierung und Deskription*. München: Fink, 185–211.
Berger, Peter L. & Thomas Luckmann (2010): *Die gesellschaftliche Konstruktion der Wirklichkeit. Eine Theorie der Wissenssoziologie*. 23. Aufl. Frankfurt a. M.: Fischer [Original 1966].
Bergmann, Werner & Gisbert Hoffmann (1985): G. H. Mead und die Tradition der Phänomenologie. In: Joas, Hans (Hrsg.): *Das Problem der Intersubjektivität. Neuere Beiträge zum Werk George Herbert Meads*. Frankfurt a. M.: Suhrkamp, 93–130.
Bierwisch, Manfred (1993): Ludwig Jägers Kampf mit den Windmühlen. Anmerkungen zu einer merkwürdigen Sprach(wissenschafts)-Verwirrung. In: *Zeitschrift für Sprachwissenschaft* 12, 107–112.
Bongo, Giancarmine (2010): *Der theoretische Raum der Wissenschaftssprache. Untersuchungen über die funktionale Konstitution einer Wissenschaftssprachtheorie und deren Anwendung in der Praxis*. Bern: Peter Lang.
Bourdieu, Pierre (1974): Der Habitus als Vermittlung zwischen Struktur und Praxis. In: Ders.: *Zur Soziologie der symbolischen Formen*. Frankfurt a. M.: Suhrkamp (suhrkamp taschenbuch wissenschaft 107), 125–158.
Bourdieu, Pierre (1982): *Die feinen Unterschiede. Kritik der gesellschaftlichen Urteilskraft*. Frankfurt a. M.: Suhrkamp (suhrkamp taschenbuch wissenschaft 658) [Original 1979].
Bourdieu, Pierre (1987): *Sozialer Sinn. Kritik der theoretischen Vernunft*. Frankfurt a. M.: Suhrkamp (suhrkamp taschenbuch wissenschaft 1066) [Original 1980].
Bourdieu, Pierre (1998): *Praktische Vernunft. Zur Theorie des Handelns*. Frankfurt a. M.: Suhrkamp (edition suhrkamp 1985) [Original 1994].
Bourdieu, Pierre (2005): *Die männliche Herrschaft*. Frankfurt a. M.: Suhrkamp [Original 1998].
Bourdieu, Pierre (2012): *Entwurf einer Theorie der Praxis auf der ethnologischen Grundlage der kabylischen Gesellschaft*. Frankfurt a. M.: Suhrkamp (suhrkamp taschenbuch wissenschaft 291) [Original 1972].
Bourdieu, Pierre (2013): *Meditationen. Zur Kritik der scholastischen Vernunft*. 3. Aufl. Frankfurt a. M.: Suhrkamp (suhrkamp taschenbuch wissenschaft 1695) [Original 1997].

Bourdieu, Pierre & Loïc J. D. Wacquant (2006): *Reflexive Anthropologie*. Frankfurt a. M.: Suhrkamp (suhrkamp taschenbuch wissenschaft 1793) [Original 1992].
Brennenstuhl, Waltraud (1975*): Handlungstheorie und Handlungslogik. Vorbereitung zur Entwicklung einer sprachadäquaten Handlungslogik*. Kronberg/Ts.: Scriptor.
Brown, Penelope & Stephen C. Levinson (1987): *Politeness. Some universals in language use*. Cambridge et al.: Cambridge University Press.
Brugger, Walter & Harald Schöndorf (2010): *Philosophisches Wörterbuch*. München, Freiburg: Alber.
Brünner, Gisela & Gabriele Graefen (1994): Zur Konzeption der Funktionalen Pragmatik. In: Dies. (Hrsg.): *Texte und Diskurse. Methoden und Forschungsergebnisse der Funktionalen Pragmatik*. Opladen: Westdeutscher Verlag, 7–21.
Bubenhofer, Noah (2009): Sprachgebrauchsmuster. Korpuslinguistik als Methode der Diskurs- und Kulturanalyse. Berlin, New York: de Gruyter.
Bühler, Karl (1999): *Sprachtheorie. Die Darstellungsfunktion der Sprache*. 3. Aufl. Stuttgart: Lucius & Lucius [Original 1934].
Bungarten, Theo (1981a): Wissenschaft, Sprache und Gesellschaft. In: Ders. (Hrsg.): *Wissenschaftssprache. Beiträge zur Methodologie, theoretischen Fundierung und Deskription*. München: Fink, 15–53.
Bungarten, Theo (Hrsg.) (1981b): *Wissenschaftssprache. Beiträge zur Methodologie, theoretischen Fundierung und Deskription*. München: Fink.
Bungarten, Theo (1989a): ‚Sprachliche Entfremdung' in der Wissenschaft. In: Ders. (Hrsg.): *Wissenschaftssprache und Gesellschaft. Aspekte der wissenschaftlichen Kommunikation und des Wissenstransfers in der heutigen Zeit*. 2., unveränderte Auflage. Tostedt: Attikon, 22–43.
Bungarten, Theo (Hrsg.) (1989b): *Wissenschaftssprache und Gesellschaft. Aspekte der wissenschaftlichen Kommunikation und des Wissenstransfers in der heutigen Zeit*. 2., unveränderte Auflage. Tostedt: Attikon.
Busse, Dietrich (2005): Sprachwissenschaft als Sozialwissenschaft? In: Busse, Dietrich, Thomas Niehr & Martin Wengeler (Hrsg.): *Brisante Semantik. Neuere Konzepte und Forschungsergebnisse einer kulturwissenschaftlichen Linguistik*. Tübingen: Niemeyer, 21–43.
Busse, Dietrich, Thomas Niehr & Martin Wengeler (Hrsg.) (2005): *Brisante Semantik. Neuere Konzepte und Forschungsergebnisse einer kulturwissenschaftlichen Linguistik*. Tübingen: Niemeyer.
Butler, Judith (1997): *Körper von Gewicht. Die diskursiven Grenzen des Geschlechts*. Frankfurt a. M.: Suhrkamp (edition suhrkamp 1737) [Original 1993].
Butler, Judith (2013): *Haß spricht. Zur Politik des Performativen*. 4. Aufl. Berlin: Suhrkamp (edition suhrkamp 2414) [Original 1997].
Cherry, Roger D. (1988): Politeness in written persuasion. In: *Journal of Pragmatics* 12, 63–81.
Chomsky, Noam (1971): *Cartesianische Linguistik. Ein Kapitel in der Geschichte des Rationalismus*. Tübingen: Niemeyer [Original 1966].
Chomsky, Noam (1977): *Reflexionen über die Sprache*. Frankfurt a. M.: Suhrkamp [Original 1975].
Chomsky, Noam (1981): *Regeln und Repräsentationen*. Frankfurt a. M.: Suhrkamp (suhrkamp taschenbuch wissenschaft 351) [Original 1980].
Clemen, Gudrun (1997): The Concept of Hedging: Origins, Approaches and Definitions. In: Markkanen, Raija & Hartmut Schröder (Hrsg.): *Hedging and Discourse. Approaches to the*

Analysis of a Pragmatic Phenomenon in Academic Texts. Berlin, New York: de Gruyter, 235–248.
Coseriu, Eugenio (1975): System, Norm, Rede. In: Ders.: *Sprachtheorie und allgemeine Sprachwissenschaft*. 5 Studien. München: Fink, 11–101.
Coseriu, Eugenio (1988): Sprachkompetenz. Grundzüge einer Theorie des Sprechens. Tübingen: Francke.
Czicza, Dániel (2015): Zu Analogien zwischen verbaler und nominaler Organisation. In: Hennig, Mathilde & Robert Niemann (Hrsg.): *Junktion in der Attribution. Ein Komplexitätsphänomen aus grammatischer, psycholinguistischer und praxistheoretischer Perspektive*. Berlin, New York: de Gruyter, 123–161.
Czicza, Dániel (i.V.): *Analogie und grammatische Strukturen*. (Arbeitstitel)
Czicza, Dániel & Mathilde Hennig (2011): Zur Pragmatik und Grammatik der Wissenschaftskommunikation. Ein Modellvorschlag. In: *Fachsprache* 1–2, 36–60.
Darian, Steven (1995): Hypotheses in introductory science texts. In: *International Review of Applied Linguistics in Language Teaching* 33, 83–108.
Daston, Lorraine (1994): Historical Epistemology. In: Chandler, James, Arnold I. Davidson & Harry Harootunian (Hrsg.): *Questions of Evidence. Proof, Practice, and Persuasion across the Disciplines*. Chicago, London: The University of Chicago Press, 282–289.
Daston, Lorraine (2001): The Historicity of Science. In: Most, Glenn W. (Hrsg.): *Historicization – Historisierung* (Aporemata. Kritische Studien zur Philosophiegeschichte; Bd. 5). Göttingen: Vandenhoeck & Ruprecht, 201–221.
Daston, Lorraine (2002): Eine Geschichte der wissenschaftlichen Objektivität. In: Mayntz, Renate (Hrsg.): *Akteure – Mechanismen – Modelle. Zur Theoriefähigkeit makro-sozialer Analysen*. Frankfurt a. M.: Campus, 44–60.
Daston, Lorraine (2003a): Die Biographie der Athene oder Eine Geschichte der Rationalität. In: Dies.: *Wunder, Beweise und Tatsachen. Zur Geschichte der Rationalität*. 2. Aufl. Frankfurt a. M.: Fischer, 7–27.
Daston, Lorraine (2003b): *Wunder, Beweise und Tatsachen. Zur Geschichte der Rationalität*. 2. Aufl. Frankfurt a. M.: Fischer.
Daston, Lorraine & Peter Galison (2007): *Objektivität*. Frankfurt a. M.: Suhrkamp.
Deppermann, Arnulf, Helmuth Feilke & Angelika Linke (Hrsg.) (2016): *Sprachliche und kommunikative Praktiken*. Berlin, Boston: de Gruyter (Institut für Deutsche Sprache, Jahrbuch 2015).
Derrida, Jacques (1999): *Randgänge der Philosophie*. Herausgegeben von Peter Engelmann. 2. überarb. Aufl. Wien: Passagen.
Detel, Wolfgang (2003): Wissenskulturen und epistemische Praktiken. In: Fried, Johannes & Thomas Kailer (Hrsg.): *Wissenskulturen. Beiträge zu einem forschungsstrategischen Konzept*. Berlin: Akademie Verlag, 119–132.
Diewald, Gabriele (1991): *Deixis und Textsorten im Deutschen*. Tübingen: Niemeyer.
Diewald, Gabriele (1999): Die Modalverben im Deutschen. Grammatikalisierung und Polyfunktionalität. Tübingen: Niemeyer.
Diewald, Gabriele (2000): *scheinen* als Faktizitätsmarker. In: Habermann, Mechthild, Peter O. Müller & Bernd Naumann (Hrsg.): *Wortschatz und Orthographie in Geschichte und Gegenwart. Festschrift für Horst Haider Munske zum 65. Geburtstag*. Tübingen: Niemeyer, 333–355.
Drozd, Lubomir & Wilfried Seibicke (1973): *Deutsch als Fach- und Wissenschaftssprache. Bestandsaufnahme –Theorie – Geschichte*. Wiesbaden: Brandstetter.

Duden (2009) = *Die Grammatik. Unentbehrlich für richtiges Deutsch.* (herausgegeben von der Dudenredaktion) 8., überarbeitete Aufl. Mannheim, Zürich: Dudenverlag.

Eckert, Penelope (2000): *Linguistic Variation as Social Practice. The Linguistic Construction of Identity in Belten High.* Malden: Blackwell.

Ehlich, Konrad (1993): Deutsch als fremde Wissenschaftssprache. In: *Jahrbuch Deutsch als Fremdsprache* 19, 13–42.

Ehlich, Konrad (1994): Funktionale Etymologie. In: Brünner, Gisela & Gabriele Graefen (Hrsg.): *Texte und Diskurse. Methoden und Forschungsergebnisse der Funktionalen Pragmatik.* Opladen: Westdeutscher Verlag, 68–82.

Ehlich, Konrad (1998): Text und sprachliches Handeln. Die Entstehung von Texten aus dem Bedürfnis nach Überlieferung. In: Assmann, Aleida, Jan Assmann & Christof Hardmeier (Hrsg.): *Schrift und Gedächtnis. Beiträge zur Archäologie der literarischen Kommunikation.* 3. Aufl. München: Fink, 24–43.

Ehlich, Konrad (2003): Universitäre Textarten, universitäre Struktur. In: Ehlich, Konrad & Angelika Steets (Hrsg.): *Wissenschaftlich schreiben – lehren und lernen.* Berlin, New York: de Gruyter, 13–28.

Ehlich, Konrad (2006): Die Vertreibung der Kultur aus der Sprache. 13 kurze Reflexionen zu einem reflexionsresistenten Thema. In: *Zeitschrift für germanistische Linguistik* 34, 50–63.

Ehlich, Konrad (2007a): Funktional-pragmatische Kommunikationsanalyse: Ziele und Verfahren. In: Ders.: *Sprache und sprachliches Handeln.* Bd. 1 Pragmatik und Sprachtheorie. Berlin, New York: de Gruyter, 9–28.

Ehlich, Konrad (2007b): Sprache als System versus Sprache als Handlung. In: Ders.: *Sprache und sprachliches Handeln.* Bd. 1 Pragmatik und Sprachtheorie. Berlin, New York: de Gruyter, 101–123.

Ehlich, Konrad & Jochen Rehbein (1979): Sprachliche Handlungsmuster. In: Soeffner, Hans-Georg (Hrsg.): *Interpretative Verfahren in den Sozial- und Textwissenschaften.* Stutgart: Metzlersche Verlagsbuchhandlung, 243–274.

Einhauser, Eveline (1989): *Die Junggrammatiker. Ein Problem für die Sprachwissenschaftsgeschichtsschreibung.* Trier: Wissenschaftlicher Verlag Trier.

Einhauser, Eveline (2001): Die Entstehung und frühe Entwicklung des junggrammatischen Forschungsprogramms. In: Auroux, Sylvain et al. (Hrsg.): *Geschichte der Sprachwissenschaften.* Berlin, New York: de Gruyter (Handbücher zur Sprach- und Kommunikationswissenschaft, Bd. 18.2), 1338–1350.

Eins, Wieland, Helmut Glück & Sabine Pretscher (Hrsg.) (2011): *Wissen schaffen – Wissen kommunizieren. Wissenschaftssprachen in Geschichte und Gegenwart.* Wiesbaden: Harrassowitz.

Eisenberg, Peter (2013): *Grundriss der deutschen Grammatik.* Bd. 2: Der Satz. Unter Mitarbeit von Rolf Thieroff. 4., aktualisierte und überarb. Aufl. Stuttgart / Weimar: Metzler.

Erben, Johannes (1994): *Sprachliche Signale zur Markierung der Unsicherheit oder Unschärfe von Aussagen im Neuhochdeutschen.* Berlin: Akademie (Sitzungsberichte der Sächsischen Akademie der Wissenschaften zu Leipzig, Philologisch-historische Klasse; Bd. 134, H. 3).

Etzemüller, Thomas (2013): Der 'Vf.' als Subjektform. Wie wird man zum ‚Wissenschaftler' und (wie) lässt sich das beobachten? In: Alkemeyer, Thomas, Gunilla Budde & Dagmar Freist (Hrsg.): *Selbst-Bildungen. Soziale und kulturelle Praktiken der Subjektivierung.* Bielefeld: transcript, 175–196.

Feest, Uljana & Thomas Sturm (2011): What (Good) is Historical Epistemology? Editors' Introduction. In: *Erkenntnis* 75, 285–302.
Feilke, Helmuth (1994): *Common sense-Kompetenz. Überlegungen zu einer Theorie "sympathischen" und „natürlichen" Meinens und Verstehens*. Frankfurt a. M.: Suhrkamp.
Feilke, Helmuth (1996): *Sprache als soziale Gestalt. Ausdruck, Prägung und Ordnung der sprachlichen Typik*. Frankfurt a. M.: Suhrkamp.
Feilke, Helmuth (2012): Was sind Textroutinen? – Zur Theorie und Methodik des Forschungsfeldes. In: Feilke, Helmuth & Katrin Lehnen (Hrsg.): *Schreib- und Textroutinen. Theorie, Erwerb und didaktisch-mediale Modellierung*. Frankfurt a. M.: Peter Lang, 1–31.
Feilke, Helmuth (2014): Sprachsystem und Sprachgebrauch. In: Felder, Ekkehard & Andreas Gardt (Hrsg.): *Handbuch Sprache und Wissen*. Berlin, New York: de Gruyter, 81–105.
Feilke, Helmuth & Torsten Steinhoff (2003): Zu Modellierung der Entwicklung wissenschaftlicher Schreibfähigkeiten. In: Ehlich, Konrad & Angelika Steets (Hrsg.): *Wissenschaftlich schreiben – lehren und lernen*. Berlin, New York: de Gruyter, 112–128.
Feilke, Helmuth & Angelika Linke (2009): Oberfläche und Performanz – Zur Einleitung. In: Linke, Angelika & Helmuth Feilke (Hrsg.): *Oberfläche und Performanz. Untersuchungen zur Sprache als dynamischer Gestalt*. Tübingen: Niemeyer, 3–17.
Felt, Ulrike, Helga Nowotny & Klaus Taschwer (1995): *Wissenschaftsforschung. Eine Einführung*. Frankfurt a. M.: Campus.
Fiehler, Reinhard (2000): Über zwei Probleme bei der Untersuchung gesprochener Sprache. In: *Sprache und Literatur* 85, 23–42.
Fischer-Lichte, Erika (2001): Vom „Text" zur „Performance". Der „Performative Turn" in den Kulturwissenschaften. In: Stanitzek, Georg & Wilhelm Voßkamp (Hrsg.): *Schnittstelle. Medien und Kulturwissenschaften*. Köln: DuMont, 111–115.
Fleck, Ludwik (1980): *Entstehung und Entwicklung einer wissenschaftlichen Tatsache. Einführung in die Lehre vom Denkstil und Denkkollektiv*. Mit einer Einleitung herausgegeben von Lothar Schäfer und Thomas Schnelle. Frankfurt a. M.: Suhrkamp (suhrkamp taschenbuch wissenschaft 312) [Original 1935].
Fleck, Ludwik (1983): Zur Krise der „Wirklichkeit". In: Ders.: *Erfahrung und Tatsache. Gesammelte Aufsätze*. Mit einer Einleitung herausgegeben von Lothar Schäfer und Thomas Schnelle. Frankfurt a. M.: Suhrkamp (suhrkamp taschenbuch wissenschaft 404) [Original 1929], 46–58.
Fritz, Gerd (1997): Historische Semantik der Modalverben: Problemskizze – exemplarische Analysen – Forschungsüberblick. In: Fritz, Gerd & Thomas Gloning (Hrsg.): *Untersuchungen zur semantischen Entwicklungsgeschichte der Modalverben im Deutschen*. Tübingen: Niemeyer, 1–157.
Füssel, Marian (2003): Die Rückkehr des Subjekts in der Kulturgeschichte. Beobachtungen aus praxeologischer Perspektive. In: Deines, Stefan, Stephan Jaeger & Ansgar Nünning (Hrsg.): *Historisierte Subjekte – Subjektivierte Historie. Zur Verfügbarkeit und Unverfügbarkeit von Geschichte*. Berlin, New York: de Gruyter, 141–159.
Gardt, Andreas (1995): Die zwei Funktionen von Sprache: kommunikativ und sprecherzentriert. In: *Zeitschrift für germanistische Linguistik* 23, 153–171.
Gardt, Andreas (1998): Sprachtheoretische Grundlagen und Tendenzen der Fachsprachenforschung. In: *Zeitschrift für germanistische Linguistik* 26, 31–66.
Gardt, Andreas (1999): *Geschichte der Sprachwissenschaft in Deutschland. Vom Mittelalter bis ins 20. Jahrhundert*. Berlin, New York: de Gruyter.

Gardt, Andreas (2003): Sprachwissenschaft als Kulturwissenschaft. In: Haß, Ulrike & Christoph König (Hrsg.): *Literaturwissenschaft und Linguistik von 1960 bis heute*. Göttingen: Wallstein, 271–288.

Gardt, Andreas, Ulrike Haß-Zumkehr & Thorsten Roelcke (Hrsg.) (1999): *Sprachgeschichte als Kulturgeschichte*. Berlin, New York: de Gruyter.

Gebauer, Gunter (1995): Über Aufführungen der Sprache. In: Trabant, Jürgen (Hrsg.): *Sprache denken. Positionen aktueller Sprachphilosophie*. Frankfurt a. M.: Fischer, 224–246.

Gebauer, Gunter (1998): Hand und Gewißheit. In: Ders. (Hrsg.): *Anthropologie*. Leipzig: Reclam, 250–274.

Gebauer, Gunter (2005): Praktischer Sinn und Sprache. In: Colliot-Thélène, Catherine, Etienne Francois & Gunter Gebauer (Hrsg.): *Pierre Bourdieu: Deutsch-französische Perspektiven*. Frankfurt a. M.: Suhrkamp (suhrkamp taschenbuch wissenschaft 1752), 137–164.

Gebauer, Gunter (2009): *Wittgensteins anthropologisches Denken*. München: Beck.

Gebauer, Gunter & Christoph Wulf (1992): *Mimesis. Kultur – Kunst – Gesellschaft*. Reinbek: Rowohlt.

Gebauer, Gunter, Ekkehard König & Jörg Volbers (Hrsg.) (2012): *Selbst-Reflexionen. Performative Perspektiven*. München: Fink.

Gehring, Petra (2007): Über die Körperkraft von Sprache. In: Herrmann, Steffen K., Sybille Krämer & Hannes Kuch (Hrsg.): *Verletzende Worte. Die Grammatik sprachlicher Missachtung*. Bielefeld: transcript, 211–228.

Gloning, Thomas (2016): Neue mediale Formate und ihre kommunikative Nutzung in der Wissenschaft. Fallbeispiele und sieben Thesen zum Praktiken-Konzept, seiner Reichweite und seinen Konkurrenten. In: Deppermann, Arnulf, Helmuth Feilke & Angelika Linke (Hrsg.): *Sprachliche und kommunikative Praktiken*. Berlin, Boston: de Gruyter (Institut für Deutsche Sprache, Jahrbuch 2015), 457–486.

Goffman, Erving (1988): *Wir alle spielen Theater. Die Selbstdarstellung im Alltag*. 6. Aufl. München: Piper & Co. [Original 1959].

Graefen, Gabriele (1997): *Der Wissenschaftliche Artikel – Textart und Textorganisation*. Frankfurt a. M.: Peter Lang.

Graumann, Carl-Friedrich (2005): Sozialpsychologie. In: Ammon, Ulrich et al. (Hrsg.): *Soziolinguistik. Ein internationales Handbuch zur Wissenschaft von Sprache und Gesellschaft*. Berlin, New York: de Gruyter (Handbücher zur Sprach- und Kommunikationswissenschaft, Bd. 3.2), 865–870.

Grewendorf, Günther (1993): Der Sprache auf der Spur: Anmerkungen zu einer Linguistik nach Jäger Art. In: *Zeitschrift für Sprachwissenschaft* 12, 113–132.

Gross, Alan G., Joseph E. Harmon & Michael Reidy (2002): *Communicating Science. The Scientific Article from the 17th Century to the Present*. Oxford: OUP.

Grundmann, Matthias & Raphael Beer (Hrsg.) (2004): *Subjekttheorien interdisziplinär. Diskussionsbeiträge aus Sozialwissenschaften, Philosophie und Neurowissenschaften*. Münster: Lit.

Gugutzer, Robert (Hrsg.) (2006a): *body turn. Perspektiven der Soziologie des Körpers und des Sports*. Bielefeld: transcript.

Gugutzer, Robert (2006b): Der *body turn* in der Soziologie. Eine programmatische Einführung. In: Ders. (Hrsg.): *body turn. Perspektiven der Soziologie des Körpers und des Sports*. Bielefeld: transcript, 9–53.

Gugutzer, Robert (2013): *Soziologie des Körpers*. 4. Aufl. Bielefeld: transcript.

Gumbrecht, Hans Ulrich (1999): Was sich nicht wegkommunizieren läßt. In: Maresch, Rudolf & Niels Werber (Hrsg.): *Kommunikation, Medien, Macht*. Frankfurt a. M.: Suhrkamp, 329–341.
Gumbrecht, Hans Ulrich & K. Ludwig Pfeiffer (Hrsg.) (1988): *Materialität der Kommunikation*. Frankfurt a. M.: Suhrkamp (suhrkamp taschenbuch wissenschaft 750).
Günthner, Susanne (1995): Gattungen in der sozialen Praxis. Die Analyse „kommunikativer Gattungen" als Textsorten mündlicher Kommunikation. In: *Deutsche Sprache* 23, 193–218.
Günthner, Susanne & Hubert Knoblauch (1994): „Forms are the Food of Faith". Gattungen als Muster kommunikativen Handelns. In: *Kölner Zeitschrift für Soziologie und Sozialpsychologie* 46, 693–723.
Günthner, Susanne & Angelika Linke (2006): Einleitung: Linguistik und Kulturanalyse. Ansichten eines symbiotischen Verhältnisses. In: *Zeitschrift für germanistische Linguistik* 34, 1–27.
Gusfield, Joseph (1976): The Literary Rhetoric of Science: Comedy and Pathos in Drinking Driver Research. In: *American Sociological Review* 41, 16–34.
Hacking, Ian (1996): Einführung in die Philosophie der Naturwissenschaften. Stuttgart: Philipp Reclam jun.
Häsner, Bernd, Henning S. Hufnagel, Irmgard Maassen & Anita Traninger (2011): Text und Performativität. In: Hempfer, Klaus W. & Jörg Volbers (Hrsg.): *Theorien des Performativen. Sprache – Wissen – Praxis. Eine kritische Bestandsaufnahme*. Bielefeld: transcript, 69–96.
Hayes, John R. & Lina S. Flower (1980): Identifying the Organization of Writing Processes. In: Gregg, Lee W. & Erwin R. Steinberg (Hrsg.): *Cognitive Processes in Writing*. Hillsdale: Erlbaum, 3–30.
Heinemann, Margot & Wolfgang Heinemann (2002): *Grundlagen der Textlinguistik. Interaktion – Text – Diskurs*. Tübingen: Niemeyer.
Helbig, Gerhard (1986): Geschichte der neueren Sprachwissenschaft. Unter dem besonderen Aspekt der Grammatik-Theorie. Leipzig: Bibliographisches Institut.
Helbig, Gerhard (1990): *Entwicklung der Sprachwissenschaft seit 1970*. 2. Aufl. Opladen: Westdeutscher Verlag.
Helbig, Gerhard & Agnes Helbig (1990): *Lexikon deutscher Modalwörter*. Leipzig: Enzyklopädie.
Helbig, Gerhard & Joachim Buscha (2001): *Deutsche Grammatik. Ein Handbuch für den Ausländerunterricht*. Berlin, München: Langenscheidt.
Hempel, Carl G. (1977): *Aspekte wissenschaftlicher Erklärung*. Berlin, New York: de Gruyter [Original 1965].
Hempfer, Klaus W. (2011): *Performance*, Performanz, Performativität. Einige Unterscheidungen zur Ausdifferenzierung eines Theoriefeldes. In: Hempfer, Klaus W. & Jörg Volbers (Hrsg.): *Theorien des Performativen. Sprache – Wissen – Praxis. Eine kritische Bestandsaufnahme*. Bielefeld: transcript, 13–41.
Hennig, Mathilde, Thomas Hochscheid & Melanie Löber (2012): Sind Varianzausdrücke ein geeignetes Mittel zur Bewältigung des Normativitätsdilemmas? In: *Zeitschrift für angewandte Linguistik* 56, 95–120.
Hennig, Mathilde & Robert Niemann (2013a): Das Konzept des Autors in der Inlands- und Auslandsgermanistik. In: *Temeswarer Beiträge zur Germanistik*, Bd. 10. Temeswar: Mirton, 277–299.

Hennig, Mathilde & Robert Niemann (2013b): Unpersönliches Schreiben in der Wissenschaft: Eine Bestandsaufnahme. In: *Info DaF* 4, 439–455.

Hennig, Mathilde & Robert Niemann (2013c): Unpersönliches Schreiben in der Wissenschaft. Kompetenzunterschiede im interkulturellen Vergleich. In: *InfoDaF* 40, 622–646.

Hennig, Mathilde & Robert Niemann (Hrsg.) (2015): *Junktion in der Attribution. Ein Komplexitätsphänomen aus grammatischer, psycholinguistischer und praxistheoretischer Perspektive*. Berlin, Boston: de Gruyter (Linguistik – Impulse & Tendenzen).

Herrmann, Steffen K., Sybille Krämer & Hannes Kuch (Hrsg.) (2007): *Verletzende Worte. Die Grammatik sprachlicher Missachtung*. Bielefeld: transcript.

Hermanns, Fritz (1980): Das ominöse Referat. Forschungsprobleme und Lernschwierigkeiten bei einer deutschen Textsorte. In: Wierlacher, Alois (Hrsg.): *Fremdsprache Deutsch. Grundlagen und Verfahren der Germanistik als Fremdsprachenphilologie*. Bd. 2. München: Fink, 593–607.

Hirschauer, Stefan (2004): Praktiken und ihre Körper. Über materielle Partizipanden des Tuns. In: Hörning, Karl H. & Julia Reuter (Hrsg.): *Doing Culture. Neue Positionen zum Verhältnis von Kultur und sozialer Praxis*. Bielefeld: transcript, 73–91.

Hoffmann, Lothar (1987): *Kommunikationsmittel Fachsprache. Eine Einführung*. 3., durchges. Aufl. Berlin: Akademie-Verlag.

Hoffmann, Lothar (1989): Wissenschaftssprache als gesellschaftliches Phänomen. In: Bungarten, Theo (Hrsg.): *Wissenschaftssprache und Gesellschaft. Aspekte der wissenschaftlichen Kommunikation und des Wissenstransfers in der heutigen Zeit*. 2., unveränderte Auflage. Tostedt: Attikon, 76–93.

Hoffmann, Melanie (2009): *Wissenskulturen, Experimentalkulturen und das Problem der Repräsentation*. Frankfurt a. M.: Peter Lang.

Holly, Werner, Peter Kühn & Ulrich Püschel (1984): Für einen „sinnvollen" Handlungsbegriff in der linguistischen Pragmatik. In: *Zeitschrift für germanistische Linguistik* 12, 275–312.

Holton, Gerald (2000): Ernst Mach und die Geschichte des Positivismus. In: Ders.: *Wissenschaft und Anti-Wissenschaft*. Wien: Springer, 1–59.

Hörning, Karl H. (2001): *Experten des Alltags. Die Wiederentdeckung des praktischen Wissens*. Weilerswist: Velbrück.

Hörning, Karl H. (2004): Soziale Praxis zwischen Beharrung und Neuschöpfung. Ein Erkenntnis- und Theorieproblem. In: Hörning, Karl H. & Julia Reuter (Hrsg.): *Doing Culture. Neue Positionen zum Verhältnis von Kultur und sozialer Praxis*. Bielefeld: transcript, 19–39.

Hörning, Karl H. & Julia Reuter (2004a): Doing Culture: Kultur als Praxis. In: Dies. (Hrsg.): *Doing Culture. Neue Positionen zum Verhältnis von Kultur und sozialer Praxis*. Bielefeld: transcript, 9–15.

Hörning, Karl H. & Julia Reuter (Hrsg.) (2004b): *Doing Culture. Neue Positionen zum Verhältnis von Kultur und sozialer Praxis*. Bielefeld: transcript.

Hundt, Markus (2003): Zum Verhältnis von epistemischer und nicht-epistemischer Modalität im Deutschen. Forschungspositionen und Vorschlag zur Neuorientierung. In: *Zeitschrift für germanistische Linguistik*, 343–381.

Hutter, Otto (1993): Zur Pragmatik wissenschaftlicher Texte: Höflichkeit. In: *Germanistische Linguistik*, 129–149.

Jäger, Ludwig (1993a): „Language, whatever that may be." Die Geschichte der Sprachwissenschaft als Erosionsgeschichte ihres Gegenstandes. In: *Zeitschrift für Sprachwissenschaft* 12, 77–106.

Jäger, Ludwig (1993b): „Chomsky's problem". Eine Antwort auf Bierwisch, Grewendorf und Habel. In: *Zeitschrift für Sprachwissenschaft* 12, 235–260.
Jäger, Ludwig (2003): Erkenntnisobjekt Sprache. Probleme der linguistischen Gegenstandskonstitution. In: Linke, Angelika, Hanspeter Ortner & Paul R. Portmann-Tselikas (Hrsg.): *Sprache und mehr. Ansichten einer Linguistik der sprachlichen Praxis*. Tübingen: Niemeyer, 67–97.
Jäger, Ludwig (2005): Vom Eigensinn des Mediums Sprache. In: Busse, Dietrich, Thomas Niehr & Martin Wengeler (Hrsg.): *Brisante Semantik. Neuere Konzepte und Forschungsergebnisse einer kulturwissenschaftlichen Semantik*. Tübingen: Niemeyer, 45–64.
Jäger, Ludwig (2006): „ein nothwendiges Uebel der Cultur". Anmerkungen zur Kulturwissenschaftlichkeit der Linguistik. In: *Zeitschrift für germanistische Linguistik* 34, 28–49.
Jäger, Ludwig (2013): Die Leiblichkeit der Sprache. Phylogenetische Reminiszenzen in systematischer Absicht. In: Alloa, Emmanuel & Miriam Fischer (Hrsg.): *Leib und Sprache. Zur Reflexivität verkörperter Ausdrucksformen*. Weilerswist: Velbrück, 56–76.
Jäger, Ludwig & Erika Linz (Hrsg.) (2004): *Medialität und Mentalität*. München: Fink.
Jakobs, Eva-Maria (1997): Textproduktion als domänen- und kulturspezifisches Handeln. Diskutiert am Beispiel wissenschaftlichen Schreibens. In: Adamzik, Kirsten, Gerd Antos & Eva-Maria Jakobs (Hrsg.): *Domänen- und kulturspezifisches Schreiben*. Frankfurt a. M.: Peter Lang, 9–30.
Jakobs, Eva-Maria (1999): *Textvernetzung in den Wissenschaften. Zitat und Verweis als Ergebnis rezeptiven, reproduktiven und produktiven Handelns*. Tübingen: Niemeyer.
Joas, Hans (1980): *Praktische Intersubjektivität. Die Entwicklung des Werkes von G. H. Mead*. Frankfurt a. M.: Suhrkamp.
Joas, Hans (1992): *Die Kreativität des Handelns*. Frankfurt a. M.: Suhrkamp.
Kalverkämper, Hartwig (1988): Die Fachwelt in der allgemeinen einsprachigen Lexikographie. (deutsch – englisch – französisch –italienisch). In: *Fachsprache*, 98–129.
Kalverkämper, Hartwig (1990): Gemeinsprache und Fachsprache – Plädoyer für eine integrierende Sichtweise. In: Stickel, Gerhard (Hrsg.): *Deutsche Gegenwartssprache. Tendenzen und Perspektiven*. Berlin, New York: de Gruyter, 88–133.
Kalverkämper, Hartwig (1998): Fachsprache und Fachsprachenforschung. In: Hoffmann, Lothar, Hartwig Kalverkämper & Herbert Ernst Wiegand (Hrsg.): *Fachsprachen. Ein internationales Handbuch zur Fachsprachenforschung*. (Handbücher zur Sprach- und Kommunikationswissenschaft 14.1). Berlin, New York: de Gruyter, 48–60.
Kalverkämper, Hartwig & Harald Weinrich (Hrsg.) (1986): *Deutsch als Wissenschaftssprache. 25. Konstanzer Literaturgespräch des Buchhandels, 1985*. Tübingen: Narr.
Keller, Rudi (1995): *Zeichentheorie. Zu einer Theorie semiotischen Wissens*. Tübingen, Basel: Francke.
Keupp, Heiner & Joachim Hohl (Hrsg.) (2006): *Subjektdiskurse im gesellschaftlichen Wandel. Zur Theorie des Subjekts in der Spätmoderne*. Bielefeld: transcript.
Klärner, Holger (2003): *Der Schluß auf die beste Erklärung*. Berlin, New York: de Gruyter.
Klein, Gabriele (2005): Das Theater des Körpers. Zur Performanz des Körperlichen. In: Schroer, Markus (Hrsg.): *Soziologie des Körpers*. Frankfurt a. M.: Suhrkamp, 73–91.
Klein, Wolf Peter (2003): Die Spannung zwischen Fach- und Gemeinsprache als Anlass für Sprachreflexion. Beispiele aus der Computer- und Internet-Sprache. In: *Deutschunterricht* 56, H. 2, 28–32.

Klein, Wolf Peter (2011): Die deutsche Sprache in der Gelehrsamkeit der frühen Neuzeit. Von der *lingua barbarica* zur *HaubtSprache*. In: Jaumann, Herbert (Hrsg.): *Diskurse der Gelehrtenkultur in der frühen Neuzeit. Ein Handbuch*. Berlin, New York: de Gruyter, 465–516.
Knobloch, Clemens (1984): *Sprachpsychologie. Ein Beitrag zur Problemgeschichte und Theoriebildung*. Tübingen: Niemeyer.
Knobloch, Clemens (1988a): Gesagt – getan? Thesen zum Problem: Sprechen und Handeln. In: *Zeitschrift für Literaturwissenschaft und Linguistik*, 121–128.
Knobloch, Clemens (1988b): *Geschichte der psychologischen Sprachauffassung in Deutschland von 1850 bis 1920*. Tübingen: Niemeyer.
Knobloch, Clemens (2011): *Sprachauffassungen. Studien zur Ideengeschichte der Sprachwissenschaft*. Frankfurt a. M.: Peter Lang.
Knobloch, Clemens & Burkhard Schaeder (1996): Nomination – fachsprachlich und gemeinsprachlich. Ein Vorwort. In: Dies. (Hrsg.): *Nomination – fachsprachlich und gemeinsprachlich*. Opladen: Westdeutscher Verlag, 7–19.
Knorr Cetina, Karin (2002): *Wissenskulturen. Ein Vergleich naturwissenschaftlicher Wissensformen*. Frankfurt a. M.: Suhrkamp (suhrkamp taschenbuch wissenschaft 1594).
König, Ekkehard (1998): „Performativ" und „Performanz": Zu neueren Entwicklungen in der Sprechakttheorie. In: *Paragrana* 7, 59–70.
König, Ekkehard (2011): Bausteine einer allgemeinen Theorie des Performativen aus linguistischer Perspektive. In: Hempfer, Klaus W. & Jörg Volbers (Hrsg.): *Theorien des Performativen. Sprache – Wissen – Praxis. Eine kritische Bestandsaufnahme*. Bielefeld: transcript, 43–67.
Krais, Beate & Gunter Gebauer (2013): *Habitus*. 5. Aufl. Bielefeld: transcript.
Krämer, Sybille (2001): *Sprache, Sprechakt, Kommunikation. Sprachtheoretische Positionen des 20. Jahrhunderts*. Frankfurt a. M.: Suhrkamp (suhrkamp taschenbuch wissenschaft 1521).
Krämer, Sybille (2002a): Sprache – Stimme – Schrift: Sieben Gedanken über Performativität als Medialität. In: Wirth, Uwe (Hrsg.): *Performanz. Zwischen Sprachphilosophie und Kulturwissenschaften*. Frankfurt a. M.: Suhrkamp (suhrkamp taschenbuch wissenschaft 1575), 323–346.
Krämer, Sybille (2002b): Sprache und Sprechen oder: Wie sinnvoll ist die Unterscheidung zwischen einem Schema und seinem Gebrauch? Ein Überblick. In: Krämer, Sybille & Ekkehard König (Hrsg.): *Gibt es eine Sprache hinter dem Sprechen?* Frankfurt a. M.: Suhrkamp (suhrkamp taschenbuch wissenschaft 1592), 97–125.
Krämer, Sybille (2004): Was haben ‚Performativität' und ‚Medialität' miteinander zu tun? Plädoyer für eine in der ‚Aisthetisierung' gründende Konzeption des Performativen. In: Dies. (Hrsg.): *Performativität und Medialität*. München: Fink, 13–32.
Krämer, Sybille (2008): *Medium, Bote, Übertragung. Kleine Metaphysik der Medialität*. Frankfurt a. M.: Suhrkamp.
Krämer, Sybille & Ekkehard König (Hrsg.) (2002): *Gibt es eine Sprache hinter dem Sprechen?* Frankfurt a. M.: Suhrkamp (suhrkamp taschenbuch wissenschaft 1592).
Krappmann, Lothar (2004): Identität. In: Ammon, et al. (Hrsg.): *Soziolinguistik. Ein internationales Handbuch zur Wissenschaft von Sprache und Gesellschaft*. Berlin, New York: de Gruyter (Handbücher zur Sprach- und Kommunikationswissenschaft, Bd. 3.1), 405–412.
Kretzenbacher, Heinz L. (1991): Syntax des wissenschaftlichen Fachtextes. In: *Fachsprache* 2, 118–137.

Kretzenbacher, Heinz L. (1994): Wie durchsichtig ist die Sprache der Wissenschaften? In: Kretzenbacher, Heinz L. & Harald Weinrich (Hrsg.): *Linguistik der Wissenschaftssprache.* Berlin, New York: de Gruyter, 15–39.
Kretzenbacher, Heinz L. (1998): Fachsprache als Wissenschaftssprache. In: Hoffmann, Lothar, Hartwig Kalverkämper & Herbert Ernst Wiegand (Hrsg.): *Fachsprachen. Ein internationales Handbuch zur Fachsprachenforschung.* Berlin, New York: de Gruyter (Handbücher zur Sprach- und Kommunikationswissenschaft 14.1), 133–142.
Kretzenbacher, Heinz L. & Harald Weinrich (Hrsg.) (1994): *Linguistik der Wissenschaftssprache.* (Forschungsbericht / Akademie der Wissenschaften zu Berlin; 10). Berlin, New York: de Gruyter.
Kruse, Otto & Eva-Maria Jakobs (1999): Schreiben lehren an der Hochschule: Ein Überblick. In: Kruse, Otto, Eva-Maria Jakobs & Gabriela Ruhmann (Hrsg.): *Schlüsselkompetenz Schreiben. Konzepte, Methoden, Projekte für Schreibberatung und Schreibdidaktik an der Hochschule.* Neuwied et al.: Luchterhand, 19–34.
Kuhn, Thomas S. (1976): *Die Struktur wissenschaftlicher Revolutionen.* 2. revidierte und um das Postskriptum von 1969 ergänzte Aufl. Frankfurt a. M.: Suhrkamp (suhrkamp taschenbuch wissenschaft 25) [Original 1962].
Lakoff, George (1973): Hedges: A Study in Meaning Criteria and the Logic of Fuzzy Concepts. In: *Journal of Philosophical Logic* 2, 458–508.
Lave, Jean & Etienne Wenger (1991): *Situated Lerning. Legitimate periphal participation.* Cambridge et al.: Cambridge University Press.
Lehnen, Katrin (2009): Disziplinspezifische Schreibprozesse und ihre Didaktik. In: Lévy-Tödter, Magdalène & Dorothee Meer (Hrsg.): *Hochschulkommunikation in der Diskussion.* Frankfurt a. M.: Peter Lang, 281–300.
Linke, Angelika (2010): ‚Varietät' vs. ‚Kommunikative Praktik' – Welcher Zugang nützt der Sprachgeschichte? In: Gilles, Peter, Joachim Scharloth & Evelyn Ziegler (Hrsg.): *Variatio delectat. Empirische Evidenzen und theoretische Passungen sprachlicher Variation.* Frankfurt a. M.: Peter Lang, 255–273.
Linke, Angelika & Markus Nussbaumer (1997): Intertextualität. Linguistische Bemerkungen zu einem literaturwissenschaftlichen Textkonzept. In: Antos, Gerd & Heike Tietz (Hrsg.): *Die Zukunft der Textlinguistik. Traditionen, Transformationen, Trends.* Tübingen: Niemeyer, 109–126.
Linke, Angelika & Helmuth Feilke (Hrsg.) (2009): *Oberfläche und Performanz. Untersuchungen zur Sprache als dynamischer Gestalt.* Tübingen: Niemeyer.
Loenhoff, Jens (1999): Making the body social – Zum angloamerikanischen Diskurs über Körper und Sinne. In: Homfeldt, Hans Günther (Hrsg.): *„Sozialer Brennpunkt" Körper. Körpertheoretische und -praktische Grundlagen für die Soziale Arbeit.* Baltmannsweiler: Schneider-Verl. Hohengehren, 71–84.
Luckmann, Thomas (1986): Grundformen der gesellschaftlichen Vermittlung des Wissens: Kommunikative Gattungen. In: *Kölner Zeitschrift für Soziologie und Sozialpsychologie*, Sonderheft 27, 191–211.
Luckmann, Thomas (1997): Allgemeine Überlegungen zu kommunikativen Gattungen. In: Frank, Barbara, Thomas Haye & Doris Tophinke (Hrsg.): *Gattungen mittelalterlicher Schriftlichkeit.* Tübingen: Narr, 11–17.
Maas, Utz (1987): Der kulturanalytische Zugang zur Sprachgeschichte. In: *Wirkendes Wort*, 87–104.

Maché, Jakob (2009): Das Wesen epistemischer Modalität. In: Abraham, Werner & Leiss, Elisabeth (Hrsg.): *Modalität. Epistemik und Evidentialität bei Modalverb, Adverb, Modalpartikel und Modus*. Tübingen: Stauffenberg, 25–55.

Markkanen, Raija & Hartmut Schröder (1992): Hedging and its Linguistic Realization in German, English and Finnish Philosophical Texts: A Case Study. In: Nordman, Marianne (Hrsg.): *Fachsprachliche Miniaturen. Festschrift für Christer Laurén*. Frankfurt a. M.: Peter Lang, 121–130.

Mead, George Herbert (1969): Die objektive Realität von Perspektiven. In: Strauss, Anselm (Hrsg.): *George Herbert Mead. Sozialpsychologie*. Neuwied, Berlin: Luchterhand [Original 1932].

Mead, George Herbert (1998): *Geist, Identität und Gesellschaft aus Sicht des Sozialbehaviorismus*. Mit einer Einleitung herausgegeben von Charles W. Morris. 11. Aufl. Frankfurt a. M.: Suhrkamp (suhrkamp taschenbuch wissenschaft 28) [Original 1934].

Meier, Michael (2004): Bourdieus Theorie der Praxis – eine ‚Theorie sozialer Praktiken'? In: Hörning, Karl H. & Julia Reuter (Hrsg.): *Doing Culture. Neue Positionen zum Verhältnis von Kultur und sozialer Praxis*. Bielefeld: transcript, 55–69.

Meuser, Michael (2002): Körper und Sozialität. Zur handlungstheoretischen Fundierung einer Soziologie des Körpers. In: Hahn, Kornelia & Michael Meuser (Hrsg.): *Körperrepräsentationen. Die Ordnung des Sozialen und der Körper*. Konstanz: UVK, 19–44.

Meuser, Michael (2006): Körper-Handeln. Überlegungen zu einer praxeologischen Soziologie des Körpers. In: Gugutzer, Robert (Hrsg.): *body turn. Perspektiven der Soziologie des Körpers und des Sports*. Bielefeld: transcript, 95–116.

Müller, Anna-Lisa (2009): *Sprache, Subjekt und Macht bei Judith Butler*. Marburg: Tectum.

Myers, Greg (1989): The Pragmatics of Politeness in Scientific Articles. In: *Applied Linguistics* 10, 1–35.

Myers, Greg (1992): ‚In this paper we report…': Speech acts and scientific facts. In: *Journal of Pragmatics* 17, 295–313.

Myers, Greg (1996): Strategic Vagueness in Acadamic Writing. In: Ventola, Eija & Ana Mauranen (Hrsg.): *Academic Writing. Intercultural und Textual Issues*. Amsterdam, Philadelphia: Benjamins, 3–17.

Nassehi, Armin (2006): *Der soziologische Diskurs der Moderne*. Frankfurt a. M.: Suhrkamp (suhrkamp taschenbuch wissenschaft 1922).

Niemann, Robert (2015): Attributive Junktion in der Wissenschaftssprache. Eine praxistheoretische Betrachtung. In: Hennig, Mathilde & Robert Niemann (Hrsg.): *Junktion in der Attribution. Ein Komplexitätsphänomen aus grammatischer, psycholinguistischer und praxistheoretischer Perspektive*. Berlin, Boston: de Gruyter (Linguistik – Impulse & Tendenzen), 239–282.

Öhlschläger, Günther (1986): Modalität zwischen Grammatik und Pragmatik. In: Weiss, Walter, Herbert Ernst Wiegand & Marga Reis (Hrsg.): *Textlinguistik contra Stilistik? – Wortschatz und Wörterbuch – Grammatische und pragmatische Organisation von Rede?* Tübingen: Niemeyer, 372–380.

Öhlschläger, Günther (1989): *Zur Syntax und Semantik der Modalverben des Deutschen*. Tübingen: Niemeyer.

Oksaar, Els (1998): Das Postulat der Anonymität für den Fachsprachengebrauch. In: Kalverkämper, Hartwig & Herbert Ernst Wiegand (Hrsg.): *Fachsprachen. Ein internationales Handbuch zur Fachsprachenforschung*. Berlin, New York: de Gruyter (Handbücher zur Sprach- und Kommunikationswissenschaft 14.1), 397–401.

O'Neill, John (1990): *Die fünf Körper. Medikalisierte Gesellschaft und Vergesellschaftung des Leibes*. München: Fink.
Opitz, Kurt (1981): Formelcharakter als Indiz für Fachsprachlichkeit: ein definitorischer Ansatz. In: Kühlwein, Wolfgang & Albert Raasch (Hrsg.): *Sprache: Lehren – Lernen*. Bd. 1. Tübingen: Narr, 33–40.
Osthoff, Hermann & Karl Brugmann (1878): *Morphologische Untersuchungen auf dem Gebiete der indogermanischen Sprachen*. 1. Theil. Leipzig: Hirzel.
Pflug, Günther (1986): Deutsch als Wissenschaftssprache – eine Herausforderung für die Sprachpflege. In: Kalverkämper, Hartwig & Harald Weinrich (Hrsg.): *Deutsch als Wissenschaftssprache. 25. Konstanzer Literaturgespräch des Buchhandels, 1985*. Tübingen: Narr, 143–150.
Pohl, Thorsten (2007): *Studien zur Ontogenese wissenschaftlichen Schreibens*. Tübingen: Niemeyer.
Polenz, Peter von (1981): Über die Jargonisierung von Wissenschaftssprache und wider die Deagentivierung. In: Bungarten, Theo (Hrsg.): *Wissenschaftssprache. Beiträge zur Methodologie, theoretischen Fundierung und Deskription*. München: Fink, 85–110.
Polenz, Peter von (2000): *Deutsche Sprachgeschichte vom Mittelalter bis zur Gegenwart*. Bd. 1. 2., überarbeitete und ergänzte Aufl. Berlin, New York: de Gruyter.
Polenz, Peter (2008): *Deutsche Satzsemantik. Grundbegriffe des Zwischen-den-Zeilen-Lesens*. 3. Aufl. Berlin, New York: de Gruyter.
Pörksen, Uwe (1994): Genauigkeit, Durchsichtigkeit und Form. Was ist eine vollkommene Sprache? In: Ders.: *Wissenschaftssprache und Sprachkritik. Untersuchungen zu Geschichte und Gegenwart*. Tübingen: Narr, 297–321.
Prinz, Michael & Jürgen Schiewe (Hrsg.) (2017): *Entstehung und Frühgeschichte der modernen Wissenschaftssprachen. Vernakuläre Wissenschaftskommunikation vom 16. bis 18. Jahrhundert*. Berlin, Boston: de Gruyter (lingua academica 1).
Reckwitz, Andreas (2000): Der Status des ‚Mentalen' in kulturtheoretischen Handlungserklärungen. Zum Problem der Relation von Verhalten und Wissen nach Stephen Turner und Theodore Schatzki. In: *Zeitschrift für Soziologie* 3, 167–185.
Reckwitz, Andreas (2003): Grundelemente einer Theorie sozialer Praktiken. Eine sozialtheoretische Perspektive. In: *Zeitschrift für Soziologie* 32, 282–301.
Reckwitz, Andreas (2004): Die Reproduktion und Subversion sozialer Praktiken. Zugleich ein Kommentar zu Pierre Bourdieu und Judith Butler. In: Hörning, Karl H. & Julia Reuter (Hrsg.): *Doing Culture. Neue Positionen zum Verhältnis von Kultur und sozialer Praxis*. Bielefeld: transcript, 40–54.
Reckwitz, Andreas (2011a): Die Kontingenzperspektive der ‚Kultur'. Kulturbegriffe, Kulturtheorien und das kulturwissenschaftliche Forschungsprogramm. In: Jaeger, Friedrich Jörn Rüsen (Hrsg.): *Handbuch der Kulturwissenschaften. Themen und Tendenzen*. Bd. 3. Stuttgart, Weimar: Metzler, 3–20.
Reckwitz, Andreas (2011b): Habitus oder Subjektivierung? Subjektanalyse nach Bourdieu und Foucault. In: Šuber, Daniel, Hilmar Schäfer & Sophia Prinz (Hrsg.): *Pierre Bourdieu und die Kulturwissenschaften. Zur Aktualität eines undisziplinierten Denkens*. Konstanz: UVK, 41–61.
Reckwitz, Andreas (2012a): *Das hybride Subjekt. Eine Theorie der Subjektkulturen von der bürgerlichen Moderne zur Postmoderne*. 2. Aufl. Weilerswist: Velbrück.
Reckwitz, Andreas (2012b): *Die Transformation der Kulturtheorien. Zur Entwicklung eines Theorieprogramms*. 3. Aufl. Weilerswist: Velbrück.

Reckwitz, Andreas (2012c): *Subjekt*. 3. Aufl. Bielefeld: transcript.
Redder, Angelika (1990): *Grammatiktheorie und sprachliches Handeln: „denn" und „da"*. Tübingen: Niemeyer.
Rehbein, Jochen (1977): *Komplexes Handeln. Elemente zur Handlungstheorie der Sprache*. Stuttgart: Metzler.
Rehbein, Jochen (1979): Handlungstheorien. In: *Studium Linguistik*, 1–25.
Rheinberger, Hans-Jörg (2005): „Die Wissenschaft des Konkreten". In: Ders.: *Iterationen*. Berlin: Merve, 101–128.
Rheinberger, Hans-Jörg (2006a): Einleitung. In: Ders.: *Epistemologie des Konkreten. Studien zur Geschichte der modernen Biologie*. Frankfurt a. M.: Suhrkamp (suhrkamp taschenbuch wissenschaft 1771), 7–18.
Rheinberger, Hans-Jörg (2006b): Gaston Bachelard und der Begriff der „Phänomenotechnik". In: Ders.: *Epistemologie des Konkreten. Studien zur Geschichte der modernen Biologie*. Frankfurt a. M.: Suhrkamp (suhrkamp taschenbuch wissenschaft 1771), 37–54.
Rheinberger, Hans-Jörg (2008): *Historische Epistemologie zur Einführung*. 2. Aufl. Hamburg: Junius.
Roelcke, Thorsten (1991): Das Eindeutigkeitspostulat der lexikalischen Fachsprachensemantik. In: *Zeitschrift für germanistische Linguistik* 19, 194–208.
Roelcke, Thorsten (1999): Sprachwissenschaft und Wissenschaftssprache. In: Wiegand, Herbert Ernst (Hrsg.): *Sprache und Sprachen in den Wissenschaften. Geschichte und Gegenwart. Festschrift für Walter de Gruyter & Co. anläßlich einer 250jährigen Verlagstradition*. Berlin, New York: de Gruyter, 595–618.
Roelcke, Thorsten (2010): *Fachsprachen*. 3. neu bearb. Aufl. Berlin: Schmidt.
Sandkühler, Hans Jörg (2002): *Natur und Wissenskulturen. Sorbonne-Vorlesungen über Pluralismus und Epistemologie*. Stuttgart, Weimar: J.B. Metzler.
Sandkühler, Hans Jörg (2009): *Kritik der Repräsentation. Einführung in die Theorie der Überzeugungen, der Wissenskulturen und des Wissens*. Frankfurt a. M.: Suhrkamp (suhrkamp taschenbuch wissenschaft 1920).
Savigny, Eike von (1976): *Argumentation in der Literaturwissenschaft. Wissenschaftstheoretische Untersuchungen zu Lyrikinterpretationen*. München: Beck.
Schäfer, Hilmar (2013): *Die Instabilität der Praxis. Reproduktion und Transformation des Sozialen in der Praxistheorie*. Weilerswist: Velbrück.
Schäfer, Lothar & Thomas Schnelle (1980): Einleitung. Ludwik Flecks Begründung der soziologischen Betrachtungsweise in der Wissenschaftstheorie. In: Fleck, Ludwig: *Entstehung und Entwicklung einer wissenschaftlichen Tatsache. Einführung in die Lehre vom Denkstil und Denkkollektiv. Mit einer Einleitung herausgegeben von Lothar Schäfer und Thomas Schnelle*. Frankfurt a. M.: Suhrkamp (suhrkamp taschenbuch wissenschaft 312), VII–XLIX.
Schatzki, Theodore R. (1996): *Social Practices. A Wittgensteinian Approach to Human Activity and the Social*. Cambridge, New York: Cambridge University Press.
Schatzki, Theodore R. (2001): Introduction: Practice Theory. In: Schatzki, Theodore R., Karin Knorr Cetina & Eike von Savigny (Hrsg.): *The Practice Turn in Contemporary Theory*. London, New York: Routledge, 1–14.
Schatzki, Theodore R., Karin Knorr Cetina & Eike von Savigny (Hrsg.) (2001): *The Practice Turn in Contemporary Theory*. London, New York: Routledge.
Schlieben-Lange, Brigitte (1983): Geschichte der Sprachwissenschaft und Geschichte der Sprachen. In: Cerquiglini, Bernard & Hans Ulrich Gumbrecht (Hrsg.): *Der Diskurs der Literatur- und Sprachhistorie. Wissenschaftsgeschichte als Innovationsvorgabe*. Unter Mitar-

beit von Armin Biermann, Frederieke J. Hassauer-Roos und Sabine Schirra. Frankfurt a. M.: Suhrkamp, 464–491.

Schloemer, Anne (2012): Interkulturelle Aspekte der Wissenschaftskommunikation am Beispiel der Textsorte wissenschaftlicher Aufsatz. In: *Professional commu´nication and translation studies* 5, 48–64.

Schmidt, Robert (2011): Die Entdeckung der Praxeographie. Zum Erkenntnisstil der Soziologie Bourdieus. In: Šuber, Daniel, Hilmar Schäfer & Sophia Prinz (Hrsg.): *Pierre Bourdieu und die Kulturwissenschaften. Zur Aktualität eines undisziplinierten Denkens*. Konstanz: UVK, 89–106.

Schmidt, Robert (2012): *Soziologie der Praktiken. Konzeptionelle Studien und empirische Analysen*. Berlin: Suhrkamp (suhrkamp taschenbuch wissenschaft 2030).

Schmidt, Siegfried J. (1973): *Texttheorie. Probleme einer Linguistik der sprachlichen Kommunikation*. München: Fink.

Schmidt, Siegfried J. (1994): *Kognitive Autonomie und soziale Orientierung*. Frankfurt a. M.: Suhrkamp (suhrkamp taschenbuch wissenschaft 1128).

Schneider, Gisela (1973): *Zum Begriff des Lautgesetzes in der Sprachwissenschaft seit den Junggrammatikern*. Tübingen: Tübinger Beiträge zur Linguistik.

Schneider, Hans Julius (1999): *Phantasie und Kalkül. Über die Polarität von Handlung und Struktur in der Sprache*. Frankfurt a. M.: Suhrkamp.

Schneider, Jan Georg (2005): Zur Normativität von Sprachregeln. Ist Sprechen regelgeleitetes Handeln? In: *Zeitschrift für germanistische Linguistik* 33, 1–24.

Schneider, Jan Georg (2008): *Spielräume der Medialität. Linguistische Gegenstandskonstitution aus medientheoretischer und pragmatischer Perspektive*. Berlin, New York: de Gruyter (Linguistik – Impulse & Tendenzen).

Schneider, Jan Georg (2009): Sprachkompetenz als Sprachspielkompetenz. In: Buss, Mareike et al. (Hrsg.): *Theatralität des sprachlichen Handelns. Eine Metaphorik zwischen Linguistik und Kulturwissenschaften*. München: Fink, 59–78.

Schönpflug, Ute (2004): Individuum. In: Ammon, Ulrich et al. (Hrsg.): *Soziolinguistik. Ein internationales Handbuch zur Wissenschaft von Sprache und Gesellschaft*. Berlin, New York: de Gruyter (Handbücher zur Sprach- und Kommunikationswissenschaft, Bd. 3.1), 417–422.

Schröder, Hartmut (1998): „Ich sage das einmal ganz ungeschützt" – Hedging und wissenschaftlicher Diskurs. In: Danneberg, Lutz & Jürg Niederhauser (Hrsg.): *Darstellungsformen der Wissenschaft im Kontrast. Aspekte der Methodik, Theorie und Empirie*. Tübingen: Narr, 263–276.

Schroer, Markus (Hrsg.) (2005a): *Soziologie des Körpers*. Frankfurt a. M.: Suhrkamp (suhrkamp taschenbuch wissenschaft 1740).

Schroer, Markus (2005b): Zur Soziologie des Körpers. In: Ders. (Hrsg.): *Soziologie des Körpers*. Frankfurt a. M.: Suhrkamp (suhrkamp taschenbuch wissenschaft 1740), 7–47.

Schulz, Jochen (2012): *Abtönungspartikeln – dargestellt am Beispiel des Ausdrucks wohl*. Tübingen: Stauffenberg.

Schulz-Schaeffer, Ingo (2004): Regelmäßigkeit und Regelhaftigkeit. Die Abschirmung des technischen Kerns als Leistung der Praxis. In: Hörning, Karl H. & Julia Reuter (Hrsg.): *Doing Culture. Neue Positionen zum Verhältnis von Kultur und sozialer Praxis*. Bielefeld: transcript, 108–126.

Schütz, Alfred (1974): *Der sinnhafte Aufbau der sozialen Welt. Eine Einleitung in die verstehende Soziologie.* Frankfurt a. M.: Suhrkamp (suhrkamp taschenbuch wissenschaft 92) [Original 1932].
Searle, John R. (1974): Chomskys Revolution in der Linguistik. In: Grewendorf, Günther & Georg Meggle (Hrsg.): *Linguistik und Philosophie.* Weinheim: Athenäum, 404–438.
Searle, John R. (1986): *Geist, Hirn, Wissenschaft. Die Reith Lectures 1984.* Frankfurt a. M.: Suhrkamp (suhrkamp taschenbuch wissenschaft 591) [Original 1984].
Searle, John R. (1988): *Sprechakte. Ein sprachphilosophischer Essay.* 3. Aufl. Frankfurt a. M.: Suhrkamp (suhrkamp taschenbuch wissenschaft 458) [Original 1969].
Searle, John R. (1991): *Intentionalität. Eine Abhandlung zur Philosophie des Geistes.* Frankfurt a. M.: Suhrkamp (suhrkamp taschenbuch wissenschaft 956) [Original 1983].
Searle, John R. (1993): *Die Wiederentdeckung des Geistes.* München: Artemis [Original 1992].
Serbser, Wolfgang (2004): Forschungsgeschichte des symbolischen Interaktionismus. In: Ammon, Ulrich et al. (Hrsg.): *Soziolinguistik. Ein internationales Handbuch zur Wissenschaft von Sprache und Gesellschaft.* Berlin, New York: de Gruyter (Handbücher zur Sprach- und Kommunikationswissenschaft, Bd. 3.1), 836–854.
Steiner, Felix (2002): „Die Maske mit dem Gesicht verwechseln": Autorschaftsfiguren in naturwissenschaftlichen Texten um 1800. In: Cherubim, Dieter, Karlheinz Jakob & Angelika Linke (Hrsg.): *Neue deutsche Sprachgeschichte. Mentalitäts-, kultur- und sozialgeschichtliche Zusammenhänge.* Berlin, New York: de Gruyter, 91–110.
Steiner, Felix (2009): *Dargestellte Autorschaft. Autorkonzept und Autorsubjekt in wissenschaftlichen Texten.* Tübingen: Niemeyer.
Steinhoff, Torsten (2007a): *Wissenschaftliche Textkompetenz. Sprachgebrauch und Schreibentwicklung in wissenschaftlichen Texten von Studenten und Experten.* Tübingen: Niemeyer.
Steinhoff, Torsten (2007b): Zum *ich*-Gebrauch in Wissenschaftstexten. In: *Zeitschrift für germanistische Linguistik*, 1–26.
Steinseifer, Martin (2009): Sichtbar verkörperte Artikulationen – Was wird aus dem Text(-Begriff) angesichts der Konjunktur des Performativen? In: Buss, Mareike et al. (Hrsg.): *Theatralität des sprachlichen Handelns. Eine Metaphorik zwischen Linguistik und Kulturwissenschaften.* München: Fink, 143–163.
Steuerwald, Christian (2010): *Körper und soziale Ungleichheit. Eine handlungssoziologische Untersuchung im Anschluss an Pierre Bourdieu und George Herbert Mead.* Konstanz: UVK.
Traugott, Elizabeth Closs (1989): On the rise of epistemic meanings in English: An example of subjectification in semantic change. In: *Language* 65, 31–55.
Vater, Heinz (1995): Neuere Sprachwissenschaft. In: Harsch-Niemeyer, Robert (Hrsg.): *Beiträge zur Methodengeschichte der neueren Philologie. Zum 125jährigen Bestehen des Max Niemeyer Verlages.* Tübingen: Niemeyer, 31–61.
Volbers, Jörg (2011): Zur Performativität des Sozialen. In: Hempfer, Klaus W. & Jörg Volbers (Hrsg.): *Theorien des Performativen. Sprache – Wissen – Praxis. Eine kritische Bestandsaufnahme.* Bielefeld: transcript, 141–160.
Volbers, Jörg (2014): Wittgenstein und die Sprachphilosophie. In: Fröhlich, Gerhard & Boike Rehbein (Hrsg.): *Bourdieu-Handbuch. Leben – Werk – Wirkung.* Sonderausgabe. Stuttgart, Weimar: Metzler, 60–63.
Waldenfels, Bernhard (1999): *Vielstimmigkeit der Rede. Studien zur Phänomenologie des Fremden 4.* Frankfurt a. M.: Suhrkamp (suhrkamp taschenbuch wissenschaft 1442).

Waldenfels, Bernhard (2013): *Das leibliche Selbst. Vorlesungen zu Phänomenologie des Leibes*. 5. Aufl. Frankfurt a. M.: Suhrkamp (suhrkamp taschenbuch wissenschaft 1472).
Wardhaugh, Ronald & Janet M. Fuller (2015): *An Introduction to Sociolinguistics*. 7. Aufl. Chichester: Wiley.
Warnke, Ingo (2004): Diskurslinguistik als Kulturwissenschaft. In: Erhart, Walter (Hrsg.): *Grenzen der Germanistik. Rephilologisierung oder Erweiterung?* Stuttgart, Weimar: Metzler, 308–324.
Weber, Max (2013): *Wirtschaft und Gesellschaft. Soziologie. Unvollendet 1919–1920* (herausgegeben von Knut Borchardt, Edith Hanke und Wolfgang Schluchter). Max Weber Gesamtausgabe. Bd. 23. Tübingen: Mohr Siebeck [Original 1921].
Wenger, Etienne (1998): *Communities of Practice. Learning, Meaning, and Identity*. New York: Cambridge University Press.
Weingart, Peter (2003): *Wissenschaftssoziologie*. Bielefeld: transcript.
Weingarten, Rüdiger (1994): Zur Stilistik der Wissenschaftssprache: Objektivitäts- und Handlungsstil. In: Brünner, Gisela & Gabriele Graefen (Hrsg.): *Texte und Diskurse. Methoden und Forschungsergebnisse der Funktionalen Pragmatik*. Opladen: Westdeutscher Verlag, 115–135.
Weinrich, Harald (1989): Formen der Wissenschaftssprache. In: *Jahrbuch der Akademie der Wissenschaften zu Berlin*, 119–158.
Weinrich, Harald (2001): Wissenschaftssprache, Sprachkultur und die Einheit der Wissenschaft. In: Ders.: *Sprache, das heißt Sprachen. Mit einem vollständigen Schriftenverzeichnis des Autors 1956–2001*. Tübingen: Narr, 253–268.
Wiegand, Herbert Ernst (Hrsg.) (1999): *Sprache und Sprachen in den Wissenschaften. Geschichte und Gegenwart. Festschrift für Walter de Gruyter & Co. anläßlich einer 250jährigen Verlagstradition*. Berlin, New York: de Gruyter.
Wildgen, Wolfgang (2010): *Die Sprachwissenschaft des 20. Jahrhunderts. Versuch einer Bilanz*. Berlin, New York: de Gruyter.
Wirth, Uwe (2002a): Der Performanzbegriff im Spannungsfeld von Illokution, Iteration und Indexikalität. In: Ders. (Hrsg.): *Performanz. Zwischen Sprachphilosophie und Kulturwissenschaften*. Frankfurt a. M.: Suhrkamp (suhrkamp taschenbuch wissenschaft 1575), 9–60.
Wirth, Uwe (Hrsg.) (2002b): *Performanz. Zwischen Sprachphilosophie und Kulturwissenschaften*. Frankfurt a. M.: Suhrkamp (suhrkamp taschenbuch wissenschaft 1575).
Wittgenstein, Ludwig (1980): *Philosophische Untersuchungen*. 2. Aufl. Frankfurt a. M.: Suhrkamp (suhrkamp taschenbuch wissenschaft).
Wittgenstein, Ludwig (1984): *Über Gewißheit*. Werkausgabe Bd. 8. (herausgegeben von G. E. M. Anscombe und G. H. von Wright) Frankfurt a. M.: Suhrkamp, 113–257.
Wolski, Werner (1998): Die Fachsprache der Sprachwissenschaft seit den Junggrammatikern. In: Hoffmann, Lothar, Hartwig Kalverkämper & Herbert Ernst Wiegand (Hrsg.): *Fachsprachen. Ein internationales Handbuch zur Fachsprachenforschung*. Berlin, New York: de Gruyter (Handbücher zur Sprach- und Kommunikationswissenschaft, Bd. 14.1), 1341–1355.
Wrobel, Arne (1995): *Schreiben als Handlung. Überlegungen und Untersuchungen zur Theorie der Textproduktion*. Tübingen: Niemeyer.
Wulf, Christoph (2001): Mimesis und Performatives Handeln. Gunter Gebauers und Christoph Wulfs Konzeption mimetischen Handelns in der sozialen Welt. In: Wulf, Christoph, Michael Göhlich & Jörg Zirfas (Hrsg.): *Grundlagen des Performativen. Eine Einführung in die*

Zusammenhänge von Sprache, Macht und Handeln. Weinheim, München: Juventa, 253–272.
Wulf, Christoph, Michael Göhlich & Jörg Zirfas (Hrsg.) (2001): *Grundlagen des Performativen. Eine Einführung in die Zusammenhänge von Sprache, Macht und Handeln.* Weinheim, München: Juventa.
Zifonun et al. (Hrsg.) (1997): *Grammatik der deutschen Sprache.* Bd. 2. Berlin / New York: de Gruyter.
Zima, Peter V. (2010): *Theorie des Subjekts. Subjektivität und Identität zwischen Moderne und Postmoderne.* 3. Aufl. Tübingen: Francke.

Index

Absolutheits- und Vollendungsoptimismus, 53, 54
Agens, 40, 86, 308, 356, 413
Allgemeingültigkeit, 4, 41, 42, 93, 94, 162, 168
Anonymität, 4, 41, 93, 107
anthropologisch, 326, 421, 424
anti-cartesianische Linguistik, 396, 400
Assertion, 5, 87, 89–95, 97, 103, 104, 106–108, 111, 149, 154, 162, 165, 172, 213, 240, 384, 437, 441
assertive Struktur, 87, 88
Aufführung, 374–376, 378, 393, 429, 430, 439, 451
Aussagegehalt, 89, 92, 103, 107, 154
Autor, 4, 19, 33, 36, 39, 41, 42, 61, 64, 65, 88, 108, 110, 116, 136, 138–141, 146, 148, 150–153, 155–167, 170–172, 175–181, 183–194, 196–199, 201, 202, 204–206, 209, 211–219, 223–225, 227–241, 243–248, 250–253, 314, 315, 328, 364, 384, 438–440, 453, 462
Autorfigur, 437, 439, 440
Autorhandlungen, 107, 149, 152, 153, 172, 175, 204, 206, 212, 332, 384, 385, 437
Autorinstanz, 40, 42, 86, 95, 96, 99–101, 103, 116, 119, 136, 150, 155–158, 168, 169, 172, 174, 177, 180, 185, 189, 201–205, 212, 213, 215, 217, 218, 225, 227, 228, 231, 236–238, 252–254, 258, 259, 300, 328, 332, 364, 365, 384, 431, 437, 439, 440–443, 447, 453
Autorschaftskonzepte, 4, 6, 9, 33, 38–40, 46, 47, 75, 76, 78, 86, 118, 119, 143, 145, 259, 262, 442, 454, 455, 462

Bedeutungsgewebe, 282

cartesianisch, 17, 291, 298–300, 398–404, 407–411, 413, 414, 418, 420, 427, 430
cartesianische Linguistik, 82, 396–401, 427
Cartesianismus, 17, 351, 395, 396, 398, 402, 409, 410, 420, 427
Chomsky-Matrix, 80, 83

Chomsky-Theorien, 17, 71, 82, 300, 395, 397, 398
communities of practice, 292, 315, 316, 317

Darstellungsfunktion, 90–92, 107
Deagentivierung, 46
Denkkollektiv, 56, 57
Denkstil, 56, 57, 77
Deutungsschemata, 297, 350, 411
dezentriert, 302, 305, 366, 399
Dezentrierung, 296, 302, 303
Dialektologie, 78, 79
Dispositionen, 295, 301, 304, 305, 309–311, 313, 363, 366, 428, 444, 451, 453, 456–458, 461
disziplinspezifisch, 29
Domänenspezifik, 357
Doxa, 307
Dreigespann Kultur-Subjekt-Praxis, 277, 362
Durchsichtigkeit, 6, 7, 9, 33, 39, 40, 43–46, 75, 118, 119, 142, 143, 145, 259, 262, 455, 456

Eindeutigkeitspostulat, 44, 47
Einstellungsoperatoren, 97
Elementarhandlung, 92, 93, 97, 108, 149
energeia und ergon, 388, 390
epiphänomenal, 82, 83
epistemische Praktiken, 282
Erkenntnis- und Wissenstheorie, 278
Erkenntnisideal, 33, 69, 88, 456
Experimentalkulturen, 282

Fachsprachenforschung, 28, 47
Faktizität, 4, 5, 8, 37, 38, 49, 61, 71, 92, 94, 95, 98, 100–103, 108, 111, 116–118, 122, 130, 141, 142, 145, 154, 156–159, 162,–164, 167–169, 171–173, 180–184, 188–193, 195–200, 204, 207, 208, 213, 219, 221–228, 233, 241, 243, 247–249, 251, 259, 260, 265
Falsifikationsgebot, 48, 49
Formulieren, 12, 30, 36, 38, 116, 211, 222, 223, 327, 336, 337, 339–343, 355,

361–364, 366, 367, 376, 381, 383, 386–388, 390, 392–395, 398, 431, 432–437, 441, 451, 452, 455, 458, 462
Funktionalpragmatik, 367, 368, 369

Gebärdensprachforschung, 419
Geist/Körper, 14, 277, 346, 347, 350, 366, 449, 451
Geist-Körper-Dichotomie, 17, 398–404, 409, 410, 430
Gemeinsprache, 28
Generative Grammatik, 80, 81, 228
generativistisch, 80, 148, 228
Gesellschaft, 83
Gesprächslinguistik, 84
Gewissheit, 98, 174, 190, 415, 421–423, 428
gruppenspezifisch, 3, 25, 26, 32, 37, 271, 273, 274, 441, 443, 459, 460

Habitus, 15, 270, 301, 303–310, 314, 363, 364, 412, 414, 428, 448
Habitusanpassung, 315, 363, 364
Halbmodal, 101, 169, 170, 172, 196
Handlungsbegriff, 1, 10–13, 22, 23, 36, 38, 269–271, 273–275, 285, 292–294, 296, 297, 315, 316, 327, 329, 336, 339–342, 344, 345, 348, 351, 352, 356, 357, 361, 362, 364, 367, 368, 370, 376, 378, 383, 384, 395, 409, 410, 412, 416, 424, 427, 429, 439, 447–450, 452, 454, 460, 461
Handlungsentwurf, 350
Handlungserklärung, 14, 274, 281, 287, 289, 295, 343–354, 356, 357, 368, 402, 420, 427, 428, 443, 449, 450
– kulturtheoretisch, 282, 289, 290, 449
– normorientiert, 287
– praxistheoretisch, 286, 347, 450
– zweckorientiert, 287
Handlungsfeld, 280, 346
Handlungsgehalt, 42, 89, 90, 103, 107, 142
Handlungsqualität, 18, 149, 386, 431, 440–452
Handlungsraum, 345–347, 359
handlungstheoretisch, 12, 17–19, 29, 30, 36, 273, 292, 293, 316, 339–341, 344, 348, 352, 353, 362, 364, 368, 369, 396, 412, 413, 431, 445

Handlungstheorie, 1, 17, 305, 316, 344–346, 348, 350, 351, 363, 409–413, 418, 420, 427
Handlungsursache, 345
Hedging, 4, 33, 37, 39, 46, 47, 49–51, 119–121, 161, 171, 190, 447, 457
Hervorbringung, 18, 211, 306, 321, 324, 328, 331–333, 355, 364, 365, 369, 376, 381, 387, 388, 390, 392, 393, 429, 431, 433, 436, 437, 441, 452
Historische Epistemologie, 53
historisch-vergleichende Sprachwissenschaft, 72, 74
Historizität, 53–56, 61, 273, 275, 459
Höflichkeit, 50–52, 121, 151, 261, 264
Homo oeconomicus, 285, 287, 289, 290, 298
Homo sociologicus, 285, 287–290, 298, 351, 353
Hypothesenindikatoren, 96, 98, 99

Ich-Tabu, 45, 46
Ich-Verbot, 6, 9, 21, 22, 33, 37, 39–43, 45, 69, 75, 86–88, 118, 119, 142, 143, 145, 259, 262, 447
Identität, 285, 308, 314, 374, 400, 418
Illokution, 106–108, 149
Illokutionspotential, 393, 394
illusio, 307
Individuum/Gesellschaft, 14, 277, 346, 349, 366, 368, 401, 415, 449, 451
indogermanische Ursprache, 73
inkorporiert, 288, 292, 296, 297, 299, 304, 305, 309–311, 366, 451, 453, 458
Inkorporierung, 296, 297, 305, 307, 309, 428
Innen/Außen, 14, 288, 294, 346, 347, 350, 410
Instantiierung, 13, 312, 372, 375
In-Szene-Setzen, 16, 364, 374, 378, 437, 443
Inszenierung, 16, 374–376, 378, 395, 430
Inszenierungen, 376
intellektualisiert, 304, 411
intellektualistisch, 293, 296, 305
Intention, 16, 151, 295, 298, 303, 305, 306, 341, 342, 352, 363, 376, 428, 439
intentionalistisch, 305
Interaktion, 83, 93, 114, 136, 224, 225, 319, 320, 322, 331, 332, 336, 349, 353, 386,

393, 397, 399, 400, 408, 414, 417, 418, 426, 434
Interaktionismus, 416, 418
Interaktionsraum, 346
interobjektiv, 311
intersubjektiv, 7, 67, 284, 311, 361, 390, 413
Intertextualität, 165, 176, 185, 206, 208, 255, 320
Intexte, 394
Iterabilität, 14, 16, 333, 371, 374, 420, 437

Junggrammatiker, 34, 71–79, 146, 148, 150, 174, 201, 208–210

Kognitionspsychologie, 344
kognitivistisch, 14, 17, 282, 412, 413, 416, 418, 426, 451
Kohärenz, 394
Kollokation, 431
kommunikative Abgeschlossenheit, 369
Kommunikative Gattungen, 317, 318, 320, 321, 324
kommunikative Praktiken, 321–325, 335, 361, 365, 451, 461
kommunikativ-pragmatisch, 80, 83
Kommunikativ-pragmatisch, 83
komplexes Handeln, 344, 345
Kontrollfeld, 346
Konvention, 226, 323, 329, 334, 355, 359
Kopenhagener Strukturalismus, 80
Körper als Agens, 308, 413
Körper als Agent, 412
Körper als Medium, 308
Körper als Speicher, 308
Körper als Zeichenträger, 410, 427
Körper/Geist, 403
Körperkategorie, 20, 368, 379, 450
Körperlichkeit, 14, 16, 17, 36, 294, 297, 299, 305, 308, 331–333, 337, 362, 367, 372, 373, 374, 378, 383, 395, 398, 401, 402, 410, 412–414, 417–421, 427, 432, 434, 435, 437, 451, 462
Körpersoziologie, 17, 395, 409, 410, 412, 424, 432
Kultur-als-Praxis-Ansatz, 14, 278, 281, 283, 333, 379, 380, 449
Kultur-als-Text-Ansatz, 333, 379

Kulturbegriff, 274, 277–281, 289, 312, 317, 333, 334, 368, 376, 379, 430
– bedeutungs- und wissensorientiert, 282
– differenzierungstheoretisch, 279, 280
– normativ, 279
– totalitätsorientiert, 279, 280, 358
Kulturtheorie, 1, 12, 13, 20, 28, 29, 274, 280, 281, 285, 286, 289, 290, 293, 300, 302, 329, 330, 333, 395, 409, 432, 448–450

Lautgesetze, 74, 78, 79
Leib, 396, 418–420
Leiblichkeit, 418, 419
Leib-Seele-Dualismus, 425
Leitbild, 373
Leitwissenschaft, 74, 79
linguistic turn, 31
literale Prozeduren, 431
Literaturflut, 60

Mainstream-Sprachwissenschaft, 71
Materialität, 14, 295, 362, 373, 375, 376, 394, 401, 415, 418–420, 427, 434, 437, 462
materiell, 18, 283, 395, 405, 406, 407, 408, 415, 419, 422, 423, 434, 435, 452
Mead-Theorien, 17, 71, 395, 396, 397, 398, 401, 408, 409, 416, 418, 427
Medialität, 380, 383, 419
Medium, 43, 45, 308, 332, 419
Mentalismus, 282, 285, 290–292, 343, 350, 399, 407, 449
Mimesis, 308
Modalverb, 99, 100, 107, 114, 172
– deiktisch, 100
– deontisch, 100
– epistemisch, 8, 88, 99–101, 111, 114, 151, 154, 174, 195, 213, 223, 246
Modalwort, 9, 96, 97, 113–115, 133, 159, 168–170, 172, 177, 183, 184, 200, 223, 236
Muster, 7, 14, 83, 87, 270, 281, 289, 294, 320, 329, 330, 345, 350, 352, 353, 354, 355, 356, 366, 367, 368, 370, 372, 373, 375, 383, 432
Musterhaftigkeit, 318–321, 323, 324, 328, 330, 336, 345

Norm, 12, 279, 286, 287, 289, 290, 359, 449, 460
normale Wissenschaft, 58

Oberflächenstruktur, 81
Objektivität, 4–8, 10, 33, 37–39, 41, 42, 61–69, 71, 75, 82, 442, 455, 456, 461, 462
Organ, 81, 406
Organonmodell, 89–91
Originalität, 50, 120, 121, 144, 261, 457
Origo-Exklusivität, 86

Paradigmawechsel, 58
performance, 296, 297, 376–378
Performanz, 16, 81, 211, 297, 326, 333, 372, 377, 437
Performanz-Modell, 371–373, 383
performative Äußerungen, 16, 382
performative turn, 379, 381
Performativität, 13, 16, 36, 297, 333, 362, 370, 371, 374–383, 386, 394, 420, 429, 432, 437, 462
perspicuitas, 44
persuasiv, 48, 108
Phänomenologie, 290, 311, 418, 419
phänomenologisch, 434
Philosophie des Alltags, 424
Philosophie des Geistes, 403, 404
plain style, 44
Planen, 341, 342, 345
P-Matrix, 80, 83
Positivismus, 78, 79
positivistisch, 6, 42, 73, 74, 79
Poststrukturalismus, 303
practice turn, 1, 282, 284
Prager Strukturalismus, 80
Pragmatik, 34, 83, 84, 146, 148, 210, 211, 217, 221, 245, 246, 265, 367, 368
Pragmatik-Matrix, 80, 83
Praktiken, 14, 16, 19, 120, 274, 277, 281–286, 292–299, 304, 306–318, 321–325, 327, 329–331, 333–335, 361, 362, 365, 366, 370–373, 375, 378, 395, 438, 441–443, 449, 451, 458, 461
Praktikenkomplex, 307, 310
praktisches Verstehen, 296, 414, 415

praktisches Wissen, 14, 296, 298, 299, 366
praxeologisch, 283, 285, 292, 298, 311, 313, 314, 372, 438
Praxis, 13, 45, 46, 88, 277, 281–285, 293, 295–298, 303–309, 311, 312, 315, 319–323, 364, 366, 375, 381, 391, 392, 410, 411, 414, 422, 425, 429, 449, 461
Praxisebene, 19, 328, 332, 336, 337, 364, 369, 370, 384, 386, 389, 392, 393, 433, 434, 435, 437, 440, 452
praxistheoretisch, 1, 13–16, 30, 36, 274, 275, 277, 279, 284–287, 291–304, 309, 310, 313, 317, 325, 326, 333, 343, 347–351, 357, 361, 362, 364, 365, 368, 370, 371, 373, 383, 384, 395, 410, 412, 416, 421, 429, 430, 431, 436, 450
Praxistheorie, 1, 14, 16, 29, 36, 274, 275, 277, 280, 281, 284–286, 288, 290–293, 295–300, 303, 304, 306, 316, 326, 331, 350, 362, 368, 370, 371, 374, 376, 395, 410, 428, 448–450
Präzision, 86
Proposition, 8, 48, 94, 97, 98, 100–106, 108, 118, 142, 154, 155, 163, 170, 182, 219–221, 223, 225, 227, 228, 232, 238, 241–244, 249, 251
protestantischen Gestus, 370, 373, 374, 383, 449–451
protestantischer Gestus, 13, 277

Quasi-Aussagen, 93, 108

Rational-Choice-Theorie, 287
rationalistisches Erklärungsmuster, 259
raum-zeitliche Situiertheit, 373
Realisierung, 6, 41, 155, 163, 191, 193, 205, 318–320, 330, 331, 342, 346, 368, 372, 375, 389
Redeakt, 18
Redeakte, 389
Referenz + Prädikation, 92, 93, 95, 108, 149
Regelfolgen, 288, 290, 306, 326
Regeln, 83, 102, 274, 287–290, 296, 302, 306, 307, 323, 329, 354–356
Rekontextualisierung, 320
Repräsentation, 13, 14, 375, 449, 451
Rezeptionsgebot, 48

Rhetorik, 6, 7, 9, 33
Rhetorik der Durchsichtigkeit, 39, 40, 43, 75, 118, 119, 143, 145, 259, 262
Routinecharakter, 12, 38, 273, 274, 362, 431
routiniert, 14, 270, 274, 294, 296, 327, 361, 364–366, 378, 441, 442, 448, 449, 451, 452–455, 457, 458, 460, 461
Routiniertheit, 16, 294, 336, 366, 370

scheinen-Form, 101, 102
scholastische Vernunft, 424
Selbst-Bildung, 313
Selbsttechnik, 307
Sinnbegriff, 351, 413–415, 417
Sinnmuster, 280–283, 289–291, 312, 313, 317, 350, 361, 365, 368, 413, 420, 428, 441, 443, 444, 449, 451, 452–458
soziale Erwartungen, 288, 351
soziale Rollen, 351
sozialer Sinn, 306
soziales Feld, 307
Sozialisation, 74, 308, 313
Sozialität, 13, 15, 53, 54, 316, 323, 402, 410, 411, 414, 416, 428, 429, 459
Sozialtheorie, 281, 285, 286, 290, 298, 299, 315, 350, 409
Soziolinguistik, 84, 319
Sprache als Handlung, 348, 371
Sprache als System, 371
Spracherwerb, 423
Sprachspiel, 325, 326, 422, 423, 425
Sprachursprungsorientierung, 73
Sprachwerk, 390–392, 452
Sprachzeichenkörper, 419
Sprechakt, 18, 19, 87, 91–93, 107, 227, 369, 389, 390, 393, 403, 433, 452
Sprechakttheorie, 84, 108, 212, 213, 369, 403
Sprechhandlung, 369, 385, 390–392, 452
Strukturalismus, 80, 290, 418
strukturalistisch, 282, 302, 418
Subjekt, 5, 14, 15, 18, 36, 41, 46, 92, 277, 284, 295–297, 299–303, 305, 307, 310–317, 320, 323, 328–334, 336, 346, 350, 361, 364–366, 373, 383, 384, 395, 399, 401, 410, 417, 424–426, 428–431, 434, 437–440, 449, 452, 462
Subjektdezentrierung, 302, 304

Subjektform, 301, 311–314
Subjekthandeln, 19
subjektiver Sinn, 349, 352
Subpläne, 351
Symbolkörper, 423, 424

Terminologieforschung, 28
Textbegriff, 18, 333, 340, 367, 369, 377–382, 387–390, 394, 421, 430, 435, 462
Textebene, 19, 149, 328, 332, 335–337, 364, 369, 384–390, 392–394, 431, 433–435, 437–442, 444, 450, 452, 453, 462
Texthandlungen, 15, 365, 369, 385, 386, 431, 440, 443
Textlinguistik, 84, 303, 319
Textmuster, 327, 336, 354
Textproduktion, 1, 2, 10–12, 15, 17, 19, 22, 29, 30, 36, 38, 42, 72, 121, 268–270, 271, 273, 284, 293, 300, 301, 315, 327, 328, 331, 332, 336, 337, 339, 340, 341, 343, 344, 351, 353–359, 361, 362–366, 370, 371, 373, 377, 379, 380–384, 386, 387, 390, 394, 395, 430–432, 434–440, 442, 443, 445, 448, 450–458, 460, 462
Textproduktionshandlungen, 332, 336, 366, 370, 384, 386, 421
Textproduktionspraktiken, 284, 334, 335, 365, 366, 370, 371, 395, 436, 441, 442, 443, 451, 452–455, 458, 461
Textroutinen, 327, 431
Textualismus, 449
Tiefenstruktur, 81, 215, 216, 217, 220
Transformation, 16, 235, 275, 286, 297, 309, 374, 378, 429, 458
Tugend, 63–65, 68, 69, 75, 119, 120, 308–310, 314
Tugenddisposition, 288, 309, 310
type-token-Beziehung, 372
Typik, 318, 320

Übergang, 53, 80, 337, 356, 362, 381, 386, 394, 433, 434
Unbestimmtheit, 8, 9, 27, 32, 33, 35, 38, 47, 71, 85–87, 88, 89, 93, 94–97, 99, 101, 102–105, 107, 108, 110, 111, 114, 118–120, 126, 138, 141, 142, 144, 146–150, 153–155, 162, 163, 164,

167–170, 171, 173, 174, 176, 180–184, 188, 190–192, 196–198, 200, 203–207, 208, 212, 213, 219–225, 232, 233, 240, 242, 243, 245, 247, 248, 249, 254, 255, 256, 257, 258, 259, 261, 262, 263, 267, 271, 273, 462
Unbestimmtheitsausdruck, 95, 97, 104, 154, 162–165, 167, 168, 170, 172, 180, 181, 183, 184, 189–192, 193, 195, 198, 200, 214, 219, 221–228, 233, 240, 241, 243, 244, 247–249, 251
Unbestimmtheitsmittel, 3, 8–10, 27, 32, 33, 35, 37, 51, 53, 85, 87, 94, 96, 104–107, 109, 111, 112, 114, 116–121, 123, 124, 126, 127, 129–139, 141, 143–149, 151, 153–157, 160–167, 169–174, 176, 178, 180, 181, 182–184, 188–210, 213, 215–220, 222–228, 230, 232, 233, 235, 236–265, 272, 445, 446, 453–455, 460

Verfasser, 314
Veröffentlichungsgebot, 48
Völkerpsychologie, 79
Vollzug, 14, 282, 283, 311, 346, 353, 452

Werk, 388–394
Werte, 50, 63, 65, 69, 90, 109, 116, 130, 274, 287–289, 308–310, 314, 359, 449
Wiederholung, 36, 63, 297, 362, 368, 370, 371, 374, 375, 378, 420
Wissenschaftler-Subjekt, 41, 64, 315, 364, 366, 438–440, 441, 444, 452–454

wissenschaftliche Autorschaft, 6, 9, 39, 40, 51, 145, 201, 384, 462
Wissenschaftliche Autorschaftskonzepte, 4
Wissenschaftliche Revolutionen, 57
wissenschaftliche Textproduktion, 11, 15, 72, 121, 268, 270, 273, 337, 358, 362, 364–366, 439, 445, 448
Wissenschaftliches Schreiben, 29
Wissenschaftskulturen, 14, 36, 273, 277, 281, 283, 284, 317, 361, 364, 365, 438, 440–444, 448, 449, 451–453
Wissenschaftsreflexion, 53, 57–59, 117
Wissenschaftssoziologie, 278
Wissenschaftssprachforschung, 2–4, 6, 23, 28, 29, 34, 35, 38–40, 69, 76, 86, 118, 142, 143, 259, 284, 333
Wissenskulturen, 281
Wissensordnungen, 280–283, 289–292, 296, 312, 317, 348, 350, 361, 365, 368, 420, 428, 441, 443, 444, 449, 451, 452, 453, 454, 455–458

zerdehnte Sprechsituation, 452
Ziel, 27, 50, 66, 147, 271, 289, 329, 345, 352, 354, 457
Zitatförmigkeit, 374, 376
Zitathaftigkeit, 451
Zweck, 68, 113, 176, 237, 238, 243, 329, 352, 353, 367, 368, 369, 370, 397, 399, 413, 414
Zwei-Welten-Modell, 326, 372, 449
Zwei-Welten-Ontologie, 13, 14, 20, 295, 368, 372, 451

www.ingramcontent.com/pod-product-compliance
Lightning Source LLC
Chambersburg PA
CBHW020603300426
44113CB00007B/487